瑶族"朝踏"仪式与文献

袁君煊 著

上海古籍出版社

国家社会科学基金项目资助

盛装迎客瑶家女

迎客瑶家女

神台上的供品

致上香词

师公与神案前的盘王像

主客对歌

春季社舞蹈队在福龙庵神台前

引母与下堂女

仙女出堂前师公行法事

羊角长鼓舞（全景）

羊角长鼓舞（局部）

羊角长鼓舞传承人盘福贵（红圈标注人物）

抢三角粽

抢猪头（图片来自两安瑶族乡政府）

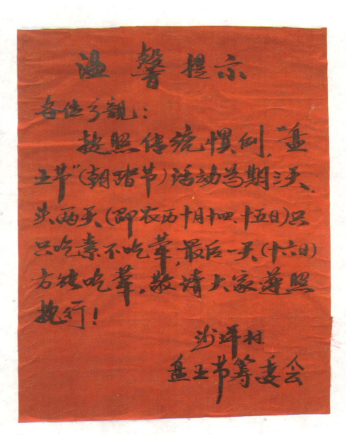

温馨提示

各位乡亲：

按照传统惯例,"盖
土节"(朝踏节)活动为期三天、
头两天(即农历十月十四、十五日)只
只吃素不吃荤,最后一天(十六日)
方准吃荤,敬请大家遵照
执行！

沙坪村
盖土节筹委会

"朝踏节"封斋榜

福龙庵正面

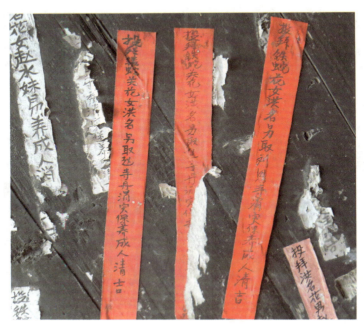

福龙庵大门上的"认契"文

福龙庵主祭台彩龙壁画

福龙庵左边副坛麒麟壁画

福龙庵右边副坛貔貅壁画

沙坪村东门楼外景

作者向"朝踏节"传承人黄海德调查"朝踏"仪式

作者与赵甲光先生校对《朝踏歌》

作者在邓学清师公家调查"朝踏"文献

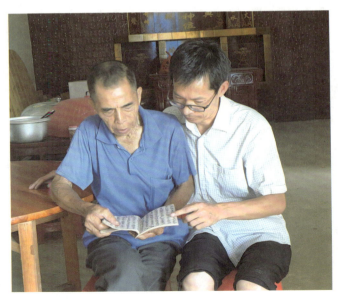

作者在黄德昌师公家调查"朝踏"文献

作者在奉居杏家调查"朝踏"文献

目　录

上编　"朝踏"仪式、文献与文本研究

下编 "朝踏"文献汇编

目　录

图表目录

绪　　论

第一节　关于选题与研究取向

一、瑶族宗教研究回视

自 20 世纪 20 年代瑶山调查算起,瑶族宗教研究已整整跨越一个世纪,站在新的起点上回顾百年瑶族宗教研究无疑是必要且有意义的。回首百年瑶族宗教研究,国内大体从四个方面展开。

其一,基于南方瑶区及海外瑶族的初步调查与调查报告。20 世纪 20 至 40 年代的两广民族调查有不少内容涉及瑶族宗教信仰,其中徐益棠关于广西象平瑶区的系列调查报告以及杨成志、江应樑、梁钊韬等人关于粤北瑶区的系列调查报告影响较大,为以后的研究提供了珍贵的民族志资料,但由于调查时间短暂,其贡献多为资料的保存与初步的分析。改革开放以来,我国学者黄方平、范宏贵、玉时阶等人对美国、泰国、越南等国外的瑶族进行调查,主要集中在瑶族宗教属性及其变迁、宗教信仰仪式、传统经典文献等方面。

其二,对瑶族宗教文献的整理与研究。20 世纪 50 至 70 年代中期,我国的瑶族研究进入低潮期,宗教研究基本停滞,期间仅收集了一些瑶族宗教文献,在研究上则乏善可陈。70 年代末期以后,瑶族宗教文献整理工作受到重视,诸如《八排瑶古籍汇编》《乳源瑶族古籍汇编》《评皇券牒集编》《瑶族"盘王节"资料汇编》《瑶人经书》《还盘王愿》等宗教文献出版。李本高对《评皇券牒》的历史价值和功能进行了研究。何红一、郭武等人针对海外馆藏瑶族宗教文献从特征、类型以及价值等角度进行了专题研究。

其三,关于瑶族宗教与道教关系的讨论。关于瑶族宗教与道教关系存在三种代表性观点:一是认为瑶族宗教已经深受道教影响,严重道教化,江应樑是该观点的代表性学者,获得不同时期国内外学者,如司马虚(Michel Strickmann)、雅克·勒穆瓦纳(Jacques Lemoine)的广泛呼应,其后胡起望将瑶族宗教称为"瑶传道教",徐祖祥等人沿用此概念并作了系统的研究。二是认为瑶族宗教与道教形似,而实质上并非道教,梁钊韬持此观点并得到赵家旺等人的赞同。三是认为二者是互化关系,以张有隽、张泽洪等人为代表。

其四,侧重于瑶族宗教仪式的调查与研究。不少学者借用西方文化人类学的理论观照瑶族的宗教仪式,对仪式的文化作出了新的阐释,如彭兆荣对瑶族还盘王愿仪式的原型结构作了探析,张泽洪运用阈限理论分析了瑶族度戒仪式中翻云台的象征意义。赵书峰、吴宁华等人对仪式音乐、刘小春等人对仪式舞蹈等艺术形式进行了深入研究。张劲松则侧重梳理瑶族度戒、还愿等重要仪式的流程。

国外的瑶族宗教研究以日本与欧洲的成就最为显著。日本是瑶学研究重镇,20 世纪以来,以白鸟芳郎、竹村卓二为代表的日本瑶族宗教研究在国际瑶学界一直占据重要的学术地位,开创了瑶族宗教研究的新范式,即田野作业与传统文献相结合的研究路径。白鸟芳郎在泰国西北部历经4 年多调查,出版《东南亚山地民族志》(《東南アジア山地民族誌》)与《瑶人文书》(《傜人文書》)两部巨著,后者包括 11 种瑶族民间文献与宗教经典,是研究瑶族宗教的珍贵资料。竹村卓二对泰国北部过山瑶的"入社仪式"进行分析,提出了著名的四等级论。日本神奈川大学瑶族文化研究所延续了白鸟与竹村开创的研究范式,2008 年以来该团队对蓝山县瑶区的度戒、还愿等宗教仪式作了详细的记录与整理,编印了系列考察报告《瑶族文化研究所通讯》(目前已出版至第 10 号),是目前关于瑶族宗教仪式较为完整的资料,具有多方面的重要价值。但调查局限于蓝山瑶区,不利于研究在广度与深度上拓展。法国学者雅克·勒穆瓦纳(Jacques Lemoine)是法国科学院南中国与中南半岛研究所负责人,在东南亚生活了 20 多年,并对我国华南、中南与西南地区作了大量的实地调查,出版了英文版《瑶族神像画》(Yao Ceremonial Paintings),提出了瑶族宗教主要是道教的观点,与国内江应樑等学者的观点相呼应。德国学者较重视馆藏瑶族经书的考察、分析与整理,如欧雅碧(Lucia Obi)梳理了海外瑶族写本的收藏情况,其《瑶族之宗教文献:概述巴伐利亚州立图书馆之馆藏瑶族手本》(Yao manuscripts in the Bavarian State Library),对瑶族宗教文本进行了初步的分析,而霍尔曼(Thomas Höllmann)、佛里德里希(Michael Friedrich)出版了德文版《瑶族手稿》(Handschriften der Yao)则是对馆藏瑶族写本进行整理的成果。荷兰学者田海(Barend J. ter Haar)的《瑶牒新释》(A New Interpretation of the Yao Charters)从神话学的角度重新阐释了瑶族的《评皇券牒》及道教"汉化"问题。

　　综上所述,瑶族宗教研究已取得多方面的成果,彰显了跨地域、跨学科以及协同联动的研究态势,同时也反映了存在的一些问题:一是以往的瑶族宗教文献的整理与研究多脱离仪式孤立地进行。民族民间文献孕育于民间文化土壤之中,其整理与研究不应该也不能脱离地方文化生态单独进行。从仪式的角度切入去看待相关文献,文献的形式与意义解读就有了一个具体的语境依托。"朝踏"文献是在"朝踏"仪式的演绎中生成的书面化文本,其记录"朝踏"仪式的角度、范围与程度,都必须放在仪式语境中才能获得准确释读。由于仪式的多变性与不稳定性,"朝踏"仪式的保存、传播与传续也有赖于书面文本的记录。同时,"朝踏"文献内部歌本与科仪本的关系、"朝踏"科仪本之间的关系以及"朝踏"文献与仪式的关系,离开仪式语境都无法获得完整的梳理与准确的解读。"朝踏"仪式与文献相互依存的关系决定了"朝踏"文献的整理与研究只有从仪式的角度出发才能被更好地推进。二是忽视对象的差异性笼统地进行瑶族宗教文献的研究。瑶族支系繁多,根据每个仪式的不同,宗教文献传承也不同,因而不能无视宗教文献的差异性而笼统地进行研究。平地瑶是在明初的特殊民族政策感召下逐渐形成的一个瑶族支系,他们从高山走向更为平坦的丘陵与山间谷地,从拒绝向官府缴纳赋税到主动向官方登记户口缴纳赋税,从远离汉文化到接触与融摄汉文化,所以平地瑶在语言、服饰、建筑与礼仪等文化上是所有瑶族支系中与汉文化最接近的一支。目前的平地瑶研究侧重在语言、服饰、民居建筑方面,近年来,平地瑶仪式与文献也逐渐进入学者的研究视野,如郑德宏等选编的《瑶人经书》(2000)与莫纪德、莫晓娴校注的《瑶族梅山经校注》(2017)等。但这些文献的整理都脱离了文本的仪式语境。基于此,本课题着力于南岭走廊特定地域、特定瑶族支系、特定宗教祀典的文献整理与研究,以期还原一个较为完整与鲜活的瑶族宗教祀典文献系统。

二、田野点的选择

笔者选择富川瑶族自治县新华乡龙集村上坝村、江华瑶族自治县涛圩镇新沐泽村与钟山县两安瑶族乡沙坪村作为本课题的调查点盖因富川、江华、钟山三县形成了一个"朝踏圈"(参"绪论"第二节"朝踏的地理分布")。本书以沙坪村为重点调查点,主要出于两方面的考虑:

首先是沙坪村的历史与"朝踏"仪式的传承线索较为清晰,"朝踏"仪式与文献保存较完整。据沙坪村东门楼碑刻记载,该村先祖来自千家洞,[1]自明朝初年来此开基立寨,至今已六百多年。其祭祖仪式经历了一个不断演化的历程,后来形成了规模宏大的"朝踏"祀典。据赵甲春回忆,建国后于1964年举办过一次传统色彩较浓的"朝踏"仪式,历时三天

---

[1] 千家洞:亦写作"千家峒",虽用"峒"更能体现瑶族风情,但江永县历史中的"千家洞"要从一狭窄洞口进出,且现在相关景区都使用"洞"字,故本书中均统一写作"千家洞"。

三夜,后来由于"文革"等诸多原因中断多年。直到 1987 年才恢复,当年举办过一届,受资金等因素制约,历时仅一天,只能称为"朝踏"仪式的简化版。1992 年,梧州市电视台与钟山县人民政府联合摄制电视剧《花山寻梦》,因剧情需要,沙坪村组织模拟了"朝踏节"的场景,与原汁原味的"朝踏"仪式显然是有差距的。2015 年沙坪村举办了一场历时三天的"朝踏节",是半个世纪以来规模较大的"朝踏"仪式(对外称"朝踏节")。当时组织或参与过仪式的部分人员还健在,再加上代代传承下来的仪式经书与歌本保存较好,地方政府大力支持、策划,本村瑶民精心组织,相关教育或研究机构以及部分媒积极参与,所以这次"朝踏节"举办得有声有色,声势浩大,影响面广。

其次是钟山县各界不仅非常重视该项传统文化的传承保护,而且多方整合资源助力"朝踏"仪式的开发利用。为传承保护并发展"朝踏节",当地推出了不少有效举措,投入了大量的人、财、物,收到了一定的效果。近年来,沙坪村建起了文化中心楼和戏台,改造了训练场地,完善了排练所需的设备和道具。该村依托传统的"朝踏"祖公祀典,着力抢救传承该仪式中最具民族特色的非物质文化遗产项目,培养了一批自治区级与市级"非遗"传承人,如"瑶族朝踏节"传承人黄海德(自治区级)、"瑶族历史文化"传承人赵甲光(自治区级)、"瑶族羊角长鼓舞"传承人盘福贵(自治区级)、"瑶族朝踏歌"传承人赵永才(市级,已逝)等。在传承人的培养与带动下,村里定期在本村文化中心训练朝踏歌、朝踏舞等传统文化。

对"非遗"项目的开发利用是把利弊兼备的双刃剑。近年来,该村响应乡村振兴的国家战略,开始依托"朝踏节"这个特色文化品牌,发展乡村旅游产业。合理开发利用有利于激活"非遗"自身的造血功能与内生动力,是"非遗"持续传承保护的重要一环。但过多的外在因素注入,也不可避免地破坏了"非遗"成长的文化生态,伤及其原真性。有鉴于此,本课题拟在"朝踏"仪式有可能发生较大的"异变"之前进行文献的抢救性保护与整理。

三、研究取向

基于以上考虑,笔者拟从仪式、文献、文本三个向度推进本课题的研究。

一是关于"朝踏"仪式的研究。首先,对"朝踏"仪式流程进行梳理。"朝踏"仪式在南岭中段南部平地瑶人村寨广泛举办,各地均有"朝踏"仪式的抄本文献传承,本课题梳理的"朝踏"仪式流程取材于沙坪村现存"朝踏"科仪本。该村科仪本关于"朝踏"仪式的记录脉络清晰,详略得当,较完整地呈现了晚清"朝踏"仪式流程。相较而言,该村 2015 年举办的"朝踏节"既传承了该项仪式的主体仪程,又融入了不少时代感较强的仪节与符号,表现出"朝踏"仪式生长与递嬗的一面。其次,试分析"朝踏"仪式文本的建构。"朝踏"仪式是一个包容性非常大的文化"贮存器",课题以 2015 年"朝踏"仪式为例,讨论了"朝踏"仪式的外部构成要素与内在结构模式,并探究其在新的语境下的流变。

二是关于"朝踏"文献与文本的研究。"朝踏"文献指与"朝踏"相关的各种类型的符号集群,而以"朝踏"歌本与"朝踏"科仪本为主体,本课题即针对此类文献进行整理与研究。关于"朝踏"文献形制着重探讨相关文献的装帧设计、书写特征与题跋的内容信息、表达特色、主要价值,总结印鉴的使用与功能,同时兼及"朝踏"文献的传承线索的梳理。对"朝踏"文献文本特征的分析主要有以下三个方面:从民族语言的混合使用、口头与书面语兼用以及道教、巫筮语言并用等方面总结"朝踏"文献文本语言运用的特征;从词句的反复与结构的类型化探讨"朝踏"文献文本的程式化特征;从科仪本之间、科仪本与歌本以及科仪本与仪式关联的角度论证"朝踏"文献文本互文性特征。

三是对"朝踏"文献的校释。"朝踏"文献的校释同样针对"朝踏"科仪本与歌本而为,首先树立校释体例,总体原则是尊重原文,尽可能保持原貌,在误写、脱漏、衍文等处使用简洁符号标识,以达到既校正原文,又保留原文,同时不影响阅读连贯性的目的。再对所搜集的各"朝踏"抄本作文献提要,以便于对文献内容与形式有个概要的把握。最后运用确定的体例与符号进行文本校释。

第二节　"朝踏"的地理分布

瑶族起初是我国国内的一个民族,主要分布在广西、湖南、广东、贵州和云南等省区。明清时期部分瑶族迁入东南亚的越南、老挝、泰国、缅甸等地。20 世纪 70 年代,部分瑶民作为难民从泰国转往美洲、欧洲、澳洲,成为跨国、跨大洲的国际性民族。据 2010 年人口普查,国内瑶族总人口285.3 万,其中广西瑶族人口约 147 万,约占全国瑶族总人口 60%,其次两个瑶族人口大省为湖南、广东。从地理分布来看,瑶族人主要聚居在广西的金秀、富川、恭城、巴马、都安、大化,湖南的江华以及广东的连南、连山、乳源这十个瑶族自治县(其中连山为瑶族壮族自治县)。其中又以江华、恭城、富川、江永的瑶族人口最为集中,均在 17 万以上。不难发现,瑶族人口沿南岭山区呈带状分布的特点,贵州、云南南部以及东南亚瑶族可以视为此分布带往西南的延伸。赣、粤、闽毗邻区瑶族则可以视为此分布带的东向延伸。若以南岭的萌渚岭为中心,瑶族人口沿南岭向东、西两端呈递减趋势。东端为畲族取而代之,西端则以滇、黔、桂毗邻区苗族为数众多。瑶族与畲族、苗族有一个显著的共同文化特征,即盘瓠信仰,历史上统称为"盘瓠蛮"。有学者认为瑶、畲、苗很可能为同一民族分化的结果,[1]从目前三个民族的地理分布及其共同的盘瓠信仰等因素来看,这一推测不无道理。

"朝踏"是南岭中段湘桂毗邻区平地瑶的一种祭祀还愿礼仪,目前仍在南岭传承演绎,西边以恭城为界,东边以江华为界,北至江永县,南达钟山县,构成了一个"朝踏圈"。这一"朝踏圈"恰好位于都庞岭以东、萌渚岭以西的南岭中段。笔者亲历钟山、富川、江华等地调查,采访了"朝踏"

---

[1]　转引自费孝通:《费孝通全集 第 11 卷 1985》,呼和浩特:内蒙古人民出版社,2009 年,第 287 页。

仪式的执仪师公,两地"朝踏"仍在活态传承;"朝踏圈"中的其他分布区也有证据显示其处于传承中。

江永县隶属于湖南永州市,位于都庞岭东麓,南临广西贺州市富川瑶族自治县,东南与本市江华瑶族自治县相邻,三县彼此相邻。富川、江华、江永的"朝踏",既有祭祖还愿的"朝踏祖公"或"踏祖公",也有祭祀神灵的"朝踏×神"仪式。

"朝踏"最活跃的传承地在富川。富川位于广西壮族自治区东北部,全县辖 12 个乡镇,155 个村(街、居)委会,总面积 1 572.36 平方千米,根据第七次人口普查数据,县域常住人口为 266 530 人,其中瑶族 149 554 人。[1] 富川新华乡的虎马岭、龙集、坪源、莲山塘等村寨至今仍活跃着多支师公队伍,笔者调查过的有唐姓师公队与黄姓师公队。新华乡唐姓师公队在新华乡西边,以唐妙盛为首,核心成员有唐五能、盘加盛,三人均师从唐茂清。唐五能从小跟随其祖父唐茂清学习"做师",继承了其祖父的经书与执仪技能,当地人称"小唐师父"。另一支位于新华乡的东部,为黄德武所传,核心成员有黄建通、黄德昌。黄建通为黄德武儿子,属于家传;黄德昌为黄德武的开门弟子,从业五十多年,是当地著名的师公。每支师公队都有一些非核心的乐队,如鼓手、钹手、锣手、吹笛手等,他们可以临时拼凑。师公队因师承不同而派系分明,但有时也相互搭伴出现在同一仪式中,笔者曾于 2021 年 7 月 21 日调查了富川富阳镇茶家村青龙庙还愿仪式,师公就来自几支不同的队伍。富川中部的富阳、葛坡以及东北部的石家乡等乡镇所辖的村落留下了他们的足迹,如 2016 年石家乡屋尾村举办了家庭轮流承办的"朝踏"祖公仪式,同年葛坡镇上洞村、黄竹村、白竹村举办了村寨集体祭祀还愿的"踏祖公"仪式。2019 年葛坡镇青山脚瑶寨举办了"朝踏祖公"仪式。当地还活跃着一支服务于"朝踏"仪式的芦笙长鼓舞队,每次派出 4 到 5 人参加"朝踏"仪式,其中芦笙 2 人,长鼓 2

---

〔1〕 见富川瑶族自治县人民政府官网公开发布数据《富川瑶族自治县第七次全国人口普查数据解读》。

至□人。当地"非遗"传承的群众基础较好，芦笙、长鼓等民间艺术都开了培□班，有的安排在学校，有的在文化馆等公共文化管理机构。笔者曾于202□年暑期前往富川文化馆参与了由民间艺人徐维生开的芦笙培训班，自□前来学习的多为中青年人。与富川东部相邻的江华县的涛圩、白芒营□乡镇所辖村寨也认可新华乡的师公队，经常请他们做"朝踏"仪式。据□静调查，2017 年 11 月 28 日至 12 月 1 日，白芒营镇的石角岭廖姓平地瑶村民就请了上述富川新华乡黄姓师公队来祭祀地方神"三姑娘娘"，当地人称"朝踏三姑娘娘"。[1] 涛圩镇新木泽村的奉居杏师公收藏有多部"朝踏"文书，如《朝踏祖公疏格》《十二年朝踏祖公》，但他本人已多年不□"朝踏"仪式了，这些科仪本也是早年行仪时抄下的，现在只作为保存"朝踏"文化的书面文献，与仪式分道扬镳了。江华瑶族自治县能做"朝踏"仪式的师公已经很少了，需借力富川才能完成此种仪式。虽然仍有如奉居杏师公这样的传承者，但也主要限于"朝踏"文献，由此来看"朝踏"在□地日渐衰微。

"朝踏"在湖南江永县不像在富川县那么富有活力，但也还有些零星的遗存。该县城南一处号称"十里画廊"的古村落，有位师公藏有瑶族"朝踏书"被瑶学专家们认定为具有很高学术价值的瑶族祭仪百科全书，与之互为关联的羊角长鼓舞、坐歌堂、椎牛等民俗活动依然保存。[2] 该县南部与富川毗邻的兰溪瑶族乡勾蓝瑶寨定期举办祭祖仪式，师公所用经书有《朝踏迎圣书》之类，所请神灵与富川平地瑶的踏祖公类似。公祭时请这些神灵"光降庙堂，受斯朝踏"；私祭则与富川平地瑶踏祖公相似，三月三许愿，六月六申愿，九月还愿，也以砍牛献祭、跳长鼓舞为仪式的核心节目。[3]

以西岭山中线为界，东边为富川，西边为恭城，西岭山南部与花山之

〔1〕　方静：《桂湘边界平地瑶"朝踏"仪式音乐文化研究》，广西师范大学 2019 年硕士学位论文，第 35—36 页。

〔2〕　杨仁里：《永明文化探奇》，北京：中国文联出版社，2006 年，第 103—104 页。

〔3〕　陈幼君：《兰溪，美丽的城堡式瑶寨：勾蓝瑶历史文化研究》，长沙：湖南地图出版社，2008 年，第 125—126 页。

间的山间谷地为广西钟山县两安瑶族乡,[1]其中沙坪村的"朝踏"最为知名,俗称"朝踏节",为本课题的重点考察对象,下文有专门叙述,此处从略。钟山与富川在西岭山交界处称为柳家乡的乡镇,也是"朝踏"的分布点。钟山两安沙坪村的"朝踏"在清末曾一度失传,经在柳家乡重新学习后续传下来,只是后来柳家乡的"朝踏"衰弱了,作为传承者的沙坪村"朝踏"反而兴盛起来。与沙坪村相邻的星寨村以及恭城三江乡的石口村也部分地传承了"朝踏"文化。恭城的祭祀还愿仪式称为"吹笙挞(踏)鼓",还盘王愿时,除唱《盘王歌》歌词外,有的支系还唱《朝踏祖公出世歌》等神唱。[2] 该县的梅山教舞蹈叫"调踏(或挞)音笙鼓乐"。这些说明,尽管当今恭城"朝踏"较沉寂,但历史上曾兴起过"朝踏"仪式,如今也还有差别稍大的仪式遗存。

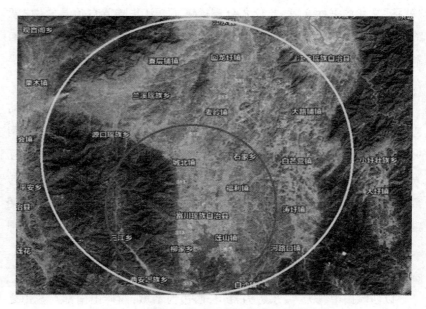

图0-1 "朝踏圈"区位图 据腾讯地图绘制

〔1〕 钟山县地处广西壮族自治区东北部,贺州市西北部。东邻平桂区,南界昭平县,西接桂林市平乐县、恭城瑶族自治县,北倚富川瑶族自治县。其中两安瑶族乡处于县境的西北部,地处思勤江上游,大桶山南麓。东依塘肚山,北与恭城瑶族自治县三江乡接壤,总面积130.7平方千米,瑶族人口12 781人。

〔2〕 农学冠、李肇隆编著:《桂北瑶歌的文化阐释》,北京:民族出版社,2008年,第17页。

由此看来，瑶族"朝踏圈"至少包含两个层次：其核心层在富川新华乡与钟山两安瑶族乡，可以称之为"朝踏内圈"；而恭城、江永县南部与富川的西北部以及与富川临界的江华东部瑶寨则可以视为"朝踏外圈"。内圈的钟山两安与富川新华两地虽均习承"朝踏"，其中也存在较大差别，不能等量齐观。外圈的"朝踏"仪式很稀疏，"朝踏"的关键因素之一——师公队基本不懂如何操作，江华东部地区虽然仍具备传承的信仰基础，但尚需借助富川的师公才能完成，说明该地"朝踏"传承人难以为继的尴尬局面，"朝踏"仪式在当地已濒临失传。

第三节　曲折的播迁之路

任何类型的文化都是人创造、传播并享用的，"人"是文化的主体与主要因素，"人"这个主体与主要因素发生变化了，那么与之关联的文化必然

图 0-2　沙坪村东门楼《万代不朽碑》[1]

------

〔1〕　本书图片除特别说明出处外，均由作者本人拍摄。

发生异变。所以考察文化不能不先观照人的变迁。生存空间的变迁即为人的变迁中之一重要方面。从"朝踏圈"的核心层来看,富川与钟山的"朝踏"都以祭祖还愿主题居多,以歌唱、舞蹈奉献给白公四位祖先神为仪式形式。这种"朝踏"形式以及形式表现的内容有个共同的指向,即对祖先及其崎岖坎坷的迁徙之路的缅怀与追忆。可见,"朝踏"文化的形成离不开该瑶族支系特殊的播迁历史。

就沙坪村而言,其建寨历史在村东"新门楼"内墙石碑铭文《万代不朽碑》上记载得较清晰:

> 自从始祖历来出身全州观(灌)[1]阳千家洞,七姓人等分散,赵万四、黄富四于太祖洪武元年流落居住沙平(坪)。不以年岁被梁上君子,难安居住,为被(避)世乱,搬住老屋,地居少难,又移栏洞岭头辟(避)居数载。为泉水远绕,移下高寨岑(岭)居住。多叨蒙县顾太老爷,太平,不立崖岸居家,万事流芳百世。至到嘉靖四十年,三会齐众丁,三十余家复回沙坪旧宅居住。周围杉桃,四方笠(立)造四门关锁,始于明朝,至今数百余载。因世民或茂咸宁,人居多众,外无关锁。集众协力,各捐资财,于井泉外赵加盛、赵加智二人塘鲁,圆方其地,重立东门一座。山家正作,庚山甲向。择用咸丰辛酉年三月十七日午时上梁,兴工建造。设立寨主,远镇本村,人安物阜,财畜兴隆。创成之后立碑,芳名万无朽矣。
>
> 　　　　　同治二年癸亥岁五月　　　　　日立碑

碑文的叙述透露了好几重信息:

其一,明朝初年从"千家洞"迁来本地开基立寨。沙坪村[2]并非土著村寨,明朝以前该族支一直生活在全州灌阳县的千家洞。与瑶族十二

---

[1]　圆括号内为校对后的字。
[2]　沙坪村:依据当地人的习惯称呼,除非特别指明为村委,本文的"沙坪村"均指"沙坪自然村"。

姓传说不同,该支瑶人为七姓,后来七姓也走散了。明朝洪武元年(1368)赵万四、黄富四流落到本地居住,但时间不长,因遭盗贼骚扰,被迫搬回上一处落脚地居住。不久,迁到栏洞岭山顶居住,但用水不便,所以移到海拔更低些的高寨岭居住,这里相对太平,所以居住了较长一段时间。

其二,直到明朝嘉靖四十年(1561)复回本寨定居。因定居高寨岭期间较安宁,这支瑶人经繁衍生息,已经发展为几十户的小型瑶寨。嘉靖年间迁回沙坪,原因不详,很可能由有限的山地资源与日益扩大的人口规模不相适应所致。回到沙坪后,鉴于初次居住时遭盗的教训,这次建寨增加了防御措施,周边密植树木,四边围墙保护,开四道门进出,生活较为安定。

其三,咸丰十一年(1861)建立东门楼并设立寨神镇守本寨。沙坪瑶寨户口不断增加,势必往外拓建居家之地,村寨进出的门也不得不往外挪了。清朝末年世道日衰,盗贼猖狂,于是在同治年间重立东门楼。沙坪村西边临山,无腾挪之地,故有东扩与东门楼重建之举。

碑文毕竟不便大篇幅详述该村的迁徙史,沙坪村赵甲光老先生在转抄《朝踏歌》时尝试弥补这个缺憾,他根据歌词内容梳理了从千家洞到沙坪的迁徙路线:

> 公元1308年,瑶族同胞从千家洞逃出,途经道州,首站为道州地面民殿高山(2本9页)。在道州看见街人卖扇(1本14页)。道州流出下山源(3本23页)。然后到全州、灌阳。记有"全州灌阳路头远""全州灌阳七日路"(1本4页、20页)。盘家出省流移全州、灌阳(2本9页)。赵家兄弟三人,大哥住恭城牛路冲,于洪武元年(1368年)流落到沙坪。老二住势江源,老三住胜洞源(2本10页)。赵万一、万二、万三、万四于洪武元年流落沙坪定居(2本10页)。[1]

---

〔1〕 该段文字见赵甲光抄本《朝踏接客大讨路歌》,单页,置于封面之后目录页之前。文字中的"某本"是根据赵氏抄写时给各本标注的序号而定,序号与歌本的对应关系为:1本为《朝踏接客大讨路歌》,2本为《朝踏令歌》,3本为《朝踏阴歌》,4本为《朝踏阳歌》。

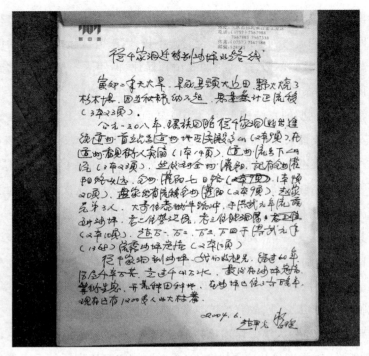

图 0-3　赵甲光抄本《朝踏接客大讨路歌》整理的沙坪祖先迁徙路线

歌本所述固然不能等同于历史,且其中遗漏了某些重要信息,如初到沙坪很快就离开的原因,重返沙坪这一段交代不够清晰。此外,这个梳理也存在明显的信息错乱问题。歌本多次明确迁徙的始发地"千家洞"位于全州的灌阳县,[1] 所以全州灌阳县应当置于道州之前,事实上《朝踏阴歌》也是这样唱的:"泉州[2]流出道州地,道州流出下山源。"但与碑文相比,歌本也补充了某些细节:出逃的时间为元武宗至大元年(1308),首站的地

---

〔1〕　元代以前灌阳县多次隶属于全州,由荆湖南路、湖广行省管辖,如五代十国,后晋天福四年(939)县废,并入清湘县,先隶属永州,后隶属全州。宋乾德二年(964)复置为县,隶属荆湖南路全州。元,隶属湖广行省全州路。尽管明代起行政区划作了较大变革,即明初隶属湖广布政使司永州府,洪武二十八年(1395)改隶广西布政使司桂林府。但瑶族民间对于官方信息的接受与认同往往滞后,民间的地域观念有较大的惯性,故千家洞瑶族迁徙称"出省流移"。

〔2〕　即全州,朝踏歌中的全州包括了灌阳,二者在歌中常常并称为"全州灌阳""全阳灌州"。

点,沙坪开基建寨的具体人物,居住的具体地点,不同姓氏家族可能选择了不同的逃亡路线等。尤其值得注意的是迁入沙坪之前赵家老大曾在恭城牛路冲居住过,在此之前的"下山源"也属恭城,说明恭城是瑶人从千家洞迁入沙坪之间的一个重要中转站。再结合村史碑文,基本能理出从千家洞到沙坪的大致路线:全州灌阳县千家洞——道州民殿高山——恭城下山源、牛路冲等地——沙坪。

村里的黄勇老人根据他自小听来的传说,写成了《立村史实》。[1]该"村史"略述沙坪之前的迁徙史,而对他们的开基祖赵万四、黄富四迁入沙坪之后的历史叙述尤为详细,对于立寨的选址变迁、地理条件、门楼等标志性建筑的空间布局作了细致的描述。

上述"朝踏圈"所属的湘、桂五县至今流传着"千家洞"传说,[2]除口头形态外,民间还流传着大量抄本、地方性简易印刷本,诸如《千家洞流水记》《千家洞古言书》《始祖遗传简历》,笔者发现新华乡上坝村黄德昌师公的"朝踏"科仪经书上也抄录了这类传说。当地瑶民之所以如此重视千家洞,主要是基于两个方面的因素:一是传说中千家洞是个与世隔绝而又美丽富足的"世外桃源",先辈们曾在此度过了美好而安宁的生活;二是千家洞是散落在"朝踏圈"的瑶民祖居地,是血脉之源,迁徙之始发地。

仪式与传说(也包含神话)往往是互为文本的关系,传说是仪式的观念形态,仪式则是传说的具象演绎。传说为仪式的展演提供一个较稳定的文本框架,类似于剧本的作用;而仪式则为传说提供直观的行为视听盛宴,类似于戏剧表演。"朝踏"在一定程度上展演了千家洞的美好生活与背井离乡的坎坷历程。供奉在祭台上特大的谷粒,是以特殊的物象来隐喻千家洞当年的富庶生活,表达对祖居地的向往。以十二节牛角

---

〔1〕《立村史实》见沙坪村黄勇未刊本《小杂记》第十三部分,详文见附录。
〔2〕 千家洞传说随着该支瑶人迁徙而传播到各瑶区,除都庞岭与萌渚岭之间的五县外,金秀、荔浦、柳州等地,甚至海外美籍瑶人都有流传。民国年间曾掀起过"返回千家洞"运动,新中国建国后不断有人寻找千家洞,个别人甚至实现了回到江永县大远瑶族乡(有人认定该地为当年的千家洞)定居的梦想。

象征千家洞十二姓瑶人,各持一节牛角表现千家洞瑶族这个族支整体的被迫分离。富川"朝踏"祖公的开坛仪式即从请千家洞十二姓瑶人祖先开始,在一片热闹的鼓乐声之后,一师公开始念诵十二姓祖先名单。钟山沙坪的"朝踏"同样要在开坛时三召三请全州灌阳县千家洞祖先们莅临坛场,意即请祖先们前来"朝踏"祭坛,等候欣赏"朝踏歌舞剧"。仪式安排了不少仪节来展演、重现这次心酸的迁徙,是对祖先们筚路蓝缕的创业精神的缅怀与崇敬,更是对祖先们带给大家新生的感戴之情。富川"朝踏"祖公仪式安排了"穿州"仪节,师公带领芦笙长鼓舞队踏着罡步绕着代表九州的凳子按序走过:宜州、阳州、青州、梁州、荆州、徐州、建州、永州、中州,这"九州"不同于大禹治水后所置的九州,也与实际的迁徙路径有别,但无妨仪式象征性演述千家洞瑶民辗转迁徙的曲折历程。钟山沙坪村的"朝踏"更是以大量的仪式性歌舞演绎千家洞祥和宁静的田园生活以及出逃的过程。

上　编

"朝踏"仪式、文献与文本研究

第一章 "朝踏"仪式流程

　　"朝踏",为广西富川瑶族自治县、钟山县靠都庞岭余脉西岭山一带、富川西边与湖南江华瑶族自治县相邻的平地瑶聚居区普遍举办的一种具有还愿性质的祭祀仪式。"朝"亦作"调","踏"指合乐的舞步,从字面解其意即巫师歌舞娱神的行为。瑶族崇尚歌舞,各类节庆、祭祀活动都会举行歌舞表演,如著名的"还盘王愿"也称为"跳盘王""调盘王"。"朝踏"仪式一般在族人生病或家中不顺时举行,由族人许愿,多是请求祖先保佑健康、人丁兴旺之类的愿望,不论愿望是否实现,其后都要再次举办仪式答谢祖先。仪式的主持者即师公,仪式流程及歌舞表演所需唱词均由师公记录在册,代代传抄。"朝踏"祖先的仪式在师公的手抄科仪本里称"朝踏祖公""调踏祖公""酬答祖公",民间则简称"踏祖公"。其还愿对象虽以祖先为多,但也可以是其他神灵,如龙神、仙姑、仙娘等地方性俗神。"朝踏"仪式分为家庭与村寨两种举办形式,后者较前者规模更大。村寨型的"朝踏"一般十二年一届,当地人认为这个周期与十二姓瑶人有关。

　　新中国成立后,尤其是改革开放以来,在文化热与"非遗"申报保护浪潮的推动下,这种仪式有娱乐化与节庆化的发展趋势。在此形势下,富江以东的平地瑶"朝踏"仪式突出了芦笙长鼓舞的表演,淡化了"朝踏"的祭祀功能,增强了"朝踏"的娱乐性。富江以西以广西钟山县两安瑶族乡红

头瑶寨沙坪村为代表的"朝踏"仪式以歌舞贯穿始终,当地也有意识地加强"朝踏"歌舞的艺术性,冠名为"朝踏节",其节庆化演变趋势更为显著。

传统的"朝踏"仪式分为许愿、申愿(也称抢愿)与还愿,许愿与申愿仪程较简单,还愿仪程复杂。笔者将沙坪村师公的手抄科仪本与该村2015年举办的"朝踏"仪式比较后发现,该项活动已经发生了较大的变化。为了还原"朝踏"仪式的历史面貌并展现当今风采,本章先按照邓学清师公所藏科仪经书梳理传统"朝踏"仪式的流程,再缕述2015年沙坪村"朝踏节"仪式安排,以见"朝踏"的古今演变概貌。

图1-1 邓学清藏《调踏公祖设文叙头总本》首页

第一节 许愿与申愿仪式

一、许愿仪式

许愿一般在农历入春三月份举行,但不固定哪一天,择吉日就行。许愿的前提是某家或某村寨近来诸事不顺遂,诸如村寨发生了瘟疫、洪涝等自然灾害,或出现了怪异现象,或先后多人沉疴绵绵,或六畜不旺、生意不火等,正如广西贺州市钟山县两安瑶族乡沙坪村"朝踏"许愿文书所云:"祀祭龙归庙、福龙庵、木家社下,年年作福,岁岁祈求。不料踏上某年以来,切见赵、黄家众房叔孙,家家多招官符时气,千灾百难,财帛时时有退不进,有祸不清……"于是本寨瑶人就会请师公来占卜,查查看是何神何鬼作祟。对神坛、社庙以及外来神鬼经过一番搜寻,最后占卜问出结果。如果是本宗祖先对如今后人的表现不满意,来索要何种供品,如沙坪村占卜的结果是"当为前世爷娘,后世父母,下来提点子孙男女,要讨细书歌堂良愿",意即村寨的子孙们忘记按时朝拜祭祀娱乐祖先,祖先不高兴,降下灾祸以示警告。

找到不顺的原因后,村里的男女老少即着手备办许愿事宜。首先是购买制作祭祀供品:"开箱捡出粮田白米,原状水碗,阴酒阳浆,三朝三前,四朝四后。前门将出,后门将入,黄金细钱买得香油白纸、七宝明香。"其次是清理布置醮坛:"叔孙有人推出后生年少,前门长扫净,后门长扫净。总坛醮主居楼边皂,贺起四脚台盘,烧起明香,点起明灯,阴阳渌水。"这些准备工作做好后,就请法师(瑶人称师公或师人)来依科演仪。

师公请示祖师本师后,点齐兵马赶赴醮坛。到了醮坛门前,作揖并喊"呵撒"三声,同时转三圈。醮坛内的令官也"呵撒"三声并三转,然后问来师:"庭前街下'呵撒',你是谁人?"师公告诉他:"我是全州观阳、全阳观州的师郎某君弟子,问知赵家、黄家众房叔孙结起赔还细书歌堂良愿,不知歌堂落在何方。"令官答曰:"歌堂落在居炉边之。"师公又说:"歌堂落在居炉边之,我师人上来与你赵家、黄家众房叔孙结(伸)起赔还细书歌堂良愿,阴阳欢喜,阴喜阳欢。"令官于是请师公们就座。师公们一通念白,在想象中请来并安排好了他们的祖师、本师与三师。

师人、醮主、令官、头人吃完早饭,在醮坛右边摆台,摆下二十四个牙盘。接着正师着法衣上香,请历代祖先神:总坛醮主香火管下赵、黄家众房子孙香火先祖,请全州灌阳祖先,按照辈分一代一代请,请上、下、中川五十四庙,请七州洞府子孙本命祖师。请齐后,向祖先们献酒。然后把许愿的来龙去脉口头讲述一遍,称为"许愿/结愿投词意者",全文如下:

呵!小师男女,踏在居楼边皂,也依赵/黄家众房叔孙,结许细书歌堂良愿。不通投词意者,阴府不知,先通乡里,后通州府。意者:

今据 中华民国广西省桂林道钟山北一区保安团,远年阳宅住居沙坪寨,祀祭龙归庙、福龙庵、木家社下,年年作福,岁岁祈求。不料踏上厶年以来,切见赵/黄家众房叔孙,家家多招官符时气,千灾百难,财帛时时有退不进,有祸不清。占家占堂,不居神坛〈神〉社庙,外来神仙,当为前世爷娘,后世父母,下来提点子孙男女,要讨细书歌堂良愿。计(记)落心头,退步回乡,回偏家中,男人说起,女人随从,开箱捡出,粮田白米,元(原)伏(状)水安(碗),阴酒阳浆,三朝三前,四朝四后。前门将出,后门将入,黄金细钱,买得香油白纸,七宝明香。叔孙有人,推出后生年少,前门长扫【净】,后门长扫净。总坛醮主,居楼边皂,贺起四脚台盘,烧起明香,点起明灯,阴阳渌水。上请大师不来,下请小师不到,请到带兵弟子赵法敏,提铃把卦,铙铃召请:一请明尊,二请家堂神名,三迎三请,全州观(灌)阳。请尊在前,咒水在后,绕坛解秽。打开三司神名,大路通到全州观(灌)阳前世前衍先祖,后世后衍先亡,三召三请,三召逗(召)归,居楼边皂。众房叔孙,鱼见江水,子见父母,低头为拜:一拜献上明香,二拜献上渌水,三拜责下银钱财纸,定乐(落)深山,保卦为保,众房叔孙,人口加成丁口。叔孙有人,知得公爷原年出省流移,将出变盘诗酒,前变前衍先亡,后变后衍先祖,一变二变,变归先祖位前,三变前衍先亡,三变变出,三天门下,有斋不叶(碟),有酒不瓶,过往时流,四变变归,居楼边皂,存下变盘诗酒,阴阳相伴,阴饱阳饥。吃了三巡七盏,五巡七杯,吃了亦周,吃得亦满。

良时亦来,吉时亦到,小师男女,全(会)齐赵老师尊、许愿童子、结愿先师、还愿师,常在小师男女,身前左右,身后左前,也亦(依)赵/黄家众房叔孙,结许细书歌堂良愿,一为人口,二为资财,三为耕田作地,四为六畜丰登,良愿在案,为得家家清吉,户户平安,百无禁忌,人有向前之力,马有过后之恩,上后依旧还答细书歌堂良愿。计(记)了心头,公司(私)收伯(什)库内,纳入库中,个个计(记)了心头,协(歇)下云头,落下车马,呵撒,呵撒。(赵法敏《朝踏七祖大

投词书一本》)〔1〕

　　神灵请一遍是不会来的,师公趁神灵到来之前作法戒净醮坛,即念动咒语绕着醮坛施法水。经法水戒净的醮坛变得清净、神圣、超尘脱俗了,如此神灵才会降临。但平地瑶认为,神灵如世间俗人一样,不知如何到达醮坛,于是师公们要为他们开路,路的一头连着醮坛,另一头通往神灵居所。经过三次召请,神灵们才会认为醮主是诚心实意地邀请,于是沿着师公们臆想中架设的金桥降临醮坛。

　　师公与参加祭祀者仿佛看见神灵们翩然进入醮坛,纷纷低头跪拜,同时献上明香、渌水、钱纸。这些"三献"之物是子孙们与祖先神的见面礼,也是二者之间订立契约的信物,献上了这些供品后,师公代醮主及村寨众房子孙对祖先神提出愿望,诸如希望祖先保佑后代人丁兴旺、六畜成群、五谷丰登、家家清吉、户户平安之类,并许下事成之后将奉上何许物什作为报答。接着通过卦象确定祖先们是否应许了他们的愿望,若未打出应有的卦象,则重来一遍前述程序,务使神灵答应。许愿这种人神契约一旦达成,也如世间签约后要举办个酒宴来加深签约各方的感情一样,村寨里推出熟悉从千家洞迁出一直到定居沙坪村的历代祖先事迹的村民,由他请出历代祖先们回到先祖神位,接受众房子孙们献诗敬酒。按祖先们的辈分先后请出,然后依序先诵诗再献酒,称为"变盘诗酒";菜肴也丰盛,号称"廿四牙盘"。这样,人神之间原先的隔阂与嫌隙似乎冰释了,二者之间的感情似乎变得融洽了,子孙后代心理上得到了安慰,对当下生活与未来前程也充满了信心。

　　向祖先们献过盛宴后,祖先们尽兴了,就该送神了。送神时依照请神

---

　　〔1〕　本书中所有科仪本、唱词本内容均由作者录入。瑶族宗教文献的书写者多为来自民间的仪式专家,其汉字使用习惯与现行规范多有不同,仪式文书中也常有脱、衍、错、漏等情况发生,现为方便阅读略作整理:以尖括号〈〉提示衍字;实心方括号【】提示脱字;方框口代替漏字;圆号号( )提示正字;厶为"某",一代指师公法名最后一个字,一代指仪式疏文中需要填写的要素,一般为时间(如某年某月某日)、地点(如厶地居住)和人名(如厶头首厶合房子孙)。以下凡引"朝踏"文献均仿此,不再赘述。

时的顺序一组一组有序地欢送。送齐回来焚化纸钱,意味着许愿期间奉献给祖先们的钱已成功转交。"交钱"后师公口头——列出村民的愿望,不外乎保人丁、耕种、六畜之类,称为"保筶"。至此才算人神契约正式订立并生效。

有时也会在送神后举办娱乐性较强的仪式,如宴请宾客,师公、众人唱歌等。子孙们接客来醮坛上香,上香后安排客人就座,席上早已摆好了七碗肉菜。这时师公起唱《诗酒歌章》,之后大家唱起阳歌,让众人与宾客对唱,气氛顿时热烈起来。众人边吃边唱,觥筹交错,歌声荡漾。宾主尽兴后,送客出门,许愿结束。

一般来说,许愿时所许的什物要由法师写在白纸上,卷成圆柱状塞入小竹筒内盖住。这个小竹筒被称为"愿筒"。"愿筒"要置于祖先神位上妥善保管,以利于申愿、还愿时照所许之愿申起或酬还。

图 1-2 愿筒与愿章

二、申愿仪式

申愿并非"朝踏"的必要仪式,只是在许愿之后,诸事依旧不洽人心,于是子孙们认为祖先们担心后人违约,再降灾示警。众房子孙为了打消祖先们的顾虑,又请师公,按照许愿仪式流程重做一遍,重申二者的契约关系。当然,也有在许愿后诸事顺遂仍举办申愿仪式的情况,目的在于向祖先们保证还愿的坚定意愿,防止祖先们降灾警告。申愿在农历七月入秋后间择吉日举办。申愿时师公照样要完整地诉说一遍申愿的过程,称为"申愿/抢愿投词意者",全文如下:

台吐来妆疏年,来妆疏细,先诉永年,求财不上,买卖不现,小男细女,投带都房,退步载状,投天天高,投水水深,思量无计,无计思量,将出一其香信,出依长乡大峒,三天门下,有灵童子,占卦笞中,点出不拘神坛社庙,外来神仙,当为全州灌阳,前世爷娘,后世父母,亦来提点子孙男女,要讨细书歌堂良愿。计(记)在心头,退步回乡,回偏家中,男人话起,女人随柜(皈)。开仓捡出白米,原状水安(碗),阴阳渌酒,三朝三前,四朝四后。前门将出,后门将入,杨鸟细茶,黄金细钱,出依长乡大洞(峒),州县里头,买得香油白纸,细罗白绢,头蹄四脚,七宝明香,退步回乡。叔孙有人,推出后生年少,前门长扫,扫净居楼边皂,贺起四脚台盘,烧起明香,点启(起)明灯,阴阳渌酒。上请大师不来,下请小师不到,请到带兵弟子赵法厶,提铃把卦,铙铃召请:一请明尊,二请家堂神名,三请三迎。请尊在前,咒水在后,绕坛解秽。打开三司神名,大路通到,全州观(灌)阳,前世前衍先祖,后世后衍先亡,三召召归,居楼边皂,先祖位前。众房叔孙,鱼见江水,子见父母,底(低)头为拜:一拜献上明香,二拜劝上渌水,三拜责下银钱财纸。日落西山,保卦为保,众房叔孙,人口加口成人(丁)。叔孙有人,知得公爷原年出省来移,将出变盘诗酒,前变前衍先亡,后变后衍先祖,一变二变,先祖位前,三变变出,三天门下,有斋无斋(碟),有酒无瓶,过往时流,四变变归,先祖位前,存下变〈变〉盘诗酒,阴阳相件(伴),阴饱阳饥。吃得三巡七盏,五巡七杯,吃得亦周,吃得亦满。

良时亦来,吉时以到,把坛护殿先〈祖〉师,起身通过,飞云牙帐细书,莫帐细书,牙了神书。许愿童子、结愿先师,下园白竹一节,白纸一帖,当厅亦依众房叔孙,伸启(起)细书歌堂良愿,一为人口,二为资财,三为耕田,四为五谷丰登,为得男长大,送入驴(闾)山读书;为得女长大,送入深房内侣,揪花织花,十指亦聪,十旨(指)亦明。(赵法敏《朝踏七祖大投词书一本》)

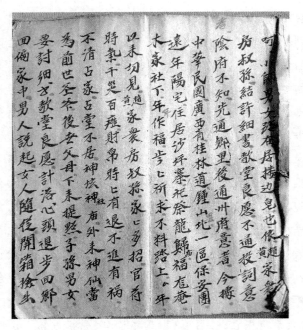

图 1-3 《朝踏七祖大投词书一本》首页

平地瑶申愿与过山瑶帮愿类似。过山瑶当年许愿,若当年因经济困难等因素不能如期还愿,则须在次年入春后请师公举办帮愿仪式,另外多交还愿的歉意钱,请求祖先原谅。申愿与帮愿的差异也很明显:其一,申愿不一定是因许愿后诸事不顺才举办,即不管许愿后境况如何皆可举办;而帮愿是许愿后境况无改善甚至仍很困难的情况下才举办。其二,申愿在当年七月入秋后举行;而帮愿则在次年入春后举办。其三,举办帮愿仪式当年入冬后仍然无法奉还的,则须在次年入春后举办转愿仪式,此后每年入春时都要由师公请祖先回来给纸钱,直到还愿为止。原来所许之愿升格为大位簿书歌堂良愿,祈求祖先继续护佑主家老少平安、六畜兴旺、五谷丰登。[1]

第二节 还 愿 仪 式

还愿是"朝踏"的主体仪式,一般在入冬后举办,其周期一般为十二年,规模大,持续时间长,仪程复杂。还愿一般安排三天,称先日、小日与正日,以下按照仪式流程的先后次序分别叙述,所据资料来自沙坪村邓学清所藏科仪本。

一、先日仪程

还愿先日的主要仪程有发功曹请神、收命星、收禁、捡坛与送神。

(一)发功曹请神

师公们从家坛点兵将奔赴醮坛,与许愿一样在醮坛门口祝贺醮主、福主、众房子孙,众人安排师公们就座。醮主、福主、令官、头人、师公吃过早饭,在醮坛边上摆台,买来的肉做廿四牙盘摆起,向功曹神拜发奏文:

> 铜锣一声拜发功曹。启请天界功曹,不怕天高;地界功曹,不怕地游;水界功曹,不怕水深。(中缺)资财六畜本命元辰星君,关请本祭龙归庙本部祖公大王,福龙庵茄蓝主者,木家社社岭冥王,庚古庙、育古社、保钱寨祖公,关请邻近上、下、中川五十四庙。(后缺)
>
> (前缺)通地府,法鼓三声,拜发功曹,修完醮事,完诚满散,各有所归。(赵法敏《十二年朝答祖公叙头总本》)

---

〔1〕 张声震主编:《还盘王愿》,南宁:广西民族古籍整理出版规划办公室,2002 年,第585 页。

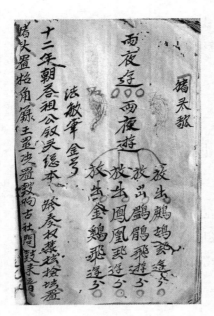

图 1－4 《十二年朝答祖公
叙头总本》跋语页

四值功曹是专司请神的使者,师公拜请功曹们去请神:

> 天界功曹、地界功曹、水界功曹、阳界功曹使者阳陈走马三郎,前去关请全州贯阳、全阳观州前世前衍先亡,后世后衍先祖,前十二对(队),后十二对(队),黄赤二帝,踏堂仙女,花盆九郎,唱歌娘子,唱令先师,公圣父母,三人四姓随身香火,本部□公、祖公、社王,五十四庙,七州洞府诸仙姑,师兄师友,佩带连炉祖教法派宗师,小带承师赵老师尊,开坛师主,把坛老尊,宜利某日牙帐降赴歌坛,阴阳相令,阴启(喜)阳欢。
> (赵法敏《朝踏七祖大投词书一本》)

所请之神以历代祖先为主,包括曾经生活在全州灌阳千家洞的先祖们、各姓迁徙到本地时带来的祖先、本地神灵以及师公们的历代宗师,有男神也有女神。

依许愿一样请齐神,献酒,口通意者:

> 天上亦有七星,地下有百岁老人,将收得古历通书金鸡簿历,提无三天门下,年头看到年尾,年尾撰到年头,利当今年,利当今月,利用某年某月某日倍还细书歌堂良愿,计在心头,退步回乡。老者多说,少者多听,开仓捡出粮田白米、原状水碗、阴酒阳浆,三召三前,四召四后。出门将入黄金细银,出依长乡大峒州府里头,买得香油白纸、头蹄四脚、七宝明香。上请大师不来,下请小师不到,请到明亮先生,台中磨墨,纸中写书,写出一衍是墨,二衍是书。远请十五里姑娘

姐妹,近请门房邻舍,叔孙亲谊,三人四姓,五人四角,宜利某日牙帐。叔孙有人前来扫净居楼边皂,付起四脚台盘,烧起明灯,阴阳渌水。上请大师亦来,下请小师亦到。依旧请到把坛护殿师郎赵法某,带兵前来居楼边皂,摇铃把卦,召请:一请明尊,二请家堂神兵。阴阳渌水,绕坛解秽。打开三司神名大路,通到全州贯阳前衍先亡,后衍先祖,三召召归居楼边皂。众房叔孙,鱼见江水,子见父母,低头为拜:一拜献上明香,二拜劝上渌酒,三拜责下银钱财纸。日落深山,保卦为保众房叔孙人口加口成人。(赵法敏《朝踏七祖大投词书一本》)

一番道白后,献上纸钱,拜发功曹仪式告一段落,接下来收命星。

(二)收命星

开始收众房子孙的命星存在醮坛头上:

> 良时亦来,吉时以到,打开三司神兵大路,通到总坛醮主管下众房赵、黄家叔孙大男小女十二命星,男人十二命星,女人十二命星,花男花女十二命星,吉叩赵老师尊,收在坤年之州,坤年之县竹筒之内。收禁牛羊六畜大财资财十二命星,鸡鸭鹅猪十二命星,通到收禁竹筒之内,存在总坛香炉殿上,青龙位上。(赵法敏《朝踏七祖大投词书一本》)

收命星来自瑶族的星斗信仰,他们认为每个人都对应天上的某颗星辰,这颗星决定了这个人的生死寿夭,所以只要保护好了这颗星,这个人就能免受伤害,行事大吉。这颗星通常成为某人的本命元辰星君,收好后妥善存放在神龛上,受神灵护佑。

(三)收禁

当地瑶民把神鬼等超自然存在分为善、恶两类,保护好个人的命星后,他们认为必须清除醮坛的凶神恶煞,以免这类鬼神扰乱醮坛,于是有了收禁仪：

> 又来打开神门,拆开鬼路,通到三其门外烫伤神,茶伤神,钉刀碗碎、雷霆白虎、中宫九良三煞、动前动后、番师迎主神祇,阴火阳火、错落之火、沧酒食肉之神,赤口罗网,相争理论,官府鬼气,千灾八难,收来禁止,收入禁坛之内,不令动作。不得邪师到来破我歌堂,如有破我一坛,还我千千万万之堂;如有破一变,还我千千万万之变,不令动作。(赵法敏《朝踏七祖大投词书一本》)

大门边收禁堂,用肉七碗,牙盘一块。显然,这里师公们施行了咒术咒语,用一种非常严厉的口吻警告这些凶神恶煞,并把他们拘禁起来。在另一个"朝踏"手抄科仪本中,也载录了收禁仪：

> 丑事当坛打出,外有邪神不得入。官符口舌,时流鬼气,饮酒多醉,食食酒肉之人,阴火阳火,错落之火,瘟王大将一切等神,打出四天门下,别处人请,外处人当。
>
> 好事当坛打进,内有正神,不得出当坛。引入铜锣一声,朝答过后,上不动前,下不动后,上把人口,下把资财,朝无鸦鸣鸟叫,夜无犬吠之声。打进□□贵人阴阳禄马,贵醮坛头上人财两盛,百无禁忌,大吉大利。(赵法敏《十二年朝答祖公叙头总本》)

只是这里不仅收禁凶神恶煞,而且引入正神善鬼,禁锢在醮坛,希望借他们的法力保佑众房子孙"朝踏"过后一切吉利。收命星是消极防御,保护当坛众人免受邪恶侵害;收禁是主动出击,把邪恶拘禁起来。二者目的都是整顿醮坛秩序,为神灵们的到来做准备。

(四) 捡坛

捡坛是指附上了先师阴魂的师公(即"童子",上童时可以在醮坛代先师行仪)来验收醮坛供奉的礼物,看是否兑现许愿时许诺的礼品。收了禁回来,富仁坛(在醮坛的左边)的供猪准备好了,童子上桥捡醮坛三回,不退童。童子一副南蛇铁散、付习丁鞋打扮,象征青龙白虎师、祖师本师与星光明月师,查验用来设圣的供猪头蹄四脚是否完整,再去验视总坛左边的富仁坛的曹司四脚,[1]最后检验总坛的酒米,那些拿来还愿供养祖先们的礼物,安置在红罗金殿[2]供养,富仁坛的酒米,拿来富仁堂设圣供养。

(五)送神

捡过坛后,童子回来退童,即退还先师的阴魂,恢复自己的阳魂,焚化纸钱给祖师,安奉祖师们,然后送神,打筊确认神灵保佑人丁、耕种、六畜之类。

本日仪程结束。

二、小日仪程

(一)请神

小日早晨,师公们吃过早饭,在正厅上摆台。不用牙盘,用肉七碗,正师请神。在红罗金殿歌堂头上,不置台,请齐神,就口头念诵"投词意者":

> 请圣来临,不通投词意者,阴府不知:今据 大清国……住居沙坪寨,祀祭龙归庙、福龙庵、木家社下,年年作福,岁岁祈求。不料踏上某年以来,看见赵、黄家众房子孙,家家多招官符鬼气,人丁不安,财帛耗散,耕种失收。总坛醮主管下赵、黄家众房子孙将出粮田白米、一其香信,投仙占卦,卦卦相同,当为全州观(灌)阳前世爷娘、后世父母要讨细书歌堂良愿。计在心头,回偏家中,男人唱起,女人皈依,备办香油财纸,原状水碗,扫净居楼边皂,亦依赵、黄家子孙结许细书歌堂良愿一堂在案。现得平安,春季当保夏季,当保秋季,七月×日伸(申)起良愿,当保冬季以来,十月收仓入库。天上亦有七星,地

---

[1] "曹司四脚"亦为供猪,与前文"头蹄四脚"相当,不过供在另一坛场"富仁坛"。
[2] 仪式中给祖先们置办的行宫,以便祖先们到坛有驻地。

下亦有百岁老人,收得古历通书金鸡簿历,年头看到年尾,宜利×月×日赔还细书歌堂良愿。某日拜发功曹,州州通府,府府通州。×日红罗金殿歌堂头上,小师请圣来临,献呈凡供,意者伸(申)通,一封银财钱纸扎下大坛。众圣长在歌堂头上,子孙男女到来,唱歌唱令,敬奉公爷父母,闹热坛场。踏到申酉二时,小师、男女踏在居楼边皂,请圣来临,置起红面牲头口令良愿。良时出依当厅一位,置起红罗金殿。金鸡报晓,点齐子孙男女,围台三转,三六九转,"朝踏"一日。踏到申酉二时,东衍排台,西衍排凳,上衍令官放出一字青令、十五字青令、二十八字青令,急水滩头放出内碎歌章。小师、男女亦依众房子孙赔还细书歌堂良愿,收藏交阴,法事完诚(成)。用保众房子孙还愿过后,家家清吉,户户平安,大财兴旺,六畜成群,官灾不见,口舌埋藏。用保弟子法某,心者不聪,口者不通,意者投词纳在公爷父母位前,阴府通知。云头不散,车马不移,歇下云头,落下车马,呵撒,呵撒。(赵法荣《调踏公祖设文叙头总本》)

向众神献投词酒,再献纸钱,纸钱暂不焚化,交纳纸钱扎下众神。祖先们(也包括所请的其他神灵)驻扎在醮坛,等候欣赏师公、众房子孙们的表演,这些表演带有娱乐神灵的意味,实际上也是按照许愿、申愿时的人神"契约"来兑现的。

(二)唱歌唱令

众房子孙接连唱《大陈谢》《初言》(即《初言奉公爷父母》)《礼疏》(即《礼疏曲》),表达对众宗祖的感戴之情(所唱歌词详见下卷)。唱完歌用一刀纸钱献神,扎住并合神于歌堂上。众房子孙们请赏酒肉,说口令。出去庭前吃酒,唱《朝踏阳歌》,一直唱到吃午饭。下午唱《春季社》。

(三)置办歌堂

"朝踏"仪式主体就是奉还歌堂良愿,所以小日要做好各方面的物资准备,主要有置办猪头、装好红罗金殿、做鼓、置歌堂等。(1)置办猪头。准备三个猪头,装扮猪头的眼睛,鼻子。置办耳环、钗钵、十二排钗鸟仔、象牙梳子、金钗、班(斑)衣赤领等,装扮左右两边的姑娘。(2)装扮红罗金殿。"宫殿"四角呈圆形,寓意团团圆圆,在殿里置办台桌,桌上摆着牙盘。将红罗金殿装好后,摆上香炉水碗酒盏明灯,大牙盘,小牙盘,子孙山;置帐架,置阳帐,置班(斑)衣赤领,鸦家仙女,红罗金殿,金阶玉殿,三人四姓。最后变身阳帐押堂。(3)做鼓。小日早晨,正师在中厅做肉六碗,请圣,不用牙盘勺子。众客来唱《礼疏曲》。客齐了,到申酉时,尊主献完酒。众子孙在醮坛两边排台,正师请神。用木头做鼓身,蒙上鼓皮,钉好。再启请祖师本师,星光明月师。(4)装扮歌堂。把坛师定好歌堂的界限,青龙师排好歌堂,白虎师布置好歌堂。接着把坛师施展法力运起太阳旷晒歌堂,青龙师发车,白虎师抛火球烧。然后青龙师清净、白虎师扫净歌堂;把坛师扫净歌堂四角。

申酉时,焚化纸钱,师公道白:

> 总坛醮主管下众房叔孙,子孙男女,堂头福主,上衍令官,三人四姓,五人四角,常在歌坛头上,人人星辰高照,禄马高强,阴卦破转吉星,阳卦推启少者,江水长流,圣卦其保。来到歌堂,唱歌唱令,敬奉公爷,父母进坛不怪,出坛无碍,三卦团圆,阴阳欢喜。(赵法敏《十二年朝答祖公叙头总本》)

若打卦未能连续打出阴卦、阳卦与圣卦三卦,师公再述说一遍,直到打出三卦,再道白:

> 当坛排下泉州观阳公爷父母,众房叔孙带来明良先祖,当生本命星君,邻近上下中川五十四庙,大众仙姑,连炉教主祖师,排下在醮坛位前,歌堂头上。云头不散,车马不移,歇下云头,落下车马,呵撒,呵撒,呵撒。(赵法敏《十二年朝答祖公叙头总本》)

师公出去庭前红罗金殿捡三遍,回来退童,献纸钱安奉祖师。祖师

（也有本师）在坛，具有护坛、护法的功能，护佑师公执行各类法事仪式。

三、正日仪程

正日科仪是专门为祖公们安排的一场"节目"，前述小日的"唱歌唱令""唱《春季社》"是阳歌曲，是人神共娱的"节目"，除了表达对祖公们的感戴之情外，还起到"闹热道场"的作用，使坛场气氛热烈起来，显出备办方的诚意。"置办歌堂"之后才开启特别针对祖公们的正式"还愿"科仪，以下即为此阶段的科演程序。

（一）跳堂

跳堂是指在歌堂上伴着曲子跳的一种特殊舞蹈，实际上是再现当年千家洞先祖们出逃时的情景，共跳五遍，称为"五堂"。

1. 跳头堂。次日凌晨鸡叫头遍，点上众房子孙、四个下堂女、鼓头郎君等人一起跳头堂。在醮坛偏厅，正师向前，二师拿猪头，醮主拿香炉，转三圈；再到正厅上转三圈。猪头、香炉留在正厅供奉。正师带众子孙进偏厅转三圈，在青龙边唱起头堂声：礼亥李 罗李 罗李 礼亥罗里李 礼亥罗里礼 李 礼亥罗里李。[1] 跟着曲子跳三六九转，跳完，合下扎住。请青龙、白虎正师扶起红面姑娘，扶三次，拿正猪牙盘肉，青龙、白虎师上香，化变牙盘，唱《梅花》，唱完焚化纸钱，保答，合下扎住不论。

2. 跳二堂。师人、令官、头人在醮坛吃五更酒饭，到天亮卯时分，拿正猪牙盘肉廿四份供奉红罗金殿。把坛师与青龙、白虎师想象中出去三天门下、庭前阶下、睡马阶前，置起歌堂，共置三遍。回来请车神童子，踏过金桥，到庭前阶下、睡马阶前、金堂内歌堂上检视，师公行罡行决，点齐子孙跳二堂。在中厅上青龙边，起跳三圈，才出去踢蛇形[2]，回来又跳三圈，在正厅上青龙边起二堂声：也夜 何富 何曰 也亥夜也富 也亥夜也富富 也亥夜也富。也跳三六九圈，赏肉子孙吃。

---

〔1〕 此处为唱曲，采取拟声的方法用汉字记录曲子的歌唱过程，凡停顿处空一字符，以句号表示曲终。下文均按此法录入，不再赘述。

〔2〕 蛇形：即排成蛇形队伍跳舞。

3. 跳三堂。照二堂一样跳完。师公打鼓,打众圣鼓,从青龙边进,白虎边出,队伍呈蛇形,不论其圈数。到辰巳时分,在富仁堂献猪请神,所请之神左右两边合下扎在富仁堂。之后开始变牙盘,唱《梅花》歌,唱完焚化钱纸,送神,送回中厅上。下堂打鼓,不论其数。正猪牙盘肉由正厨收回。富仁大牙盘肉由富仁口语请神师二人收回。

4. 跳四堂。到未时,童子上桥,点齐子孙跳四堂,照第三堂一样跳。正厅上青龙边起四堂声:也富 也亥 也亥夜也富 也亥夜也富 富 也亥夜也富。跳完,请下堂女出到下堂,跟随大家唱完。请鼓头郎君下来,正鼓在中央,旁鼓左右摆起,每鼓一碗肉供奉。正鼓双份供肉,不要切烂,将一封钱纸献鼓头郎君、鼓板小娘、鼓人本命,唱《响鼓礼》。唱完,焚化钱纸,保筶,合下扎住。打众圣鼓,照前打。

5. 跳五堂。在中厅上,照第四堂一样跳六圈,青龙上起五堂声:也亥也富 也亥夜也富 富也富 富。跳完。

(二)化鼓

跳堂结束后,童子上桥捉鼓,喫第一口水,挽起二郎手决,喫第二口水,挽起×罡决,喫第三口水,差祖师、本师启毫光,将剑刀纸插在鼓上,拿肉二封,收鼓声。待十二年再请出来挞响长鼓"朝踏"祖公。将木长鼓破烂,焚化纸钱与木鼓,退童。

(三)定客

吃过晚饭后定客。不论人齐不齐,总坛醮主、堂头福主、上衍令官、师公、子孙座在中厅上,摆上牛肉毛齑菜二十四份,肉二十四份,道白:

> 守时良候,守候良时,良时以来,吉时以到,东衍亦会排凳,西衍亦会排台,排起四衍八位。总坛醮主、把坛设殿先师一定定下坛头福主、上衍令官、古头郎君、古板小娘、上堂仙姑、下堂仙女、三人四姓、六路九亲;定下醮坛头上富贵良厅,行良歌宿,唱歌唱令,闹热道场。云头不散,车马不移,歇下云头,落下车马,呵撒,呵撒,呵撒。(赵法敏《十二年朝答祖公叙头总本》)

（四）唱歌勾愿

把坛护殿先师请来为神童子，唱《为神歌章》，唱完，回归神案前。把坛师下坛，上衍令官做肉七碗，在中厅上唱《酒诗尾》，唱《散客歌》，唱歌的数量不拘。唱完就开始放令（唱《朝踏令歌》），之后唱阴歌——《出省流移歌章》《造屋歌章》《雷王歌章》《长礼疏》《十母歌章》。唱完，正师还愿，列齐众神，献酒，如小日正厅上的投词一样口头叙述一遍还愿一事的来龙去脉。取出装在竹筒里的愿头，转三圈，出来拆破愿章，唱《游愿歌章》。游愿回来，正师口头保了众房子孙人丁、财帛、五谷，打下卦头，若是阴答则表示祖公同意勾销良愿，接着焚化还愿纸，勾销了愿头。

（五）收脏

请收脏师来把他们认定为不好的各类脏物、脏事收拢拘押。收脏师上坛，道白：

良时亦来，吉时亦到，请到收脏师郎法×，与你赵、黄家众房子孙男女收了三百年前、四百年后官符鬼气，不灵动作。意者：今据　大清国……将大投词一路通完，用保众房叔孙家家清吉，户户平安，朝无鸦鸣鸟叫，夜无犬吠之声，人财两盛，五谷丰登，完满。（赵法荣《调踏公祖设文叙头总本》）

将大长扛纸钱献纳神灵，一路一路献过，打开通路送神归去，焚化纸钱，保答完满。吃了散福酒，各人唱《歌堂散》，请福回家。

（六）抢猪头、抢饭[1]

次日早晨煮饭时，唱《吹（炊）饭歌》《请起妹》《金花歌》，随意唱。等子孙到齐了，童子上桥围台一圈，推出猪头转一圈；又围台转两圈，推出猪头转两圈；转第三圈后，童子师担起猪头，正师在门前拿起马脚棍，头上挽

---

〔1〕　近年来，"抢饭"基本被"抢粽子"代替。

起金鸡罡决,唱起《两夜游》,放出四只金鸡,然后抛猪头,众人抢猪头。回来红罗厅堂,子孙抢纸,庭前阶下抢饭。抢到的各自带回家敬奉公爷父母。众子孙不许出外,回来齐站在屋檐下。师公转向回来,退童化纸,用军声不用亡声,用军声献过公爷父母后,师公退童,拜祖师,销罪。带祖师回坛下马,道场完满,福有所归。

第三节 仪式的变迁

一、传承人口述"朝踏"仪程

笔者于 2021 年 7 月 24 日专访过一次"瑶族朝踏节"传承人黄海德,他生于 1954 年,曾参加过 1964 年、1987 年沙坪村"朝踏节",是 2015 年沙坪"盘王节"的主要组织者之一,2019 年被广西壮族自治区文化和旅游厅认定为区级"瑶族朝踏节"代表性传承人。本次采访在他家中进行,他首先介绍了沙坪"朝踏节"的基本情况:

> 我们的老祖宗是从全州灌阳千家洞逃出来,住过几个地方,(最后)到沙坪定居,(算起来)已经有六百多年(历史了)。每年(次)搞"朝踏节"全村人都参加,但分为有主人和客人,比如今年搞"朝踏节"黄家作主,赵家就是客人,下一年(次)轮到赵家做主,黄家就是客人。(完整的"朝踏节")要三天三夜才结束。"朝踏节"主要人员有堂头福主二人,令官村主一人,师公一人,阴母(又作"引母")一人,(阴母要求六十岁以上,夫妻双全,有儿有女)下堂女四人,(大女十八岁以下,二女十六岁以下,三女十四岁以下,四女十二岁以下)。

以下是他所回顾的"朝踏节"仪式流程:

第一天(农历十月十四日)[1]

凌晨吉时(子时到辰时五个时辰),堂头福主到福龙庵、龙归庙[2]上香供茶。下堂女吉时前到阴母家等候迎接。师公、令官村主接阴母、下堂女去福龙庵。到福龙庵门口,堂头福主二人拦住不让进,问清他们是从全州灌阳千家洞来才让进去。在福龙庵,阴母、下堂女上香、烧纸,在庙内走三圈后,休息等候早饭。

师公、令官村主接阴母、下堂女到福龙庵后,到上一届"朝踏节"期间供奉猪头之家接猪头。接到福龙庵后用早饭。

第二天(农历十月十五日)

早饭后,师公、令官村主到村子的大门楼接客,接到福龙庵内,由令官村主致"上香词"。致"上香词"前,早有三人分别准备了明香、绿水、银钱财纸。令官村主读到"供上明香"时,第一人点上明香供上;读到"供上绿水",第二人供上绿水作为茶水;读到"供上银钱财纸",第三人把银钱财纸供上,烧纸。致"上香词"后,唱《请起妹》歌,阴母、下堂女在厅内走三圈后唱《接客歌》,唱到十一点半吃中饭。

下午两点,首先由阴母和下堂女在庵内走三圈,然后唱"朝踏歌",到三点半钟休息。到"春季社"出场,先由阴母和下堂女在庵外大场内走三圈,才科演《春季社》[3]。接着是全体村民"跳头堂"。跳完后,回到庵内接唱"朝踏歌",唱到五点钟吃晚饭。晚上七点半由阴母和下堂女在庵内走三圈,接唱"朝踏歌",唱到九点半钟,接唱"令歌",唱完令歌休息。

第三天(农历十月十六日)

早上八点唱《请起妹》歌,唱完《请起妹》歌后,阴母与下堂女在

---

[1]　此时间为"朝踏节"传承人黄海德所述仪式时间,下同。
[2]　沙坪村东南距村约500米处的一座庙宇,据邓学清师公说以前(2015年)的朝踏节是以该庙为主祭坛,但那地方空间较窄,周边都是农田或水圳,不方便举办;而福龙庵就在村东头,门前一大片硬化空地,周边的配套设施较完备,有戏台、文化活动中心等,故现在的仪式移到福龙庵及其周边举办。
[3]　"春季社"为有简单的故事情节的歌舞,类似于仪式性的歌舞剧。

庵内庵外各走三圈,然后穿鼓,由令官村主、师公带领阴母、下堂女穿三六九转鼓。

接着是"春季社",堂头福主早已准备好了牛肠、牛肚、酒,等候"春季社"的年轻人来乞讨。

接下来跳"捉鼓舞",全体村民在场围大圈,把鼓围在里面,捉鼓的人从东南西北四个方向往里钻,但只有到最后一方才能钻进去,钻进去后被问到"从哪里来的",捉鼓人齐声同喊:"我们是从全州灌阳千家洞来的。"

之后是"抢三角粽",由堂头福主撒。撒完后进入"抢猪头"环节,要按照东南西北中五个方位舞过去,(第一个方位放出鹧鸪,第二个方位放出画眉,第三个方位放出凤凰,第四个方位放出金鸡,第五个方位放出孔雀)才能把猪头丢给村民抢。猪头骨架要供奉在事先定好的人家,家主要好好保存到下届"朝踏节"。抢完猪头后吃晚饭。

晚上七点半钟阴母和下堂女在庵内走三圈后大家一起唱"散客歌",唱完之后由令官村主致"带白公回家献纸词"。致词后,各家上香烧纸,每人点三支香回家插在神台上,意为带白公回家供奉。

黄海德祖父当年是村中"朝踏歌"演唱能手,在往年的"朝踏节"中扮演举足轻重的角色,黄海德跟在祖父身边耳濡目染,再加上从小"下水"实践,所以他记忆中的"朝踏节"仍然保留了较多的"传统色彩";同时,他所叙述的"朝踏节"又在一定程度上烙下了时代印记,带有某种"当代意味":一是时间的表述由传统的干支纪时换作了具体的数字,举办时间确定为特定的三天;二是与光绪年间科仪本《调踏公祖设文叙头总本》记载的仪程相比,有了较多的简化,而娱乐性的节目占据主要地位,黄海德详述了"朝踏"歌与"朝踏"舞的展演情形,对于"朝踏"中的祭祀仪节则作简略处理,祭仪成为"朝踏"仪式的结构框架,而"朝踏"歌舞变成了主体内容。

"朝踏"仪式发生变迁的原因是多方面的:一是黄海德所述的几届"朝踏节"时间都在1949年后,与"传统"的"朝踏"已经拉开了较长的时间距离;二是其中的时间安排受到 1984 年之后标准化的瑶族盘王节时间的影响,事实上,传自清代的科仪经书以及其他关于该仪式的记载都只给出了一个大致的时间段,即秋收后到春节这段农闲时节,而他所说的时间已经固化为特定的日子;三是全球化、城镇化、信息化时代对于休闲娱乐的需求多于农业文明时代对于祭祀礼仪的需求,农业时代"靠天吃饭",对于掌管风雨祸福的神灵特具恭敬与崇拜心,表现在仪式中,即为一板一眼、规规矩矩的祭仪。

因此,我们可以这样认为,仪式传承人是从"主位"这个"局内人"视角来看待"朝踏节"这一地方性文化的,历史上相对封闭、落后的生存环境,神灵信仰观念以及农耕经济等构成的地方性文化生态,决定了该项活动能够"自然地"进行传承,历史上的自发传承也并非个体行为,而是集体性代际传续。传承人这个集体扮演了一个承上启下、继往开来的角色,他们肩负着面对过去、"承接"传统文化与面向当今与未来、"传扬"传统文化的双重责任。

二、2015 年"朝踏节"[1]仪式

当今的民俗节庆等非物质文化遗产活动并非文化持有者的单方面行为,而是代表国家的地方各级政府与商界、媒体、学界"共谋"的结果,代表了各利益共同体不同的立场与视角。从多个角度来透视"非遗"活动,有利于全面把握这个研究对象。为此,以下将展现主办方(主要为沙坪村民代表组成的"筹委会",乡级地方政府起间接领导、业务指导与政策支持等作用)和媒体这两个"局外人"对沙坪村 2015 年"朝踏节"仪式流程的认识。

(一)主办方的仪程安排

由乡、村两级地方政府组成的"钟山县两安瑶族乡沙坪村'盘王节'活动筹备工作指导小组"对该项活动作了周密的安排。活动时间为 2015

---

[1] 笔者发现 2015 年的"朝踏节"大小标语都称"盘王节";一些组织本次活动的书面材料中也作此称,同时也说明了该项仪式的其他名称为"朝踏节"或"还盘王愿";而在面对专家学者或申报非遗等特殊情况下则保持传统称呼——"朝踏节"。

年 11 月 25 日(农历十月十四)至 27 日(农历十月十六),为期三天。仪式流程如下:

表 1 沙坪村 2015 年"朝踏节"仪式安排表

日 期	时 间	表 演 内 容	参演人员	表演地点
11 月 25 日(农历十月十四)	上午 9:00	上香烧纸钱,致上香词	令官尊主、师公	福龙庵
	上午 9:00	对唱《接客歌》	主客双方	大门楼
	下午 1:30	杀大猪	集体	福龙庵门口
	下午 2:30	齐唱《春季社》	传承人、集体	福龙庵门前球场
	晚上 9:00	唱《梅花曲》	传承人、集体	福龙庵门前球场
11 月 26 日(农历十月十五)	上午 9:30	跳一、二、三、四堂,围台跳三圈	所有表演者	福龙庵门前球场
	上午 10:30	大家齐唱《下堂歌》《出省流移歌》《三姑两姐曲》,同时围着众人漫步三圈	引母和下堂女	福龙庵门前球场
	下午 2:30	"盘王节"瑶家油茶比赛	所有参赛人员	福龙庵门前球场
	下午 4:30	跳四、五堂,跳唱《春季社》	传承人、集体	福龙庵门前球场
11 月 27 日(农历十月十六)	上午 9:00	歌唱《老人曲》《求官曲》《马诗曲》《单身曲》《难歌聪》《聪巧女》	所有表演者	福龙庵门前球场
		跳《春季社》	小学生	福龙庵门前球场

续　表

日　期	时　间	表 演 内 容	参演人员	表演地点
11月 27日 （农历 十月 十六）	上午9:00	跳《羊角长鼓舞》《捉鼓舞》《跳头堂》	老人	福龙庵门前球场
		歌唱《歌堂散》《散客歌》	所有表演者	福龙庵门前球场
	下午2:00	抢三角粽、大米饭	所有表演者	福龙庵门前球场
		抢猪头	所有表演者	福龙庵门前球场
	下午3:30	唱山歌、文艺晚会	所有表演者	福龙庵门前球场

（沙坪村"盘王节"筹委会供稿）

（二）媒体眼中的"朝踏节"

据红豆网网友艾枫[1]调查，"朝踏节"主要活动场地有龙归庙和福龙庵。朝踏节主要歌曲有五部：《朝踏接客歌》《朝踏阳歌》《朝踏阴歌》《朝踏令歌》《春季社歌》。主要舞蹈有四个：《羊角长鼓舞》《跳头堂》《捉鼓》《春季社舞》。主要节目有两个：抢猪头、抢三角粽。

"朝踏节"主要人物有师公、尊主、令主、引娘、下堂女，尊主主持"朝踏节"，令主组织村民进行活动。尊主、令主由村中德高望众者担任。师公是挂了七星灯的师傅担任，负责到龙归庙许愿、抢运[2]、还愿；到福龙庵里请神送神。引娘是盘王的妻子，下堂女是盘王没有出嫁的女儿。引娘和四个下堂女由尊主引领，出现在"朝踏节"中。引

---

〔1〕　红豆网为广西的一个网站，较关注地方文化动态；艾枫为广西贺州市地方文化挖掘与传播较活跃的民间人士，经常在该网发表有关地方文化的帖子。
〔2〕　抢运，实际为"抢愿"，即申愿。

娘和下堂女虽然身份高贵,相当于古代的皇亲国戚,可是在"朝踏节"里表现得却很低调,她们一直沉默不语,跟着尊主在需要的节目里走大三圈,小六圈,九梅花圈。即使是在"朝踏节"里最精彩最热闹的"抢猪头",她们也只是默默站立在狂欢村民旁边观看,特别是四位下堂女,一直用绣巾蒙着头,不肯向世人展示花容。

《羊角长鼓舞》:羊角长鼓舞,两人手执长鼓扮成盘王子孙,一群少男少女手执羊角扮成"山羊"。执羊角者不断作出山羊向四周冲撞突围的动作,执长鼓者则作出阻拦、驱赶山羊的动作,边舞边呼"呼吡-呼咩,呼吡-呼咩!"的号子。

《跳头堂》:跳头堂描述瑶族祖先逃脱官府、皇兵的追杀后狂舞起来,发出"日衣夜、日衣富"的呼喊声。

《捉鼓舞》:捉鼓舞是男子手执长鼓,围着篝火舞动长鼓。村民们男女老少手拉着手,围着篝火,踏着节奏,边舞边呼号"飞夜飞、咦夜飞、飞嘢咦嘢飞……"

《春季社》:春季社是由一老者率十多名年轻人,头裹毛巾,脚踏草鞋,身背葫芦、雨伞和布袋,作乞丐打扮,另有几位老者盛装拿着酒饭,端坐在表演场地,扮成施主。施主和乞丐同唱描述春夏秋冬农活内容的歌谣,边唱边舞蹈。舞蹈时依歌表演歌谣内容,表演播种、插秧、收割、砍柴等模拟舞蹈动作,继而乞丐向施主讨吃,施主逐个向乞丐施以酒饭。

抢三角粽:桌上唱抢三角粽歌,后抛撒空中,大家哄抢,抢三角粽也是回家供在祖先牌位前。

抢猪头:"朝踏节"里的抢猪头很有讲究,一张木桌摆在福龙庵大门前,先是尊主领着引娘下堂女走3、6、9圈祈福,接着师公上前布道场做法事,然后四位后生用圆簸箕端出一只煮的半生不熟的猪头来,交给站在木桌上的长者,长者端着猪头,向四面唱《舞猪头歌》后,向半空高抛猪头,众人一哄而上抢猪头。沙坪村每家每户都要派出一人出来,用手或者嘴巴咬下一小块猪头肉来,回家放到祖宗灵位前供奉。被村民抢过的猪头骨架由"朝踏节"里主唱姓氏保存,留待下一届"朝踏节"里,师公到龙归庙里烧掉还愿之用。

媒体往往是站在广大受众的视角去看待仪式的,或者说媒体是有意识地代表受众对"朝踏"仪式进行"选择"报道。所以该调查并没有特别关注仪式程序,而是把镜头对准那些特别容易引起网友注意的内容,如场面大且娱乐性较强的歌舞节目。实际上,从传统的"朝踏"仪式来看,祭祀与还愿是其主要目的,歌舞等文艺节目是达成该目的的形式与手段。因此,祭祀与还愿仪式是该项活动的"内核",也是推动其代代传承的核心动

钟山县两安瑶族乡沙坪村
2016年"朝踏节"活动日程

日期	时间	表演内容	参演人员	表演地点
11月13日	早晚	上香致上香词唱朝踏歌	令言斋主、师公	福龙庵
11月14日	早晚	上香	村民	福龙庵
11月15日	8:00—9:00	"接客歌""迎宾客"	集体	村口
	上午 9:00—10:00	上香致上香词,唱《朝踏歌》、"仙女出堂"一、二、三、……堂	集体	福龙庵
	10:00—12:00	1. "仙女出堂"《跳头堂》 2. "仙女出堂"《捉鼓舞》 3. "仙女出堂"《春季社舞》 4. "仙女出堂"《门咪歌、梅花曲》 5. "仙女出堂"《羊角长鼓舞》	集体	福龙庵球场
	下午 12:00—2:00	瑶家美食 展示、(打油茶、粽子、糍粑)	集体	福龙庵球场
	2:00—3:30	1. 唱"歌堂散""散客歌" 2. "仙女出堂" 抢粽子、抢米饭 3. "仙女出堂" 舞猪头(抢猪头) 4. 鸣花炮	集体	福龙庵球场
	3:30	唱山歌文艺晚会(节目见附表)	集体	舞台

联系人:黄社恩 电话13977428047 黄 刚 电话13978452751

图1-5 2016年"朝踏节"仪式安排表

力;而歌舞之类文艺节目倒是其"外壳"。歌舞等娱神活动是依附在表现传统信仰这个"内核"之上的艺术形式,我们不能一味迎合大众趣味而丢掉"非遗"的本质。

本 章 结 语

"朝踏"仪式存在地域性与时代性差异,本章所论"朝踏"特指平地瑶的一支——沙坪红头瑶的"朝踏祖公"仪式,习惯上简称"朝踏"。"朝踏"是对许愿、申愿与还愿的统称,许愿、申愿持续时间短,仪程较简单,还愿持续时间长,仪程较复杂,通常所说的"朝踏"是就还愿而言的。沙坪村传统的"朝踏"仪式(指"还愿")要科演请功曹请神、收命星、收禁、捡坛、唱歌唱令、置办歌堂、跳堂、化鼓、定客、唱歌勾愿、收脏、抢猪头、抢饭等仪节。"朝踏"仪式的科演也相当于事件的"叙述",根据所述事情的差异,整个仪式分为两个阶段:第一阶段为坛场营造,侧重于坛场净化与唱歌唱令暖场;第二阶段的还愿,即在一个专门为祖公们准备的仪式空间向他们献上歌舞,酬还良愿。这就是"朝踏"仪式所述之主要事件,仪式也主要科演这两件事。也可以将"朝踏"仪式视为一出"戏",分为上、下两场,各有不同的剧情,而前后剧情又相连贯,构成一个整体。其他诸如仪式前的筹备相当于戏剧的"序幕",至于"收脏、抢猪头、抢饭"则俨然戏剧的尾声。

沙坪村的"朝踏"仪式部分地沿袭了传统,又具有时代特色。当地于2015年举办了一场精心准备、多方参与的"朝踏节",祭祀性的仪节明显地压缩了,而娱乐性的歌舞仪节则有意拓展了,甚至在传统仪式结束后还另加了一场包括"唱山歌"在内的文艺晚会,是传统仪式在当代走向节庆化与娱乐化的典型案例。"朝踏"仪式变迁的因素是多方面的,有因时代与文化语境的变化而发生的自然变迁,以及因1984年对于瑶族"盘王节"祀典的标准化改造而发生的人为变迁,而主要原因在于当代人对神灵的崇拜与依附程度大大降低,在生存更有保障,生活质量更高的时代,对于休闲性、娱乐性文化的内在需求大大增加了。

表 2 "朝踏"仪式变迁表

	据 文 献	据传承人	据 2015 年"朝踏节"
时间	农历入春三月择吉日举行	农历十月十四日至十六日	2015年11月25日(农历十月十四)至 27日(农历十月十六)
举办原因	某家或某村近来诸事不顺	不明	非物质文化遗产保护
供品	"开箱捡出粮田白米,原状水碗,阴酒阳浆,三朝三前,四朝四后。前门将出,后门将入,黄金细钱买得香油白纸、七宝明香。"明香、渌水、钱纸。	明香、绿水、银钱财纸、牛肠、牛肚、酒、猪头、粽子。	香、纸钱、猪头、粽子。
地点	不明	福龙庵、龙归庙	福龙庵及其门前球场
参与人员	师人、醮主、令官、头人、众房子孙	全村人参与,轮流做主人和客人。主要人员包括:堂头福主二人,令官村主一人,师公一人,阴母(又作"引母")一人,(阴母要求六十岁以上,夫妻双全,有儿有女)下堂女四人,(大女十八岁以下,二女十六岁以下,三女十四岁以下,四女十二岁以下)。	沙坪村民代表组成的"筹委会"、乡级地方政府主办,全村参与,分主客双方。主要人员包括:令官尊主、师公、引母和下堂女传承人、表演者。
流程	(一)许愿(申愿)(二)还愿 1.先日:发功曹请神、收命星、收禁、	(一)堂头福主上香供茶;师公、令官村主接阴母、下堂女;堂头福主二人挡门;阴母、下堂女上	(一)上香烧纸钱,致上香词;对唱《接客歌》;杀大猪、齐唱《春季社》;唱《梅

	据 文 献	据传承人	据 2015 年"朝踏节"
流程	捡坛与送神。 2. 小日：请神、唱歌唱令、置办歌堂。 3. 正日：跳堂、化鼓、定客、唱歌勾愿、收脏、抢猪头\抢饭。	香、烧纸，在庙内走三圈；师公、令官村主去上一届供奉猪头之家接猪头。 （二）师公、令官村主到村子的大门楼接客；令官村主致"上香词"，三人按词分别供上明香、绿水、银钱财纸；唱《请起妹》歌，阴母、下堂女在厅内走三圈后唱《接客歌》；阴母和下堂女在庵内走三圈，然后唱"朝踏歌"；阴母和下堂女在庵外大场内走三圈，科演《春季社》；全体村民"跳头堂"；回到庵内接唱"朝踏歌"；阴母和下堂女在庵内走三圈，接唱"朝踏歌"。 （三）唱《请起妹》歌，阴母与下堂女在庵内庵外各走三圈，由令官村主、师公带领阴母、下堂女穿三六九转鼓；"春季社"；"捉鼓舞"；堂头福主撒"三角粽"，众人抢；抢猪头；阴母和下堂女在庵内走三圈后大家一起唱"散客歌"；令官村主致"带白公回家献纸词"；各家上香烧纸，每人点三支香回家插在神台上。	花曲》。 （二）跳一、二、三、四堂，围台跳三圈；大家齐唱《下堂歌》《出省流移歌》《三姑两姐曲》，同时围着众人漫步三圈；"盘王节"瑶家油茶比赛；跳四、五堂，跳唱《春季社》。 （三）歌唱《老人曲》《求官曲》《马诗曲》《单身曲》《难歌聪》《聪巧女》；跳《春季社》；跳《羊角长鼓舞》《捉鼓舞》《跳头堂》；歌唱《歌堂散》《散客歌》；抢三角粽、大米饭；抢猪头；唱山歌、文艺晚会。
影响	增强族内凝聚力，子孙后代心理上得到了安慰，对当下生活与未来前程似乎充满了信心。	祭祀仪节简略处理，歌舞变成了主体内容，众人主要用来休闲娱乐。	媒体前来报道，场面大且娱乐性较强的歌舞节目引起网友注意。

第二章　朝　踏　歌

　　沙坪红头瑶"朝踏"在疏表与"意者"中称"细书歌堂良愿",富川新华乡上坝村平地瑶黄姓师公的科仪经书称"父母歌踏芒苘平安良愿";其他瑶族支系也多有称祭祖仪式为"歌堂"的,如过山瑶称"还盘王愿"为"踏歌堂",广东连南排瑶称祭祖仪式为"耍歌堂",可见歌在平地瑶"朝踏"仪式中的重要地位,他们把"歌"作为献给祖先的重要礼物。瑶族天性爱歌,认为"饭养身来歌养心",歌是瑶族人表达情意、度过危机的重要凭借。历史上南方民族一直传承着"歌堂"礼俗,瑶族尤甚,汉文典籍中记载了不少关于瑶族歌舞娱神的仪式案例,北宋沈辽《云巢编》卷四有《踏盘曲二首》,生动地再现了湖南湘江流域瑶族祭祀盘瓠的场景,一众瑶胞吹着芦笙、打着长鼓、唱歌跳舞娱乐盘王。[1] 今天平地瑶的"朝踏"与此一脉相承。南宋范成大和周去非都曾任职于广南西路,熟悉瑶人风俗,分别在《桂海虞衡志·志蛮》和《岭外代答·蛮俗门》记录了瑶族祭祖时的歌舞情景,时人称为"踏瑶"。明清时诸如《赤雅》《广东新语》也有不少关于瑶族唱歌娱祖的记载。

---

　　〔1〕 （宋）沈辽：《云巢编》卷四,《文渊阁四库全书》（第1117册）,台北：台湾商务印书馆,1988年。

48

图2-1　黄海德藏《朝踏》歌本

　　《朝踏歌》贯穿了沙坪村"朝踏"仪式的大部分仪节,与"朝踏"舞蹈共同构成了"朝踏"仪式的主干。据笔者调查,沙坪村赵、黄、盘、邓四姓都有《朝踏歌》的手抄本,只是保存情况不一样,盘姓保存较完整。其他各姓大多只部分存留,且损毁严重。"朝踏节"传承人黄海德藏有《十二年调踏公祖大讨路》《阴歌曲一部》《阳歌曲一本》,均由黄泰雷抄写,《阴歌曲一部》于道光二十一年(1841)季夏依赵国後故本誊抄;《阳歌曲一本》于道光十年(1830)十二月初五誊抄,未知从何抄出。邓学清藏有《酬答公祖阴曲一部》,封面有"赵国升字号",则应是赵国升誊抄的,未标明时间与出处。赵甲光于2002年依盘益儒抄本重录,分别是《朝踏接客大讨路歌一本》(以下简称《接客大讨路歌》)《十二年朝踏令歌一本》(以下简称《朝踏令歌》)《十二年朝踏阳歌曲一本》(以下简称《朝踏阳歌》)。赵甲光所抄《朝踏歌》系中另有一本《十二年朝踏阴

49

歌曲一本》(以下简称《朝踏阴歌》),文尾未标注出处,根据命名推测应该同属盘益儒抄本。所以赵甲光抄本共有四册,构成了一个较完整的《朝踏歌》系统。

赵甲光四个歌本的演唱顺序。据《朝踏阴歌》十七段歌的结尾说明:"以上共计一十七段歌曲,即放完人〔1〕后,次第唱来,《十母歌》止,唱《歌堂散》回家了。"另据黄海德藏本《阴歌曲一部》末尾标识:"……阴歌一部,放令之后用之。"可知《朝踏阴歌》是在《朝踏令歌》之后依次唱来,而《朝踏接客大讨路歌》作为迎接客人的歌无疑应置于首位。根据瑶族民间尊祖奉神的习俗,《朝踏阳歌》应该在《朝踏阴歌》之后;赵甲光抄本中《朝踏阳歌》也是接在《朝踏阴歌》之后的,《朝踏阴歌》十七段,若加上《歌堂散》则为十八段,而《朝踏阳歌》则是从十九段开始,很可能是承接《朝踏阴歌》而来;从目前传承的"朝踏"仪式来看,也是以《朝踏阳歌》末尾的《丢猪头歌》为全部仪式的收尾。由此看来,四个歌本的演唱顺序为:《接客大讨路歌》《朝踏令歌》《朝踏阴歌》《朝踏阳歌》。这个排序与《朝踏令歌》《朝踏阴歌》《朝踏阳歌》歌本内部的散体道白《天地开张》的排序一致。当然,这是大体的演唱顺序,仪式里往往有不按此序穿插使用的情况。以下以赵甲光抄录本为主,结合仪式分别梳理《朝踏歌》四个歌本的主要内容与唱述形式。

第一节　接客大讨路歌

沙坪村四姓瑶族在"朝踏"仪式中分成主客两方,一般是赵姓和邓姓一组,黄姓和盘姓一组,两组轮替主客角色。"朝踏节"头天早上,主方先

---

〔1〕 "人"当为"令",指令歌。

到门楼处等候客方到来,待客方人来时,就开始唱《接客歌》,歌书中有主、客双方固定的唱词。然后边唱边向主醮坛福龙庵(此处搭起了歌堂,称为主歌堂)走去。

《接客大讨路歌》主要包括《接客歌》《安客歌》《起身歌》《捞堂歌》,除《安客歌》外,其他三支歌也出现在《朝踏阳歌》里面,但在形式与篇幅上有较大的区别,具体表达也略有不同。《接客歌》的最初演唱地点在接客点东门楼,以客主双方对唱的形式进行;无论客主,都先唱相同的曲子,再接唱歌词。先由客方打头,唱曲:"李罗　李戏来嘱　李罗李俅　罗呵来嘱　李戏来嘱　罗呵来嘱　来衣",再唱词:"初相僚乱客郎来,不得天光上路来。初声大步绕尊神报,曾来贵地看贵乡。"接着主方唱同样的曲子,紧接着唱词:"初相僚乱客郎来,担破凉伞踏破鞋。五百里路郎住处,为着宗祖也着来。"如此客主交替唱,边走边唱,最后客唱:"鸡仔飞跃讨入屋,鸭仔飞箄讨入笼。全州灌阳路头远,今早到来初相逢。"主唱:"尸字安至请入屋,豕字林逢请入家。路头弯远为宗祖,请上厅头吃盏茶。"众人到厅头即主歌堂后,村里的长老、尊主令官等主持各项仪式。首先是由令官村主致"上香词"(见下编《接客大讨路歌》中的《白公面前上香词》),请神、三献、祈保,客至炉前上香献纸钱。

致"上香词"后,主方唱《请起妹歌章》(见下编《朝踏阳歌》);阴母、下堂女在厅内走三圈后,主方唱《安客歌》。大意是感谢客人不远千里、跋山涉水、过州过县前来歌堂相会,请客人厅上就座喝茶喝酒。主方以拆字的句式热情招待客人:"至字扎刀请你到,未字画头请你来。请你到来厅上坐,茶巡转过酒巡来。"客人同样以拆字句表达谢意,并盛赞主方的精心安排:"言身安寸歌多谢,云牙校椅切怡新。因为歌堂那相会,茶巡过了酒巡斟。"唱完,接客、安客结束。

无论许愿、申愿还是还愿,在接客、安客之后,都会唱一部分阳歌。如果只是许愿、申愿,那么吃过午饭后,客主唱《起身歌》离去;若是还愿,《起身歌》则在仪节接近尾声时才唱,所以在《朝踏阳歌》中也抄有《起身歌》。《捞堂歌》是紧接在《起身歌》之后唱,在"朝踏"仪式接近尾声时唱,因离别时绕歌堂而唱得名。

《起身歌》以客主双方对唱的形式进行。参加完仪式,客人表示要装马回家,唱:"五更到,白马踢蹄羊踢楼。羊仔踢楼思嫩草,白马踢蹄思路头。"这毕竟是"朝踏"祖公的盛会,临走之前先要向祖公们告别,所以歌里反复唱"初声大步绕尊神报"。主方觉得十二年才相会一次,多么难得,歌虽然唱了,但感觉意犹未尽,想方设法挽留客人,所以主方唱:"羊处山头云雾起,到处水深鱼起头。十二年回头那相会,慢慢宽怀唱两天。"客人起身唱,感谢主人留客好意,但表示不能久留:"水出口岩不通淹,风过树头不通停。厅头不是久留客,滩头不是久留船。"主方见客起身,将客人团团围住,同时唱:"侎倻留客客便宿,侎倻留客客便眠。人剩织篱围大海,围转客郎那唱歌。"想象给客人设下各种障碍破坏客人返程之路。客人则想象通过打铁、架桥、化变等方式突破障碍。主客双方你来我往,为着去留斗了几十个回合,结果难分伯仲,认为"四行八位歌调起,调起文才共一般""今日因为歌堂会,对起文才共一般"。主客彼此欣赏对方的文才,但又有意争个高低,故借对歌的形式驰骋才华,既表达彼此的诚意,又表现各自的文化积淀、临场反应、组织表达能力,即瑶人所谓的肚才与口才。最后客人再次感谢主方:"卖盐不了且收便,唱歌不了且收声。卖剩残盐谢屋主,唱剩残歌谢主人。"同宗之谊,血溶于水,念及十二年才能再相见,客人临别也是于心不忍,但"想要一场唱两只(支),子细(仔细)想来路头长",只好洒泪而别。主方恋恋不舍,千叮咛万嘱咐:"急急去时急急游,嘱郎上紧马笼头。前揪后揪脚上起,嘱郎路上慢行游。"想到此地此时一别,不知是否还能相见,不觉泪下沾襟,痛上心头:"落泪作揖齐不舍,去归想着痛心头。"客人出庭下阶,主方送了一程又一程,从庭前阶下送到门楼,送到十字路口,送到渡口上船,仍不愿回头,直到客人消失在水的尽头,才"秋秋(啾啾)落泪慢回头"。歌者愁肠百结,听者柔肠寸断;歌声千回百转,缠绵缭绕,观者低眉掩面,哽咽失声。江淹说:"黯然销魂者,惟别而已矣。"信然!安子顺曾云:"读诸葛孔明《出师表》而不堕泪者,其人必不忠;

读李令伯《陈情表》而不堕泪者,其人必不孝;读韩退之《祭十二郎文》而不堕泪者,其人必不友。"[1]笔者亦云,听《起身歌》而不堕泪者,其人必不义。

《起身歌》最后齐唱:"十字街头齐各别,齐齐拆手各行游。各自去归各自屋,低头作揖各归家。"以《接客曲》煞尾。对完《起身歌》就唱《捞堂歌》而散。《捞堂歌》里唱道:"郎随湖南大路上,青丝树下着衣裳。着衣不起郎唱起,拍齐衣袖下游堂。"唱《捞堂歌》时边唱边绕着歌堂走,有正式告别众神与众人之意,到此才散去。

《接客大讨路歌》以主接客、安客、送客为主线,大部分歌由主客双方对唱形式完成。主客对唱模式与瑶族历史上的迁移散居生活特点有关,迁移散居造成了瑶族宗亲的空间分散悬隔,举办大型的重要的仪式往往要邀请远方同宗前来助力同贺,协同完成,久而久之,形成了瑶族仪式的一种结构模式。虽然后来不少瑶民下山定居了,但仪式中这种历史悠久的主客对唱传统沿袭了下来。

图 2-2　沙坪村福龙庵展出的"朝踏"歌本

---

〔1〕 南宋文学家赵与时《宾退录》引安子顺言。

第二节　朝踏令歌

与其他仪式一样,"朝踏"仪式也有请神、娱神、送神三段仪程,且主体部分在娱神,娱神主要以歌舞形式呈现,朝踏令歌属于以歌娱神的一种。

酒令是中国酒文化孕育出来的一种特殊艺术形式,诞生于西周时期,如当时投壶游戏。东晋永和年间王羲之等高雅之士的"曲水流觞"也可谓酒令之变式。南北朝时流行吟诗应和酒令,颇受文人墨客喜爱。到了唐宋,酒令盛行于士大夫间,且形式丰富,宋代蔡宽夫诗话云:"唐人饮酒必为令,以佐欢乐。"许多文人都在诗文中描绘了行酒令的各种场景,以猜有无的"藏钩"与"射覆"较流行。明清时还盛传一种"拧酒令儿",即拧动不倒翁,待其停下后对着谁,就罚谁饮酒。

酒令一般分为雅令、通令。雅令流行于文人中,非学识深厚、才思敏捷难以胜任;通令门槛低,参与面广,受到凡夫俗子的欢迎。不管哪种形式,都要事先选出令官,定好规矩。南方民族也广泛流传此种游戏活动,与瑶族有亲缘关系的畲族常在婚礼等"红事"中唱酒令,如"合席酒"中一般都行酒令。令官邀请新郎参加,并当众定下酒令规则。众人围坐桌旁,新娘从洞房传出一对花或一张红字帖等喜庆物件,按一定的顺序传递,传到谁手上即唱令歌,唱不出则罚酒三杯。[1]

平地瑶"朝踏"仪式中有唱"令歌"的仪节,颇具古代传统酒令的遗风,主要表现在其活动宗旨与令歌组织程序以及令歌类型方面:《朝踏令歌》仍然以娱乐为根本目的;大体沿袭传统酒令组织仪式,如举办之前指定令官,称为"令官尊主"或"尊主令官",其在仪式中拥有较大的权威,负

---

〔1〕　陈国华主编:《江西畲族百年实录》,南昌:江西人民出版社,2011年,第334—335页。

有行令之责;从令辞角度看,属于数字令。

同时,《朝踏令歌》又表现出鲜明的民族风格。其一,以娱神为主,兼及娱人。朝踏令歌的娱神目的是由其祭祀还愿性质决定的,无论歌令的形式如何变化,歌词如何翻新,其落脚点不变,即通过恭请祖先光临、向祖先唱诵令歌进献礼品,取悦祖先,以此祈求祖先赐福佑助,故其中不乏诸如"引起先亡上高楼""引起先王上高阶""引起先亡上筵席""万头管纸,先王欢喜""子孙烧钱是今夜,引得先亡来饮酒"之类的令辞唱诵。酒筵上唱令歌,以此遣怀,乃人世之一大乐趣,所以瑶民认为,祖先们既然在世时曾经享受过此等乐趣,那么离世后亡魂回来也同样乐于参加这种热闹的活动。基于这种逻辑,子孙们投其所好,唱令歌奉献给祖先们,唱的过程中营造出喜气洋洋、热闹祥和的节庆氛围。唱者沉浸在此种场景里,自然是欢快的,这是人的自娱自乐;同时,他们也揣想,祖先们也一定能够感受到此种快乐,也一定会为子孙们的诚意感动,这就是娱神了。主观上,唱令歌是奉献给祖先们的礼物,以此博得祖先的欢娱;客观上,仪式场中的子孙们也被令歌与唱诵氛围感动了、愉悦了;而自娱中参与者似乎感受到祖先们领受了子孙们的奉献。这就是《朝踏令歌》娱神与娱人的关系。

其二,歌与曲的交互融合。《朝踏令歌》由一首首前后相衔的令歌组成,每一首皆有唱词,如第一首"一重令字意,衣衫盖耳台,括头梳发"是唱词,是歌的部分。《朝踏令歌》仪式进程分为几个阶段,每一段意味着一个仪节,段与段之间换令,换令往往以曲子为标志。如第一、第二段之间,头人赏肉与令官吃后,意味着"调行令"结束,然后换《令里声》曲子,以下凡起《令里声》都须加唱此曲。每一段落内部根据行令内容的变化也会发生曲调的变化,如在第二段中,《令里声》起头换令,唱"二十字青令"。唱第二首令歌时换曲,为《求官曲》,令官与令仔同唱此曲起头,接着才唱"楠木筛筛盖岭背",唱至"出得聪明好后生"结束,则又换回《令里声》,因为下面接着唱"二十字青令"。因该项仪式唱与献交相进行,故随着仪式的进程,唱词也随之变化,如此唱词与仪式相配合,协调一致。唱词的变化也需要曲调的变换与之相适应,并以曲调为标志区别仪式进程与唱词内容。故在第二段中出现了多处换曲处,除上面提到了《求官曲》外,穿插了多支曲子,以示仪节与令辞内容的变化;唱完后回到《令里声》曲子,唱数字令歌。如第二段仪式推进到向白公献酒仪节时,则换为《大禾米曲》。之所以唱此曲,乃因向祖先所献之酒是用糯米为主要原材料酿制而成的,而糯米即南方俗称的大禾米,故有此曲演唱。[1] 唱毕,回到《令里声》,唱数字令歌"二十字青令"与"×个古年名"。后面分别插入《老人曲》《父母恩曲》,这两支曲子所领起的歌词倡导尊敬老人、孝养父母的风尚,在仪式中则指向祖先们,表明即使祖先们离世多年,子孙们依旧不忘孝敬。唱毕,回到《令里声》,唱数字令歌"×个古年名"与"二十字青令",字令歌唱完了,换阴曲唱《十母歌》表示令歌结束。最后唱《天地开张》收结整个《朝踏令歌》歌章。

其三,以数字令歌为主贯穿始终。数字令歌在该歌本中简称"字令",细分则有"数令"与"字令"之别,前者以数目符号为标志令格,后者以汉字符号为标志令格,该歌本中二者往往结合在一起,故本文称之为"数字令"。除上述穿插的几支曲子标示的几首特殊的令歌外,《朝踏令歌》大体以数字令贯穿始终。起初的《调行令》中有"一重令""二重令"与"三重令",但比重不占绝对优势,唱完"一重烧字初"后,接下来一多半篇幅唱"富贵"主题令歌,与前唱之数字令格不同。以头人赏肉令官与众子孙吃为界,《调行令》进入第二部分,一直到"十五字青令",该部分纯粹为数字令歌,按序数从"一字青令"唱到"十五字青令"。到"二十字青令"始穿插其他曲子与令辞,但数字令仍占多数,不知为何其中只有"二十字青令""×个古年名""二十八字青令",是否有意省略其他序数,或者传抄遗漏,尚未可知。"十母歌"也可以看作广义上的数字令歌。总之,《朝踏令歌》是以数与字这种特殊的嵌入令格奉献祖神、娱乐祖神的。

其四,令辞内容糅合了山地与平地的风物民情。瑶族属于山地民族,

---

〔1〕 民间宗教仪式中多有此种关于人、事、物的仪式歌,在仪式涉及某项事物时,以歌的形式唱述其来源等内容,如请到某神时,则唱该神的来历、神功等,称之为"神唱",总称之为"来历歌"。

特殊的地理环境不仅决定其生产方式(如多种植旱稻、番薯、玉米等耐旱的山地作物,轮作的生产模式),也极大地影响了他们的精神生活。明清以来,从山上下来的平地瑶虽然居住在平地,但并未完全脱离山地,大多聚居在南方山地周边的小块谷地、盆地里,山地仍然是其生存赖以取资的一部分;而古老的传统借助民间仪式、民俗以及民间手抄文献得以传承至今,其中还遗存了大量的本民族早期的传统民俗事象。因此,作为民族传统一部分的《朝踏令歌》所唱内容自然多为本民族的风物民情。令歌中唱述了不少山地动植物,前者如属鸟类的画眉、鹧鸪、白雉、白鸠、屋鹊、鹭鹚、孔雀,属兽类的猄、獐、鹿、猿猴、野猪、野牛等;后者如桃树、檀香树、青梨、青梅、饼草、藤香、箪竹等。这些皆为山地民族生活中习见之物,很容易糅进他们的观念世界。歌词内容还涉及生产民俗。如在《大禾米曲》部分唱述了割饼草、采藤香酿造糯米酒这一工艺民俗;还有制作弓弩射杀禽兽的狩猎民俗,"鸟人担鸟弩,鸟人射死鸟头獐","手把弩弯箭,弯弩射猪牙",明显为山地民族特有的生产技艺与民俗。

图2-3　沙坪村"朝踏令歌"歌本

当然,平地瑶毕竟不同于山地瑶族,他们与汉族距离更近了,不少村寨是汉、瑶杂居,方便相互学习,取长补短。在此背景下,瑶族相关的农业技术大大提高了,平地瑶向平地农耕民族迈进了一大步。与此相适应的民情风俗发生了较大的变迁:财富的计算标准为"禾仓满""禾仓堆满顶";以水稻生产为主,出现了"插秧"的场景;居住的建筑样式变为划分出厅堂、卧室的楼房;聚居的规模更大,不仅有村寨,更形成了市镇;出行开始使用驴、马等畜力;受汉族影响,有了更高的追求,即对功名与声誉的渴求,故唱出了诸如"人家富贵出秀才""人家富贵得名声"的令辞。这些令辞或许有夸张与想象的成分,却是建立在定居与农耕基础上的,是部分平地瑶渴望实现或即将逐步实现的梦想。

第三节　朝　踏　阴　歌

《朝踏阴歌》由《天地开张》这一段散文道白与《起身发》等十七段歌章以及最后的《歌堂散》构成。《天地开张》在《朝踏阴歌》与《朝踏阳歌》里面都居于开篇的位置,由师公念诵,类似于戏剧的"序幕",具有提示歌堂仪式情境与综括歌堂内容的功能:时间在"深更夜静"时;人物有备办歌堂的"后生年少"、主持歌堂仪式的"令官尊主"与参加歌堂的"子孙男女",还有白公等祖先神灵;事件为令官尊主带领子孙男女向祖先们献唱歌与令。歌声未起,但"序幕"就已酝酿出浓郁的歌堂氛围。《歌堂散》则相当于"尾声",是在歌堂仪式上唱完阴歌后所唱,大意是已经向白公献唱了所有该唱的歌,白公领受了,满意了,要回去了,大家一齐送白公返回祖居地全州灌阳县。同时祈求白公赐予后代富贵福禄,让他们过上幸福美满的生活,待十二年后再请白公光临,尽享歌堂之乐。送走白公后,各人回家。

十七段歌是献给白公等祖先的,所以用特殊的献唱形式谢祖神恩,唱述本族神话、迁徙流移等历史与生产生活就成为歌堂献唱的重点内容,最

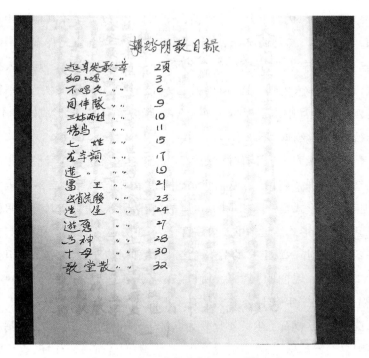

图 2－4 赵甲光抄本"朝踏阴歌"目录

后以勾销愿头的《游愿歌章》收尾。

　　其一,赞神谢神与献唱的相关问题。赞神与谢神实际上是贯穿始终的一条主线,但在《朝踏阴歌》里面直接表达赞神或谢神之意的内容都集中在前两段。《起声发歌章》分别唱述子孙们献上明香、香水、明灯、银钱、米酒、红猪、红羊、铜钱、黄旗等供品,向白公四位神虔诚致谢。除了更换供品以及作为过渡的最后一节,各章反复吟唱,造成一种回环往复、余音绕梁的音乐效果,从而将众子孙们由衷的谢意充分表达出来。

　　紧随而来的《细细唱歌章》用夸张兼反复的手法侧面衬出所献歌之美妙动听,这些歌都不敢大声唱出来,不敢让江边的沙石、车碓、芦荻、杨柳,下园的香子、杉木,深山的楠木、蜜蜂、百鸟,大州的象子、更鼓,以及朝廷天子与炉头炉火听见,一旦他们听见,几乎无法专心自己的"本职工作",可见歌有多美。此段歌章透露出阴歌的一些特殊唱法:一是声音不要大,要"细细唱",因为歌是专门献给白公四位神,故要避免其他不相干者闻知,干扰歌堂;二是献歌与献茶、献酒相辅而行,茶与酒是伴着歌声献上的;三是"抛"与"接"的结合,形式多样,有一人先唱"头歌"、其他人接唱之法,有一边多人先唱、另一边接唱之法,故云"人说中央不好坐,不得头歌运四行""上厅唱来下厅接""东衍唱起西衍接"。由此形成歌声不断、此起彼伏的音效,即"不拿歌声落虚空"。

《不唱久歌章》与《同伴队歌章》反映了某些瑶族歌堂习俗。作为平地瑶祭祖仪式的"朝踏"歌堂与世俗性歌堂在歌唱宗旨上自然有重大分野,但其歌唱形式是一脉相承的,这里的《朝踏阴歌》折射出其部分采借世俗歌堂的歌唱形式。世俗歌堂分主客两方,主方邀客方来歌堂对歌,主方唱一章,客方对一章,上文的"抛""接"唱法即对应于此。"朝踏"祖公仪式十二年一轮,时间间隔太久,所以《不唱久歌章》形象而夸张地唱道:"不唱久,不唱三年歌上尘。"于是有了下文充满诗性的想象:"推人拿歌下水洗,洗净歌章石上尘。"不仅要为歌洗尘,洗了之后还要摊开来晒。多年不唱自然容易忘记,客方突发奇想,这大概是"忘心鬼"作怪,也可能是吃坏了"烂柑子",以至于"肚里茫茫"想不起歌词来。

当然,这也许是瑶族歌堂惯有的"谦让"习俗。一般而言,主方邀请客方唱歌时,客方都会一而再地推辞,理由是自己歌技不好,有时是礼节性的谦让之辞。这样做既表示对主方的尊敬,也为此后万一竞争不过主方留有余地。

但做到"答声"接唱流畅自然,就必须多参与、多观摩、多练习。瑶族歌堂既是主客双方比试才华的竞技场,也是传承瑶歌技艺的"课堂"。现场对不上歌是很扫兴的事,既丢个人的面子,又有损个人所代表的村寨共同体形象,所以大家不敢掉以轻心,把学歌、练歌当作"大事"来对待。《同伴队歌章》反映了同伴之间交流学习瑶歌的场景,学瑶歌、唱瑶歌是日常生活的重要部分:"同伴队,同伴有歌教我头","白日入了连共路,夜了归家连共床"。生活与歌融为一体,久而久之,自然是张口就来:"口下生成歌大奈,吓起唇皮歌便来。"

其二,唱述本族支的生产生活。《三姑两姐》(即《三姑两姐妹歌章》)赞美瑶族姑娘们心灵手巧,善于编织制作。《杨鸟歌章》反映的是南方水稻种植这一农事活动,通过杨鸟(即阳鸟)、古鸠等动物的活动表明时令节气的变化,展现了春夏时节瑶民的水稻栽种劳动:浸谷种,播种,犁田,插秧。也唱述了田地选择的一般原则与对庄稼收成的忧虑。此歌凝聚了瑶民对于稻作农业的基本认知。《香字韵歌章》则列唱了瑶民常见的几种经济作物的种植:茼蒿、官葱、胡椒、芸苔、香莲。《莲字韵歌章》按序唱述种莲、采莲盘、挖莲藕等劳动场景。《香字韵歌章》《龙字韵歌章》《莲字韵歌章》三章之间以四句过渡,《香字韵歌章》末尾唱道:"剐破猪肚别换韵,拆破水城别换搬。香字韵歌章常在记,龙字韵歌章上路行。"由此转入《龙字韵歌章》。《龙字韵歌章》末尾唱道:"剐破猪肚别换韵,拆破黄旗别换声。龙子韵歌章常在记,莲字韵歌章上路行。"由此转入《莲字韵歌章》。三章均为字韵类歌章,实际上没有贯穿以该字为韵的原则,如《香字韵歌章》后半段换韵,《莲字韵歌章》的"莲"字无一处作为韵脚。这些显示了平地瑶仪式歌具有像民歌一样的灵活性与自由性。《造屋歌章》虽号称"官厅",实质上与山居瑶族的竹木"茅屋"类似,也是"金竹织壁黄泥旦,黄泥旦过细基遮"。

其三,唱述本族支的历史与神话。瑶族的历史就是一部颠沛流离的迁徙史,"迁徙"主题在瑶族各族支均有浓墨重彩的表现,《朝踏阴歌》以《出省流移歌章》纪实性唱述他们的播迁史,将迁徙的时间、原因、人物、路线、遭遇等交代得很清晰,几乎称得上一幅瑶族流民图。《雷王歌章》唱的是瑶族广为流传的洪水神话与兄妹婚这一再生神话,意在解释南方汉、壮、瑶民族的构成与分布、历史上男多女少现象,强调瑶族各姓氏同出一源,也是中华民族多元一体格局在平地瑶歌中的反映。

其四,唱述勾销愿头。《为神歌章》《十母歌章》唱白公、十母前来歌堂的情形,白公是飞速前来,十母是翻山越岭、跋山涉水而来。《游愿歌章》中唱述根据当年所许之愿还愿后勾销愿头的场景,祈求祖先保佑子孙们勾愿之后诸事无忧。《橹公辨歌章》是在次日早晨煮饭时唱,这些饭食是为来客路上准备的,故称"今朝炊饭炊三升,担依客郎上路装。十字路头郎吃饭,剩有二十里路到亲家方",彰显了瑶族办事有始有终、重情重义的一面。

第四节　朝　踏　阳　歌

　　赵本《朝踏阳歌》所标歌段从十九段到五十一段,共三十三段。实际上,第三十九段重复标注,即将第四十段《接客令里声》误标为三十九段,所以赵本《朝踏阳歌》总共三十四段。如上所述,《朝踏阳歌》是承接《朝踏阴歌》而来的,《朝踏阴歌》加上《歌堂散》共十八段,故《朝踏阳歌》从十九段开始唱。小日早晨吃过早饭,师公请神通意献呈之后,开始唱歌。此

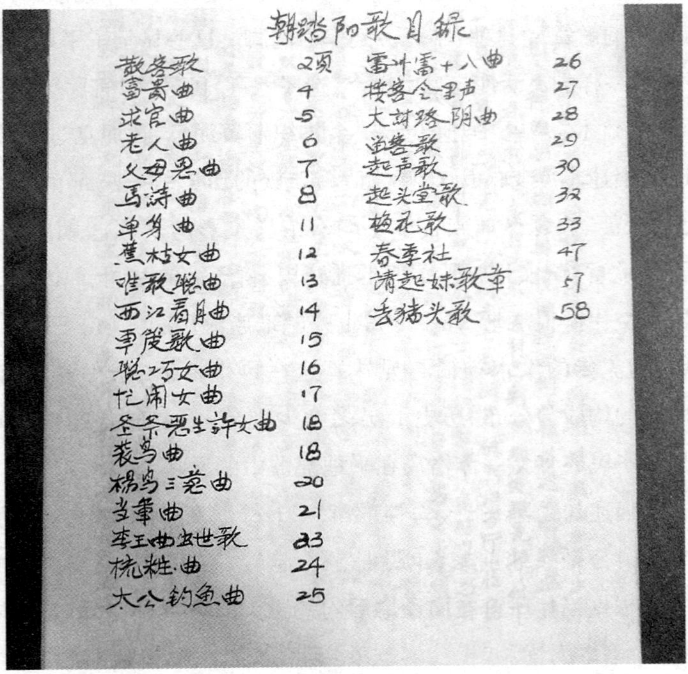

图 2-5　赵甲光抄本"朝踏阳歌"目录

次唱歌主要有两个目的：一是迎接安置并茶酒款待来客，对来客不辞艰辛、远道而来表达感激之情；一是暖场，使醮坛热闹起来，营造出祀典的热烈氛围，让祖先们感受到子孙们祀奉的诚意。这次唱歌是大家一起参加，所唱为《朝踏阳歌》里面的部分段落：上午唱《大陈谢》《初言奉公爷父母》《礼疏曲》；中午、下午唱《春季社》；晚上跳堂唱《梅花曲》；次日早晨唱《请起妹歌章》《金花歌曲》，抛猪头唱《两夜游》。

《大陈谢》，小日早晨由主方唱。贯穿了请客、接客、拜客、安客与谢客等内容。所用唱词无不表达对来客的尊敬与赞美，称来客为"朋亲贵客""明王贵客""贵亲""远亲贵客"。来客既是客人，同时也是千家洞一脉相传的宗亲，故在称"客"时加上"亲"，更显得关系之亲密。对于来客，主方特别重视，提前洒扫庭院厅堂，早早来到路口等候迎接；客人初下马即奉上下马茶点，以解客人远途劳顿；接着迎进厅堂。客人也以"金言""金语"之类彩话恭贺主方。接着是尊主安客献酒款待来客。来客献上贺礼，先献过祖先，最后大家一起享用。历史上瑶族居住分散，往往是三两家孤悬山外，因此他们对于同宗之谊更为珍惜，一旦受同宗或同族之邀，不惜翻山越岭、跋山涉水前来相会。《大陈谢》再现了历史上平地瑶主方与客方在还愿等仪式上相会相聚的场景。

《初言奉公爷父母》（简称《初言曲》）。客人来到先祖案前上香，拜祭，唱词非常谦虚地称自己出身偏远，不曾读过书，见识浅陋，语言粗疏；尽管如此，听说同宗要奉还歌堂良愿，还是翻山越岭前来祝贺，恭贺主方建起了高梁大屋："横楼盖厅，琉璃瓦盖，富贵良厅。"接着是客人与尊主之间的问答，通过问答一方面回顾了祖先们创业的贡献，表达了缅怀与感激；另一方面赞颂了主方备办周全，心生敬佩。

《礼疏曲》。唱叙这次还愿一事的缘起与还愿的整个流程。首先，前些年该村众房子孙"求财不上，买卖不现"，影响大家的生存；无奈之下，请有灵童子帮忙占卦，问出是祖先们要众房子孙奉还歌堂良愿。意即当初该村向祖先们许过歌堂愿，但未能奉还，祖先们不高兴，故降下灾难以示惩罚与警醒。其次，众人得知祸因，不敢掉以轻心，开始备办还愿诸事宜：

拿出自己有的白米、碗碟、酒浆,自己没有的则拿茶叶等特产去州县的街市购买,如白纸、白绢、供牲等;洒扫坛场内外,清洁好台盆,烧起明香,点起明灯。再次,请师公们来主持还愿仪式。先是摇铃请神,请祖先为主的七路神灵;接着就咒水戒净坛场,为神灵的到来提供一个清净的神圣空间;然后开通坛场通往神灵居所的道路,方便神灵们到来;神灵们降临了,众房子孙恭敬地拜祭以白公为代表的祖先神,向他们献上明香、渌水与纸钱,希望祖先们保佑本村人丁兴旺,并问卦确定祖先们是否答应;随后设宴款待祖先们。还愿之前照例要许愿,众人向祖先们许下细书歌堂良愿,祈求祖先保佑人丁兴旺、资财丰盛、耕作诸事顺遂,用白纸写下愿头,里面将所许诸事项及数量一一列举,用一小节竹管贮藏起来,等下次还愿拿出对照施行。到了该还愿的年头,先请老人查看皇历,选取黄道吉日作为还愿之日,然后照前准备一番,只是这里特别提及除了要请师公及帮手外,还要发帖郑重邀请远亲近邻前来共庆;最后以来客恭贺结束《礼疏曲》。

《礼疏曲》内容和小日仪式之初的"投词意者"很相似,都是对还愿一事原委所作的叙述,相当于向祖先们汇报即将进行的"朝踏"还愿仪式的流程。如果把"朝踏"比作一场会演,那么《礼疏曲》与"投词意者"就相当于一个节目单,只是"投词意者"是师公喃念出来,而《礼疏曲》则以唱诵的形式展现。

《春季社》。此歌与前《初言曲》《礼疏曲》皆为献给祖先的歌。中午开始唱《春季社》,要延续到下午,故有的科仪抄本说在下午唱。主要以大家齐唱的形式进行,且这种唱法接近于吟诵,属于吟唱。所唱内容是瑶家的农事劳动,除第一个内容层次外,其他各层内容均以"老者多说,少者多听"领起,具有鲜明的层次递变关系。先唱老老少少的衣着之源:春天种桑养蚕,结茧成丝,所以大家才穿上绫罗绸缎、八角绣鞋来参加朝踏祖先仪典,这部分吟唱的目的是赞众房子孙盛装打扮,光彩照人。接着唱请亲友、宴亲友、安排歇宿。又以莲花、石榴花象征村子人丁兴旺,以松柏象征老人健康长寿,以竹笋象征少年生命力与繁殖力旺盛。然后唱上山砍伐竹木准备农具;又唱十二月农事劳动;最后唱修通道路前去收割庄稼,一派丰收景象。

《梅花歌》。表演《跳堂舞》时会穿插唱《梅花歌》,具体而言,是在跳头堂舞与跳三堂舞中唱。跳头堂舞中,青龙白虎师公在上香与变盘后,紧接着就唱《梅花歌》结束该段舞蹈;跳三堂舞中,师公在富仁坛变盘后唱《梅花歌》结束。《梅花歌》主要唱诵众人向祖先白公献酒的过程,因白公所用碗为梅花碗,故称《梅花歌》。共献酒十五轮,曲子统称为《梅花曲》:罗阿来 罗阿来 多罗阿来;另一曲子为《大禾米曲》:罗李李罗 罗李来嘱 李罗李衣来 李罗罗来 罗李来罗阿李四来衣罗阿李罗来衣。中间不断变声换曲,第四杯与第五杯之间、第五杯与第六杯之间、第十一杯与第十二杯之间、第十三杯与第十四杯之间都变换了曲子唱,由此形成多曲联唱的格局,向祖先敬献酒礼的仪程由此显得摇曳多姿,避免了单一曲子一唱到底的单调乏味。

伴随着曲调的变换,祝酒词的内容也在不断花样翻新。有赞美白公穿行云中英姿的"日头出早照细筛,照见白公伴云行";有表现酒美人诚的"铜锅暖酒清瓶载,斟下盏中盏中红","千年百年入为香""一早二早入为香";有吹曲言欢的"口中吹出百般曲""白公手把梅花碗";有赞白公屋美财多的"远见白公住宅好,四边来龙走马围。面前禾仓群宅转,背后有个进才山"。《大禾米曲》则是具体描述了酿酒的过程,备材料(酒饼草、滕香)、手工酿造、请亲友喝花园酒。最后一起献酒白公,欢送白公离去。

《梅花歌》所唱内容来自现实的生产生活,加上丰富的想象,构成一幅幅流动的瑶族风俗画卷,众房子孙绞尽脑汁献媚祖先、讨祖先欢心的行为与情态以及白公乘兴而来、兴尽而归的满足感听来历历在目。这类仪式歌既可营造热烈的祀典氛围,也有促成现实中世俗人群与超现实中神鬼交通往来、表达意愿的功能。

《散客歌》。又称《六亲游》,这是在勾愿仪程中唱完《为神歌》后进行的,内容与《散客歌》歌名不大相符,实际上是唱主方设宴款待众亲友的热闹场景,并非言喝完酒即散去之意。亲友从各地聚集到此坛场,故称为

"散客"。众亲友前来的目的是与主方共同祭祀祖先并行还愿之礼,白公四位神是主要之神,所以主方既要向亲友敬酒,也请亲友一起来陪伴白公。歌中所唱之场面热闹而有序:主方将来客(白公也可以视为"客")安置于西厅,桌上早已摆好了银瓶酒盏,亲友言笑晏晏,主方一次次向来客劝酒,来客吃得尽兴,眉眼泛起了红晕,像花儿一般漂亮。有如此多的亲友陪伴白公等祖先,可以想见祖先们也自然会深受感染,鉴领子孙们的诚意。

《长礼疏》。[1] 前已唱《礼疏曲》,此亦称《礼疏》,而歌章更长,故称《长礼疏》以示区别。首先是设席宴请亲友、师公、下堂女、厨师,村中少年后生向众人献酒、献肉。接着请定客师定师定客,即安排客主按一定的秩序坐好;待众人坐定,村中少年后生再献酒,客主尽兴之后休息。等到半夜三更时分,村中后生清扫坛场装坛,请师公来主持仪式:(1)请神。先请明尊、家堂等祖先、家先神,再请其他六路神仙。请神照例是三请三迎。(2)解秽。趁神灵未到之际,师公化变法水进行仪式性解秽,即清理坛场所有的邪神恶鬼等不洁之物,为神灵到来提供一个洁净安全的神圣空间。(3)开路。瑶族民间和汉族道教一样,认为神仙降临坛场和凡间出行一样需要有通道,他们想象圣俗之间同样存在山川等阻隔,故必须进行仪式性地"开路"。(4)拜神。主要是拜白公这位祖先神,拜的同时先后献上明香、清水、纸钱,并请白公保本村人丁兴旺。以下为在特定的吉时良辰行特定仪式:

——开通三司神明通往坛场西边的香炉上,三司神接下红面牲头,[2]烧香供养。

——把坛护殿先师捧起红面牲头,踏起罡步,掐起手诀。同样的程序连做三遍,然后把红面牲头置于香炉边上。

——把坛护殿先师开通三司神明通往众房子孙内室,三司神接下存

---

〔1〕 第一章提到,正日"唱歌勾愿"时"唱阴歌——《出省流移歌章》《造屋歌章》《雷王歌章》《长礼疏》《十母歌章》",此处《长礼疏》归属阳歌,似有矛盾。笔者以为《长礼疏》为人神共娱的曲目,兼有阴阳两性,因此既可在阴歌中唱,亦可在阳歌部分唱。

〔2〕 红面牲头:供奉用的猪。

放在银箱漆笼里面当初村中众人所许的细书歌堂良愿,放在红面牲头上。

——把坛护殿先师接下五龙,置办耳环金钗等物,凑入愿头。也是连做三遍。

——把坛护殿先师、青龙白虎师郎贺愿,祝词:对天对地,对星对宿,……贺起红面牲头口令良愿。

——行"变盘诗酒"仪。这是红头瑶传统礼仪,请化变出来的白公等祖先到坛场香炉边,众子孙男女举起专门置办的梅花碗,向白公等祖先献酒,称"献梅花酒"。献梅花酒时所唱之歌称"梅花曲"。喝尽兴了,把梅花碗存放在香炉边,烧香供养。

——后生少年置办四脚台盘,烧香点灯,然后退归坛场边侍立。

——把坛护殿先师置办红罗金殿与红罗帷帐,连续置办三遍,置办的过程中伴随着罡步与手决。接着请车神童子过金桥检点红罗金殿与红罗帷帐,检点同样要检三遍,才可确定是否置办好了。众房子孙与下堂仙女以及红面嫂娘在象征性的红罗金殿与红罗帷帐里面向祖先们献乐献舞,众房子孙吹奏乐器,在音乐的伴奏下下堂仙女、红面嫂娘先后翩翩起舞。舞毕,请红面嫂娘与车神童子暂歇,退下金桥,烧香供养。

——后生少年清扫庭外阶下,退归红罗金殿边上侍立。

——把坛护殿先师、青龙白虎师郎在庭外置起歌堂。同样是伴随罡步手决,置办三遍。置办完歌堂,退回红罗金殿。请车神童子过金桥来验收歌堂,验三遍,确定办好了歌堂。

——把坛护殿先师、青龙白虎师郎贺愿,称"贺红面姑娘口令良愿",贺三遍。唱彩词祝贺:一座(朵)莲花出水,莲子蕉蕉,莲叶盖塘。藕笔咬梭,石榴花开,子榴花开。老者高山松柏,四季常青;少者下园白竹,年年出笋,笋笋出芽,撒满地皮,住满江州。爷娘富贵,字(子)母团圆。

——把坛护殿先师请出本地神灵,随着音乐舞蹈,舞毕,退到香炉边上。车神童子点齐子孙男女、仙姑、仙女及其他人,请他们围台舞蹈,舞毕,退到香炉边上。接着是厨师赏羊肉给众人吃,感谢大家辛苦"朝踏"舞蹈。车神童子退下金桥。

——继续"朝踏"舞蹈到辰巳时,置办"五门盘鼓富人[1]大席[2]堂场",富人设词,师公请神。后面同样要解秽、开路,请来本地神、祖先神、家先神。神灵初到,献上纸钱,保众房人丁兴旺。

——请熟悉当年祖先从千家洞出省迁徙历史的人来行"变盘诗酒"仪。先变祖先神灵到富人大设堂场、三天门下、先祖案前,同样是后生少年献梅花酒。

——把坛护殿先师请出本地神灵到庭前,"朝踏"舞蹈。舞毕,化钱赏兵送神。接着"朝踏"舞蹈。到未酉时分,跳围台舞。献酒完毕。

——唱响鼓礼。申酉时捉到鼓唱响鼓礼。先是净坛、请神、许愿。所请为历代祖先(从湖南迁徙而来的祖先),请祖先按辈分一代一代请。接着拜神、三献礼,然后到庭前阶下喝酒唱歌。

《请起妹歌章》。此歌属于送神歌,歌词较简单,大意是早晨大姐唤醒小妹们梳妆打扮,一起出门去送祖先白公回去。

《金花歌曲》。此歌前有《炊饭歌》,当类似于《朝踏阴歌》中的《橹公辨歌章》。《炊饭歌》与《金花歌曲》以及下面的《两夜游》都是在次日早晨唱。[3]

《两夜游》。又名《丢猪头歌》。《炊饭歌》与《金花歌曲》唱完后,等众人到齐,两位师公(一童子师与一正师)科演抛猪头仪式、围台、行罡、掐诀、定鸡。抛猪头前跳《猪头舞》,试探性地往四个方向做出抛的动作,边跳边唱《两夜游》。猪头抛出后,众人哄抢猪头。富川瑶族自治县新华乡的"朝踏"祖公仪式无抛猪头仪节,但有定鸡、放鸡仪节。

目前《朝踏歌》的传承也面临着巨大危机。这些古人编写的歌本,十二年才排练一次,加上自最后一次吟唱时间1964年至2015年已相隔半个多世纪了,因此,如今已没有一个人能够从头到尾完整地将4本歌书吟

---

[1] 富人:又写作"富仁"。

[2] 大席:亦称"大设",下文即是。

[3] 此处《请起妹歌章》与《炊饭歌》顺序与第一章不同,当以此处赵甲光本《朝踏阳歌》记载为宜,先请妹起床,接着一起炊饭,符合时间顺序办事逻辑。仪式偶有违背文献记载处,或对文献记载作一些变通,这种情况是存在的。

唱完毕,只有一名连续参加过三届"朝踏节"的 78 岁高龄的老支书赵盆昌,通过复习以后,非常勉强地把 4 本歌书吟唱完一遍。除赵盆昌外,现在村上还有赵甲光、赵永才、黄海德等二十多位有文化的老人,经过复习、提示、讨论之后,也能够断断续续地吟唱《朝踏歌》。[1]

本 章 结 语

本章所论《朝踏歌》系沙坪村"朝踏"祖公仪式中演唱的仪式歌,分为接客歌、令歌、阴歌与阳歌。其内容在赵甲光所抄歌本《朝踏接客大讨路歌一本》《十二年朝踏令歌一本》《十二年朝踏阴歌曲一本》与《十二年朝踏阳歌曲一本》中有详细的记录。《朝踏接客大讨路歌》主要以主客对唱的形式演绎了主方接客、客到后的安客、客人即将离别时的起身与绕堂告别等场面。接客歌与安客歌唱得热情而欢愉,起身歌与绕堂歌唱得缠绵而悲伤。对歌之前有一段"白公面前上香词",提示了《朝踏接客大讨路歌》也是"朝踏"仪式的组成部分。令歌、阴歌与阳歌是在"朝踏"仪式的主体部分所唱之歌,令歌与阳歌主要在仪式的第一部分唱。令歌从一字青令唱至二十八字青令,具有较强的游戏性,目的在娱乐众神,同时表达祈求富贵的俗愿。阳歌在所请祖先与众神降临坛场后用于表达谢意与调节气氛,要唱《大陈谢》《初言》《礼疏》《春季社》《定客》等;仪式的尾声要唱《吹(炊)饭歌》《请起妹》《金花歌》等歌,抛猪头仪式要唱《两夜游》。阳歌是人神共娱之歌,而阴歌是专门献给祖先神的,届时特别为祖先们搭建歌堂,要献唱《流移》《造屋》《雷王》《长礼疏》《十母歌》等歌章,目的是勾销当初许下的歌堂良愿,阴歌中的《游愿歌》即唱钩愿之事。阳歌演唱相对轻松随意,而阴歌演唱声音较低,显得庄严而神秘。

---

〔1〕 广西贺州市钟山县人民政府官网:http://www.g×zs.gov.cn/zjzs/tswh/t2380904.shtml。

表 3 《朝踏歌》演唱流程表

仪程	时间点	歌 名	属 类	内 容	形 式
先日	接客时	《接客歌》	《接客大讨路歌》		对唱
	致"上香词"后	《请起珠歌章》	《朝踏阳歌》		
	阴母、下堂女在厅内走三三圈后	《安客歌》	《接客大讨路歌》	主人感谢客人不远千里而来，客人答谢	对唱、拆字
	不定	不定	《朝踏阳歌》		
	许愿、申愿、还愿仪式后	《起身歌》	《接客大讨路歌》（《朝踏阳歌》中也抄录）	客人起身告辞，主人挽留	对唱
	紧接在《起身歌》之后	《捞堂歌》	《接客大讨路歌》	离别时绕歌堂前唱，正式与众神与众人告别	
小日唱歌唱令 正日1唱歌勾愿	正日仪程中在《散客歌》后唱	《朝踏令歌》		以娱乐为其根本目的，大体沿袭传统酒令组织该项仪式	属于数字令；令辞内容糅合丁山地与平地的风物民情

续　表

仪程	时间点	歌名	属类	内容	形式
		《天地开张》	《朝踏阴歌》之开篇（《朝踏阴歌》中亦居于开篇位置）	提示歌堂仪式情境与综括歌堂内容	师公念诵
		《起声发歌章》		唱述子孙们献上的供品	各章反复吟唱
		《细细唱歌章》		向白公四位神度诚致谢　表达赞神或谢神之意	细细唱；与献茶、献酒相辅而行；"抛""接"结合
		《不唱久歌章》		为歌洗尘	对唱？
		《同伴队歌章》	《朝踏阴歌》之十七段歌	唱述同伴之间交流学习瑶歌的场景	
		《三姑两姐妹歌章》		赞美瑶族姑娘们心灵手巧，善于编织制作	
		《杨鸟歌章》		描述水稻种植劳动，反映瑶民对稻作农业的基本认识　唱述本族支的生产生活	
		《香字韵歌章》		列唱儿种瑶民常见经济作物	字韵类歌章，实

续 表

仪程	时间点	歌 名	属 类	内 容		形 式
		《龙字韵歌章》				际上没有贯穿以该字为韵的原则
		《莲字韵歌章》		按序唱述种莲、采莲盘、挖莲藕等劳动场景	唱述本族支的生产生活	
	《出省流移歌章》后	《造屋歌章》		描述山居瑶族的房屋建造		
正日1唱歌勾愿	《朝踏令歌》后	《出省流移歌章》	《朝踏阴歌》之十七段歌	唱述瑶族迁徙史	唱述本族支的历史与神话	
	《造屋歌章》后	《雷王歌章》		洪水神话与兄妹婚神话		
正日1唱歌勾愿		《为神歌章》		唱白公前来歌堂的情形		
正日1唱歌勾愿	《长礼疏》后	《十母歌章》		唱十母前来歌堂的情形		
正日1唱歌勾愿	阴歌后，正师还愿后	《游愿歌章》		唱述勾销愿头的场景，祈求祖先保佑子孙们诸事无忧	唱述勾销愿头	
	次日早晨煮饭时唱	《檀公辨歌章》		为来客准备回程路上的饭食		

续　表

仪程	时间点	歌名	属类	内容	形式
正日1 收脏		《歌堂散》	《朝踏阴歌》之尾声	送白公，并祈求白公保佑子孙健康、富贵，承诺待十二年再请白公光临	
小日 唱歌唱令	早晨	《大陈谢》		包括请客、接客、拜客、安客与谢客等内容，表达对来客的尊敬与赞美	主方唱
	上午	《初言奉公爷父母》		缅怀祖先创业，感谢主方周全的招待	客方先唱，主客问答
	上午	《礼疏曲》	《朝踏阴歌》	唱叙这次还愿一事的缘起与还愿的整个流程	唱诵
	中午、下午	《春季社》		唱述瑶族的农事劳动	配合舞蹈
正日1 表演《跳堂舞》时会穿插唱	晚上跳堂	《梅花歌》		唱诵众人向祖先白公献酒的过程	配合舞蹈
正日1 唱歌勾愿	《为神歌章》后	《散客歌》（又称《六亲游》）		唱主方设宴款待众亲友的热闹场景	

续 表

仪程	时间点	歌 名	属 类	内 容	形 式
正日 1 唱歌勾愿	《雷王歌章》后	《长礼疏》（又称《礼疏》）		宴席请亲友、师公、下堂女、厨师、定师定客，请师公来请师神、解秽、开路、拜神，择特定的吉时良辰行特定仪式	
正日 2 抢猪头、抢猪饭	早晨《炊饭歌》后	《请起妹歌章》	《朝踏阳歌》	早晨大姐唤醒小妹们梳妆打扮，一起出门去送祖先白公回去	
	早晨	《炊饭歌》			
	早晨《请起妹歌章》后	《金花歌曲》		类似于《朝踏阴歌》中的《橹公辫歌章》	
	早晨 抛猪头前	《两夜游》（又称《丢猪头歌》）		抛猪头前跳《猪头舞》，边跳边唱	配合舞蹈

第三章 朝 踏 舞

　　"千家洞"传说在瑶族中广为传播,至今仍在南岭走廊中段都庞岭与萌渚岭之间活态传承,"千家洞"记忆直接促成了平地瑶"朝踏"舞蹈的诞生。朝踏舞是"朝踏"仪式的重要组成部分,贯穿了整个仪式流程,构建了由六支舞蹈组成的庞大朝踏舞体系。朝踏舞着力再现"千家洞"瑶民的生活史及其逃离家园的悲壮场景,内容丰富而指向集中。"千家洞"瑶族后裔代代传承的朝踏舞具有贮存本族群历史文化、促进族群身份认同以及文化传续等功能,具有重要的传承价值。

第一节　千家洞传说与瑶族朝踏舞溯源

　　关于朝踏舞的来历有诸多传说,这些传说都指向同一个源头,即瑶族历史上声名赫赫的"千家洞"。尽管至今都无法指认"千家洞"的准确位置,[1]

---

　　〔1〕　关于"千家洞"的具体位置至少有四种说法:一说在湖南永州市江永县大远瑶族乡(现改名为"千家洞瑶族乡");一说在湖南道县;一说在广西桂林市灌阳县;最近有一新说在湖南临湘市羊楼司镇龙窖山。

但大部分证据都支持"千家洞"在五岭之一的都庞岭及其周边的江永县、道县、灌阳县。其一,都庞岭毗邻区仍在活态传承"千家洞"传说,都庞岭南部与东南部的广西恭城瑶族自治县、富川瑶族自治县及其东部的湖南江永、江华瑶族自治县平地瑶中至今流传着"千家洞"传说,这些地区的平地瑶大多认为他们就是千家洞瑶族的后裔,可称之为口传证据。其二,对于当年为何离开世外桃源般的千家洞,他们有着几乎一致的解释,并以《千家洞历史源流记》《千家洞古本书》《始祖遗传简历》《千家洞流水记》等文献为证,这些文献的民间抄本大同小异,可见是来自同一源头,可以称之为文献证据。其三,部分平地瑶还愿时师公将流传下来的牛角节和据说是千家洞大型稻谷摆在祖公台献祭,可称之为物证。

传说的情节大同小异,说是元朝大德年间(1297—1307),因有人看见黄獭钻进千家洞杉木坝,举火去烧黄獭,结果把杉木坝烧毁了。从此千家洞无水耕种,缴纳不起官府的钱税。拖欠几年后,朝廷以为峒内瑶民拒交皇粮,于是派兵驻扎道州容罗岭,准备攻打千家洞。峒内瑶民自知敌不过官兵,便聚集在罗平庙里商讨出逃事宜。最后决定,收集神公塑像藏在岩洞里,做好神文,堵住洞口。在石童子上刻好《古流文记》(即《千家洞流水记》),传给子孙后代。叫来八十四位师公,踏歌踏舞祭拜祖公神灵,愿神灵有应,多年后返回叩拜,石岩自开(也有传说,头人取出一个水牛角,截为十二节,每一姓带一节出逃,五百年后,子孙后代返回千家洞以合上牛角为证)。大德九年(1305)三月十九日午时,男男女女四散逃出千家洞。[1] 后面接续的是逃亡到各地建村立寨的史事。

千家洞瑶族后裔不仅口头传承这段历史,更定期举办仪式,仪式中也像当年一样"踏歌踏舞祭拜祖公神灵",贯穿在仪式中那些内容丰富、风格多样的舞蹈,称之为"朝踏舞"。如富川瑶族自治县柳家乡茅刀源

---

〔1〕 宫哲兵:《千家峒运动与瑶族发祥地》,武汉:武汉出版社,2001年,第165页。

自称"红头瑶"瑶寨的"踏歌堂",同县的新华乡、石家乡瑶族村寨的"踏祖公",仪式中都穿插了"朝踏舞"。[1] 以钟山县两安瑶族乡的沙坪村"朝踏"仪式舞蹈传承较为完整,呈现出地域与族群色彩鲜明的仪式化舞蹈体系。沙坪村三天三夜的"朝踏"仪式,通常这样安排舞蹈:第一天迎客、接客上香、请神,到半夜跳《仙女出堂》;次日下午跳《春季社》,半夜跳《跳堂舞》;第三日白天跳《羊角长鼓舞》《捉鼓舞》,以《猪头舞》散福结束仪式。

图 3-1　准备登场舞蹈的瑶家女

第二节　"朝踏"仪式舞蹈系列

一、仙女出堂

该舞在"朝踏"仪式第一天半夜跳。跳一堂、二堂、三堂、四堂后,跳"仙女出堂",该舞由五位女性表演:引母一人,要求六十岁以上"好命人",夫妻双全,有儿有女,且与下堂女八字相合不相克;下堂女四人,其中大女十八岁以下,二女十六岁以下,三女十四岁以下,四女十二岁以下。由身着黑色女式大襟上衣和中式长裤的引母率四个头饰瑶巾、身着女式对襟上衣和中式长裤的少女出场,五人均以头巾掩面,低眉俯首,显得心

---

〔1〕　这里称富川瑶族自治县新华乡、石家乡瑶族村寨的"踏祖公"仪式中的舞蹈为"朝踏舞",意即朝踏祖公仪式中的舞蹈之简称,在广义上可以与"红头瑶"朝踏舞并称;二者之间的差异也是明显的,前者以芦笙长鼓伴舞,称为"芦笙长鼓舞",后者舞蹈形式多样,内容丰富,更成体系。

情沉重,但步履轻盈敏捷。起初引母带四少女走"半蹲颤步",成"五人四角、阴阳相伴"之势,即引母在中间,四少女在四个角上,先以逆时针方向走"圆场步"绕两圈,接着顺时针绕两圈,以此交替绕圈,速度由慢到快。少女们头顶瑶巾,转圈时左手拿住头巾,右手向前作拨草木开路状。最后引母带少女"圆场步"下场,表示已逃脱官府的包围。[1]

图 3-2　尊主带领引母与下堂女悄然出行

《仙女出堂》着重再现当年千家洞女性出逃的情景。面对官兵重兵围剿,千家洞瑶民商量如何出逃,最后决定先让女性半夜出逃。他们认为只要女性逃出去了,千家洞就后继有人了,否则就有断种绝根之虞。女性的出逃也是经过精心设计的,先是趁夜幕的掩护,再是让有经验的中老年妇女带路引导,三是要求脚步轻柔,以免惊动官兵。《仙女出堂》把千家洞女性趁夜色逃离的过程展现得细腻逼真。

二、春季社

春季社舞主要由一老者带十多名年轻男子表演,几人均作"乞丐"打

---

〔1〕《中华舞蹈志》编辑委员会编:《中华舞蹈志》(广西卷),上海:学林出版社,2014年,第221—222页。

扮——头裹毛巾,脚蹬草鞋,身背酒葫芦和布袋。另有几位老者扮"施主"角色,他们大襟长袍,足穿黑布鞋,拿着盛装酒饭的道具,端坐在场地中间。"乞丐"围着"施主"转圈,同唱描述四季农活内容的歌谣,边唱边舞。歌谣有许多是祈丰的内容,舞蹈时按歌谣内容依次表演播种、插秧、收割、砍柴等模拟农事劳动的舞蹈动作。然后"乞丐"向"施主"讨吃的,"施主"向"乞丐"逐个施以酒饭。"乞丐"在《春季社》中一身三任,还要扮演官府派来的收税官和耕作的瑶民。[1]

当地瑶族老艺人赵廷中这样介绍《春季社》:"传说当时全郡派来的追粮兵丁,一进千家洞就以春夏秋冬的动作向瑶人要粮要吃,祖先们每次都盛情款待,全郡县令数次不见兵丁回城,诬说瑶人造反。"《春季社》舞蹈反映了千家洞瑶族祖先因连年大旱、纳不起皇粮,官兵进峒收税,所带粮食吃尽,上门向瑶民乞讨,瑶民倾情款待的过程。表现了瑶民勤奋耕作和对催粮官兵施以慈善的淳朴善良民风。[2]

图 3-3 福龙庵内的"春季社舞"

三、跳堂舞

在"朝踏"仪式流程介绍了"跳堂",共五堂舞。历史上的《跳堂》参加者有男有女,还包括下堂女和鼓头郎君;在醮坛内绕柱子转圈舞蹈。但 20世纪 80 年代以来举办的"朝踏"仪式中《跳堂》有所改变,参加者为男性,人数不限,数十上百均可,但必须是偶数。服饰不作规定,一般是对襟黑衫黑裤。表演时两两并排站立,相互勾着肩,这样一对对排列成蛇阵,绕圈起舞。舞步的大小与速度由领头一对带动。舞步先是轻轻踮足半蹲,

---

〔1〕 刘小春等主编:《桂东瑶舞探秘》,南宁:广西民族出版社,1992 年,第 98—100 页。
〔2〕 参见沙坪村"福龙庵"内墙关于朝踏舞的文字介绍。

图 3-4　男子"跳堂舞"

缓缓向前挪动；然后速度逐渐加快，小步变成小跑，小跑时发出"哼哼"声；后来小跑变成快跑，快跑时发出急促的"哼哼哼哼"声；几圈后两人撒手狂奔狂跳起来，口中不断喊出"衣夜、衣夜"的号子声。现场表演前半段无声，气氛紧张压抑，后半段以呼号子为伴奏，气氛逐渐热烈，最后狂热起来。

村里的瑶族老艺人赵甲义解释这个舞蹈说："传说（千家洞）瑶族祖先们在女性逃出后，定在某晚组织男子出逃。为避免官兵发觉，定在深夜以鸡叫为号（即次日凌晨），男子两两结对，轻步缓行，动作诡秘。出逃的前期不吭气、不出声，等走得远了，摆脱了官兵的追赶，才开始大胆地奔跑起来，边走边舞，唱起了'曰衣夜、曰衣富、曰衣夜曰富、富曰富'的曲子，表达欢快的心情。"可以说《跳堂》生动地再现了男子在掩护妇女逃脱后设法出逃的场景。[1]

四、羊角长鼓舞

羊角长鼓舞因表演者手执羊角与长鼓手对舞而得名。表演者服饰与跳堂者一样。羊角用完整的带角羊头骨做成，在头骨正中前束一红绸花，配上两条红绸飘带。人数视场地大小而定，男女搭配。一般由 4 至 6 人持羊角，站在场地中央，扮作山羊；另由 4 至 8 人手执长鼓，扮作

图 3-5　瑶族的长鼓

---

〔1〕　刘小春等主编：《桂东瑶舞探秘》，南宁：广西民族出版社，1992 年，第 100 页。

盘王子孙。(以前还有持羊鞭扮作牧童的与一师公扮演的跛足老人)执羊角的"山羊"在场地中央围一小圈;执长鼓的"盘王子孙"围一大圈包围"山羊"。表演时,"山羊"不断做出冲撞的动作,试图突围;执长鼓者则不断做出阻拦、驱赶的动作;边舞边呼喊"呼——呼咩! 咩——呼咩!"的号子。

当地红头瑶流传着这样的传说:盘瓠助评王打败了高王,评王将三公主嫁与盘瓠为妻,送入会稽山安住,许以天下青山白云之处随意择居,赐给其子孙后代免赋税徭役的特权。后盘瓠与三公主诞下六男六女,评王闻之,赐与盘、沈、包、黄、李、邓、周、赵、唐、胡、雷、冯十二姓。某年评王寿辰,盘瓠为准备寿礼,入山狩猎,不幸被山羊顶至山下,树枝叉穿其身,盘瓠就这样死在梓桐树上。子孙们闻讯赶来,追杀山羊,砍倒梓桐树,用梓桐树干和羊皮制成长鼓,再砍下羊角,在盘瓠丧礼上跳起《羊角长鼓舞》,为盘瓠报仇泄愤。《羊角长鼓舞》正是对此传说的艺术演绎。

五、捉鼓舞

一般认为捉鼓舞是堂欢庆舞蹈。传说大灾之年,瑶民被迫举族出逃,决定先护送妇女出逃,男子在掩护妇女后逃出。历尽艰辛,终于逃脱了官兵的追赶。为庆祝这次集体出逃成功,大家欢聚一堂,跳起了《捉鼓舞》,尽情地抒发劫后余生的兴奋。表演时,部分男子手执长鼓,围着篝火舞动长鼓。瑶民们随着鼓点的节奏手牵手一齐跳起来,边舞边喊着"飞夜飞、咦夜飞、飞嘞咦嘞飞……"的号子。场面宏大壮观,气氛热烈奔放。捉鼓舞表达了瑶民逃出千家洞的欢悦心情,体现了瑶族同胞团结一心、共赴危难的磅礴气概。[1]

图 3-6　捉鼓舞

笔者以为目前这个舞蹈未

---

〔1〕 参见沙坪村"福龙庵"内墙关于朝踏舞的文字介绍。

表现出其本意。赵学敏《十二年朝答祖公叙头总本》里面记录了置鼓、响鼓礼与问鼓来音(因)等仪节:置鼓即仪式性的模拟制作鼓的流程;响鼓礼一节只记录了师公喃词;问鼓来因一节中需有一人扮演携带长鼓来到醮坛门前的盘王子孙,众人与他一问一答,得知他是来帮助众房子孙还五谷婆婆的良愿,保各家清吉的。据此,该舞蹈应当以制作长鼓为表现对象,即模拟制作长鼓的各道工序。这种模拟性的舞蹈在平地瑶与其他瑶族支系中较常见,如《做屋长鼓舞》《赶羊做鼓长鼓舞》。

六、猪头舞

猪头舞在"朝踏"的第三天即"散福日"表演,是整个朝踏舞的最后一个舞蹈环节。《猪头舞》在抢猪头仪式中进行。每届"朝踏",沙坪村赵、黄、盘、邓四姓红头瑶分成两组,一主一客,轮流坐庄。散福日,主方出猪头,客方出大米饭(或粽子)。主方抢客方的米饭或粽子,客方抢主方的猪头。"朝踏"中的抢猪头很有讲究:在福龙庵大门前摆上两张叠在一起的木桌作为神台,先是尊主领着引娘与下堂女走三、六、九圈祈福,接着师公上前布道场做法事。然后师公站在事先搭好的神台上,四个后生仔用圆簸箕端出一只煮得半生不熟的猪头来,交给站在木桌上的师公。师公双手捧着猪头,分别向东北西南四方,边唱《舞猪头歌》边舞蹈。舞蹈时师公不断变换动作,半蹲、全蹲、前进、后退、高举、低捧、左右摆动,多是随意发挥,并不时做出远抛的动作,逗引得下面等候拼抢的人一阵阵骚动,人声鼎沸,热闹非凡。多次戏耍后,师公突然抛下猪头,人群涌向猪头,一路上手撕嘴咬,不管菜园篱笆、稻田水沟,真有一种排山倒海的气势与不达目的誓不罢休的劲头。抢到的猪肉被拿回家供奉家先,猪头骨由主方保留到下一届火化。

平地瑶"朝踏"仪式在散福日大多会举行竞争性较强的娱乐活动,如富川新华乡上坝村黄姓师公在富川葛坡镇上洞村主持的"朝踏"仪式,最后一项称抢"凤凰鸡"。[1] 沙坪红头瑶为何抢猪头?相传,这支瑶族的

---

[1] 葛坡镇上洞村沈姓平地瑶民曾于 2016 年 11 月 7 日至 9 日举办过"朝踏祖公"仪式。

祖先因天灾人祸,流离进入深山密林中居住,专靠捕猎为生。每当捕获了大野猪,便把肉分给众人,留下一个大猪头供大家聚抢作为娱乐,以后相沿成俗。[1]

第三节　"朝踏"仪式舞蹈的功能

一、朝踏舞的文化贮存功能

历史上无文字民族或书面记载不很发达的民族在表达和传续本民族文化时是有较大局限的,这种境况迫使他们强化其他的文化表达方式,诸如物象表达、口头表达与身体表达皆是。少数民族大多具有能歌善舞、热情活泼的民族性格,部分原因即在此。沙坪村"朝踏"仪式中的舞蹈也是红头瑶族群文化中一种常用的表达形式,是他们的文化密码,其中蕴蓄着该族群丰富的神话传说、社会历史与生产生活等信息,可以称之为红头瑶文化的"贮存器"。[2]

其一,朝踏舞是本民族神话与传说的贮存器。和其他大多数盘瑶支系一样,沙坪红头瑶也视盘瓠为其始祖,他们之中也盛传着关于盘瓠的神话传说。盘瓠信仰区的瑶族往往在祭祀仪式中以长鼓舞纪念盘瓠,如过山瑶的《三十六套做屋长鼓舞》《七十二套赶羊做鼓长鼓舞》,恭城平地瑶的《挞鼓舞》,富川、江华等地平地瑶的《芦笙长鼓舞》等,沙坪红头瑶则以《羊角长鼓舞》来展示他们继承始祖盘王遗志,继续与黑山羊搏斗,为盘王雪恨的勇气。该舞蹈的特色在于更为细致地展现了人羊对峙的场面,留给搏斗紧张、激烈的直观印象。瑶族舞蹈学专家给这个舞蹈进行了更深

---

〔1〕《中华舞蹈志》编辑委员会编:《中华舞蹈志》(广西卷),上海:学林出版社,2014年,第223—224页。

〔2〕彭兆荣:《人类学仪式的理论与实践》,北京:民族出版社,2007年,第5页。

层次的解码,认为很久以前,以犬图腾的盘瓠部落在与羊图腾的部落发生了冲突,结果是盘瓠领导的犬图腾部落遭遇惨败,于是举族迁徙,历尽千辛万苦来到南方。留在长鼓上的应是当年惨败的悲壮记忆。[1] 这种解释虽属推测,却有一定道理。还有一种符合生活逻辑的解释,说当年两安至恭城一带野山羊特别多、特别大(现在据收藏的羊角分析这些山羊原本应该都在 300 斤以上),繁殖也特别快。山羊本来就是瑶族的"仇家",现在又糟蹋瑶民的庄稼,于是瑶民纷纷进山猎杀。猎杀的山羊越多羊角就越多,于是大家拿出最大的羊角在舞蹈中炫耀起来,羊角越大表示猎获的山羊越大,猎手的本领越高;而且大羊角在舞蹈中触碰的声音更响亮清脆,舞者的动作也就越精神、越漂亮。[2]

其二,朝踏舞是本民族知识与技能的贮存器。瑶族不光在歌里唱本民族的生活与生产技能,还善于借助体态动作进行"身体叙述"。上文所列的《三十六套做屋长鼓舞》即展示了过山瑶建造简易茅屋的整个过程:拜盘王与天地之后,找屋地、看屋地、量屋地、挖屋地、平屋地、整屋地、砍木、扛木、锯木、架码、介板、立柱、装椽、上梁、割茅、夹茅、抛茅、盖顶、砌灶、进火等。平地瑶的《芦笙长鼓舞》则表现了瑶民进行稻作生产的一套程序:播种、插秧、耘田、收割、庆丰。[3]《朝踏舞》中的《春季社》舞表现了瑶家更丰富广泛的农事劳动,以说唱配合形体动作形象地表演了一年四季不同的劳动场景,模拟了从播种到收割等水稻生产过程及桑麻等其他种植业的生产。

其三,朝踏舞是本民族历史的贮存器。以舞志史是沙坪红头瑶一大显著特质,几支舞蹈均从某个侧面不同程度地再现了该支瑶族的千家洞生活及其出逃的历史。《春季社》末尾部分表演当年千家洞瑶民款待官差的故事,表现了瑶民的慈善之心。《仙女出堂》展演的是千家洞妇女趁夜

〔1〕 刘小春等主编:《桂东瑶舞探秘》,南宁:广西民族出版社,1992 年,第 13 页。
〔2〕 廖才彪主编:《思香峒风情录》,南宁:广西人民出版社,2014 年,第 129—130 页。
〔3〕 刘小春等主编:《桂东瑶舞探秘》,南宁:广西民族出版社,1992 年,第 20—21 页。

出逃的情景,她们也是第一批逃出的瑶民;《跳头堂》则演绎男子深夜出逃的场景,因人数众多,气氛更为紧张,而最终逃脱后狂舞宣泄时气氛热烈火爆。这些舞蹈都属集体舞蹈,动作都不复杂,却真实自然地传达出了特定的氛围,表现出千家洞瑶民善良、团结、机智抗击强暴的族性特点。

二、朝踏舞的身份认同功能

通过外在的种族性生理特征来辨别身份并不可靠,最好的途径是观察其文化取向,对某些标志性文化的选择与认同往往标志着其身份的自觉。从居住环境来说,沙坪村瑶民属于平地瑶,而他们自称"红头瑶",那么他们如何来确证自己是不同于其他平地瑶的呢? 那就是对自己族支特有文化的自觉坚守,其中特殊的信仰支配下的仪式是其身份认同的一个丰富的资源库,师公以特别的语言喃念经书,大家用特殊的语言唱诵《朝踏歌》,《朝踏歌》的内容与形式也有别于其他平地瑶,是特殊的"这一个"。作为红头瑶文化贮存器的《朝踏舞》更为其他瑶族族支所未见,一系列的仪式性舞蹈用"身体"昭示着"我们是红头瑶"这一身份自觉与认同。

其一,外在装饰的身份表征。沙坪村瑶民之所以称为"红头瑶",一个明显的外在标志就是男子个个头缠一条红布,参加朝踏歌的女子戴着顶端缀饰一圈红绒花球的帽子。主持祭祀的师公更特别,头上包裹着一匹鲜红的长布,成一个桶状的高帽。就《朝踏舞》而言,无论男女无不凸显"红"这个主色调。《仙女下堂》中领头的尊主身着一袭黑衣,头上那顶红色的帽子格外显眼;引母戴着下沿坠着红丝线的帽子,整个帽体也以红色为主;下堂女头盖垂着粉红色丝线的红盖头,低着头跟在引母后面。《春季社》领头的老者帽子上缠了一圈红布,看起来就像戴了一顶红帽,身上背着的伞用红布条捆扎两头箍在身上,所提的竹篮子与酒葫芦都扎着红布;跟在后面列队而行的女孩子身着大红连衣短裙,头戴红旒花帽;男孩子也着缠红头巾。仪式上的其他舞蹈大同小异,都在身体头部等显要部位装饰红色,作为一种无声的"语汇",无不传达着"红头瑶"这个特殊的身份。

其二,动作行为的身份追溯。舞蹈自然以动作造型传情达意,所以动作行为乃舞蹈一大要素,没有动作不成舞蹈,有了动作而不能准确传递信息也是败笔。作为仪式性舞蹈的《朝踏舞》并非专业人士的舞蹈,其动作造型的目的主要不在审美,而在于向祖先神传递信息——"我们是来自千家洞的子孙"。所以《朝踏舞》所有的动作造型(可以称之为"象")都有个共同的指向——"千家洞"(可以称之为"意")。具体而言,《春季社》中少年们用简单朴素的舞姿模拟劳作场景展示了当年千家洞祥和安宁的美好生活与祖先们的美好善良心灵,用舞姿与祖居地建立关联,揭示了"我们来自千家洞"这个"意"。《仙女下堂》中引母带领下堂女们从千家洞逃出,《跳头堂》中男子结伴从千家洞出逃,也是通过"逃"的动作("象")来暗示沙坪红头瑶的来历与身份("意")。

其三,协同呼应的身份确证。基于舞蹈的身份认同途径是多元的,既可以通过单方面的舞蹈动作来实现,也可经由双方或多方的身体、语言呼应来达成,前者依赖各自动作的准确性来建立身份联系,后者强调整体的协同性以确证大家的同类性,两者都可以作为身份认同的方式。无论从理论或实践来看,个人也是可以通过建立身份关联实现身份认同的;而作为一个村寨共同体,要实现的不仅仅是个体的身份认同,更是整个村寨共同体的身份认同与归属。基于此,仪式舞蹈中的彼此呼应协同就成为必要的因素了。作为集体性仪式舞蹈的《朝踏舞》,如果仅有个体动作的标准或优美,而相互之间没有呼应协同,很难表现出作为一个整体应有的力量。这一点做得比较好的是《跳头堂》与《羊角长鼓舞》。前者两两并排搭肩挽腰,节奏由慢到快,脱逃后狂舞并一同呼喊起来,声音震天动地。这个过程不仅局部有呼应,整体之间也协调一致。这时作为个体的红头瑶身份是融入整个逃亡整体而存在的。后者是扮演猎手的一方与扮演羊群的一方的博弈,后者边舞边呼出"呼吧—呼咩,咩吧—呼咩"的号子声,[1] 显然是为了更好地协同作战而呼应起来,于呼应中辨识了我方这个集体,也区别了对方那个整体,即在此集体性的身体"语汇"中确认

---

[1] 伍国栋:《长鼓研究——兼论细腰鼓之起源》,《中国音乐学》1987 年第 4 期,第32 页。

了彼此的身份。

三、朝踏舞的文化传续功能

巨大的文化含摄力与包容度是民族民间舞蹈的一大特色,前文字时代的这种身体表达与知识传递以及族性传续更为突出,如远古社会一部著名的乐舞"葛天氏之乐":三个人持牛尾,脚踏着节奏唱起八支歌来,[1]不用说,周边围着观看的氏族首领与成员,还有他们想象中的神灵。舞蹈展演了远古时代葛天氏这个氏族共同体关于农牧的知识与信仰,它既是向神秘力量奉献的礼物,也是族内文化的传续。进入文字时代后,无文字民族也往往将其文化融入舞蹈之中,在祭祀等仪式活动中展示传播。朝踏舞这一祭祀仪式舞蹈群同样继承了这一传统,在身体律动中传播族群的生产生活知识、信仰与族群特有的性格。

其一,知识传续。劳动生产知识和生产方式的教化是瑶族舞蹈的一个重要内容,如上文所述的长鼓舞系列,此外还有展示建筑房子技艺与流程的《三十六套做屋长鼓舞》,有表现长鼓制作技艺与流程的《七十二套赶羊做鼓长鼓舞》;金秀大瑶山坳瑶的《黄泥长鼓舞》表现的是祖先来历与劳动生活知识。富川、江华等地平地瑶的《芦笙长鼓舞》有"祭鼓"和"耍鼓"之分,后者场面喜庆热闹,表达狩猎等生产生活方面的知识,如"美女双双""竹鸡爬泥""五足尖"之类皆是。[2]《朝踏舞》中传播的知识类型丰富:上文所述的《春季社》是关于"千家洞"生产生活方面的知识,该舞蹈动作古朴而节奏舒缓,很适合族人模仿学习;《仙女出堂》《跳头堂》传递的是千家洞瑶民出逃的历史知识,称得上是无声无文之教,族群生存与血脉延续之艰难如春风化雨,浸润于族人心田;至于《羊角长鼓舞》则是红头瑶历史上捕猎山羊情境的再现。

---

〔1〕(战国)吕不韦著,陆玖译注:《吕氏春秋》(上),北京:中华书局,2010 年,第147 页。

〔2〕 广西富川瑶族自治县新华乡虎马岭村建立了"瑶族芦笙长鼓舞文化传承基地",2018 年 5 月 8 日,芦笙长鼓舞传承人黄道胜被评定为第五批国家级非物质文化遗产代表性项目代表性传承人。该种舞蹈原为十二套,现只能传习其中九套动作。

随着老一辈人的故去,族群要生存并不断延续下去,就必须不断地培养符合该族群要求的新成员,来接续这个族群共同体。如何将一个新生的自然人塑造成一个合格的社会人？最基本的途径就是赋予他们必备的知识与劳动技能。这个过程既可以是真实劳动场景里的示范与实践教育,也可以是在某些活动中模拟性地演示。《朝踏舞》表达的生活知识与劳动技能即属后者,其仪式性的展演也是族群孩童社会化的一个重要契机。

其二,信仰传续。信仰是众多民间仪式传续不绝的内在驱动力,瑶族仪式舞蹈的宗教属性决定其必定涵纳了深厚的民间信仰成分,比起依靠概念式的说教来传达其信仰,具体的物象与身体叙述往往是他们的优先选择。瑶族的"神犬"图腾崇拜、祖先崇拜以及其他神灵崇拜多由其舞蹈表现出来,如盘王舞系列中的《五谷兵马舞》《祭兵舞》就是对禾神这类精灵的崇拜,前者通过引禾神、锁禾神与打禾神的舞蹈动作形象表现瑶民祈盼禾苗快快成长;后者以夸张的喷水、撒稻穗的动作以及富有戏剧性的缠脚动作表现"龙儿吃禾""黄龙拜坛""青龙结坛"的场面,实际上是将祈求丰收的愿望寄托于他们所崇拜的祖先与神灵。《朝踏舞》中的《猪头舞》表面上看是主客双方哄抢猪头,其实无论主方或客方抢到后,猪肉都必须带回去用纸钱垫上供奉祖先。猪头的骨架由主方供奉并保留到下一届火化。抢猪头之前还有个"抢三角粽"节目,所抢到的粽子同样需供奉给祖先。据当地人介绍,以前曾"抢过米饭",即供奉过祖先的粽子,人吃了身体健康强壮,若将这些米饭喂牲口,则六畜兴旺。这显然是祖先崇拜的一种表现,他们希望通过吃祖先享用过的东西来与其建立某种神秘的联系,认为这样做可以沾上祖先的神秘力量,达到某种特定目的。《羊角长鼓舞》主要是瑶民与野山羊之间的冲突,但若结合长鼓的传说,则其与野山羊对峙的场面可以视为猎杀野山羊制作羊皮长鼓的前奏,杀羊做鼓是为盘王报仇雪恨的行为,而在舞蹈中声声长鼓则似乎在警醒族人:永远不要忘记民族的屈辱。这与盘瑶普遍的盘王信仰与民族危机意识的内在精神是一致的。

其三,族性传续。瑶族从北到南,由东到西,长期在南方山区高山峻岭间辗转迁徙,形成大分散、小聚居的分布格局。作为一个在历史上经历过无数灾难与打击的民族,如何走到今天而没有淹没在南方复杂而众多的其他民族当中,其中一个至关重要的文化原因正是其特有的民族性格:随遇而安的适应力、忍辱负重的承受力、认祖归宗的凝聚力。

我们不能认为瑶族天性爱住深山,但自传说中评王赐给盘瓠与三公主入青山白云之处立家之后(实际情形应当是被逼上山的),瑶族大多在山地繁衍生息。他们并没有在山区恶劣的生存条件面前退缩,而是因地制宜地创造出竹木茅屋这种住宅模式,摸索出一套旱地轮作的生产方式,种植适于旱地生长的旱禾、苞谷、薯蓣等作物,创造并传承了盘王祭祀礼仪、歌堂与长鼓舞蹈以及众多传说故事等民族文化。这些都是瑶族人民为适应山地特有的环境及不断迁徙的生活方式进行的文化调适,充分体现了瑶族顽强的生命力与随遇而安的适应能力。明清时期,从山区迁入平地的瑶族也很快调整了生产方式,适应了平地稻作农耕及其文化特点。《朝踏舞》中的《春季社》反映的就是红头瑶履居平地后进行水稻耕作的情景。

瑶族性格上的忍耐力或承受力是有目共睹的。瑶族的系列长鼓舞有个共同特点,即追求“矮”。打长鼓打得越矮越受人青睐尊敬,因为要做到这点必须有非凡的腿部力量,蹲得越矮腿部承受的压力越大,而一套长鼓打下来常常是几十套动作,没有超常的忍受力是无法胜任的。[1]《朝踏舞》中的《羊角长鼓舞》的部分动作也反映了这个特点。瑶族生活在山区,他们日常在山岭谷地间负重往来,肩扛背负,脚上踏出厚厚的茧子;再加上历史上封建王朝与地方官府长期的封锁压迫,瑶民必须付出超量的劳动才能生存延续,外在的负重与精神上的负压久而久之内化为一种忍辱负重而又坚忍不拔的民族性格。[2]

---

〔1〕 陆文东:《集体记忆和族群认同——以瑶族长鼓舞为考察对象》,《广西师范大学学报(哲学社会科学版)》2014年第1期,第71页。
〔2〕 黄小明、陈利敏:《论瑶族“还愿”仪式中“长鼓舞”的多元文化性——广西恭城瑶族民间舞蹈现状田野调查》,《北京舞蹈学院学报》2008年第3期,第68页。

本 章 结 语

瑶族普遍有祖先与祖居地崇拜的观念。尽管瑶民四处迁徙,居住分散,支系繁多,但对于共同的祖先无比崇敬,关于他们祖先的神话与传说代代传承。其中以盘瑶的盘瓠崇拜为最,关于盘瑶的始祖盘瓠的神话不仅有口头的讲述,还在舞蹈中加以艺术化地表现,包括《羊角长鼓舞》在内的长鼓舞系列几乎都演述了盘瓠神话,有些仪式舞蹈(如《簸箕舞》)还表现了渡海传说。瑶族曾经的聚居中心——千家洞对后代瑶民有着巨大的吸引力,迁出几百年后,无论国内国外,不断有人寻访千家洞的位置,甚至发起过"返回千家洞"的民族运动。"朝踏舞"是6支舞蹈建构而成的"朝踏"仪式舞蹈群,着力再现当年千家洞的美好生活以及被迫逃离时的悲壮情景,兼及对千家洞美好生活的回忆。"朝踏舞"具有文化贮存、身份认同与文化传续等多方面的功能。

笔者曾调查贺州市黄洞瑶族乡一位瑶族山歌传承人,她说一些美国瑶民回到祖国寻找祖居地,听到当地瑶民说起祖先流传至今的家乡话,泪流满面,哽咽着久久不愿离去。[1] 认祖归宗的行为来自他们朴实的祖地与祖先崇拜以及民族文化的认同,这是血浓于水、割舍不断的亲情与文化之根。[2] 漂泊海外的瑶族同胞不管迁居何处,始终有携带祖图、家先单、过山榜以及科仪文书的习惯,那些手抄文献上的题款往往保留中国历代王朝、民国年号或中华民国的称号,并称中国为"大朝",其他迁居国为"小朝"或"泰朝""美朝",以此标识其与祖居地以及祖居国在时空

---

〔1〕 笔者 2017 年在广西贺州市八步区访问瑶族山歌传承人赵县英女士时获知这一信息,并从瑶族学者邓元东先生处得到证实。

〔2〕 张逸、孟庆凯:《广西瑶族舞蹈服饰文化意蕴研究》,《北京舞蹈学院学报》2020 年第 4 期,第 75 页。

与文化上的关联,是海外瑶族祖地文化认同向祖国文化认同转化与升华的文献证据。[1] 尽管历史上瑶族并没有构建起本民族的文化中心,但这种发自内心的文化认同将散落各地的瑶族同胞联络起来,并产生了巨大的民族向聚力。

---

〔1〕 何红一:《美国国会图书馆馆藏瑶族文献研究》,北京:中国社会科学出版社,2017 年,第 269 页。

第四章 "朝踏"仪式文本的建构

第一节 "朝踏"仪式文本的外部构型

在后现代理论看来,"文本"是一个有着巨大包容量的概念,"从学理上,我们不能把文本概念局限在书面文字(文学)内","只要有能指的超越,就有文本","所有表意实践均可能产生文本:绘画实践、音乐实践、影视实践等"。[1] 国内学者在研究神话时指出神话叙事中存在"仪式文本形态"。[2] 甚至有学者直截了当地提出"仪式也是文本"。[3] 这些认识大大拓展了文本的外延,作为一种特殊表意实践的仪式可视为集器物、口头、文字与表演等多元元素的"大文本",是系统性的立体的文本形态。仪式文本的初衷是服务庆典、祀神等特定意旨,并为此意旨而逐步建构完形

〔1〕 史忠义、户思社、叶舒宪主编:《风格研究文本理论》,开封:河南大学出版社,2009 年,第 304 页。
〔2〕 田兆元:《神话叙事与社会发展研究》,西安:陕西师范大学出版总社,2019 年,第 92 页。
〔3〕 杨杰宏:《东巴仪式表演的文本结构探析》,《民族艺术研究》2015 年第 4 期,第 46 页。

的。仪式文本一旦成形,除表达既定的仪式宗旨外,客观上成为仪式中诸仪节以及文学、音乐、舞蹈、美术、戏曲等专门性艺术形式共生的整体文化语境,其于仪式文化意蕴及其功能之揭示具有非同寻常的意义。

相对于"作品"而言,"文本"是开放的、动态的、生产性的、未完成的表意实践,仪式的内在本质与外在形式均与此相吻合。南岭走廊中段平地瑶的"朝踏祖公"正是这样一种典型的形态多元而又意蕴丰厚的仪式文本。广西钟山县与富川瑶族自治县的"朝踏"仪式至今仍在活态传承之中,仪式的目的是祭祀祖先,并偿还此前所许之愿,以祈祖先降福于村寨的子孙们。与汉族宗祠祭祖那种庄严肃穆的氛围不同,瑶族祭祖歌舞唱跳活泼热闹。传统的"朝踏"仪式为十二年一期,每期时间跨度一般为三天,其间云集了主办方、执仪师公、令官尊主、歌舞表演者、受邀参观者等各方人士,以任何一方的视角来感受"朝踏"仪式,都是基于视觉、听觉、触觉、嗅觉等多种感官综合体验的立体"仪式文本"。无论哪一方以何感官所体验到的"文本"都不是被动的、静态的"无为"状态,而是立足于其载体形式特质服务于仪式整体意旨的"有为"实践:作为仪式主体的执仪人员开口讲述、唱述,并以身体为载体进行演述,甚至无情之器物也活动起来,"诉说"着过往的喜乐与伤悲。

一、物象展述的文本

物象在仪式中触处皆是,举凡红头瑶村民的盛装打扮,送给来宾的绣有"朝踏节"字样与特殊图案的小挂袋,摆在福龙庵祭台上的祖先灵牌、蒙着网油扎着红布的猪头、各类果品以及部分文书与法器,[1]皆可视为仪式中的物象。物象本身是一种静态的存在,但进入仪式场域中的物象往往具有动态的"叙述"特征,至少在局内人看来,他们开口"说话"了。

据师公介绍,每一个物象都不是随意安排摆放的,而是有着特殊由头与来历的往事回顾与"诉说"。如猪头上盖着的一层网油,白白的,看起来

---

〔1〕 富川平地瑶朝踏仪式中有的在祭台摆上特大稻谷、长鼓剪纸、黝黑的牛角等物象,过山瑶在祭祖性质的还盘王愿仪式中还挂神像画、各种造型的凿花等艺术品。

像鼓着风的船帆,当地人说这与"漂洋过海"传说有关。富川"朝踏"祖公仪式上所摆的特大稻谷与牛角节的"物象展述"意味更为显豁,前者诉说着千家洞瑶民当年的富足生活,传说当年千家洞种出的特大稻谷有指头粗,有的地方甚至夸张到有拳头大;后者则倾诉逃离千家洞的悲壮故事,逃离前相约五百年后返回千家洞,取一个水牛角截为十二段,十二姓各携一节作为日后子孙们返回重聚千家洞的信物。物象文本的特点是直观形象,地方生活色彩与象征意味浓厚,也是现场的装点者与气氛的营造者。

二、口头讲述的文本

口头叙述原本就是前文字时代的先民与无文字民族的传统表达方式,民族地区的各类仪式中还存在不少传统口头讲述文本。在展演各仪节之前,师公照传统规矩向神灵报告此次仪式举办的缘由、仪式的整体情况、各仪节将如何展开以及顺利举办后如何酬谢神灵等,几乎是事无巨细都要讲述一遍,过山瑶称此为"意者",举办任何仪式都有相应的口头"意者"。笔者曾在贺州市八步区黄洞瑶族乡一瑶寨调查过山瑶还家愿仪式,主事的邓师公在"喝落脚酒"仪节上花了四十多分钟向祖师、本师讲述仪式的来龙去脉,师公站在横摆在神台前的酒席上席中间,左右为其他师公,下手坐着鼓乐手与男、女主人,只见邓师公右手拿一支筷子,一边沾酒一边诉说,全程不看手抄文书,一气呵成。众人凝神聆听,与席者不时发出笑声,最后邓师公向男、女主人敬酒,师公们相互敬酒、喝酒,仪节结束。在瑶民看来,神灵也是讲瑶话的,故用瑶话向神灵"汇报工作"。当然,作为仪式中与神灵沟通的师公,他的口头讲述远不止"意者"之类,请神时一一念诵神灵的大号,赞神时要讲述该神灵的传奇身世、显赫的神绩等内容。钟山县两安瑶族乡沙坪村"朝踏"仪式上,邓师公在福龙庵神坛前对着一本摊开的文书喃念着,之所以动用了文字,主要是担心时间久了或师公年纪大了容易忘记,而仪式中请神或送神时若遗忘了神灵则非但不能期望福报,更会招来灾祸。尽管使用了文字文书,但并非将文书摆在仪式现场展述,而仍然是传统的口述,也就是说文字在此只作为叙述的辅助工具。本地人向外地人介绍"朝踏"仪式、相关器物的来历以及各种相关的神话与传说都属于仪式口头文本,只是因对象不同所用语种有所调整而已。与借用汉文抄写的书面文本相比,口头文本携带了丰富的民族文化基因,是"朝踏"仪式中与祖先们建立联系的文化密码,也是从口头传统上划定族内与局外的文化标志,因而颇具民族风情。

三、歌曲唱述的文本

沙坪瑶胞充分发挥能歌、善歌、乐歌的优势,把族群的历史、"朝踏"的礼仪、仪式的目的糅合在《朝踏接客大讨路》《朝踏令歌》《朝踏阴歌》《朝踏阳歌》四部歌曲集中,其中包含大量的曲子与唱段,内容丰富而形式多样。主客对唱传统仪式歌接客、安客、留客、送客,唱述了瑶家待客之礼,主客同宗之谊,共庆祭祖还愿之意。向祖先献唱酒令歌,表达劝酒娱祖之意;演唱民族传统歌谣,再现当年千家洞平和静穆的幸福生活,也回顾了被迫逃离祖居地后辗转而悲壮的迁徙史。每一轮"朝踏"仪式都要依照传统吟唱一遍,在歌唱中回顾往日时光,表达真挚的会客之情与虔诚的敬祖之意。他们在歌声中确认了彼此共同的族群与文化渊源,深化了民族文化认同。除集中歌唱外,还有不少插在科仪本中的零散唱段,如《引尊科》中请诸神时,先以散文形式讲述神灵之故事,再用韵文唱述该神的非凡业绩,称为"赞咏"。歌唱文本的特点是以情运事,唱既能铺叙事件,更能抒发情感,仪式中所传达的并相互感染的宗教情感多由"唱"生发出来。

四、舞蹈演述的文本

"仪式既是一种文本叙事,也是一种思维形态,还是身体表达。"[1]"朝踏"仪式的身体表达不仅仅局限于师公,六支朝踏舞构成的庞大"朝踏"仪式舞蹈是典型的身体艺术。舞蹈的表演性比朝踏歌要强得多,以朴素简洁的"手语"演述千家洞的农事劳动场景,以变换不居的身体空间造型演述迁居地的狩猎生活,以集体互助、前后相续而行的队形演述逃离千家洞的情景,凭借猪头、米饭或三角粽等道具演述"散福"的火爆场景,掀

---

〔1〕 彭兆荣:《论身体作为仪式文本的叙事——以瑶族"还盘王愿"仪式为例》,《民族文学研究》2010 年第 2 期,第 156 页。

起仪式的高潮。仪式舞蹈借助身体与舞队造型、服饰颜色以及特殊道具等搭配组合构成象征群,以此演绎相关事件。"仙女出堂"中下堂女头饰瑶巾,这是身份的象征;掩面不语,跟随引母绕堂而走,动作轻柔,先慢后快,凭借这种特殊的体态语言演述当年逃离千家洞的场景。《捉鼓舞》则主要通过道具"长鼓"与身体的配合来演述逃脱官兵追捕后的兴奋与豪情。舞蹈演述的文本特点是直观,场景生动而氛围浓厚。

五、文字记述的文本

进入仪式场域的文字文本可分为传统的手抄本与筹备方印刷与手写的标语、榜文、相关的文化遗产介绍等。还有一种特殊的文字记录文本为碑刻,在沙坪村东门楼寨主神所在地的石碑上郑重地记述了村寨的历史,这道石碑型的文字文本将沙坪村红头瑶与千家洞关联了起来。正是有了这段文字记述的历史,沙坪村民才有了周期性回望千家洞这一特殊的祭祖仪式。东门楼碑刻从空间上看远离主体仪式场,但从仪式举办的历史根源来看,这恰恰是举办"朝踏"仪式非常重要的"依据"。由此看来,碑刻记述也是仪式整体的重要文本之一。文字文本是依托于实物的符号群,具有超越口头与身体的空间与时间局限,有利于仪式文化的保护与传续。

第二节 "朝踏"仪式文本的内在结构

一、"朝踏"仪式文本的主体结构

(一)"我者"与"他者"的交互与分野

1."我者"与"他者"的交互。主体间性理论认为,文本不仅存在自我主体,同时也存在对象主体,二者之间为交互的关系。[1]"朝踏"仪式作

---

〔1〕 杨春时:《审美是自由的生存方式——杨春时美学文选》,济南:山东文艺出版社,2019 年,第 281 页。

为特殊的大文本在结构上存在明显的主体交互关系,《朝踏歌》即以主方与客方的交相演唱组织歌堂,并推进仪式进程。客方并非被动的接受方,而是与主方地位对等的演唱者,主、客角色可以在不同届期的"朝踏"仪式中轮换。我们注意到,其客方并非来自其他村寨的"他者",而是本村姓氏的"借代",是虚拟的"他者"。沙坪村共有四姓,分别为赵、邓、盘、黄,现实中皆为"我者"的主人,当然不愿意被当作客人,于是"朝踏"仪式对此作了变通,四姓两两结合分为两方,即盘黄与赵邓,双方交替做主方与客方,也就平等了。《朝踏歌》的主客二元结构显然源自本民族历史悠久的"坐歌堂"这一传统民俗。为了表达对来客的热情,融洽双方的感情,维持非亲属间正常的通婚关系,同时也丰富本村寨的精神生活,历史上瑶族流行"坐歌堂"文化习俗。[1] 瑶族"坐歌堂"要遵循异性相配与回避亲属等原则,[2]如此,则参与歌堂者能够抛弃一切顾虑与禁忌、自由大胆地"挑逗"对方制定的规则。后来,这种文化习俗逐渐渗透进"朝踏"等祭祀仪式当中,成为信仰者作为还愿时献给神灵的礼物,只是纳入祭祖还愿之类仪式的对歌习俗扬弃了亲属禁忌以及挑逗性较强的"荤段子"歌。尽管仪式文本对"坐歌堂"的原则作了较大的改造,但仍沿袭了主客结构模式。

2. "我者"与"他者"的分野。主体间除了互动互渗外,仪式文本中我者与他者的区分也是普遍的。从传统信仰的角度来说,整个仪式都是为祭祀祖先和向祖先偿还之前所许心愿而举办,那么仪式可以看作一台献给祖先的节目,执仪人员与参演人员可以视为"我者",而祖先们则可视为"他者"。当然,我者与他者是相对而言的,就当地人来讲,他们是祖先血脉的延续,祖先岂可当作外人看?从这个角度看,祖先们也是"我者"。能够真正确定为"他者"的是前来指导或观看仪式者,他们也是仪式文本结构的一个重要部分,仪式的效果与价值必须得到他们的认可才具备进入

---

〔1〕 现在瑶族自发的传统"坐歌堂"习俗基本消失了。
〔2〕 郑长天:《瑶族"坐歌堂"的结构与功能——湘南盘瑶"冈介"活动研究》,北京:民族出版社,2009年,第70—73页。

官方构建的"非遗"项目系列的可能性,"我者"的价值必须在"他者"中才能得到实现与转化,因此,在推动该项传统仪式"遗产化"这一点上,那些前来观摩仪式的"他者"与当地组织者为共同的谋划者与推动者,是"同道中人",可视为"他者"的"我者"化。然而,外来者毕竟是基于其自身的文化积淀并遵循特定评价标准审视仪式的,其身份与眼光在局内人看来无疑是"他者"的。

(二)潜在与显在的共处

多元主体共在与共处是宗教性仪式结构的一大特征,祭司、祭品、坛场的装饰、坛班的歌舞、围观的人群,凡此种种皆为肉眼可见的人、事、物;此外民间普遍认为,天神、地祇、鬼怪等均为"事实",在信徒眼里他们与显在的人、事、物一样存在于仪式场。"朝踏"仪式恰如一幕戏剧,作为法事执仪者的师公们、朝踏歌队与朝踏舞队轮流或同时上场表演,有时还扮演作为仪式中的隐性存在者,即把潜在的神鬼通过仪式剧的形式显现出来。人们观念中抽象的神鬼概念具象化了,即便肉眼凡胎也能感知到,由此更加强化了信徒对神灵的崇拜与对鬼怪的恐惧。朝踏舞中引母与下堂女就带有这种角色扮演色彩,其特有的装扮与低头不语、缓步慢行的情态给观众浓厚而直观的神秘感。其实,神仙鬼怪不一定都登场表演,有时他们是被邀请到类似于剧场的坛场来参加"盛会"。"朝踏"仪式祭祀的一位主要神灵就是"白公",他是众多千家洞出逃者后裔的共祖,为了取悦他,信徒们按照传统惯例表演朝踏歌舞,白公与其他神灵则如剧场观众似的欣赏着仪式中一出出献给他们的"戏剧",这时的神鬼存在就没有前者那么鲜明了,甚至在一些把仪式当戏看的观众眼里(尤其是看得入迷时),神鬼是被忽略的。当然,这种忽略是暂时的,仪式中众多的神鬼文化符号无不提示神鬼与人的共在。以上诸种情形我们可以称之为显在的人事与潜在的神鬼的共在共处。

仪式大致可分作三大类型看待:资本主导型、官方主导型与民间主导型。仪式文本的潜在与显在主体的共处在三种仪式中均有不同程度的表现。资本主导型仪式目的在盈利,他们主要看中了某种仪式的唯一性,把仪式作为盈利的资源进行开发。资本持有者在后台操控,仪式执行者在前台表演。前者往往是潜在的,后者则是显在的;后者为前者服务,受前者支配,缺乏独立的仪式举办权;前者为后者注入活动资金,决定后者的举办规模与性质,鼓励后者保护延续其特殊性。仪式发展到今天,尤其是 20 世纪 90 年代以来,各地文化自觉意识不断增强,政府直接出面主办某种地方性重大仪式已是司空见惯之事,官方的直接介入不仅为仪式的举办注入了资金,而且在政策、人力配置、基础设施等方面给予强力支撑。当然,仪式本身也必须具有为地方经济社会发展发挥独特作用的潜能,即所谓"文化搭台,经济唱戏"。这种类型的仪式官方色彩浓厚,政府是仪式的主办方,直接走向仪式前台,与仪式执仪者共同作为仪式的显在主体。南岭十县(区)瑶族盘王节就是在官方统筹下的大型仪式展演,为打响"盘王节"这一瑶族文化品牌以及整合南岭瑶族社区、加强民族认同方面立下了功勋。[1]

民间主导型仪式相对具有较大的独立举办权,但并不意味着其他主体的完全缺位。就钟山县"朝踏"仪式而言,沙坪村的"朝踏节"颇具传统意味,但在传统文化传承普遍面临危机的形势下,如何传承好、利用好地方特色文化一直是村委与村民的心病。于是,代表官方的地方政府适时登台了,政策上倾斜支持,组织上协调各方力量,发挥学者的策划力、媒体的传播力、民间资本的推动力,"朝踏"仪式成为国家引导、资本协力与民间主办的多元主体共谋

图 4-1　第十届瑶族盘王节(连山)[2]

〔1〕 肖晶:《南岭瑶族盘王传说的历史变迁与文化寓意——以广西贺州瑶族盘王文化为考察对象》,《民族文学研究》2015 年第 3 期,第 31 页。
〔2〕 图片来自民族出版社 2010 年版《瑶族盘王祭祀大典》。

的一场"文化大餐"。仪式现场某些标语如"热烈欢迎领导嘉宾亲临沙坪村'盘王节'""广西钟山县国生畜牧有限公司热烈祝贺沙坪村'盘王节'隆重举办""桂林远景文化传媒有限公司热烈祝贺沙坪村'盘王节'隆重举行",以及身着警察制服的秩序维护者仍在隐约地提示国家的在场与资本的注入,只是不像官方主导型仪式那样摆主席台、剪彩或揭幕之类的仪式程序,这种情形下的国家可视为不在场的在场,或隐性的存在。

如果说祖先神鬼在仪式中是想象的在场,那么"朝踏"仪式中的"客方"则是虚拟的在场。"朝踏"仪式中的主客双方均为本村村民,只是按照姓氏进行了组合与角色分配:某年一方为主,则另一方为客,下一次"朝踏"时交换角色,如此循环往复。现实中确有主客之分,但"朝踏"仪式中的主客其实均为"主人",所谓"客方"是"主人"暂时性的代拟行为,是作为"主人"者扮演"客人"的仪式性举动,是对现实的虚拟。这时的"主人"是显在的,而被虚拟的"客人"则是隐性的,他们或者根本就没来,或者来了而身份被他人借用了。

二、"朝踏"仪式文本的时空结构

随着仪式进程的展开,我们发现仪式也是时间和空间结构的展示,仪式的时空结构自成体系,自成格局。[1] 就时间而言,日常生活中的时间是连续的、线性流动的、不可逆的,而仪式时间往往是对此的反叛,表现为仪式时间的静止、时间的逆转以及不同时间的并置。

(一)"朝踏"仪式文本的时间结构

仪式时间是区别于日常生活时间的超越性时间,后者强调当下的实际时间,而前者则贯通过去、当下与未来。[2] 与中国西南其他大多数迁徙性民族一样,瑶族对于祖居地有着特殊的情感,不仅在各种民俗节庆中歌咏发抒,而且在丧葬或祭祀类仪式中作浓重的表述。藏彝走廊的彝族东部方言区的丧礼上毕摩必须念诵《指路经》,即为亡魂指明前往祖居地

〔1〕 彭兆荣:《人类学仪式的理论与实践》,北京:民族出版社,2007年,第314页。
〔2〕 彭兆荣:《人类学仪式的理论与实践》,北京:民族出版社,2007年,第317页。

的路标。以时间而论,祭司毕摩念诵经文时处于当下时间,而指导亡魂回归祖居地则是时间的逆转,因为祖先亡故是早已发生之事,而仪式中亡魂却能回归其地。[1] 如果是祭司本人亡故了,也可以通过仪式回归祖师身边。为此,纳西族专设有超度罗什的仪式,瑶族也有专门的超度师公的仪式。这些都是仪式时间从当下通往过去的案例,至于仪式中的占卦、扶乩之类或祭司神鬼附体而代神鬼发言,都是仪式时间贯通过去、当下与未来的常见情形。

"朝踏"仪式也表现出时间的可逆与静止。"朝踏"的主要仪式事项是祭祀祖公,祭祀祖公就必须知道祖公的来历,这样一来祖居地就成为仪式着力表现的对象。朝踏歌与朝踏舞以歌舞的艺术形式把时间回溯到千家洞时期,仪式中《春季社》展现的是祖居地千家洞世外桃源般的农耕生活,《仙女出堂》《跳头堂》《捉鼓舞》则是平静生活被打破后被迫踏上逃亡之路、逃亡过程以及逃出官兵追捕后的情景再现。在这里,时间不是向前流动,而是携带仪式场众人回到了"从前",把祖先们"从前"的生活仪式性地重温一遍。"朝踏"仪式中时间回到祖居之"过去"后,祖先们如同生前一样在千家洞劳动,他们似乎没有"死亡",时间在此表现为"静止"的状态。仪式时间的静止性有利于树立祖先的权威性与神圣性,祖先成为超越时间的存在,对千家洞后裔及其村寨的当下与未来发生持续性影响。

不仅如此,"朝踏"仪式还把时间空间化了。《朝踏阴歌》中有《出省流移歌章》,《朝踏令歌》中有《吾房分枝下历代唤数歌》,《朝踏阳歌》中有《开请盘家出省流移》,歌中罗列了各姓祖先们如何一站一站地迁徙到如今的村寨,按照辈分大小(也就是按照时间先后)记录了每一时间段落迁居之地,这里一段段的时间序列表现为一个个前后相衔的空间地域,抽象的时间通过空间而具体化了。死后举办的丧葬仪式恰好是对此时间的反转,"朝踏"等祈福类仪式是从当初走到当下,而丧葬类仪式则是从当下返回当初。

---

〔1〕 佟德富、巴莫阿依、苏鲁格主编:《中国少数民族原始宗教经籍汇编》(毕摩经卷),北京:中央民族大学出版社,2009 年,第 465 页。

(二)"朝踏"仪式文本的空间结构

1. 神圣与世俗的区隔。中西方各民族在信仰及其物化的仪式上大体都有圣俗观念与圣俗区隔。涂尔干的"神圣/世俗"理论既是宗教学、人类学的概念和分析工具,也旨在间隔出一个结构化的时空范围。克洛德·列维-斯特劳斯(Claude Lévi-Strauss)认为,人类唯一的限制是空间的因素。神圣与世俗如果没有产生足够的"间离空间",仪式和宗教的崇高性便无从生成。犹太庙的走廊表现为一种"通道",将世俗世界与神圣世界分离开来。[1] 纳西族祭祀仪式的"黑白交叉处",则是神鬼的空间分野。瑶族"朝踏"仪式作为一种祭祖还愿仪式,也同样表现出仪式空间的圣俗之分。

首先,龙归庙与福龙庵甚至门楼神龛等是神灵在人间的"行宫",是明显的神圣空间。即便平时这里也透露出超越凡俗的氛围与神灵特有的威力,福龙庵大门上日常可见一溜溜的红纸条,都是各家因小孩三灾八难而委托给庙里神灵养育的祈祷文,民间称之为"认契"。其次,与神圣直接关联的是洁净,在举办"朝踏"之类的重要仪式前,相关的庙宇、门楼内外早已清除干净。民间认为神灵居住在纤尘不染的天界或远离凡俗的洞天福地,迎请神灵降临的坛场自然必须干干净净。仪式中的"洁净"还不仅仅指物理性的卫生,还包括身体、心理以及行为上的"洁净",如仪式前师公的"沐浴斋戒",仪式前两天整个仪式封斋,仪式期间不能赌博、斗殴等。此外更为重要的是仪式开坛前必须驱逐或禁锢仪式空间内或周边潜在的鬼怪或怀有恶意的过往神灵,以免他们进入神

图4-2 "朝踏"外坛一隅

---

〔1〕 彭兆荣:《人类学仪式的理论与实践》,北京:民族出版社,2007年,第318页。

圣空间捣乱,这类"不洁"因素必须依靠师公或道公的咒语、符箓、法水、手印、经文念诵等法术才能彻底清理。走过这些程序后仪式坛场才由世俗性空间"化变"为神圣性空间。神灵们才肯在三请后降临坛场,也才肯接受众人的献祭,应许大家的愿望,帮助村寨扶正祛邪。

2. 神圣与世俗的互渗。圣俗二元空间并非绝对而永远的隔绝,二者既有间离的一面,也有互通互渗的一面。相较于内坛的庄严肃穆,外坛就轻松愉悦多了。"朝踏"仪式的外坛空间(福龙庵前)空旷,一大片水泥固化的长方形平整场地,朝踏舞蹈以及散福抢糯米粽与猪头的启动仪式将在此展开,左前方悬挂着"打油茶比赛"的大红横幅,右边是一个新式戏台,这里将举办"朝踏"文艺晚会。这些活动固然是仪式的重要部分,但娱乐性的世俗色彩鲜明,与内坛的氛围构成反差。这些活动不仅仅是演绎给世俗大众看,其性质与庙里献供一样,本意是给神灵们享受的。神灵们高居庙堂观赏外坛一个个为其精心准备的"节目",村民们也沾神灵之光,与神一起享受歌舞、戏曲表演。此时的内坛与外坛,人神共娱同乐,神圣与世俗空间浑然一体。

图4-3 福龙庵门前全景

3. 散在的空间与整合的空间。沙坪村的日常空间布局主要是世俗性的物理空间,那些在"朝踏"中重要的场所分散在各处:龙归庙在村东南头上,距村寨有上千米;福龙庵则处于村东头偏南处,坐南朝北;而门楼则深入村寨之中了。这种散在状态的空间布局通过"朝踏"仪式而建构为一个整合性空间:仪式的头一天凌晨吉时(子时到辰时五个时辰),堂头福主到福龙庵、龙归庙上香供茶;师公、令官村主接阴母(引母)、下堂女去福龙庵;次日早饭后,师公、令官村主到村子的大门楼接客,接到福龙庵内,由令官村主致"上香词"。一个以福龙庵为主的由龙归庙、门楼以及福龙庵前的大片空阔之地的仪式空间被整合起来,物理性的散在建筑物借助仪式而"化变"为整合的仪式性空间。

第三节 "朝踏"仪式文本的重构

沙坪村现存的手抄科仪文书显示,沙坪村红头瑶"朝踏"仪式在晚清时期的举办周期开始紊乱,时办时停,至光绪年间因师公不懂法事竟至于无法举办,仪式传承出现危机。[1] 当地人将仪式断裂后出现的灾祸附会到没有定期举办"朝踏"仪式上,于是村寨师公商量决定派人赴同为红头瑶的柳家乡茅刀源学习"朝踏"仪式。借鉴来的仪式与本村的传统仪式毕竟有差异,沙坪村头人、师公、文化能手开始着手重构"朝踏"仪式,包括文献重编、空间重整以及仪式重建。

一、文献的重编

"朝踏"举办的周期较长,科仪烦琐,又有大量的歌舞表演穿插其中,若无文字记录则更容易失传。光绪年间的长期停办造成了大量文书的遗

---

〔1〕 钟山县两安瑶族乡沙坪村邓学清师公所藏《调踏公祖设文叙头总本》末尾题记记载了沙坪村朝踏史上的一次传承危机:"阳名赵金州,当巫法门,赵法传/行翁,前时丢去,不踏公祖良愿,过后人丁不旺,六畜损伤,复回依科朝踏。法传/行又无师傅(父)传了,正到柳家源,真投师傅(父),花银一两二钱,猪肉五斤,雄鸡公一只,塘鱼四斤,油糍粑五十个,姜五斤,连住三夜,我才投回罡决(诀)唤数。回家口念心通,才与众房子孙朝踏宗祖良愿,平安清吉。"

图 4-4 广西少数民族古籍办复印的沙坪村"朝踏"歌本

失或损毁,村寨只好结合重新抄来的文书与部分遗留的歌本以及师公记忆中的仪式流程进行重新整编。今天能够看到的文书与歌本大部分为此次整编后的手抄本。科仪类文书有《朝踏宗祖大投词》《调踏公祖设文叙头总本》《叙头总本》《许/升(申)还祖公愿之本》《左边富仁请圣设文》《右边设圣请圣科文》,与《朝踏接客大讨路》《朝踏阴歌》《朝踏令歌》《朝踏阳歌》一起构成了 2015 年沙坪村"朝踏"仪式的基本文献。科仪文书搭建了"朝踏"仪式的主体框架,是仪式流程的文字文本形态。四类朝踏歌(和朝踏舞蹈)如仪的"血肉"充实于整个仪节之中。

二、空间的重整

看过 1987"朝踏节"图片的读者会发现,当时那些表演色彩较浓的舞蹈是在秋收后的稻田里进行的,而"跳头堂"舞蹈则绕着龙归庙进行,可见当时的内坛设在龙归庙。借用收割后的稻田作为外坛的空间设置是山区村寨举办大型祭祀仪式的惯常手法,笔者曾在 2015 年秋冬之交参加过南岭中断余脉马鼻村的一场庙会,除一些例行的文书呈递与冗长的科仪经文唱诵外,那些观赏性较强的诸如上刀梯等仪节在山庙脚下一处收割后的平坦稻田里举行。这也是山区平地有限而作出的权宜之计,是山民对于所处环境主动调适的结果。停办几近三十年,于 2015 年举办的"朝踏"对仪式空间作了较大的调整。在祠堂、龙归庙与福龙庵等庙堂中选择了福龙庵作为仪式的主体内部空间。福龙庵坐南朝北,大部分的请神、送神以及《朝踏歌》对唱在此进行。庵前是一大片长方形硬化空地,空地左边是村里的文化活动中心,一幢三层高的楼房,各类地方性文化在此传习。空地的右边是一座新建的戏台。越过空地与福龙庵正对着的原是一片菜地,菜地与硬化空地之间是一条通向村内的水泥路。笔者 2021 年再访时,这片菜地上矗立着一座大楼,是村委会所在地。那一大块硬化空地是"朝踏"仪式的主要室外空间,大部分舞蹈、民俗活动(如油茶比赛)在此举行。福龙庵、庵前空地、文化活动中心、大戏台以及村委会大楼围着的硬化空地即为仪式的主体空间。至于仪式的整体空间则远不止于此,从仪式期间张贴在福龙庵外左边墙壁上的红纸榜文来看,斗羊活动在村外与仪式主体空间隔河相望的一大片稻田里举办,还存有山区仪式空间的"遗风"。想必是斗羊活动场面大,需要较大的腾挪地,故有此安排。仪式最后的"抢猪头",从庵前空地开抢,之后的哄抢路径就难以限定了,由此村子周边的稻田、菜园、河边都纳入仪式空间。以上为 2015 年"朝踏"仪式空间的重构,具有三个较明显的特点:一是依托一个主体庙宇作为与神灵沟通的主要内部空间;二是室内与室外空间功能有别,室内相当于民间道坛的"内坛",主祭祀,相对庄严肃穆,室外则相当于"外坛",主娱乐,相对轻松活泼;三是仪式空间的延展性,这里的空间不是一成不变的,而是根据仪式进程不断调整拓展,体现了作为空间的仪式不断建构与生产的一面。

三、仪程的重建

"朝踏"仪式的安排有个明显的规律,即歌舞间隔编排。为何仪式过程中不一次性唱完《朝踏歌》,一次性跳完《朝踏舞》? 笔者曾就此问题求教过"朝踏节"传承人黄海德,他是这样解释的:"《朝踏歌》很多很长,一直唱会很累的,大家一直听着也容易瞌睡,所以就将《朝踏歌》与《朝踏舞》间隔来做,这样可以调节气氛,免得大家感到太沉闷。"本地人都认可黄海德的意见,可见这是筹备组考虑到仪式效果后自觉做出的调整。当然,歌舞间隔多少还有些继承传统的意味,只是具体的歌舞顺序有较大变动;而在仪式中嵌入民俗活动的做法则是此前"朝踏"中所没有的,本届仪式中融入了斗羊竞赛、打油茶比赛等沙坪村民俗活动,在内容与形式上都有较大的拓展,增加了仪式的生活性与趣味性;主动邀请政、商、学各界人士前来观摩,受邀媒体调查并采录了本次仪式过程,构成了多主体在场的仪式景观。仪式的重建主要遵循效果导向的原则,无论是重新安排歌舞顺序或添加新的仪式环节,都是基于仪式本身的观赏性与提高仪式知名度而作出的设计。

本 章 结 语

仪式文本不同于传统的文字符号与书面载体文本,它将仪式中的器物、歌舞、口述等要素纳入文本,文本由此成为一个包容量巨大的符号群落。多样态的立体叙述形式丰富了文本的外部形态,扩大了文本的容量;多层次的复合结构为仪式信息的灵活表述与传达提供了多种可能,深化了仪式的内蕴。仪式文本具有相对的稳定性,同时也具有一般性文本所具有的开放性与生产性,随时代、地域的文化生态因素而发生变化,此种情形可视为仪式文本的文化调适。对仪式文本的探究既是对传统文本观的反思,也是对仪式研究思路的拓展,如现存于为数众多的诗文典籍中的祭祀性诗歌等固化的书面文字性文本,"自身所指涉的仪式结构却被遮蔽",[1]给历代读者的解读造成了障碍,如果将文字性文本置于仪式文本的大语境下,无疑会给诗意的追溯与还原带来诸多便利。

---

〔1〕　张节末、张强:《诗文本与周天子祭祖仪式搬演——〈文王〉原初仪式形态还原之一》,《社会科学战线》2016 年第 7 期,第 150 页。

第五章 "朝踏"文献的
传承与形制

　　笔者调查了广西钟山县、富川瑶族自治县与湖南江华瑶族自治县的部分"朝踏"文献,文献主要分为歌本与科仪本两大类。根据文献来源地所属县区及文献在仪式中的使用特点,可分为钟山"朝踏"文献系统、富川"朝踏"文献系统与江华"朝踏"文献系统。总体而言,前两个系统处于活态传承之中,其中钟山"朝踏"文献系统在本村十二年一次的"朝踏节"中使用,次年举办时再使用一次,平时不举办仪式,则处于静态封存状态。富川"朝踏"文献系统使用频率较高,只要举办"朝踏"祖公仪式就会使用,[1]且各坛班(主要为新华乡的坛班)经常受事主之托举办"朝踏"仪式,师公们经常往返于富川东部与江华西部两县毗邻区,活动范围较大,仪式举办频繁,"朝踏"文献使用率高。富川境内的师公对于各自的"朝踏"文献的保护与传承更为自觉,当地师公大多有一套本师门传下来的文书,或是自己学徒时从师父手里抄写而来,或是师父抄写赠送给徒弟的,

---

　　〔1〕 除朝踏祖公外,祭祀其他神灵也使用部分朝踏文献,如 2021 年 7 月富川富阳镇茶家村举办的青龙庙还愿仪式就使用了《庙中朝踏法事科一本》《会仙科一本》《庙/家堂师教发文科》等朝踏文献系统文书。

也有请人代为抄写的。相较于钟山、富川那些仍处于活态传承之中的"朝踏"文献而言,江华的"朝踏"文献较少在仪式中使用,呈现为静态的固化文本形态,懂做"朝踏"仪式的师公越来越少,若要行"朝踏"仪则往往求助于邻近的富川师公。

第一节 "朝踏"文献的传承

一、钟山"朝踏"文献的传承

由于钟山县师公坛班不多,仪式举办间隔期长,文献使用频率不高,整体而言文献传抄不多,主要集中在两安瑶族乡沙坪村。其中歌本的传抄多于科仪本,形成目前歌本版本较多、科仪本较单一的局面。

(一)赵甲光抄本"朝踏歌"的传承

沙坪村"朝踏节"现流传的歌本有5册,其中《朝踏接客大讨路歌曲一本》,系民国二十八年(己卯年,1939)赵应德抄赠盘益儒;[1]《十二年朝踏阴歌曲一本》《十二年朝踏阳歌曲一本》《十二年朝踏令歌一本》,系南阳子卿于民国三十二年(癸未年,1943)抄录,《十二年朝踏还愿春季社》系赵匡胜于丁卯年为赵凤德、赵凤昌抄录。[2] 1987年

图5-1 "朝踏歌"传承人赵甲光

---

〔1〕 另有南阳子卿于民国三十二年抄本,该本中抄者南阳子卿自称富邑柳家村人,即今富川瑶族自治县柳家乡人。

〔2〕 赵甲春编《朝踏节歌曲》,2013年内部刊,第34页。

钟山县民族事务委员会将以上 5 个歌本全部影印,并赠送给广西少数民族古籍办一套,笔者于 2023 年获得广西少数民族古籍办藏本的复印本。2002 年该村赵甲光依此重抄,2015 年以来该村"朝踏节"多以此为蓝本作选段演唱,前来调查"朝踏节"与朝踏歌的学者也常去拜访赵甲光先生,老先生慷慨大度,给大家拍照或扫描或复印,因此这个抄本为本村村民与前来参加"朝踏节"的嘉宾以及外地学者所习见的本子,流传最广。笔者于 2015 年从贺州学院语言博物馆获得此抄本的扫描版。

(二)邓学清藏科仪本的传承

邓学清身份是师公,他的藏本主要是科仪文书,他没有完整的朝踏歌本收藏,但其行"朝踏"科仪法事的抄本中夹杂一本《酬答公祖阴曲一部》,书主为赵国升。据邓师公介绍,赵国升是他的师父,抄本也是师父传给他的。邓师公没有收徒,他儿子也没兴趣学做师公,所以这个抄本一直没有再抄过,只在"朝踏"仪式上摆出来以备忘词。笔者于 2022 年元月赴沙坪村调查,在邓师公家拍摄了这个本子。

图 5-2　沙坪村邓学清师公　　　图 5-3　"朝踏节"传承人黄海德

(三)黄海德藏"朝踏歌"的传承

黄海德藏有《十二年调踏公祖大讨路》《阴歌曲一部》《阳歌曲一部》,皆为其祖父所传,书末有"黄泰雷的笔""黄泰雷号歌一本""黄泰雷腾

(眷)抄",时间均为道光年间。《阴歌曲一部》书尾称该本依照赵国後藏本抄写而来,则赵国後藏本为更早之抄本。作为目前所见最早的"朝踏"歌本,黄海德藏本具有重要的文献价值,可惜损毁相当严重。

二、富川"朝踏"文献的传承

(一)唐复辉"朝踏"文献的传承

唐复辉法号五能,当地人称"小唐师父"。生于1985年,富川新华乡莲山塘人。家中数辈执师公之业,他祖父唐茂清收徒传经授业,本乡坪源村的唐妙盛、上坝村的盘加盛都曾师从唐茂清。唐复辉本人从小跟随祖父学习做师公,完整地继承了祖父传给他的经书,后常跟随唐妙盛师公外出参加"朝踏"仪式,目前是富川境内较有名气的师公了。笔者曾于2021年11月16日赴其家调

图5-4　莲山塘村唐复辉师公
（圈中人物）

查,当时他父亲——未曾学过做师公——刚从外地打工回来。唐师父在等我来的空隙填写了一些疏表之类的文书,我看客厅桌上摊开了一本《踏祖公疏格》,征得他的同意后,我对该书进行了拍摄,并留意到其封面有"唐法伦志"字样。另一本叫《粮(禳)星疏》,是唐法初于1997年正月依照唐太礼师公的旧本抄写而成,传给唐妙旺使用。唐复辉的经书都供养在大厅后左侧房间内,他直言不能给我看,更不能给我拍,更多经书的细节不得而知。据他本人说,新华乡其他坛班的经书有不少是抄自他家祖传的藏本。

(二)黄德昌"朝踏"文献的传承

黄德昌道号黄法昌,法号黄仁昌,他的"朝踏"文献来源较复杂。他转益多师,从不同的师父或亲朋好友处承袭了大量的"朝踏"科仪文书。笔者曾于2021年7月23日下午拜访了黄师公,他给我看了一些科仪抄本,我将其中有关"朝踏"的科仪抄本拍摄下来作了整理。各抄本末尾都有较

图 5-5 上坝村黄德昌师公

详细的文献来源记录。有的是据其师父的旧本抄录下来的,如《朝踏祖公事意 榜文科》书末记载:"时在跟师父的这一年去朝踏祖公时,落(录)下来以(也)好以后方便而行。"《拦台下马迎圣科仪》也属于这种情况,只是中间经多次传抄,黄德昌抄录时间在"一九九九年十二月廿六日",依照的底本是其师父黄法茂使用的抄本,而黄法茂手中的抄本则来自黄法亮,黄法亮使用的抄本则是其师父任法宝抄写赠送给他的。《开僻(辟)五方》系黄德昌依照其师父黄法茂藏本誊抄,其师父早年从黄法明(黄德昌高祖,德昌系其玄孙)旧书抄出。《前召后请科仪》的传承脉络更清晰:黄法成—沈法坤—虎马岭黄法强—斗米岗马面山莫法辉,黄德昌于"一九九九年八月廿三日晚两点多"依照黄法辉抄本誊写而成。《伏魔结界科》系黄德昌于"一九九八年戊寅岁九月十日晚七至十一点滕(誊)抄,是依照虎马岭黄仁强老师父的旧书笔(录)下来"。

(三)奉居杏"朝踏"文献的传承

奉居杏师公的"朝踏"科仪本有些从其他师父处抄写而来,如《开僻(辟)》,末页注明系"照前辈老师爷法璧书抄",虽然抄写时间、地点不明,但所据之底本还是很明确的。《朝踏祖公疏格》在首页注明了该抄本的来历:"道光十六年丙申岁孟冬月,玄门弟子奉法铭照依法高旧本誊抄《朝踏祖公疏格》一本。"这个本子的旧本较早,奉居杏的本子

图 5-6 新木泽村奉居杏师公

则是根据奉法铭的抄本整理而来。有些抄本的来历不明,如《大启事》只说"一九九〇年庚午岁十一月廿日照依旧本师书抄下",至于旧本为何人所有则不清楚。奉居杏所编的《朝踏祖公书全本》则完全不知何时从何人藏本抄写。

笔者调查搜集到的"朝踏"文献均为手抄本,抄写时间集中在晚清至本世纪初,最早者为黄海德藏本,其中一本末尾为《丢猪头歌》,记为道光十年(1830)抄本,其所藏《十二年调踏公祖大讨路》系道光二十一年(1841)抄本;最晚者为黄德昌弟子盘妙志抄本《伏魔结界科》,系2016年抄本。整体而言,沙坪村黄海德藏本最早,均为清道光抄本;沙坪村邓学清师公藏本普遍较早,均为晚清、民国时期抄本;而上坝村黄德昌抄本、新沐泽村奉居杏编抄本以及沙坪村赵甲光抄本较晚,多为20世纪80年代以后所抄,其中又以20世纪90年代至本世纪初居多。

第二节 "朝踏"文献的形制特征

一、装帧以易保存、方便翻阅为标准

笔者搜集的"朝踏"文献绝大部分为抄本,遵循传统竖行书写方式,故采用传统的右侧装订法。抄本多为线装,一般采用"宋本式缀订法",俗称"四眼针法",或"四目缀订法",此法简捷、美观且实用。黄德昌的"朝踏"科本统一采用此种方法装订;奉居杏抄本大多亦采用此法装订,其《朝踏祖公书全本》与《朝答祖公疏格》两个本子则采用了五眼骑线式装订。邓学清藏本中《朝踏七祖大投词书一本》与《右边设圣请圣科文》的装订极为简易,都只走纵向线,为了防止右侧翻卷,针眼贴近书的右侧边缘,这种装订法不如前者美观,也不牢固。

大体而言,时代越早的抄本用棉纸的越多,晚清、民国兼用棉纸与竹纸,建国以来则竹纸与普通白纸兼用。棉纸与竹纸各有优劣。棉纸的优势是质细而柔,纤维多,润墨性强,纸薄,易缩水打皱,易受潮,不耐磨;竹纸具有洁白柔软、浸润保墨、纤维细腻、绵韧平整等特点,但拉力差,易脆化,不耐久存。二者的共同点是墨汁吸附性好,价格也不贵,但都不易保存。

抄本在科仪中使用频率高,手部摩挲,酒水、蜡油沾染在所难免,封面是抄本的"门面",若封皮用纸不当,则很容易导致抄本损坏与使用期的缩短,故抄本往往会选择防水防潮且经久耐磨的材料做封面。"朝踏"抄本文献封面多用牛皮纸,如黄德昌所抄写的一套"朝踏"科仪本几乎都用牛皮纸做封面。有些抄本还在封面上做了特殊处理以防水防磨,如奉居杏《朝踏祖公疏格》《朝踏祖公书》的封面在书名与整修者法名两处各纵向粘有一条透明胶,即使使用时洒上水或反复触摸封面也不易模糊文字;其抄本《大启事》《开僻(辟)》《调盘王祖公书》《下马科》则将整个封面粘上透明胶,保护更严实。

抄写者还会对抄本的封面进行简单的空间布局设计与装饰。从现有"朝踏"抄本文献来看,只有极少数抄本封面只书写抄本名称而不涉及其他信息,大多数封面上都包含了抄本名称、置办者身份、姓名或法号以及印章之类装饰性符号等信息,皆为纵向排布,且多分布在左右两侧。黄德昌"朝踏"抄本一般左边为抄本名称,右边安排置办者姓名或法号;邓学清藏本"朝踏"文献《朝踏七祖大投词书一本》在右侧居中顶天头书写抄本名称,靠左侧书沿写"弟子赵法敏保正笔";奉居杏抄本都为左侧书名,右侧居中降二三格署法名。若一个抄本兼抄多个仪式或其他内容,即出现合抄现象,此时抄本名称较长,则先在左侧写主要仪式名称,后用较小号的字体在下方续写其他仪式名称,如黄德昌抄本《朝踏祖公事意榜文科》,主要名称下面接着分两行书写"踏九洲(州)罡决(诀)在尾""降鸡妙诀在尾",字体略小;右侧写置办者黄德昌姓名与法号。

封面有时还兼具目录和版权的功能,则会被纵向分为左中右三部分,所有信息仍是纵向书写,居中为抄本名称,左右两侧的安排有较大弹性。如邓学清藏本《酬答公祖阴曲一部》,中书名称,右侧为置办者姓名"赵国升字号",左侧分四行书写歌曲名,类似于目录。黄海德藏道光本《十二年调踏公祖大讨路》中书抄本名,右书郡望"江夏郡""天水郡",左侧署名"保全记""国後记""黄安缘"。这样的封面更方便师公在使用时快速查询到想要的内容。

有些"朝踏"抄本文献封面还会添加装饰。黄德昌的"朝踏"科仪抄本都在封面钤道教符纹红色印章,押印位置统一在姓名与法名处,强化了抄本的宗教意味,使抄本显得厚重、庄严而神秘。邓学清藏本《朝踏七祖大投词书一本》《左边富仁请圣设文》与《右边设圣请圣科文》都各在封面加盖同一枚鲤鱼形印章三次,左中右各一个,封面因此显得活泼生动起来。黄海德藏本《十二年调踏公祖大讨路》不仅多处押上树叶形"吉星"印,而且使用了不同颜色来书写郡望与姓名,部分文字还加了缘边,树叶形印章固然不如方形印章稳重庄严,却增添了不少生命跃动的气息,红色的加入与文字缘边从色彩与字体上丰富了文字符号,美化了抄本的封面。

二、具有层次性的书写模式

"朝踏"抄本文献多用毛笔蘸黑色墨水书写,在阅读与仪式实践中常用红色墨水作修改与标记,即在误抄写字句、正文的句读、主要仪节、动作提示以及提醒层次区分等处用红色符号标识,形成与正文本相对的副文本。如唐复辉藏本《禳星科》封面毛笔墨水书置办者与抄本名,而在抄本名右侧加红色粗竖线,显得特别醒目;而在"请圣"等仪节与作揖、下拜、转身、问卦、诵念等动作处用红色墨水特别标注,以提醒科仪实践者注意;在某些文字遗漏处右侧书写所漏字,并在该字下方插入添加符号;而在向五方天尊"散花灯"仪节中,都

图5-7 唐复辉藏《禳星科》

在五方天尊尊号右侧用红色竖线标识,以区分"散花灯"的对象;至于句子停顿处用句读符号标识则更为普遍。晚近的"朝踏"抄本增补或附记其他内容,有时也用钢笔、圆珠笔等书写工具。不同的书写工具及色彩的运用丰富了"朝踏"抄本的文本形态,增加了抄本的信息量、修正了抄本内容、区分了仪式层次,为正确理解仪式实践与仪式文本、正文本与副文本提供了工具支撑。

"朝踏"抄本正文按照科仪仪节分层书写,仪节名、歌名或诗名大多单独一行或数行居中,仪节内层次一般不从章法上显示,而是通过后期添加的红色竖线、押印等符号标识出来,仪节结尾处书"完""完周"或签字、押印以示本仪节结束。

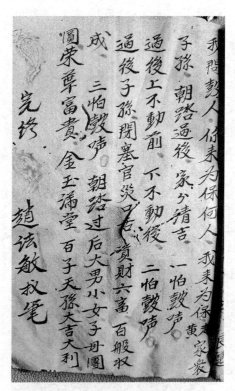

图 5-8 邓学清藏《十二年朝答祖公叙头总本》内页

"朝踏"抄本或为节省纸张、方便抄写和翻阅,或仅为师公做简要提示,故而会省略大量重复的内容,如请神要请三遍,后两遍只需略加说明,无需罗列一遍所有神灵;有些内容系教派或业内人士所共知的内容,无需缀言,只把开头几个字写出,后用长波浪线代替省略的内容。对前文多个字的省略可用短波浪线表示,若这几个字要连续省略,则省略几遍即划几道平行的短波浪线,如要对前文"呵撒"重复一遍,则在"呵撒"后划一道短波浪线,如要连续重复两遍则划两道平行的短波浪线,以此类推。省略法名中的名或日期中的数字,可用"厶""某"等代替。

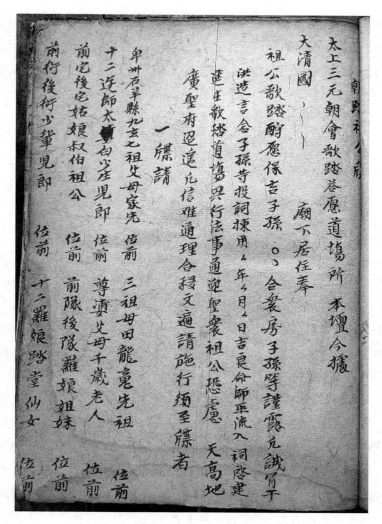

图 5-9 奉居杏藏《朝踏祖公疏格》内页

　　"朝踏"仪式过程中需要使用众多疏表之类文书,故科仪抄本大多在仪程中嵌入文书,为了让师公们全面系统地掌握文书的写法,他们编写了文书格式类抄本,如奉居杏藏本《朝踏祖公疏格》与唐复辉藏本《踏祖公疏格》。这些文书仿照古代公牍文格式拟定:如遵循抬格(亦称"抬头")规定,但不太严格,用得较多的是挪抬(空格)与平台(另起一列与一般纵行平行书写),至于单台(另起一列比一般纵行高出一字)、双抬(另起一列比一般纵行高出两字)、三抬(另起一列比一般纵行高出三字)则较少见;表示自称的"臣"字缩小并靠右书写,以示谦虚。另有一些特殊的章法,不细心体会一般不大注意,如天尊、祖师圣号不能落脚,称臣者不居头,"鬼"字也不居首,不得悬生露死,抽破人姓名等。

第三节 题跋与印鉴

"朝踏"文献多于书册或篇章末尾记录书写信息,偶有书于篇头或篇中者,其附属性质与题记、跋文有类似之处,故将"朝踏"文献中此类题于篇头与篇尾的文字信息亦视作"题跋"进行研究。钤印在"朝踏"抄本文献中也是较为普遍的现象,在笔者所收集的抄本中,存在歌本用印少而科仪本用印多以及古本用印多而今本用印少的现象。题跋与印鉴共同构建起"朝踏"文献独特的版权识别系统。

一、题跋的内容与表现方式

"朝踏"文献题跋一般记录四种信息:抄写时间、抄写者、底本来源与传承脉络、抄写目的。

抄写时间的记录模式可直接反映出时代特征。晚清时段的抄写时间一般记作:年号纪年+干支纪年+月份+日期,具体抄写日期可省略,如黄海德藏本中有跋语"道光十年庚寅十二月初五日抄立",即这种类型的标准版本。邓学清藏本《调踏公祖设文叙头总本》跋语:"皇清光绪廿七年金牛岁太族月廿六癸巳日期誊笔……"前添加了朝代名"皇清",并在年号纪年后特别说明当年属相与对应的五行方位,具体日期则用干支记录。民国时段一般记作:民国+干支年×月×日,如邓学清藏本《朝踏七祖大投词》跋语:"民国丁卯年六月十二日抄起《朝踏祖公大投词意者》一卷……"或在"民国"前加上"大汉"字样,如其《十二年朝答祖公叙头总本》跋语:"大汉民国乙卯年四月卅日抄完笔。"或掐头去尾作简省记录,有的省略"民国"二字,如其《右边设圣请圣科文》跋语:"乙卯年夏月初二日腾(誊)抄《右边设圣书》一本。"而其《左边富仁请圣设文》则省略具体抄写日期:"大汉民国乙卯年夏月抄《左边富仁请圣设文》。"二者标题、内容与功能相近,书写与装帧风格也相近,跋语信息恰为互补关系,据此可推测出二者的具体抄写时间。最简者为只记录干支年份,必须据上下文或与同批经书作对照才能推测出具体年份,如邓学清藏本《酬答公祖阴曲一部》,题跋插入书中:"癸巳年照依黄国爽公做作旧单老部(簿)计开用物礼目",因

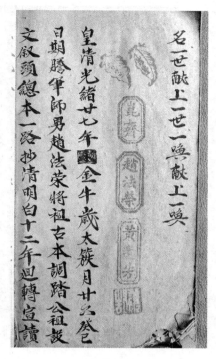

图 5-10 邓学清藏《调踏公祖设文叙头总本》跋语

前文已记录光绪三十一年(1905 年)事,再结合整批经书的总体时间,断定本书抄写时间为 1933 年。1949 年后一般记为:×年+干支纪年+×月×日。黄德昌抄本大部分采用此种格式,偶尔也作简省,如只录至月份、年份或季节。较特殊的一种形式是无明确抄写时间记录,只提供某些模糊的时间信息,如黄德昌抄本《朝踏祖公事意榜文科》,跋语云:"跟师傅(父)的这一年去朝踏祖公时落(录)下来。"仅据此跋语无从得知其跟随师父去"朝踏"祖公是何年之事。

抄写者是依据某种底本进行手写抄录的人,抄写者总是带着自己的眼光与标准对底本作出取舍,对内容进行一定程度的排列,运用某些特殊的符号作出标记,有心的抄者还会记下抄写的附带信息,这些带有抄者印记的信息对于文献的解读、整理与研究具有重要的参考价值。

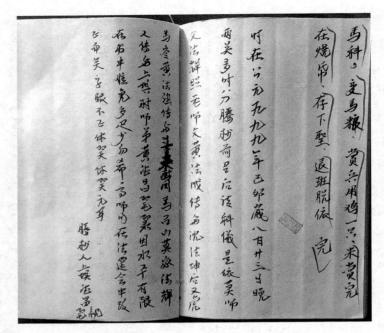

图 5-11　黄德昌抄本《前召后请科仪》跋语

就笔者所调查的"朝踏"文献而言,抄写者大多是所有者。2002 年沙坪村赵甲光凭一己之力抄写了一套"朝踏"歌本,这些抄本无一例外都在跋语中明确署上了赵甲光自己的姓名,宣告了他本人对这一套共四个抄本的所有权。上坝村黄德昌对于"朝踏"经书极为用心,四十多年来不仅潜心于瑶族民间的科仪实践,更抓住每一次外出做法事的机会,从众师友处抄录了大量的科仪经书,其中可供"朝踏"仪式使用的抄本就有十多册,皆由其手书笔录并装订,因多次阅读并在科仪上使用,这些抄本还留下了不少修改痕迹与点断符号。

抄写者与所有者并非总能一致,这其中又至少存在两种情况。一种是传承造成的不一致,如文献仅在抄写者完成抄写行为后的某段时间内为自己所有,后赠送给他人使用,如黄海德藏"朝踏"歌本,抄者为活跃于道光年间的黄泰雷,黄泰雷系黄海德的祖上,歌本经数代传承到了黄海德这位后辈手里。另一种是请人代写,抄写者或出于友好相助,或为了谋取酬金抄写文献,却从来没有该本子的所有权,如现藏沙坪村福龙庵《朝踏阴歌曲一本》跋语云:"民国三十二年,岁在癸未夏月末旬,与沙坪好友录全一部朝踏书,存留方便世用,以免求人,拙字不堪,切勿见哂。"〔1〕显然,此抄写者并非所有者。

抄写者有时会在题记或跋语中揭示抄写所据之本,上文论及"朝踏"文献传承时依据的材料就主要来自各抄本的题跋。经书传抄是有圈层界限的。或因师承关系而传抄,这种情况较普遍,师父常以此种方式教导弟子识别文字、书写经文、熟悉科仪,抄成后弟子积累成一套科仪经书,日后行法事即便有所遗忘,也方便开卷照本宣科,可谓一举多得。如黄德昌的抄本《前召后请科仪》即 1999 年 8 月从斗米岗马面山莫法辉本抄录,而莫法辉即其师父,而盘妙志所抄《伏魔结界科》则来自其师父黄德昌,跋语可证:"公元 2016 年丙申岁五月下旬抄,照依斗米甘(岗)上坝村黄德昌师父传弟子盘妙志抄,出门不忘师傅恩也,粗笔遗下。"或因亲缘关系而传抄,如黄德昌照其伯公黄法明的旧书抄写《师教奏玉皇科》《乐上圣科仪》与《庙堂赏兵科仪》。或因地缘族缘而传抄,赵甲光所抄之"朝踏歌"源自盘益儒,盘益儒是本地瑶族人,族内传承自然是允许的。沙坪村"朝踏"科仪在清末曾一度失传,后赴柳家源拜师学回,自然抄写了科仪本,柳家源师父之所以愿意传授,主要在于两地同为红头瑶,都来自千家洞。正是因"朝踏"抄本中保留了这些底本信息,后人才可能追溯文献的来源与传承脉络,也才可能理清"朝踏"文献之间的关系,以及当地宗教派系及其交流状况。

"朝踏"文献抄写的共同目的是备忘。"朝踏"是面对祖先与神灵所进行的科演,必须尊重古来传统,按科执仪,依科演仪,否则非但不能致福,反而会招来祸患,故不少题跋都强调了抄写以备忘这一目的。如邓学清藏本《朝踏公祖设文叙头总本》的抄写者赵法荣在跋文中云:"十二年回转宣读,照依此本不错。嘱咐为师,恐后无传,将本作事,不得丢宗。为

---

〔1〕 广西少数民族古籍办藏有钟山县民委赠送的一套五册"朝踏歌"复印本,原本现藏沙坪村福龙庵。

师设得清楚,阴阳法事,一路将头到尾。不误公祖,自然 朝踏平安,子孙富贵,人财两胜,五谷丰登。付与为师收执,绵永传之,传其誊抄师男赵法荣,谨计收什(拾)",其反复叮嘱,唯恐后人"朝踏"祖公时不知如何安排执行科仪,得罪祖公;后文还特别记录了一桩往事来告诫众人,赵金州做师公时,因"朝踏"科仪失传无法行仪,以致"人丁不旺,六畜损伤"。

对于师父来说,"朝踏"文献的抄写还肩负着文化传承的重任。黄德昌师公在其所抄的"朝踏"文献的封面或扉页往往表明自己"袭教弟子""梅林弟子""袭裔弟子""正宗弟子"的教派身份,其跋语也往往说明抄写的这一目的,其《朝踏事意榜文科》跋语说抄本是"去朝踏祖公时落(录)下来,以好以后方便而行",显然这次抄写是在"朝踏"科仪实践的语境下发生的,也是为此后的教派活动做的文献准备,具有自觉的教派文化传承意识。

对不同的当事人而言,抄写的目的并非总是一致的。对于具有血缘、族缘或师承关系的当事各方来说,抄写往往兼具备忘与文化传承之目的;而有偿性质的代他人抄写则有所不同,抄写者并非为备遗忘或文化传承,主要为获取劳酬。在笔者所调查的平地瑶"朝踏"文献中,这种情况不多见,而在其他瑶族支系师公的科仪本中常常碰见,如1955年8月23日广西贺州市平桂区沙田镇金竹村黄南屯的盘石荣为同村鸭尾屯凤道法乐抄写了《大修襘襀转限书一卷》,共计54篇,付抄工每篇1角钱,这是土瑶中代抄科仪文献的案例。

"朝踏"文献题跋对信息的记录以准确为鹄的,这就要求题跋的表达必须以客观平实的叙述为主,基本不用华辞丽藻与浓墨重彩的刻画。除上文所引的"朝踏"文献题跋外,其他瑶族抄本文献同样具有这一特征,如广西贺州平桂区大平瑶族乡过山瑶赵法通藏抄本《拨请圣牒文角语书全本》,文末跋语云:"抄于貳零【零】貳年冬季,写成《拨请圣牒文书一本》,木换冲赵进府粗笔。"叙述了抄写时间、题目、抄写者及其住址等信息。同区的沙田镇明梅村土瑶科仪抄本《梅山解结科》的跋语信息量更大:"大清咸丰七年丁巳岁季冬朔七日在暗冲甜薯岭竜围坪居住,奉 师玄门,三戒弟子赵道法乐字贵达,请愚庚盘宪荣授三戒弟子道升至家膳(眷)抄皈真、梅山解结、出殡、祝香、起棺、叫天门、出殡【奏】、给兵、醮斋上词文一卷,内计四十篇,付与与人相请,救济十方应用,遗后子孙,书宜珍惜,勿致油汤损坏,方为长久人无事,岁字有千年,永远流传。"此跋语详细介绍了抄写时间、地点、抄写人、所有者、抄写篇目与篇数、抄写目的等信息,从这些信息中还可以理出抄写的缘由、抄写者及相关人士的宗教身份与地位、抄写的文化背景以及瑶传道教的传续等珍贵宗教史料。《正一开破血湖科》跋语只寥寥数语:"道标吾师惠存,盘达玉字笔。"只记录了师父法名与徒弟姓名,此系徒弟抄写赠予师父的抄本,其他信息一概略去。

相对于刻印本,抄本携带了更多的个性化因素,其中书写就因抄写者不同而呈现出百花齐放、千人千面的丰富样态。"朝踏"科仪抄本的抄写者颇为重视书法,抄本题跋中对自己的书写的评价也较多,几乎成为跋语书写的重要构成。有的抄本书写清晰入格,但抄写者仍然会作出谦虚的表示。如新沐泽村奉居杏藏《朝踏祖公疏格》跋曰:"道光十六年丙申岁孟冬月,……奉法铭拙笔记"该抄本楷书工整规范,字体娟秀,在瑶族抄本中属上乘,抄写者称"拙笔"显然系自谦之词。沙坪村黄海德藏《【朝踏】阴阳歌曲一本》跋语曰:"……黄泰雷笔迹,完终,谁人看者,少笑多唱。"黄氏自认为书写水平不高,请观者别笑话,而其书写在瑶族抄本中实属中上水平,其言也有自谦的意味。也有的抄写者文化程度不高,书法有天然缺陷,其本人对此也有明确的认识,故在跋语中直言不讳,并有请求观者原谅之意。黄德昌本人先后抄写了一批科仪本,几乎都在跋语说明书写不好、请览者勿哂之意,如《开辟科仪》跋曰:"……字眼不好,休笑元(云)耳。"笔者赴其家访谈时,他也坦率地承认了书写上的缺陷,是个敢于直面自己弱点的坦诚的法师,令人顿生敬意。

"朝踏"科仪抄本属宗教性质的文献,抄写者大多是抱着虔诚、恭敬的态度从事这项事务的,而抄写难免有讹误出现,于是抄写者采取两种办法来规避因此可能造成的后果。一是主动承认抄写不免有误,请师父改正,即可请祖师、本师在仪式中(想象中的)改正,也可请其他师父在仪式实践中改正。黄德昌抄本《伏魔结界科》跋曰:"时在一九九八年戊寅岁九月十日晚七至十一点滕(誊)抄,是依照虎马岭黄仁强老师父的旧书笔(录)下来,字眼不正,多疋(笔)少画,希高师们在法筵会中改正而矣,休笑休笑也。笔录人上坝村黄德昌浅字。"这属于后一种情况,请高师门在科仪中使用经书时为自己改正。二是说明有些讹误并非抄写者所为,而是所据底本原本有误,抄者遵从原文所致,因此即使有错讹也应该归于原本抄者,与本抄者无涉。1987年钟山县民委赠送给广西少数民族古籍办的复印本《朝踏大讨路歌曲一本》跋语云:"岁于天运民国三十二年癸未岁暑月朔旬照原本录出,倘有差错在昔抄者,错之字仍不雅(改),画数齐全,用尽心机抄全《十二年朝踏歌曲》,以应诸君便用,万代流芳也。"同批抄本《春季社一本》跋曰:"丁卯年十月初五日造(抄)《春季社一段》,留以后人学习唱,赵匡胜笔抄,照依太祖哥(歌)本无错,亦有错者,怪原本。赵凤德/昌号记。"两个抄本都强调是按原本抄写,有错误也非自己抄写态度不好,而是原本如此,不敢擅改,故不承担其中错误之责任。

"朝踏"文献作为宗教类科仪抄本,也流露出抄写者某种宗教情感,只是这种情感并非直接袒露出来,而是渗透在字里行间,寄托在平实的叙述或评价中。其间主要表达对于"朝踏"祀典传承的担忧,故有时不惜笔墨叮咛嘱咐。如邓学清藏《调踏公祖设文叙头总本》跋曰:"……嘱咐为师,恐后无传,将本作事,不得丢宗。……留传阳名赵金州,当巫法门,赵法传/行翁,前时丢去,不踏公祖良愿,过后人丁不旺,六畜损伤,复回依科朝踏。"既有正面的告诫,也有反面案例的警醒,可见抄写者赵法荣内心对于"朝踏"祖公这一传统祀典是多么重视,他希望"朝踏"科仪传之永久,也担心清末那种传承危机再次发生,故此反复申说。担心书本损坏之类的情感也常在题跋中表露,明梅村土瑶《担鸡游仙科》跋语:"民国九七年……书及钱难来,子孙用时灯油水欠小心,赵道法金置。"置办者花钱费心传与后人,担心后人不珍惜前人心血,故作此叮嘱。同地《正一开启科》跋语:"……字眼不好,亦要劳心得成,子孙永代使用,由(油)火水要小心。黄金不贵乌金贵,古云书字难求……"这既是说明抄写的辛劳、抄本之难得,也表达了对于抄本在后代使用中可能遭遇劫难之担忧,带着这种情感来说理,读来更觉抄写者告诫之语重心长。

二、题跋的功能

题跋对于抄写信息的记录或有繁简详略之别,但将众多的抄本尤其是具有某方面同一性的抄本并置合观,[1]信息量就大为可观了,其中蕴藏着大量的抄本文献史料。细心梳理这些信息,很有可能理出抄本的传播线路与地域、传播人群与师承。上坝村黄德昌抄写的"朝踏"科仪本很注重抄本的传播记录,《庙堂歌令科》跋语就明言其抄本来自其"标魂师",那时他尚为新承弟子,趁师父旧书在自己手上赶抄出来。再看传播链条更长的《伏魔结界科》。黄德昌于1998年9月10日晚从虎马岭黄仁强老师父的旧书抄录,后黄德昌将此书传给弟子盘妙志,盘妙志在其抄本的跋文里记录了此事:"公元2016年……照依斗米甘上坝村黄德昌师傅传弟子盘妙志抄……"由此理出《伏魔结界科》抄本的传播:黄仁强——黄德昌——盘妙志,也由此看出其间的师承关系。再看莲山塘村唐复辉所藏抄本《禳星科》跋语:"公元一九九七年丁丑岁次新正上旬,腾(誊)录师道

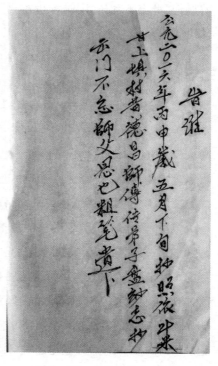

图 5-12　盘妙志抄本《伏魔结界科》跋语

---

[1] 如同一抄写者,或同一所有者,或同一主题,或同一地域,或同一师承等,其可比性与互补性就很明显了,不少抄本的文献信息就是在具有某种同一性的抄本群中证明或证伪某些信息。

二教《禳星科》。照依旧格阴统师唐太礼格重抄,付与袭承子唐妙旺收拾,以后百家应用。父唐法初粗笔遗下,师友切莫休笑,年迈字陋。"其中也透露出该抄本的传播链:唐太礼——唐法初——唐妙旺,师承关系自在其中。

河路口乡岭脚村石法德的《踏美女州堂书本》,该抄本题跋数量特别多,抄本共十一页,其中有九页出现题记,除封面标记所有者"石法德"外,第一页有"车法进传来"题记,第三页有"付与法侄石法德愿用"题记,第四页有"新车村推来,岭脚村应用"题记,第五页有"石法德"姓名,第六页有题记"此书不乱传,书难抄也难寻"。第七页题记最长,云:"新车村车法进腾(誊)抄《踏美女州堂》,付与岭脚村石法侄法德应用,不可大意,失漏此书,明传有义子,不传有钱人,不可休笑。"第八页有题记:"此书难寻,留与后人用,车法进字。"第九页有题记:"此书不断法门教,留子孙要(中缺)石法德存照记。"第十一页有跋:"民国卅八年己丑岁暑月奉教弟子车法进腾(誊)抄《踏美女州堂书》,付与法侄石法德应用,收留为记,不可大意失误,落(若)如有看不起车容庭老爷,天珠(诛)地灭。"从这些题跋可以理出传播链:车容庭——车法进——石法德,不仅如此,传播地域也大致清楚了,即江华瑶族自治县河路口镇的新车村、岭脚村。

"朝踏"文献既有科仪性质的抄本,且占据多数,也存在部分歌唱性质的抄本,二者或有交叉,唱朝踏歌也是"朝踏"仪式中的若干仪节。从抄本使用的角度来看,朝踏歌本可以视为科仪性质的抄本,但若仅从抄本本身而言,"朝踏"科仪抄本与朝踏歌本的区别仍是明显的:前者演的因素较多较明显,后者歌词的特征较突出。"朝踏"文献的题目与题跋一般对此有区分,记录仪式的抄本,往往在题尾加一"科"字,或"科仪"二字,如《伏魔结界科》《朝踏祖公事意榜文科》《开辟科仪》《栏台下马迎圣科仪》等,突出其科演的性质;歌本则在题尾加一"歌"字或"曲"字,或"歌曲"二字,如《酬答公祖阴曲一部》《十二年朝踏阴歌曲一本》《十二年朝踏令歌一本》等。[1]

---

〔1〕 其中"一部""一本"之类数量词可不视为题目的一部分,也不影响题意。

部分题跋还对抄本内容概要记录,主要著录"朝踏"科仪中各仪节的名称,由于科仪抄本一般没有目录,读此类题跋能快速把握抄本主要内容,补抄本目录之缺。邓学清藏本《十二年朝答祖公叙头总本》跋语相当于一部目录:"十二年朝答祖公叙头总本:发奏,收禁坛,捡坛,置猪头,置台角,篆王罡决,置鼓,响古礼,问鼓来音,唱歌车马,收脏咒,接牲头,起厨,起下堂女,设文,收禁咒,收命星咒,还愿歌,猪头歌,叙头总本之终。先父赵法政源(原)本,赵先盛抄出,将赵法敏劳心□本抄出朝答书一本,后来子孙照依宣读不错,收什(拾)。"其他瑶族支系抄本也存在这种情况,如车道财《预修传度疏格》跋语记录了抄本的主要内容:"天上正一灵宝预修酬天谢地、表忏、燃烛、普施、超度、运星、祈谷、谢土、答愿、保安清醮道场,可是做清事入意格,看事入意。"

"朝踏"科仪抄本作为平地瑶民间信仰类文献,其抄写自然追求准确无误,故抄写过程的确劳心费力,抄写结束后可以略松口气,借跋语舒展一下才情,吐露一下心声,此时抄写者本人的性情风貌在读者眼前浮现出来,主要表现为书写风格的变化与情绪情感的涌动。

遵照原本亦步亦趋造成了持续性心理紧张,书写时也是尽量一笔一画,以便自己或其他读者辨认,这种心理支配下的书写自然是拘谨而呆板居多,而抄写结束了,这种宗教文本造成的抄写压力转化为挥洒自如的跋语书写。故有些抄本跋语的书体由小楷转为行书或行草,字体大小也不很讲究了,笔画也随心情起伏波动,轻重大小不定,与正文形成鲜明对照。与此同时,抄写也转入带有创作性质的跋语表达,于是平实的叙述、谨慎的评价与殷切的期盼、谆谆的教导、深切的忧虑等情感流淌笔端,形成了千人千面的抄本跋语景观,如前文所引赵法荣抄本《调踏公祖设文叙头总本》,文末有一段很长的跋语,其书写与正文无甚区别,但其间注入了丰富的个人化情感,且这种情感主要在叙事中自然展开,颇具个性。

三、印鉴的外观与功能

在江华瑶族自治县涛圩镇新沐泽村调查时,奉居杏师公向笔者展示了四枚印章,皆为木质材料雕刻而成,印纽为凸起的长方体,印面呈正方

图 5 - 13 奉居杏藏印章

形,大者边长达 6 cm,小者也有 5 cm,皆为阳文,因长期蘸朱红印泥故底面呈红褐色,而印纽则呈灰褐色。三枚较大的印章中有一枚"太上老君"印,楷体居中竖排,上边及左右两侧皆有符纹装饰,且左右两边符纹中各嵌"日"字与"月"字;其他两枚皆为篆刻,一枚"道经师宝",另一枚"佛法僧宝",都没有符纹装饰。较小的一枚刻有六个文字,分上下两排,每排三字,也没有其他装饰,文字不可辨认,奉居杏也摇头表示不知何字,或许就是一些道教符纹。

然而奉居杏的"朝踏"抄本文献皆未用以上印章,使用的是较小的刻有姓名或法名的正方形印章,其中两枚篆体,分别刻有其姓名"奉居杏印"四字与"奉法杰章"四字,前者为阴文,后者为阳文;而另一枚则为楷体阳文"奉居杏印"四字。

笔者并未见到沙坪村邓学清藏本与黄德昌抄本所用印章的实物,但从抄本印鉴可知其造型多样,各具面目。邓学清藏抄本《朝踏七祖大投词》《十二年朝踏祖公叙头总本》《左边富仁请圣设文》《右边设圣请圣科文》中使用了鲤鱼形印章,《朝踏祖公阴曲一部》中则用树叶形印章,而在《调踏公祖设文叙头总本》中则综合运用了正方形、八边形与树叶形印章。鲤鱼形印章头朝上、尾摆向左下,鱼体略呈左上向右下倾斜,居中有一不易辨认的文字形符号,整体给人以虚空浮游的动感。树叶形印章头朝上尾垂下略向左扫,叶体从中间纵向分为两半,左侧刻有篆体字,右侧纯为叶子纹理,《朝踏祖公阴曲一部》中树叶形印章为"道意"二字,《调踏公祖设文叙头总本》中的树叶形印章不辨何字。八边形印章为长条形,纵向由

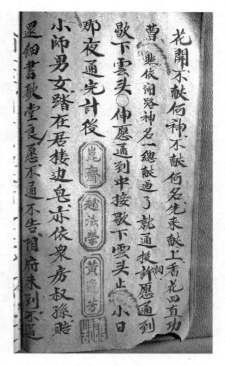

图5-14　邓学清藏《调踏公祖设文叙头总本》

上到下排列文字,长度根据文字数量而有别,如"昆斋"二字印章因文字少而较短,"赵法荣"与"黄遗芳"印章则较长,文字均为楷体,周边未加装饰。

　　黄德昌"朝踏"抄本用印较普遍,也较单一,主要使用两枚印章,一是在封面与扉页处使用的道教符纹印章,是一枚较大的正方形阳文印章,与奉居杏收藏但未在"朝踏"抄本上使用的印章之一相似;另一枚是刻有"黄德昌"三字的个人私章,均在正文与题跋中使用。《乐先科》中"朝祖公对联"下方罕见地使用了一枚较大的正方形"道经师宝"印,在其"朝踏"抄本中仅此一例。

　　文献抄写多用墨笔,且过程中多会留下一些空白,易导致黑白与轻重搭配失衡,不大美观,而印鉴以其丰富的造型、文字线条的变化,并配以朱

红的颜色,给单纯的墨色文字文本带来强烈的视觉冲击,起到明显的美化与装饰作用。传统的方形印章给人庄重大气而又沉稳之感,而树叶形或鲤鱼形印章则以流线型线条给抄写文本注入生动活泼的气息,小篆显得古朴,楷体显得清爽,而一些符纹的装饰又给人某种神秘之感。邓学清藏本《调踏公祖设文叙头总本》根据空白面积大小安排印章:或一个印章,如"护法",如"昆斋",或树叶形印章;或两个印章,如"赵法荣""护法",又如"黄遗芳""护法";或三个印章,"昆斋""黄遗芳""护法";或四个印章,如同时钤上"昆斋""赵法荣""黄遗芳""护法"印章,或同时钤上树叶形印章与"昆斋""赵法荣""护法"印章;最多一次使用五枚印章:依次是树叶形与"昆斋""赵法荣""黄遗芳""护法",且树叶形印章连续加盖两次,也可以视为一连六次钤印。

"朝踏"毕竟属于宗教仪式活动,抄写者若是教门中人,则往往在相关的科仪抄本上用文字标示出来,黄德昌抄写的科仪本封面、扉页上几乎都写上了"正宗弟子""梅林正宗弟子""袭教弟子""正宗袭教弟子""梅山弟子"等字样,表明其梅山道教的宗教教派身份,自我标榜或难以取信于人,他又在封面、扉页上加上道教的标志性符纹印。这一印章是盖在其姓名、法名上,更强化了其教派身份及对自我教派的认同。奉居杏则是在抄本封面署法名,并在正文中加法名印章来宣示其教派身份,故其抄本封面多记为"弟子奉法杰编修",正文则有"奉法杰章"与之呼应。

在正文中加盖姓名或法名印章也是对抄本所有权的多一重宣示与保护。黄德昌多在其抄本正文加盖其本人姓名印章。奉居杏抄本用印较复杂,或盖法名印"奉法杰章",或姓名、法名印章均盖。如其抄本《开僻(辟)》全盖法名章;《大启事》正文开头加盖姓名印,其后均为法名章,最后跋语姓名、法名二章同押,法名章在上,隔两字,押姓名印;《下马科》则相反,正文开头押姓名、法名两印,姓名印在总科仪名称"下马科"下空白处,法名章在第一项仪式"申尊"下空白处,中间除一处押姓名印外,余皆押法名章,跋语结尾押姓名印。

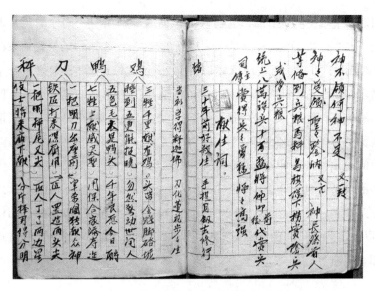

图 5 - 15 奉居杏抄本《下马科》内页用印

印章一般是在抄写后再次阅读时,在有必要区分仪节或仪节内部层次时加上的,有助于师公科演时区分阅读与仪节段落。如奉居杏《下马科》在每一个新的仪节名上空白处加压法名章,诸如"关祖师""转踏庙法事""转许愿或申愿或还愿法事""交荤法事""又赏兵法事""献生(牲)词"仪节名前均加法名章,且这些仪节因印章而显得醒目,即使在灯火昏暗的仪式现场也能清晰地辨明仪式的转换。不仅如此,每个仪节内部也有层次,也需要区分,如奉居杏《下马科》请圣一节,在所请各路神灵前加盖法名章,请八路神用了六次章,其他两路原本用五角星号标示了,大概觉得不够醒目,又用红字再次标注"左边""右边"。

用印标识仪式层次在抄本中并非个例,其他"朝踏"抄本中此类现象往往可见。黄德昌《庙堂赏兵科仪》各仪节名处也多押其姓名印,"先请祖师证盟""若是六月庙或是求雨""又抄收兵咒"等仪节处均用印。邓学清《调踏公祖设文叙头总本》也发挥了印章的层次表达功能:如头一个仪节"各拆话语"与第二个仪节"师公起马赴坛"之间用了"护法"印章;许愿仪式结束以"昆斋""护法"中间加"黄遗芳"签名表示一个较大的仪式结束;仪式名"伸(申)愿同样多报日拆话"前后分别用两个同样的树叶形印章与一个"护法"印章,表示此为一项新的仪式;还愿第一天仪式结束时用"黄遗芳"与"护法"两枚印章标识;第二天仪式结束,第三天仪式开始的仪节名"又到三朝补钱亦是设军声的"前用树叶形印章隔开;下个仪节"又调踏请圣设文"前后分别用树叶形印章与"赵法荣""护法"印章;请圣与后面的排圣用树叶型印章区别;"开路"仪节中,在开往各路神圣道路的话语间也用树叶型印章标注;到"差功曹召兵"用树叶形印章表示;在内容省略的仪节处也用印表示,如"依前开路一样请齐"前用树叶形印章,"照依开路神名—总献过了""看本宣读完""收亦同一样三转"前押了同样的印,以突出此处抄写的特殊处理,即与前文重复之处作了省略,但仪式科演却不能略过。

第六章 "朝踏"文献的
文本特征

　　瑶族"朝踏"文献是指基于"朝踏"仪式而产生的系统的符号整体,包括纸媒载体的歌本、科仪本,仪式空间中的壁画、"朝踏"文化宣传图文,仪式现场的榜文与标语,以及关于"朝踏"文化的研究成果等,这里主要指歌本与科仪本。歌本与科仪本是对"朝踏"仪式的记录,作为文献是固化的、静态的,而作为文本则是开放的、动态的,具有多元化语言综合运用、程式化表达与文本互动的文本特征。

第一节 多元化的语言运用

一、瑶汉语言杂用

　　历史上的瑶族作为迁徙性的山地民族,过的是"吃尽一山过一山"的刀耕火种的原始生活,为了避免土地等生产资料纠纷与向官方纳税服役,他们躲进偏僻的山地。走在边缘的瑶族不仅与官方关系疏离,与周边民族也较少建立固定的联系,他们长期奉行族内婚,生活基本自给自足,安于一种封闭性的生存状态。但明清两朝对平定后的瑶区采取诸多善后措施,政治上实行招抚政策,授予田地,奖励耕作,准许瑶人到山外贸易,编户入籍,这些措施极大地推进了民族融合的进程,[1]瑶族对于汉族文化的学习与采借自然就增多了。

传承了"朝踏"仪式的瑶族系平地瑶,他们大多是在明清两朝招抚政策下从山上迁入平地。平地汉族人居多,经济上的往来促进了文化上的交流与互鉴。据笔者调查,多数中年以上的平地瑶人除能讲普通话之外,诸如客家话、桂柳话、本地话,都说得很熟练。他们在本村说瑶语,出外活动则根据对象与场合而切换交流语言。口头表达也常常渗入书面记录,瑶族本没有自己的文字,他们借用汉字来抄写歌曲或科仪本。借用汉字表达存在两种情况:一种是借意,即完全将瑶语之意置换为汉语来表达,二者的发音往往不同而意思相通,相当于翻译中的"意译";另一种是借音,这些瑶语与汉字发音相同或相近,而意义则是与此汉字同音或音近的瑶语决定,即所谓"用汉字记瑶音",相当于翻译中的"音译"。后者在"朝踏"歌本文献中不乏其例。

赵甲光抄本"朝踏歌"系列中的《安客歌》中客方唱道:"路远路遥难得到,路远路遥难得来。那两都是初相见,都是过州过县来。""那两"初看费解,原来是瑶语,大约为汉语"我俩"之意,即用"那两"这两个汉字的语音来替代相近的瑶语语音,而意义却并非从这两个汉字去解读,而是根据瑶语语音及上下文确定。又如主方唱道:"俫俹留客客便宿,俫俹留客客便眠。人剩织篱围大海,围转客郎那唱歌。"汉语中没有"俫俹"的表达,相当于汉语"我们"之意,同样是借用这两个汉字之音来对应瑶语。"唱春季社"中有"请到姑娘姐妹,高台吃酒,吃得三更亦来,四更亦后"之句,"后"为瑶语,意为"去";"叔孙有人,推出后生年少,把火入房,打开银箱漆笼,接出绫罗被盖,得过姑娘姐妹","得过"也是瑶语,为"给过"之

〔1〕 冼剑民、王丽娃:《明清时期广东瑶族的锐减与迁徙》,《中南民族大学学报(人文社会科学版)》,2006 年第 26 卷第 1 期,第 70 页。

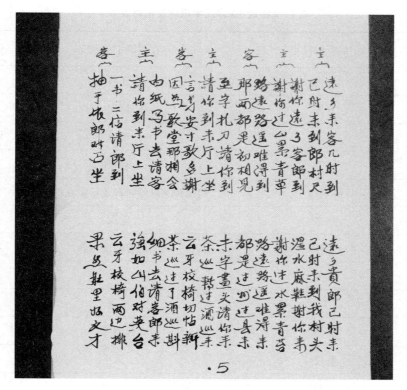

图 6-1 《安客歌》

意。"长礼疏"中有"一句初言,将出渌酒,才独杯的"一句,"才独杯的"为瑶语,意即"才一杯"。当地人在仪式中是从听觉来判断歌词大意,不会引起误会,而将这些唱句行诸汉文则读者容易被汉文本身的字义迷惑,忽略语音在领略词意中的重要意义。

仪式记录者多为当地师公等通晓瑶语、汉文且文化程度较高者,他们在宗教实践中学习了大量的道教或瑶传道教科仪文献,由此熟练地掌握了汉字,所以在汉化程度较高的平地瑶科仪文本中借用同音汉字替代瑶语现象较少出现,而在过山瑶科仪文献中却大量存在。如广西贺州市八步区贺街镇过山瑶"还盘王愿"科仪本保存了不少汉字记瑶音词汇,详见下表:

表 4 《还盘王愿》汉字记瑶音汇总表[1]

记瑶音的汉字	在瑶语中的意义
勾角	还清
立齐	请完
摞木	伐木
更子	小酒杯
麻来碌	用盐和芝麻炒熟舂成粉撒在粽粑上
猛卒	空洞
犊特	马蹄着地的声音
莫分	给
金	牢固
鸡项啼	母鸡啼
胧松	笨
些端秧	小姑娘
肚缨缨	肚子鼓鼓
比能	好像
莫禄问	不用问
妹娘	姑娘
流罗	聪明
不着	不对
瓮根	培土

---

[1] 本表根据张声震主编的《还盘王愿》整理。

记瑶音的汉字	在瑶语中的意义
宽銮	摆凳
未吃	不喝
正吃	才喝
江华渡	繁华的渡口
不番番	不回头
大调昴	痴痴跳
解意	解闷
相邓	帮助
无门事	没有什么事
任	层
做堂	还愿
限	仰慕
养	表演
仙	男子对女子的美称
龙	女子对男子的美称
掷桱	制作长鼓
声郎	音调
引约念	邀约唱
协三协	蹲三蹲
江弓	弯腰
金斗	百合

记瑶音的汉字	在瑶语中的意义
人间	上床
芦笛	芦苇
分表	分配
谨把诰	小心地握着诰子
厄意	刻意
欢机	喜悦
欢由	欢欣
欢良	欣慰
唱也	跪下叩首拜
样样唱	怎么唱
颈崩崩	颈脖凸起
无计奈	无计可施
愁愁忆忆	忧忧愁愁
爹姐	父母亲
三月枯	三月成熟的草莓
娘小	童女自称
协协	倩影若现
步排	一张竹排
广为遮	多包涵
不使	不须
地下音	地上蹲

续　表

记瑶音的汉字	在瑶语中的意义
简	选
火梅	草木灰
羊牯毒	独公羊
广州	地名/宽阔的平地[1]
木索	木擦
冬龙	知了
鸦鹊	喜鹊
补苗	草芽
尊	酒瓶
妹间	姑娘住的房间
歌忆	忧歌
阴	住
有兰	有理由
分把	交给
古哽	狗叫
鸟嘈	群鸟同啼
鸡有禄	鸡有栖
七子	田七
油肝子	油缸子

---

〔1〕　下编《起身歌》中"广州街头卖麻药"一句,"广州"用前义,表示具体的地名;后者用在对对方所在地的称颂上,类似用法还有"贵州"。

记瑶音的汉字	在瑶语中的意义
掸天掸地	脚用力踏地
廷稿	天狗
爬把	拐杖棍
量	行走
秀草	除草
卢狩	大山鼠
郎顾大	郎老了
心勒刻	挂心上
粒子垂	野板栗树
设	喃说
四得	怎么
堂师	还愿师
榜	靠
批批	纷纷下落

　　尽管瑶语与汉语同属汉藏语系,却分别隶属于苗瑶语族与汉语族,其间差别巨大,文献记录先要理解瑶语之意,再找相应的汉语来表达。但有些瑶语之意很难找到对应的汉语来表达,或者记录人一时理解不了某些瑶语,又赶着记录,只好以汉字记瑶音。明清以至民国有关瑶族的文献中夹杂大量记瑶音的汉字。清初吴淇等所编的《粤风续九》,抱着接续屈原《九章》《九歌》之意,搜集了汉、瑶、壮与杂歌等各族民歌。其中卷二的瑶歌由赵龙文所辑,共录瑶歌 20 首,均采用以汉字记瑶音的方式记录。如《瑶歌》第 7 首:

风过树头风过急,水过波门水过乡。表过娘村回去急,陷都宽心博少年。注曰:"陷都是不得,宽心是细功夫,博犹赌赛。"[1]

赵龙文为安徽凤阳人,以汉族人来注释瑶语歌,难免错会其意,以至于把"宽心"理解为"细功夫",而"博"又强解作"赌博"。前两句比兴,与汉文诗歌无异,不论;后两句是埋怨少年来到本村,却像风过树头、水过波门,来去匆匆,"我"(娘,即年轻女子)都没有机会欢欢喜喜表达对"你"的情意。

二、口头与书面语兼用

在民间文化研究中,根据文本的表达性质差异,与口头传统有关的文本可以分为三种类型:一是当下仍处于活态讲述或演述的文本,称为口头文本,又称为"原文本",系最初的口头文本;二是源于口头的文本,即来自口头讲述或演述传统而以文字符号记录下来的文本,这类文本往往作为表演的脚本,能够还原到一定的场景中重新讲述或演述;三是纯粹的书面文本,是历代文献所记录下来的民间文化事象,其中有些材料尚保持了原初文本的状态,但它所存活的语境已经消失,无法重新回到当初的语境中进行演述或讲述。[2] 前两种类型与口头传统关系较为紧密,而第三种已经脱离了口头形态,成为不具有口头性的文本。

"朝踏"仪式文献内容丰富,形态多样,同样具备以上三种文本形态。关于祖居地"千家洞"的传说、始祖盘王的传说、长鼓的来历、漂洋过海之类的迁徙传说等至今仍在平地瑶民间流传,有些至今仍在"朝踏"仪式中被着重演绎,如千家洞的美好生活、被迫从千家洞出逃等,这些传说的流传以口头形式为主,也有部分口头文本转化成了文字文本,从而构成了如今蔚为大观的"朝踏"仪式文献。这些文献以歌本与科仪本居多,他们在"朝踏"祖公仪式上再次被还原为口头演唱或演述。正因为这类文本来自

---

[1] (清)吴淇:《粤风续九》,《四库全书存目丛书补编》(第 79 册),济南:齐鲁书社,2000 年,第 394 页。
[2] 刘永红:《西北宝卷研究》,北京:民族出版社,2013 年,第 166 页。

口头传统,而后又以文字记载下来,故其兼具了口头语与书面语的双重性表达特征。如《朝踏接客大讨路》歌唱形式上保留当初主客对唱的模式,表达主方的热情接待与挽留以及客方真诚的谢意,主客双方交替演唱,推动仪式进程。演唱部分形式整齐、重章叠句、部分押韵、地方色彩与民族风情浓郁,同时具有较强的时代性与现场感。如:

> 客:今朝来时早便早,脚踏黄茅过九岗。路逢杨梅十二对,树头阳鸟十三双。
>
> 主:今朝来时早便早,脚踏麻鞋过九岭。来到郎门人不识,人人叹念好文才。
>
> 客:今朝来时早便早,脚踏凉桥过九江。路逢秀才十二对,路逢白马十三双。
>
> 主:今朝来时早便早,脚踏绣鞋过九圹(塘)。身上穿着绫罗绢,人人叹念秀才郎。

句式基本对称,每章四句,每句七言,大量的反复与协韵构成回环往复的演唱效果。所穿的鞋子与跋山涉水赴会场景均与当年瑶人的生存境遇及生活环境吻合。至于歌词前的曲子旋律,其口头性更为鲜明,如在接客所起唱的曲子:

> 李罗 李戏来嘱 李罗李侉 罗呵来嘱 李戏来嘱 罗呵来嘱 来衣。

旋律不好记录,当地瑶人稍作变通,采用汉字语音把曲子旋律记录下来了,方便保存与传续,平时排演与现场演唱能起到备忘作用。

尽管歌本以口头演唱为主,但作为文字记载的歌本,其中也穿插少量书面表达,主要集中在具体演唱内容前的叙述性文字以及演唱中的提示性文字。如赵甲光抄本《朝踏接客大讨路》,在扉页有抄者本人整理的"从千家洞迁移到沙坪的路线",在正文"接客大讨路"标题旁标注"在接客所起唱",该段演唱结束,提示"客至炉前上香劝纸毕,主唱安客歌"等,均属书面语表达。

歌本口头表达比例远大于书面,而科仪本是对仪式流程及科演内容的记载,其中口头与书面的结合与歌本有所区别,即书面表达成分大大增加。侧重记录仪式流程的"朝踏"文本书面成分多于口头,这里以邓学清藏本《调踏公祖设文叙头总本》开篇的许愿仪式来说明二者的消长关系。

> 许愿、伸(申)愿、还愿同样各拆话语。师人由家带马到去醮坛门前,不存入,师人作揖出声:"呵撒",三转;堂内令官亦"呵撒",三转。令官开声问来师:庭前街(阶)下"呵撒",你是谁人?师人答曰:我是全州观(灌)阳、全阳观(灌)州的师郎×君弟子,问(闻)知赵家、黄家众房叔孙结/伸(申)起赔还细书歌堂良愿,不知歌堂落在何方。令官答曰:歌堂落在居炉边之。师人答曰:歌堂落在居炉边之,我师人上来与你赵家、黄家众房叔孙结/伸(申)起赔还细书歌堂良愿,阴阳欢喜,阴喜阳欢。令官答曰:请上师郎,请座……众师安祖师完。
>
> 师人、醮主、令官,头人就早饭完,右边居楼边之摆台,摆廿四牙盘。正师请圣,着衣上香完,就请神,小师、男女踏在居楼边皂,亦依赵、黄家众房子孙结许细书歌堂良愿,起请郎尊在前置抬(台),三转,请圣:总坛醮主香火管下赵、黄家众房子孙香火先祖,请全州观阳,请唤数,请上下中川五十四庙,请七州洞府子孙本命祖师。请齐,献酒,通意者,通到歇下云头止,献酒,献纸,完。就许愿,完。献过廿四牙盘,完。送圣,依请圣佛名送完,回来化纸,保答完了,送佛完。
>
> 子孙接客来上香,完。排子孙坐下,办肉七碗来。师人唱酒诗(即酒诗歌章),尾放出阳歌,众人对唱完,吃酒饭完,就送客出门完。(计号 黄遗芳字)

第一段以书面表达领起,中间令官与师公的对话则为口头表达,最后一句说明性文字为书面语。此部分口头多于书面。第二段除"请圣"部分

为口语,其他均为书面语,书面多于口头。第三段则完全为书面语。综合
三段,书面表达略多于口头表达。

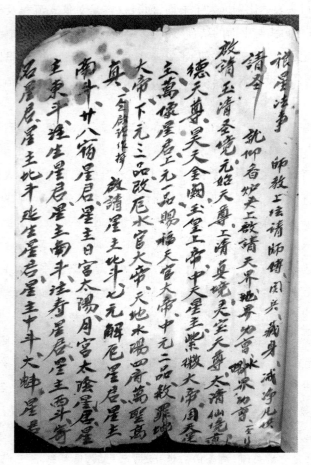

图6-2　唐复辉藏《禳星科》首页

　　而在侧重科演内容记录的"朝踏"文本中则往往口头多于书面。唐复
辉藏有《禳星科》,开头两句"禳星法事。师教上坛请师傅(父)、关兵、藏
身、戒净凡供",书面概述禳星前的预备性仪程,不展开具体内容。接下来
"请圣",口头请各路神灵,每请一路神则以"一同启请,光降来临"作结;
次为"银河法忏""礼拜诸神",同样是念诵;后面的仪节诸如"祈神护佑"

"散灯"均系口诵。中间只有少量仪节概述以及科演提示性话语为书面语。整体而言,该科仪本口头表达比例远高于书面表达。

三、巫、道传统语言混用

"朝踏"祖公是平地瑶信仰的重要组成部分,由于平地瑶下山较早,与其他民族接触较多,文化上进一步融合,宗教信仰及其语言相互涵化。就"朝踏"文献来看,道教、巫术以及儒家、佛教等多元思想并存及多种宗教术语夹杂运用,而以巫、道信仰及其语言符号运用为主。

(一)巫教传统话语

道教话语在"朝踏"科仪文本中占据主体地位,而巫文化及其话语仍有不少遗存。殷商时期巫风颇盛,《尚书·商书·伊训》言:"敢有恒舞于宫,酣歌于室,时谓巫风。"孔颖达疏曰:"巫以歌舞事神,故歌舞为巫觋之风俗也。"[1]殷商之后,北方周公制礼作乐,巫习巫风渐淡,而南方远离周王政治中心,又因大量的殷商后裔流入,故巫风弥漫,以至于长江中下游与珠江流域成为殷商之后巫文化的传承重地。道教对巫术文化的接受是多方面的,举凡"巫舞、占卜、禁忌、兆验、谶纬、符咒,均为道教所承袭",学界也普遍认为"道教是具有浓厚巫觋色彩的宗教"。[2] 瑶族作为古老的南方民族,本身就崇尚巫术,兼之长期的山地迁徙,难免汲取在地巫文化中的成分,同时受道教影响的部分中也保留了一定的巫元素。平地瑶师公不光认同道教,且兼习巫教,往往自称巫门弟子。如奉居杏在《大启事》的跋语以及《朝答祖公疏格》封面均自称"巫门弟子"。"朝踏"科仪的疏表中也称所请法师为巫师,如唐复辉藏本《踏祖公疏格》中的"答愿疏"即云"吉良预日仗　师巫流于祠/家启建延生歌踏道场",在瑶民看来,师公也是巫觋一类的角色,师公多兼通巫术,故二者也往往合而为一。

"朝踏"文献文本中记录了大量的占卦语,"朝踏"仪式旨在取悦祖先,无论许愿、伸愿或还愿,都要在神坛前面对祖灵申说"意者",表达举办

---

〔1〕 四部丛刊本《尚书正义》卷八。
〔2〕 张泽洪:《步罡踏斗——道教祭礼仪典》,成都:四川人民出版社,1994年。

仪式的缘由、流程,最后要祈求祖先们给子孙们赐福,为子孙们禳除灾患,如邓学清藏本《调踏公祖设文叙头总本》"小日通投词意者"末云:"法事完诚(成)。用保众房子孙还愿过后,家家清吉……"此时就要占卦,以确定祖先们是否答应福主们之所祈请。请神要请三遍,需打卦问准所请之神是否到坛,"阴筶关齐,若再阴筶不来,再请"。"朝踏"仪式中师公所用卦多用竹筊剖开两半制成,又称"筶",筶象分为三种:阴卦,两片皆覆盖;阳卦,两片皆仰朝;圣卦,一覆一仰。这三种卦象各有特殊寓意,在"朝踏"仪式中是这样表述卦象与寓意之间的对应关系:"阴筶拨转吉星,阳筶推启少者江水长流,圣筶其保,来到歌堂,唱歌唱令,敬奉公爷父母,进坛不怪,出坛无碍。"三种卦象都出现叫作"三筶团圆",那么"阴阳欢喜"。若一次打不出这三种卦象,则主事师公"各人巧语,再保筶来了"。这些卦语、卦术与南方历史悠久的巫术风尚一脉相承。

"朝踏"仪式中师公要科演"踏九州"的特殊舞蹈,演绎祖先们迁徙曾经走过的"九州"之地,置立起"九州城"以防邪鬼等恶势力侵扰。"如今五十四庙多邪鬼,命请师郎立起九洲(州)城。置立九洲(州)何处用? 赴(驱)邪防鬼也防身。祖师殿前起罡步,本师殿内起罡堂。"[1]这种舞蹈步伐模拟巫舞中的"禹步"。道教醮坛也有此类舞蹈,称作"罡步",同样是对巫舞的借鉴与改造。

(二)正统道教传统话语

道教的创立兼收了先秦国家宗法仪礼与民间巫术因素,东汉张陵创教于巴蜀,魏晋时期道教向长江中下游传播,南方巫风盛行,巫术文化中的祀神仪式、法器仪仗、符箓偈咒、禹步手诀等均为早期道教所承袭。[2]魏晋时武陵蛮、湘州蛮等均为盘瓠系蛮人,作为瑶族的发源之地并处于长江中下游地区,其巫术当亦被道教部分吸收。所以道教本身就融摄了包

---

〔1〕 见黄德昌抄本《朝踏祖公事意榜文科》。
〔2〕 张泽洪:《中国南方少数民族与道教关系初探》,《民族研究》1997 年第 6 期,第 96—97 页。

括瑶族在内的南方民族的巫术成分。道教后来日益兴盛,成为与佛教、儒家相抗衡一支本土宗教势力,至唐、宋、元而臻于极盛,明代起道教的官方地位开始动摇,道教被迫转向民间。明清时期道教常被用于民间对抗朝廷的舆论宣传与武装组织的思想武器,以道教为号召的民间起义一旦失败,其残部往往向周边偏僻的山区溃散,给山地民族输送了大量的道教人士、科仪法术以及科仪文献,加强了道教与瑶族的联系,促进了瑶族的道教信仰。瑶族宗教受道教影响既深且久,其宗教科仪文献中自然存在可观的道教话语。

一是道教信仰话语。瑶族接受道教主要为解决人生中诸如生老病死、生产丰歉、水涝旱灾等现实问题,具有较明显的实用取向,而对于抽象的道教义理无甚兴趣。要破解现实困境,仅靠常人的努力无法实现时,他们便寻求神灵等超自然力量帮助,道教那一整套的神灵系统给瑶族纾解困难提供了丰富的超自然资源。瑶族"朝踏"祖公固然以祖先神为中心,但同样要请道教神来传信、护坛与证盟。以黄德昌抄本《前召后请科仪》中的"后请"为例,来看看"朝踏"仪式所请的神灵:

就以香炉头上,拜发天界功曹、地界功曹、水界功曹、三界直(值)日受使功曹,仰仗功曹,焚香拜香启请:昊天金阙玉皇上帝,教主老祖天师高明大帝,教主何侯得道真君,万法祖师太上老君,教主北帝伏魔真君,教主梅山三十六教祖师,法主苏仙刘公元帅,法主大罗王母七十二度金桥姐妹,法主北方真武玄天上帝,法主北岭殿上李广将军,法主西川灌口二郎,法主驴(闾)山大判兵管九郎,法主三元唐葛周三将军,法主八万斩邪陈十四郎,法主五百状(伏)瘟陈十五郎,法主岭南教主李十五郎,淮南教主刘十五郎,法主阴阳总管太郎相公,法主符法篆中官军将使,法主酆都殿内五部加持,法主上仙驾魂杨十九郎,法主都尊梅十四娘,法主上路天仙兵,中路地仙兵,下路水仙兵,法主上中下三路诸阶兵将,法主龙虎山中天神帅将,法主五方五帝延生兵众,法主开山演教历代宗师,法主梅山十洞三府四界万灵仙兵,九州传度法派宗师,下坛五门番解十道猖兵,法主道佛儒宗三教无上高贞(真),各职代(带)来随师护教众代老尊,一同启请,下赴来临。

再仗功曹,焚香拜申启请:三元门下引奏仙官,玉清圣境元始天尊,上清仙境灵宝天尊,太清真境道德天尊,中天星主北极紫微大帝,周天星主万相星君,合家大小当生本命元辰星君,东阳本限清神大道,五方金木水火土星君,上时托生花琳(林)父母,一同启请,下赴来临。

再仗功曹,焚香拜伸(申)启请:盖天高祖国王父母,开天盘古五谷农婆,前朝国王轩辕皇帝,天地水府三官大帝,扶灵匡竹十二朝郎,敕封本县城隍清政之神,五岳四渎名山大川,敕封南岳忠靖尊王,敕封云溪朝显仁王,随来庙主黄祖白公,白马相公虎大王、虎将军,清州玉府社令盟君,天曹行雨白龙相公,九江龙母五海龙王,云雷雨部风王三相,西川灌口二郎,敕封淮南得道刘、莫二位仙娘,七州洞府八所(厅)游神,十二罗娘姐妹,引踏先师,阳间宫庙祀典王侯,正祭水口、水川、白马、魏山、宏灵五庙本部大王,上、下总管五十四庙男官女圣,有感神通本音××黄氏门中心祖男女众魂,九玄七祖父母家先,上祖、中祖、下祖前亡后化五福宗亲,前后二门香火,九天定福司命灶君,家奉三教文武高真,家堂土地福德正神,前后二门香火,门首三司,护财、把财土府九垒甄皇大帝,五方五帝旺宅龙神,田园土地生理之神,当年太岁致福真君,往来门下一切时流,乌旗队下八万强兵、十万猛将,四山坛主,五岭七姓都头,合家香火文武高真,五方冤家百口大神,众神诸圣,三界直(值)日受使功曹,一同关请,光降来临。

所请神灵均由功曹神传达,功曹神是道教中职位较低的神,但职责重要,道士们所有的祈祷文由他们传递给各位大神。功曹神所请的第一类神为道教教内神,可称作"师神",有教主、法主等,请他们护教、护坛,助弟子顺利科演法事;第二类神为"天神",有"三清"与星主、星君等,是道教中地位尊崇的神灵,其中"三清"为道教最高神,请这些神灵证盟法事;第三类为地祇,主要为对人类或地方有功或与福主有血缘关系的祖先而被后世奉为神灵者,他们是瑶族村寨的保护者,是"朝踏"的主要对象。以上神灵名称大多出自道教,平地瑶借以建构"朝踏"仪式的超现实信仰世界,以应对现实生活中难以解决的问题。

二是道教文书话语。道教为了与神鬼沟通,模仿官方公文样式建构了一套文书系统,统称为"疏文"。这些"疏文"类型庞杂,且有一定的格式与套语表达。"朝踏"祖公科仪文献中保存了大量的疏表,以其中使用较多的"疏"为例来讨论其在"朝踏"仪式中的表达。唐复辉藏有《踏祖公疏格》,内有 15 通疏文,涵盖了疏、奏、关、状、榜、意、单 7 类文书,如《答愿疏》:

答愿疏　入乡贯~　奉

祖公朝踏延生父母歌会植福答愿保安福主/头首子孙名　合房子孙等　　即日倾诚上干洪造言念众房子孙等生居中土忝在中华荷　乾坤盖载之恩谢　祖公庇扶之德言无片善罪干千愆俯垂赦宥重念子孙　祖代侍奉　九玄平/七祖十二部天尊罗娘姐妹父母在祠/家安龙镇宅辅政驱邪匡人利物护守人财办者十年一会未办者十二年一期惟愿人丁康泰欲求财物咸安　有愿自于先年(或年ム厶日)具疏恭叩　祖公位前拜许朝踏歌会祈保人财康泰良愿一宗在案　荷蒙荫佑人物安康幸遇一纪之年本音大利良年利月恩愿有感理合当酬届今厶月厶日吉良预日伏　师巫流于祠/家启建延生歌踏道场请　尊证盟启师咒水戒净祠堂/尘居伏魔结界开辟立桥恭迎　祖公圣驾光降道场献呈凡供依科兴行法事上分引　尊证盟告禳北斗礼谢　星光　安妥龙神中分会乐女仙男神遨游愿心朝踏祖公上　圣末分交荤谢　圣大用吉时测时飞白　斩退凶星上坛　祖公出位子孙鼓板转坛祇候　九玄平/七祖十二部天尊罗娘姐妹歌词赞咏先祖灵魂了酬良愿增长威光伏愿　上酬洪造下答愿心金书注足玉历钩(勾)销祭赏都头和释百口番散五方倒旗罢鼓礼送时流向ム日良晨(辰)具疏表扬法事告毕拜辞回奉门外贡化楼台化财满散送　圣回官　请福祈恩伏望　祖公受

记　父母垂祥　鉴今答愿之诚　乞赐方来之福向后祈保众房等房房
子孙昌盛族族富贵兴隆牸牲茂盛六畜成群田塘畎亩增添求谋进益耕
种丰收时妖远送咒诅他方官灾不染火盗虚耗无侵凡在光中全叨默佑
以今朝踏答愿完明　下情无任须合具疏申　闻者　　右谨具疏
再拜上奉　　上签
　　洪慈俯垂　　洞鉴谨疏
　　皇清厶年厶月厶日吉良　臣厶顿首具疏上答

　　这一类疏表不仅有较为固定的格式,而且有一套模拟封建时代官员
上书皇帝奏章的套语,诸如"奉""倾诚上干""言念""重念""荷蒙""伏
愿""伏望""下情无任""右谨具疏""再拜上奉""顿首具疏"等,官员为了
表达对皇帝的忠诚,对己措辞极为谦虚谨慎,对皇帝则无比惶恐恭敬;在
道教科仪文书中,借用了这套话语,把对皇帝的忠诚、惶恐与恭敬之情迁
移到特定神灵上。当然,作为"朝踏"仪式所用的文书,其语言自有其特定
的"愿仪"风格,如要虔诚地对祖先诉说酬愿的缘由;选吉日、请师护坛、请
神证盟、郑重地遵照传统的仪式,表明子孙们答愿的诚恳与郑重其事;最
后请祖公们继续降福众房子孙。
　　三是道教科仪话语。自南朝宋陆修静对道教科仪进行整理,后经历
代规范,道教不仅建构出庞大的道教经典与科仪体系,而且对各种科仪与
仪节作了具有道教特色的命名,如把道教祭祀这一宗教行为称作"醮",祭
祀仪式称"醮仪",祭祀仪式空间称为"醮坛",整个祭祀仪式称"醮事",总
理祭祀事务性工作的人称"醮主"。这些道教话语都被"朝踏"科仪继承
了,平地瑶将"朝踏"祖公典礼当作"醮仪"看待,每次筹备"朝踏"仪式必
须选出"醮主"一人,赵甲光抄本《朝踏接客大讨路歌一本》的"白公面前
上香词"中有向"总坛醮主管下赵、黄、盘、邓家众房叔孙,子孙男女,各人
带来随身香火"献纸钱仪节。邓学清藏本《调踏祖公设文叙头总本》许愿
时,"师人由家带马到去醮坛门前",吃过早饭"醮主"与师公、令官、头人
去醮坛右边摆台;请圣时同样要请"总坛醮主香火管下赵、黄家众房子孙

香火先祖";还愿正日众师公去"醮坛"门口作揖,向醮主、福主、众房子孙祝贺。"醮"是道教所创的对祭祀仪式的特定称谓,而被"朝踏"仪式借来祭祖之用。

(三)梅山与普庵传统话语

道教在平地瑶中广泛传播,深刻地影响了平地瑶的宗教派别观念。道教多个宗派对平地瑶有重要影响,如正一道、闾山道、梅山道等。富川平地瑶师公所抄写的"朝踏"科仪文本中多有对自身道派的专门表述,如黄德昌"朝踏"科仪系列抄本中均在封面及扉页自称"梅山弟子""梅林弟子""梅林正宗弟子""袭教弟子""袭裔弟子"等,可见其传承了梅山道科仪法术,同时又承袭了以唐代九嶷山何侯为教派宗师的"袭教"。[1] 奉居杏曾对《朝答祖公疏格》作了重新装帧,正文内容系道光年间奉法铭所录,而奉法铭自称"玄门弟子",显然是道教弟子的别称。平地瑶受道教多宗派影响还表现在其法名上,仍以黄德昌为例,黄德昌为其本名,传度受戒后取得师派法名黄法昌。

值得注意的是他在《庙堂稽(起)事科仪》中还自称"普庵弟子",似乎也是佛门弟子,且有对应的释名"黄仁昌",而其科仪抄本中佛教教义、科仪、神灵十分罕见。或许民间信仰并不像学界那样将宗教及其派别区分得那么清晰,只要对他们有实用价值都信,所以才会将佛教话语融入道教语境之中表述而浑然不觉。

第二节 程式化的表达传统

程式是口头传统的普遍特征,不同体裁的文本都存在一定程度的程

---

〔1〕 袭教在富川平地瑶中传承十分活跃,笔者所调查的富川新华乡唐姓与黄姓两个教团均称"袭教弟子",从科仪来看也属道教之下的一个派别。

式化倾向。我国前文字时代的歌谣、各种仪式场合中的诵、念、唱与文字创造后的《诗》、说唱等民间曲艺均属口头形态的文本,可见口头传统源远流长。顾颉刚 1920 年代从形形色色的戏曲、传说、故事中抽绎出贯穿其中的规律,即具有共同的程式化结构形态。而"口头程式理论"的构建在稍晚的 1930 年代才启动,是哈佛古典学教授米尔曼·帕里(Milman Parry)和他的学生艾伯特·洛德(Albert B. Lord)就古老的荷马史诗究竟是口头的还是书面的问题进行实证研究中构建起来的。该理论的核心为三个结构性单元:程式、典型场景与故事范型,三者构成了口头程式理论的基本框架。这些单元有助于"理解口头诗歌的构造法则,解释为什么一个不能借助文字帮助记忆的文盲歌手,能够在现场流畅地唱诵成千上万的诗行,而且能产生如此伟大的作品"。[1] 口头表演者就是运用这些早就积淀在记忆中的程式、典型场景与故事范型来进行现场编创的,程式等结构化要素是不变的,变化的是要素之间的组合关系。口头程式理论给仪式语境下的歌本与科仪本研究以启发。

诉诸说与听的口头文本必须遵循口头传播的特殊规律,口头文本在交流现场构建,声音的发出与接收具有瞬时性特点,信息的传递对于接收方的记忆与保存都是极大的挑战,而一定程度的程式化结构模式与语言表达能够较好地突破这些传播局限,让听者轻松愉悦地接收与理解信息。"来自口头的文本"保留了这种程式化的表达,这给我们的文本分析带来了便利。"朝踏"文献中的歌本与科仪本均具有明显的口头性,其程式化表达即源于这种口头的本质要求。形成文字性文本后之所以仍然保留此种程式化表达,是因为一方面记录者忠实于口头的职业自律,另一方面则是记录文本不仅仅起到保存仪式程序与内容的作用,而且在仪式期间仍然要回到现场,指导仪式的开展,即此种文字文本能够还原或部分还原到仪式场域,回归口头传统。科仪本身存在大量的重复性仪节,如每日开坛

---

〔1〕 朝戈金:《口头传统概说》,《民族艺术》2013 年第 6 期,第 18 页。

的净坛、请神、送神等是大多数仪式必须科演的仪节,这就从结构上决定了科仪文本的程式化特征。

一、"朝踏"歌本的程式化表达

要素、结构与功能是口头诗学研究三大维度,要素是基础,要素与要素的不同形式的搭配组合成各种结构,要素之间不同的结构关系导向不一样的表达效果,即功能。"朝踏"歌本的程式化特征主要反映在语句与结构上。

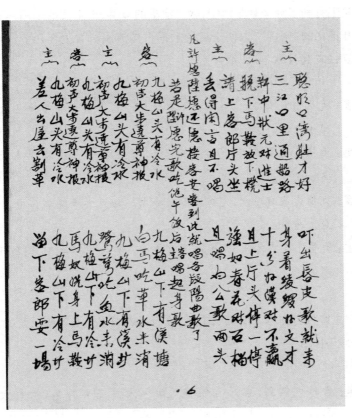

图6-3 《起身歌》

(一)"朝踏"歌本语句的反复性

沙坪村"朝踏歌"是由四大歌曲群组成的歌曲系统,在"朝踏"仪式上作为酬答祖先之歌踏良愿礼物奉献给祖先们,以此取悦祖先并祈请祖先护佑与赐福。从文本中的歌词来看,大多为七言句式。《朝踏接客大讨路歌一本》采用主客对唱的模式演唱,各方分别唱四句七言歌,相当于一章,主客双方交替演唱。歌词中存在大量的重复词句,重复的方式多样。有主客双方同一句的重复,如"接客大讨路"中开头四章,主客均以"初相僚乱客郎来"打头;接下去六章均以"今朝来时早便早"打头。这种情形主要出现在整个歌唱的起始部分,刚登场需要调整情绪、适应节奏与氛围,重复演唱有利于舒缓紧张情绪,融入演唱的节奏,更主要的是用熟悉的歌词打开记忆的"闸门",以便于后续歌词自然流淌。有主客几乎整章歌词的反复,如"起身歌"前四章:

> 客:九梅山头有冷水,九梅山下有溪塘。初声大步绕尊神报,白马吃草水来消。
>
> 主:九梅山头有冷水,九梅山下有溪塘。初声大步绕尊神报,鹭鸶吃鱼水来消。
>
> 客:九梅山头有冷水,九梅山下有冷塘。初声大步绕尊神报,马奴洗身上马鞍。
>
> 主:九梅山头有冷水,九梅山下有冷塘。差人出屋去割草,留下客郎耍一场。

有主客各自在本方所唱处重复,统而观之则相当于间隔反复,同样在"起身歌"中有:

> 客:吉时吉候到,吉时吉候推。初声大步绕尊神报,妆个大马阶下停。
>
> 主:一头唱了二头陪,不得歌章跌落泥。有人拿倒青州马,客郎宽怀吃几杯。
>
> 客:吉时吉候到,吉时吉候推。初声大步绕尊神报,妆个青马阶下叫

囚囚。

主：一头唱了又二头,拦倒青马叫囚囚。拦倒客郎厅上坐,剩合客郎
唱几天。

客：吉时吉候到,吉时吉候推。初声大步绕尊神报,妆个紫马安
紫花。

主：拦倒码头告一状,拦倒客郎唱几头。拿倒手胫灌几碗,歌词乱历
出心头。

客方反复唱"吉时吉候到,吉时吉候推。初声大步绕尊神报,妆
个……阶下……",表示准备离别了;主方则针对客人的准备而作出挽留
应对,其反复多为局部性的。客方与主方交替歌唱,构成了间隔性反复。
对唱型的"朝踏"歌歌词反复的频率非常高,且总量巨大。《十二年朝踏
令歌一本》中开头的"×重令字意"与此后的"×字青令"都是局部的间隔反
复;《十二年朝踏阴歌曲一本》中前六支歌分别在"起声发……四位龙神
尽赞起……""细细唱,不依……""不唱久,不唱三年歌……""同伴队,同
伴有歌教我头""黄三姐""枫木青,杨鸟年年来送声"等句式反复,也是局
部性的间隔反复。连续性反复相对较少,比较突出的是"朝踏"仪式尾声
丢猪头时所唱的《两夜游》:

两夜游,两夜游,放出鹧鸪飞游游。

两夜游,两夜游,放出画眉飞游游。

两夜游,两夜游,放出凤凰飞游游。

两夜游,两夜游,放出金鸡飞游游。

其中"两夜游"属于典型的连续反复。还有一种较特殊的连续反复,
属于音乐上的重复,如《十二年朝踏阴歌曲一本》中的前十六段歌与最后
的"歌堂散"有个共同的特点,头章歌曲第一、第二两句末尾都有音乐说明
提示,如"起声发"前两句:

起声发,(垂垂)起声白公四位神。(垂三排)

还有更具体的音乐提示语案例,如"游愿歌章"前两句:

当初许愿(亦曰)师郎许,(红撒撒衣)今朝勾愿众人勾。("众人勾"垂三排)

"为神歌章"前两句:

昨日午时(亦曰)种桑树[1],(红撒撒衣)今日午时桑树飞。("桑树飞"垂三排)

"十母歌章"前两句:

十母圐圙(亦曰)从天过,(红撒撒衣)十母圐圙过九岗。("过九岗"垂三排)

这是音乐上的反复,通过伴奏乐器来表达,第一句末是两个相同的节奏的反复,后一句则是三个节奏的连续反复。在某些歌段的前面有前奏曲,在《十二年朝踏令歌一本》《十二年朝踏阳歌曲一本》中较多,后者尤其普遍,除了最后的散文体歌,其他歌段都是先唱曲,再唱歌。如"散客歌"的前奏曲:

李罗逻李来嘱 李衣来嘱 李衣来嘱 李衣来嘱 罗来衣 李衣来嘱 罗李来嘱来 李罗逻阿来 罗衣李衣罗 罗莱罗呵 李衣罗来衣。

---

[1] "桑树"赵国升本作"桑柘"。下同。

类似这样的曲子在音乐上的反复非常普遍,几乎覆盖了所有的反复类型,如"罗逻""罗罗"等,[1]为局部连续反复。

(二)"朝踏"歌本结构的类型化

二元结构是人类普遍的思维模式,列维·斯特劳斯从纷繁复杂的人类文化现象中抽象出联结各个范畴的要素,归纳出一种普遍的概念图式,即"二元对立"图式。他认为这种"二元对立"图式是先于社会、心理活动以至有机体的一种无确定存在方式的初始事实——它充当着人与社会、文化与自然沟通的中介,是心灵的永恒结构。[2]从宏观的角度来看,"朝踏"歌系列唱本大量采用二元结构的唱述模式。《朝踏接客大讨路歌一本》为主客对唱形式,构成主与客的二元交替唱述模式。《十二年朝踏阴歌曲一本》与《十二年朝踏阳歌曲一本》构成阴歌与阳歌两种歌曲与唱法的二元结构,前者指向祖先等神灵,重在娱神;后者指向世俗,重在娱人。《十二年朝踏令歌一本》《十二年朝踏阴歌曲一本》与《十二年朝踏阳歌曲一本》又可以作为一个整体,视作现世子孙献给阴世祖先、酬还良愿的礼物,同样构成一阴一阳的二元唱述结构。《朝踏接客大讨路歌》中的"接客歌"与《十二年朝踏阳歌曲一本》中的"散客歌"构成一"接"一"散"的二元对立模式;《十二年朝踏阳歌曲一本》内部的"接客令里声"与"大讨路阳曲"以及"留客歌"与"起身歌",《朝踏接客大讨路歌》内的"安客歌"与"起身歌"均为两两相对的结构模式。

就"朝踏"歌本的微观结构而言,七言担负起了"朝踏"歌演唱的主要句式,这种句式与其他句式的搭配变换构成各歌段的演唱结构类型。《朝踏接客大讨路歌一本》无论主客,都是七言四句一章的结构,只有最后的"捞堂歌"变为三七七七一章结构。《十二年朝踏阴歌曲一本》中前四支歌"起声发歌章""细细唱歌章""不唱久歌章""同伴队歌章"与

---

〔1〕 瑶族曲子常以汉字记音,且同一音往往以音同或音近而形异的汉字记录,如此处的"罗"与"逻"音同,且记同一个音。以下曲子的记音同此,不另作说明。

〔2〕 〔法〕克洛德·列维·斯特劳斯(Claude Levi-Strauss)著,谢维扬、俞宣孟译:《结构人类学》,上海:上海译文出版社,1999年,第127页。

第五支"杨鸟歌章"以及最后的"歌堂散"的中间部分,均为三七七七一章的结构模式;"三姑两姐歌章"则为七三七结构;其他为七言歌章。《十二年朝踏阳歌曲一本》以七言一章为典型结构模式,而"难歌聪曲"则为五五七七结构;"难歌聪曲"各章均以"且唱西江看月,后唱渌水游游"打头,有六言四句式、六六六六六八式、六六四四四四八四八式、六六四四四六四六六式与六六六四六六四四四式,后四种结构可视为第一种结构的变式;"留客歌"中有两处三七七七结构;"起身歌"有七七八七式结构,中间有五五九八七式、五五八九式、五五八七式结构,又有三七七七式,最后以七七八九七九式结尾;"梅花歌曲"仍以七七七七式为主,插入了五五七五式两章;"大禾米曲"中间插入三七七七七七七七式结构一处,其余均为七言歌章。"请起妹歌章"为三三三七结构。"两夜游"为三三七结构。

"朝踏"歌中有一类歌接近散文,与其他歌相比,旋律与节奏感不大强,在仪式中采取说唱而非歌唱的形式演绎,这类歌同样具有同质化的结构倾向。"大陈谢"大部分歌章以"三两朋亲贵客"领起,这些反复出现的句式具有明显的歌曲分章功能,是歌曲结构与层次的重要标志。"初言奉公爷父母"大多以"一双富人来客"领起歌章。"春季社"则多以"老者多说,少者多听"引领各乐章。"长礼疏"前部分多用"叔孙有人,差出……"句式引出歌章,中间"定客主"部分则多用"守时良候,守候良时。良时亦来,吉时亦到"句式领起歌章,"开请盘家出省流移"之后部分主要使用"一衍初书"或"一句初言"领起各段歌章。

程式化的表达与结构大大提高了歌的现场生产效率,增强了歌手的即兴编创能力,同时也满足了听众对于歌手地方性表达的心理期待与审美趣味,使得"歌"这种口头传统得以顺利达成沟通目的、完成特定的仪式使命。

二、"朝踏"科仪本的程式化表达

(一)仪式结构的程式化

"朝踏"是由众多仪式构成的仪式系统,这些仪式在黄德昌的抄本中

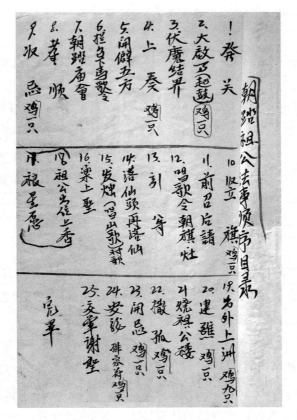

图6-4 朝踏祖公法事顺序目录

作了集中整理,并按照仪式流程逐次排列,《朝踏祖公事意榜文科》中列有25场仪式:

发关——大起事(起鼓)鸡一只——伏魔结界——上奏 鸡一只——开僻(辟)五方——拦(栏)台下马歌令——朝踏庙会——孝顺——收忌 鸡一只——竖旗 鸡一只——前召后请——唱歌令朝旗、灶——引尊——落仙头 再落仙——发烛(唱山歌)对歌——乐上圣——粮(禳)星愿——祖公出位上香——出外上洲(州)鸡九只——建醮 鸡一只——烧祖公楼——撒孤 鸡一只——开忌 鸡一

只 ——安龙(排家符,鸡一只)——交荤谢圣

在其另一个抄本《乐仙科》中也整理了"朝踏"仪式流程,大致相同:

发关——大起事(踏鼓起)——伏魔结界——上师教奏——开僻(辟)五方——栏台下马(唱令)——朝踏庙会——孝顺(烧纸钱)——收忌——竖旗——前召后请——唱歌令朝旗朝灶——引尊——落(乐)仙头再落(乐)仙——乐上圣——禳星祭解——祖公出位——上洲(州)川(穿)破九州罡堂——燃烛建醮——撒孤——开忌——发烛——烧祖公楼——交荤送圣——安龙

显然,"朝踏"仪式在上坝村黄氏这一派中结构相当稳定,只在极少部分稍有变动,前者多出"发烛(唱山歌)对歌"仪式,后者多出"发烛"仪式;另外,"烧祖公楼""安龙""交荤谢圣"位次不固定。

"朝踏"仪式内部各项仪式的具体仪节往往多次反复科演,构成"朝踏"仪式内部结构的程式化。黄德昌所抄"朝踏"科仪本较为完整,各抄本连缀起来恰为整个"朝踏"仪式的全过程。以其中的某个仪式作解剖,可以很好地呈现各仪式内部的结构特征。下文以《开僻(辟)科仪》为例讨论。该科本记录的仪式首先为:请师父证盟——解秽净坛——统将统兵——开辟五方——架桥——拜发功曹——回坛安奉。该仪式由以上七个仪节组合而成,仪节之间前后依次衔接,环环相扣,构成一个组织严密的仪式流程。这种结构在其他"朝踏"仪式内部普遍存在,"朝踏"仪式大多以请师证盟揭开仪式序幕,接下来要作仪式性的净坛,其次是统领兵将等保护性措施,最后以回坛安奉本地本庙神灵结束仪式。这个结构是固定的,较活跃的仪节是中间的主体仪式事项,因各项仪式都为解决某个事项而编创,所解决的事项各不相同,因而变动最大。但不管某一仪式中间事项如何变换,它也只能在仪式中间部分调整,而不影响仪式的整体结构。我们只要看看"开僻(辟)科仪"的下一项仪式"栏台下马科仪"就能

清楚地理解此结构的普遍意义,"栏台下马科仪"各仪节如次:

> 上坛先请师父——戒净——请光明神——上童——恭迎圣驾——请圣——诵"迎圣诗"——栏台唱令献供——迎圣进殿七献酒——宣疏文——脱童——回坛安奉众师(主盟其他法事)

因"栏台下马科仪"侧重在请神到来时的迎接、安奉与献供,所以中间那些仪节与"开辟科仪"自然不同,但一头一尾仍然保持常仪规范,由此可证"朝踏"各仪式的内部结构具有明显的同质化特征。

(二)疏表文书的程式化

疏表文书在仪式中的使用及其内在格式与表述均呈现出固化或套化倾向。黄德昌的《朝踏祖公事意榜文科》记录了《朝踏祖公一宵疏单》,共14通,仅具疏表名,未抄录格式:

> 祖公奏、祖公关、祖公牒、请圣牒、开启疏、粮(禳)星疏、土皇疏、答愿疏、安楼疏、完满疏、祖公出山榜、飞诗对句、游诗圣名、天尊圣牌。

"祖公出山榜"之后的三类并非通常意义的疏表文书,这个一宵"朝踏"仪式实际只用11通。唐复辉藏本《朝踏祖公疏格》也记录了"朝踏"仪式中所用的疏表文书,且更为丰富,详细载明的有15通:

> 许祖公愿疏、答祖公愿疏、祖公关、祖公奏、祖公疏(但行用答机由)、推关(开辟烧)、俵钱单(送楼出同楼烧)、开启疏(启事烧)、庙主(城隍令社寺观随行各圣香火)疏、谢师状(法事完全烧 各人关兵)、太岁榜、祖公榜、事意、插愿疏、苦宗祠疏。

本书还夹带一张种类更多的"朝踏"仪式使用文书表单,里面记录了34通疏表文书:

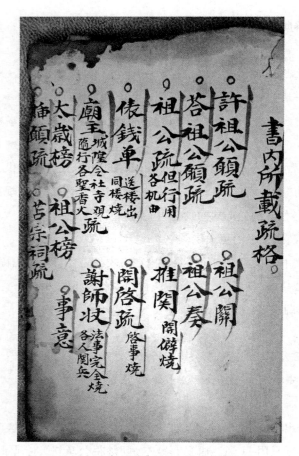

图 6-5　唐复辉藏《朝踏祖公疏格》目录

　　祖公奏、祖公关、祖公牒、请圣牒、开启疏、推关牒、竖旗疏、禳星疏、土府疏、五方札(五封 札符五道)、七州疏、祖公疏、田园疏、庙主疏(几封)、寺观疏、随行疏、先祖疏、社令疏、城隍疏、五十四庙疏、靖坛疏、入鼓疏、上圣疏、答愿疏、完满疏、安楼疏、封斋疏、太岁帖、押送帖、四山帖、百口帖、竈君札(几多封)、邻居疏、外祖疏。

　　黄氏一宵仪式所用的 11 通疏表都能在唐氏《朝踏祖公疏格》的表单

中找到,只因黄氏所列仅为一宵"朝踏"仪式所用,故较为简单,而唐氏所开具的文书表单是完整的"朝踏"仪式所用疏表文书总汇。我们由此可以推测,"朝踏"仪式中疏表的使用也是程式化的。我们在实际的仪式调查中也发现,这些疏表文书由师公们预先准备好,当仪式现场推进到某个具体仪式或仪节需要使用时,师公们会取出事先准备的疏表文书,按照实际情况填写人名、地名、时间等要素后投入仪式使用。所以疏表文书格式是固定的,如唐氏所抄《开启疏》:

> 开启疏(启事完烧) 大清厶地居住 奉
> 九玄七祖十二部天尊罗娘姐妹朝踏歌会答愿福主厶头首厶合房子孙
> 等 即日倾心上干 大造言念众房子孙等 祖代侍奉 九
> 玄七祖十二部天尊罗娘姐妹父母家先在祠(家) 安龙镇宅辅政驱邪
> 匡人利物护守人财办者十年一会未办者十二年为一期惟愿人丁康泰
> 祝祈财物咸安有愿自于厶年厶月厶日疏文恭叩 祖公位前启许
> 朝踏歌会祈为人财安泰良愿一宗在案果蒙庇佑人财知恩有感答报
> 无由意思宋代源流一人举念众等齐心预日立插良愿一堂今幸良年
> 以到利案以来良愿有感理合当酬拣用司天玉历大利厶年厶月厶日吉
> 良伏 师巫流法友于祠(家)启建三元朝会歌踏酬愿道场二昼连宵
> 兴行法事以今启科之初未敢自便理合具疏申闻者 右谨具疏
> 再拜上申 贴红签
> 开山演教历代古今宗师 位前 恭望
> 师慈俯垂 洞鉴谨疏
> 道光廿一年厶月厶日吉良臣唐法伦顿首具疏

此类"疏"模仿公文,有一整套固定的模式,其语言表述多为高度程式化的"套语",使用时这些内容基本不变,只在"厶"代表的空白处填写相应的时间、地点与人名即可。"疏"作为人神沟通的媒介在使用后会被焚烧,属于一次性工具,故而固化的结构和表述有助于节省制作"疏"的时间和精力,同时也方便了仪式本身能够被大量的复制与传播。

第三节　互文性的文本关联

互文性(intertextuality),或称"文本间性",是后结构主义思潮背景下产生的关于文本关系的理论,该理论孕育于俄国形式主义、结构主义语言学、结构主义等知识运动,滥觞于巴赫金文本对话论,而由朱莉娅·克里斯蒂娃(Julia Kristeva)提出,雅克·德里达(Jacques Derrida)、热拉尔·热奈特(Gérard Genette)、罗兰·巴特(Roland Barthes)对此理论均有卓著贡献。其核心要义是任何文本都不是孤立的、自足的存在,而是对他文本(无论共时性或历时性的)的吸收与改造,文本的意义不仅来自文本自身,还取决于文本间的关系。互文性理论突破了就文本论文本或只关注文本与作者关系的研究取向,把文本从心理、社会或历史决定论中解放出来,拓出一条跨文本对话的文化研究路径。[1]

一、科仪本之间的关联

"朝踏"是由诸多仪式依次衔接组合而成的仪式链,各项仪式均为仪式链上的一环,与"朝踏"仪式构成部分与整体的关系。记录仪式的科仪本从文献上呈现科仪的书面景观,各科仪本的编排次序构成了书面化的仪式的整体科演序列。每个"朝踏"科仪文献文本都担负着特殊的功能,是区别于他文本的独特的文本;然而作为"朝踏"科仪本整体之一部分的单个科仪本,科仪本之间又存在互文互释的文本关系,共同服务于科仪整体。

"朝踏"科仪本惯于使用"互见法"记录仪式。各仪式中的仪节并非一次性使用,有时在单个科仪本中也需多次使用,若一次次重复抄写,对

---

〔1〕　陈永国:《互文性》,《外国文学》2003 年第 1 期,第 75—81 页。

于抄者来说增加了工作量,对于抄本置办者来说是经济成本的增加,对于使用者来说抄本厚度加大也不方便携带与使用。因此"朝踏"科仪本通过省略与略加提示来处理重复出现的内容,既节省成本,使行文简洁,又不至于让使用者不明其内容。读者或仪式使用者行仪至此自然会根据提示联想到内容,即使一时想不起来,也可以据提示找到这些内容。用提示语或概述性的文字表达,如黄德昌"朝踏"科仪抄本,因各科仪行仪多从请师与净坛开始,故将这两个仪节进行文字概括,每当仪式开始则作出概括说明,如《伏魔结界科》开篇即书"另一名师上坛叛师父……",但具体内容省略了;《栏台下马迎圣科仪》则把开始的几个仪节概述为"上坛先请师父……,藏身,就戒净,额红",提示在此要行请师与净坛等仪节,具体怎么做则参照其他的抄本。通观黄氏抄本后不难发现在其《开辟科仪》里面就详细记录了这几项仪节的行仪流程,而该科仪本末尾云:"回坛安奉,脱衣完。下就——栏台下马。""栏台下马"科仪不在此文本中,而是另有专门抄本,故要了解此科仪详情则要进入《栏台下马迎圣科仪》文本。其他内容也多存在这类"互见"现象。由此看来,《开辟科仪》在"请师""净坛"等仪节上与其他几个科仪本可视为"互文本",相互参看,互通有无,构成一个完整的科仪体系。

"朝踏"科仪本有时甚至不用文字提示,而只用一些表示省略的符号作提示,这对于圈外人士的阅读自然不便,但科仪抄本原本就没打算让圈外人介入,所以这些省略符号自然是法师们耳熟能详的内容,行仪至此,见此符号再结合语境,法师们自然是心领神会,抄手于此当然毋庸赘言。这些概括性的词句或省略符号类似于当今互联网文本中带超链接的词句,这些词句把文本引向另一个阅读方向,读者点击这些词句就打开了另一个与此相关的文本,由此文本与文本间就构成了互文本关系。"朝踏"科仪本作为纸媒抄本固然不如网络文本相互参见那么便利高效,但原理是一致的。

不管是文字性提示或省略性符号提示,均为文本间的显性关联,其识别度还是很高的。文本间的关联远远不止于此,更多的是潜在的关联,如观念、意蕴、氛围、余味等,而这些有时潜隐在字里行间,需细心辨析方能领悟。这种类型的文本间性多出现在文学性较强的文本中。"朝踏"作为实用性的仪式文本,这类关联不多,但也存在。如邓学清藏本《调踏公祖设文叙头总本》开篇录有师公到坛与令官之间的对话,现场感很强,读者仅凭文字就会在眼前浮现出二者你来我往的会话场景,甚至能感觉到现场的气氛。这种仪式描述法在黄德昌的"朝踏"科仪本中没有,而在邓学清的其他藏本中出现了,如《十二年朝答祖公叙头总本》中的"问鼓来因":

> 门前是谁人?
>
> 我是盘王子孙。
>
> 你来有事?
>
> 我来与你众房子孙朝踏五谷婆婆良愿。
>
> 我问鼓人:你来为保何人?
>
> 我来为保赵、黄家众子孙朝踏过后,家家清吉,一怕(拍)鼓声过后,上不动前,下不动后;二怕(拍)鼓声,过后子孙闭塞官灾口舌,资财六畜百般收成;三怕(拍)鼓声,朝踏过后,大男小女,子母团圆,荣华富贵,金玉满堂,百子天(千)孙,大吉大利。

这种对话描述方式在科仪本中显得很特别,我们仅凭此就能隐约感觉出这个文本与《调踏公祖设文叙头总本》的"亲缘"关系,而与黄德昌、唐复辉、奉居杏等人的科仪本关系疏远;而从题目与文本中所记录的具体科仪流程与内容更印证了二者之间的高度吻合,局部的差异性则恰好起到了互补与互疏的功能。

二、科仪本与歌本的关联

就"朝踏"仪式整体而言,歌本应该作为科仪本的一部分而存在。这种情形在沙坪村"朝踏"文献中有突出表现。沙坪村的"朝踏"文献主干即"朝踏"科仪本与歌本,在科仪本中记录了"朝踏"仪式流程,"朝踏"歌

的演唱就嵌在仪式的整体流程之中。以下为《调踏公祖设文叙头总本》关于"朝踏"歌在"朝踏"仪式中的演唱记录:

（先日）子孙接客来上香,完。排子孙坐下,办肉七碗来。师人唱《酒诗尾》(即《酒诗歌章》),放出阳歌,众人对唱完,吃酒饭完,就送客出门完。

（小日吃过早饭）献投词酒,就献纸完,不存化,纳纸扎下众圣。众房子孙来唱《大陈谢》完,唱《初言》,唱《礼疏》完。

（小日下午）下午唱《春季社》完。依午上(上午)一样献纸,同样保答。

吃了夜饭定客,……唱《定客》完。

等时候金鸡报晓,点齐子孙、下堂女、鼓头郎君,三人四姓齐就跳头一堂。……起头堂声:礼亥李 罗李 罗李 礼亥罗里李 礼亥罗里礼李 礼亥罗里李 三六九转,乱跳完,合下扎住。……起二堂声:也夜何富 何日 也亥夜也富 也亥夜也富 富 也亥夜也富……补二堂尾,依二堂一样跳完。……到辰已时,摆起富仁设圣,拿富仁猪,左右两边合下扎住,富仁堂,就变盘,唱《梅花歌》。……正厅上青龙边起四堂声:也富 也亥 也亥夜也富 也亥夜也富 富 也亥夜也富 跳完。……青龙上起五堂声:也亥 也富 也亥夜也富 富也富 富。

把坛护殿先师请到为神童子,唱《为神歌》完,为归案前。把坛师下,上衍令官做肉七碗,中厅上唱酒诗尾,唱散客曲,爱者多唱已(几)只,就放令完,唱阴歌完,纳唱《流移》《造屋》《雷王》《长礼疏》《十母歌》完。正师还愿,列齐众圣,献酒,用口通意者,依小日正厅上那投词一样通完,依科凑出愿头,三转,出来拆破愿章,启声唱《游愿歌》。

餐了散福,各人唱歌堂散,回家,各人请福。

第二天早晨来吹(炊)饭,唱《吹(炊)饭歌》,《请起妹》,《金花歌》,随意唱。子孙齐了,童子上桥围台一转,推出猪头一转,又围台二转,推出猪头二转,第三转,童子师担起猪头,正师在门前拿起马脚棍,头上挍(绞)起金鸡罡决,就唱《两夜游》,放出四只金鸡,就抛猪头。

以上"朝踏"科仪本中所录"朝踏"歌只录歌名,这符合科仪本重视仪式流程记录的惯例,而相应的歌词、歌曲则要从"朝踏"歌本中去寻找。事实上,除了不能确定《酒诗尾》歌章是否对应《朝踏阳歌》中的《大禾米曲》外,其他歌曲几乎都能从"朝踏"歌本中找到。这样一来,"朝踏"科仪本与"朝踏"歌本就成为互补的文本。现就"朝踏"科仪本中的歌名与"朝踏"歌本相关歌曲的对应关系列表如下:

表5 "朝踏"科仪本所录歌名与"朝踏"歌本相关歌曲对应表

"朝踏"科仪本 所录歌名	"朝踏"歌本中的 对应歌名	所 属 歌 本
酒诗尾	大禾米曲(?)	十二年朝踏阳歌曲一本
阳歌	接客大讨路、安客歌	十二年朝踏阳歌曲一本
大陈谢	大陈谢	十二年朝踏阳歌曲一本
初言	初言奉公爷父母	十二年朝踏阳歌曲一本
礼疏	礼疏曲	十二年朝踏阳歌曲一本
春季社	春季社	十二年朝踏阳歌曲一本
定客	到此定客主	十二年朝踏阳歌曲一本
起头堂声	起头堂歌	十二年朝踏阳歌曲一本
起二堂声	起二堂歌	十二年朝踏阳歌曲一本
补二堂尾	起三堂歌	十二年朝踏阳歌曲一本
梅花歌	梅花歌曲	十二年朝踏阳歌曲一本
起四堂声	起四堂声	十二年朝踏阳歌曲一本
起五堂声	起五堂声	十二年朝踏阳歌曲一本

"朝踏"科仪本 所录歌名	"朝踏"歌本中的 对应歌名	所属歌本
为神歌	为神歌章	十二年朝踏阴歌曲一本
散客曲	散客歌曲	十二年朝踏阳歌曲一本
放令	朝踏歌令统称	十二年朝踏令歌一本
阴歌	朝踏阴歌统称	十二年朝踏阴歌曲一本
流移	出省流移歌章	十二年朝踏阴歌曲一本
造屋	造屋歌章	十二年朝踏阴歌曲一本
雷王	雷王歌章	十二年朝踏阴歌曲一本
长礼疏	长礼疏	十二年朝踏阳歌曲一本
十母歌	十母歌	十二年朝踏令歌一本
十母歌	十母歌章	十二年朝踏阴歌曲一本
游愿歌	游愿歌章	十二年朝踏阴歌曲一本
歌堂散	歌堂散	十二年朝踏阴歌曲一本
吹(炊)饭歌	橹公辨歌章	十二年朝踏阴歌曲一本
请起妹	请起妹歌章	十二年朝踏阳歌曲一本
金花歌	金花歌曲	十二年朝踏阳歌曲一本
两夜游	两夜游(丢猪头歌)	十二年朝踏阳歌曲一本

　　若将这些歌曲录入科仪本中,则科仪本会显得太过臃肿,甚至会掩盖仪式流程线索,丧失了科仪本对仪式的指导价值,不利于师公们在仪式现场使用。

　　就"朝踏"歌本的实际载录而言,歌本与科仪本相互穿插,融为一体。如果歌本仅仅记录歌曲与歌词,至于在仪式场中如何使用,该何时何地演唱,都必须去翻阅科仪本,则很不方便(谙熟二者内容另当别论)。"朝踏"歌本对此作出了灵活处理,在歌本中对于歌曲、歌词的使用作了简明扼要的提示,以便于歌者明确演唱介入的契机、场景与演唱方式。如《朝踏接客大讨路歌一本》在"接客大讨路"歌名后提示"在接客所起唱",这是提示演唱的地点;唱完"接客大讨路"歌后提示"客至炉前上香劝纸毕,主唱'安客歌'",这是提示演唱主体与演唱曲目;"安客歌"唱完,又提示"凡许愿、升(申)愿、还愿,接客、安客到此,就唱各段阳曲歌了;若是许愿、升愿完歌,吃饱午饭后,客、主唱'起身歌'",这是提醒歌者唱完"安客歌"后分两种演唱情况:一是许愿、申愿与还愿仪式都要做,那么接着唱阳歌;另一种情况是只许愿与申愿,那么唱完"安客歌"吃午饭,午饭后主客双方唱"起身歌"。这些说明性文字很简单,对于仪式歌的演唱却特别重要。若没有此类说明,歌者也许就是按歌本顺序一路唱过去,导致演唱违背仪式的本意。正是借助类似的提示语,"朝踏"歌者可以不必翻阅"朝踏"科仪本也能大体掌握演唱的程序与其他注意事项。这样看来,歌与科仪提示之间也构成了互文本关系,是"朝踏"歌本内部的互文性。

三、科仪本与仪式的关联

仪式是活态的表演,书写文本是对特定仪式记录后的固化文本。仪式在前文字时代就存在,在洪水猛兽泛滥的时代,先民们在与自然的相处中处于劣势,他们也无法科学地认识自然界的各种现象,为了获得生存,他们幻想出控制自然的一些特殊方法,如巫术就是一种早期的仪式。仪式诞生在无文字时代,而记录仪式则有待于记录符号的出现。步入仪式与文字并存的时代,仪式的类型与样态浩如烟海,能够被文字记录的仪式毕竟是其中极少的一部分。我们由此可知,某种特定的仪式一般是先在民间表演,后来或者出于本团队自身表演与传承的需要,或者是他者偶然观赏后觉得有记录的价值,于是原本活态的仪式转化为固化的书面文本。某项仪式被书面记录后,该项仪式或一如既往地活态演绎,或失传,或失传后以书面化的文本作脚本,指导该项仪式的重新表演。

当然,任何一项仪式都是在特定的语境中生成的,也是在特定的场域中表演的,所以每一次仪式的科演都具有唯一性,而书面化的科仪本仅仅是该项仪式千千万万活态演绎中的某场或若干场演出的记录,书面化的科仪本不能代表该项仪式所有科演的整体。所以当我们以书面的科仪本为脚本来指导某项仪式的科演时,必须清醒地认识到,这个科仪脚本只是该项仪式的整体中的某一次或某些场次科演的记录。就某一项仪式的某一次科演的记录的科仪本而言,其记录也非此次表演的全部,而是"有选择"的记录,是此次科演"过滤"后的书面文本形态。所以当我们用科仪本作为指导表演的脚本时,当初特定语境生成的仪式,在经过书面记录固化后,再还原到特定的场域"复活"。然而此次"复活"是仪式的一次"再语境化",那些当初被过滤掉的、未被录入文本的科仪信息,给了表演者发挥的自由与空间。经由现场发挥而进行的这一次表演是在书面科仪本的框架指导下的有限"复活",大量的现场因素作用与表演者的临场"添加""简省""位移"或"置换"处理,给仪式以新的生命与观感。

"朝踏"科仪本当然是对以往某次或某些场次"朝踏"仪式记录的结果,这些书面的文本自然不能代表以往"朝踏"仪式的科演整体。作为一场或整合若干场科演的书面记录,"朝踏"科仪本是经记录者主观选择后编织的文本。在当前"朝踏"传承原生语境发生巨大变迁、传承人培养青黄不接的情境下,这些文本对于保存"朝踏"仪式流程,传播、传承与传续"朝踏"文化具有重要价值,尤其是其中录于晚清时期的"朝踏"科仪本,保存了较早的"朝踏"仪程,尤为珍贵。但无论"朝踏"书面文本记录多么细心,总是要经过科演主体理解、吸收并作出临场创造性发挥后,才能被有限"还原"为活态的"朝踏"仪式,何况仪式举办还要受到具体经济条件、特定意识形态与举办目的的制约,若再考虑到时代的文化潮流与观众的审美趣味以及接受习惯,"朝踏"仪式的"再语境化"就更复杂了。正因为此,文献载录的每一次"朝踏节"以及我们所见到近几年的"朝踏"仪式都不完全一样,有的差别还相当大。

本 章 结 语

本章所论的"朝踏"文献特指朝踏歌本与科仪本,作为文本的"朝踏"文献是开放的、多元的与动态的,具有多元化语言综合运用、程式化表达与文本互动的文本特征。

就语言使用而言,"朝踏"文献文本借用汉字记录,汉语在文本中扮演主要文字角色,而对于部分难以与汉文对应的瑶语,则采用汉字记瑶音的办法,由此形成"朝踏"文献文本汉语、瑶语杂用的特征。对于有语无文的民族来说,口头传统一直保持着较强的发展惯性,"朝踏"文献中的歌谣、传说甚至科仪内容等文本,口头语占据一定比例,与书面语分庭抗礼。作为宗教性质的"朝踏"文献,具有明显的宗教话语特色,其中道教话语占主流地位,举凡信仰、仪式与文书,均借鉴了大量的道教话语;而"朝踏"文献仍记了不少的巫术仪式,穿插了一定的巫教话语,由此形成"朝踏"文献文本的巫道话语混用的局面。

"朝踏"仪式具有口头性特点,其文献文本仍保留了这种口头传统,"朝踏"文献文本的程式化表达即由这种口头传统的本质要求所决定。其程式化表达源于记录者忠实于口头的职业自律,更源于记录文本的功能——不仅能保存仪式程序与内容,更能在仪式期间指导仪式的开展,回到仪式现场,即此种文字文本能够还原或部分还原到仪式场域,回归口头传统;同时科仪本身存在大量的重复性仪节,如每日开坛的净坛、请神、送神等是大多数仪式必须科演的仪节,这就从结构上决定了科仪文本的程式化特征;此外,大量借鉴道教疏表格式也是"朝踏"文本程式化的一大促成要素。

"朝踏"文献并非封闭的文本,其内部的文本之间以及科仪本与外部的仪式之间均存在文本间性。作为"朝踏"科仪整体之一部分的单个科仪本,科仪本之间存在互文互释的文本关系,共同服务于科仪整体。就"朝踏"仪式整体而言,歌本应该作为科仪本的一部分而存在。这种情形在沙坪村"朝踏"文献中有突出表现。沙坪村的"朝踏"文献主干即为"朝踏"科仪本与歌本,在科仪本中记录了"朝踏"仪式流程,"朝踏"歌的演唱就嵌在仪式的整体流程之中。就"朝踏"歌本的实际载录而言,歌本与科仪本相互穿插,融为一体。

下　编

“朝踏”文献汇编

凡　例

一、本书共收录 30 种"朝踏"文献,其中歌本 5 种,科仪本 25 种。据文献来源地所属县区及其在仪式中的使用特点,分为钟山系统、富川系统与江华系统。

二、本书于每种抄本前作"提要",解释该本的来源、流传情况和基本形制等。其后插入封面书影,若无封面则以首页或跋语页代替。

三、由于瑶族无本民族文字,大量借汉字记录瑶音,抄本中杂有大量异体字、俗字、假借字等。现将异体字、俗字改为规范字,讹字后加圆括号标出正体字。对特殊词和需要说明之处加脚注说明。

四、疏表等文书照原文录入,不加标点。原文书中凡遇尊者或神圣对象时多做抬格处理,有挪抬、平抬、单抬等多种形式,现均用空格表示:挪抬,在尊者前空一格;其余如平台、单抬、双抬等不做区分另起一行空一字符。

五、根据"朝踏"文献特征,仪式提示性话语用仿宋字体表示,借汉字记录的唱曲用楷体表示;脱字用方头括号【】标示;不能确定所脱之文字,则用【?】表示;衍生字用尖括号〈〉提示;文本缺损、漫漶、潦草而暂未能辨别之处用方框□标示;分隔并列的可供选择或可转换的两项用斜杠/表示;文中有意空缺待填写的字按照抄本原貌用"厶""×""~"表示。

第七章　钟山"朝踏"文献汇编[1]

钟山"朝踏"文献共收录 11 种,其中歌本 5 种,科仪本 6 种,包括:

一、歌本

(一)《"朝踏"接客大讨路歌》,赵甲光据民国二十八年(1939)赵应德笔赠盘益儒的抄本抄写。

(二)《十二年朝踏令歌》,赵甲光据盘益儒 1959 年从黄月梅本抄入者抄录。

(三)《十二章朝踏阴歌曲》,赵甲光据盘益儒抄本抄录。

(四)《十二章朝踏阳歌曲》,赵甲光据盘益儒抄本抄录。

(五)《酬答公祖阴曲》,邓学清藏 1953 年后黄国爽"朝踏"经书中的用物礼单旧抄本。

二、科仪本

(一)《调踏公祖设文叙头总本》,邓学清藏光绪廿七年(1901)太簇月(农历一月)赵法荣抄本。

(二)《十二年朝答祖公叙头总本》,邓学清藏民国乙卯年(1915)四

---

〔1〕 广西钟山县"朝踏"文献集中在两安瑶族乡沙坪村,本校释即指此地"朝踏"文献。

月卅日赵法敏抄本。

（三）《朝踏七祖大投词书一本》，邓学清藏民国丁卯年（1927）六月十二日赵法敏抄本。

（四）《许/升（申）还祖公愿之本》，邓学清藏。

（五）《左边富仁请圣设文》，邓学清藏民国乙卯年（1915）夏月赵法敏抄本。

（六）《右边设圣请圣科文》，邓学清藏乙卯年（1915）夏月初二日赵法敏抄本。

前四种歌本均由赵甲光于 2002 年抄写，多源于其同族人盘益儒；最后一种藏于邓学清师公处，源于其师父赵国升。赵甲光系钟山县退休干部，爱好瑶歌创作，热心整理"朝踏"歌本。邓学清，1960 年生，祖父为师公，传与其父邓水昌，其本人则向赵法敏学做师公，曾在 2015 年沙坪村朝踏节期间担任师公。六种科仪本均藏于邓学清师公处，其中四本由其师父赵法敏抄写，抄写时间主要集中在 1915 年。大致流传脉络如下：

歌 本 名	抄本时间	可追溯最早所有者	传承者	现拥有者
《"朝踏"接客大讨路歌》	早于1939 年	赵应德	盘益儒（本地瑶族人）	赵甲光
《十二年朝踏令歌》	早于1959 年	黄月梅	2022年赵甲光抄写	
《十二章朝踏阴歌曲》	—	盘益儒（本地瑶族人）	2022年赵甲光抄写	
《十二章朝踏阳歌曲》	—	盘益儒（本地瑶族人）	2022年赵甲光抄写	
《酬答公祖阴曲》	1953年后（疑 1891年—1953年间不断补充）	部分来自黄公爽（疑与赵国升家互为主客组织"朝踏"）	赵国升（邓学清师父）	邓学清

科仪本名	抄本时间	可追溯最早所有者	传承者	现拥有者
《调踏公祖设文叙头总本》	1901 年	赵法荣	（清中期曾一度失传，赴同来自千家洞的柳家源拜师学习。）	邓学清
《十二年朝答祖公叙头总本》	1915 年	赵法政（邓学清师父赵法敏父亲）	赵先盛—赵法敏（1915 年抄写）	
《朝踏七祖大投词书一本》	1927 年	赵法政（邓学清师父赵法敏父亲）	赵法敏（1927 年抄写）	
《许/升（申）还祖公愿之本》	—	—	—	
《左边富仁请圣设文》	1915 年	—	赵法敏（1915 年抄写）	
《右边设圣请圣科文》	1915 年	—	赵法敏（1915 年抄写）	

第一节 "朝 踏" 歌 本

一、"朝踏"接客大讨路歌一本

【文献提要】

朝踏歌抄本。赵甲光 2002 年秋白纸竖行从右往左抄写，天头处装订，现藏广西钟山县两安瑶族乡沙坪村赵甲光家。该本在"朝踏"祖先的仪式中使用。内有白公面前上香词、接客大讨路、主唱安客歌、起身歌、捞（绕）堂歌，扉页末尾有题跋。题跋显示该本的底本为民国二十八年（1939）赵应德笔赠盘益儒的抄本。扉页有赵甲光 2004 年 6 月整理的《从千家洞迁移到沙坪的路线》,比文末题跋时间晚,当是歌本抄成后根据歌词内容整理添加上去的。

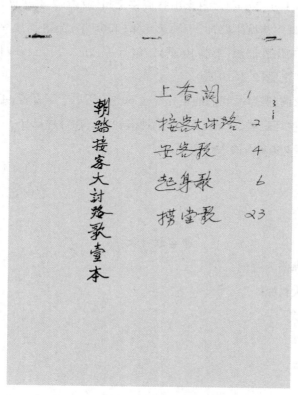

图7-1　赵甲光抄本《朝踏接客大讨路歌一本》

从千家洞迁移到沙坪的路线

寅卯二年天大旱,旱死马颈大丘田。野火烧了杉木坝,因为秋粮纳不起,思量无计正流移(3本23页)。[1]

公元1308年,瑶族同胞从千家洞逃出,途经道州,首站为道州地面民

殿高山(2本9页)。在道州看见街人卖扇(1本14页)。道州流出下山源
(3本23页)。然后到全州、灌阳。记有"全州灌阳路头远""全州灌阳七
日路"(1本4页、20页)。盘家出省流移全州、灌阳(2本9页)。赵家兄
弟三人,大哥住恭城牛路冲,于洪武元年(1368年)流落到沙坪。老二住
势江源,老三住胜洞源(2本10页)。赵万一、万二、万三、万四于洪武元
年流落沙坪定居(2本10页)。

从千家洞到沙坪,我们的祖先经过60年,历尽千辛万苦,走过千山万
水,最后在沙坪定居,繁衍生息,开荒种田种地。在沙坪已住了六百多年,
现在已有1 200多人的大村寨。

2004年6月

赵甲光　整理

接客歌目录[1]

白公面前上香词

一衍[2]初书,请出前世前衍先亡。二衍初书,请出后世后衍先祖。
三衍初书,请出先祖案前。叔孙有人,推出后生年少,亦会拦门敷笛,亦会
拦门敷陈。一双富人来客,到赴白公面前,鱼见江水,子见父母,低头为
拜。白公面前,亦来上香,一拜献上明香,二拜献上渌水,三拜责下银财钱
纸,定落深山保挂,为保众房叔孙人口,加好成丁。富人来客,亦来贺起,

---

〔1〕　此目录据原文录入,页码均未变动。

〔2〕　衍:有时写作"行"。

屋门高地,门仪横炉盖厅,琉璃瓦盖,富贵良厅。

又献纸词,一封银钱财纸,一封银钱财,[1]不劝何神,不劝何名,先来劝上全州灌阳、全阳灌州前世前衍先亡,后世后衍先祖,前十二队,后十二队,班(斑)依(衣)赤岭,黄赤二帝,踏堂仙女,花盘九郎,唱歌娘子,唱令仙师,前世爷娘,后世父母。总坛醮主管下赵、黄、盘、邓家众房叔孙,子孙男女,各人带来随身香火,上世公祖,下世祖婆,本生公,本生婆,是男是女,是老是少,许愿童子,结愿先师,带来当生本命元辰星君,个个受领钱纸,个个受领钱财,常在歌堂头上男女身前左右,唱歌唱令,闹热道场。云头不散,车马不移,歇下云头,落下车马,呵撒,呵撒。

接客大讨路(在接客所起唱)

李罗　李戏来嘱　李罗李俵　罗呵来嘱　李戏来嘱　罗呵来嘱　来衣。[2]

客：初相僚乱客郎来,不得天光上路来。初声大步绕尊神报,曾来贵地看贵乡。

主：初相僚乱客郎来,担破凉伞踏破鞋。五百里路郎住处,为着宗祖也着来。

客：初相僚乱客郎来,不得天光上路来。初声大步绕尊神报,曾来贵地看贵家。

主：初相僚乱客郎来,扒山激水也着来。落雨山头来不得,也着披毡戴笠来。

客：初相僚乱客郎来,不得天光从路来。初声大步绕尊神报,曾来贵地看文才。

主：初相僚乱客郎来,鸡啼半夜出屋来。来到郎门不相识,身着绫罗金绣鞋。

客：今朝来时早便早,脚踏黄茅过九岗。路逢杨梅十二对,树头阳鸟

---

〔1〕　"一封银钱财"当为"一封银财钱纸"。
〔2〕　曲子不加标点,停顿处均空一格。

十三双。

主：今朝来时早便早,脚踏麻鞋过九岭。来到郎门人不识,人人叹念
好文才。

客：今朝来时早便早,脚踏凉桥过九江。路逢秀才十二对,路逢白马
十三双。

主：今朝来时早便早,脚踏绣鞋过九圹(塘)。身上穿着绫罗绢,人人
叹念秀才郎。

客：今朝来时早便早,脚踏湿泥过九圹(塘)。上圹(塘)逢鸟十二对,
下圹(塘)逢鸭十三双。

主：今朝来时早便早,脚踏罗鞋过九溪。来到郎门初相识,请到厅头
坐中央。

客：千里调消(踏)万里到,万里调消(踏)赶到来。英台因为梁山伯,
梁山也为祝英台。

主：山伯因为祝英台,为着宗祖也着来。平提凉伞郎接过,暖水依郎
换过鞋。

客：鸡仔飞跃讨入屋,鸭仔飞箪讨入笼。全州灌阳路头远,今早到来
初相逢。

主：尸字安至请入屋,豕字林逢请入家。路头鸢[1]远为宗祖,请上
厅头吃盏茶。

客至炉前上香劝纸毕,主唱"安客歌"。

安客歌(主唱)

主：远乡来客几时到,远乡贵郎己(几)时来。己(几)时来到郎村尺,
己(几)时来到我村头。

主：谢你远乡客郎到,湿水麻鞋谢你来。谢你过山累青草,谢你过水

---

〔1〕 鸢:深远之意。

累青苔。

客：路远路遥难得到,路远路遥难得来。那两[1]都是初相见,都是过州过县来。

主：至字扎刀请你到,[2]未字画头请你来。请你到来厅上坐,茶巡转过酒巡来。

客：言身安寸歌多谢,云牙校椅切怙新。因为歌堂那相会,茶巡过了酒巡斟。

主：白纸写书去请客,细书去请客郎来。请你到来厅上坐,强如山伯对英台。

客：一书二信请郎到,云牙校椅两边排。抽手依郎对面坐,果然肚里好文才。

主：聪明口湾肚才好,吓出[3]唇皮歌就来。三江口里通船路,身着绫罗好文才。

客：新中状元对进士,十分好汉对不赢。脱下马鞍放下凳,且上厅头停一停。

主：请上客郎厅头坐,强如春花对石榴。丢得闲言且不唱,且唱白公歌两头。

凡许愿、升(申)愿、还愿,接客、安客到此,就唱各段阳曲歌了;若是许愿、升愿完歌,吃饱午饭后,客、主唱起身歌。

起身歌(客、主唱)

客：九梅山头有冷水,九梅山下有溪圹(塘)。初声大步绕尊神报,白马吃草水来消。

主：九梅山头有冷水,九梅山下有溪圹(塘)。初声大步绕尊神报,鹭

---

〔1〕　那两:瑶语,我俩。
〔2〕　此为拆字歌,"至"字右边扎一把立"刀"即为"到"字,其他类推。
〔3〕　吓出:张开。

鹚吃鱼水来消。

客：九梅山头有冷水，九梅山下有冷圹（塘）。初声大步绕尊神报，马奴洗身上马鞍。

主：九梅山头有冷水，九梅山下有冷圹（塘）。差人出屋去割草，留下客郎耍一场。

客：吉时吉候到，吉时吉候推。初声大步绕尊神报，妆个大马阶下停。

主：一头唱了二头陪，不得歌章跌落泥。有人拿倒青州马，客郎宽怀吃几杯。

客：吉时吉候到，吉时吉候推。初声大步绕尊神报，妆个青马阶下叫囡囡。

主：一头唱了又二头，拦倒青马叫囡囡。拦倒客郎厅上坐，剩合客郎唱几天。

客：吉时吉候到，吉时吉候推。初声大步绕尊神报，妆个紫马安紫花。

主：拦倒码头告一状，拦倒客郎唱几头。拿倒手胫灌几碗，歌词乱历出心头。

客：五更到，白马踢蹄羊踢楼。羊仔踢楼思嫩草，白马踢蹄思路头。

主：羊处山头云雾起，到处水深鱼起头。十二年回头那相会，慢慢宽怀唱两天。

至此主客齐站起身。

客唱：日头出早照阴阴，小客齐齐站起身。初声大步绕尊神报，妆个红枕出门庭。

主：日头出早照阳阳，接下凉伞留下郎。留下客郎居住宿，剩合客郎耍一场。

客：日头出早照阴阴，小客齐齐站起身。初声大步绕尊神报，妆个红马出门前。

主：日头出早照游游，下园灯草剩结毬。留下客郎厅上坐，强如春花对石榴。

客：日头出早照阴阴，小客齐齐站起身。初声大步绕尊神报，少得初言谢尊神。

主：日头出早照山头，入园捡菜千万留。拿倒马头留下客，留下客郎
　　唱几头。

客：客便去，客便行，不通拿索绹倒船。若是留客客便宿，若是不留
　　客便行。

主：不要紧时留下客，铺起毡条留客眠。留下客郎唱三夜，剩合客郎
　　唱到年。

客：水出口岩不通淹，风过树头不通停。厅头不是久留客，滩头不是
　　久留船。

主：雪落山头留下客，急水滩头留下船。留下大船人买卖，留下客郎
　　那唱歌。

客：客便去，客便行。不通留下我吃年，曾见客姑住得夜，不见客郎
　　得担装。

主：俫俹〔1〕留客客便宿，俫俹留客客便眠。人剩织篱围大海，围转
　　客郎那唱歌。

客：九梅山头不谢面，九梅山下不水生。初声大步绕尊神报，桐木架
　　桥客郎讨路行。

主：九梅山头有金竹，九梅山下织篱围。初声大步绕尊神报，篾竹架
　　桥客郎不通行。留下客郎居住宿，强如山伯对英台。

客：九梅山头有金竹，九梅山下有篱围。初声大步绕尊神报，楠木架
　　桥客郎讨路行。三把铜刀郎买把，砍破篱围客郎讨路行。

主：九梅山头有紫竹，九梅山下紫篱围。初声大步绕尊神报，麻索架
　　桥客郎不通行。织篱围断客郎路，围倒客郎不通行。

客：九梅山头人打铁，九梅山下打铁声。初声大步绕尊神报，曲木架
　　桥客郎讨路行。将钱买把飞毛剑，砍破篱围客郎讨路行。

---

〔1〕　俫俹：瑶语，我们。

主：九梅山头有老虎，九梅山下有大虫。初声大步绕尊神报，灯草架桥客郎不通行。大虫等断客郎路，等断客郎无路行。

客：九梅山头有老虎，九梅山下有大虫。初声大步绕尊神报，紫木架桥客郎讨路行。三把铜叉郎买把，杀倒大虫客郎讨路行。

主：九梅山头有深海，九梅山下有深湾。初声大步绕尊神报，相丝架桥客郎不敢行。犀牛等断三江口，把断客郎撑船不敢行。

客：番国出得龙驹马，相州白象口开湾。白象下水犀牛走，赶声犀牛客郎讨路行。

主：九梅山头人聚众，九梅山下扎大营。扎营等断客郎路，等断客郎不路行。

客：高州出得青丝马，连叫三声马就来。马铲铲开扎营路，铲开营盘讨路行。

主：九梅山头合火药，九梅山下铳响声。放铳等断客郎路，等断客郎无路行。

客：柳州去请双粮将，手提藤牌五十斤。藤牌打开放铳路，打开铳头客郎讨路行。

主：九梅山头人影现，九梅山下插大旗。大旗等断客郎路，等断客郎无路行。

客：广西城内请名将，百姓良民谁敢刁。三个名将打开路，打开大旗客郎讨路行。

主：九梅山头人拥拥，九梅山下使刀枪。刀枪等断客郎路，等断客郎无路行。

客：文书去赶泉州府，雪片马兵来不停。一时打开刀枪路，打开刀枪客郎讨路行。

主：九梅山头打连棍，九梅山下打流星。流星等断客郎路，等断客郎无路行。

客：九梅山头人打铁，九梅山下打沙刀。沙刀劈开流星路，劈开流星客郎讨路行。

主：九梅山头人伏路，九梅山下藏草身。藏草等断客郎路，等断客郎无路行。

客：十字街头人打棍，八角楼台人把钯。一熟钯来二熟棍，拿到铁钯客郎尽谅[1]行。

主：九梅山头人装刺，九梅山下种杉排。杉排种断客郎路，种断客郎无路行。

客：十二斤铁把（打）把刀，从小抛来丈二高。吃了三斤头烧酒，斩破杉排客郎讨路行。

主：九梅山头倒挂刺，九梅山下有蚺蛇。蚺蛇等断客郎路，等断客郎无路行。

客：买坛烧酒请铁匠，十二斤铁炼条钢。衣袖里头拢铁尺，打倒蚺蛇客郎讨路行。

主：十月岭头放野火，烧了九日九重山。野火烧断客郎路，烧断客郎无路行。

客：四月插田发大水，推了九日九重山。落雨淋熄山头火，淋熄野火客郎讨路行。

主：昨夜五更天愁忧，鸡啼半夜落雪来。结雪等断客郎路，等断客郎无路行。

客：昨夜五更天星亮，今朝太阳早出山。日头晒溶山头雪，晒落霜雪客郎讨路行。

主：昨夜五更天色好，今朝起来云罩山。雪霜罩断客郎路，罩断客郎无路行。

客：道州街头人卖扇，闪开云雾见青天。将钱买柄白纸扇，闪开云雾客郎讨路行。

主：昨夜午时天色好，今朝起来发大风。大风耸断客郎路，耸断客郎

---

[1] 尽谅：或写作"尽亮"，想方设法。

189

无路行。

客：昨夜大寒交小雪，今朝起来转温霜。一时一刻日头出，解衣赤剥（膊）客郎尽谅行。

主：昨夜午时天仍好，今朝起来落雨来。落雨搵断客郎路，搵断客郎无路行。

客：昨夜五更仍落雨，今朝起来出日头。日头晒干客郎路，晒干大路客郎讨路行。

主：昨夜半夜五雷响，今朝红水浸到门。发水等断客郎路，推了桥梁客郎无路行。

客：昨夜果然雷公响，今朝推了楠木桥。抽手过头打一计，租只小船渡过客郎讨路行。

主：广西大城讨莲藕，人人伴舍下莲圹（塘）。去到莲圹（塘）下不得，阻倒客郎无路行。

客：昨夜五更思条计，将钱去买龙骨车。[1] 车干莲圹（塘）尽谅讨，讨得莲藕客郎尽谅行。

主：广西大城人解册，去到湖南无渡船。讨到船来无渡子，阻了客郎无路行。

客：广西大城人解册，去到埠头少渡船。头上金钗当作桨，脚踏罗鞋当作船。渡过客郎尽谅去，广西老爷结同年。[2]

主：柳州大路有土蛊，柳州大路花鼓蜂。土蛊等断客郎路，等断客郎无路行。

客：从小不怕有土蛊，野猪来齐见工夫。也有客郎计较[3]大，把火烧开客郎讨路行。

主：十字街头有光棍，湖南条路光棍三。光棍光断客郎路，光倒客郎

---

〔1〕 龙骨车：水车，像龙骨架，故名。
〔2〕 同年：异姓同年生人结为兄弟或姐妹。
〔3〕 计较：本领，能耐。

无路行。

客：广州街头卖麻药,买得麻药三两钱。麻药麻倒光棍老(佬),麻倒
　　光棍客郎讨路行。

主：柳州大路人把卡,广西地头人把圹(塘)。守卡把断客郎路,把断
　　客郎无路行。

客：朝廷出榜招贤士,点郎第一中头名。新中状元非轻易,过了头堂
　　尽谅行。

主：柳州城内人团练,广西地头齐刀枪。四方八角等断路,等断客郎
　　无路行。

客：我作投春天上鸟,南京飞过北京城。白日飞过万里岭,夜黑深山
　　树头停。

主：李王葬祖石牛口,山水朝来爱唱歌。七岁逢着刘三姐,从小原来
　　肯唱歌。唱歌拦断客郎路,拦断客郎无路行。

客：刘三出世江华县,七岁逢着结同年。唱歌不赛刘三姐,连唱己
　　(几)头客郎讨路行。

主：今朝出门行错路,撞着五百里路是湿田。五百里湿过不得,撞倒
　　客郎无路行。

客：一变蛹蛇游过湿,二变泥鳅游湿田。三变相丝湿上走,走过湿田
　　客郎讨路行。

主：今朝出门行错路,行到五湖四海边。五湖四海过不得,拦倒客郎
　　无路行。

客：今朝出门造化好,逢着蛹蛇结同年。我作蛹蛇搭过海,过了五湖
　　四海客郎讨路行。

主：今朝出门造化丑,撞着勒婆[1]路上生。勒婆生断客郎路,生断
　　客郎无路行。

---

〔1〕　勒婆:南方方言,指荆棘丛。

客：将钱买把金刚刀，担上岭头试工夫。南山捹过北山去，捹开大路
　　客郎尽亮行。

主：今朝出门行错路，依直行道蚂蟥圹（塘）。水底蚂蟥拦断路，拦断
　　客郎无路行。

客：昨夜闻人去采药，挑灰去闹[1]蚂蟥圹（塘）。急水滩头郎下药，
　　闹死蚂蟥客郎讨路行。

主：新买铜锣挂壁上，铜锣挂壁不离匡（筐）。盐醃（腌）咸鱼不脱甲，
　　醋浸笋筒不离酸。

客：东岭茅獐西岭驈，茅獐合（和）驈少相逢。十二年回头公祖转，几
　　时等得狱堂歌。

主：今朝出门造化丑，出门三步撞流氓。流氓等断客郎路，拦断客郎
　　无路行。

客：文书去赶曹操府，五里听闻铳响声。流氓听闻偷路躲，赶开流氓
　　客郎讨路行。

主：今朝出门人买卖，将钱买得广明珠。九曲明珠穿不过，阻得客郎
　　无路行。

客：今朝出门造化好，撞着蚁子金线绚。蚁子闯入明珠里，穿过九曲
　　明珠客郎讨路行。

主：子字除腰不唱了，文字丩心专齐收。收什（拾）歌章安笼底，十二
　　年回慢出头。

客：洗净歌章屋上晒，落雨山头专齐收。收齐歌章安笼底，十二年回
　　慢出头。

主：醋瓮倒泻底尚在，好酒潜归原旧酸。老镜不开原旧亮，老烛点燃
　　原旧光。

客：十二年回头公祖转，掺（摊）出歌章手上摩。不论少年十七八，头

---

〔1〕　闹：毒。

白双流亦着方。

主：下广买油归点火，三年灯草仍旧光。再有歌堂侬[1]相会，剩合客郎正是方。

客：为着宗祖亦着唱，为着公爷亦着方。四行八位歌调起，调起文才共一般。

主：铜盆载水那结雪，剩要客郎唱两双。茅屋越起越招鼠，情郎越老越颠狂。

客：上起火盆正是铳，屌窝到底正是梆。今日因为歌堂会，对起文才共一般。

主：新铇台盆少少斗，挑灰下田少少扬。少少依郎唱两只，斗走客郎怕发伤。

客：手胫生毛是老手，矮脚茼蒿专望香。七叶牛藤缠倒木，齐齐缠夜到天光。

主：我说不唱你说唱，我说不调你说调。裁倒大柴烧炎火，唱到辰时格过朝。

客：同伴想着全州路，想着全州路头遥。全州灌阳七日路，偏面转头心就焦。

主：来到歌堂好闹热，十分耍乐朝过朝。来时手把绿豆撒，归家半路豆飘苗。

客：为着宗祖路头远，为着公祖路头遥。来时手把青绒伞，归家绒烂放火烧。

主：卖盐不了且收便，唱歌不了且收声。卖剩残盐谢屋主，唱剩残歌谢主人。[2]

客：子字除腰不唱了，文字凵心专望收。收什（拾）歌章安笼底，后来相会慢出头。

---

〔1〕 侬：我们。
〔2〕 从歌词词义看当为客方唱词。

193

主：疋字戴日本当是,收什(拾)歌章归本乡。收什(拾)歌章安笼底,
后来唱出心头凉。

客：立日揪心唱有意,后来唱出心头凉。想要一场唱两只(支),子
(仔)细想来路头长。

主：横画直下唱收十,[1]收十歌章归本乡。收十歌章安笼底,十二
年前归本乡。

客：行李百般齐收十,收十盘缠归本乡。三条大路行那[2]条? 不知
哪条到家乡。

主：书箱是件齐收十,三条大路有条通。湖南大路两三条,中央一条
透家乡。

主：急急去时急急游,嘱郎上紧马笼头。前揪后揪脚上起,嘱郎路上
慢行游。

客：博郎慢去慢行游,落泪作揖下阶头。郎那齐出庭前下,依郎拢手
出门楼。

主：空说送郎郎不舍,郎那不舍下阶头。落泪作揖齐不舍,去归想着
痛心头。

客：看郎去紧看郎游,上紧前揪马笼头。十字路口齐上马,齐齐上马
去行游。

主：送郎去紧看郎游,送郎送到渡船头。看郎去了五里路,秋秋[3]
落泪慢回头。

共唱：十字街头齐各别,齐齐拆手各行游。各自去归各自屋,低头作
揖各归家。

李罗李戏来嘱 李罗李偨嘱 罗呵来嘱 李戏来嘱 罗呵来嘱 来衣。

对完歌就唱捞堂歌而散。

---

〔1〕 收十:本为"收拾",因是拆字歌,故不改。
〔2〕 那:哪。
〔3〕 秋秋:拟声词,啾啾。

捞（绕）堂歌

黄茅岭头出绿水,谢谢。流去流来流下江。绵绵如谢谢。

流下清江随江去,浆洗衣裳请乐堂。

郎随湖南大路上,青丝树下着衣裳。

着衣不起郎唱起,拍齐衣袖下游堂。

歌堂到,半人欢喜半人愁。半人欢喜歌堂到,半人愁弱不衣裳。

随着湖南上大【路】,青丝树下拍长服。逢着长服拍两拍,相依同伴下游堂。

非日非　非日非　非日非　非日夜富　日衣亥　日衣亥　日衣非日　夜嘱富　富日富　非日夜嘱富　富。

朝踏宗族元用

赵甲光抄自民国二十八年赵应德笔赠盘益儒抄本

公元二〇〇二年秋

二、十二年朝踏令歌一本

【文献提要】

朝踏歌抄本。赵甲光 2002 年秋白纸竖行从右往左抄写,天头处装订,现藏广西钟山县两安瑶族乡沙坪村赵甲光家。该本在"朝踏"祖公的仪式中使用。从一字青令唱至二十八字青令,中经多次换曲唱,唱至《天地开张》收尾。书主插入"吾房分枝下历代唤数歌",记录了千家洞以来历代祖先姓名、住居地,追述了当年七姓迁居千家洞的历史根源。文中插入题记,题记显示该本为盘益儒 1959 年从黄月梅本抄入。

一重令字意,

衣衫盖耳台,括头梳发。

二重令字意,

莲莲校椅,未曾却,自江边流水。

主人抬盘载鱼鲊,未曾却,自伴归盐。

三重令字意,

一双莺,从南上,梁山伯,祝英台,门边抄手先亡来。

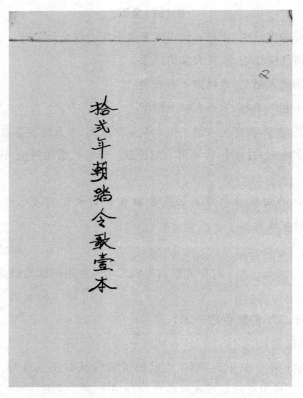

图7-2　赵甲光抄本《十二年朝踏令歌一本》

一双日,从东出,头带青,身带绿,门边抄手先亡来。

一重引字初,

引起先亡上高楼,引起先亡上高阶。

二重引字初,

引起先亡上高楼,引起先亡上高厅。

三重引字初,

引起先亡上筵席,引起先亡上筵杯。

一重集字初,

集起先王上高楼,集起先王上高阶。

二重集字初,

集起先王上高楼,集起先王上高厅。

三重集字初,

集起先王上筵席,集起先王上筵杯。

一重排字初,

排起先亡上高楼,排起先王上高阶。

二重排字初,

排起先王上高楼,排起先王上高厅。

三重排字初,

排起先王上筵席,排起先王上筵杯。

一重长字初,

长书请先亡,长留请先祖。

二重长字初,

长台请先亡,长鼓踏先祖。

三重长字初,

长起先亡上筵席,长起先亡上筵杯。

一重拜字初,

不拜是香炉,拜了是家先,不拜是香炉,拜了是家先。

管纸在头宽喜意,

万头管纸,先亡欢喜。

一重晒字初,

晒了是周全,晒了得团圆。

二重晒字初,

晒了旧时书,子孙过后得骑驴。

三重晒字初,

晒了旧时书,子孙过后禾仓满宅镇。

一重打字初,

打了得周全,打了得团圆。

二重打字初,

197

打了旧时书,打了旧时颜。

三重打字初,

打了旧时书,子孙过后得骑驴。

打了旧时书,子孙背后禾仓满宅镇。

厅头烧纸,先亡欢喜。

献纸在头欢喜意,打纸在头木上功。

深山百木做成了,两个先亡坐两行。

中央打得横五路,将来厅上劝先亡。

一重解字初,

解了得周全,解了得团圆。

二重解字初,

解了旧时书,解了旧时颜。

三重解字初,

解了旧时书,子孙过后得骑驴。

解了旧时颜,子孙背后禾仓满宅镇。

献纸在头欢喜意,

厅头献纸,先亡欢喜。

一重烧字初,

烧了得周全,烧了得团圆。

二重烧字初,

烧了旧时书,烧了旧时颜。

三重烧字初,

烧了旧时书,子孙过后得骑驴。

烧了旧时书,子孙背后禾仓满宅镇。

烧纸在头在日讨,

子孙烧钱是今夜,请得先亡来饮酒。

烧纸不依烧纸名,

银钱纸,出青烟,金钱纸,出红烟,子孙烧钱是今夜。子孙烧了钱,钱财才入屋。子孙烧钱百鬼知，子孙烧了钱，钱财满路归。子孙烧钱百鬼知，子孙烧了钱，钱财日日足。烧纸在头随日讨，子孙烧了钱，钱财走入屋。

　　烧纸在头随日讨，

　　住在东方甲乙木，子孙烧了钱，钱财满宅镇。

　　住在南方丙丁火，子孙烧了钱，钱财日日足。

　　住在西方庚辛金，子孙烧了钱，钱财日日得。

　　住在北方壬癸水，子孙烧了钱，钱财日日进。

　　住在中央戊己土，子孙烧了钱，钱财日日有。

　　富贵不依富贵名，前打后不打，前流后不流。

　　门前遮帐，门后遮帐，人家早富贵。

　　前门遮帐是桑枝，后门遮帐是牛羊。

　　人家富贵白马叫嘶嘶。

　　前门富贵，后门富贵，人家早富贵。

　　前门压后堂，龙骨对牙床。

　　前门压后厅，龙骨对牙床。

　　街上装衣贵，人家早富贵。

　　街上富贵人赶街，人家富贵出秀才。

　　厅头富贵，人家早富贵。

　　厅头富贵人赶街，人家富贵得名声。

　　庭前装贵人装衣，人家富贵人装驴。

　　人家富贵白马叫嘶嘶。

　　街前装贵，街后装贵，人家早富贵。

　　前街压后街，衣衫铺地来。

　　前街压后街，龙骨对牙床。

　　厅头排箓，人家早富贵。

　　厅头排箓金漆台，人家富贵出秀才。

　　厅头排箓金耳环，人家富贵做良缘。

厅头捕[1]白,人家早富贵。

厅头捕白金灯火,人家富贵身着黄衣袄。

厅头捕白金灯盏,人家富贵得骑驴。

厅头抛散,人家早富贵。

厅头抛散是铜钱,人家富贵做良缘。

厅头抛散是金银,人家富贵得名声。

千年作厅,人家早富贵。

正分断明白,北至分下把卡槽碓源住居,笠叶岐、笠叶冲分纳粮税,小埠源全守,尤恐收九(久)文约依旧木栏者,滕(誊)录古本祖公宗书上,十二年亦要回心朝踏祖公。子孙得知前人来由,有用,莫把外姓杂人乱传。万四太公子孙永远传名,付与子孙,我本人黄月梅滕(誊)抄出,留计十二年朝踏,拿出盘益儒观看,见老太祖的根书,自思想依古本来由滕(誊)抄出,永远记录存藏,双注,万代传阳(扬),世世大不忘书根恩情。后来晓得前人自从来历,留与十二年回头调踏,开出古计根书,人人来望,果然亦有内吕[2]之书依尊。

公元一九五九年岁次己亥夏月之时滕(誊)抄,本人盘益儒,六十花甲子,庚年七十有五,共计古书粗笔滕(誊)抄。

吾房分枝下历代唤[3]数歌

开请盘家出省流移全州灌阳县,火烧【杉】木坝,都公太祖八郎,三十六公罗大仙娘,二十四公罗大郎,流落下山源;千字一唤,流落北洞源;知名不知姓,流落东花源;细字一唤,流落知州下界,道州地面,民殿高山;大字一唤,分房先祖;幼字一唤,流落上平源茶坪底;嫩字一唤,【……】源;知名不知姓,流落势江源长滩居住,为业安居,随身带来清州社公,放在牛角竹根,春秋二祭。然后在势江源榕树根赵家三兄弟,人分定山税,老二在

---

〔1〕 捕:当为"铺"。
〔2〕 吕:内。
〔3〕 唤:或写作"换",辈。

势江源住,将来许下春秋平安良愿,分做三载:大哥请头节,二哥请中间节,老三请尾节。沙坪大哥请山税金鸣头黄泥冲、清水牛路冲、洗脚岭无梁埠山税,大哥的自想,路途太远,然后廖楼金相公来占山税,然后复回,他子众众,赵家太祖葬在横地面。老二势江源,请山税单竹江后长滩龙围单冲山琶圹(塘)山税,赵老二各(名)下所收。又到老三年小,留出父娘带随,青州社祖公带随老三身边,流去胜洞源居住,落业为籍,立社护保,老三请得白竹观一所四方八路山税,赵老三各(名)下所收。剩有大哥随水流入,流到上坪源茶坪底。嫩字一唤,有字万一、万二、万三、万四,流落沙坪村,洪武元年落籍为业,将四至至定:东至大桶山漏溪源、杨七岐一带,漏溪口蜜溪源岩头山下麻山一带,随水至到蜜溪口;南至白头坝;西到马仔头、流娘水、杀军石、正源冲、滕香冲、芹菜冲、白石脑,依水至到社边。

自从太祖历来九玄七祖子孙知得前人来由落世,不可论传,计开都公出省移来来历,子孙以后得知赵家以前太祖都公住在北京城内,然后仁宗皇帝在北京城内起皇殿,无路居住,将太祖赵家舅甥公、刘家外甥、盘家大姨婆、黄家、邓家、李家、洗家七姓人等旧宅居住一概所占,起了皇殿。无处安身,众众思量无计,七姓流移:刘家外甥哥充做流氓,赵家舅爷流到清州石羊县千家洞住居载多,后来流到全州灌阳县千家洞青州住居,落籍为业。然后因为打猎人赶黄獭走入杉木坝里内,放火烧了杉木大坝,烧烂坝头八尺阔,高有三丈高,旱死马胫大田三百工,鹅胫大田亦有三百朝工填粮税,因世纳粮不起,各人走散,走东走西。洗家跳过水沟,他们丢了七姓,不踏。剩有我们六姓人等,十二年回头又踏一会。赵家都公太祖八郎、三十六公高大娘、二四公罗大娘,全州流来贵州地面,流出下山源,流到知州下界,道州地面,民定(殿)高山。大字一唤,分房先祖叔伯;邓字一唤,流落北洞。

千年作厅作屋楼,人家富贵得骑驴。

千年作万,人家早富贵。

千千万万屋下田,人家富贵作良缘。

千千万万头上发,人家富贵银花头上插。

千千万万田中谷,人家富贵身着黄衣袄。

千千万万屋上瓦,人家富贵得骑驴。

千年绕宅,人家早富贵。

千年绕宅是泥墙,人家富贵出少郎。

千年绕宅是斜梨,人家富贵白马叫嘶嘶。

庭前装贵,人家早富贵。

庭前装贵人装马,人家富贵秀才家。

门边装贵,身上装贵,人家早富贵。

身上装贵人装衣,人家装贵人装驴。

人家富贵白马叫嘶嘶。

庭前装贵,人家早富贵。

庭前装贵人有马,人家富贵秀才家。

路头装贵,人家早富贵。

路头装贵人装衣,人家富贵白马叫嘶嘶。

经过州,经过县,经过手中,人家早富贵。

经过州是纱,经过县是绫罗。

经过手中是银花,人家富贵秀才家。

楼上叮铛,楼下轙轲(坎坷),人家早富贵。

楼上叮铛是银花,楼下轙轲(坎坷)是银牌,人家富贵秀才家。

头上装贵,手上装贵,栏(拦)腰装贵,脚上装贵,人家早富贵。

头上装贵是银花,手上装贵是银牌,栏(拦)腰装贵是银带,脚上装贵
是银鞋,人家富贵出秀才。

双行双伴,人家早富贵。

双行双伴金绣鞋,人家富贵出秀才。

六十年欢喜乐,人家早富贵。

六十欢乐是盐茶,人家富贵秀才家。

低头打是钟堂,起眼看是禾仓,人家富贵出少郎。

箱中一帖,人家早富贵。

箱中一帖是文章,人家富贵得骑驴。

深山有一穴，人家早富贵。

深山一盘窝穴地，点落中央岐。

子孙点得着，世代得做官。

深山有一物，子孙来借问，人家早富贵。

深山一物是兜桃，子孙将来做屋楼，人家富贵得骑驴。

深山有实物，子孙来借问，人家早富贵。

深山实物是檀香，子孙将来出圩场，人家富贵秀才家。

出圩不得，归来相接，人家早富贵。

出圩归不得，原来是私盐。

归来相接是盐茶，人家早富贵。

大家分箭，人家早富贵。

大家分箭是盐茶，人家富贵秀才家。

方田四角，人家早富贵。

方田四角是大田，人家富贵作良缘。

拨上拨下，接上接下，人家早富贵。

拨上拨下水边车，接上接下水流茶，人家富贵秀才家。

出门同见远远送声，三日六夜，人家早富贵。

出门同见是铜铃，远远送声是铜铃。三日六夜说先祖，人家富贵秀才郎。

出门同见是落雨，远远送声是花鼓。三日六夜设先祖，人家富贵身着黄衣袄。

噇瘟噇瘟圹（塘）中鱼，人家早富贵。

噇瘟噇瘟圹（塘）中鱼，上元甲子是麻姑。

打破银碗打银壶，人家富贵白马叫嘶嘶。

仝瘟仝瘟是鲤鱼，上元甲子是麻姑。

打破银筷打银匙，人家富贵身着黄衣袄。

半天起，人家早富贵。

半天飞起是乌云，人家富贵作良缘。

半天望落,人家早富贵。

半天望是雨,人家富贵打金鼓。

半天飞,人家早富贵。

半天飞起是乌云,人家富贵作良缘。

半天飞起是乌鸦,人家富贵秀才家。

双打双飞双落,人家早富贵。

双打双落是云花,双打双飞是乌鸦,人家富贵秀才家。

一宵落雨,落地不明,行山过岭,人家早富贵。

一朝落雪落地不明是纸,行山过岭是猿猴。

山头落伎,[1]人家早富贵。

山头立是岩,人家富贵作良缘。

到此处是调行令,头人须要将肉赏尊主、令官并众子孙郎叔。吃了赏肉,然后令官尊主起令。

青州秀才神才良丹良丹今才丹丹皮黄,白公面前消茶解酒,一自良为。以下每行字令先冠此条唱起,连声贯至咒而止。

一字青令　咒以下每衍读完加此"咒"字一声,并打令牌一下,令仔唱。手中把盏吊文良,文良白公,白公面前消茶解酒一字良为。以下此条亦直贯至各衍"咒"字而止,衍衍仿此。

一见先亡,二见先祖。如下以上仿此。

二字青令　咒以下仿此。

一人架桥,万人得过,一人做官,万人得大,咒。

三字青令,三个做官。

红雷州,鲤鱼麟。

三字青令,白马(字)为物。

白藤心,胡藤心。

---

〔1〕　伎:南方方言,"站立"之意。

三字青令,红字为物。

漆碟红,漆筋红。

三字青令,心字为物。

白藤心,胡藤心。

三字青令,不通风。

金箱里,行箱娘。

三字青令,箱字为物。

屋上箱,伴篱霜。

三字青令,班(斑)字为物。

大虫班(斑),猫儿班(斑)。

三字青令,花字为物。

大花鼓,枇杷花。

三字青令,双字为头,青字为名。

双青梨,双青梅。

三字青令,流字为物。

眼泪流,双泪流。

三字青令,班(斑)字为头,双字为名。

双画眉,双鹧鸪。

三字青令,火字为物。

灯照火,明火楼。

三字青令,圹(塘)中讨。

圹(塘)中鱼,圹(塘)中鳞。

三字青令,江上讨。

鲤鱼进,骨鱼鳞。

四字青令,天上讨。

云开见日,望日之处。

四字青令,肉字为物。

金鸡白雉,胡羊白肉。

照依祖例,到此处推唤头人、厨手,须要赏肉与令官及众子孙,吃了又才起令。

四字青令,弦字为物。

琵琶弦,手两弦。

五字青令,带字为物。

幞头三带,金腰玉带。

五字青令,逢字为物。

路逢君子过,逢我你我。

五字青令,流字为物。

磨刀石流,牙梳发上流。

五字青令,针字为物。

赤脚踏茅针,胡猪背上针。

五字青令,贵字为头,流字为物。

金鹅水上流,牙梳头上流。

六字青令,一六字六。

马王师身,带横吹管,难尽篆。

六字青令,宝字为名。

千年禾,老鼠饱。

六字青令,熟字为名。

深山熟,猓獐鹿,田中熟,马上落。

七字青令,三人同行,四人同曲,川字为名。

天上雷公满天星,龙行落地石头川。

七字青令,三人同行,四人同曲,红字为名。

天上雷公满天星,野鸡不赛养熟鸡,野火烧山满地红。

七字青令,盐字为名。

大州撑出广州盐,秤尾连尖称白盐。

漆筋团圆载白盐,莲叶团圆包白盐。

八字青令,棹字为名。

金枱漆筋,银瓶载酒。

八字青令,角字为名。

马鹿过江,头带八角,三春牯牛,头戴两角。

八字青令,迟字为名。

上朝装捕索,三月不来,的见不迟来。

八字青令,风字为名。

衣衫草薄,岭背藏风,上山斩竹,织扇摇风。

八字青令,高字为名。

高坡上水圳[1]中流,高车上水枧中流。

八字青令,彫字为名。

金门易起,印字难雕,楼门易起,北斗难雕。

八字青令,高字为名,带字为名。

高山石壁,源湖石带。

八字青令,高字为名,落字为名。

高山落水,高山低落。

九字青令,九字意。

茶锅三脚,煮茶娘两脚,台盘四脚。

合脚合来,脚脚讨路坵。

九字青令,个个讨老。

未曾合门先下钉,未曾开门门门声。

老鼠打随楼梁过,猫儿壁脚会眼睛。

未曾合船先下钉,未曾合门门门声。

撑船打随水面过,鲤鱼水底令眼睛。

九字青令,七十二脚,脚脚讨落泥。

三羊九马,三猪九羊,三台九椅。

---

〔1〕　圳：田间水沟。

合脚合来,七十二脚,脚脚讨落坭。

九字青令,三百六十脚,脚脚讨落泥。

一个獐,二个豹,三百六十四鸟獭<脚>,水底野火青。

一个獐,二个豹,三百六十四鸟獭,水底野州青。

十字青令,人影意。

提瓶丢水碗,看见水底人。

十字青令,飞字为头,人字为名。

飞马随街过,看见街上人。

十字青令,桃字为名。

桃家争做李家田,李家音信出州名。

李家争做桃家田,桃家音信出州名。

十字青令,抛字为头,人字为名。

抛茅上屋背,看见屋上人。

十字青令,飞字为头,眠字为名。

公鸡尾令尖,飞上天,不知鲤鱼水底眠。

十字青令,撑字为头,商字乱心。

撑船随水上,扶石拦江商。

扶纲拦江撒,看见岗上人。

十字青令,字字觑拍。

伞客不田宅,屡入门神放弩箭。

伞客不田宅,屡入门神百鬼欢。

十字青令,字字觑黑。

乌鸦飞过下园舍,黑石锅底楚油麻。

十一字青令,字字觑鸟。

今朝打随鸟洞过,逢着鸟狗赶鸟獐。

鸟人担鸟弩,鸟人射死鸟头獐。

今朝打随鸟洞过,逢着鸟狗赶鸟獐。

鸟人打鸟弩,鸟人射死鸟头猄。

十二字青令,字字觑石。

今朝不来吃,担箩出圩赊。大箩载一斗,小箩载一石。今朝不酒吃,担瓶出圩沽。

低头吃冷酒,额头撞着石。今朝不肉吃,担弩上岗射。茅獐跳过路,箭头射着石。

十三字青令,字字觑曲。

今朝打随曲洞过,逢着曲公担曲饭。

曲娘来送曲公饭,曲匙曲筋曲安牌。

今朝打随曲洞过,逢着曲公担曲杷。

曲娘来送曲公饭,曲匙曲筋曲安排。

十三字青令,字字觑曲。

曲得公爷一洞田,飞书去借问,借得公爷抵几钱?

曲得公爷一洞庄,飞书去借问,借问公爷抵几街?

十四字青令,色字为名。

大州绫罗鸭毯色,小州绫罗鹅鸭毛。

十四字青令,字字觑毛。

大州不怕小州么,马上便装鹅鸭毛。

大牌不怕小牌刀,马上便【装】缨色毛。

十四字青令,毛字为名。

提刀割鹅胫,暖水脱鹅毛。

提到割羊胫,白马落鬃毛。

十五字青令,天上跳五字,地下跳五字,盘中跳五字,都印二十五字。

天上云归西,地下鹧鸪啼,盘中有蔬菜。

天上云筛筛,地下鹧鸪啼,雨落风水来。

十五字青令,天上跳五字,地下跳五字,水岗跳五字,田中跳五字,茅屋头上跳五字,屋楼头上跳五字,都印二十五字。

天上跳五字满天星,地下跳五字木叶青。

水岗跳五字鱼冷睛,田中跳五字人插秧。

茅屋跳五字百草青,屋楼头上跳五字灯花光。

十五字青令,转字为名。

天上乌云转,地下鹧鸪啼。

盘中有蔴菜,今夜汤酒进宅转。

天上乌云转,地下人开圳,雨落风水来。

到此处又唤赏肉与令官吃了,调行令到此止,又唤令里声。

二十字青令,定头意,未曾就时年。

李罗 李衣来嘱 李 罗李 来嘱 罗阿来嘱 李衣来嘱 罗阿来嘱 来衣

以下起令里声之处,每条须加曲疆(腔)唱咏,令官、令仔皆然。

有依伴依行,无衣伴山行。"李罗"云云。

凉伞放安高树下,星月定头行。"李罗"云云。

到此处又唱求官曲,官令、官仔同齐唱。罗来 来嘱罗嘱来嘱来嘱
罗嘱来嘱来衣李罗 罗李来嘱 罗李来嘱 罗嘱来嘱 来衣。

南木筛筛盖岭背,细雨眉眉青草岗。

提锹铲开官大路,铲开官路着官行。

罗鼓挂在西厅高屋上,二十四个秀才送上山。

三百二人从路上,相依相引去求官。

第一求官撞四背,第二求官撞空亡。

守得空亡四背过,空亡过了去求官。

欢众欢相依同伴,相依相伴去求官。

长衣大袖求不得,裙脚筛筛得做官。

上世白公错葬祖,葬在江边着水推。

第一推过江华县,第二推过柳州城。

柳州城头得做官,向着当初着水推。

第一推过江华县,第二推过柳州城。

柳州城头锣鼓地,锣鼓锣地讨上天。

长枪担来去占殿,短枪担来去占天。

上世白公会葬祖,葬在前面金绣山。

金秀山头出富贵,出得聪明好后生。

又唤声,令里声唱,老是夜深恐唱不赢,则权且不唱曲疆(腔)亦可。

二十字青令,字字觑滑,未曾就时年。

铜锅载绿豆,漆碗载珍珠。

芒藤夹绿豆,翻手捉鲤鱼。

二十字青令,一沙一牙,未曾就时年。

三百名军从路上,人人头带广州沙。

手把弩弯箭,弯弩射猪牙。

二十字青令,沙明一不明,未曾就时年。

树头枫木树,经春叶便青,雨在天上落,落了街头明。

高山松柏木,经过叶便青,雪在天上落,落了是清明。

二十字青令,唠啰意,未曾就时年。

深山无嫩草,地下无龙蛇,村中无学主,何处是唠啰。

深山有嫩草,地下有龙蛇,村中有学主,个个有唠啰。

二十字青令,读书意,未曾就时年。

天上两脚是山莺,地下四脚是大虫。

读书千年好,人人先读上大人。

二十字青令,读书意,未曾就时年。

今朝早随学堂过,闻人读书讲文章。

深山楠木尾筛筛,子孙斩来作学堂。

今朝打随学堂过,闻人读书讲文章。

二十字青令,孝顺意,未曾就时年。

上世白公先葬祖,下路有坟先祖坟。

买得龙材作骨板,骨板埋爷千万年。

二十字青令,白额意,未曾就时年。

白额对天台,白纸写文章,书行白纸上,白纸写文章。

白额对天堂,白纸写文章,书行白纸上,白纸写文章。

二十字青令,白鸠意,未曾就时年。

白鸠树上眼勾勾,屋鹡飞来牛背邹。

鹭鹚炎〔1〕鱼随水上,逢着水台从水来。

二十字青令,地先意,未曾就时年。

鱼在水中转,鳖在海中沙。

天上满天星,借问地下有几多。

二十字青令,不骨意,未曾就时年。

牛蚊对牛转,蚊子唱生歌。

相丝篱头织细网,蚕子出绫罗。

二十字青令,字字觑毛,未曾就时年。

鸟是南头鸟,飞来半天高,夜里圹(塘)中宿,淋落身上毛。

鸟是南头鸟,飞来半天高,夜里投林宿,淋落身上毛。

二十字青令,一红一白,未曾就时年。

太阳出山白便白,太阴出山红便红。

重作石头藏水底,轻作鹅毛水上流。

二十字青令,铁字为头,毛字为名,未曾就时年。

铁是南头铁,经过匠人打剃刀。

无事放安高壁上,有事将来剪断细绫罗。

到此处又换大禾米曲。

罗呵李罗 罗李来嘱 李罗李衣来衣李罗呵来嘱罗阿来嘱

罗李来衣 罗 呵李 罗来衣 罗 阿李 罗来衣。

令官、令仔同齐唱。米是旧年黄糯米,酒是旧年黄酒酱。

九梅山头采饼草,湖南江口采藤香。

采得藤香上手了,相依同伴归本乡。

归到本乡同米矸,同米矸出碓中舂。

碓中舂出簸中载,簸中载出布中筛。

---

〔1〕 炎:即"溺",潜水捕捉。

布中筛出箩中载,箩中载出手中搓。

手中搓出箩中载,箩中载出帐中装。

三尺红罗来盖面,三朝扇开满街香。

一双嫂娘来出饼,扇开罗帐白如霜。

一双嫂娘相说话,清凉屋下笑眉眉。

世间不知饼出处,饼是深山细叶藤。

一双嫂娘担水放,放去放来成酒酱。

三尺红罗来盖面,三朝扇开满瓮香。

铜铛蒸酒青瓶载,斟下盏中盏盏红。

白公吃酒欢心吃,不守子孙曲浸樽。

永乐元年刀斧利,朝朝赊(畬)路入青山。

饭包挂在青山下,青山树下棍蛇游。

不过三朝来等饭,南风吹发满山香。

一双嫂娘担水放,放去放来成酒浆。

头酒担来白公吃,尾酒担来人唱歌。

白纸真,白纸写书请六亲。

请得六亲转转到,愁杀六亲无酒斟。

盆中无蔳空献筯,盏中无酒空献杯。

白公吃了花园酒,吃了花园花色红。

白纸真,白纸写书请六亲。

粒书去请六亲客,细书去请水源头。

请得六亲群群到,愁杀家中无酒斟。

盆中无蔳空献筯,盏中无酒空献杯。

白公吃了花园酒,吃了眉眉花色红。

罗呵李罗罗李来嘱。　　云云。

又换里令声。

二十字青令,孔雀明王意,未曾就时年。

孔雀明王孔州去,孔雀岭背养成身。

颈长身长三尺六,一日叫出五龙身。

孔雀明王孔州去,孔雀岭背养成身。

孔雀明王不通打,打了不通停。

孔雀明王不通打,打了飞上天。

二十字青令,归来意,未曾就时年。

小山小岭嵋,一双鹭鹚飞上天。

今朝打随书堂过,路逢君子读书归。

二十字青令,字字觑白,未曾就时年。

银瓶对金盆,白碗对白瓶,白人骑白马,白马背上抛刀枪。

苗人对宿行,雪落对白霜,白人骑白马,白马背上抛刀枪。

二十字青令,惊天动地意,未曾就时年。

天上惊,是雷公,地下惊,是龙王。

牯牛犁破沙洲地,三个惊天动地王。

黄龙打随西天意,庭前生草路生茅。

隔江看见唐十姐,正是惊天动地人。

二十字青令,一花牙,未曾就时年。

深山窍鼻蛇,背上两条花,阳春二三月,路逢开口便开牙。

纆芒十二对,对对是阳春,阳春二三月,下园锄地种姜牙。

纆芒十二对,对对晒芒花,坐头有尊主,尊主有发牙。

二十字青令,一名一不名,未曾就时年。

刀是钢炼成,州府地头调军,马头相撞着,刀宝向天明。

锣是铜炼成,州府地头调军,马头相撞着,锣鼓向天明。

二十字青令,烧香作福意,未曾就时年。

石山头上有紫竹,竹头出纸钱,簾头出白纸。

不打不成钱,打了便成钱,低头三两拜,拜了谢良缘。

二十字青令,一生一熟,未曾就时年。

生是菜,熟是蔬,小是卵,大是鸡。

鸡是雉,雉是鸡,飞上黄桑树上啼。

白公开弩讨射死,白婆留出五更啼。

生是米,熟是饭,小是笋,大是竹。

竹是下园竹,从根生上尾连尖。

白公斩来作笔管,笔头题出万年诗。

二十字青令,泥师古年名,未曾就时年。

牛吃岗头草,鳖吃海中沙。

猿猴吃木子,哩落树头花。

二十字青令,香炉古年名,未曾就时年。

香炉古年名,三姐妹,天光夜黑入火炉。

鸡骨香炉到本坛,篆王三师在行。

二十字青令,竹是古年名,未曾就时年。

竹筒载竹钉,竹管载蟠龙,五谷婆婆占天下,天子管朝廷。

二十字青令,箪竹古年名,未曾就时年。

箪竹古年是箪竹,从根生起尾连尖。

从根生托上,肚里藏铜钱。

二十字青令,石板古年名,未曾就时年。

石板古年是石板,年年在路边。

火烧不烟是石板,火烧百草不留心。

二十字青令,通达古年名,未曾就时年。

通达古年是通达,从根生起肚里空。

从根生上托,肚里藏铜钱。

二十字青令,下南下北古年名,未曾就时年。

郎从十八作伞客,朝朝梦见不在家。

手把上园一树竹,思着下围一树花。

一个古年名,未曾就时年。

一个古年江边车,一个古年水流茶。

一个古年田中稿,一个古年是盐茶。

二个古年名,未曾就时年。

二个古年刘家仔,良民不出头。

青丝鸟仔石岩下,押出龙门茶九时。

三个古年名,未曾就时年。

三个古年是太白,三个古年是太阴。

三个古年三个老,三个老人千万年。

到此又换老人曲唱。

罗李来嘱 罗李俫衣 李嘱罗嘱来 罗呵来嘱

噜李来衣 哩噜李来衣。

老人长有老人年,老竹皮黄面自严。

深山留得千年木,世上难逢百岁人。

老人长有老人年,老竹皮黄面自严。

老木逢春出嫩笋,不见老人偏少年。

日头出早照筛筛,照见老人路上行。

逢茶逢酒老人吃,路上逢花插后生。

日头出早照庭前,照见老人街上行。

老人头戴广州帽,脚踏麻鞋金绣花。

日头出是照庭前,照见老人街上行。

夜里爱盏清渌酒,朝时爱盏有盐茶。

又唱父母恩曲,同老人曲声。

今朝起早人买卖,路逢君子买胡椒。

有钱买得胡椒子,担归屋下不通收。

守得天光水洗面,茶盘托出奉爷娘。

有人不信存留看,养子正知父母恩。

今朝起早人买卖,路逢君子卖白梨。

有钱买得青梨子,担归屋下不通收。

有人不信存留看,养子不知父母恩。

今朝起早人买卖,路逢君子买香油。

有钱买卖香油子,担归屋下不通收。

守得天光水洗面,茶盘托出奉爷娘。

有人不信存留看,养子不知父母恩。

今朝起早人买卖,路逢君子卖红桃。

有钱买得红桃子,担归屋下不通收。

守得天光水洗面,茶盘托出奉爷娘。

有人不信存留看,养子正知父母恩。

罗李来嘱 罗来倈嘱。云云。

又换令里声。

四个古年名,未曾就时年。

一秀天落天上过,二秀海龙王。

三秀珍珠子,四秀朝廷天上身。

五个古年名,未曾就时年。

五个古年五版字,版版不相连。

丈二细丝作番绸,朝朝起早调鱼归。

调得鲤鱼归本殿,红盆托出献先亡。

厅头排四位,存留一位排家先。

六个古年名,未曾就时年。

阎王对鬼王,鬼王对簶王。

簶王对天子,天子对朝廷。

七个古年名,未曾就时年。

七个古年是日月,广西尽路通。

白日平平行西路,早出龙门天大光。

八个古年名,未曾就时年。

八个古年厅上坐,八头牯牛栏里眠。

八个尚书对阁老,皇帝登殿对八仙。

九个古年名,未曾就时年。

隔江看见好荒茶,人人说是好枝茶。

茶子好吃亦好看,九家路头好茶芽。

十个古年名,未曾就时年。

十个禾仓堆满顶,十双手头置千般。

十个酒坛封到顶,十个师爷设太公。

二十八字青令,字字觑尝,未曾就时年。

今朝飞马过圩场,常闻街上茶杯香。

有钱买得马,无钱茶杯亦难当。

今朝飞马过圩场,常闻街(阶)下酒杯香。

有钱买得吃,无银酒杯亦难当。

二十八字青令,字字觑川,未曾就时年。

今朝早过寺门前,看见观音坐两边。

有钱便得过,无钱拜得石头穿。

二十八字青令,未曾就时年。

五百里路一洞田,年年野猪出来寻。

天下百姓出主意,上山斩木下起高楼。

五百里路青山一园菜,年年有贼偷。

今年捉不倒,有人捉得倒,一打二打上高楼。

三打四打随街转,三打四打上高楼。

二十八字青令,字字觑名,未曾就时年。

住在大路上,常闻马声。

住在大洲边,常闻锣鼓声。

二十八字青令,字字觑照,未曾就时年。

天上雷公惊天地,江边芦荻伴江边。

望得三春发大水,鲤鱼来屡助。

二十八字青令,一闹一定,未曾就时年。

园便园过抬盘过,净便净过人行路。

净便净过人做官,闹便闹过人读书。

放令字完又唱《十母歌》。 阴曲。

十母圞圞从天过,十母圞圞过九岗。

不怪歌词相借问,十母团团在屋头。

日头圞圞从天过,马蹄圞圞过九岗。

不怪歌词相答对,簸箕圞圞在屋头。

十母圞圞从天过,十母圞圞过九岗。

不怪歌词相借问,十母圞圞在屋头。

月亮圞圞从天过,莲子圞圞过九岗。

不怪歌词相答对,灯盏圞圞在屋头。

十母圞圞山头伎,十母圞圞过九岗。

不怪歌词相借问,十母圞圞在沙洲。

云雾撒撒山头伎,鸟子团团过九岗。

不怪歌词相答问,沙鳖团团在沙洲。

十母撒撒山头伎,十母撒撒过九岗。

不怪歌词相借问,十母撒撒入青山。

野猪撒撒山头伎,熟猪撒撒过九岗。

不怪歌词相答对,野猪撒撒入青山。

十母带角山头伎,十母带角过九岗。

不怪歌词相借问,十母带角入青山。

野牛带角山头伎,牯牛带角过九岗。

不怪歌词相答对,野牛带角入青山。

放完令又唱天地开张一遍以收结歌章。

天地开张日,吉时良时以来,吉时已到,朝踏申酉两时,牛马归栏,来人投宿,百鸟投林,深更夜静,斗转星移。一到日行深山,日归西路,村坊好使推出后生年少,东行(衍)亦会排台,西行(衍)亦会排凳,排起长台木凳,排起四行八位。东行(衍)排得亦周,西行(衍)排得亦满。点齐子孙男女,点齐亦周,坐齐亦满。良时以来,吉时以到,上门(衍)令官,常在当厅一位,常在全州灌阳、全阳灌州前世前行先亡,后世后行先祖,前世爷娘,后世父母,白公面前,上行令官将出公爷歌曲,放出一字青令、五字青令、十字青令、十八字青令、二十八字青令;急水滩头,起出内碎歌章:起声发歌章、细细唱歌章、不唱久歌章、同伴队歌章、杨鸟歌章、枫木歌章、香字韵歌章、莲字韵歌章、龙字韵歌章、三两姐妹歌章、七姓歌章、阴曲阳曲歌章、二十四样歌章,一总在内,纳在公爷面前,收入库内,纳入库中,阴阳欢喜,子孙唱歌唱令,闹热道场,毕。

赵甲光抄自盘益儒手抄本

二○○二年秋

三、朝踏阴歌

【文献提要】

朝踏歌抄本。赵甲光 2002 年秋白纸竖行从右往左抄写,天头处装订,现藏广西钟山县两安瑶族乡沙坪村赵甲光家。该本在朝踏祖先的仪式中使用。共十七段歌,放令后依次唱来,分别是:起声发歌章、细细唱歌章、不唱久歌章、同伴队歌章、三姑两姐歌章、杨鸟歌章、七姓歌章、香字

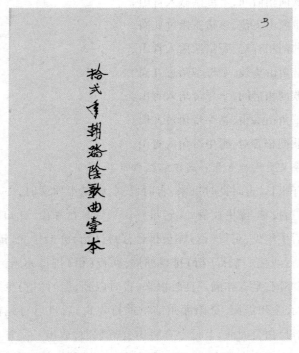

图 7-3　赵甲光抄本《十二年朝踏阴歌曲一本》

韵歌章、龙字韵歌章、莲字韵歌章、雷王歌章、出省流移歌章、造屋歌章、游愿歌章、为神歌章、十母歌章、橹公辨歌章。另文尾附有歌堂散、吾房枝下历代换数歌、捞堂歌、歌堂到、带白公回家献纸词。文末题记显示该本为赵甲光抄自盘益儒的抄本。

朝踏阴歌目录[1]

天地开张日,吉时良辰到,朝踏申酉两时。牛马归栏,来人投宿,百鸟投林,深更夜静,斗转星移。一到日行西山,日归西路,村坊好使推出后生

---

[1]　本目录页码为原抄本页码,目录漏录"龙字韵歌章"前的"香字韵歌章"与"十母歌章"后的"歌堂散歌章",最后的"吾房枝下历代换数歌""捞堂歌""带白公回家献纸词"也未列入目录。本次整理一仍其旧,不作更改。

年少,东行亦会排凳,排起长台木凳,排起四行八位,东行排得亦周,西行排得亦满。点齐子孙男女,点齐亦周,坐齐亦满。良时亦来,吉[时亦]到,上行令官,常在当厅一位,常在泉州灌阳、全阳灌州前世前行先亡,后世后行先祖,前世爷娘,后世父母,白公面前,上行令官将出公爷歌曲,放出一字青令、五字青令、十字青令、十五字青令、十八字青令、二十八字青令;急水滩头起出内碎歌章:起声发歌章、细细唱歌章、同伴队歌章、杨鸟歌章、枫木青歌章、香字韵歌章、莲字韵歌章、龙字韵歌章、三两姐妹歌章、七姓歌章、阴曲阳曲歌章、二十四样歌章、十二样歌章,一总在内,纳在公爷面前,收入库内,纳入库中,阴阳欢喜,阴喜阳欢,唱歌唱令,闹热道场。

第一段　起声发歌章

起声发,垂垂。起声白公四位神。垂三排。

四位龙神尽赞起,烧起明香来谢神。

起声发,起声白公四位神。

四位龙神尽赞起,别换香水来谢神。

起声发,起声白公四位神。

四位龙神尽赞起,点起明灯来谢神。

起声发,起发先亡坐在神。

四位龙神尽赞起,手提银钱来谢神。

起声发,起发白公坐在神。

四位龙神尽赞起,肩膊担酒来谢神。

起声发,起发先亡四位神。

四位龙神尽赞起,杀倒红猪来谢神。

起声发,起发白公四位神。

四位龙神尽赞起,杀倒红羊来谢神。

起声发,起发白公坐在神。

四位龙神尽赞起,手提铜钱来谢神。

抛棍上天歌运起,撑破黄旗别换篇。

起声歌章常在路,细细唱歌上路行。

第二段　细细唱歌章　亦同上

细细唱,垂垂。不依江边沙石[1]闻。垂三排。

沙石闻声转不得,白公闻声寸不寻。

细细唱,不依江边车碓闻,

车碓闻声转不得,白公闻声寸不前。

细细唱,不依江边芦荻闻。

芦荻闻声花不发,先亡闻声寸不寻。

细细唱,不依江边杨柳闻。

杨柳闻声花不发,白公闻声寸不寻。

细细唱,不依下园香子闻。

香子闻声花不发,先亡闻声寸不寻。

细细唱,不依下园杉木闻。

杉木闻声花不发,白公闻声寸不前。

细细唱,不依深山楠木闻。

楠木闻声花不发,白公闻声寸不寻。

细细唱,不依深山蜜子闻。

蜜子闻声偷欢喜,先亡闻声寸不前。

细细唱,不依深山百鸟闻。

百鸟闻声飞不起,百鬼闻声寸不寻。

细细唱,不依大州象子闻。

象子闻声不吃草,白公闻声行不行。

细细唱,不依大州更鼓闻。

更鼓闻声鼓不响,先亡闻声行不前。

----

〔1〕　赵国升本"沙石"作"以石",下同。

细细唱,不依朝廷天子闻。

天子闻声不坐殿,白公闻声行不寻。

细细唱,不依炉头炉不闻。

炉火闻声火自灭,百鬼闻声行不寻。

第一巡茶歌巡起,第二巡酒起歌声。

巡茶巡酒歌巡起,郎那唱起赞先亡。

三百二人同坐位,人人推我坐中央。

人说中央不好坐,不得头歌运四行。

上厅唱来下厅接,四衍八位接歌声。

东衍唱起西行接,齐齐唱起赞先亡。

上衍抛来下行接,四衍八位接歌声。

不偯[1]三声接两句,不拿歌章落虚空。

第三段 不唱久歌章 音同上

不唱久,垂垂。不唱三年歌上尘。垂三排。

推人拿歌下水洗,洗净歌章石上吞(摊)。

不唱久,不唱三年歌上尘。

推人拿歌下水洗,洗净歌章石上尘。

不唱久,不唱三年歌上尘。

推人担歌下水洗,洗净歌章屋上摊。

不唱久,不唱三年歌上尘。

推人担歌下水洗,洗净歌章石上吞。

睡到五更发大水,水推歌本出娘乡。

谁(推)人把断三江口,不得歌本出娘乡。

不唱久,不唱三年歌对週。

---

[1] 偯:接。

担出旧年歌历本,仔细看来头对头。

不唱久,不唱三年歌便忘。

提刀劈断忘心鬼,歌章扰乱出心头。

细时吃了烂柑子,肚里忙忙想不来。

思得头来忘记尾,思得尾来忘记头。

答声不答声,郎郎推我接歌声。

接得头来不会唱,不会唱歌对白公。

三十六人排凳坐,人人推我接歌声。

本曰两衍亦难坐,不知头歌应心亡。

银盏轻,银盏抛来抛上天(厅)。

上厅抛来下厅接,四行八位接歌声。

歌好唱,可惜小郎不好声。

一做江边芦荻草,水浸半腰落了声。

锯断竹筒载菜子,竹筒奔倒写文章。

一做江边车枧水,一筒过了二筒来。

歌巡到,相依同伴接歌声。

接得头歌不会唱,不得头歌应白公。

火烧男茅一接一,火烧女茅蔸对兜(蔸)。

白米香(养)鸡粒接粒,羊仔过桥头接头。

新织米筛眼对眼,机上织绫花对花。

黄茅岭头对草子,石榴花开对荣华。

水推流茶同了殿,今夜唱歌头对头。

一自神堂七拍鼓,一其过了二其来。

五月插田日拨日,今夜唱歌头对头。

一自江边车枧水,一筒过了二筒来。

第四段　同伴队歌章　音同上

同伴队,垂垂。同伴有歌教我头。垂三排。

白日入了连共路,夜了归家连共床。

同伴队,同伴有歌教我头。

白日入山共句话,夜了归家共句诗。

同伴队,同伴有歌教我头。

长杆担粪忙忙落,去到田中慢慢掺。

慢慢梳头得好髻,慢慢唱歌得久长。

鸡公入门勤动尾,鸭母入门勤动颊。

口下生成歌大奈,吓[1]起唇皮歌便来。

班(斑)白黄牛有等恶,肚也连关有等歌。

三两头歌尽唱了,两眼眉眉听来歌。

三百头歌奔下岭,我两跳前齐得头。

齐得头歌变剥的,腹也连关胫也喉。

第五段　三姑两姐歌章　换音[2]

采得野麻上手了,黄三姐,相邀同伴织凉衣。

---

〔1〕　吓:赵国升本作"益"。
〔2〕　本段歌赵国升本作:
且唱三姑两姐妹,黄三姐,一日三梳九六头。(腮三排掩)
头上梳出鹅眉月,黄三姐,象牙梳子两旁妆。
且唱三姑两姐妹,黄三姐,斜篱班带十三双。
燕子含泥赛口巧,黄三姐,第雀吃米赛口弯。
且唱三姑两姐妹,黄三姐,买得长蔴(麻)三忿(份)分。
一姐出来嫌麻短,黄三姐,二姐出来嫌麻长。
得头三姑情性好,黄三姐,长短将来三忿(份)分。
且唱三姑两姐妹,黄三姐,朝朝早起看花园。
下江洗面鱼跳水,黄三姐,展入花园百为啼。
且唱三姑两姐妹,黄三姐,裙脚不齐不行村。
去到江边鱼冷水,黄三姐,去到深山木叶黄。
且唱三姑两姐妹,黄三姐,裙脚堕泥三寸深。
採得野麻上手了,黄三姐,相依同伴绩凉衣。
且唱三姑两姐妹,黄三姐,三姑两姐出行游。
去时手提青凉伞,黄三姐,归家线红锁鞋头。
且唱三姑两姐妹,黄三姐,一日三梳九六头。
守得来年落了去,黄三姐,三朝共作一朝梳。
且唱三姑两姐妹,黄三姐,一条裙脚十三双。
燕子含花赛口巧,黄三姐,麻雀吃米赛口湾。

且唱三姑两姐妹,黄三姐,三姑两姐出行游。

去时手把青凉伞,黄三姐,归家红线锁鞋头。

且唱三姑两姐妹,黄三姐,一日三梳九六头。

守得来年落了去,黄三姐,三朝共作一朝梳。

且唱三姑两姐妹,黄三姐,一条裙脚十三双。

燕子衔泥赛口巧,黄三姐,黄雀吃米赛口弯。

第六段　杨鸟歌章　换前上音

枫木青,垂垂。杨鸟年年来送声。垂三排。

第一推(催)春过岭背,第二推(催)春过岭头。

第一推(催)春春不紧,第二推(催)春春便深。

今朝打从鸟岭过,听闻杨鸟正交春。

大哥归家浸谷种,大哥加斗妹加升。

大哥加斗平平过,幼妹加升应阳春。

枫木青,杨鸟年年来送声。

第一推(催)春是杨鸟,第二推(催)春是鸪鸠。

杨鸟推(催)春春便发,鸪鸠推(催)春春便均。

杨鸟树头跌倒死,百般鸟仔叫愁愁。

天下鹭鹚不(有)孝顺,朝朝起早灸鱼归。

杨鸟树头跌倒死,百般鸟仔着孝衣。

天下白鸠有孝顺,朝朝日日哭哥哥。

枫木青,杨鸟年年送来声。

杨鸟年年推(催)春早,绕爬秧地下秧苗。

手提五谷满洞撒,撒了三朝满洞青。

黄桑树头采牛轭,深山岭背采爬藤。

牛轭爬藤尽足了,单单少条犁鼻藤。

三月犁田哥引去,五月插田妹引头。

大哥担秧一面去,幼妹落后送饭来。

227

三月犁田哥引去，五月插田妹引头。

三百二人满洞插，插了三朝满洞青。

三月犁田哥引去，五月插田妹引头。

三百二人满洞插，插了三朝尾向天。

三月犁田哥引去，五月插田妹引头。

三百二人满洞插，洞头插到洞中央。

大哥论声依妹话，一做大州差出军。

三月犁田哥引去，五月插田妹引头。

手把长秧满洞插，上洞插过下洞青。

大哥指手依妹话，插得面前行对行。

大哥作田作大洞，不作深山岭窝田。

深山岭窝招蚁蜜，蚁蜜缠妹裙脚行。

大哥作田作大洞，不作深山岭窝田。

深山岭窝招杨鸟，杨鸟啼时愁杀人。

杨鸟树头跌倒死，百般鸟仔着孝衣。

天上鹭鹚不孝顺，朝朝起早夹鱼归。

天上白鸠多孝顺，等断江河不夹鱼。

大哥作田作大洞，不作深山岭窝田。

深山岭窝招百鸟，手提担杆空手归。

大哥作田作大洞，不作深山岭窝田。

深山岭窝招百鸟，手提茅刀空手归。

哥愁不得春牛使，妹愁不得插田青。

大哥作田作大洞，幼妹养蚕养大交。

大哥把秤仓门伎，幼妹拿尺卖绫罗。

哥愁妹亦愁，哥亦忧来妹亦忧。

哥愁不得春牛使，妹愁不得插田青。

第七段　七姓歌章　音同上

担起斧头郎姓共,垂垂。丢石下江郎姓陈。垂三排。

竹筒倒水郎姓俸,红盆载水郎姓盘。

七姓盘王七姓子,七姓盘王好子孙。

七姓盘王也不定,请出邓王来邓平。

第八段　香字韵歌章　亦音同上

打开上园种甘蔗,垂垂。打开下园种茼蒿。垂三排。

茼蒿生在南风路,南风吹发满园香。

打开上元种韭菜,打开下园种官葱。

官葱生在南风路,南风吹发满园香。

打开上元种姜子,打开下园种胡椒。

胡椒生在南风路,南风大发满园香。

打开上园种蒜子,打开下园种芫荽。

芫荽生在南风路,南风吹发满园香。

打开上园种香子,打开下园种香莲。

香莲生在南风路,南风吹发满园香。

今朝起早过岭背,不知岭背有菟茶。

低头拿土安茶脚,子孙吃了得荣华。

今朝起早过岭背,不知岭背有菟猄。

低头拿土威茶脚,子孙吃了得精灵。

今朝起早过岭背,不知岭背种菟葱。

低头拿土壅葱脚,子孙吃了得聪明。

剔破猪肚别换韵,拆破水城别换搬(声)。

香字韵歌章【常】在记,龙字韵歌章上路行。

第九段　龙字韵歌章　音同上

今朝出门屐过圳,垂垂。不知圳底有蛟龙。垂三排。

水底有龙水便浊,水底无龙水便清。

今朝早过平平石,不知双龙石上眠。

细细楼门龙门板,一双龙女出行游。

今朝早过劳犁岭,执得劳犁一本书。

担归厅头掺门看,字字是郎同伴书。

今朝早过劳犁岭,捡得龙女金绣鞋。

同伴问郎因何得,蛟龙修路水推来。

今朝早过劳犁岭,齐得龙女金绣鞋。

同伴问郎因何得,蛟龙修路水推来。

今朝早起时运好,齐得一双斟酒瓶。

同伴问郎因何得,蛟龙修路水推来。

今朝早起时运好,看见蛟龙石上眠。

积小不见龙脱角,积小不见龙脱衣。

今朝打随龙洞过,看见蛟龙石上眠。

提刀破断蛟龙尾,龙骨架桥千万年。

爱龙命,爱龙背上两条花。

有条上天看明月,有条下地看蛟龙。

隔山隔水闻龙叫,装米抱饭听龙声。

郎从积小无龙命,去到龙门龙停声。

拨开沙石种班(斑)竹,班(斑)龙成林龙阵旗。

骑龙下溪去吃水,遮身不过满天红。

婆灵源头看屋背,一双爷娘愁怨天。

爷娘愁怨无瓦盖,蛟龙修路水推来。

红水抛浪是龙屋,平石小沙见龙厅。

鱼仔是龙幼亲舅,虾公是龙亲外甥。

今朝早过劳离岭,撞着五龙随水来。

积小不知龙有迹,积小不知龙迹多。

今朝早过劳离岭,齐得龙女金绣鞋。

同伴问郎因何得,蛟龙相打水推来。

剔破猪肚别换韵,拆破黄旗别换声。

龙子韵歌章常在记,莲字韵歌章上路行。

第十段 莲字韵歌章 音同上

手把根莲[1]不会种,垂垂。种在人家火炉边。垂三排。

莲须剔入火炉下,藕尾疏疏火炉边。

手把根莲不会种,种在人家香炉边。

莲须剔入香炉下,藕尾疏疏香炉边。

手把根莲不会种,种在人家屋角边。

莲须剔入屋檐下,藕尾疏疏屋角边。

手把根莲不会种,种在人家寺门边。

莲须剔入寺门下,脚踏莲㻛藕不成。

手把根莲不会种,错种红莲崩垤边。

莲须剔入崩控下,藕尾疏疏崩垤边。

手把根莲不会种,错种红莲大路边。

莲须剔入大路下,脚踏莲须藕不成。

三百二人去采藕,四百二人去采莲。

去到莲圹(塘)不敢下,人人推我下莲圹(塘)。

采得莲盘上手了,三份分来亏了郎。

三百二人去采藕,四百二人去采莲。

去到莲圹(塘)不敢下,人人推我下莲圹(塘)。

莲子着人采托吃,采得莲盘口向天。

黄茅岭头朱石面,[2]朱泥落土下莲圹(塘)。

不怕泥深包过颈,舍命寻莲讨藕当(尝)。

---

〔1〕 "根莲"即"莲根",倒装。
〔2〕 "面"赵国升本作"狗"。

若是采莲来拨我,撑船过海拨同年。

去到莲圹(塘)人采了,拨起同年空手归。

锯开竹筒作戽斗,〔1〕齐齐戽干洞庭湖。

大头鲤鱼郎不要,要讨肥鱼连骨香。

锯开大船作戽斗,齐齐戽干洞庭湖。

戽干上圹(塘)讨得藕,戽干下圹(塘)讨得莲。

有莲无莲讨〔2〕实底,黄土湾深寻候穷。

第十一段　雷王歌章　换音唱

黄广二年(亦曰)雷下地,大家修请捉雷王。捉雷王垂三排。

捉得雷王放仓里,过了七朝人不知。

有人要讨雷王看,雷王挪〔3〕索满禾仓。

挪了三年仓不满,不知仓底有跷蹊。

雷公得头小子说,雷公劈破大禾仓。

雷公转归天上去,得些葫子与子孙。

二月社前种葫子,辰时种起巳时生。

大哥露起高万〔4〕丈,生得葫子像禾仓。

混沌年间天淹水,淹起洪水浸天门。

大哥无路随船去,存留幼妹入葫芦。

三百里路无人住,四百里路断火烟。

哥在东边烧把秆,妹在西边看火烟。

火烟上天亦不见,头须隔壁亦相连。

头须相连哥亦愿,今年散书妹愿心。

九梅山头走三转,九梅山下走三围。

---

〔1〕　戽斗:一种灌溉工具,一般用竹篾编成。
〔2〕　"讨"赵国升本作"知"。
〔3〕　"挪"赵国升本作"拖"。
〔4〕　"万"赵国升本作"三"。

得头金龟有主意,青梅树下结为妻。

妹在厅头织丝网[1],不知六甲上娘身。

不知半年得个子,一做冬瓜像秀才。

请出官人来分表,厨官分表治人民。

分得男人六十份,分得女人五十双。

分得男多女亦少,世间亦有作单身。

剩有肚胞无路出,丢过岭背成壮人。

治出百姓住平地,子孙无地住高山。

千姓百姓共一姓,先祖公爷共祖宗。

第十二段　出省流移歌章　音同上

寅卯二年天大旱,红撒撒衣。旱死马颈大丘田。大丘田垂三排。

三百工(公)粮纳不起,思量无计正流移。

泉州流出道州地,道州流出下山源。

寅卯二年天大旱,野火烧了杉木坝。

烧了坝头三丈阔,烧了坝身三丈高。

三百二人塞不起,相依相引去流移。

寅卯二年天大旱,旱死马颈大田三百工。

因为三百无须匍,思量无计正流移。

马过石桥无踪迹,剩刀切水不踪由。

路上逢军(君)相借问,风吹木叶姓山瑶。

寅卯二年天大旱,因为三千三百捲毡皮。

因为秋粮纳不起,思量无计正流移。

寅卯二年天大旱,旱死马颈[2]大田三百工。

因为秋粮纳不起,思量无计正流移。

---

〔1〕 "织丝网"赵国升本作"绩细茧"。

〔2〕 "马颈"赵国升本作"鹅颈"。

骑马过水无踪迹,利刀切水无踪由。

路上逢军相借问,风吹木叶姓山瑶。

怨缺命,怨缺公爷生我迟。

早生我郎三两岁,知得公祖叫谁名。

怨缺命,怨缺公爷生我迟。

手摁铜铃三召请,不知公祖叫谁名。

白公当初过世去,请得马王三师抬出身。

莫怪歌词相答问,[1]三百二人送上山。

白公当初过世去,三百二人送上山。

打开明堂三丈阔,结起坟墓三丈高。

第十三段　造屋歌章　换捞堂声唱的

大歌巡龙寻宅地,谢谢。老弟背后<巡官>引巡官。筛筛如谢谢。

巡官到,先下罗盘后下针。

罗盘针石齐收起,四郎打木定乾坤。

大哥提锹铲宅地,老弟扶石砌花街。

人来不看哥宅地,只看老弟好花街。

宅成了,磨斧上山去锯杉。

斩倒楠木做屋柱,斩倒杉木做屋梁。

木到了,木到江边水埠头。

大哥上路去看木,放到老弟堆成排。

木到了,木到江边夹成排。

大哥上排排不动,老弟上排排便游。

大哥论声依弟话,白纸写书请做头。

做头做子齐到了,娘嫂屋里斟茶来。

---

〔1〕 "问"赵国升本作"对"。

大哥提茶又提酒,茶瓶暂退酒来斟。

做头吃了两三盏,声声句句看木头。

三百条木齐修整,扎起罗裙来用工。

做头墨斗群木转,做子斧头变蛇游。

木成了,看时看候起官厅。

时候到,四边同伴来下工。

白公起屋不用日,不用寅时用卯时。

屋成了,斩倒下园班(斑)竹林。

金竹织壁黄泥旦,黄泥旦过细基遮。

屋成了,嫂娘屋里正宽心。

做头屋上钉椽桷,做了地下街椽搬。

大哥上州买瓦盖,老弟背后请人担。

前厅后厅都盖了,存留八百盖门楼。

屋成了,杀倒红羊打平安。

屋成了,杀倒红猪谢做头。

做头吃了三两块,收拾盘缠归本乡。

大哥铜钱三百贯,老弟金钗三两双。

大哥送出三门外,老弟送出两庭前。

大哥上州买花鼓,幼妹深房绣花衣。

一姐种桑凉树下,二姐摘桑归养蚕。

三姐厅头摘蚕茧,四姐厅头郁丝车。

五姐掺纱长路口,六姐掺纱长路头。

七姐原来会织绢,八姐原来会织罗。

九姐原来收笼底,十姐原来收笼头。

十一姐原来歌堂散,十二姐原来归本乡。

上世留名传下世,下世留名公祖堂。

第十四段　游愿歌章　换雷王流移声音

当初许愿(亦曰)师郎许,红撒撒衣。今朝勾愿众人勾。众人勾垂三排。

众师勾了歌堂愿,子孙过后世不忧。

烧起明香来勾愿,阴阳渌水勾愿头。

今宵勾了平安愿,子孙过后得聪明。

良时以来凑歌愿,凑出愿头众人游。

良时利月游歌愿,今日得过歌愿游。

当初许愿因何许,今日启动众人勾。

众郎勾了歌堂愿,子孙过后得平安。

当初许愿师郎许,许在居炉屋角头。

老鼠打随楼梁过,咬下愿头众人还。

众师游了歌堂愿,子孙过后得周全。

良时到了吉时来,请起先亡勾愿头。

今日勾了歌堂愿,火烧百草〔1〕不忧心。

良时到了吉时来,请起白公勾愿头。

良时到了吉时来,良年利月勾愿头。

今宵勾了歌堂愿,牯牛吃草不回头。

良时到,请起三师勾愿头。

今宵勾了歌堂愿,火烧百草不留心。

第十五段　为神歌章　音同上

昨日午时(亦曰)种桑树,〔2〕红撒撒衣。今日午时桑树飞。桑树飞垂三排。

烧了明香三召请,白公路上走围〔3〕神。

---

〔1〕 "百草"赵国升本作"灯草"。
〔2〕 "桑树"赵国升本作"桑柘"。下同。
〔3〕 "围"赵国升本作"为"。

昨日午时种桑树,今日午时桑树飞。

照起明灯三召请,白公路上走分飞。

昨日午时种桑树,今日午时桑树飞。

别换渌水三召请,白公路上赛马行。

昨日午时种桑树,今日午时桑树飞。

手把铜铃三召请,白公屡屡入门前。

昨日午时种桑树,今日午时桑树飞。

手摁褂头三召请,白公屡屡入门前。

昨日午时种桑树,今日午时桑树飞。

手把剑刀三召请,白公屡屡上高街。

昨日午时种桑树,今日午时桑树飞。

杀倒红猪三召请,白公屡屡入厅堂。

昨日午时种桑树,今日午时桑树飞。

杀倒红羊三召请,白公屡屡满厅围。

昨日午时种桑树,今日午时桑树飞。

杀倒红牛三召请,白公屡屡满歌堂。

第十六段　十母歌章　音同上

十母▨▨(亦曰)从天过,红撒撒衣。十母▨▨过九岗。过九岗垂三排。

不怪歌词相借问,十母▨▨在屋头。

日头▨▨从天过,马蹄▨▨过九岗。

不怪歌词相答对,簸箕▨▨在屋头。

月亮▨▨从天过,莲子▨▨过九岗。

不怪歌词相答对,灯盏▨▨在屋头。

十母团团山头伎,乌鸦▨▨过九岗。

不怪歌词相答对,砂鳖▨▨在沙洲。

十母▨▨山头伎,十母▨▨过九岗。

不怪歌词相借问,十母▨▨入青山。

野猪撒撒山头伐,熟猪撒撒过九岗。

不怪歌词相答对,野猪撒撒入青山。

十母带角山头站,十母带角过九岗。

不怪歌词相借问,十母带角入青山。

野牛带角山头伐,牯牛带角过九岗。

不怪歌词相答对,野牛带角入青山。

第十七段　阳曲　橹公辨歌章　令里声第后早晨吹饭唱的。[1]

今朝炊饭炊一升,担依客郎上路装。

黄茅岭头郎吃饭,不知亲家在何方。

李罗阿李衣来嘱李罗李来　罗阿来嘱李衣来嘱罗阿来嘱来衣。

今朝炊饭炊二升,担依客郎上路装。

杨梅岭头郎吃饭,剩有二十里路到亲家方。

李罗阿李衣来嘱李罗李来　罗阿来嘱李衣来嘱罗阿来嘱来衣。

今朝炊饭炊三升,担依客郎上路装。

十字路头郎吃饭,剩有二十里路到亲家方。

李罗阿李衣来嘱李罗李来　罗阿来嘱李衣来嘱罗阿来嘱来衣。

以上共计一十七段歌曲,即放完人(令)后,次第唱来,《十母歌》止,唱《歌堂散》回家了。

歌堂散　音同捞堂歌声　还了愿各带白公回家唱

良年利月歌堂散,谢谢利日利时散歌堂。

白公上马丁天去,子孙富贵秀才郎。

利年利月歌堂散,利日利时散歌堂。

白公上马丁天去,子孙富贵得做官。

---

〔1〕　赵国升本作"道场完满",早晨赠公饭、吹饭唱曲用。

吉日吉时歌堂散，利日利月散歌堂。

白公上马丁天去，世代堆金用斗量。

良年利月歌堂散，利日利时散歌堂。

白公上马丁天去，今日今时得九（久）长。

今年今月歌堂散，今日今时散歌堂。

众人还了歌堂愿，子孙牛马满山岗。

良年利月歌堂散，相邀同伴归本乡。

良年还了歌堂愿，今年收割堆满仓。

利年利月歌堂散，相邀同伴归本乡。

利年散了歌堂愿，子孙财帛撒满乡。

吉日吉时歌堂散，相邀同伴归本乡。

利日利时歌堂散，钱财屡屡归本乡。

吉日散了歌堂愿，百子千孙住满乡。

利时散了歌堂愿，子孙富贵治千般。

歌堂散，相邀同伴归本乡。

白公上马丁天去，子孙富贵置田庄。

歌堂散，相邀同伴归本乡。

白公上马丁天去，子孙富贵得周全。

歌堂散，相邀同伴归本乡。

白公上马丁天去，钱财屡屡入门前。

歌堂散，相邀同伴归本乡。

白公上马丁天去，家门昌盛积金银。

歌堂散，相邀同伴归本乡。

白公上马丁天去，家门合和万千年。

歌堂散，相邀同伴归本乡。

白公上马丁天去，各家子母得团圆。

歌堂散，相邀同伴归本乡。

白公上马丁天去，赐福留恩众子孙。

歌堂散,相邀同伴归本乡。

白公上了高头马,子孙相送出门前。

歌堂散,相邀同伴归本乡。

白公去归观(灌)阳县,全留鸿福众子孙。

歌堂散,相邀同伴归本乡。

白公去归观阳县,偏面回头留下恩。

留下鸿恩子孙受,世代不忘白公恩。

上世留名传下世,下世留名公祖堂。

十二年前踏转转,阴阳欢喜归本乡。

吉日吉时歌堂散,相邀同伴归本乡。

歌堂散,相邀同伴归本乡。

白公上马泉州去,子孙富贵万年春。

歌堂散,相邀同伴归本乡。

白公去归泉州观阳县,子孙富贵胜石崇。

歌堂散,相邀同伴归本乡。

白公去归泉州观阳县,子孙富贵胜陶公。

歌堂散,歌堂散了不回头。

白公上马丁天去,子孙富贵不忧愁。

歌堂散,歌堂散了不回头。

白公上马丁天去,子孙富贵读文章。

歌堂散,歌堂散了不回头。

白公上马丁天去,子孙世代得做官。

相送白公三门外,拆手分离各去归。

十二年前功果满,还了歌堂福善缘。

相送白公观阳县,大齐分手各归乡。

钱亦归炉福归主,存留鸿福众子孙。

十二年公祖还一转,请转白公作歌堂。

今日还了歌堂愿,子孙相送归本乡。

日头落岭歌堂散,歌堂散了且回头。

依郎唱出三门外,依郎拆手去归乡。

日头落岭歌堂散,歌堂散罢去归乡。

各自回家各自屋,低头作揖各归乡。

吾房支下历代换数歌

开请盘家出省流移:全州观阳县火烧杉木坝都公太祖八郎,三十六公罗大仙娘,二十四公罗大郎,流落下山源;千字一唤流落北洞源;知名不知姓,流落东花源;细字一唤,流落知州下界,道州地面,民殿高山;大字一唤,分房先祖;幼字一唤,流落上坪源茶坪底;嫩字一唤,流落捞溪源;少字一换,万字一唤,流落沙坪源;富字一唤,进字一唤,神字一唤,李字一唤,公字一唤,婆字一唤,周字一唤,春字一唤,贤字一唤,良字一唤,荣字一唤,满字一唤,益字一唤,升字一唤,永字一唤。[1]

捞堂歌

黄茅岭头出了水,谢谢。流去流来流下江。绵绵如谢谢。

流下清江随江去,浆洗衣裳请乐堂。

郎随湖南大路上,青丝树下着衣裳。

着衣不起郎唱起,拍齐衣袖下游堂。

歌堂到

歌堂到,半人欢喜半人愁。

半人欢喜歌堂到,半人愁弱不衣裳。

郎随湖南上大路,青丝树下长拍服。

逢着衣服拍两拍,相依同伴下游堂。

---

〔1〕　后缺。

非曰非　非曰非　非曰非　非曰夜富。

曰衣亥　曰衣亥　曰衣非曰　夜嘱富。

富曰富　非曰夜嘱富　　富。

带白公回家献纸词

一封银钱财纸,一封银钱钱财,街献何名?街献何神?再来献上全州灌阳,泉阳灌州,前世前衍先亡,后世后衍先祖,前十二对(队),后十二对(队),班(斑)依(衣)赤领,黄赤二帝,踏堂仙女,[1]花盘九郎,唱歌娘子,唱令先师,九玄七祖,十二灵王,求财买卖,白马三姑,许愿童子,还愿先师,招财童子,进宝郎君,盘家堂上历代一脉宗亲,前世爷娘,后世父母,上世公祖,下世祖婆,本生公,本生婆,房郎叔伯,姑嬣姐妹,是男是女,是老是少,个个受领钱纸,个个受领钱财,常在香坛头上,得受子孙早晚烧香,香烟侍奉,佑起后人,主正人丁,护正财帛,保佑调踏宗祖赔还细书歌堂良愿过后,人丁清吉,六畜平安,东成西就,南和北合,大吉大利,福有所归。

赵甲光抄自盘益儒手抄本

公元二〇〇二秋

四、朝踏阳歌

【文献提要】

朝踏歌抄本。赵甲光 2002 年秋白纸竖行从右往左抄写,天头处装订,现藏广西钟山县两安瑶族乡沙坪村赵甲光家。该本在朝踏祖先的仪式中穿插使用。原文从第十九段《散客歌曲》起,至五十一段《金花歌曲》止,后附《丢猪头歌》。《丢猪头歌》未标明段数。接上一段是五十二段,算上第四十段误记为三十九段,实际共五十三段。文末题记显示该本为赵甲光从盘益儒本抄入。

---

〔1〕 "踏堂仙女"后缺,据他本补上"花盘九郎"至"福有所归"。

图7-4　赵甲光抄本《十二年朝踏阳歌曲一本》

朝踏阳歌目录[1]

---

〔1〕　页码据原文录入，与此处实际页码并不对应。目录未将所有的歌题录入，如"起头堂歌"下面有"起二堂歌""起三堂歌""起四堂声""起五堂声"与"捞堂歌"，"梅花歌"与"春季社"之间有"大禾米曲""大陈谢""初言奉公爷父母""礼疏曲"未录，"春季社"与"请起妹歌章"之间有"长礼疏段数用"未录，"请起妹歌章"与"丢猪头歌"之间有"金花歌曲"未录。在此一仍其旧，未作添加。

日行申(深)山,日归西路。村坊好使,贵地好推,推出后生年少。东衍也会排台,西衍也会排凳。排起四衍八位,付起四脚凳盘,烧起明香,点起明灯。良时已来,吉时已到,把坛护殿先师,付下一双为神童子,为归先师,前衍先亡,后衍先祖,为归当厅一位。良时以来,吉时以到,付下一双酒明童子,酒诗歌章。良时以来,吉时以到,把坛护殿先师,付下上衍令官,亦是劳罗君子,亦是明国子孙。兰出金言,凑出金语,放出一字青令、五字青令、十五字青令、十八字青令、二十八字青令,急水滩头,起出内碎歌章:起声发歌章、细细唱歌章、不唱久歌章、同伴队歌章、杨鸟歌章、枫木青歌章、香字韵歌章、龙字韵歌章、莲字韵歌章、姐妹歌章。

　　　　一双青竹尾悠悠,向在东衍南衍,且定一声。嘱咒

　　　　一双青竹尾悠悠,向在西衍北衍,且定一声。嘱咒

　　　　拍齐抬盘,闹在四衍,四衍八位,且定一声。嘱咒

第一求阴,第二求阳,第三盏复,第四长行。第一一点酒浆落地,人利四衍八位。第二二点酒浆落地,人利上衍令官。第三三点酒浆落地,明利三天门下,强神恶鬼,善眼慈悲。第四一点酒浆落地,明利酒明童子,酒明先师。积小不是劳罗君子,不是明国子孙,不会斟酒,不会擂酒,借问上衍令官,斟酒擂酒何方起? 一双酒明童子,酒明先师,亦是劳罗君子,亦是明国子孙,斟酒擂酒白公面前起。一双酒明童子,酒明先师,亦是劳罗君子,亦是明国子孙,斟酒三盏,擂酒擂三杯,吃一碗,不一碗,未曾却时年。天上有个圆天星,做官三年木叶青,棋盘有个金漆盏,撬来白公面前看,第一一盏,令官不敢吃。第二二盏,令官不敢餐。第三一盏,口中放出古言章,却是抬盘,不角角官,不行歌声,不起杨鸟。不行却是抬盘,有脚角官,有行歌声,亦起杨鸟,亦行起歌令,闹热道场。呵撒,呵撒,呵撒。

十九段　就是唱散客歌曲又称"六亲游"。

　李罗逻李来嘱 李衣来嘱 李衣来嘱 李衣来嘱 罗来衣 李衣来嘱 罗李来嘱来 李罗逻阿来 罗衣李衣罗 罗莱罗呵 李衣罗来衣。

　　散客游游行天下,军子游游行军州。

　　军子游游投州宿,白公游游投酒筵。

　　散客游游行天下,野鸭游游投水圹(塘)。

　　野鸭游游投圹(塘)宿,白公游游投酒筵。

散客游游投天下,百鸟游游投木林。

百鸟游游投林宿,六亲游游投酒筵。

一间造房二间厅,粗台木凳在西厅。

六排坐得粗木凳,六亲坐起笑眉眉。

一间造房二间厅,云牙校椅[1]在西厅。

白公得坐云牙椅,六亲坐起笑眉眉。

一间造房二间厅,银瓶载酒在西厅。

银瓶措措金盘上,两头富贵得相逢。

细细酒筵细细起,细细酒筵起六亲。

起得六亲轰轰起,愁杀主人无酒斟。

台上无菜空劝筋,盏中无酒空劝杯。

第一一杯空劝过,第二一杯劝六亲。

细细酒筵细细起,细细酒筵起六亲。

起得六亲转转坐,可惜本家无酒斟。

台盘有蓎有劝筋,盏中有酒有劝杯。

细细酒筵细细起,细细酒筵起六亲。

起得六亲转转坐,云牙校椅两边排。

头酒担来六亲吃,尾酒担来人唱歌。

六亲得吃花园酒,吃了眉眉花色红。

二十段又唱富贵曲 阳曲 长曲声

罗来 罗来 罗来赖 李逻来罗来 逻来里逻赖 罗李赖 礼罗来。

千里闻亲多富贵,李罗来。万里闻亲富贵家。

富贵人家多富贵,富贵人家九仓禾。

九个禾仓拿宅转,十二个牛栏满宅围。

---

[1] 校椅:交椅,此指装饰有云纹的可折叠的椅子。

富贵人家多富贵,富贵人家九栏牛。

十头牯牛栏里宿,十二头金狗守门楼。

富贵人家多富贵,富贵人家九头牛。

九头牯牛栏里宿,十二金鸡满宅啼。

富贵人家多富贵,富贵人家九仓禾。

九个禾仓十个满,九个禾仓十个平。

平平过,平过深山杉木平。

杉木将来作屋柱,杉木将来做屋炉。

屋炉头上打金斗,云牙校椅两边排。

平平过,平过深山杉木平。

杉木将来做屋柱,楠木将来做屋炉。

男亲家造屋当富贵,女亲家造屋造青山。

男亲家开门对日山,女亲家开门对月良。

打开上园起大屋,打开下园起大厅。

男家开门对日月,月〔1〕家开门对月良。

两人亲家门对着,正是门对户亦当。

廿一段　又唱求官曲 阳曲声

罗来罗来嘱李罗嘱罗来嘱礼衣李罗逻李来嘱罗来礼罗来礼衣。

南木疏疏盖岭背,罗来礼衣。细雨眉眉青草岗。罗来礼衣。

提锹铲开官大路,铲开官路着官行。

锣鼓挂在西厅高壁上,二十四人秀才送上厅。

三百二人随路上,相依相引去求官。

第一求官撞四背,第二求官撞空亡。

守得空亡四背过,相依同伴去求官。

---

〔1〕　月:据上文,"月"字当为"女"字。

长依(衣)大袖求不得,裙脚筛筛得作官。

上世白公错葬祖,葬在江边着水推。

第一推过江华县,第二推过柳州城。

柳州城头得官做,思着当初着水推。

上世白公会葬祖,葬在江边着水推。

第一推过江华县,第二推过柳州城。

柳州城头锣鼓地,罗鼓大地讨占天。

上世白公会葬祖,葬在面前金秀山。

金秀山头出富贵,出得聪明好后生。

廿二段　又唱老人曲 阳曲

罗礼来嘱罗礼来衣李嘱罗来罗来嘱罗礼来嘱李衣罗礼来衣。

老人长有老人年,老竹皮黄面自严。

深山留得千年木,世上难逢百岁人。

老人长有老人年,老竹皮黄面自严。

老木逢春出嫩叶,不见老人偏少年。

日头出早照筛筛,照见老人街上行。

逢茶逢酒老人吃,路上逢花插后生。

日头出早照庭前,照见老人街上行。

老人头戴广州纱,脚踏麻鞋金绣花。

日头出是照庭前,照见老人街上行。

夜里受盏清渌酒,朝时受盏有盐茶。

廿三段　唱父母恩曲

罗李来罗李来衣 李嘱罗来罗来嘱罗李来嘱 来衣 罗礼来衣。

今朝早起人买卖,路逢君子卖胡椒。

有钱买得胡椒子,担归屋下不通收。

守得天光水洗面,茶盘托出奉爷娘。

有人不信存留看,养子正知父母恩。

今朝起早人买卖,路逢君子卖青梨。

有钱买得青梨子,担归屋下不通收。

守得天光水洗面,茶盘托出奉爷娘。

有人不信存留看,养子正知父母恩。

今朝早起人买卖,路逢君子卖香油。

有钱卖买香油子,担归屋下不通收。

守得天光水洗面,茶盘托出奉爷娘。

有人不信存留看,养子正知父母恩。

今朝早起人买卖,路逢君子卖红桃。

有钱买得红桃子,担归屋下不通收。

守得天光水洗面,茶盘托出奉爷娘。

有人不信存留看,养子正知父母恩。

廿四段　唱马诗曲 阳曲

罗来嘱 罗来嘱 罗嘱罗嘱来 罗嘱来 罗嘱来来嘱李罗呵来衣 李罗礼呵来衣。

大马曾曾大州出,经过大州门下来。

初声大布(步)绕尊神报,马奴割草养马身。

乌马曾曾乌州出,经过乌州门下来。

初声大布(步)绕尊神报,马奴割草养马身。

黄马曾曾黄州出,经过黄州门下来。

初声大布(步)绕尊神报,马奴割草养马身。

马娘曾曾大州出,经过大州门下来。

初声大布(步)绕尊神报,马奴割草养马身。

马仔曾曾马州出,经过马娘身上来。

初声大布(步)绕尊神报,马娘乳养马仔身。

驴仔曾曾驴州出,经过驴州驴县来。

初声大布（步）绕尊神报，驴奴割草养驴身。

象仔曾曾象州出，经过象州象县来。

初声大布（步）绕尊神报，象仔口湾江边吃白芒。

马奴曾曾名姓骨，手提茅刀不离身。

初声大布（步）绕尊神报，象奴割草养象身。

起造马栏寅申向，四边来龙寅申山。

初声大布（步）绕尊神报，面前江水向南流。

造起马栏卯乙向，四边来龙卯乙山。

初声大布（步）绕尊神报，面前江水九梅山。

造起马栏午丁向，四边来龙午丁山。

初声大布（步）绕尊神报，面前三个进才山。

起造马栏有九架，起造马栏有九间。

初声大布（步）绕尊神报，南木做柱杉木门。

起造马栏有九架，起造马栏有九间。

初声大布（步）绕尊神报，马栏屋下有一双。

起造马栏有九架，起造马栏有九间。

初声大布（步）绕尊神报，马栏屋下有两双。

起造马栏有九架，起造马栏有九间。

初声大布（步）绕尊神报，马栏屋下有三双。

马镫曾前秀才置，秀才聪巧置马镫。

两条剔过马孩下，两条剔过马眼边。

马架曾前鲁班置，鲁班聪巧置马架。

初声大布（步）绕尊神报，马架曾前在西厅。

马架曾前巧匠置，匠人聪巧置马鞍。

初声大布（步）绕尊神报，桐木作骨铁作钉。

无事将衣西厅上，有事将来大马背上安。

马鞍曾前巧匠置，鲁班聪巧置马鞍。

无事将来西厅马架上，有事将来大马背上安。

马笹曾前秀才置,秀才聪巧置成来。

初声大布(步)绕尊神报,千般聪巧匠置成。

无事将来西厅马架上,有事将来大马背上庄(装)。

马缨曾前秀才置,秀才聪巧置马缨。

初声大布(步)绕尊神报,千般聪巧匠置成。

马梳曾前鲁班置,鲁班聪巧置马梳。

初声大布(步)绕尊神报,千般聪巧匠置成。

无事将来西厅马架上,有事将来梳落大马背上毛。

马铇[1]曾前铁匠置,铁匠聪巧置铇初。

初声大布(步)绕尊神报,千般聪巧匠置成。

无事将来西厅马架上,有事将来铇落大马背上毛。

马衔曾前铁匠置,铁匠聪巧置马衔。

初声大布(步)绕尊神报,千般聪巧匠置成。

无事将来西厅马架上,有事将来大马口里衔。

竹是九梅山头竹,秀才聪巧置马鞭。

初声大布(步)绕尊神报,竹根竹骨麻作须。

马鞭曾前秀才置,秀才聪巧置马鞭。

初声大布(步)绕尊神报,千般聪巧匠置成。

无事将来西厅马架上,有事将来客郎伴马行。

木是[九梅]山头野槐木,客郎砍来作柏板。

初声大布(步)绕尊神报,柘木作骨皮作川。

木是九梅山头野柘木,客郎砍来作拍板。

无事将来西厅高壁上,有事将来客郎手上明。

竹是九梅山头竹,客郎砍来作笛吹。

无事将来西厅高壁上,有事将来客郎口里吹。

---

〔1〕　马铇:一种由铁与木头制成的刮毛器,类似刨子。

廿五段　唱单身曲 阳曲

罗来嘱 罗来嘱 罗嘱来衣来呵 罗嘱来衣来呵 礼嘱罗 罗来嘱 李嘱罗 礼来罗呵礼衣罗嘱来衣。

天下单身亦难做亦难做,流流浪浪下乡来。罗呵李罗来衣。

来到人门不敢入,一做(座)水维野护(埠)头。

不怨爷娘不怨姐,怨郎公祖出单身。

天下单身亦好做,一双花鼓挂床头。

眠到五更花鼓响,单身浪子好风流。

天下单身亦难做,膊头衣破无人缝。

上村借线借不得,下村借线有人×。

坐在凳头打一想,低头执秆当线逢。

告诉老人可易得,告诉客姑骂丑郎。

不怨爷娘不怨姐,怨郎公祖出单身。

天下单身亦好做,金漆炉头银潦房。

黑夜去眠龙床上,十八客姑来偷郎。

天下单身亦好做,亦好炉头亦好房。

黑夜去眠鸡栖上,野狸咬鸡唬惊郎。

不怨爷娘不怨姐,怨郎公祖出单身。

廿六段　又唱蕉枯女曲 同单身曲声

且唱一头蕉枯女,不合爷娘共路行。

有爷人女头带猪油亮,无爷人女洗面水搭头。

不怨爷娘不怨姐,怨娘公祖出蕉枯。

且唱一头蕉枯女,不合有爷人女共路行。

有爷人女头带金钗钏,不爷人女头插竹头簪。

不怨爷娘不怨姐,怨娘公祖出蕉枯。

且唱一头蕉枯女,不合有爷人女共路行。

有爷人女身着绫罗绢,无爷人女身着葛麻衣。

不怨爷娘不怨姐,怨娘公祖出蕉枯。

且唱一头蕉枯女,不合有爷人女共路行。

有爷人女包清水帕,无爷人女头蓬松。

不怨爷娘不怨姐,怨娘公祖出蕉枯。

廿七段　又唱难歌聪曲 阳曲

罗来罗来罗来赖逻赖逻来逻来嘱 逻来赖礼逻来。

前唱难歌聪,后唱牡丹花。

牡丹花发笑眉眉,正是六亲吃酒谁。

六亲吃酒欢心吃,不守客郎曲段推。

前唱难歌聪,后唱莲叶垂。

莲叶落地随江去,幼女落地难得归。

前唱难歌聪,后唱茅叶垂。

茅叶落地随江去,幼女落地难得归。

前唱难歌聪,后唱木叶垂。

木叶落地随江去,幼女落地难得归。

二十八段　唱西江看月曲

罗阿李嘱 罗阿来罗呵李嘱 罗阿来嘱。

且唱 西江 看月,后唱 渌水 游游。

哥爱 千年 做官,弟爱 万年 作师。

白日打鼓,层层吃酒,夜了吹唱,琵琶弹打,闹热道场。

且唱 西江 看月,后唱 渌水 游游。

哥住 湖南 路口,妹住 阳州 海边,望得 三春 发水,鲤鱼 逆水 顺便来寻。

且唱 西江 看月,后唱 渌水 游游。

哥住 湖南,妹住 四海,无人 得到,无人 得看,望得 三春 雷母 闪电,红水　抛抛,鲤鱼 逆水 顺边 来寻。

且唱 西江 看月,后唱 渌水 游游。

手提 拦网,随江 撇上,随江 撇下,逢着 鲤鱼 水底,令眼 精精。

且唱 西江 看月,后唱 渌水 游游。

东边 随船 过海,西边 随船 过江。

东边 有个 秀才,一自 做官,随海 通知 幼妹,江边 层层 吃酒,弹板 唱曲,弹打琵琶,闹热道场。

廿九段　又唱车皮歌曲 阳曲 单身曲声

罗来嘱 罗呵来 罗嘱来衣来呵 罗嘱来衣来阿 李罗罗来嘱 礼嘱罗礼来嘱 罗呵礼衣罗来衣。

寅卯二年天大旱,又无蚕子又无桑。

谁人聪巧知蚕子,谁人聪巧知桑林。

大年日夜得头梦,梦见长麻挂屋檐。

娘那等说钱财梦,马王菩萨送蚕来。

大年日夜种蚕子,二月二朝蚕出身。

两个嫂娘去摘叶,剪刀细切满头伤。

蚕子定布二月社,鹅毛疋下纸中央。

三人四体蚕大吃,体开沙前眉娘心。

鸭子下田开声好,今年当得两三年。

大吃不过两三日,差人四路定桑林。

采得桑林三十担,担归放出大厅心。

三间大屋桑敷过,存留一路过娘心。

五更起来敷桑吃,强如雨满白芒声。

大吃不过两三日,差人担竹织蚕楼。

织得蚕楼长丈二,两人抬去大厅心。

三十六担蚕无积做一日,不留蚕织挂娘心。

上村去请出丝姐,下村去请出丝娘。

出丝便讨聪巧女,白手捞丝慢慢均。

黄白蚕丝便出了,竹篙浪(晾)起着风吹。

黄丝将来织作绢,白丝将来织作罗。

今朝打随娘门过,闻娘厅上纺纱声。

车皮同娘裙脚转,纱线同娘手上牵。

今朝打随娘门过,闻娘厅上牵纱声。

纱机同娘裙脚转,纱线同娘手上牵。

同伴问娘牵几尺,多牵二尺了娘心。

卅段　又唱聪巧女曲 单身曲唱

罗来 罗阿来嘱 罗阿来嘱来阿 罗阿来嘱罗呵 李嘱罗 罗嘱来 李嘱罗 礼来嘱 罗阿 礼衣罗阿来衣。

东边有个聪巧女,西边有个聪巧娘。

两个聪巧相撞着,两机织罗亦相同。

东边有个聪巧女,西边有个聪巧娘。

两人聪巧相撞着,身着绫罗花亦同。

东边有个聪巧女,西边有个聪巧娘。

身着绫罗共一色,脚上绣鞋共样花。

东边有个聪巧女,西边有个聪巧娘。

两人聪巧相撞着,万罗细帕花亦同。

卅一段　唱忙闹女曲 阳曲 亦同聪巧女声

东边有个忙闹女,西边有个忙闹娘。

两人忙闹相撞着,两机织罗花亦同。

今朝打随娘门过,闻娘打着鍞柴声。

同伴问娘因何事,心慌执鲁不知天。

东边有个忙闹女,西边有个忙闹娘。

两人忙闹相撞着,两人共口不共心。

卅二段　又唱爷娘恶生许女曲 亦同忙闹女声

爷娘恶生恶许女,爷娘许女路头长。

三日行山不到屋,四日行山不到家。

黄茅岭头娘吃饭,起眼望见路头长。

爷娘恶生恶许女,朝朝许女入青山。

三日行山不到屋,四日行山不到村。

手提凉伞空把撒,脚踏麻鞋空把筋。

不怨爷娘不怨姐,怨娘性命入青山。

爷娘恶生恶许女,朝朝许女入青山。

朝见野羊来过路,夜见野牛来过村。

不怨爷娘不怨姐,怨娘性命入青山。

爷娘恶生恶许女,朝朝许女入青山。

朝见野牛来过路,夜见野猪来过村。

不怨爷娘不怨姐,怨娘性命入青山。

卅三段　又唱装鸟曲 亦同单身曲声

罗来嘱 罗来嘱 罗阿来嘱来阿 罗阿来嘱来阿 礼衣罗 罗衣来嘱 礼嘱 罗礼来嘱 罗阿 礼衣罗来衣。

九梅山头装台索,九梅山下炼台圹(塘)。

三锤三炼不成台,四锤四炼正成台。

九梅山头装台索,湖南江口下台圹(塘)。

一双秀才装台索,青山树下笑眉眉。

一双秀才相语话,担来装双不装双。

千般鸟子装不着,装着一双乖鸟是画眉。

九梅山头装台索,九梅山下下台圹(塘)。

一双秀才装台索,九梅山下笑眉眉。

一双秀才相语话,单来着双不着双。

千般鸟子装不着,装着一双乖鸟是鹧鸪。

九梅山头装台索,九梅山下下台圹(塘)。

一双秀才装台索,青山树下笑眉眉。

一双秀才相语话,单来着双不着双。

千般鸟子装不着,装着一双乖鸟是水台。

九梅山头装台索,九梅山下下台圹(塘)。

一双秀才装台索,青山树下笑眉眉。

一双秀才相语话,担来装双不着双。

千般鸟子装不着,装着一双乖鸟是白鸠。

九梅山头装台索,九梅山下下台圹(塘)。

一双秀才装台索,青山树下笑眉眉。

一双秀才相语话,单来着双不着双。

千般鸟仔装不着,装着一双乖鸟是鹌鹑。

卅四段　又唱杨鸟三意曲 阳曲 长曲声

罗来 罗来 罗来赖 礼罗来罗来罗来罗赖来 罗来赖 礼罗来。

三两三钱打头鸟,四两四钱打鸟笼。

金鸟笼中会说话,天光叫出石龙声。

一双嫂娘天光讨鸟看,笑起笼开飞上天。

飞上九十九重黄茅岭,飞过九十九重鸟木林。

黄茅岭头鸟歇宿,鸟木林头公祖堂。

衣襟包来兰门撒,千声百声叫不归。

丢了白米弹手指,怨死白米是黄金。

无子不养人家子,无鸡莫养野鹌鹑。

鸟子大了飞上天,人仔大了有野心。

人仔去了郎不恨,恨杀金鸡金色毛。

一双杨鸟飞南上,飞去飞来飞上天。

飞上厅头楹上站,幼女房中层层愁。

幼女愁时亦离爷娘去,爷娘愁时守空房。

一双杨鸟飞南上,飞来飞去飞上天。

白日飞入乌云里,夜了飞来投酒筵。

口里吃酒心里弱,恐怕一时不得周。

一双杨鸟飞南上,口含银锁邓银匙。

银匙舀饭铜筋吃,银锁娘娘难得行。

三只龙船随水上,中央一只载阳阳。

阳阳船头层层叫,幼女房中层层愁。

幼女愁时离爷姐,爷娘愁时守空房。

一双杨鸟飞南上,口含三十六枝花。

来到爷门丢了朵,爷娘执起是冤家。

爷娘执得冤家女,不得冤家女出门。

卅五段　一段当军曲 阳曲

罗来 罗来 罗来赖 礼罗来 罗来罗来罗赖来 礼罗来。

混沌年间天返乱,返乱朝廷来讨军。

讨出大哥哥不去,讨出二哥哥嫂留。

讨出三哥性情好,四哥背后办刀枪。

办出刀枪三千三百把,担归廷前插两行。

大嫂开仓打军米,幼嫂开仓打军粮。

升同白米多装斗,海底鲤鱼装一双。

细耳草鞋装一对,装在担头急急行。

去到湖南两路口,偏面看归日落山。

砍到白芒眠觉眼,芒桐蚁子咬郎身。

线被盖头溪下宿,受寒受苦受千辛。

眠到五更军起脚,白马一囚军起身。

同伴拨郎上大路,行去南边鼓响声。

去到东楼开鼓响,去到西楼闻鼓鸣。

锣鼓喧天不等命,白马一囚不见身。

黄茅岭头撞着贼,杀倒红血射郎身。

白纸写书归报信,世也不望君子归。

爷娘起启三间琉璃屋,留来我子点灯明。

烧了千斤千两藤骨,点了万万两清香油。

爷娘烧香又作福,烧香作福等郎归。

直到明年正二月,正得我郎君子归。

推人上村请叔伯,杀倒猪羊打平安。

细切羊肝邓[1]盐煮,军子吹了亚装称。

短造衣裳长造袖,军子下乡不比行。

牛皮写书安笼底,祝子留孙不做军。

有人做军看我样,牛皮背上两行书。

卅六段　李王曲出世歌 长曲声亦同当军曲声

李王出世紫山上,李罗来。死了三年人不知。罗来嘱 礼罗来。

剩得一包身上骨,天师炼药点归生。

李王宜生不宜养,送入深山住石岩。

大虫朝朝来送乳,乌鸦含水洗衣裳。

李王原来三只眼,有只走来眉上生。

有只望天只望地,有只常在望本身。

李王当初去学法,学法不全凉树边。

去时三百人随后,归家龙虎两边排。

李王当初去学法,学法不全凉树边。

李王学得还算好,归家学作好后生。

李王提桶去担水,去到江边撞着仙。

担杆变蛇游过海,头尾变鸟飞上天。

---

〔1〕 邓:瑶语,蘸。

龙王托头去壅火,李王托脚做门闩。

眠到五更失眼困,狗王含出屋中央。

李王提凳拦门坐,看见乌鸦飞上天。

左手上弓右担箭,要讨乌鸦脚上天。

射得乌鸦脚一只,接起李王脚下行。

卅七段　唱梳妆曲 阳曲

罗来罗来罗来赖 礼罗来罗来罗来罗赖来 罗来赖 礼罗来。

打随东边大路上,看见西边人读书。

人家读书连郎爱,爷娘送子入书堂。

借问爷娘舍不舍,借问先生教不教。

爷娘舍得千金子,先生舍得笔头书。

大州买得纸连笔,小州买墨写文章。

初书连郎写不得,细写写得两三行。

初书打落恭城县,细书打落柳州城。

朝朝起早蒸茶饭,勒起码头急急行。

打开高山种松柏,打开平地种杨梅。

松柏成林尾尖尖,杨梅成林尾筛筛。

因此真君出圣影,就便出身过大溪。

去到南头结一发,伏得龟蛇脚下行。

真武真牛上石壁,至今出圣得人传。

真武当初法艺大,朝朝芒藤担石山。

新起石桥万丈二,八个将军扶起行。

仙童玉女来扶助,万代将军扶两边。

今朝打随铁州山下过,风王云是甲神仙。

真武当初法艺大,提脱篆王头上毡。

三十六人为同伴,武当山下好修行。

修得三年三月满,黄铜白铁变成银。

竹鸡山头扒石笋,无人海边扒石船。

真武真牛上石壁,仙娘骑马上西天。

卅八段　又唱太公钓鱼曲 同梳妆曲声

太公钓鱼朝州去,引过阳州大海边。

差人上山砍钓木,三人砍倒四人抬。

当春牯牛来引钓,引山阳州大海边。

五百鲤鱼来引钓,绞烂阳州一所陂。

三斤长麻打条缆,四斤长麻打条绳。

三条大缆缚鱼口,四条大缆缚鱼身。

五百名军抬不动,一百名军抬得摇。

抬过阳州街头落夕雨,两人共戴鲤鱼鳞。

抬过阳州街上破,厨官小手破鱼心。

入肚一时不见出,再推两人入来寻。

一身鱼肉尽卖了,剩有鱼骨三十斤。

太公担来挽大鼓,李二将军打鼓名。

抬过阳州街上打,愁杀扬州一所军。

鱼尾将来作船桨,鱼骨将来人架桥。

鱼头将来作碓硙,鱼扇担来人扇风。

卅九段　雷州雷十八曲 长曲声

罗来罗来罗来赖 礼罗来罗来罗来罗赖来 罗来赖 李罗来。

且唱雷州雷十八,雷州十八赌钱归。

白日赌了三千三百贯,夜间赌了九仓禾。

赌了公爷宅上地,赌了公爷宅下田。

公爷宅田尽赌了,思量无计贩私盐。

贩得私盐三百担,不得湖南条路通。

打随东边上大路,乌鸦作队过郎头。

白颈乌鸦鸦有事,墨头乌鸦鸦有伤。

三百二人草里伏,四百二人草里藏。

黄茅岭头撞着贼,杀得枪头出火烟。

第一一枪枪着脚,第二一枪枪着腰。

牛皮写书安笼底,祝子留孙不赌钱。

有人赌钱看我样,牛皮背上两行书。

卅九段[1] 接客来唱令里声

李罗呵 李衣来嘱 李罗哩落阿来嘱 李衣来罗阿来来衣。

初相潦乱客郎来,贵郎过乡过洞来。

五百里路郎住处,为着宗祖亦着来。

初相潦乱客郎来,扒山涉水亦着来。

落雨山头来不得,亦着披毡带笠来。

初相潦乱客郎来,鸡啼半夜出屋来。

来到郎门人不识,身着绫罗金绣鞋。

今朝来时早便早,脚踏麻鞋过岭来。

来到郎门人不识,人人叹念好文才。

今朝来时早便早,脚踏罗鞋过九溪。

来到村头初相见,请到厅头坐中央。

今朝来时早便早,脚踏绣鞋过莲圹(塘)。

身上穿着绫罗绢,人人叹念秀才郎。

四十段 唱大讨路阳曲 同接客歌声

初相潦乱客郎来,不得天光上路来。

初声大布(步)绕尊神报,曾来贵地看贵乡。

---

〔1〕 卅九段:上一段《雷州雷十八曲》为卅九段,此处当为"四十段",不知为何仍标为"卅九段",俟考。

初相潦乱客郎来,不得天光下路来。

初相大布(步)贵亲报,曾来贵地看贵家。

初相潦乱客郎来,不得天光从路来。

初相大布(步)贵亲报,曾来贵地看文才。

今朝来时早便早,脚踏黄茅过九岗。

路逢杨梅十二对,树头杨鸟十三双。

今朝来时早便早,脚踏桥梁过九江。

路逢秀才十二对,路逢白马十三双。

今朝来时早便早,脚踏湿泥过九圹(塘)。

上圹(塘)逢鸟十二对,下圹(塘)逢鸭十三双。

四十一段　唱留客歌 阳曲 亦同令里声曲

日头出早照游游,下园灯草剩结球。

留下客郎厅上坐,强如春花对石榴。

日头出早照阳阳,接下凉伞留下郎。

留下凉伞居住宿,剩要客郎耍一场。

日头出早照山头,入园捡菜剩留枝。

拿倒马头留下客,留下客郎唱七天。

不要紧,半夜响雷不要慌。

半夜响雷不落雨,天光正落白头霜。

留下客,急水滩头留下船。

留下大船人买卖,留下客郎那唱歌。

俫那留客客便宿,俫那留客客便眠。

人剩担篱围大海,围转客郎耍一场。

九梅山头有金竹,九梅山下有篱围。

初声大布(步)绕尊神报,蔑白架桥不通行。

留下客郎居住宿,强如山伯对英台。

九梅山头有紫竹,九梅山下有篱围。

初声大布(步)绕尊神报,麻索架桥有敢行。

织篱围断客郎路,围断客郎不路行。

九梅山头有老虎,九梅山下有大虫。

初声大步绕尊神报,灯草架桥不敢行。

大虫等断客郎路,等断客郎不路行。

九梅山头有深海,九梅山下有深湾。

初声大步绕尊神报,相思架桥不敢行。

犀牛等断三江口,把断客郎撑船不敢行。

四十二段　又唱起身歌　亦同令里声

九梅山头有冷水,九梅山下有溪圹(塘)。

初声大步绕尊神报,白马吃草水来消。

九梅山头有冷水,九梅山下有冷圹(塘)。

初声大步绕尊神报,马奴洗身上马鞍。

吉时吉候到,吉时吉候推,装裹大马街(阶)下停一停。

初声大布(步)绕尊神报,装裹大马出门行。

吉时吉候到,吉时吉候推。

初声大布(步)绕尊神报,装裹青马街(阶)下叫囚囚。

吉时吉候到,吉时吉候推。

初声大布(步)绕尊神报,装裹紫马安紫花。

五更头,白马踢蹄羊蹄楼。

羊子踢蹄(楼)思嫩草,白马踢蹄思路头。

日头出早照音音,小客齐齐暂(站)起身。

初声大布(步)绕尊神报,装裹红马出路行。

日头出早照阳阳,小客齐齐暂(站)起身。

初声大布(步)绕尊神报,装过红担出门前。

日头出早照音阳,小客齐齐暂(站)起身。

初声大布(步)绕尊神报,少得初言谢尊神。

客便去,客便行。

若是留客客便住,若是不留客便行。

水出石岩不通淹,风过树头不通停。

厅头不是久留客,滩头不是久留船。

客便去,客便行。

曾见客姑住得夜,不见客郎得担装。

九梅山头不谢面,九梅山下不水生。

初声大步绕尊神报,桐木架桥客郎讨路行。

九梅山头不种竹,九梅山下无围篱。

初声大布(步)绕尊神报,曲木架桥客郎讨路行。

三把铜刀郎买把,暂(斩)破篱围客郎讨路行。

九梅山头不老虎,九梅山下不大虫。

初声大布(步)绕尊神报,紫木架桥客郎讨路行。

三把铜刀郎买把,杀倒大虫客郎讨路行。

四十三段

起头堂歌

李衣礼罗礼罗礼 李衣罗李礼 礼李衣罗李礼。

起二堂歌

日夜 何富 何日 也亥夜日富 也衣夜日富 富 也亥衣日富。

起三堂歌

日衣富 日衣亥 日亥夜日富 也亥夜日富 富也衣夜日富。

起四堂声

日衣亥 日衣富也亥夜日富也亥夜 日富 富日 衣夜日富。

起五堂声

日衣夜 日衣富 日衣夜日富 富日富 富日夜日富。

唱捞堂歌[1]

黄牙岭头山渌水,谢谢。流去流来流下江。筛筛 谢谢。

流下清江随江去,将洗衣裳请乐堂。

郎随湖南大路上,青丝树下着衣裳。

着衣不起郎唱起,拍起衣袖下游堂。

歌堂到谢谢半人欢喜半人愁筛筛 谢谢。

半人欢喜歌堂到,半人愁弱不衣裳。

郎随湖南大路上,青丝树下拍长湖。

逢着长湖拍两拍,相依同伴下游堂。

非衣非 非衣非 非衣非 非也夜富曰衣亥曰衣非 也衣非 日夜嘱富。

四十四段　又唱梅花歌曲

罗阿来　罗阿来　多罗阿来。

日头出早照细筛,照见白公伴云行。

白公手把礼罗。梅花碗,子孙相劝第一杯。

日头出早照筛筛,照见白公走马围。

铜锅暖酒清瓶载,斟下盏中盏中红。

白公手把梅花碗,子孙相劝第二杯。

前唱南江子,后唱马栏清。

千年百年入为香,礼罗阿来衣。

穿破金腰带,踏破金绣鞋。

一早二早入为香,礼罗阿来衣。

白公手把梅花碗,子孙相劝第三杯。

上树种青梅,从根生起着藤缠。

利刀斩断黄桑树,存留青梅应阳春。

---

[1] 此歌未标明段数序号,或因与跳堂歌同为在堂唱,故视为一体。

白公手把梅花碗,子孙相劝第四杯。

换声唱。杨鸟初生不根木,从根生起叶垂垂。叶垂垂。

川山过岭摘帐叶,十枝生气叶垂垂。

口中吹出百般曲,曲曲回归杨鸟垂。

白公手把梅花碗,子孙相劝第五杯。

罗来罗来罗来赖 罗来赖 李罗罗来 李罗来李罗来。

远见白公住宅好,罗礼礼罗来千里来龙走马围。罗礼罗来

面前江水群宅转,背后鹅鸭作雷声。

白公手把梅花碗,子孙相劝第六杯。

罗来罗来罗来赖　罗礼礼罗来罗来罗来罗赖　来罗礼礼罗来。

远见白公住宅好,四边来龙走马围。

面前禾仓群宅转,背后有个进才〔1〕山。

白公手把梅花碗,子孙相劝第七杯。

白公起得好大屋,起得前厅对后厅。

前厅起出蛟龙影,后厅起出鲤鱼班(斑)。

白公手把梅花碗,子孙相劝第八杯。

白公起得好大屋,起得前厅对后厅。

前厅起出黄泥担,黄泥担起细金妆。

白公手把梅花碗,子孙相劝第九杯。

白公起得好大屋,四脚极极在路头。

第一起间恭城县,第二起间柳州城。

白公手把梅花碗,子孙相劝第十杯。

白公富贵真富贵,白公富贵满宅围。

白公富贵丁天去,子孙富贵禾仓满宅围。

白公手把梅花碗,子孙相劝十一杯。

---

〔1〕　才:财。

换声唱。风过领头雨撒撒,雨撒撒。生行水底水流茶。水流茶。

鲤鱼水底群宅转,琵琶拍起唱梅花。

白公手把梅花碗,子孙相劝十二杯。

又到大禾米曲[1]

罗李李罗 罗李来喝 李罗李衣来 李罗罗来 罗李来罗阿李四来衣罗阿李罗来衣。

米是旧年礼罗李。黄糯米,酒是旧年黄酒酱。黄酒酱。

九梅山头采饼草,湖南江口采藤香。

采得藤香上手了,相依相命归本乡。

归到本乡同米矸,同米矸出碓中舂。

碓中舂出簸中载,簸中载出布中筛。

布中筛出簸中载,簸中载出手中搓。

手中搓出簸中载,簸中载出帐中装。

三尺红罗来盖面,三朝扇开满街香。

一双嫂娘来出饼,扇开罗帐白如霜。

一双嫂娘相语话,清凉屋下笑眉眉。

世间不知饼出处,饼是深山细叶藤。

一双嫂娘担水放,放去放来成酒酱。

三尺红罗来盖面,三朝扇开满瓮香。

铜锅暖酒青瓶载,斟下盏中盏盏红。

白公吃酒欢心吃,不守(等)子孙曲段推。

永乐元年刀斧利,朝朝畲路入青山。

饭包挂在青山下,青山树下棍蛇游。

不过三朝来等饭,南风吹发满山香。

---

〔1〕 或因此曲与《梅花歌曲》同为向白公献酒,故列为同一歌章。

一双嫂娘担水放,放去放来成酒浆。

头酒将来六亲吃,尾酒将来人唱歌。

白纸真,白纸写书请六亲。

请得六亲转转到,愁杀本家无酒斟。

盘中不齑空劝筋,盏中不酒空劝杯。

六亲吃了花园酒,吃了花园花色红。

白纸真,白纸写书请六亲。

初书去请六亲客,细书去请水源头。

请得六亲轰轰到,愁杀本家无酒斟。

盘中不齑空劝筋,盏中无酒空劝杯。

六亲吃了花园酒,吃了眉眉花色红。

白公手把梅花碗,子孙相劝十三杯。

换声唱。

一双白碗白眉眉,妆把白公上马杯。

白公上马己(几)时去,残碗残碟己(几)时收。

白公手把梅花碗,子孙相劝十四杯。

一双白碗白眉眉,妆把白公上马杯。

白公上马顶天去,残碗残碟子孙收。

白公手把梅花碗,子孙相劝十五杯。

罗来罗来罗来赖　罗来赖　礼罗罗来礼罗来礼罗来。

四十五段　又唱大陈谢

小日早晨请公爷、拜客、接客、安客、谢客词:

平地归生,平地归养,三两个朋亲贵客,亦会木林栋木,竹林栋竹,栋得横吹骨管,拍板曾曾,笛管相吹相引,踏上寅卯两时,将出黄油金伞,三家路头,停住一宿,回前回后。

上位明王贵亲,亦会金架梳头酒,将出粮田白饭。茶应难完,茶应难满,且定暂退。上位明王贵亲,差出后生年少,一衍排台,二衍排凳。排得亦周,拍得亦满。请启门房老少,六路贵亲。

三两个亲贵客,坐得亦周,坐得亦满。金奩金杯,金奩【金】梳,富贵金厅,金台头上,提瓶加盏,提盏加杯,提盏卜盏,常在面前。谢头尊主,兰出金言,凑出金语,过迎来劝,四行八位,六路贵亲。

三两个迎亲贵客,受出金杯,金奩金梳。饮得三盏亦来,四盏亦后,将出粮田白饭,担依亲朋贵客,将出鹅毛金担,捡过阳鸟宝钱,鹅毛金梳。捡私亦周,捡【私】亦满。朋亲贵客,停(庭)前驾车,停(庭)前架马,架起红罗紫车,红罗紫马。停前街(阶)下,停歇一宿。上位明王贵亲,酒瓮一自长江游水,氏游氏清,氏游氏绿,迎迎加盏,盏盏加杯。一自颜客着剪,百鸟着台。

三两个亲朋贵客,兰出金言,凑出金语,过来不敢尊断。四行八位,谢头尊主,且比尊断。亲朋贵客,面前神双,且定暂退。当厅托知马头,行梁行江亦上,行路亦满。亦幡满路,红红初方,小地小方,梁梁亦不。后生年少,三叉路头,四叉路口,相依迎接。接入三两个远亲贵客,庭前街(阶)下住宿一些,一小贫家,并无后生年少,前门不扫,后门不扫。扫洗庭前街(阶)下,答落下马。初台初杯,初奩初梳。

三两朋亲贵客,兰出金言,凑出金语,过来当厅,敷纳船车,水路亦周,水路亦满。一小贫家,差使后生年少,兰出金言,凑出金语,过来迎劝四衍八位,六亲贵客,仰献亲朋贵客,放撒金准,放撒金手,受时下马,初奩初素。今见请头谢尊主,放撒龙双金手,逐神古比,一皆常阳。二街迎接,接入三两朋亲贵客,富贵初厅,停住一宿。

【三两个】朋亲贵客,兰出金言,凑出金语,过来贺起。一小贫家,富贵初厅,一小贫家,不得粗台木凳答地生成,当衣朋亲贵客,歇下金九,谢下金身。一小贫家,不知茶瓶,暂退酒瓶,亦来提瓶曾曾,提酒亦斟,常在面前,先献谢头尊主,兰出金言,凑出金语,过来仰献。

三两个亲朋贵客,放散彩散,金手面前,受时加杯,初奩初梳。饭得三杯不坐,四杯不坐。朋亲贵客,且定暂退,不离初方,亦来一同,日行西山,日归西路。一小贫家,差使后生年少,一衍排台,二衍排凳,排起初台木凳,叫归六亲九亲,朋亲贵客,坐齐亦周,坐齐亦满,将出初杯,初薝初梳,提瓶曾曾,提酒来斟,常在面前。

谢头尊祖,兰出金言,凑出金语,过来仰劝,四衍八位,六路九亲,朋亲贵客,受时初杯,初薝初梳。亦过一同三间亦来,四更亦后,朋亲贵客,亦会排时,作后屋炉头上,将下鹅毛金担,搭在金台,将出推使,水推郎舅。当厅打开鹅毛金担,攃捡杨鸟市钱,鹅毛金梳。攃捡亦周,攃捡亦满。将入深房里内,经过火炉头上,前门将入,后门将出。富贵初厅,前献爷娘,后劝父母,亦周亦满。将入深房内里。经过厨官刀手,提刀细切,提刀细连。经过盐边亦甜,经过醋边亦香。将出富贵初厅,东衍排背,西衍排俵。四衍八位,六路九亲,朋亲贵客,男衍女样,谢头尊主,贤亲贵客,吃了心里亦甜,口里亦香。一小贫家,酒瓶一做旱圹(塘)久水,四季常干。朋亲贵客,迎迎不盏,盏盏不杯。朋亲贵客,兰出金言,凑出金语,过来不敢拆断四衍八位。大龙富贵,六路九亲,且比拆断,房亲贵客面前,神神拆断,早退不离,富贵初厅。

郎叔请坐。

四十六段　又唱初言奉公爷父母 小日早晨唱用。

一衍初书,请出前世前衍先亡,二衍初书,请出后世后衍先祖,三衍初书,请出先祖案前。

叔孙有人,差出后生年少,亦会栏门敷陈,亦会栏门敷笛。一双富人来客,低头为拜,亦来上香。东边山头起云,西边山头起雨,细雨眉眉,百草乱生,百鸟乱啼。十二月野火烧山,客脚乱行。

叔孙有人,亦来付起谢头尊主,脚起屋门高地,门仪横炉盖厅。亦有琉璃瓦盖,亦有云牙校椅。当天(厅)一位,答地生成。

一双富人来客,积小住在牛蹄小娲,牛角弯弯,多见青山,少见学堂。语言不周,说言不通。说言粗如芒桐,语言粗如笔管。兰出金言,凑出金语。

一双富人来客,连州共县,连祖共宗。富人来客,得知叔孙有人,朝踏细书歌堂良愿。富人来客,穿山过岭,穿岭过山。

一双富人来客,不知初言,不知初语,上厅借问谢头尊主。

一双富人来客,不知歌堂落在何方,连乡共洞,连祖共宗,连衣共岭(领),连火共炉。

一双富人来客,不知初言,少得初语,借问谢头尊主,叔孙有人,不知暂退,不知常在歌堂头上,不知暂退,退步回乡。

一双富人来客,兰出金言,凑出金语,贺起谢头尊主。横楼盖厅,琉璃瓦盖,富贵良厅。谢头尊主,叔孙有人,富人来客,不知坐东,不知坐西。

一双富人来客,再头路面,疏牙露齿,说言不周,初言作笑,说言粗如笔管。谢头尊主,叔孙有人,一墨遮盖,平墨疏修。

一双富人来客,亦依谢头尊主,叔孙有人。又闻【叔孙】有人,富人【来】客,亦依谢头尊主,启手为拜,白公面前,亦来上香。谢头尊主,叔孙有人,推出后生年少,左手提瓶,右手提盏,连碗起盖起杯。

一双富人来客,知得谢头尊主,叔孙有人,富贵良厅。一双富人来客,川山过岭,川领过山,提破凉伞,踏破草鞋,不知歌堂落在何方。

一双富人来客,一句初言,上厅借问谢头尊主,谁人置天? 谁人置地? 谁人置出粮田? 谁人耕春在前? 谁人耕种在后? 粮田白饭,便养谁人?

一双富人来客,借问谢头尊主,粒边推出大台? 粒边推出谁人大凳? 当初生在何方? 生在何岭? 谁人砍倒? 谁人锯开? 谁人担归? 谁人斗得头齐尾整、头整尾齐? 谁面上天? 谁脚落地? 谁人架起四脚台盘? 谁人置起红罗金段(殿)? 谁人置起明香炉? 谁人置起明灯? 谁人置起红面姑娘?

一双富人来客,东边推出楠木,西边推出杉木大凳,生在武当山上,匠人砍倒,叔孙有人担归,请到高手匠人,斗得头齐尾整,头整尾齐,四脚落地,台面上天。烧起明香,点起明灯,请到把坛护殿先师,置起红罗金殿,敬奉白公。谢天(头)尊祖,一句初言,下厅借问,富人来客,四脚落地,台面上天,富人来客,聪明口弯,亦偏出头,台面上天,四脚落地。富人来客,有人传言,有语传语,不言不语,起脚行良,退步回乡。一句初言,下厅借问,富人来客,堂头拍长,起造房屋三间,衍(桁)条几个? 楼梁几条? 富贵良厅,富人来客,一句初言,上厅借问,谢头尊主,叔孙有人,打开六合通书,谁人置出金鸡簿历? 谁人置起七宝明香?

一双富人来客,借问一句初言,上厅借问,谢头尊主,谁人置酒? 谁人置醋? 谁人置笔? <谁人置笔? >谁人置墨? 谁人置纸? 谁人置砚? 亦有盘古置天,亦有婆婆寻上地,亦有圣母置殿,亦有杨鸟三春,亦有百鸟乱啼,亦有百草乱生,亦有古匀[1]乱啼,亦有高坡不塞,亦有百圳不修,亦有春犁不咀,亦有春耙不齿,亦有春牛不眷,亦有云雾罩山,亦有细雨眉眉,亦有黄龙转江,亦有五龙转海,亦有雷母架车,亦有雷女坐机,亦有雷公闪电,亦有水出天堂,亦有红水盖源,亦有推了廿四金州,亦有推了瑶田,亦有推了百姓陂圹(塘),源归源满,闹热道场。

四十七段　又唱礼疏曲　奉公爷唱甲

来庄疏年,来庄疏西,先诉远年,叔孙有人,求才(财)不上,买卖不现。小男幼女,投带都房,退步载状。投天天高,投水水深。思量无计,无计思量。将出一其香信,出依三天门下,有灵童子迷魂占卦。家中不是神坛社庙,常来前世爷娘,后<下>世父母,下来提点叔孙有人、子孙男女,要讨细书歌堂良愿。计(记)在心头,退步回乡。回归家中,男人话起,女人皈依。叩下香堂,开仓取出粮田白米,元伏(状)【水碗】[2],撒下阴酒阳浆,三朝三前,四朝四后,前门将入,后门将出。将出杨鸟细茶,出以长乡大洞、州县内里头,买得清油白纸,细罗白绢,头蹄四脚,退步回家。

叔孙有人,推出后生年少,前门长扫,后门长扫,扫尽居炉边之,贺起四脚台盘,烧起明香,点起明灯。上请大师下(不)来,下请小师不到,请到带兵弟子,提铃把卦,摇铃召请。一请明尊,二请家堂,三请三步,四请六路神丁。请尊在前,咒水在后,阴阳渌水,连堂解秽。打开三司神名大路,通道泉州灌阳、泉阳灌州,前请前衍先亡,后请后衍先祖,三召三请。居炉边之,众房叔孙,鱼见江水,子见父母,低头为拜。白公面前,亦来上香,一

---

〔1〕　匀:即"鸠",鸟名。
〔2〕　元伏水碗,即专门用来盛装供品祭祀祖先的碗。

拜献上明香,二拜劝上渌水,三拜责下银钱财纸,定落深山保卦,为保众房叔孙,人丁加口成丁。

叔孙有人,知得公家原年出省来意,将出变盘诗酒,前变前衍先亡,后变后衍先祖。一变、二变先主案前,三变变出三天门下。有廪无廪,有酒无瓶,过往时流。四变变归先祖案前,居炉边之,存下变盆诗酒,阴饱阳饥,阴阳相伴,吃得三巡七盏,五盏七杯,吃得亦周,吃得亦饱。

良时亦来,吉时亦到,把坛护定(殿)先师,起身通过云牙帐、书莫帐,书鸭了神书。许愿童子,结愿先师,下园白竹一节,白纸一帖,当厅一位,也依众房叔孙,结起细书歌堂良愿,一为人口,二为资财,三为耕田作地,四为六路丰登,为得男人长大,送入驴(间)山读书,为得女人长大,送入深房内里,揪花打花,十指亦通,十指亦满。

天上亦有七星,地下亦有百岁老人,收得六合通书金鸡簿历,年头看到年尾,年尾看到年头,当用某年某月某日倍(赔)还细书歌堂良愿,计在心头,退步回家。回归家中,老者多说,少者多听。男人说起,女人皈依。叩下香堂,开仓取出粮田白米,因伏(水碗),撒下阴酒阳浆。三朝三前,四召四后。前门将入,后门将出杨鸟细茶。出依长乡大洞、州县里头,买得香油白纸,细罗白绢,头蹄四脚,七宝明香。上请大师亦来,下请小师亦到,请到明亮先师,台中磨墨,纸中写书。写出一衍是墨,二衍是书。路头出书,路尾出帖。二十五里,远请姑娘姐妹,近请门房邻舍。请到把坛护殿先师,车神童子,明保令官,青龙白虎师郎,收藏师主,上堂仙姑,下堂仙女,厨官刀手,鼓头郎君,鼓板小娘,三人四姓,五人四角。请齐亦周,坐齐亦满。富人来客,贺起堂头福主,叔孙有人,琉璃瓦盖,富贵良厅。

四十八段　唱春季社　奉公爷父母大小　响(晌)午唱

春有春季,冬有冬季,连(年)有四季,日有三席,席有三杯。打开上园种桑,打开下园种柘。桑木成林,柘木成枝。

老者多说,少者多听。上山落叶,归家养蚕。养得蚕蚕成茧,茧茧成丝。老者身穿绫罗,少者脚踏八角绣鞋。朝踏大年日夜,朝踏大年一时。

老者多说,少者多听。叔孙有人,推出后生年少。二十五里,远请姑娘姐妹,近请门房邻舍。请到姑娘姐妹,高台吃酒,吃得三更亦来,四更亦后。[1] 吃得颜容着精,白马着台。吃得巡巡架盏,吃得盏盏架杯。

叔孙有人,推出后生年少,把火入房,打开银箱漆笼,接出绫罗被盖,得过[2] 姑娘姐妹,连更宿夜,连夜宿眠。眠到五更,不知黄龙转身,江水长流,一做[3] 莲花出水,莲子蕉蕉,莲叶盖圹(塘),藕笔咬梭,石榴花发,子榴花开。老者高山松柏,四季常青;少者下园斑竹,年年出笋,撒满地皮,住满岗州。

老者多说,少者多听。上山批斩犁耙,担归庭前街(阶)下,谁马街前。老者前来踏看,少者劈砍完成。叔孙有人,请到高手匠人,斗得头齐尾整,头整尾齐。

正月杨鸟催春。二月惊泥动土。三月撒下五谷,依泥相养,依养相生,泥上抛芽,芽上抛生。四月二双青竹女,亦会梳头,亦会洗面,亦会移秧插种,种得上田界绿,[4] 下田界青。五月提锹看水。六月耨修两巡。七月禾苗青秀。八月禾花结子。九月禾黄满洞熟。十月收仓满库。

老者多说,少者多听。叔孙有人,推出后生年少,上山砍木架桥,架起湖南官家大路,高处铲低,低处填起。老者手提月子,少者手提担杆,一日剪得三百把回头,四百把回家,大仓到顶,小仓到脊。今年天地不旱,亦着时年。呵撒,呵撒,呵撒。

四十九段 又唱长礼疏段数用

一到日行深山,日归西路,村坊亦有好使,贵地亦有好推,推出后生年少。东衍亦会排台,西衍亦会排凳。排起长台木凳,广筵大席。东衍排得亦周,西衍排得亦满。

---

〔1〕 后:瑶语,去。
〔2〕 得过:瑶语,给过。
〔3〕 做:朵。
〔4〕 界绿:非常绿;界,程度副词,非常,十分。下同。

叔孙有人,差出后生年少,远请姑娘姐妹,近请门房邻舍。请到把坛护殿先师,车神童子,明保令官,青龙白虎师郎,谢头尊主,收脏师郎,上堂仙姑,下堂仙女,厨官刀手,二十四教都司瑶郎。点齐亦周,坐齐亦满。

叔孙有人,推出后生年少,将出琉璃白碗,水底细莲。左丿左来,右丿右来。将出初薦初杯,打落金台头上,常在面前。后生年少,左手提瓶,右手提盏,提瓶提盏,提盏提杯。吃得亦周,吃得亦满,吃得三更亦来,吃得四更亦后。金薦金盏以过,金梳亦来,堂头拍掌。

叔孙有人,推出后生年少,厨官刀手,砍出芙蓉白肉,打落金台上,常在面前。后生年少,左手提瓶,右手提盏,提瓶提盏,提盏提杯,堂头拍掌。

叔孙有人,亦是劳罗君子,明国子孙,兰出金言,凑出金语,乱乱仰献,四衍八位,六路九亲,人人放搧,腊搧红衣大神,路出金手面前,受时金薦金杯。一期,三更亦来,二期,四更亦后,堂头拍手。

叔孙有人,推出厨官刀手,将出芙蓉白肉,左丿左来,右丿右来,打落金台头上,常在面前。知得定客师至,定客师杯。

叔孙有人,东衍亦会定客,西衍亦会定师。一定定下把坛护殿先师,车神童子,明保令官,谢头尊主,青龙白虎师郎,下堂仙女,厨官刀手,二十四个瑶郎。东衍排得亦周,西衍定得亦满。后生年少,左手提瓶,右手提盏,提瓶提盏,提盏提杯。吃得三更亦来,四更亦后。吃得颜容着精,深山百鸟着台。富人来客,浪浪温饱,浪浪温饥。众房叔孙,酒瓮长是清江水,底绕低清,低绕酒流,酒瓮不敢趱(暂)断。把堂师主,明保令官,请来尊主、青龙白虎师郎,当位趱(暂)断三人四姓,五人四角,付人来客,后生年少。酒瓶赞(暂)退,酒瓮为收。负累村坊,行良歇宿,停住一时。

到此定客主。

堂头拍手,叔孙有人知得公家源年出山(省)来意。三更亦来,四更亦后,推出后生年少,前门长扫,后门长扫,扫洒居炉边之,付起四脚台盘,烧起明香,点起明灯。上请大师亦来,下请小师亦到,请到把堂护殿先师,提铃把卦,摇铃召请。请尊在前,咒水在后。一请明尊,二请家堂,三请三迎,四请六路神仙,阴阳渌水,连堂解秽。打开三司神名大路,通到泉州灌

276

阳,全阳灌州,前请前衍先亡,后请后衍先祖<先祖>案前,三召召归居炉边之。众房叔孙,鱼见江水,子见父母,低头为拜,白公面前恭拜:一拜,劝上明香,二拜,劝上渌水,三拜,责下银钱财币,定落深山,保卦为保众房叔孙,人口加好成丁,赞下居炉边之。

守时良候,守候良时。良时亦来,吉时亦到,把坛护殿先师起身打开三司神明大路,通到众房叔孙高楼西天屋炉头上,接下红面山(牲)头,〔1〕存下居炉边之,烧香供养。

守时良候,守候良时。良时亦来,吉时亦到,把坛护殿先师起身捧起红面上头,第一一期。

守时良候,守候良时。(良时)亦来,吉时亦到,把坛护殿先师起身捧起红面上(牲)头。第一一期,第二二期,第三三期。罡堂完周,紫决完满,存下香炉边之。

守时良候,守候良时。良时亦来,吉时亦到,把坛护殿先师起身打开三司神名大路,通到众房叔孙深房内里,打开银箱漆笼,接下众房叔孙、子孙男女细书歌堂良愿,存下红面上(牲)头,身前左右,身右左前。

守时良候,守候良时。良时亦来,吉时亦到,把坛护殿先师接下五龙,置起耳环金钗牌钊鸟仔,凑入愿头。第一一期,第二二期,第三三期。

守时良候,守候良时。良时亦来,吉时亦到,把坛护殿先师,一双青龙白虎师郎亦来贺起红面上(牲)头、口舍(令)良愿。对天对地,对星对宿,(对)口对方,当下园白竹一双,青龙白虎师郎,积小劳罗君子,亦是明国子孙,亦依众房叔孙,贺起红面上头、口舍(令)良愿。一自莲花出水,莲子焦焦,莲叶盖圹(塘),藕笔咬梭,石榴花发,子榴花开。叔孙有人,知得先人替例,宗祖明墨,置起变盘诗酒,前变前衍先亡,后变后衍先祖,一变二变三变,变出三天门下,四变变归居炉边之。有薝无薝,有酒无瓶。过姓(往)时流,推出一双子孙男女,仰献十二坠(对)梅花花碗,二十四对梅花

---

〔1〕　红面山头:下文都作"红面上头",皆误,实为"红面牲头"。

花杯,收入库内,纳入库中,纳入先祖案前,存下变盘诗酒,阴饱阳饥。三人四姓,五人四角,阴阳相伴,吃得三巡七盏,五盏七杯,吃得亦周,吃得亦满,存下香炉边之,烧香供养。

守时良候,守候良时。良时亦来,吉时亦到,叔孙有人,出依当厅一位,推出后生年少,贺起四脚台盘,烧起明香,点起明灯,退归居炉边之。

守时良候,守候良时。良时亦来,吉时亦到,把坛护殿先师,出依当厅一位,置起红罗金殿,红罗载帐。置起第一一期,第二二期,第三三期,罡堂元[1]周,紫决完满,退步居炉边之。买起车神童子,押上金桥,出依当厅一位,捡过红罗金殿,红罗载帐。捡过第一一期,第二二期,第三三期。完周以满,退步居炉边之。点齐众房叔孙子孙男女子媳,横吹角管,拍板攒攒,下堂仙女,围台三转,三六九转,置起红面嫂娘,出依当厅一位,亦是围台三转,三六九转,三姑齐转,陈姑乱母,陈母乱姑,存下红面姑娘,车神童子,退下金桥,烧香供奉。

守时良候,守候良时。良时亦来,吉时亦到,叔孙有人,推出后生年少,出依庭前街(阶)下,谁马街(阶)前,扫洒金堂内里,退步红罗金殿,香炉边之。

良时亦来,吉时亦到,把坛护殿先师,带启一双青龙白虎师郎,出依庭前街(阶)下,谁马街前,置起金堂内里,歌坛头上,第一一期,第二二期,第三三期。罡堂完周,紫决以满,退归红罗金殿,买起车神童子,押上金桥。出依庭前街(阶)下,谁马街(阶)前,捡过金堂内里,歌堂头上,第一一期,第二二期,第三三期,罡堂完周,紫决以满,退步红罗金殿。

守时良候,守候良时。良时亦来,吉时亦到,把坛护殿先师,带启一双青龙白虎师郎,积小亦是劳罗君子,亦是明国子孙。良时亦来,吉时亦到,亦来贺起红面姑娘,第一一期,第二二期,第三三期,红面姑娘、口舍良愿。一做莲花出水,莲子蕉蕉,莲叶盖圹(塘),藕笔咬梭,石榴花发,子榴花开。

---

〔1〕 元:完满之意。下同。

老者高山松柏,四季长青;少者下园白竹,年年出笋,笋笋出芽,撒满地皮,住满江州;爷娘富贵,字母团圆,存下红罗金殿,香炉边之。

良时亦来,吉时亦到,把坛护殿先师,请出上川下庙,八保六川,出依庭前街(阶)下,朝踏鼓吾(舞),朝踏一时,退步香炉边之。车神童子,点齐子孙男女,上堂仙姑,下堂仙女,三人四姓,五人四角,围台三转,三六九转,朝踏一时,退步香炉边之。后生年少,推出厨官刀手,切出肥羊白肉,第一打赏子孙男女,第二打赏堂上仙姑,堂下仙女,三人四姓,五人四角,鼓头郎君,鼓板小娘。辛苦在前,打赏在后,车神童子,退下金桥。

良时亦来,吉时亦到,朝踏鼓吾(舞),朝踏一时,踏到辰巳两时,排起五门盘鼓,富仁大席堂场,富人大设。师郎亦来请尊在前,咒水在后,阴阳渌水,连堂解秽,打开三司神名大路,通请上川下庙,八保六川,前衍先亡,后衍先祖,各人带来随仁(行)香火,为归富仁,大设堂场,责下银钱,落下车马,为保众房叔孙人口加口成丁。叔孙有人,知得公家原年出省来移,堂头拍掌,将出变盘诗酒。南北富人师郎,一变二变,变入富仁堂场,三变变出三天门下,四边变归先主案前。有齑无齑,有酒无瓶,过往时流,叔孙有人,推出后生年少,近来仰劝十二对梅花花碗,廿四对梅花花杯,还有前衍先亡,后衍先祖,收入库中,纳入库内,纳入先主案前,退下变盘请(诗)酒,阴饱阳饥。堂北三人四姓,五人四角,阴阳相伴。吃得三巡七盏,吃得亦周,吃得亦满,存下居炉边之。

守时良候,守候良时。良时亦来,吉时亦到,把坛护殿先师,请出上川下庙,八保六川,前衍先亡,后衍先祖,出依庭前街(阶)下,谁马街(阶)前,朝踏鼓吾(舞)。朝踏一时,请火化钱,千兵万马,放撒云头,放撒兵马,有祖归祖,无祖各归良坟,上川下庙,各归千世庙门,带来随行香火,各归身前左右,身右左前。亦是朝踏鼓吾(舞),朝踏一时。踏到未酉时,车神童子,押上金桥,点齐子孙男女,三人四姓,五人四角,下堂仙女,鼓头郎君,鼓板小娘,出依庭前街(阶)下,谁马街(阶)前,围台三转,三六九转,三出六入,陈歌乱母,陈母乱歌,酬踏一时,车神童子,站开两位,堂头拍掌。叔孙有人,推出后生年少,推出厨官刀手,将出肥羊白肉,左丿右来,右丿左来。推出后生年少,将出琉璃白碗,水底细莲,将出金甋金杯,鼓面头上,后生年少,左手提瓶,右手提盏,提瓶提盏,提盏提杯,堂头拍掌。叔孙有人,推出后生年少,兰出金言,凑出金语,乱乱仰献鼓头郎君,鼓板小娘,放出金手,露出金杯,面前鼓板头上,各人受时金甋金杯金梳一期,阿(呵)撒。完终

又到申酉时捉倒鼓唱响鼓社用[1]

也是朝踏申有(酉)两时,放撒云头,放散[2]车马。后生年少,酒瓶攒退,酒杯为收,负累村坊,行良歇宿。一到日落深山,日归西路,申酉两时,牛马归栏,百鸟投林,推出后生年少,前门亦扫,扫洗香炉边之,付起四脚台盘,烧起明香,点起明灯。请到把坛护殿先师,请到千百万里为神童子,万千百里为鬼仙师,为归前衍先亡,后衍先祖,为归先祖案前,香炉边之,守时良候,守候良时。良时亦来,吉时亦到,把坛护殿先师,请到一双许愿童子,许下一双酒明童子,酒诗歌章。

开请盘家出省流移[3]

泉州灌阳县火烧杉木陂[4]都公太祖八郎,三十六公罗大仙娘,二四公罗大郎,流落下山源;千字一换,[5]流落北源洞;知名不知姓,流落东花源,流落知州下界,道州地(面),民殿高山;大字一换,分房先祖;幼字一换,流落上坪源茶坪底,嫩字一换,流落劳溪源;少字一换,万字一换,流落沙坪源;荣字一换。[6]

一衍初书,请出前世前衍先亡;二衍初书,请出后世后衍先祖;三衍初书,请出先祖案前。叔孙有人,差出后生年少,亦会栏门敷笛,亦会栏门敷

---

〔1〕 同属《长礼疏曲》,故不另标段数。"社"当为"礼"。
〔2〕 散:前文都作"撒"。
〔3〕 同属《长礼疏曲》,故不另标段数。
〔4〕 杉木陂:地名,杉木坝。
〔5〕 换:又作"唤",一换即一辈。
〔6〕 后缺。

陈。一双富人来到赴白公面前,鱼见江水,子见父母,低头为拜。白公面前也来(上)香,一拜劝上明香,二拜劝上禄(渌)水,三拜责下银钱钱纸,定落深山,保卦为保众房叔孙,加好成丁。富人来客,亦来贺起高地门仪,横炉盖厅,琉璃瓦盖,富贵良厅,呵撒,呵撒,呵撒。

一封银财钱纸,一封银财钱财,不劝何名,不劝何神,先来劝上泉州灌阳泉阳灌州前世前衍先亡,后世后衍先祖,前十二对(队),后十二对(队),班(斑)依(衣)赤岭,黄赤二帝,踏堂仙女,花盆九郎,唱歌外子,唱令先显,前世爷娘,后世父母,总管尊主管下赵、黄、盘家众房子孙男女,各人香火,上世公祖,下世祖婆,是男是女,是老是少,许愿童子,结愿先师,带来当生本命元辰星君,受领小财,常在歌堂头上,男女身前,老少相会,闹热道场,云头不散,车马不移,歇下云头,落下车马,呵撒,呵撒,呵撒。

一衍初书,借问堂头福主,上衍令官,打赏一封钱纸。一封钱银金纸,得过[1]子孙,劝上泉州灌阳泉阳灌洲公爷父母,前世前衍先亡,后世后衍先祖,上世、中世、下世白公(白)婆先祖案前,一世劝上一世,一衍劝上一衍,纳入库内,收入库中。子孙下依庭前街(阶)下,唱歌唱令,闹热道场。

一句初言,借问上衍令官,谢头尊主,将出芙蓉白肉,得过子孙,下依庭前街(阶)下,唱歌唱令,闹热道场。

一句初言,借问谢头尊主,上衍令官,有酒无酒,有酒将来打赏子孙,下了庭前,唱歌唱令,闹热道场。

一句初言,上厅借问,堂头福主,上衍令官,添上牛肚牛肠,老的添上高上松柏,四季长青,少的添得下园斑竹,年年出笋,撒满江州。添上胡羊白肉,吃了退下庭前街(阶)下,唱歌唱令,闹热道场。

一句初言,借问谢头尊主,上衍令官,将出银瓶渌酒,打赏子孙,吃得巡巡加盏,盏盏加杯,兰出金言,凑出金语,庭前街(阶)下,唱歌唱令,闹热道场。

---

〔1〕　得过:给过。下同。

一句初言,上厅借问,四衍八位,堂头福主,上衍令官,再来添香藤米浆渌酒,老的添上甲子团圆,少的添得江水长流,添上渌酒,得过子孙,下了庭前街(阶)下,唱歌唱令,闹热道场。

一句初言,将出渌酒,才独杯的。[1] 上衍令官,堂头尊主,添上烧酒,子孙左手提瓶,右手提盏,连瓶连盏,连盏起杯,吃了庭前街(阶)下,唱歌唱令,闹热道场。

一句初言,上厅借问,堂头福主,上衍令官,你退我无退,我是全州灌阳全阳灌州的子孙,我来三日六夜路头,来到你富贵良厅,向在歌堂位前,仍要上衍令官尊主,添上牛肚牛肠,老的添上甲子,少的多添子孙,胡羊白肉。子孙出依庭前街(阶)下,唱歌唱令,闹热道场。

一句初言,上厅借问,谢头尊主,上衍令官,四衍八位,将出添上牛肚牛肠,添上牛血,添子添孙,添福添禄,添子添孙满堂住,满岗州,撒满地皮。子孙下了庭前街(阶)下,唱歌唱令,闹热道场。

五十段　又唱请起妹歌章　送白公早晨用的

请起妹,请起妹,黄三姐,请起幼妹来起身。垂三排。

请起妹,请起妹,黄三姐,请起幼妹穿衣裳。

请起妹,请起妹,黄三姐,请起幼妹来梳头。

请起妹,请起妹,黄三姐,请起幼妹来洗面。

请起妹,请起妹,黄三姐,请起幼妹下高楼。

请起妹,请起妹,黄三姐,请起幼妹出深房。

请起妹,请起妹,黄三姐,请起幼妹出厅来。

请起妹,请起妹,黄三姐,请起幼妹下街头。

请起妹,请起妹,黄三姐,请起幼妹出门楼。

请起妹,请起妹,黄三姐,请起幼妹去游行。

---

[1]　才独杯的:本地瑶语,才一杯。

请起妹,请起妹,黄三姐,请起幼妹去行游。

五十一段　又唱金花歌曲

三百金花罗亮来飞过岭,爷娘不曾罗亮来买得花。

买得金花不会种,种在人家寺门头。

和尚装香朝朝踏,朝朝相踏不成花。

三百金花飞过岭,爷娘不曾买得枝。

买得金花不会种,种在人家水埠头。

担水妇人撞着你,担起担杆满头敲。

三百金花飞过岭,爷娘不曾买得枝。

买得金花不会种,种在人家石碧头。

十二步梯扒不到,退梯三步泪双流。

三百金花飞过岭,爷娘不曾买得枝。

买得金花不会种,圹(塘)中不种种圹(塘)头。

逢着三春发大水,一抛一浪到扬州。

两夜游 此段丢猪头歌四双(只)〔1〕

两夜游,两夜游,放出鹧鸪飞游游。

两夜游,两夜游,放出画眉飞游游。

两夜游,两夜游,放出凤凰飞游游。

两夜游,两夜游,放出金鸡飞游游。

就抢猪头,众子孙回转面,用军声劝纸,散了。

赵甲光抄自盘益儒手抄本

二〇〇二年秋

---

〔1〕　此歌也未标明段数。接上一段则为五十二段,第四十段误记为三十九段,则此段为五十三段,若《捞堂歌》另算一段,则此段已是第五十四段。

五、酬答[1]公祖阴曲一部

【文献提要】

朝踏歌抄本。棉纸抄写,右侧线装,封面有"赵国升字号"、书名与目录,封面与封二左下角损毁。现藏广西钟山县两安瑶族乡沙坪村邓学清家。抄本正文歌曲前录有光绪年间赵姓、黄姓朝踏仪式粗略过程、用物礼目、仪式效果与某些仪式细节。从起声发歌章至吹(炊)饭歌章止,共十七段歌章,与赵甲光抄本《十二年朝踏阴歌曲一本》大同小异。书中有"癸巳年照依黄国爽公做作旧单老部(簿)计开用物礼目"字样,因前文已记录光绪三十一年(1905)事,知此抄写时间"癸巳"为1953年,仪式用物部分来自黄国爽朝踏经书中的用物礼单旧抄本。文中多处使用同一枚树叶形印章。

图 7-5 邓学清藏本《酬答公祖阴曲一部》

赵国升字号

---

〔1〕 酬答:即朝踏。

酬答公祖阴曲一部

赵家调踏[1]

光绪辛卯年,黄家□□父做正□,他亲子……

他父子二人作完了,我法彪□齐去……

设[2]白虎,穿衣,总是我等。设厨,他人子人……

餐餐我等都是同醮主下坛吃。解□把法……

做不出师,我等勉讲。又到散场,得一众……

又得了法科请头人醮主得……

又到黄家踏。以先我等去法科家,□他拿出赵……

本拿回来,同我正圣继父二人一夜一日誊□之本送转去。黄……

法彪勉去。法敏去来。又同辛卯年我样,□闪两师徒,免讲。以到光绪
廿九癸卯年,他法科、法荣父子两人亡故了。我为正,做作照本,不错毫毛。
我等肚内聪过你父子二人。加过□□,又我等之法家接宗,不休之□□,各人
为做,随他钦贱。自共(其)后阴司有扶护之吉。我等见者,总知悉阴阳之礼。

以曹源[3]黄姓调踏。我等法彪,新寨[4]邓姓调踏,无师傅(父)教,
报每□昼连宵做□,为正师,作二姓,主吉,师吉,畜牲吉,百般大……

赵家为主。光绪癸卯年十月初三癸丑日午刻奏发功曹。初四日齐请
客唱哥(歌)乐。初五日乙卯日干昏刻酬还祖【公】细书歌堂良愿。初六
日满散,抢猪头。早辰(晨),盘益保唆安冲口王木秀书名[5]去抢猪头。
又有个大冲的姓赵的,买一幅宝烛,入祠堂内点到过补钱散场。黄添郊亡

---

〔1〕　调踏:即朝踏。
〔2〕　设:"朝踏"中师公喃念行为称"设",即"说""讲"之意,一般为散体,与唱相区别。
〔3〕　曹源:沙坪村所辖的自然村槽碓滩。
〔4〕　新寨:即今星寨村,与沙坪村相邻。
〔5〕　王木秀书名:即王木秀为此人姓名的正式写法。

故,是旧病病久了。又门却(边)收脏,不曾散,别人打开,丢□。又醮主不引香火来。算黄家客不吉,赵家主吉,师人吉,头人吉。正师赵法彪、童子师赵法敏二名做作,三昼连宵,通共法事、罡决、叙头一总是法彪代阴(行),法敏不知,不惠(会)做作,我法彪生吊同他平忿(份)分。他的讲长讲短不着用,穿衣着用也。□刹(杀)猪称足二名,不是凑肉的,众上。算起来,旧病亡都不忌,都算大吉也。

黄家为主。又到光绪卅一年乙巳年正月十九壬辰日干许愿。抢伸,七月廿辛卯日干伸愿。又到十一月过小寒,大雪不曾过,入坛。廿一己未日,发功曹,点米酒猪;廿二庚申日,众人接客对歌;廿三辛酉日干戊日戊亥二时,还愿,廿三以(一)早,吃饱早饭,赵加恩出到吉胜大门却(边),不知人事,迷去了。法敏起水吹不转。法彪回来吃茶,头□□忙来请,法彪急忙到去,起水,请藏身师父,吹一口眼皮就开,二【口】眼精(睛)放□,吹弟(第)三口就讲说,抬回去,到夜晚就来吃夜、唱哥(歌),又不曾补钱。廿五日黄坤德妻旧病又亡故,不忌,都算大吉也。又请法事,办富仁,[1]二边请圣,青龙边正师,白虎边童子。青龙请上圣侯王五十四庙,白虎边请泉(全)州观(灌)阳公爷父母香,童子师请错,到关筶子[2]不转。正师过白虎边请过来,就是一放就是卦。到勾(钩)愿,富仁请错,不□,筶子又不专(转)阴。歌叚(段)不齐又不转阴筶。法彪作百般罡决代阴□实事也,罡决无师教报,自看分明,看本自作,阴阳不错,聪要明□做,讹变不同,各人为师,要勤念阴司,百般不惧(误),清吉大利。调踏算来主吉、客吉、师人吉。

补钱三朝开禁送出处村边去丢,酒杯收的。

癸巳年照依黄国爽公做作旧单老部(簿)计开用物礼目——

〔1〕 富仁:副坛,在正坛左、右各有一副坛,当地统称"富仁坛",或简称"富仁",左边副坛称"青龙坛",右边副坛称"白虎坛"。办富仁,即备办献给富仁坛所请神灵的供品。
〔2〕 筶子:法器名,一般用竹筀制成,将竹筀中分为两半即可。

许愿。正师生吊[1]九斤,□汤一斤半,童子师无生吊,无汤□,大小牙盆[2]师收回。伸、抢愿亦同。

到还愿礼目。扶猪头肉二斤,师人收。设富仁有二斤,煠[3]熟,代五十庙用大牙盆二块,师人收。正师还愿生吊卅斤,□汤肉三斤。童子师卅斤,□汤肉三斤。设圣师生吊六斤。富仁师生吊六斤。青龙师生吊六斤。白虎师生吊六斤。收脏师生吊七斤。去引下坛女师人生吊二斤。小师子每人生吊二斤。收禁坛牛肉古碗满的牙盆一块,师收的。三朝开禁坛,牛肉六碗,满的牙盆一块,猪脚一只。倒醮家香火,肉七碗,牙盆一块,七碗肉满的。醮家香火燃灯盏一对,师人收。设厨师生吊二斤。设厨餐餐肉七碗,师人、厨友二人共分。设下坛仙坛,餐餐肉□碗,师人二碗,才有□碗肉,引母、女子、爷共食,餐餐每名有小□子细起的。设厨亦同。

三朝补钱计开:九转牙盆师人占什(十)忿(份)。正师生吊七斤,□汤肉一斤半。童子师生吊六斤,□汤【肉】一斤半。正师、童师每人一饭碗四只,白饭一箩。装□□四十斤……

□酒一埕,我称过十九斤半一埕,总是师人之□□□□。引母娘生吊七斤,下坛女每人生吊七斤,每名□汤肉十□。正厨生吊八斤。正厨还愿□汤肉一斤半。醮主生吊廿斤,□汤【肉】一斤半。正鼓生吊四斤。扶鼓每只二斤。放猪头木盆二个,正师用一个,分一个童子师,每人一个。若是童子师不扶□□□□扶抛正师□肉二盆二个,共总用。称饭酒看官数二人,每【人】生吊二斤。搭新醮主猪头肉□斤。拣选良期肉二斤,无饭酒分,光绪癸卯年才启出礼的,有饭分,看日子的一□□饭。赵、黄二姓同样,不错毫毛。

□还愿勾完,各人带太公回去,设下坛女各来下坛剪钱。夜完,弟(第)二早白身来吃早饭。猪头一出门□,下坛女、引母回各家,不番(反)面,莫走旧路回家。

---

[1]　生吊:切成条块状生猪肉。
[2]　牙盆:祭祀时盛肉食的盘子,有大小之别。
[3]　煠:食物放入油或汤中,待沸而出称"煠"。

开职,送职,吃五更才开送。

弟(第)一段(段)起声发歌章　阴曲

起声发帅帅起声,起声白公四位神。四位龙神尽赞起,烧启(起)阴香来谢神。腮三排淹

起声发,起声白公四位神。四位龙神尽赞起,别换香水来谢神。

起声发,起声白公四位神。四位龙神尽赞起,点起明灯来谢神。

起声发,起发先亡坐在神。四位龙神尽赞起,手提银钱来谢神。

起声起,起发白公坐在神。四位龙神尽赞起,膊头挑酒来谢神。

起声发,起发先亡来谢神。四位龙神尽赞起,杀倒红猪来谢神。

起声发,起发白公四位神。四位龙神尽赞起,杀倒红羊来谢神。

起声发,起发先亡座位神。四位龙神尽赞起,手提银/铜钱来谢神。

抛棍上天歌运启,推破黄旗别换偏(篇)。起声发歌章常记路,细细歌章上路行。

【第二段细细唱歌章　阴曲】[1]

细细唱,不依江边以石闻。以石闻声转不得,白公闻声寸不(步)前。

细细唱,不依江边车碾闻。车碾闻声转不得,白公闻声寸不(步)前。

细细唱,不依江边芦荻闻。芦荻闻声花不发,先亡闻声寸不(步)前。

细细唱,不依江边杨柳闻。杨柳闻声花不发,白公闻声寸不(步)前。

细细唱,不依下园香子闻。香子闻时花不发,先亡闻声寸不(步)前。

细细唱,不依下园杉木闻。杉木闻声花不发,白公闻声寸不(步)前。

细细唱,不依深山楠木闻。楠木闻声花不发,先亡闻声寸不(步)前。

细细唱,不依深山蜜子闻。蜜子闻声偷欢喜,白公闻声寸不(步)前。

细细唱,不依深山百鸟闻。百鸟闻声飞不起,先亡闻声寸不(步)前。

---

〔1〕　原抄本漏写题目,此处添上。

细细唱,不依大州象子闻。象仔闻声不吃草,白公闻声行不(步)前。

细细唱,不依大州更鼓闻。更鼓闻声鼓不响,先亡闻声行不(步)前。

细细唱,不依朝廷天子闻。天子闻声不坐殿,白公闻声行不(步)前。

细细唱,不依炉头炉火闻。炉火闻声火自宿,百鬼闻声行不(步)前。

弟(第)一巡茶歌巡起,弟(第)二巡酒起歌声。巡茶巡酒歌巡起,郎那唱起赞先亡。

三百二人同位坐,人人推我座(坐)中央。人说中央不好座(坐),不得头歌运四衍。

上厅唱来下厅接,相邀同伴接歌声。东衍唱来西衍接,齐齐唱起赞先亡。

上衍抛声下衍接,四衍八位接歌声。不接三声接两句,不得歌章落虚空。

第三段【不唱久歌章】阴曲

不唱九(久),不唱三年歌上尘。催人担歌下水洗,洒净歌章篱上摊。

不唱九(久),不唱三年歌上尘。催人捶歌下水洗,洒净歌章石上摊。

不唱九(久),不唱三年歌上尘。推人担歌下水洗,洗净歌章屋上摊。

不唱九(久),不唱三年歌上尘。催人担歌下水洗,洗净歌章木上摊。

眠倒(到)五更发大水,水推歌章出外乡。推人把断三江口,不得章歌出远乡。

不唱九(久),不唱三年歌对周。担出旧年歌历本,仔细看来头对头。

不唱九(久),不唱三年歌便愁。提刀劈断忘心鬼,歌歌乱黎出心头。

细时吃了□□子,肚吕(内)忙忙思不来。思得头来忘计(记)尾,思得尾来忙(忘)计(记)头。

答声不答声,郎郎推我接歌声。接得头来不会唱,不会唱歌对白公。

三十六人排(排)橙(凳)坐,人人推我接歌声。本说两衍也难座(坐),不得头歌应白公。三十六人排(排)橙(凳)坐,人人推我坐中央。本等中央也难坐,不得头歌应先亡。

银盏轻,银盏抛来抛上厅。上厅抛来下厅接,四衍八位接歌声。

歌好唱,可惜小郎不好声。一作江边芦荻竹,水浸半腰落了声。

锯断竹筒载菜子,竹筒倒转泻砂来。一做江边车枧水,一筒过了二筒来。

歌巡到,相依同伴楼歌声。接得歌声不会唱,不得头歌应白公。

火烧男茆一节一,火烧女茅蔸接蔸。白米养鸡粒接粒,羊仔过桥头接头。

新织米筛眼对眼,机上织绫花对花。黄茆岭头对草子,石榴花发荣对华。

水推流茶同了殿,今夜唱歌头对头。一做神坛七拍鼓,一其过了二其来。

五月插田日拨日,今夜唱歌头对头。一做江边车枧水,一筒过了二筒来。

弟(第)四段(段)同伴队歌章

同伴对(队),同伴有歌教我头。白日入山连共路,夜了归家连共床。

同伴对(队),同伴有歌教我头。白日入山当句语,夜了归家当句思。

同伴对(队),同伴有歌教我头。长杆担粪慢慢落,去倒田中慢慢□。

慢慢梳头得好髻,慢慢唱歌得九(久)长。鸡公入门乾坤控尾,鸭婆入门乾控颏。

口下生成歌大奈,益起唇皮歌便来。班(斑)白黄牛本当恶,肚也连关□等歌。

三两头歌尽唱了,两眼眉眉听倈来。三百头歌□下岭,我倈跳前齐得头。

齐得头歌变剥的,腹中连关胫亦喉。

第五段(段) 三姑两姐妹 阴曲

旦唱三姑两姐妹,黄三姐,一日三梳九六头。腮三排掩。

头上梳出鹅眉月,黄三姐,象牙梳子两旁妆。

旦唱三姑两姐妹,黄三姐,斜篱班(斑)带十三双。

燕子含泥赛口巧,黄三姐,茅雀吃米赛口湾(弯)。

旦唱三姑两姐妹,黄三姐,买得长麻三忿(份)分。

一姐出来嫌麻短,黄三姐,二姐出来嫌麻长。

得头三姑情性好,黄三姐,长短将来三忿(份)分。

旦唱三姑两姐妹,黄三姐,朝朝早起看花园。

下江洗面鱼跳水,黄三姐,展入花园百鸟啼。

旦唱三姑两姐妹,黄三姐,裙脚不齐不行村。

去到江边鱼冷水,黄三姐,去到深山木叶黄。

旦唱三姑两姐妹,黄三姐,裙脚堕泥三寸深。

采得野麻上手了,黄三姐,相依同伴绩凉衣。

旦唱三姑两姐妹,黄三姐,三姑两姐出行游。

去时手提青凉伞,黄三姐,归家仙红锁鞋头。

旦唱三姑两姐妹,黄三姐,一日三梳九六头。

守得来年落了去,黄三姐,三朝共作一朝梳。

旦唱三姑两姐妹,黄三姐,一条裙脚十三双。

燕子含泥赛口巧,黄三姐,麻雀吃米赛口湾(弯)。

弟(第)六叚(段)杨鸟曲 阴曲

枫木青,帅帅。杨鸟年年来送声。弟(第)一推春过岭背,弟(第)二推春过岭头。腮三桸淹。

弟(第)一推(催)春春不发,弟(第)二推(催)春春便发。

今朝打从鸟岭过,听闻杨鸟正交春。大歌(哥)归家浸谷种,大歌(哥)加斗妹加升。

大歌(哥)加斗平平过,幼妹加升应阳春。枫木青,杨鸟年年来送声。

弟(第)一推(催)春是杨鸟,弟(第)二推(催)春是鸪鸠。杨鸟推春不便发。古鸠推(催)春春便均。

291

杨鸟树头跌倒死,百般鸟仔叫愁愁。天下鸬鹚有孝顺,朝朝起早炎鱼归。

杨鸟树头跌倒死,百般鸟仔着孝衣。天下白鸠有孝义,朝朝日日哭哥哥。

枫木青,杨鸟年年来送声。杨鸟年年推春早,先耙地下秧芽芽。

手提五谷满洞撒,撒了满朝满洞青。黄桑树头采牛轭,深山木根采犁耙。

采得犁耙归屋了,单单少个使牛郎。黄桑树头采牛轭,深山岭背采犁藤。

牛凹琶藤尽足了,单单少条牛鼻藤。三月犁田哥引去,五月插田妹引头。

大哥担秧一面去,幼妹洛抵送饭来。三月犁田哥引起,五月插田妹引头。

三百二人满洞插,插了三朝满洞清(青)。三月犁田哥引起,五月插田妹引头。

三百二人满洞插,插了三朝尾向天。三月犁田哥引起,五月插田妹引头。

三百二人满洞插,洞头插下峒(洞)中央。大哥论声依妹话,一做大州差出军。

三月犁田哥引起,五月插田妹引头。手摁长秧满洞插,上洞插起下洞青。

大哥指手依妹话,插得面前衍对衍。大哥作田作大洞,不作深山岭窝田。

深山岭窝招蚊蜜,蚊蜜缠娘裙脚行。大哥作田作大洞,不作深山岭窝田。

深山岭窝招杨鸟,杨鸟啼时愁杀人。杨鸟树头□倒死,百般鸟子着孝衣。

天下鸬鹚有孝顺,朝朝起早炎鱼归。天下白鸠多孝义,等断江河不尖归。

大哥作田作大洞,不作深山岭窝田。深山岭塌(窝)招百鸟,手提担杆空手归。

大哥作田作大洞,不作深山岭塌(窝)田。深山岭窝招百鸟,手提茆刀空手归。

哥愁不得春牛使,妹愁不得插田青。大哥作田作大洞,幼妹养蚕养大交。

大哥把秤仓门立,幼妹拿尺卖绫罗。哥愁妹亦愁,哥亦愁时妹亦愁。

哥愁不得春牛使,妹愁不得种田青。

弟(第)七叚(段)七姓歌章　阴歌

担起斧头郎姓快,帅帅。丢石下江郎姓陈。三腮排淹。竹筒倒水郎姓俸,红盆载水郎姓盘。

七姓盘王七姓子,七姓盘王好子孙。七姓盘王也不定,请出邓王来邓平。

弟(第)八叚(段)香字韵歌　起阴曲

打工上园种甘蔗,帅帅。打开下园种茼蒿。三腮排淹。茼蒿生在南风路,南风吹发满园香。

打开上园种韭菜,打开下园种官葱。官葱生风南风路,南风吹发满园香。

找开上园种姜子,打开下园种糊(胡)椒。糊(胡)椒生在南风路,南风吹发满园香。

打开上园种蒜子,打开下园种芫荽。芫荽生在南风路,南风吹发满园香。

打开上园种香草,打开下园种香油。香草生在南风路,南风吹发满园香。

今朝起早过岭背,不知岭背有苋茶。底头拿土壅茶脚,子孙吃了得荣华。

今朝起早过岭背,不知岭背有苋猄。氏(低)头拿土威猄脚,子孙吃了得精灵。

今朝早起过岭背,不知岭背有苋葱。氏(低)头拿土壅葱脚,子孙吃了得聪明。

剔破猪肚别换韵,拆破水城别换搬。香字韵歌章常计(记)在,龙字韵歌章上路行。

弟（第）九（段）龙字韵歌章　阴曲起

今朝出门履过圳，不知圳底有蛟龙。水底有龙水便浊，水底不龙水便清。

今朝早过平平石，不如双龙石上眠。细心托开龙门板，一双龙女出行游。

今朝早过劳犁岭，执得劳犁一本书。□归厅头摊开看，字字是郎同伴书。

今朝早过劳犁岭，齐得一双金绣鞋。同伴□□□□得，蛟龙修路水推来。

今朝早过劳犁岭，齐得龙女金绣鞋。同伴问郎因何得，蛟龙修路水推来。

今朝起早时运好，齐淂一双斟酒瓶。同伴问郎因何得，蛟龙修路水推来。

今朝出门时运好，看见蛟龙石上眠。积水不见龙脱角，积小不见龙脱衣。

今朝打随龙洞过，得见蛟龙石不眠。提刀砍断蛟龙尾，龙骨架桥一万年。

爱龙命，爱龙背上两条花。有条上天看明月，有条下水看蛟龙。

隔山隔岭闻龙叫，粁米粁饭听龙声。郎从作小无龙命，去到龙门龙亭声。

拨开砂石种班（斑）竹，班（斑）竹成林龙阵旗。骑龙下溪去吃水，□身不过满天红。

婆灵源头见屋背，一双爷娘愁怨天。爷娘愁怨无瓦盖，蛟龙修路水推来。

洪水抛浪是龙屋，平石小砂是龙厅。鱼仔是龙亲幼舅，虾蚣是龙亲外甥。

今朝早过劳犁岭,撞着五老随路来。积小不存(曾)见龙迹,积小不知龙迹多。

今朝早过劳犁岭,齐得龙女金绣鞋。同伴问郎因何得,蛟龙相打水推来。

今朝早过劳犁岭,齐得龙女金绣针。同伴问郎因何得,蛟龙相打水推来。

剔破猪肚别换韵,拆破黄旗别换声。龙字韵歌章常计(记)在,连字韵歌章上路行。

弟(第)十叚(段)连莲子韵歌章　起阴曲 阴曲总同声音

手拿根莲不会种,种在人家火炉边。莲须沧入火炉下,藕尾疏疏火炉边。

手把根莲不会种,种在人家香炉边。莲须剔入香炉下,藕笔疏疏香炉边。

手把苑莲不种会,种在人家屋角边。莲须剔入屋詹(檐)下,藕笔疏疏屋詹(檐)边。

手把根莲不会种,种在人家寺门边。莲须剔入寺门下,脚踹莲薹藕不成。

手把根莲不会种,种在人家栖鸡边。莲须沧入鸡栖下,脚踏莲弶藕下(不)成。

手把根莲不会种,错种红莲崩垤边。莲须剔入崩垤下,藕笔疏疏崩垤边。

手把根莲不会种,错种红莲大路边。莲须沧入大路上,脚踏莲须藕不成。

三百二人去采藕,四百二人去采莲。去到莲塘不敢下,人人推我下莲塘。

三百二人去采藕,四百二人去采莲。去到塘莲(莲塘)不敢下,人人推我下莲塘。

莲子着人采托吃,采得莲盘口向天。黄茆岭头□石狗,□泥落土下莲塘。

不怕泥深包过脑,舍命寻莲讨藕尝。若是讨莲来拨我,撑船道海拨同年。

去到莲塘人采了,拨起同年空手归。锯断竹筒作屌斗,齐齐屌干洞庭湖。

大头鲤鱼郎不要,要讨肥鱼连骨香。锯断大船作屌斗,齐齐屌干洞廷(庭)湖。

屌干上塘讨莲藕,屌干下塘讨得莲。有莲无莲知实底,黄土湾深寻候穹。

弟(第)十一叚(段)雷王歌曲 阴曲起

黄广[1]二年也曰雷下地,红撒撒嘱大家修请捉雷王。捉里雷王腮三梻淹捉得雷王放仓内,过了七朝人不知。

有人要讨雷王看,雷公拖索满禾仓[2]。擩[3]了三年也曰仓不满,不知仓底有蹊跷。

雷公得头小子说,雷公霹破大禾仓。雷公转归天上去,得些葫子与婆孙。

二月初二也曰种葫子,辰时种起巳时生。大哥露起高三丈,生得葫子像禾仓。

混沌二年间天淹水,淹起洪水浸天门。大哥无路也曰随船去,存留幼妹入葫芦。

三百里路无人住,四百里路断火烟。哥在东边也曰把烧秆,妹在西边看火烟。

---

〔1〕 黄广:虚拟的年号,历史上并无这一年号。
〔2〕 禾仓:谷仓,南方藏稻谷的仓库。
〔3〕 擩:瑶语,塞。

火烧上天亦相见,头发隔壁也相连。头发相连哥亦愿,今年散书妹愿心。

九梅山头走三转,九梅山下走三围。得头山龟来主意,青梅山下结为妻。

妹在厅头绩细茧,不知六甲上娘身。不上半年得个仔,一做冬瓜像秀才。

请出官人来分俵,厨官分俵置人民。分得男人六十忿(份),分得女人五十双。

分得男多女亦少,世间亦作单身人。剩有肚胞无路去,霹过岭背成獐(壮)人。

置出百姓住平地,子孙不住住高山。千姓百姓共一姓,先祖公爷共祖宗。

弟(第)十二段(段)出省流移歌 阴曲 同雷王歌声

寅卯二年天大焊(旱),焊(旱)死马胫大丘田。三百工粮纳不起,量思无计正流移。

泉(全)州流出道州北,道州流出下山源。寅卯二年天大焊(旱),野火烧有杉木坝。

烧了陂头也曰八尺阔,烧了陂身三丈高。三百二人塞不起,相依相引去流移。

寅卯二年天大焊(旱),焊死马胫大田百工。因马三百无须葡,思量无计正流移。

马过石桥无踪迹,□□□□□□□。路上逢军相借问,风吹木叶姓山猛(瑶)。

寅卯二年天大焊(旱),因为三千三百卷毡皮。因为秋粮纳不起,思量无记(计)正流移。

寅卯二年天大焊(旱),焊死鹅胫大田三百工。因为秋粮纳不起,思量无记(计)正流移。

骑牛过水不踪迹,利刀叨水无踪由。中处逢军相借问,风吹本带姓山猺(瑶)。

怨鈌(缺)命,怨鈌(缺)公爷生我迟。早生我郎三两岁,知得公爷叫谁名。

怨鈌(缺)命,怨鈌(缺)公爷生我迟。手摁铜铃三召请,不知公爷叫谁名。

白公当初过世去,请到马王三师来出身。莫怪歌词来借问,三百二人送上山。

白公当初过世去,三百二人送上山。打开明堂三丈阔,结起坟头三丈高。

弟(第)十三叚(段) 造屋曲歌 起阴曲　换声音

大歌寻龙寻宅地,谢谢老弟背后引寻官(巡官)。巡官到,先下罗盘后下针。

罗盘针石齐收起,四群打不定乾坤。大哥提锹铲屋地,老弟扶石砌花街。

人来不看哥宅地,只看老地花好阶。宅成了,谢谢磨斧上山去锯杉。

斩倒南木做木桩,斩倒杉木做屋梁。木倒了,木到江边水埠头。

大哥出路去看木,放到江边堆成棑(排)。木到了,木到江边夹成棑(排)。

大哥上棑(排)筏不动,谢谢老弟上筏棑(排)便游。大哥唅声依弟话,白纸写书请做头。[1]

做头做子齐到了,小娘屋里斟茶汤。大哥提茶幼提酒,谢谢茶瓶暂退酒来斟。

―――――――――

〔1〕 做头:房屋建筑工匠,师傅称"做头",徒弟称"做子"。

做头吃了三两盏,声声句句看木头。三百条木齐修整,扎起罗裙来用工。

做头墨斗群木转,做子斧头变蛇游。木成了,谢谢看时看候起官厅。

时候到,四边周伴来下工。白公屋起不用日,不用寅时用卯时。

屋成了,谢谢砍倒下园班(斑)竹林。金竹织壁黄泥旦,黄泥旦过细基遮。

屋成了,嫂娘屋吕(内)正宽心。做头屋上钉椽桷,做仔地下钉橡搬。

大哥上街买瓦盖,老弟皆后起人担。厅前厅后都盖了,存留八百盖门楼。

屋成了,杀倒红猪□平安。屋成了,杀倒红猪谢平安。

做头吃了三两盏,收什(拾)盘缠归本乡。大哥铜钱三两贯,老弟金钗三两双。

大哥送出三门下,老弟送出两亭前。大哥上州买花鼓,幼妹深房绣花衣。

一姐种桑凉树下,二姐摘桑归养蚕。三姐厅头摘蚕茧,四姐还下纞丝车[1]。

五姐掺纱长路口,六姐掺纱长路头。七姐原来会织娟(绢),八姐原来会织罗。

九姐原来收笼底,十姐原来收笼头。十一姐原来歌堂散,十二姐原来归本乡。

上世留来传下世,下世留□公祖堂。

弟(第)十四段(段) 还愿歌 游愿唱

当初许愿(也曰)师郎许,今霄(宵)勾愿众人勾。("众人勾"三腮排淹)众师勾了歌堂愿,子孙过后世不忧。

---

〔1〕 纞丝车: 缫丝车。

烧起明香来勾愿,阴阳禄(渌)水勾愿头。今霄(宵)勾了(也曰)平安愿,子孙过后得聪明。

良时以来凑歌愿,凑出愿头众人还。良年利月游歌愿,今日得头歌愿游。

当初许愿也曰因何许,今霄(宵)起动众郎勾。众郎勾了歌堂愿,子孙过后得平安。

当初许愿三师许,许在屋炉屋角头。老鼠打随屋梁过,礼下愿头众□□。

众师游了歌堂愿,子孙过后得周全。良时到了吉时来,请起先亡勾愿头。

今日勾了歌堂愿,火烧灯果不忧心。良时到了吉时推,请出白公勿愿头。

良年到了吉时来,良年利月勾愿头。今霄(宵)勾了歌堂愿,牯牛吃草不回头。

也日良时到,请起三师勾愿头。今霄(宵)勾了歌堂愿,火烧百草不留心。

十五段(段)为神歌曲 阴曲起 □同愿游□音共样

昨夜午时种桑樵,今日午时樵桑飞。烧起明香三召请,白公路上走为神。

昨夜午时种桑樵,今日午时樵桑飞。点起明灯三召请,白公路上走纷飞。

昨夜午时种桑樵,今日午时樵桑飞。别换渌水三召请,白公路上赛□□。

昨夜午时种桑樵,今日午时樵桑飞。手拿铜铃三召请,白公屡屡入门前。

昨夜午时种桑樵,今日午时樵桑飞。手摁筶头三召请,白公屡屡入门来。

昨夜午时种桑樜，今日午时樜桑飞。手拿剑刀三召请，白公屡屡上高街。

昨夜午时种桑樜，今日午时樜桑飞。杀倒红猪三召请，白公屡屡入厅堂。

时夜午时种桑樜，今日午时樜桑飞。杀倒红羊三召请，白公屡屡满厅围。

昨夜午时种桑樜，今日午时樜桑飞。杀倒红牛三召请，白公屡屡满歌堂。

十六叚(段)还愿完唱十母歌曲起 亦同还愿歌声音一样

十母銮鸾也曰从天过，十母鸾銮过九岗。不怪歌词相借问，十母銮銮在屋头。

日头銮銮徒天过，马迹銮銮过九岗。不怪歌词相答对，簸箕銮銮在屋头。

十母銮銮也曰从天过，十母銮銮过九岗。不怪歌词相借问，十母銮銮在屋头。

月亮銮銮徒天过，莲子銮銮过九岗。不怪歌词也曰相答对，灯盏銮銮在屋头。

十母措措出头立，十母銮銮过九岗。不怪歌词借相问，十母銮銮在沙洲。

云雾措措山头立，乌鸦銮銮过九岗。不怪歌词相答对，沙鳖銮銮在沙洲。

十母銮銮山头立，十母銮銮过九岗。不怪歌词相借问，十母措措入青山。

野猪措措山头立，熟猪撮撮过九岗。不怪歌词相答对，野猪措措入青山。

十母带角山头立，十母带角过九岗。不怪歌词相借问，十母带角入青山。

野牛带角山头立,牯牛带角过九岗。不怪歌词相答对,野牛带角入青山。

十七叚(段)道场完满早晨赠公饭 吹(炊)饭唱曲用　令里起

今朝吹(炊)饭吹一升,担依客郎路上装。黄茆岭头郎吃饭,不知亲家在何方。

今朝吹(炊)饭吹二升,担依客郎路上装。杨梅岭头郎吃饭,剩有二十四里路到亲家方。

今朝吹(炊)饭吹三升,担依客郎路上装。十字路头郎□饭,剩有二十里路到亲家方。

赠公饭完终。

第二节　朝踏科仪本

一、调踏公祖设文[1]叙头总本

【文献提要】

朝踏科仪抄本。竹纸抄写右侧线装。封面无字,题目据题跋而定。据文末题跋,该本由赵法荣于光绪廿七年(1901)太簇月(农历一月)抄写。现藏广西钟山县两安瑶族乡沙坪村邓学清家。文中记录了朝踏仪式中许愿、伸愿与还愿的流程,而以还愿为主,篇幅较长,主要有还愿正日发功曹请圣、收命星、收禁、捡坛,小日通投词意者,跳堂、化鼓、唱歌勾愿等仪程。该本着重记录了仪式中的师公道白,如发功曹仪节的"口通意者",还愿小日师公向神明、祖先说明举办仪式的缘由与程序的"投词意者",接猪头的开头话语等。后附"计开赵家子孙唤数""计开黄家子孙唤数"与

---

〔1〕　设文:道白,师公在仪式中的讲述,多为散体,与韵文相区别。

清代中期以来的朝踏法事的结果，特别载录当地朝踏一度失传一事，后赴柳家源拜师学习，重新接续了朝踏仪式。文中加朱红句读符号，多处使用树叶形、方形与多边形"昆斋""黄遗芳""赵法荣"字样印章。

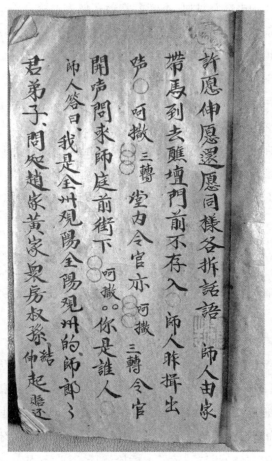

图 7-6　邓学清藏本《调踏公祖设文叙头总本》

调踏公祖设文叙头总本

赵法荣

许愿、伸（申）愿、还愿同样各拆话语。师人由家带马到去醮坛门前，不存〔1〕入，师人作揖出声"呵撒"，三转；堂内令官亦"呵撒"，三转。令官开声问来师：庭前街（阶）下"呵撒"，你是谁人？师人答曰：我是全州观（灌）阳、全阳观（灌）州的师郎×君弟子，问（闻）知赵家、黄家众房叔孙结╱伸（申）起赔还细书歌堂良愿，不知歌堂落在何方。令官答曰：歌堂落在居炉边之。师人答曰：歌堂落在居炉边之，我师人上来与你赵家、黄家众房叔孙结╱伸（申）起赔还细书歌堂良愿，阴阳欢喜，阴喜阳欢。令官答曰：请上师郎，请座……众师安祖师完。

师人、醮主、令官、头人就早饭完，右边居楼边之摆台，摆廿四牙盘。正师请圣，着衣上香完，就请神，小师、男女踏在居楼边皂，〔2〕亦依赵、黄家众房子孙结许细书歌堂良愿，起请郎尊在前置抬（台），三转，请圣：总坛醮主香火管下赵、黄家众房子孙香火先祖，请全州观阳，请唤数，请上下中川五十四庙，请七州洞府子孙本命祖师。请齐，献酒，通意者，通到歇下云头止，献酒，献纸，完。就许愿，完。献过廿四牙盘，完。送圣，依请圣佛名送完，回来化纸，保答完了，送佛完。

子孙接客来上香，完。排子孙坐下，办肉七碗来。师人唱《酒诗尾》即酒诗歌章，放出阳歌，众人对唱完，吃酒饭完，就送客出门完。计号　黄遗芳字。

伸（申）愿同样多报日拆话。

又到还愿正日发功曹，众师去到醮坛门口作了揖，贺启醮主、福主、众房子孙，嘱师请座。醮主、福主、令官、头人、师人吃了饭，依居楼边之摆台，买来的肉做廿四牙盘摆起，依许愿一样请圣齐，献酒，口通意者，献纸，收众房子孙命星存在醮坛头上。大门边收禁堂，用肉七碗，牙盘一块。收了禁回来，就富仁猪问着了，童子上桥捡醮坛三回，不退童。童子置同南蛇铁散，付习丁鞋。青龙白虎祖师、本师、星光明月【师】，就去捡过第一红猪头蹄四脚；白额童子回来，第二捡过富仁曹司四脚；白额童子第三捡过总

---

〔1〕　不存：不准。
〔2〕　居楼边皂："朝踏"坛场所在庙宇厅堂的边上。

坛之酒米：将来还愿供养爷娘之酒米，将来红罗金殿[1]供养；富仁之酒米，将来富仁堂设圣坛供养。回来退童，将纸献祖师，安奉，送圣，保答。

又到小日，众师去到，食了早饭，在正厅上摆起台，不用牙盘，用肉七碗，正师请圣，平请。依小师踏在红罗金殿歌堂头上，不置台，请齐，用口通投词意者。请圣来临，不通投词意者，阴府不知：今据　大清国……住居沙坪寨，祀祭龙归庙、福龙庵、木家社下，年年作福，岁岁祈求。不料踏上某年以来，看见赵、黄家众房子孙，家家多招官符鬼气，人丁不安，财帛耗散，耕种失收。总坛醮主管下赵、黄家众房子孙将出粮田白米、一其香信，投仙占卦，卦卦相同，当为全州观（灌）阳前世爷娘、后世父母要讨细书歌堂良愿。计在心头，回偏家中，男人唱起，女人皈依，备办香油财纸，原状水碗，扫净居楼边皂，亦依赵、黄家子孙结许细书歌堂良愿一堂在案。现得平安，春季当保夏季，当保秋季，七月×日伸（申）起良愿，当保冬季以来，十月收仓入库。天上亦有七星，地下亦有百岁老人，收得古历通书金鸡簿历，年头看到年尾，宜利×月×日赔还细书歌堂良愿。某日拜发功曹，州州通府，府府通州。×日红罗金殿歌堂头上，小师请圣来临，献呈凡供，意者伸（申）通，一封银财钱纸扎下大坛。众圣长在歌堂头上，子孙男女到来，唱歌唱令，敬奉公爷父母，闹热坛场。踏到申酉二时，小师、男女踏在居楼边皂，请圣来临，置起红面牲头口令良愿。良时出依当厅一位，置起红罗金殿。金鸡报晓，点齐子孙男女，围台三转，三六九转，朝踏一日。踏到申酉二时，东衍排台，西衍排凳，上衍令官放出一字青令、十五字青令、二十八字青令，急水滩头放出内碎歌章。小师、男女亦依众房子孙赔还细书歌堂良愿，收藏交阴，法事完诚（成）。用保众房子孙还愿过后，家家清吉，户户平安，大财兴旺，六畜成群，官灾不见，口舌埋藏。用保弟子法某，心者不聪，口者不通，意者投词纳在公爷父母位前，阴府通知。云头不散，车马不移，歇下云头，落下车马，呵撒，呵撒。

---

〔1〕红罗金殿：为祖先搭建的行宫，供其降坛后临时起居之用。

献投词酒,就献纸完,不存化,纳纸扎下众圣。众房子孙来唱《大陈谢》完,唱《初言》,唱《礼疏》完,子孙问纸、酒、肉,各人白口令,出去庭金殿捡三其,回来退童,把纸赏献祖师安奉。

等时候金鸡报晓,点齐子孙、下堂女、鼓头郎君,三人四姓齐就跳头一堂。在居楼边,正师向前,二师拿猪头,醮主拿香炉,转三围,出去正厅上,转三围。猪头、香炉不进,正师带众子孙进居楼边,转三围,青龙边,起头堂声:礼亥李 罗李 罗李 礼亥罗里李 礼亥罗里礼 李 礼亥罗里李。三六九转,乱跳完,合下扎住。请青龙白虎正师扶起红面姑娘三其,拿正猪牙盘。青龙白虎师尚(上)香,变盘,唱《梅花》完,化纸,保答,合下扎住不论。师人、令官、头人在坛食此五更酒饭了,到天光卯时分,拿正猪牙盘廿四份供红罗金殿。出去三天门下,[1]庭前街(阶)下,睡马街(阶)前,把坛师、青龙白虎师置起歌堂头上,金堂内吕(内),第一、第二、第三三其完满。回来买启车神童子,押上金桥,捡过庭前街(阶)下,睡马街(阶)前,金堂内吕(内)歌堂头上,罢堂完周,紫决以满,点齐子孙跳二堂。在中厅上青龙边,起跳三围,才出去踢蛇刑(形),跳转来三围,在正厅上青龙边起二堂声:也夜 何富 何日 也亥夜也富 也亥夜也富 富 也亥夜也富。亦跳三六九转,赏肉子孙吃了。补二堂尾,依二堂一样跳完。师人踏鼓,[2]其其[3]都是众圣鼓,往青龙进,白虎边出,踢蛇刑(形),踏不论其数。到辰已时,摆起富仁,设圣,拿富仁猪,左右两边合下扎住,富仁堂,就变盘,唱《梅花歌》,完,化纸,送圣,送回中厅上。下堂踏鼓,不有其数,正猪牙盘,正厨收回。富仁大牙盘,富仁、设圣师二人收到。未时,童子上桥,点齐子孙跳四堂,照第三堂一样跳。正厅上青龙边起四堂声:也富 也亥 也亥夜也富 也亥夜也富 富 也亥夜也富。跳完,请下堂女出来下堂,随人爱唱完。请鼓头郎君来,正鼓在中央,旁鼓左右摆起,每鼓一碗肉。正鼓双的

---

〔1〕 三天门下:三天,即三清天;三天门由唐、葛、周三元将军把守。
〔2〕 踏鼓:击鼓。
〔3〕 其其:有时写作"期期"。当地瑶语称击鼓一遍为"一其","其其"即"遍遍"。

不要切烂，将一封钱纸献鼓头郎君、鼓板小娘、鼓人本命，唱响鼓社完，化纸，保筶，合下扎住。踏鼓亦是众圣鼓，照前踏。又到跳第五堂，依中厅上，照依第四堂一样跳六围，青龙上起五堂声：也亥　也富　也亥夜也富　富也富　富。

跳完，与前在坛内拿鼓，如今出田洞拿鼓，拿倒（到）鼓了，回到醮坛门口，将剑刀纸插在鼓上，将肉二封，收鼓声，化了纸完。破烂木鼓，同烧化炼，退童完。

到酉时分，将廿四份肉、牛毛蔀菜定客，不论人多（少）。良时亦来，吉时亦到，一定定下总坛醮主，堂头福主，上衍令官。定下子孙男女，鼓头郎君，鼓板小娘，上堂仙姑，下堂仙女，三人四姓，五人四角，六路九亲，门房邻舍，把坛护殿先师，师兄师友，连炉教主，行良歌宿，定得亦周，定得亦满。

把坛护殿先师请到为神童子，唱《为神歌》完，为归案前。把坛师下，上衍令官做肉七碗，中厅上唱《酒诗尾》，唱《散客曲》，爱者多唱已（几）只（支），就放令完，唱阴歌完，纳唱《流移》《造屋》《雷王》《长礼疏》《十母歌》完。正师还愿，列齐众圣，献酒，用口通意者，依小日正厅上那投词一样通完，依科凑出愿头，三转，出来拆破愿章，[1] 启声唱《游愿歌》。游过转来，正师用口才保了众房子孙人丁、财帛、五谷，方打下卦头，阴答勾销良愿，化了还愿纸，又勾销完。

请收脏师，良时亦来，吉时亦到，请到收脏师郎法某，与你赵、黄家众房子孙男女收了三百年前、四百年后官符鬼气，不灵（令）动作。意者：今据　　大清国……将大投词一路通完，用保众房叔孙家家清吉，户户平安，朝无鸦鸣鸟叫，夜无犬吠之声，人财两盛，五谷丰登，完满。将大长扛 [2] 交阴，总总献过，开路送圣，化纸保筶，完满。餐了散福，各人唱《歌堂散》，回家，各人请福。黄遗芳。

到第二天早晨来吹（炊）饭，唱《吹（炊）饭歌》，《请起妹》，《金花歌》，

---

〔1〕　愿章：当初许愿时写在纸上的文字，记录了所许之愿与当酬之物。
〔2〕　大长扛：纸钱的一种。

随意唱。子孙齐了,童子上桥围台一转,推出猪头一转,又围台二转,推出猪头二转,第三转,童子师担起猪头,正师在门前拿起马脚棍,[1]头上挍(绞)起金鸡罡决,就唱《两夜游》,放出四只金鸡,就抛猪头。众人抢猪头,回来红罗厅堂,子孙抢纸,廷(庭)前阶下抢饭,各人抢到各人拿回家敬奉公爷父母。众子孙不许出外,回来齐屋檐下,至转向回来,退童化纸,用军声不用亡声,军声献公爷父母完。退童,拜祖师,销罪完。带祖师回坛下马,道场完满,福有所归。

又到三朝补钱,亦是设军声的。尚(上)香请圣齐,献酒,通投词,又献酒,献纸完。童子上桥捡过总坛,众房子孙,过后如何如何,将大长扦献众圣完,请火化炼,保筈子孙完,送圣收兵完。

又调踏请圣设文。赵法荣印章。小师男女踏在居楼边皂,也依赵、黄家众房叔孙结许细书歌堂良愿,道场敷排,一声香烟,一启相送九天,阳坤留教,搧开方便,有功之日,文书上请,为吾欢座(坐),不得留停。

不请何神,不奏何名,先来奏为,启请天界功曹请客使者,地界功曹拜客老尊,水界功曹水仙使者,阳界功曹阳陈走马三郎,下赴居楼边皂,亦依众房叔孙赔还细书歌堂良愿。

再来关请赵、黄家泉(全)州观(灌)阳、泉(全)阳观(灌)州前世前衍先祖、后世后衍先亡,前十二对(队)、后十二对(队)班(斑)衣赤领踏堂仙女,花盘九郎。

关请泉(全)州观(灌)阳出省流移火烧杉木坝都公太祖八郎,三十六公罗大娘,二四公罗大郎,一唤开请一唤,一世开请一世,知名不知姓,知姓不知名。

关请总坛醮主管下赵、黄家众房叔孙各人带来赵、黄家香火,文武圣贤,住宅门中先祖,明亮先祖,明祖先师,上世、中世、下世、少世白公,上世、中世、下世、少世白婆,本生公,本生婆,本生父母,房郎叔伯,姑娘姊

---

〔1〕 马脚棍:师公的一种法器,上为长木杆,下为铁尖。

妹,黄赤二帝,踏堂仙女,花盘九郎,许愿童子,掌愿判官,养牛养猪香火,下赴居楼边之,阳间有事,阴府通知。

关请赵、黄家众房叔孙各人带来当生本命元晨(辰)星君,[1]大财、资财、六畜本命元晨(辰)星君。

关请本坊龙归庙祖公本部大王,福龙庵茄(伽)蓝大王,木家社社王,庚古庙、育古社、保钱寨祖公,上川十八庙、下川十八庙、中川【十八庙】五十四庙祖公,七州洞府大众诸庙仙姑,游神姐妹,黄小二郎,下赴居楼边之。

关请赵老尊师,老师少师,师兄师友,两两师童带来连炉教主,梅山祖本,三清太尉,盘古五显,龙树先峰,黄一法官,法真、法应、法旺、法成、法响、法明、法聪、法养、法玉、法经、法志、法科、法荣老尊,前吹本度后度,青龙白虎师郎,许愿师主,结/答愿老尊,下赴居楼边皂,亦依众房叔孙赔还细书歌堂良愿。

请圣来临,请尊投词,不敢伸(申)通,如有重通阻挡神仙,再来拜发功曹,关请泉(全)州观(灌)阳、泉(全)阳观(灌)州赵、黄家出省来移,总坛醮主管下众房叔孙带来香火,前世先祖,后衍先亡,各人当生本命,本部祖公,大王茄(伽)蓝,土主木家社王,上、下、中川五十四庙,七州洞府诸庙仙姑,连炉教主,法派宗师,下赴居楼边之。门前有车落在街(阶)前,门前有马退落街(阶)后,无车无马,请下排神使者,万福,排鬼老尊,稽首,排下四界功曹。照依请圣佛名总排齐,排下居楼边之。排了便存,存了便合,合人富贵,合草相生,人到人家将茶为礼,圣到人家香水为情。

弟子踏在居楼边之,手不动兵不齐,马不赶兵不回,一步踏丁罡,二步踏紫决,三步抢齐,阴教阳教,平阳二十四教,左关左人丁,右关右人丁,教敕殿上,阳都主师,男殿上马封山,差下敕符童子,化水先师。吾师差下一步罡堂,二步、三步,左差青龙下堂,右差白虎下堂,飞枪飞刀来下堂,老君符印来

---

〔1〕　本命元辰星君:道教认为每个人出生年的干支是他的本命元辰,本命元辰各有其保护神,合为六十甲子太岁星君,也称本命元辰星君。当地瑶人认为其他生物也有本命元辰星君。

下堂,差我本师来下堂,当堂敕变之水,不将何用,将来解净弟子法×身中不净,身川(穿)麻衣,两脚踏地秽污,法水解灵清净,洁净襆头法界,过年、过月、过日、过时,法水解灵清净,将来开神名,开鬼路,金桥一起,捧马一行。

回来神剑头上,三两为钢,四两为铁,不磨自光,不磨自利,左手打开神门,右手背开五方道路、桥梁,不通何方,不通何处,先来通到天界功曹请客使者、地界功曹拜客使者、水界功曹水仙使者、阳界功曹阳陈走马三郎位前。

开到赵、黄家泉(全)州观(灌)阳、泉(全)阳观(灌)州前世前衍先祖、后世后衍先亡、前十二对(队)、后十二对(队)班(斑)衣赤领踏堂仙女,花盘九郎位前。

开到赵、黄家泉(全)州观(灌)阳出省流移火烧杉木坝都公太祖八郎、三十六公罗大娘、二四公罗大郎看唤数设。位前。

开到总坛醮主某人管下众房叔孙各人带来香火,住宅合门先祖,年少先祖、上世、中世、下世、少世白公,上世、中世、下世、少世白婆,本生公,本生婆,房郎叔伯,姑娘姊妹,九玄七祖,十二灵王,黄赤二帝踏堂仙女,花盘九郎,求财买卖,白马三姑,许愿童子,掌愿判官,招财童子,进宝郎君,养牛养猪香火位前。

开到众房叔孙各人当生本命元辰星君,大财、资财、六畜本命元辰星君位前。

开到本部大王,本祭龙归庙祖公,开庙师主,把庙立庙老尊,庙堂土地,庙主夫人,开天盘古,开天圣母,粮田大帝,五谷农婆,左先峰,右使者,六簿(部)尚书,把簿判官,敕封感应广富灵王,金仙娘娘谢氏夫人,显应李王天尊,李、赵二先峰,杨马将,邓马将,贺(荷)花三娘,三奴郎尊都有位前。

开到福龙庵茄(伽)蓝大王,木家社社岭冥王,开社师主,把社立社老尊,养男社公,养女社婆,社男社女,社子社孙,社司夫人,社坛土地,社主相公灵王,保钱寨庚古庙、育古社、通天庙,社山源水口金龙庙,白马庙白马三姑,青龙子母二庙祖公位前。

开到上圣候王,阳间中庙祀典候王,开天盘古圣帝大王,国王父母,三皇五帝,伏羲神农位前。

开到前朝后代万岁夫人,后朝五通高祖帝州庙女花三圣,天、地、水府三官大帝,婆灵三圣,踏堂仙女,花盘九郎位前。

开到高楼天子同向二庙,西天江口得道二郎,长表三圣显应尊王,本州得道惠灵相公,云溪九所都衙相公,州县城隍辅德相公,东方青帝、南方赤帝社王、西方白帝、北方黑帝社王,朝廷五谷,雷公电母,风伯雨师,上、下、中川五十四庙都有位前。

开到红郎君,左阆庙,右小娘,出位仙姑,将军庙,筵井庙,五车仙女,洞主立都十三、十四、十五官员位前。

开到锁石庙,车下庙,水头庙,朝水庙,回龙庙,栏山寺观茄(伽)蓝大王位前。

开到南门庙,铁楼庙,金吾庙,五将侯王龙源庙,白马三姑龙坛庙,源主黄相公,马、赵二先峰,水口庙樟木大王位前。

开到葛藤庙,充军庙,凤凰庙,白石庙,岩口庙,新开庙,东山庙,清龙庙,保安寺观茄(伽)蓝大王,仙立庙,水川庙,刘、莫二仙姑,上、下、中川五十四庙男官女圣位前。

开到七州洞府大众诸庙仙姑,下乡亚伯九娘,新建桥头蒋七娘,摘花三娘,剔求马十三娘,上扶、下扶牛田庙得道刘、莫二仙姑,东山杨化姑婆,西楼殿主,黄小二郎,勾愿判官,本州、秀州,道、合二州三百游神、四百姐妹,提鞋把伞、唱歌打令、游乡过洞仙姑都有位前。

开到三其门外大圣带来十万雄兵,八万草将,超龙骑马,留恩赐福,上面旗头,下面枪手,黄旗头,白旗将,天中差来,地府遣到,行灾行难、行瘟行病使者,官符时气,掳牛掳猪,十二年王月将,官灾口舌,千灾百难,一切神祇位前。

开到老师带来、少师带来、师兄师友带来、两两师童弟子带来连炉教主、法派宗师,三清太尉,盘古五显,龙树先峰,开教祖师黄一法官、法真、法应、法旺、法成、法响、法明、法聪、法养、法玉、法经、法志、父亲法科、法荣老尊,前吹本度后度,青龙白虎,宣箓、戒箓、保箓、引箓、充箓兵司,身前边、身后边,三元殿前开天门霹(辟)地府将军,三元唐、葛、周三将军,六司元帅张天师、李天师,北方镇(真)武玄天上帝,玉清、上清、太清大道,扶教加持文诸(殊)、補(普)贤菩萨,三十六部大威神,北斗五炁灵君,雪山龙树,榜山长老,五方五帝,上仙法主九郎,驴(闾)山大判都是九郎,大罗金桥姊妹,都尊法主梅十四娘,押兵感将刘十五郎,梅州架魂杨十九郎,充兵山魈法主李十五郎,坛上五伤,坛下五伤,四都箓王,总管将太郎,总管将司,许愿师主,结/还愿老尊,阳筶尽行通到位前。

立面叉神叉伸(申)金桥,剪神剪伸(申)金桥,拔神拔伸(申)金桥,伏手架阴桥,仰手架阳桥,兵过不动,马过不摇。

回来差动四直(值)功曹,前去召请泉(全)州观(灌)阳赵、黄家出省流移公爷父母,各人先祖香火,本命本部大王,五十四庙诸庙仙姑,连炉教主,差兵归殿,差马归曹。圣筶洗净,居楼边皂,当坛置启、串启、排启、敷启、丁启、关启、锁启,左阑阑(栏栏)启,右阑阑(栏栏)启,置启七宝明香,随罗水碗,神灯光照,琉璃瓦盏,阴阳清瓶渌酒,大牙盘,小牙盘,左右阑(栏)启,三转完。

回来有眼请神三变(遍),不见神到,有耳请神四变(遍),不见神来,常靠南山灵符竹杯筶子,再来摇铃关请天界功曹,依前开路一样请齐,阴筶关齐,若再阴筶不来,再请。

阴筶到了,门前有车落在阶前,门前有马退落街后,无车无马请下排神万福,排鬼老尊,稽首排下四直(值)功曹,泉(全)州观(灌)阳、泉(全)阳观(灌)州出省来移唤数,各人带来香火,先祖本命,上、下、中川五十四庙,七州洞府仙姑,连炉教主,排下居楼边皂。请出总坛醮主,鱼见江水,子见父母,低头为拜,一拜献上明香,二拜献上渌水,三拜责下银财钱纸,日落深山,保筶为保众房叔孙人口加口成丁,受领醮主子孙男女黄金高拜。回来不解不净,法水解灵清净,洁净居楼边皂,琉璃瓦盏,七宝明香,阴阳渌酒,大牙盘,小牙盘,法水解灵清净。请圣来临,不蒙空座,开壶斟酒,下马之杯,请得神多,排得盏少,手上轮回,盏中不有,瓶中自有,中央斟起,两半花开,不献何神,不献何名,先来献上香花,四直(值)功曹。

照依开路神名一总献过了,就通投词许愿,通到歇下云头。伸(申)愿通到中接"歇下云头"止。小日那夜通完。计后。昆斋 赵法荣 黄遗芳——三个印章。小师男女踏在居楼边皂,亦依众房叔孙,赔还细书歌堂良愿。不通不告,阴府未到,不通投词意者,阴府不知。来情之意,先通州府,后通乡观,意者:今据 大清国……住居沙坪寨,祀祭龙归庙、福龙庵、木家社下,年年作福,岁岁祈求,不料踏上某年以来,看本宣读完斟上投词渌酒,献过完。又献纸,照依佛名一路献完。又斟上交钱之酒,献完,排下扎住,若是许愿就许愿,伸(申)愿就伸(申)愿,若是发功曹,就问富仁猪,童子上童,[1]去捡猪、酒、米,回来收命星,就下禁堂,回来发功曹完。化纸送圣完。

若是小日夜,请齐接猪头,置猪头,一路照本无差,计后,门口下禁堂,请四直(值)功曹,全州观(灌)阳唤数,总坛香火,先祖本命,祖公社王,祖师外神,请齐不通意者,献酒,献纸,开路,收醮坛头上某姓各家殇伤神,杂伤神,顶刀碗碎,雷霆白虎,中宫九良三杀,动前动后番师逆主神祇,饱酒多醉,餐酒食肉之人,瘟王大将,时流鬼气,阴火阳火,错落之火,官符口舌,千灾百难,一切神祇,尽行通到。第一齐神罡,第二追神罡,第三收神罡,都同开路凶神名收,阴答拘齐,挖控井了,敕碗,化天罗地网收住,满(瞒)天黑地暗住,道场完满。打开禁堂,遣送他方,良时禁治,不灵(令)动作。将纸赏祖师,才化纸送神,众圣请回居楼边皂。

又收命星,将一封纸开路。左手打开神门,右手辟开五方道路、桥梁,不通何方,不通何里,通到总坛醮主管下赵、黄家众房叔孙,各家大男小女,各人当生本命元晨(辰)星君,大财、资财、六畜本命元辰星君,落在各人身前左右,栏榈位前,阳答尽行通到位前。收亦同一样三转。阴答收到,不灵不净,解净宽泥之州,浑泥之县。不怕竹筒窄,千千万万都装下;不怕竺(竹)筒则(仄),千千万万都装得;不怕竹筒小,千千万万都装了。用纸瞒塞。

---

〔1〕　上童:民间认为神灵附体、代神行动为"上童";相反,神灵脱离巫师,巫师回阳为"退童"。

313

左手打开神门，右手闭（辟）开五方道路、桥梁，不通何方，不通何里，通上醮坛头上，青龙位上，日日光明，时时光亮。

又到发功曹。在门边拿起铜锣，阑（栏）门铜锣一声，拜发功曹。天界、地界、水界、阳界功曹阳陈走马三郎，前去召请，依开路的神名一路请完。四直（值）功曹刻至，本月某日临降醮坛，证盟酬恩还愿，歌乐朝踏，谨意拜请。功曹刻你路上，逢茶不饭，逢花不采，速去速回，为凡传奏，奉送天尊。玉京山上来，金阙下瑶台。功曹来传报，天门地户开。

拿铜锣门阑（栏）位前，丑事当坛打出，官符口舌，时流鬼气，饭酒多醉，餐酒食肉之人，阴火阳火，错落之火，瘟王大将，一切等神，遣出四天门下，别处人请，外处人当，丑事当坛遣出，好事当坛引入，铜锣一声。朝踏过后，上不动前，下不动后，上把人口，下把资财，朝无鸦鸣鸟叫，夜无犬吠之声，百无禁忌，大吉大利。

又小日正厅上，早晨不用牙盘，要肉七碗，正师请圣，平请平置，依打鼓乐尚（上）香，呵撒。□□ 昆斋 赵法荣 □□——此处有四个印章。小师男女，踏在醮坛位前歌堂头上，亦依众房叔孙，朝踏歌会良愿道场，敷排香烟一启，依大请圣一样，直请平置台一转，请齐献酒，用口通意者，照本上献纸，完。将一封纸扎众圣，子孙来唱《大陈谢》《初言》《礼疏仔》《奉公爷》。到了餐。赏（晌）午时，我们师人将一封纸献了，泉（全）州观（灌）阳一路直直献完，化了纸，用保三筊。总坛醮主管下众房叔孙，子孙男女，堂头福主，上衔令官，三人四姓，五名四角，常在歌堂头上，人人星晨（辰）高照，个个禄马高强。阴筊拨转吉星，阳筊推启少者江水长流，圣筊其保，来到歌堂，唱歌唱令，敬奉公爷父母，进坛不怪，出坛无碍。三筊团圆，阴阳欢喜。若是筊不来，各人巧语，再保筊来了。当坛排下泉（全）州观（灌）阳公爷父母，众房叔孙带来明良先祖，当生本命，上、下、中州五十四庙，大众仙姑，连炉教主祖师，排在醮坛位前，歌堂头上，云头不散，车马不移，歇下云头，落下车马。呵撒。

到下午唱《春季社》完。依午上（上午）一样献纸，同样保筊。

就到吃了夜饭定客。不论人齐不齐，总坛醮主，堂头福主，上衔令官，师人子孙,座(坐)在中厅上。将到牛毛蔬菜廿四份,肉廿四份,定客话语:守时良候,守候良时,良时亦到,吉时亦到,东衍亦会排凳,西衍亦会排台,排起四衍八位,总坛醮主、把坛护殿先师,一定定下,堂头福主、上衍令官、鼓头郎君、鼓板小娘、上堂仙姑、下堂仙女、三人四姓、五人四角、六路九亲定下醮坛头上,富贵良厅,行良歇宿,唱歌唱令,闹热坛场,云头不散,车马不移,歇下云头,落下车马。呵撒。

到正日夜定客,都同一样。计后。

唱定客完,就请唱为神的人来,师人就设:良时亦到,吉时亦来,上差不到,下差不来,差到一双为神童子,为鬼先师,为鬼(归)先祖案前,当为前世爷娘,后世父母,为归当厅一位,常在红罗金殿,歌堂头上,亦依众房叔孙,证盟歌堂,赔还良愿,阴阳欢喜,欢座(坐)一时,等座(坐)一会,云头不散,车马不移,歇下云头,落下车马。呵撒。

又到收脏师来,计后,把坛师设:

上差不到,下差不来,差到收脏师主赵法某,积小亦是劳力君子,明角子孙,亦依众房叔孙,妆(装)罢细书歌堂良愿二昼二夜道场一供,投词意者:今据　　大清国……读大投词。各人眼快,一路将脏收入,不得露出,藏蜜(密),拿回去方拿出。收完,收脏师主设:与你赵、黄家众房子孙,家家收了一七二七三七七七四十九日,朝无鸦鸣鸟叫,夜无犬吠之声,上不动前,下不动后,收了三百年前,四百年后,上不动人丁,下不动资财,收了十二年一会,二十四年两期,过后爷娘富贵,子孙团圆,人财两盛,五谷丰登,大吉大利。

接猪头,稽首问答,叙头:

当坛叩明四界功曹,泉(全)州观(灌)阳当位前世爷娘,后世父母,众房叔孙赵、黄家香火,文武圣贤,合门历代先祖,本命元晨(辰)星君,上、下、中川五十四庙,七州洞府仙姑,连炉教主,许愿童子,还愿老尊,若是良时亦到,吉时亦来,接下红面牲头,三筶团圆。圣筶其保,阴筶拨转,阳筶推启。若是三筶不准,再等时候,三筶准了,接下牲头,存在居楼边之。又等一时,问筶扶起牲头,都同一样问答。各人巧语不同。又问答,接下良愿。又问答,得了,凑入愿头、牲头里,就青龙白虎二师尚(上)香,变盘,唱《梅花歌》,计后。昆斋 黄遗芳 □□——三个印章。

又小日早晨,拿正猪在阶下请正厨官,把杯□,拿符一道,烧在刀上,师人念:天吉利,地吉利,人吉利,大吉大利。正厨官番背手,拿刀刊(砍)猪,付(副)厨接过就刊(砍),立灶贴符,亦同刊(砍)猪四句。灶吕(内)符,锅符贴的符,厨官遮身符,把他(它)放身上,就烧火煤肉了。□□ 昆斋 赵法荣 □□——四个印章。

起厨拿砖念:亦同刊(砍)猪一样话念。

计开赵家子孙唤数

开请赵家出省流移全州观(灌)阳县火烧杉木坝都公太祖八郎,三十六公高大娘,二四公罗大娘,流出下山源。千字一唤,流落北峒(洞)源。知名不知姓,流落东花源。细字一唤,流落民殿高山,道洲(州)地面,知洲(州)下界。大字一唤,开请分房先祖。幼字一唤,流落上平源、茶坪底。嫩字一唤,流落劳溪源。少字一唤,富字一唤,万字一唤,荣字一唤,盛字一唤,流落沙坪村。荣字一唤,盛字一唤,顺子一唤,德字一唤,启字一唤,明字一唤,贵子一唤,赵字一唤,胜字一唤,金字一唤,子字一唤,旺字一唤,才字一唤,宗字一唤,日字一唤,忠字一唤,念字一唤,国字一唤,泰字一唤,民字一唤,安字一唤,启字一唤,□字一唤,众房先祖知名不知姓,知姓不知名,一世献上一世,一唤献上一唤。□□——一个印章。

赵家总小请唤数。开请全州观(灌)阳县都公太祖八郎,三十六公高大娘,二四公罗大娘。开请千、细、大、幼、嫩、少、富、万、荣、盛、顺、德、启、明、贵、赵、胜、金、子、旺、财、宗、(日)、忠、念、国、泰、民、安、启,一世开请一世,一唤开请一唤。

计开黄家子孙唤数

开请黄家出省流移全州观(灌)阳县火烧杉木坝都公太祖八郎,三十六公高大娘,二四公罗大娘,流落下山源。名字一唤,太字一唤,千字一唤,流落道洲(州)地面,知洲(州)下界。少字一唤,流落骨母源茶平底。新字一唤。流落槽碓源。嫩字一唤,流落涝溪源。富字一唤,贵子一唤,发字一唤,流落沙坪源。顺字一唤,德字一唤,世子一唤,黄字一唤,旺字一唤,启字一唤,朝字一唤,积字一唤,廷字一唤,进字一唤,德字一唤,宗字一唤,日字一唤,世子一唤,永字一唤,梓字一唤,邓字一唤,叙字一唤,万字一唤,乐字一唤,忠字一唤,念字一唤,国字一唤,泰字一唤,民字一唤,安字一唤,启字一唤,昆斋　赵法荣　黄遗芳　□□——四个印章。知名不知姓,知姓不知名,一唤开请一唤,一世开请一世。

黄家总姓开计唤数。开请黄家公爷父母,泉(全)洲(州)观(灌)阳县都公太祖八郎,三十六公高大娘,二四公罗大娘。开请名字、太字、千字、少、新、嫩、富、贵、发、顺、德、世、黄、旺、启、朝、积、廷、进、德、宗、日、(世)、永、梓、邓、叙、万、(乐)、忠、念、乐、国、泰、民、安、启、盛、卡、添、月,众房先祖,公爷父母,知名不知姓,知姓不知名,一世献上一世,一唤献上一唤。□□　昆斋　赵法荣　黄遗芳　□□——印章。

皇清光绪廿七年金牛岁太簇月廿六癸巳日期謄(誊)笔,师男赵法荣将祖古本《调踏公祖设文叙头总本》一路抄清明白,十二年回转宣读,照依此本不错。嘱咐为师,恐后无传,将本作事,不得丢宗。为师设得清楚,阴阳法事,一路将头到尾。不误公祖,自然朝踏平安,子孙富贵,人财两胜,五谷丰登。付与为师收执,绵永传之,传其腾(誊)抄师男赵法荣,谨计(记)收什(拾)。

留传阳名赵金州,当巫法门,赵法传/行翁,前时丢去,不踏公祖良愿,过后人丁不旺,六畜损伤,复回依科朝踏。法传/行又无师傅(父)传了,正到柳家源,真投师傅(父),花银一两二钱,猪肉五斤,雄鸡公一只,塘鱼四斤,油糍粑五十个,姜五斤,连住三夜,我才投回罡决唤数。回家口念心通,才与众房子孙朝踏宗祖良愿,平安清吉。众位师徒师孙留传应用,照本便无差讹,不可忘师。子孙计后,永远谨计(记)收什(拾)。

嘉庆丁巳年十一月廿四己丑日调踏,正师法生,童子法胜,主客大吉。

嘉庆己卯年十月初六乙未日调踏,醮主念志,正师法聪,童子法玉,过后大吉。

乙巳年,醮主赵明,正师法经,童子法政,过后大吉。

乙卯年,醮主广禄,正师法政,童子法经,过后大吉。

丁巳年,醮主太福,正师法经,童子法政,过后大吉。

丁卯年,醮主信宝,正师法廷,童子法政,过后大吉。

己巳年,酉主添乐,正师、童子法政当二名,过后大吉。

光绪己卯年正月十五己未日许愿,醮主昌胜,正师法政,童子法科,亦大吉。

光绪辛巳年十一月廿一日己酉日,醮主安吉,正师法科,童子法政,过后大吉。

乾隆己卯年朝踏,赵家正师法连,童子法荣,过后醮主不吉,正师亦不吉,醮主死一丁,正师死妇一口,不利众房子孙,客吉,不干之事,番师逆主。计后:

乾隆辛巳年十二月廿五己丑吉良建日朝踏,黄家正师法养,童子法行,醮主朝踏过后,家家清吉,万事吉昌。

光绪辛卯年十月十六日戊申日,醮主圣昆,正师、童子法科当二名,过后大吉。

光绪癸巳年十二月十三日还愿,醮主赵先旺,法科父子当二名。

光绪癸卯年十月□日还愿,醮主赵□,正师法彪。

光绪乙巳年十二月廿三日亥时还愿,醮主黄安启,正师法彪,童子法敏。

民国辛巳年十一月廿二日还愿,醮主黄启思,正师赵廷保,童子师俊,引母赵禄枝、□申娇,黄安绍之女。头女,黄启富之女;二女,黄月槐之女;三女,黄添众之女;四女,黄春旺之女。猪头进入赵礼风家内。

六房老头:盘冬明、黄添政、槽礁源赵老四、赵观德、新头黄盛才、黄富新。

有一名公进公清明头人当新头:赵张惠、黄福庆、盘新胜、赵春旺。

二、十二年朝答祖公叙头总本

【文献提要】

朝踏科仪抄本。竹纸抄写右侧线装。无封面,题目据题跋而定。据文末题跋,由赵法敏于民国乙卯年(1915)四月卅日抄写,赵先盛从赵法敏先父赵法政原本抄出,赵法敏据赵先盛本抄出。现藏广西钟山县两安瑶族乡沙坪村邓学清家。文中包括十九个朝踏仪节:发奏,收禁坛,捡坛,置猪头,置台角,篆王罡决,置鼓,响古礼,问鼓来音,唱歌车马,收脏咒,接

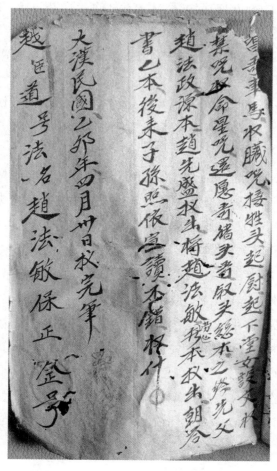

图 7-7　邓学清藏本《十二年朝答祖公叙头总本》

牲头,起厨,起下堂女,设文,收禁咒,收命星咒,还愿歌,猪头歌。文中加朱红句读符号,多处使用同一枚鲤鱼形印章。

十二年朝答祖公叙头总本

调踏醮坛门发功曹用

铜锣一声拜发功曹。启请天界功曹,不怕天高;地界功曹,不怕地游;水界功曹,不怕水深。……资财六畜本命元辰星君,关请本祭龙归庙本部祖公大王,福龙庵茄(伽)蓝主者,木家社社岭冥王,庚古庙、育古社、保钱寨祖公,关请邻近上、下、中川五十四庙……

……通地府,法鼓三声,拜发功曹,修完醮事,完诚(成)满散,各有所归。发奏完了

丑事当坛打出,外有邪神不得入。官符口舌,时流鬼气,饮酒多醉,食酒肉之人,阴火阳火,错落之火,瘟王大将一切等神,打出四天门下,别处人请,外处人当。

好事当坛打进,内有正神,不得出。当坛引入,铜锣一声,朝答过后,上不动前,下不动后,上把人口,下把资财,朝无鸦鸣鸟叫,夜无犬吠之声。打进□□贵人阴阳禄马,贵醮坛头上人财两盛,百无禁忌,大吉大利。

吃午饭了,依居楼边皂排台,买的肉做廿四牙盘,摆依许愿一样。请圣齐,献酒,口通意者,献纸,完了,未曾化纸,收众房子孙命星存在醮坛头上。大门边收禁堂,肉七碗,牙盘一块。

收了禁完,回来就问富仁猪,问着了,童子上桥,捡过醮坛三回,元,[1]不退童,童子置同湖南蛇形铁撒付习。青龙白虎【师】、祖师本师、星光明月【师】就去:

第一捡过设圣红猪头蹄四脚。白额童子回来,第二捡过富仁曹司四脚。白额童子第三捡过总坛之酒米,将来赔还细书歌堂良愿;供养爷娘之

---

〔1〕 元:常用此字表示某仪节结束,或用"完",意同。

酒米,将来红罗金殿供养;富仁之酒米,将来富仁堂设圣供养。

三卦团圆完,就去点牲完,回奉退童,化纸送圣,先日元了。

置猪头三头六面起。置眼精(睛)、鼻口、耳环、钗鉨、[1]十二排钗鸟仔、象牙梳子、金钗、班(斑)衣赤领。置左右边姑娘,元。天光了置歌坛。

置红罗金殿,四角团圆;置台脚,川起台万;置台盘,排启、敷启、抢起四角;丁启,关启,锁启,挦启,将剑刀、朝枧左/右边栏启;置启香炉水碗,酒盏明灯,大牙盘,小牙盘,子孙山;置帐架;置阳帐;置班(斑)衣赤领,鸦家仙女,红罗金殿,金阶玉殿,三人四姓;完。变身阳帐押堂,元。

又三天门下置歌堂。罡决

第一把坛师割启,第二青龙师排启,第三白虎师敷启,完。又把坛师起太阳□,青龙师发车,白虎师抛火球烧,又第三转把坛师不去,青龙师清净,白虎师扫净,元。转来青龙白虎【师】不去了。又把坛师出去四角扫净。

置启四柱,川启,栏启,丁启,关启,锁启,横启,披【启】,置八面山头,黄桑摭树,置杨鸟,姐姐,五谷婆婆,上堂仙姑,下堂仙女,排启子孙山,置启鼓头郎君,置鼓板小娘,亚家仙女,班(斑)衣赤领,三人四姓,置仙童玉女,置起枇杷三同/二行。又总罡篆王决遗堂,将剑刀/朝枧押堂,三转吉元终了。赵法敏保正笔

小日早晨,正师在中厅做肉六碗,请圣,不用牙盘勺计。众客来唱《礼疏》。客齐了,到申酉时,尊主【献】酒元。众子孙在皂边排台,正师请圣,元。将木接做鼓,置皮,勾横启,祖师本师,星光明月【师】,平置元。

又到正日,拿鼓置鼓皮,置索,置勾横,启鼓皮,置栏,置瞒天黑地,锁启四蹄,置祖/本师,关锁谨。第一吹口水三郎决,第二吹水起×决,第三吹水差祖/本师,启毫光,就出去拿鼓,和神元。

响鼓礼赵法敏保正计(记)　唱响古社

亦是朝踏一日,朝踏一时,放散元显,放散车马,后生年少,酒瓶趱

---

〔1〕　鉨:古同"矿",于此处意不通。疑应为"钏"字。

【退】,酒盏为收,负累村坊,行良歇宿。一到日落深山,日归西路,申酉两时,牛马归栏,百鸟投林,推出后生年少,前门亦扫,后门亦扫,香炉边之起四脚台盘,烧起明灯,点起冥香,请到把坛先师,请百良里为神童子,为鬼先师,为扫前衍先亡、后衍先祖案前香炉边皂。守时良候,守候良时,良时亦来,吉时亦到,把坛先师请一双许愿童子,许下一双酒名先师,《酒诗歌章》,元。

醮坛门口问鼓来音:

门前是谁人?

我是盘王子孙。

你来有事?

我来与你众房子孙朝踏五谷婆婆良愿。

我问鼓人:你来为保何人?

我来为保赵、黄家众【房】子孙朝踏过后,家家清吉,一怕(拍)鼓声过后,上不动前,下不动后;二怕(拍)鼓声过后,子孙闭塞官灾口舌,资财六畜百般收成;三怕(拍)鼓声朝踏过后,大男小女,子母团圆,荣华富贵,金玉满堂,百子天(千)孙,大吉大利。完终。

赵法敏抄笔

先日发功曹,牙盘分肉。

第二【日】早晨,烧香点灯,做肉七碗,不用牙盘。计后:

正猪做牙盆九转:居楼一转,红罗一转,置歌堂一转,富仁一转,捉鼓一转,酒司放令一转,还愿一转,收脏一转,交阴一转,总总九转牙盘。计后:

大小牙盘众等用动均分:正师二份,童子二份,青龙一份,白虎一份,富仁一份,设圣一份,收脏一份,尊主十二份,为神一份,令官六份,造屋一份,雷王一份,正鼓一份,正厨一份,富仁厨一份,引母下堂女共五份,梅花一份,长礼疏一份,吹饭一份,一起厨一份,牙盘均分,一共卅八份。计余有小师有名一份。

起厨法,厨官起皂在吉方起可吉。

小日请圣，元，不存化纸，纳纸札（扎）下众圣。众子孙来唱《大陈谢》完，【唱】《初言》《礼疏仔》完，子孙问纸酒，各人白口令，出去庭前吃酒，唱阳【歌】到吃午饭完，唱《春季社》完。不论申酉时，化纸，依旧保卦，将卦用保，三卦团圆，话语就到：

总坛醮主管下众房叔孙，子孙男女，堂头福主，上衍令官，三人四姓，五人四角，常在歌坛头上，人人星辰高照，禄马高强，阴卦破转吉星，阳卦推启少者江水长流，圣卦其保，来到歌堂，唱歌唱令，敬奉公爷父母，进坛不怪，出坛无碍，三卦团圆，阴阳欢喜。若再卦不来，各人巧语，再保卦来了。

当坛排下泉（全）州观（灌）阳公爷父母，众房叔孙带来明良先祖，当生本命星君，邻近上、下、中川五十四庙，大众仙姑，连炉教主祖师，排下在醮坛位前，歌堂头上。云头不散，车马不移，歇下云头，落下车马。呵撒，呵撒，呵撒。

到下午唱《春季社》完，亦依午上（上午）一样献纸，同样保卦。

就到吃了夜饭定客，不论人齐不齐，总坛醮主、堂头福主、上衍令官、师人子孙座（坐）在中厅上，将到牛毛韭菜廿四份，肉廿四份，话语：

守时良候，守候良时，良时以（已）来，吉时以（已）到，东衍亦会排凳，西衍亦会排台，排起四衍八位。总坛醮主、把坛设殿先师一定定下坛头福主、上衍令官、古（鼓）头郎君、古板小娘、上堂仙姑、下堂仙女、三人四姓、六路九亲；定下醮坛头上富贵良厅，行良歇宿，唱歌唱令，闹热道场。云头不散，车马不移，歇下云头，落下车马。呵撒，呵撒，呵撒。

到正日夜定客都同一样。计后：

定客完，就请唱《为神歌》的人来。师人就设：

良时以（已）来，吉时以（已）到，上差不到，下差不来，差到一双为神童子，为鬼先师，为归先祖案前，当为前世爷爷（娘），后世父母，为归当厅一位，常在红罗金殿歌堂头上，亦依众房叔孙证盟歌堂，赔还良愿，阴阳欢喜，欢座（坐）一时，等座（坐）【一】会。云头不散，车马不移，歇下云头，落下车马。呵撒，呵撒，呵撒。

又到收脏师来。计后，把坛师说：

上差不到,下差不来,差到收脏师主法×,积小亦是劳罗君子,明角子孙,亦依众房叔孙收罢细书歌堂良愿二昼二夜道场一供。各人眼快,一路将猪肠收入,不得露出,藏蜜(密),拿回去方拿出。收完。收脏师:

良时亦来,吉时亦到,请到收脏师主法×,与你赵、黄家众房子孙男女,家家收了一七二七三七七【七】四十九日,朝无鸦鸣鸟叫,夜无犬吠之声,上不动前,下不动后;收了三百年前、四百年后,上不动人丁,下不动财帛;收了十二年一会,廿四年两期。过后,爷娘富贵,子孙团圆,人财两盛,五谷丰登,大吉大利。送出外,香纸烧。

通大投词完。将大长扞献纸完,不存化纸,唱《游愿歌》,转来勾肖(销)完。交阴,总总献过伖(佛)名,开路送圣。转来化纸,保卦完满。当坛排下泉(全)州观(灌)阳公爷父母,带来祖师,排下在醮坛位前,歌坛头上。云头不散,车马不移,完满。吃了散福,各人唱《歌堂散》,回家,各人请福。保正笔 金号。

问卦接猪头叙头,稽首:

当坛叩盟四界功曹,泉(全)州贯(灌)阳当坛位下,前世爷娘,后世父母,众房叔孙赵、黄家香火,文武圣众,合门历代先祖,当生本命元辰星君,上、下、中川五十四庙,七州洞府诸庙仙姑,连炉教主,法派宗亲,许愿童子,还愿老尊。

若是良时以(已)到,吉时以(已)来,接下红面山头,三卦团圆:圣卦其保,阴卦破转,阳卦推启。若是三卦不准,再等时候,三卦转了,接下牲头在居楼边皂。又等一时,问卦,扶起牲头,同上一样问卦,各人巧语不同。

又问卦接下良愿,问卦得了,奏入愿头、牲头里,就——

青龙、白虎二师尚(上)香,变盘,唱一转《梅花歌》。计后,看别本叙头那样。

又起厨官,起灶,在吉方起,可吉。小日早晨,厨官把杯完,起手扶砖,那时就说口气:天吉地利,官吉利,人合吉利,鬼合吉利,年月日时吉利。立灶元了,念咒完。

正厨官番身背手,拿刀刊(砍)猪,付头人,接过就刊(砍)。立灶贴府

（符）亦同刊（砍）猪四句。灶里符烧，刀口符烧，锅内符烧。厨官遮身【符】，把他（它）放身上，就烧火煤肉了。

立灶完。立灶牙盘二块，肉七碗，还有餐餐七碗。

起厨师请圣设文：

小师男女踏在醮坛厨房位前，竖立厨房，不请何神，不请何人，奏为启请天界、地界、水界、阳界功曹阳陈走马三郎。踏在厨房位前，竖立厨房，一请便到，安登宝座。焚香启请：杀牲官，度牲官，挠铧把秤二郎，耸柴童子，吹火小娘。踏在醮坛厨房位前，竖立厨房，一请便到，安登宝座。焚香启请：醮主管下众房叔孙各人带来香火，文武圣众，合门历代先祖下赴醮坛。厨房位前，竖立厨房，安登宝座。焚香启请：泉（全）州观（灌）阳、泉（全）阳观（灌）州前世前衍先祖，后世后衍先亡，前十二对（队），后十二对（队），班（斑）衣赤领，踏堂仙女，花盆九郎。踏在醮坛厨房位前，竖立厨房，一请便到，安登宝座。焚香启请：厨官信士×人当生本命元辰星君，同上叙头宝座。启请：本坊本祭龙归庙、福龙庵、木家社、庚古庙、育古社、保钱寨寨门土主，把寨老尊，桥头土地，榕树大王，山源水口，地脉龙神。踏在同上。启请：弟子赵法敏子父出门带来连炉教主，道主法官、法进、法通、法传、法兴、法旺、法医、法政、法清，度师法科、引师法保，阴阳师父，前传后教历代先师，踏在。同上叙头宝座。启请：流年太岁至德尊君，今庚过往有位神祇，踏在。同上叙头宝座。

人有三请，圣有二迎，再来关请，阴卦关齐来了。献上神名，【从头到】尾止，献酒完。不着通投词，献纸，化纸了。用口保厨官信士×人手轻脚快，三卦。

备办牙盘，得代公爷父母，用保星辰高照，禄马高强，人丁清吉，男女平安，大财兴旺，六畜生成，百般胜意，完周了。将一封钱纸当坛札（扎）下众官众圣，札（扎）在厨堂位前，烧香供养。道场完满，法事完诚（成）。正当奉送，天无忌，地无忌，百无禁忌，人财两盛，大吉大利。一日三餐同样设，倒厨亦同样。

各拆话口语，就是各师明白通巧，巧语不同。

倒厨将符一道,亦同刊(砍)猪话语一样,番手拿锅一倒就出了。
计后:

又引师爷设文,引【师】爷小日早辰(晨)去到引母家,下堂女齐了,各人一盆菜,来在引母香火请。设文:

小师男女踏在×家香火位前,众房叔孙赔还细书歌堂良愿,不请何神,不请何人,为凡传奏,启请踏堂仙女,黄赤二帝,花盘九郎,唱歌娘姐,唱令先师,上堂仙姑,下堂仙女。踏在×家香火位前,众房叔孙赔还细书歌堂良愿,一请便到,安登宝座,焚香启请众姓随身香火,文武圣贤,合门历代先祖。踏在仙坛×家香火位前,众房叔孙赔还细书歌堂良愿,阴阳欢喜,一请便到,安登宝座,焚香启请引母信女×氏花女母女五人当生本命元辰星君,同上叙头宝座启请泉(全)州观(灌)阳、泉(全)【阳灌】州前世前衍先祖,后世后衍先亡,前十二对(队),后十二对(队),班(斑)衣赤领,踏堂仙女,花盘九郎,踏在同上叙头又宝座。启请本坊本祭龙归庙、福龙庵、木家社社岭冥王、庚古庙、育古社、保钱寨祖公,寨门土主,把寨老尊,桥头土地,榕树大王,山源水口,地脉龙神,踏在。同上。启请弟子赵法敏子父出门带来连炉教主,道主法官、法进、法通、法传、法兴、法旺、法医、法政、法清、度师法科、引师法保,阴阳师父,前传后教历代宗师,踏在。同上。启请流年太岁至德<至德>尊君,今庚过往有位神祇,同上叙头又宝座。人有三请,圣有二迎。再来关请,阴卦<卦>关齐来了。

又献上神名,从头到尾止,献完,不着通投词,献纸完,不存化纸。将衣服洁净,花女解今(令)清净,完了。又穿衣,元。敕符把,元。遮身符,元。化纸,完。保卦。引母×氏,花女四人,以为上堂仙姑,下堂仙女,引上醮坛头上,得代公爷父母,阴阳欢喜,个个星辰高照,禄马高强,去者带星,回者带月,进【坛】无怪,出坛无碍,百无禁忌,人财两盛,大吉大利。

去到醮坛设文同一样。设拆话一日三餐同样设。安奉引母花女四人与代上堂仙姑、下堂仙女前来,得代公爷父母,安奉本命星君,都同一样。
计后:

拆的倒罢仙坛回家同一样设起者大吉。罢者大利,大吉大利。赵法

敏抄笔　金号。

起厨拿砖念都同刊猪一样话念。

起厨用牙盘肉二块,肉七碗,师人收,还有餐餐七碗肉分。又下堂女餐餐七碗肉分开,余有忩(份)□。

收禁坛用牙盘一块,猪脚一节,肉七碗。计后。

收的亦一样,请神的,拆打五方禁坛,遣送神祇话,各人通巧明白,巧语不同。

小日夜安醮主香火,肉六碗,牙盘一块,师人收的。计后。赵法敏笔。

又到还愿勾愿,正师拿剑刀勾愿章设文:

良时以(已)来,吉时以(已)到,泉(全)州贯(灌)杨(阳)众房叔孙,良时通下细书歌堂良愿一座,当堂正当赔还良愿。前许通坛合众口牙口词脱下阴名,换回阳字,他无少欠,九(久)后分明。后来众房叔孙占师不上,占卦五指灵排,阴阳通达,便无少些,以今完满,当坛在位,羊毛细笔玉笔勾肖(销)细书歌堂良愿。纸上有名,一笔钓(勾)销;木上有姓,一刀批下。了还之字,倍还愿愿完。师人一笔勾肖(销),众房叔孙一笔勾肖(销),愿张(章)头上红猪已(几)只一笔勾肖(销),愿章头上看供养一笔勾肖。

许愿弟子法×,后来还愿弟子法×,阴卦结许良愿头,择用×年正月×日许愿、七月×日伸(申)愿,到了十月×日倍(赔)还朝答祖公良愿,十二年一会,廿四年两期。良愿头上,开有时,捡有候,不灵不净,今将五龙法水解灵清净。金号　法敏笔。

将到还愿歌出封宣读。正师拿卦,愿章手在在手,唱歌曰:

四界功曹也日都齐整,红撒撒衣。证盟与我勾愿头。勾愿头,腮三排。

今日还愿歌堂愿,众房子孙永不忧。

全州观(灌)阳公爷父母都齐整,齐齐到位勾愿章。

利日还了歌堂愿,子孙过后得平安。

赵黄/盘邓家出省来移都齐整,有福发心勾愿心。

众人勾肖(销)平安愿,五谷丰登贺太平。

众人香火先祖都在位,亲身到位还愿章。

子孙还了歌堂愿,千年富贵得荣华。

本祭祖公社王、五十四庙祖公都齐整,证盟与我勾愿章。

当坛还消(销)歌堂愿,牛羊六畜满山岗。

连炉教主都齐整,当位与我勾愿头。

一笔还消(销)歌堂愿,富贵荣华比石崇。

当前许愿众人许,今日还愿众人还。

十二年回头还一转,用保家家进人财。

当初许愿在坛前,子孙思想在心中。

今日还了歌堂愿,家家户户得兴隆。

公爷欢喜来还愿,子孙欢心还愿章。

朝踏过后人清吉,一世不忘公祖堂。

阴卦落地阴还了,阳卦落地阳勾消(销)。

圣卦落地人财盛,子孙兴旺撒满乡。

问你众房子孙字除腰那(哪)物字□了字。

不字缠之绕(之)甚么字? 还字。

了还之字,倍还良愿,便无少欠,以今完满,阴卦勾肖(销)歌堂良愿了。弟子跪下,他无少欠,愿张(章)一座,弟子过了卅六牙齿,启你上山变老虎,下水变蛟龙。烧你无宗无事,拆破愿章,拆破愿纸,拆散愿章一座,拿在醮坛钱炉火化。位前排下恭启,阴阳欢喜。

醮坛大门边收禁坛。请收禁神煞,四界功曹,全州观(灌)阳唤数,总坛先祖香火,本命祖公社王,祖师外神祇,完。献酒完,不通投词,献纸不存化纸,开路,<收>打开五方禁坛:

醮坛头上×姓各家餐伤神、杂伤神,顶刀瓦碎,雷霆白虎,中宫九良三杀,动前动后,翻师迎主神祈(祇),饱酒多醉、餐酒食肉之人,瘟王大将,时流鬼气,阴火阳火,错落之火,官符口舌,千灾百患,一切等神,尽行通到。第一祭神罡,第二追神罡,第三收神罡,都同开凶神名,收阴卦,拘齐,挖控开了。敕碗,化天罗地网,收住瞒天黑地,暗住道场,完满。打开禁堂,遣送他方,良时禁治,不灵(令)动作,将纸打赏祖师,才化钱纸,送神众圣,请回居楼边之。

又收命星,将一封纸开路:

左手打开神门,右手辟开五方道路、桥梁,不通何方,通到总坛醮主管下赵、黄家众房叔孙各家大男小女各人当生本命元辰星君,大财资财六畜本命元晨(辰)星君,落在各人身前左右,栏橱位前,阳卦,尽行通到位前。

收亦同一样三转。阴卦收到,不灵不净,解净宽泥之州,□泥之县。不怕竹筒窄则(仄),千千万万都装得;不怕竹筒小,千千万万都装了。用纸瞒塞。

打开神门,通上醮坛头上、青龙位上,日日光明,时时光亮。法敏保正笔 金号。

猪头歌

两夜游,两夜游,放出鹧鸪飞游游。

两夜游,两夜游,放出画眉飞游游。

两夜游,两夜游,放出凤凰飞游游。

两夜游,两夜游,放出金鸡飞游游。

法敏笔 金号。

十二年朝答祖公叙头总本:发奏,收禁坛,捡坛,置猪头,置台角,篆王罡决,置鼓,响古礼,问鼓来音,唱歌车马,收脏咒,接牲头,起厨,起下堂女,设文,收禁咒,收命星咒,还愿歌,猪头歌,叙头总本之终。先父赵法政源(原)本,赵先盛抄出,将赵法敏劳心□本抄出朝答书一本,后来子孙照依宣读不错,收什(拾)。

大汉民国乙卯年四月卅日抄完笔

越臣道号、法名赵法敏保正金号。

三、朝踏七祖大投词书一本

【文献提要】

朝踏科仪抄本。竹纸抄写右侧线装。封面有题名"朝踏七祖大投词书一本"与抄写人"弟子赵法敏保正笔"字样。文末题跋注明抄写时间为民国丁卯年(1927)六月十二日,是依照其父赵法政原本抄出,名为《朝踏祖公大投词意者一卷》,与封面题名略异。现藏广西钟山县两安瑶族乡沙坪村邓学清家。文中记录了"朝踏"祖公仪式许愿/结愿投词意者、申愿/抢愿投词意者与还愿投词意者,还愿部分还记录了仪式具体流程。文中加朱红句读符号,多处使用同一枚鲤鱼形印章。

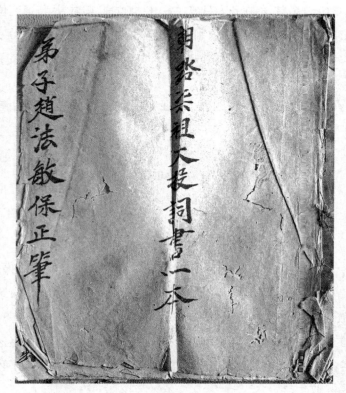

图 7-8　邓学清藏本《朝踏七祖大投词书一本》

朝踏七祖大投词书一本

弟子赵法敏保正笔

许愿/结愿投词意者

呵! 小师男女,踏在居楼边皂,也依赵/黄家众房叔孙,结许细书歌堂良愿。不通投词意者,阴府不知,先通乡里,后通州府。意者: 今据中华民国广西省桂林道钟山北一区保安团,远年阳宅住居沙坪寨,祀祭龙归庙、福龙庵、木家社下,年年作福,岁岁祈求。不料踏上厶年以来,切见赵/黄家众房叔孙,家家多招官符时气,千灾百难,财帛时有退不进,有祸不清。占家占堂,不居神坛〈神〉社庙,外来神仙,当为前世爷娘,后世父母,下来提点子孙男女,要讨细书歌堂良愿。计(记)落心头,退步回乡,回偏家中,男人说起,女人随从,开箱捡出,粮田白米,元(原)伏(状)水安(碗),阴酒阳浆,三朝三前,四朝四后。前门将出,后门将入,黄金细钱,买得香油白纸,七宝明香。叔孙有人,推出后生年少,前门长扫【净】,后门长扫净。总坛醮主,居楼边皂,贺起四脚台盘,烧起明香,点起明灯,阴阳渌水。上请大师不来,下请小师不到,请到带兵弟子赵法敏,提铃把卦,铙铃召请:一请明尊,二请家堂神名,三迎三请,全州观(灌)阳。请尊在前,咒水在后,绕坛解秽。打开三司神名,大路通到全州观(灌)阳前世前衍先祖,后世后衍亡灵,三召三请,三召迢(召)归,居楼边皂。众房叔孙,鱼见江水,子见父母,低头为拜:一拜献上明香,二拜献上渌水,三拜责下银钱财纸,定乐(落)深山,保卦为保,众房叔孙,人口加成丁口。叔孙有人,知得公爷原年出省流移,将出变盘诗酒,前变前衍先亡,后变后衍先祖,一变二变,变归先祖位前,三变前衍先亡,三变变出,三天门下,有蔬不叶(碟),有酒不瓶,过往时流,四变变归,居楼边皂,存下变盘诗酒,阴阳相伴,阴饱阳饥。吃了三巡七盏,五巡七杯,吃了亦周,吃得亦满。

良时亦来,吉时亦到,小师男女,全(会)齐赵老师尊、许愿童子、结愿先师、还愿师,常在小师男女,身前左右,身后左前,也亦(依)赵/黄家众房叔孙,结许细书歌堂良愿,一为人口,二为资财,三为耕田作地,四为六畜丰登,良愿在案,为得家家清吉,户户平安,百无禁忌,人有向前之力,马有过后之恩,上后依旧还答细书歌堂良愿。计(记)了心头,公司(私)收伯(什)库内,纳入库中,个个计(记)了心头,协(歇)下云头,落下车马,≈[1]呵撒,

---

〔1〕 此三道平行波浪线为省代符号。

称二句，[1]许愿通完。

申愿／抢愿投词意者

台吐来妆疏年，来妆疏细，先诉永年，求财不上，买卖不见，小男细女，投带都房，退步载状，投天天高，投水水深，思量无计，无计思量，将出一其香信，出依长乡大峒，三天门下，有灵童子，占卦笞中，点出不拘神坛社庙，外来神仙，当为全州灌阳，前世爷娘，后世父母，亦来提点子孙男女，要讨细书歌堂良愿。计（记）在心头，退步回乡，回偏家中，男人话起，女人随柜（饭）。开仓捡出白米，原状水安（碗），阴阳渌酒，三朝三前，四朝四后。前门将出，后门将入，杨鸟细茶，黄金细钱，出依长乡大洞，州县里头，买得香油白纸，细罗白绢，头蹄四脚，七宝明香，退步回乡。叔孙有人，推出后生年少，前门长扫，扫净居楼边皂，贺起四脚台盘，烧起明香，点启（起）明灯，阴阳渌酒。上请大师不来，下请小师不到，请到带兵弟三赵法厶，提铃把卦，铙铃召请：一请明尊，二请家堂神名，三请三迎。请尊在前，咒水在后，绕坛解秽。打开三司神名，大路通到，全州观（灌）阳，前世前衍先祖，后世后衍先亡，三召召归，居楼边皂，先祖位前。众房叔孙，鱼见江水，子见父母，底（低）头为拜：一拜献上明香，二拜劝上渌水，三拜责下银钱财纸。日落西山，保卦为保，众房叔孙，人口加口成人（丁）。叔孙有人，知得公爷原年出省来移，将出变盘诗酒，前变前衍先亡，后变后衍先祖，一变二变，先祖位前，三变变出，三天门下，有甭无甭（碟），有酒无瓶，过往时流，四变变归，先祖位前，存下变〈变〉盘诗酒，阴阳相件（伴），阴饱阳饥。吃得三巡七盏，五巡七杯，吃得亦周，吃得亦满。

良时亦来，吉时以到，把坛护殿先〈祖〉师，起身通过，飞云牙帐细书，莫帐细书，牙了神书。许愿童子、结愿先师，下园白竹一节，白纸一帖，当厅亦依众房叔孙，伸启（起）细书歌堂良愿，一为人口，二为资财，三为耕田，四为五谷丰登，为得男长大，送入驴（闾）山读书；为得女长大，送入深房内侣，揪花织花，十指亦聪，十旨（指）亦明。

---

[1] 称二句：指重复前文"呵撒"两遍。

还愿投词意者

元(天)上以(亦)有七星,地下【亦】有百岁老人,〈将〉收得古历通书,金鸡簿历,提无三天门下,年头看到年尾,年尾撰(转)到年头,利当今年,利当今月,利用厶年厶月厶日,倍(赔)还细书歌堂良愿。计(记)在心头,退步回乡。老者多说,少者多听,开仓捡出,粮田白米,元(原)状水安(碗),阴酒阳浆,三召三前,四召四后。出门将入,黄金细银,出依长乡大峒(洞),州府里头,买得香油白纸,头蹄四脚,七宝明香。上请大师不来,下请小师不到,请到明亮先生,台中磨墨,纸中写书,写出一衍是墨,二衍是书。远请十五里姑娘姐妹,近请门房邻舍,叔孙亲谊,三人四姓,五人四角,宜利厶日牙帐。叔孙有人,前来扫净居楼边皂,付起四脚台盘,烧起明灯,阴阳渌水。上请大师亦来,下请小请(师)亦到,依旧请到把坛护殿师郎赵法厶,带兵前来,居楼边皂,摇铃把卦,召请:一请明尊,二请家堂神兵。阴阳渌水,尧(绕)坛解秽。打开三司神名,大路通到全州贯(灌)阳前衍先亡,后衍先祖,三召召归,居楼边皂。众房叔孙,鱼见江水,子见父母,氏(低)头为拜:一拜献上明香,二拜劝上渌酒,三拜责下银钱财纸。日洛(落)深山,保卦为保,众房叔孙,人口加口成人(丁)。

良时亦来,吉时以到,打开三司神兵,大路通到总坛醮主管下,众房赵/黄家叔孙,大男小女十二命星,男人十二命星,女人十二命星,花男花女十二命星,吉(急)叩赵老师尊,收在坤年之州,坤年之县,竹筒之内。收禁牛羊六畜大财资财十二命星,鸡鸭鹅猪十二命星,通到收禁竹同(筒)之内,存在总坛香炉殿上,青龙位上。又来打开神门,拆开鬼路,通到三其门外烫伤神,茶(擦)伤神,钉刀瓦碎,雷霆白虎、中宫九良三煞,动前动后、番师逆主神祇,阴火阳火、错落之火、沧酒食内(肉)之神,赤口罗网,相争理论,官符鬼气,千灾八难,收来禁止,收入禁坛之内,不令动作。不得邪师到来,破我歌堂,如有破我一坛,还我千千万万之堂;如有破【我】一变(遍),还我千千万万之变(遍),不令动作。

栏门拜发功曹。天界功曹、地界功曹、水界功曹、阳界功曹使者阳陈走马三郎,前去关请:全州贯(灌)阳、全阳观(灌)州,前世前衍先亡,后世后衍先祖,前十二对(队),后十二对(队),黄赤二帝,踏堂仙女,花盆九郎,唱歌娘子,唱令先师,公爷父母,三人四姓随身香火,本部□公、祖公、社王,五十四庙,七州洞府诸仙姑,师兄师友,佩带连炉祖教法派宗师,小带承师赵老师尊,开坛师主,把坛老尊,宜利厶日牙帐降赴歌坛,阴阳相令,阴启(喜)阳欢。

良时以来,吉时亦到,车神童子押上金桥,第一检过红猪头蹄四脚;白额童子第二检过,富仁曹司;白额童子检过总坛之酒,总坛之米,出红罗金殿,爷娘之酒米,煮饭还愿,供养。计后:

第一早晨,在居楼边皂,请圣来临,开路,劝酒,通意者,化炼元周。又出厅屋,子孙正厅上排起长台,正师请圣来临,用咒劝众神,保卦元满。又将〈剑〉刀纸,中厅头上,尊主令官厅上安座,尊主接众客对唱《礼疏》《初言》一日,将一刀纸来献圣完满,扎住,合下歌堂上。又到申酉时忿(分),尊主四衍八位座(坐)下,尊主唱《礼疏》,定客:第一初杯,第二初廌,第三初疏(蔬)。就将散肉来下四衍八位,又有廿四忿(份)定客来下,廿四断(段)数,勺(勾)人酒诗尾,纳乙(一)只。计后:

又福主居楼边皂排起【长】台,香灯五供,正师大请圣来临,开路,置台,三转,劝酒,通大意者到尾,元周。

又推时接下红面山头,放在木盆睡倒,正师、青龙、白虎师三人排座。

又推时得卦,用罡决,捧启山头,第一/二/三立正山头。

推时得卦,接愿,放下山头【一】边。

又推时得卦,用决,拿愿凑(奏)入,第一/二/三凑(奏)进山头,口吞。青龙、白虎二师,着红依(衣),宿尊,上香,请圣,小意者,劝酒/纸,化炼,元满。

又将廿四牙盘,拿变盆,唱《梅花》,相伴七盏,献众圣齐:【第一杯……】;第二杯全州灌阳奂数;[1]第三杯众房公爷,父母先祖,三人四姓香火;第四杯劝本祭祖公、社王,庚古庙,肉(育)古社,保钱寨,福龙庵茄

---

〔1〕 奂数:一辈谓之一奂,"奂数"即"辈数"。"奂"亦写作"唤"或"换"。

(伽)蓝大王;第五杯劝上、下、中川五十四庙,七州洞府,大众两乡诸庙仙姑;第六杯劝三天门【下】,今庚过往有位神祇;第七杯劝连炉教主,开坛把坛、许愿勾愿老尊;第八【杯】出厅拿卦〈请〉,劝肉(回)众圣齐,完周。

出厅上香,拿筈请尊齐,置启(起)红罗金殿,第一／二／三转罡决,完周。

转回皂边,童子师上桥,出去捡坛,捡过红罗金殿,第一／二／三捡过,罡坛元周,此(指)决满元。

转回点齐子孙,皷(鼓)女下堂,先围过居楼、红罗二殿齐了。童子师担山头居楼边皂,围台三转,出厅三转,又回居楼边皂三转。青龙上,起头堂声,三转,放下山头。红罗金殿,又开鼓声,围台三转,又出厅三转,共总十八转,元。

又红罗金殿,青龙、白虎师请圣上香,小意者,元。

将刀纸,正师变盆,唱《梅花》,阴阳相伴,献七盏。

又到置哥(歌)堂。廷(庭)前街(阶)下,第一转,正师起决,割(答)启;第二【转】,青龙师起决,排启;第三(转),白虎师起决,敷启,三人共三转,完周。

青龙、正师出去置歌堂、罡堂,三转,完周。

把坛护殿先师上童,出去捡过歌堂头上,金堂内里,罡决完满。转回,退童,点齐子孙古(鼓)女皷(鼓)头,红罗金殿围台三转,就出哥(歌)堂,绕蛇[1]围进,围出三转,回。青龙头上,起堂声,三六九转,元。

不出,将肉来赏子孙古(鼓)女。童子师捡齐三人四姓,又启补二堂声,三六九转,退童,请夬,合下,扎住,元。

又早辰(晨)下堂踏(挞)古(鼓)。其其都是众圣鼓,元周。

又到辰巳时,两边排启(起)富仁排台,富筵猪分开两边供养。又斩两斤煮熟,在青【龙边】供养,廿四岔(份)小牙盘。正猪做亦是两边供养。

---

〔1〕　绕蛇:像蛇一样环绕。

富仁酒饭，两边供养。富仁师在青【龙】边设师，上圣、祖公、社王、五十四庙、七州洞府外神等。

又设圣师在白虎排（边），设众房先祖本命星、连炉教主等神。二师各边请圣，开路，置台，依旧围台一转，劝酒，小通意者，化炼，扎住。

把坛师推时得卦，童子上童，在红罗金殿，上桥捡过富仁堂筵，围台报神，罡堂完周。

点齐子孙鼓女，三人四姓，又启三堂，绕蛇行跳富仁堂，三六九转。富仁师将刀札纸，变盆，一变二变三变，变出三天门下，四变在富仁白虎，盘席请出，众房子孙唱《梅花》，阴阳相伴五七盏，保三卦，子孙送圣返宫。计号（后）：

午未，红罗金殿上扎住，下堂朝答（踏）古（鼓）吾（舞），三其古（鼓），跳堂出外，拿古（鼓）转回，门边叫进，正古（鼓）在中央放座，两旁古（鼓）排启，唱响鼓社，将刀纸献古（鼓）头郎君、古（鼓）板小娘、众先祖，合下。

又下堂踏古（鼓）三其，踏到申西时，推时童子，又跳头堂，围堂三转。童子上桥捉鼓，第一口水，启（起）二郎决；第二口水，起×罡决；第三口水，差祖师、本师启毫光，收古（鼓）声。十二年乙（一）会，廿四年两期。破烂木长鼓，同烧完周。

酉时忿（分），把坛师推上许愿童子，身（申）上许愿先师，付下为神童子，推上付下上衍令官，答吉却时，台盘有脚，各官有行，哥（歌）声亦起，《杨鸟》也行，起哥（歌）起令，闹热道场，《散客曲》元了。坐堂放令，放到廿八青令，放到调行令，又到肉（?）字青令，又放提行令，换里（令?），此段唱《大禾米曲》，又是提行令里，又到此段唱《老人曲》《父母恩曲》。又回提行令〈唱〉，放令元了。

唱《十母歌》，又唱《天地开张》《雷王》《流移》《金花歌》阴歌了。正师付下，子孙红罗金殿烧起冥香，点起明灯，阴阳渌酒五供齐，请圣齐临，吉起猪头，用罡决，祖师本师决。扶启（起）凑（奏）出良愿，第一／二／三其起愿，叩盟，众圣正（证）盟，当圣折（拆）破勾肖（销）良愿。又拿灯碗、装愿碗，依众子孙、令官、师爷游愿，唱《游愿歌》，围台三转，叩盟众圣，公爷父母，勾愿头，阴卦落地，三卦团圆，请火化炼。排下众圣，红罗金殿，付下许愿童子,付下收脏先师。

又勾销完请收脏师。良时以来,吉时亦到,请到收脏师郎法厶,与你赵、黄家众房子孙男女,收了三百年前、四百年后官符鬼气,不灵(令)动作。

良时弟子上坛,以众房叔孙当在泉(全)州观(灌)阳众圣御前,当坛叩许细书歌堂良愿一堂在案,当保朝答(踏)过后,人丁【加口成丁】,家家清吉,户户平安,七百人丁,九百人口,老者安之,少者怀之;当保今年耕种水落粮田;祈保各家栏枥头上,养牛成牛,养猪成猪,鸡羊狗犬,卵抱而成,人见不谋,虎见不瞒,一母在前,百仔在后,其年耕种丰登,大有之年,良愿在案。春季以来,当保夏季,七月厶日,前来泉(全)州贯(灌)阳,抢许朝答(踏)良愿,当保人丁、耕种、大财;秋季当保冬季,收仓满库,厶月厶日赔还细书歌堂良愿,答谢神恩。良时许愿完满,阴有阳酒,阳有阳酒,众圣个个献得到手,阴者不少,阳者不久(多),良时勾化众房叔孙之名。十二年一会,廿四年两期。后来不上师人卦中,不上五指灵排,道场完满,法事完诚(成)。人不九(久)坐,圣不九(久)留,祖公排下,泉(全)州观(灌)阳,把住山源水口,付正人丁,注正财帛,稽首相送:上川能归上川,下川能归下川,中川能归中川,五十四庙能归出圣灵坛,七州洞府诸庙仙姑能归江华大庙出圣仙坛,全州观(灌)阳、全阳贯(灌)州各归出圣位前,各归法院殿前,管住香坛,时流鬼气,各归四天门下。化贡财纸,他方不保,外处不求,回头用保,朝答(踏)过后,家家清吉,户户平安,人丁有进,男女平安,养牛成牛,养猪成猪,黄沙二姓,水沙二姓,累累成群,鸡栖鹅邪(歇),出洞夜是,百鸟投林,今年耕种,十补全收,大有之年。祈保三朝一七,七七四十九年,男来进财,女来进宝。

当坛投叩祖公,收禁人丁头上千灾八难,栏枥头上瘟瘴大将,时流鬼气,田头田尾,黄虫白蛉,四脚蚂蟥,阶头巷尾,错落之火,收禁北方水门之中。用保众房叔孙还愿过后,家家清吉,户户平安,朝无邪(鸦)鸣鸟叫,夜无犬吠之声,人财两盛,五谷丰登。道场完满,法事完诚(成),福有所归。回时用保带兵弟子,三笞,口通意者,学艺精通。山高路远,弟子□□□□□□□手遮前,覆手遮后,行尊行教,依马行移,领过三分投词,四分意者,纳在公爷父母位前,阴阳通达,阴府通知,云头不散,车马不移,歇下云头,落下车马。呵撒,呵撒,呵撒。

民国丁卯年六月十二日抄起《朝踏祖公大投词意者》一卷,照依父赵法政源(原)本超(抄)起,弟子赵法敏抄笔。

四、许/升(申)还祖公愿之本 *

【文献提要】

朝踏科仪抄本。竹纸抄写右侧线装。抄本损毁严重,无封面。抄写人与抄写时间不明。现藏广西钟山县两安瑶族乡沙坪村邓学清家。该本主要记录了朝踏仪式所请各路神灵:请师,请千家洞地方神,请香火,清历代祖先等,后记安神、戒净、开路等仪式,另附记手决图例与愿筒装设与师公话语(设文)等事项。文中加朱红句读符号,无印章。

图7-9 邓学清藏本《许/升(申)还祖公愿之本》

许/升(申)还祖公愿之本

入屋不曾座(坐)橙(凳)入<香>香炉边棑(排)祖……

各位吃早饭完,头人办廿四个牙盆……大的牙盆办齐,正师衣帽设二句:呵撒,呵撒。上香完亭(停)鼓锣铃设:小师男女起看本明□的大牙盆一块重如多□□,谁牙盆块□。

计开愿伸亦同。

请圣齐,要办猪肉牙盆廿四块,□如重□。许伸起良愿,子孙众上香,接客转来,客上香欢座(坐)。办七碗牛肉满满的,唱《酒诗尾》,放阳哥

（歌），出，对唱。吃饭，计后。

各人为师明二字，许/抢/还愿□□。

小师男女答（踏）在赵、黄家总堂醮主说香炉头上，赵、黄家众房子孙许/伸/结细书歌堂良愿道场敦（敷）排，一伸香烟，一启相送九天，阳间留教，闪（扇）开方便。有功之日，文书上请。未蒙空座（坐），不□□□，不请何神，不请何名，先来关……师，弟子法彪带来……

殿、本殿梅山祖师黄……法耀，引师法科、法保郎尊，下赴……边之，牙意众房叔孙结……

弟（第）二启请红枒山〔1〕上师爷吹来〔2〕……吹本度后度青龙白虎，宣篆兵司，身左兵三元殿前开天门、劈（辟）地府将军，三元唐葛周三将军，张天师，李天师，北方真武玄天上帝，上清、玉清、太清大道，佛教加救文珠（殊）补（普）玄（贤）菩萨，三十六部大威神，北斗五曲灵官，雪山龙树，傍山长老，五方五帝，上仙法主都司九郎，驴（闾）山大判都司九郎，大罗金桥姐妹，都尊法主迷十四郎，神兵刘十五郎，八万斩邪□□四郎，名杨法主四十五郎，梅州架魂杨十九郎，……十五郎，坛上五伤，坛下五伤，四……将太郎总管兵司带来……抢愿先师下赴赵、黄家醮坛头上居楼……哥（歌）堂良愿。

启请泉（全）洲（州）观（灌）阳、泉（全）阳观（灌）州前世爷娘、后世父母，前世前衍先祖，后世后衍先亡，班（斑）依（衣）赤岭（领）踏坛仙女，花盘九郎。

启请赵、黄家总坛醮主管下赵、黄家众房子孙带来随身香火，明良先祖，明祖先师，上世、中世太公，下世、中世太婆，本生公，本生婆，本生房郎叔伯，姑娘姐妹，一派宗亲。

启请泉（全）洲（州）观（灌）阳县都公太祖八郎……娘，开请千字一唤，细字……少字、富字、万字、荣字……启字、明字、贵字、赵字、胜字……

---

〔1〕 红枒山：一般写作"五台山"。
〔2〕 吹来：传来，师傅传给弟子。

旺字、财字、忠字、念字、国字、东字、信字、□□、松字、文字、亮字、先字、怀字、庭字、明字，一唤启请一唤，一世开请一世，一衍开请一衍，知名不知姓，知姓不知名，醮主管下众房子孙当生本命元辰星君，本部大王，木家社王，上川十八、下川八十、中川【十八】五十四庙男官女圣，清杂神祇，七洲（州）洞府诸庙仙姑，大圣带来十万雄兵、八万草将，带来许愿童子、抢愿老尊，灵箓教主赵老尊师，唱歌娘子，唱令先师。众圣下降赵、黄家总堂醮坛皂楼边之，牙意……哥（歌）坛良愿。

若是黄家踏请唤数的设起：

开请黄家公爷父母名字一唤，太字、千字、少字、新字、嫩字、富字、贵字、发字、顺字、德字、黄字、世字、旺字、启字、庭字、德字、宗字、日字、世字、永字、梓字、叙字、万字、乐字一换，相字一唤，添字一唤，【一唤】开请一唤。看事设，许/抢/钩（勾）愿童子/老尊/判官，许/抢/还【愿】看明设：

天界功曹，地界功曹，阳界功曹阳陈走马三郎。

开请赵、黄家总坛醮主管下众房叔孙带来随缘香火，上世、中世太公，下世、中世太婆，本生公，本生婆，本生父亲，房郎叔伯，姑娘姐妹，一派宗亲，赵、黄家公爷<带>出身（省）来移泉（全）洲（州）观（灌）阳、泉（全）阳观（灌）州前世前衍先祖，后世后衍先亡，【上、下、中】川五十四庙，七洲洞府，许愿童子，赵老尊【师】……在总坛醮坛皂楼边之。

回来棑（排）了并（便）存，存了便合，合人富贵，合单相生。人到人家将茶为礼，圣到人家将水洁净，答（扎）在中厅醮坛皂楼边之。手不动兵不齐，马不赶不回，一步踹丁罡，二步踏紫决，三步唉齐，阴教阳教，平阳二十四教，左关左人丁，右关右人丁，关齐西微山□都箓司马都箓司，五山台都山。

差下敕府（符）童子，咒水先师，当坛敕下一步罡，二步罡决，三步罡<坛>，祖师到来下坛，本师到来下坛，祖师敕变之水，本师化变之水，回来不灵不净，今将五龙法水解灵清净，解净弟子……上祖婆，中祖公，【中】祖婆，下祖公，下祖婆，本生公，本生婆，本生父亲，房郎叔伯，姑嫜姨妹，老幼一派宗亲，侍奉祖公<来历>带来全洲（州）观（灌）阳县全杨（阳）观（灌）州，前十二对(队),后十二对(队),班(斑)衣赤领,前世前衍先祖,后世后衍先亡。

开到众房叔孙七百人丁九百人口各人当生本命完(元)辰星君,大财资财六畜元辰星君。

开到本部大王,开庙、把庙、立庙老尊,开天盘古,开天圣母,粮田大帝,五谷农婆,左先峰。右使者,六部上(尚)书,把簿判官,出封(对)感应,广富灵王,金仙娘娘,谢氏夫人,显应李王天尊,杨马将,邓马将,贺(禾)花三娘,三奴郎尊。

开到本部木家社王,开社、把社、立社老尊,社坛土地,社司夫人,养男社公,养女社婆,通天社岭冥王,保钱寨庚古庙,肉(育)古社,山源水口金龙庙,青龙子母二庙,白马庙,福龙庵,茄(伽)蓝大王。

开到上圣侯王,阳间中庙祀典侯王,开天盘古圣帝大王,国王父母,三皇五帝,伏羲神农,王(黄)赤二帝。

开到前朝后代万岁夫人,前朝五通,后朝五通,五通高祖,帝州庙女花三圣,天地水府三官大帝,婆灵三圣,踏坛仙女,花盘九郎。

开到高楼天子同向二庙,西天江口德(得)道二郎,长表三圣,显殿尊王,本州得道惠灵相公,云溪九所(厅)都牙相公,州县城王(隍)府(辅)德相公,东方青帝社王,南方赤帝社王,朝庭(廷)五谷,雷公电母,风伯雨师,上、下、中川五下四庙男官女圣,清杂神祇。

开到红郎君,左郎庙,右小娘,出位仙姑将军庙,延□庙,五车仙女洞主,帝都十三、十四、十五官员。

开到锁石庙,车下庙,水头庙,朝水庙,回龙庙,栏山寺观茄(伽)蓝大天。

开到南门庙,铁楼庙,金鹅庙,五将侯王,龙云庙白马三姑,龙潭庙王相公,马、赵二先峰(锋),水口庙樟木大王。

开到葛藤庙,充军庙,凤凰庙,白石庙,东山庙,保安寺观茄(伽)蓝大王,水川庙,东山庙,刘、莫二仙姑,清龙庙,沙溪仙立庙,槽世大王,上川十八下川十庙(八)中川【十八】五十四庙男官女圣,清杂神祇。

开到七州洞府大众诸庙仙姑,下乡□伯九娘,新建桥头将(蒋)七娘,□□三娘,剔(踢)球马十三娘,上扶下扶牛田庙得道刘、莫二仙姑,东山杨化姑婆,西楼殿主黄小贰郎,勾愿判官,水州秀州、道和二州三百游神四百姐妹,拿鞋把伞、唱歌打令仙娘。

开到三其门外大圣带来十万雄兵、八万草将,超(赶)龙骑马留恩赐福,上面旗头,下面抢(枪)手,黄旗头,白旗将,今□过往一切等神,五瘟部众,六洞妖魔,天中差来,地府显到,行灾行患、行瘟行病神祇。

开到弟子赵法彪/远子父出门佩带,老师带来,少师带到,两两师童带来赵老尊师黄一□□法养/寿,□秀法胜/聪,法明/□……

手决图示。[1]

看书置枒(台)三转,亦同置金鸡一样,又有一半同传度一样置决。赵、黄二姓置猪头,邓、廖、李三姓置金鸡。赵黄二姓置猪头,多串枒(台),多香炉,多班(斑)依(衣),多大牙盆,多小牙盆,多三人四姓,就齐了,圈圈转枒(台)置齐,青龙起,白虎完尾,总总青龙起头。

若是放愿,拿起竹筒荘(装)设之。

竹筒一圆<成>,愿纸九张,禾草九条,愿章一号,当坛结起阴阳歌诗,结在良愿头上,阴阳酒礼,卷在良愿头上,大小牙盆同上,醮主口齿口助,子孙口齿同上,富仁红猪同上,师人口齿口助同上,洁净□泥□,解净□泥之县,不怕竹筒则(仄),千万万都荘(装)得,不怕竹筒小,千千万都荘(装)了,用纸封塞,阴卦通上醮坛头上青龙位上,时时光亮,日日光明。

许愿众师起马去到醮坛问(门)口,不曾入,师设:呵撒,呵撒!昨(作)揖,二转,呵撒!令官尊主问:呵撒,呵撒!庭前街(阶)下是何人?呵撒!庭前街(阶)下是全州观(灌)杨(阳)师郎。<答>师郎到来有何事?听闻赵、黄家十二年一戒(届)、廿四年二戒调踏祖公,许下细疏(书)良愿,到来同你众房子孙结许细疏(书)哥(歌)坛良愿。我到来问你醮主、尊主,醮坛落在

---

〔1〕 此图示省略,不抄录。

何方？落在居楼边之。请师人坐。请坐。全州观杨（阳）路头远。师答：不远,听闻加早起云驾雾,快的。未曾坐。桿（排）祖师先,統（才）坐橙（凳）。

入醮堂枱（台）边,不曾坐橙（凳）,桿（排）祖师完,坐橙（凳）。就吃早饭完,设头人做廿四牙盆牛肉杂的,一块大牙盆做牛肉杂,猪肉大的一块牙盆,廿四牙盆师人不收,大牙盆二块师人收。

罢决老本照依法声太公看老【本】为真。

五、左边富仁请圣设文

【文献提要】

朝踏科仪抄本。竹纸抄写右侧线装。封面有"拾二年调踏祖公良

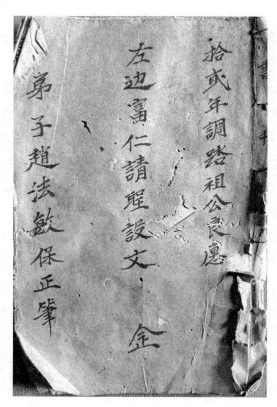

图7-10 邓学清藏本《左边富仁请圣设文》

愿"、题名"左边富仁请圣设文　金"、抄写者"弟子赵法敏保正笔"以及同一枚鲤鱼形印章三个。据文末题跋,抄写时间为"大汉民国乙卯年(1915)夏月"。现藏广西钟山县两安瑶族乡沙坪村邓学清家。该本主要记录朝踏仪式中在正厅左边富仁堂的师公请圣话语与仪程:差功曹请神、排神、存神、合神、戒净,戒净后再差功曹请神、置楼、三请神,神到后排神、拜神、献酒、奉纸钱、跳舞、唱《梅花》、化纸、保卦、送神到中厅。文中加朱红句读符号,多处使用同一枚鲤鱼形印章。

拾二年调踏祖公良愿

左边富仁请圣设文　　（金）

弟子赵法敏保正笔

富仁师左边依正厅请圣<那>一样平请平置,不着[1]开路,不着通投词【通小意者】:

小师男女踏在居楼边皂,也依赵、黄家众房叔孙倍(赔)还细书歌堂良愿。道场敷排,一声香烟,一启相送九天,阳坤留教,扇开方便,有功之日,文书上请,为吾欢座(坐),不得留停。不请何神,不奏何名,先来奏为,启请天界功曹请客使者,地界功曹拜客使者,水界功曹水仙使者,阳界功曹阳陈走马三郎,下赴居楼边之,亦依众房叔孙倍(赔)还细书哥(歌)堂良愿。

再来关请赵、黄家泉(全)州观(灌)阳、泉(全)阳观(灌)州前世前衍先祖,后世后衍先亡,前十二对(队),后十二对(队),班(斑)衣赤领,踏堂仙女,花盆九郎。

关请泉(全)州观(灌)阳出省流移火烧杉木坝多公太祖八郎,三十六公罗大娘,二四公罗大郎,一唤开请一换,一世开请一世,知名不知姓,知姓不知名。

关请总坛醮主管下赵、黄家众房叔孙各人带来赵、黄家香火,文武圣

---

[1]　不着:不用。

贤,住宅门中先祖,明亮(良)先祖,明祖先师,上世、中世、下世、少世白公,上世、中世、下世、少世白婆,本生公,本生婆,本生父母,房郎叔伯,姑娘姐妹,黄赤二帝,踏堂仙女,花盘九郎,许愿童子,掌愿判官,养牛养猪香火,下赴居楼边皂,阳间有事,阴府通知。

关请赵、黄家众房叔孙各人带来当生本命元辰星君,大财资财六畜本命元辰星君。

关请本坊本祭龙归庙祖公本部大王,福龙庵茄(伽)蓝主者,木家社社岭冥王、庚古庙、育古社、保家寨祖公,上、下、中川五十四庙祖公,七州洞府大众诸庙仙姑,游神姐妹,黄小二郎,下赴居楼边之。

关请赵老师尊、老师少师、师兄师友、两两师童带来连炉教主、梅山祖本、三清太尉、盘古五显、龙树先峰,祖师黄一法官××老尊,前吹本度后度,青龙白虎师郎,还愿师主,答愿老尊,(响铙铃)下赴居楼边之,亦依众房叔孙赔还细书歌堂良愿。

请圣来临,请尊投词,不敢伸通,如有重通阻挡神仙,再来拜发功曹,关请泉(全)州贯(灌)阳、全阳观(灌)州赵、黄家出省来移,总坛醮主管下众房叔孙各人带来随身香火,前世先祖,后衍先亡,各人当生本命元辰星君,本部祖公社王,上、下、中川五十四庙,七州洞府诸庙仙姑,连炉教主,法派宗亲,下赴居楼边之。

门前有车,落在阶前,门前有马,退落街(阶)后,无车无马,请下排神使者万福,排鬼【使者】稽首,排下众圣众官,排下居楼边皂。排了便存,存了便合,合人富贵,合草相生。

人到人家将茶为礼,圣到人家香水为净。弟子踏在居楼边之,手不动兵不齐,马不赶不回。一步踏人丁罡,二步踏紫决,三步捡齐。阴教阳教,平阳廿四教,左关左人丁,右关右人丁。教敕殿上阳都主,师男踏上马封山上,差下敕符童子,化水先师。吾师差下一步罡堂,二步、三步,左差青龙下堂,右差白虎下堂,飞枪飞刀来下堂,老君符印【来】下堂,差我祖师、本师来下堂。当堂敕变之水,不将何用,将来解净弟子赵法×身中不净,身川(穿)麻衣,两脚踹地秽污,法水解灵清净。

洁净回来,差动四值功曹前去召请泉(全)州贯(灌)阳赵、黄家出省流移公爷父母,各人先祖香火,本命祖公大王,五十四庙诸庄仙姑,连炉教主,法派宗亲,差兵归殿,差马归曹,圣卦洗净居楼边皂。

当坛置起居楼边之,请神神来有座位。排启,串起,敷起,丁起,关启,锁起,左阑(栏)阑(栏)起,右阑(栏)阑(栏)起,置起七宝明香,随罗水碗,神灯光照,琉璃瓦盏,阴阳清瓶渌酒,大牙盘,小牙盘,左右阑(栏)启。罡决三转完。拿剑刀解净。

回来有眼请神三变(遍)不见神到,有耳请神四变(遍)不见神来,常靠南山灵扶竺(竹)杯卦子。又拿卦子关齐。

呵!再来铙铃关/启请上圣侯王,阳间中庙祀典侯王,于天盘古圣帝,大玉(国)国王父母,三皇五帝,伏羲神农。

铙铃关/启请前朝后代万岁夫人,后朝五通,高祖帝州庙女花三圣,天地水府三官大帝,婆灵三圣,踏堂仙女,花盘九郎,都有位前。

铙铃关/启请高楼天子,洞向二庙,西天江口得道二郎,长表三圣显应尊主,本州得道惠灵相公,云溪九厅都衙相公,州县城隍辅德相公,东方青帝、南方赤帝社王、西方白帝、北方黑帝社王,五方五帝社王,朝廷五谷,雷公电母,风伯雨师,上、下、中川五十四庙,都有位前。

铙铃关/启请红郎君,左阑庙,右小娘,出位仙姑,将军后,迎开庙五车仙女,洞主立都十三、十四、十五官员。同上叙头。锁石庙、车下庙,水头庙,朝水庙,回龙庙,栏山寺观茄(伽)蓝大王。同上叙头。南门庙,铁楼庙,五将侯王龙源庙,白马三姑龙坛庙,源主黄相公,马、赵二先峰,水口庙樟木大王。同上叙头。葛藤庙,充军庙,凤凰庙,白石庙,新开庙,东山庙,清龙庙,保安寺观茄(伽)蓝大王,沙溪庙,水川庙,刘、莫二仙姑,上、下、中川五十四庙,男官女圣,清杂神祇,都有位前。

铙铃关/启请七州洞府大众仙姑,下乡亚伯九郎,新建桥头蒋七娘,摘花三郎,剧(踢)求(球)马十三娘,上扶下扶牛田庙得道刘、莫二仙姑,东山杨花姑婆,西楼殿主黄小二郎,勾愿判官,本州秀州、道合二州三百游神,四百姐妹,提鞋把伞、唱哥(歌)打令、游乡过洞仙姑,都有位前。

铙铃关/启请三其门外大圣带来十万草将,超龙骑马,留恩赐福,上面旗头,下面旗枪手,黄旗头,白旗将,天中差来、地府遣到、行灾行瘫、行瘟行病使者,官符时气,掳牛掳猪,十二年王月将,官灾口舌,千灾百瘫(难),一切神祇,众圣众官。

神神到手,个个献得到纳。阴卦关齐,若再阴卦不来,再请阴卦了。

门前有车,落在阶前,门前有马,退落街(阶)后,无车无马,稽首排下四界功曹,泉(全)州观(灌)阳、泉(全)阳观(灌)州出省来移唤数,各人带来香火,先祖本命,祖公社王,五十四庙,七州洞府仙姑,连炉教主,排下居楼边之。

请出总坛醮主,鱼见江水,子见父母,低头为拜:一拜献上明香,二拜献上渌酒,三拜责下银财钱纸。保卦为保众房叔孙人口加口成丁,受领醮主子孙男女黄金高拜。拿剑刀

回来不解不净,法水解灵清净,洁净居楼边之,琉璃瓦盏,七宝明香,阴阳渌酒,大小牙盘,法水解灵清净。

请圣来临,不蒙空座(坐),开壶斟酒,下马之杯。请得神多,排得盏少,手上轮回,盏中不有,瓶中自有,中央斟起,两头花开。不献何神,自有献上:上圣侯王(照前),五十四庙(照前),三其门外(照前)。献酒完,表纸完,不存化纸,札(扎)下。

转上正厅,童子师捡富仁堂完。又跳富仁堂完。转来变盘完。唱《梅花》,化纸完。保卦送圣元。送回中厅上,下堂踏鼓元。

又看别本叙头,赵法敏笔

大汉民国乙卯年夏月抄《左边富仁请圣设文》

六、右边设圣请圣科文

【文献提要】

朝踏科仪抄本。竹纸抄写右侧线装。封面有题名"右边设圣请圣科文"与抄写者"弟子赵法敏保正笔"字样。据文末题跋,抄写时间为"乙卯年(1915)夏月初二日"。现藏广西钟山县两安瑶族乡沙坪村邓学清家。主要记录朝踏仪式中在正厅右边富仁堂的师公请圣话语与仪程:差功曹

请神,再差功曹请神、排神、存神、合神,戒净、差功曹三请神、置楼,四请神,若不到再请,神到后排神、拜神、戒净、献酒、通小意者、奉纸钱、跳舞、变盘、唱《梅花》、化纸、保卦、送神到中厅。文中加朱红句读符号,多处使用同一枚鲤鱼形印章,两处使用同一枚方形印章。

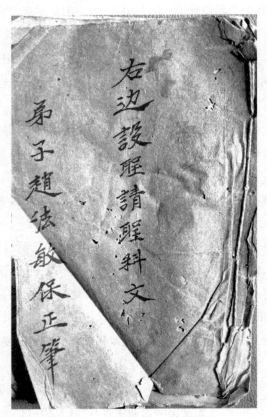

图 7 - 11 邓学清藏本《右边设圣请圣科文》

右边设圣请圣科文

弟子赵法敏保正笔

设圣师右边请圣科,平请平置。不着开路,通小意者:

小师男女踏在居楼边皂,也依赵、黄家众房叔孙倍(赔)还细书歌堂良愿,道场敷排,一声香烟,一启相送九天,阳坤留教,扇开方便,有功之日,文书上请。为吾欢座(坐),不得留停。不请何神,不奏何名,先来奏为,启请天界功曹飞天使者,地界功曹拜客使者,水界功曹水仙使者,阳界功曹阳陈走马三郎,下赴居楼边皂,亦衣众房叔孙倍(赔)还细书歌堂良愿。

再来关请赵、黄家泉(全)州贯(灌)阳、泉(全)阳观(灌)州前世前衍先祖,后世后衍先亡,前十二对(队),后十二对(队),班(斑)衣赤领,踏堂仙女,花盘九郎。

再来关请泉(全)州观(灌)阳出省流移火烧杉木坝多公太祖八郎,三十六公罗大娘,二四公罗大郎,一唤开请一唤,一世开(请)一世,知名不知姓,知姓不知名。

关请总坛醮主管下赵、黄家众房叔孙各人带来随身香火,文武圣贤,住宅门中先祖,明亮先祖,明祖先师,上世中世、下世少世白公,上世中世、下世少世白婆,本生公,本生婆,本生父母,房郎叔伯,姑娘姐妹,黄赤二帝,踏堂仙女,花盘九郎,许愿童子,掌愿判官,养牛养猪香火,下赴居楼边之,阳间有事,阴府通知。

关请赵、黄家众房叔孙各人带来当生本命元辰星君,大财六畜本命元辰星君。

关请本坊本祭龙归庙本部祖公大王,福龙庵茄(伽)蓝主者,木家社社岭冥王,庚古庙、育古社、保钱寨祖公,上、下、中川五十四庙祖公,七州洞府大众诸庙仙姑,游神姐妹黄小二郎,下赴居楼边之。

关请赵老师尊,老师、少师带来,师兄师友、两两师童带来连炉教主,梅山祖本宗师,三清太尉,先峰盘古,五显龙树,祖师黄一法官,法进法通、法传法兴、法旺法医、法政法清老尊,度师法科,引师法保,阴阳师父,前吹本度后度,青龙白虎师郎,还愿师主,答愿老尊。响铙铃。下赴居楼边皂,亦衣众房叔孙还愿细书歌愿。

请圣来临,请尊投词,不敢伸通。如有重通阻挡神仙,再来拜发功曹,关请泉(全)州贯(灌)阳、全阳观(灌)州赵、黄家出省来移,总坛醮主管下众房叔孙各人带来随身香火,前世先祖,后衍先亡,各人当生本命元辰星君，本部祖公社王，上、下、中川五十四庙，七州洞府诸庙仙姑，连炉教主，法派宗师，下赴居楼边皂。

门前有车，落在街(阶)前，门后有马，退落街(阶)后，无车无马，请下排神使者，万福排鬼，稽首排下众圣众官，男官女圣，排下居楼边之。排了便存，存了便合，合人富贵，合草相生。

人到人家将茶为礼，圣到人家香水为净。弟子踏在居楼边皂，手不动兵不齐，马不赶不回。一步踏人丁罡，二步踏紫决，三步抢齐，阴教阳教，平阳廿四教。左关左人丁，右关右人丁，教敕殿上，阳都主。师男踏上马封山，差下敕符童子，化水先师。吾师差下一步罡堂，二步三步。左差青龙下堂，右差飞枪飞刀下堂，老君府印下堂，差我祖师本师来下堂，当堂敕变之水，不将何用，将来解净弟子赵法某身中不净，身川(穿)麻衣、两脚踏地秽污，法水解灵清净。

洁净回来，差动四直功曹前去召请泉(全)州观(灌)阳赵、黄家出省流移公爷父母，各人先祖香火，先祖本命，祖公大王，十四庙诸庙仙姑，连炉教主，法派宗师，有位神祇。差兵归殿，差马归曹，圣卦洗净，居楼边之。

当坛置起居楼边之，请神神来有座位。排起，串起，敷起，丁起，关起，锁起，左栏栏起，右栏栏起，置起七宝明香，堕罗水碗，神灯光照，琉璃瓦盏，阴阳清瓶绿酒，大小牙盘，左右栏启。罡决三转平置完，拿剑刀解净。

回来，有眼请神三变(遍)不见神，有耳请神四变(遍)不见神来，常靠南山灵扶竹杯卦子，又拿卦子关齐，响铙铃。

呵！再来铙铃关/启请天界功曹飞天使者，地界功曹拜客使者，水界功曹水仙使者，阳界功曹阳陈走马三郎，都有位前。

铙铃关/启请泉(全)州贯(灌)阳、全阳观(灌)州前世前衍先祖，后世后衍先亡，前十二对(队)，后十二对(队)，班(斑)衣赤领，踏堂仙女，花盘九郎，都有位前。

铙铃关/启请赵、黄家泉(全)州观(灌)阳出省流移火烧杉木坝都公太祖八郎，三十六公罗大娘，二四公罗大郎，看唤数设。都有位前。

铙铃关/启请总坛醮主信士×人管下众房叔孙各人带来随身香火，住宅合门先祖,年少先祖,上世、下世、少世白公,上世、下世、少世白婆,本生公,本生婆,房郎叔伯,姑娘姐妹,九玄七祖,十二灵王,黄赤二帝,踏堂仙女,花盘九郎,求财买卖,白马三姑,许愿童子,掌愿判官,招财童子,进宝郎君,养牛养猪香火。

同上叙头。启请众房叔孙各人当生本命元辰星君,大财资财六畜本命元辰星君。

同上。启请本坊本祭龙归庙祖公,开庙师主,把庙立庙老尊,庙坛土地,庙氏夫人,开天盘古,开天圣帝,娘田大帝,五谷农婆,左先峰,右使者,六部尚书,把笔判官,敕封感应广富灵王,金仙娘娘,谢氏夫人,显应李王天尊,李、赵二先峰,杨马将,邓马将,贺花三娘,三奴郎尊,都有位前。

铙铃关/启请福龙庵茄(伽)蓝大王,木家社社岭冥王,开社司主,把社立社老尊,养男养女社公社婆,社男社女,社子社孙,社司夫人,社坛土地,社主相公灵王,保钱寨,庚古庙,育古社,通天庙,通天社,山源水口,金龙庙,白马庙白马三姑,青龙子母二庙祖公,都有位前。

铙铃关/启请老师带来,少师带来,师兄师友带来,两两师童弟子带来连炉教主,法派宗师,三清太尉,盘古五显,龙树先锋,开教祖师,道主黄一法官,法进法通,法传法兴,法旺法医,法政法清老尊,度师法科,引师法保,前吹本度后度,青龙白虎,宣箓戒箓保箓,引箓充箓兵司,身前兵,身后兵,三元殿前开天门、辟地府将军,三元唐、葛、周三将军,六司元帅张天师、李天师,北方真武玄天上帝,玉清、上清、太清大道,扶教加持文珠(殊)普贤菩萨,三十六部大威神,北斗五炁灵君,雪山龙树,榜山长老,五方五帝,上仙法主九郎,驴(闾)山大判都是九郎,大罗金桥姊妹,都尊法主十四娘,押兵刘十五郎,梅州架魂杨十九郎,充兵山魈法主李十五郎,坛上五伤,坛下五伤,四都箓王,总管兵将太郎,总管兵司,还愿师主,还愿老尊,众圣众官。

神神到手,个个献得到。拿阴卦关齐,若再阴卦不来,再请。

阴卦到了,门前有车,落在阶前,门前有马,退落街(阶)后,无车无马,起首排下四直(值)功曹,泉(全)州观(灌)阳、全阳观(灌)州出省来移唤数,各人带来随身香火,先祖本命祖公,上、下、中川五十四庙,七州洞府诸庙仙姑,连炉教主,排下居楼边皂。

请出总坛醮主,鱼见江水,子见父母,低头为拜:一拜献上明香,二拜献上渌水,三拜责下银财钱纸。保卦为保众房叔孙人口加口成丁,受领醮主子孙男女,黄金高拜。

拿剑刀。回来不解不净,法水解灵清净,洁净居楼边之,琉璃瓦盏,七宝明香,阴阳渌酒,大小牙盘,法水解灵清净。

请圣来临,不蒙空座,开壶斟酒,下马之杯。请得神多,排得盏少,手上轮回,盏中不有,瓶中自有,中央斟起,两头花开。不献何神,自有献:四界功曹,照前。泉(全)州观(灌)阳,照前。开请唤数,照前。总坛醮主,照前。香火先祖照前,当生收命照前,本祭祖公,照前。庵寺社王,照前。佩带祖师照前,照依佛名从头到尾止。通小意者,献纸完,札(扎)下,不存化纸。

转正厅上,童子师捡富仁堂,又跳富仁堂,元。转富仁堂变盘,唱《梅花》,元。化纸,保卦,送圣完了。送回中厅上,下堂踏富仁鼓,完了。又看别本叙头。——法敏抄笔。

富仁师将刀纸札(扎)下,变盘。一变、二变、三变,变出三天门下,四变在富仁白虎盘席,请出后生年少,众房叔孙唱梅花诗杯,阴阳相伴五盏,宽座一时,等座一位,唱《梅花》完,化纸完,保子孙三卦团圆,巧语:用保子孙,梅花诗杯变盘,阴阳相伴,引上醮坛头上,得代公爷父母,阴阳欢喜。三人四姓四角(脚)常在歌坛头上。手转脚快。用保卦,人人星辰高照,马【禄】高【强】。阴卦破转吉星,阳卦推启少者,江水长流,圣卦其保,来到歌堂,唱哥(歌)唱令,敬奉公爷父母,□不怪出坛无碍。三卦团圆,阴阳欢喜,若再卦不来,各人巧语,再保卦来了。

转上正厅,当坛排下泉(全)州观(灌)阳公爷父母,众房叔孙带来明良先祖,当生本命星君,邻近上、下、中川五十四庙大众仙姑,连炉教主,法派宗师祖师,排下富仁,设圣完满,在醮坛位前,歌堂头上。云头不散,车马不移,歇下云头,落下车马,来移。呵撒,呵撒,呵撒。

用口通投词意者。请圣来归,不通投词意者,阴府不知。今据　　中华[民]国广西道……设乡村坊庙社下,年年作福,岁岁祈求,踏上乙卯年以来,看见赵、黄家众……阴阳相伴,阴领在前,阳领在后。用保子孙还愿过后,家家清吉,户户平安,大财兴旺,六畜生成,官灾不见,口舌埋藏。用保弟子赵法×,设者不完,通者不尽,阴阳通知。又在(再)来斟上投词渌酒,斟上投词渌杯,神神到手,个个献得到纳。

赵家唤数小请。开请全州观阳县都公太祖八郎,三十六公高大娘,二四公罗大娘。开请千、细、大、幼、嫩、少、富、万、荣、盛、顺、德、启、明、贵、赵、胜、金、子、旺、财、忠、观、念、国、东、信、加、怀、廷、周、字一唤,一世开请一世,一唤开请一唤。知名。

黄家小请唤数。开请泉(全)州观(灌)阳县都公太祖八郎,三十六公高大娘,二四公罗大娘。开请黄家公爷父母名字、千字、少字、新字、嫩、富、贵、发、顺、德、世、黄、旺、启、朝、积、宗、□、进、日、梓、永、叙、乐、天、盛字一唤,【众】房子孙家家多招官符鬼气,人丁不安,财帛耗散,耕种失收。总坛醮主管下赵、黄家众房子孙,将出粮田白米,一其香信,投仙占卦,【卦】卦相同,当为全州观(灌)阳前世爷娘、后世父母,要讨倍(赔)还细书歌堂良愿。计(记)在心头,回偏家中,男人唱起,女人皈依。备办香油财纸,元伏(状)水碗,扫净居楼边之,亦衣(依)众房叔孙倍(赔)还良愿一堂在案。现得平【安】,春季当保夏季,当保秋季,七月×日伸起良愿,当保冬季以来,十月收仓入库。天上亦有七星,地下亦有百岁老人,打开古历通书,年头看到年尾,宜利×年×月×日赔还细书歌堂良愿。至×日拜发功曹,州州通府,府府通州。小师请圣来归,劝呈凡供,意都伸通,一封银财钱纸札(扎)下大坛。众圣长在歌堂头上,子孙男女到来,唱哥(歌)唱令,敬奉公爷父母,闹热坛场。到辰巳二时,小师男女踏在富仁设圣坛场,朝【踏】众房先祖,公爷父母,知名不知姓,知姓不知名,一世献上一世,一唤献上一唤。

乙卯年夏月初二日腾(誊)抄《右边设圣书》一本赵法敏保正笔

353

第八章 富川朝踏文献汇编

富川"朝踏"文献共收录科仪本 13 种,包括:

(一)《朝踏祖公事意榜文科》,黄德昌抄本。

(二)《庙堂发关科仪》,黄德昌 2002 年 3 月据邻村虎马岭老师公《发关书》抄录。

(三)《庙堂起事科仪》,黄德昌 1999 年 6 月据黄法景旧书抄录。

(四)《伏魔结界科》,黄德昌 1998 年 8 月据邻村虎马岭黄仁强老师公旧本抄录。

(五)《师教奏玉皇科》,黄德昌 2002 年 4 月据其伯公黄法环旧书抄录。

(六)《开辟科仪》,黄德昌 1997 年 6 月据黄法茂抄本抄录。

(七)《栏台下马迎圣科仪》,黄德昌 1999 年 12 月据黄法茂藏本抄录。

(八)《前召后请科仪》,黄德昌 1999 年 8 月据斗米岗马面山莫法辉本抄录。

(九)《引尊科》,黄德昌 1984 年 9 月据虎马岭标魂师黄仁强本抄录。

(十)《乐仙科》,黄德昌 1998 年 12 月据斗米岗莫家村老师公莫法辉旧书抄录。

(十一)《乐上圣科仪》,黄德昌 1999 年 9 月据其伯公黄法明旧书抄录。

（十二）《庙堂歌令科》，黄德昌2006年夏据标魂师黄仁强旧书抄录。

（十三）《庙堂赏兵科仪》，黄德昌1997年6月据其伯公黄法明旧书抄录。

13种科仪本均由黄德昌抄录，多据其亲戚、师父本子抄录，时间集中在20世纪90年代。黄德昌，1946年生，因病投莫能辉为师，在黄法德家堂传度授箓，皈依道、袭二教。

一、朝踏祖公事意榜文科

【文献提要】

朝踏科仪抄本。竹纸抄写右侧线装。朝踏祖公事意榜文科与踏九洲

图8-1　黄德昌抄本《朝踏祖公事意榜文科》

（州）罡决、降鸡妙诀合抄。广西富川瑶族自治县新华乡上坝村黄德昌抄写，扉页自称"梅林正宗弟子"，无具体抄写时间，跋语云"跟师傅（父）的这一年去朝踏祖公时落（录）下来"，现藏其本人处。抄本载录了说明朝踏缘由及主要仪程的"朝踏祖公事意"、申禁邪魔鬼怪进入道场的"榜文"、朝踏祖公一宵疏单、三宵道场仪式流程、朝踏祖公法事顺序目录、踏九州罡决、朝踏祖公坛场布局、降鸡妙诀与进贡香茗疏等内容。封面用一方形印章，文中局部有红色竖线与圈点符号。

仁

正宗弟子　黄德昌　抄闻

法

朝踏祖公事意榜文科　踏九洲（州）罡决在尾　降鸡妙诀在尾

仁

梅林正宗弟子　黄法昌　抄闻

德

朝踏祖公杂书

朝踏祖公事意[1]

九玄平祖父母家亲歌踏良愿福主子孙等谢祖公庇佑之德重念子孙祖代侍奉九玄七祖十二本部天尊在家安龙镇宅辅政驱邪匡人利物举保人财办者十年一会不办者十二年为一期切见两年三载以来凶多吉少命师家堂启许父母歌踏良愿为德（得）凶年以过大利以来也在×日申插结起父母歌踏芒茼（筒）平安良愿一堂果蒙庇佑发心卜用今×日吉良仗巫流于家启建太上正一筵（延）生道场请尊证盟咒水戒净开辟（辟）立桥恭迎祖公圣驾光降道场依科法事安受（妥）龙神上章引尊证盟礼谢星官中分会乐七洲（州）仙圣末分交荤谢圣大用吉时祖公出位鼓板转堂祗候栏台下车下马吹唱歌令迎回

祖公回赴黄金殿上歌令完钩(勾)销恩愿三天【门】下贡化楼台祈保……

榜文

太上正一法坛司朝踏道场 今据

中华人民共和国广西富川瑶族自治县××社令祠下居住 奉

九玄七祖父母家先歌踏保太(大)众信【士】福主子孙合坊子孙等谨具凡诚上干

大造言念阖房子孙人等祖代侍奉九玄七祖十二本部天尊在家安龙镇宅辅政驱邪匡人利物护保人财启愿在案办者十年一会不办者十二年为期今者大利良年宜当朝踏了酬良愿是用今公元×年×月×日吉良预日牒仗功曹<伩教>于家启建 太上正一延生朝踏歌会答愿道场兴行法事大用吉时起鼓转坛祗候祖公出位歌词赞咏了酬良愿恐虑外来不正魍魉邪魔诸神小鬼毋得为恶侵入道场 右仰 神吏申告

玉皇律令先斩后奏完治施行须至榜者

佑(右)伏以摘绿垂金请取一年之景梅花吐蕊而兴法会歌词赞咏吟口乃祖乃宗列仙班踏动金鸡常发达鼓笛之声推福主千年富贵金铃一振推通旗万代荣昌祖德宏深远荫儿孙千载盛宗恩浩荡默扶后裔万年兴谨按科仪了酬完满周全须至榜者 右榜晓谕 诸神通知

主愿师 × 公正

连班师 × 公正

天运公元×年×月×日吉良谨榜

朝踏祖公一宵[1]疏单

祖公奏、祖公关、祖公牒、请圣牒、开启疏、粮(禳)星疏、土皇疏、答愿疏、安楼疏、完满疏、祖公出山榜、飞诗对句、游诗圣名、天尊圣牌。

三宵道场仪式流程

先日发文,过早。大起事,结界,开僻(辟),过午;竖旗、挂榜、安厨、前

---

[1] 一宵：即一天一夜。下文的"三宵"即三天三夜。

357

召后请、接先、过晚；引尊、拦(栏)台下马,过宵夜。

过次日,早复请圣、伸旗、伸厨、荐先、过早；踏神献酒完,献供完,接愿心门外游愿,回坛朝踏上圣完,烧踏神疏安奉,伸旗、【伸】厨、荐先、过午；启仙头、启歌令、伸旗、伸厨、过晚；乐仙、会乐姑婆,过宵夜。

第三日,复请圣、伸旗、伸厨、过早；唱歌令,停歇,一名师上堂——请圣——完,开路入庙上香(一名师唱上□诗,一名师穿衣代圣)、回坛、迎归祖师、烧纸安奉、鼓板四其、过午；唱歌诗、粮(禳)星完、伸旗、伸厨、荐先、过晚；主坛师、飞白师二名上坛请师父、关兵藏身,主坛师祖公楼台默请圣、二转、问阴筶、迎上、启拜,飞白师祖师台收凶星,飞在天德月方之处,子孙吃酒、暗声斟酒、曰投词,献酒完烧纸,等时刻至起诀完,敬奉祖公鸡二只、鱼二条、熟肉二斤、猪头一个,踏七步,口咬菜刀一把倒(到)去插到猪头上,又七步复位：破、武、廉、文、禄、巨、贪,吹角三声,叫狗三声,吹笛三声,摇铃三响,就一切锣鼓响动,子孙一齐转动出声,拿二鱼、二鸡、肉二斤、猪头一齐跟随出位栏台,左传六转,右【转】六转,鼓一其,曰诗完,跪倒请圣二遍,问阴筶,照庙中一样同行完,左右各六转,迎归楼台黄金宝殿,照庙中一样同行,烧疏安奉,咒,完,复归祖师台迎归祖师,化纸案(安)奉,二名师脱衣,过宵夜。

第四日早,安龙,过早；答愿唱歌令(厨堂、先祖台、太岁花楼台一齐唱完),倒旗、【倒】厨、先祖送四山百口、一名师交荤送圣、化完满疏、唱卷连(帘)出外,一名师楼台请圣,献完,待时刻至起楼,抬楼出外,踏云车,鼓一其,开路通到上坊,化楼,回坛,烧谢师状,倒香水送圣,香水安奉,安奉祖公圣名、宗祠土地福德正神安在宗祠,房房昌盛,族族豪强,合房子孙本命原(元)辰星君,随师护教众代老尊,关在弟子各人身前身后,过午。

仗此密言　悉令清净

朝踏祖公法事顺序目录

发关——大起事(起鼓) 鸡一只——伏魔结界——上奏 鸡一只——开辟(辟)五方——拦(栏)台下马歌令——朝踏庙会——孝顺——收忌鸡一只——竖旗 鸡一只——前召后请——唱歌令朝旗、灶——引尊——落(乐)仙头 再落(乐)仙——发烛(唱山歌)对歌——乐上三——粮(禳)

星愿——祖公出位上香——出外上洲（州）鸡九只——建醮 鸡一只——
烧祖公楼——撒孤 鸡一只——开忌 鸡一只 ——安龙（排家符，鸡一
只）——交荤谢圣。

踏九州[1]罡诀

玉皇殿申请何人下来与我起罡步，申请何人下来起罡堂？

玉皇殿申请祖师下来与我起罡步，申请祖师下来与我起罡堂。

大运罡堂有己（几）十己（几）罡步，小运罡堂有己（几）十己（几）双罡？

大运罡堂有三百六十四罡步，小运罡堂有二十双罡。

罡在何洲（州）何县出？ 诀在何洲（州）何县生？

罡在九洲（州）衙里出，诀在师郎掌上生。

且说九洲（州）原出产，九洲（州）出产有根源。

初开天地立乾坤，何人置造九洲（州）城？

有人知得九洲（州）法，有人知得九洲（州）名。

行得九洲（州）法，便是师爷第一名。

初开天地立乾坤，女娲兄妹置人民。

轩辕皇帝生九子，后来送在九洲（州）城。

老君无子金阶拜，拜叩堂前李老君。

摵起红旗满天绕，红旗绕绕满天飞。

说起三皇并五帝，鲁方说起得人愁。

若还世上无邪鬼，凡间不信我师人。

如今五十四庙多邪鬼，命请师郎立起九洲（州）城。

置立九洲（州）何处用？ 赴（驱）邪防鬼也防身。

祖师殿前起罡步，本师殿内起罡堂。

一步丁罡二步起，吾师转面上何方？

---

[1]　九州：与《尚书·禹贡》中的"九州"不同，分别是宜州、阳州、清州、梁州、荆州、徐州、建州、永州、中州。

吾师转面上九洲(州),一踏天门对地户,

二踏人门对鬼路,三踏阴道对阳道,

南山对北山,麒麟对狮子,

猛虎对乌班(斑),雄鱼对毒蛇。

祖师踏上本师爷,

一踏宜洲(州)第一坎,九里对南阳,

左脚踏清洲(州),右脚踏西梁,

乾是荆洲(州)界,巽是徐洲(州)乡,

坤是建洲(州)界,艮地永洲(州)藏,

了了九洲(州)无处用,方从艮地入中宫。

一踏宜洲(州)贪狼位,二至建洲(州)则巨门,

三至清洲(州)致禄存,四至地户文曲星,

五至中宫都司命,六至文曲上天门,

七字梁洲(州)作破军,八至永洲(州)对鬼门,

九至商宫看狮子,化作南阳右弼星。

中宫十二步到乡村,乾州来却到坤宫,

指开青龙入地户,黄龙引踏透天门,

排起罗衣安兑上,身防护命入中宫,

村头巍巍起,村尾黑迷迷。

乾为天兑卦英雄兵,艮宫封鬼门烈火驾人伦,

坎水波涛涌坤地留人门,震为霹雳声巽宫吹,

山岳吾从中立身居九中,藏指开兵将护吾身,

弟子打从九宫八卦过,邪魔何处去寻踪?

一踏天门对地户，二踏人门对鬼路，

三踏鬼神对祖师，老君脚下断黄泉，

左脚踏上迷鸡头，踏上黄泉都路头，

右脚踏上迷鸡腰，踏断黄泉万丈高，

双脚踏断迷鸡尾，溪路上，黑迷迷，

己（几）多凡人错了路，从今一去不回头。

一里一即太阴星，二里二即太阳星，

三里三阳并地黑，吾从北方鬼路断邪神，

上有差天断，下有差地断，

麒麟狮子断，黄斑饿虎断，

断了一切神煞路，不断门中

时在跟师父的这一年，去朝踏祖公时落（录）下来，以好以后方便而行，执笔人上坝村黄德昌。

朝踏祖公坛场布局

中宫：某王归位　　　　　　　　　　　　　祖

前面：朝踏庆会　　　　　　　　　　　　　公

上手：虔心侍奉　　　　　　　　　　　　　台

下手：万古垂恩

降鸡妙诀　　红冠座（坐）牢坛

弟子叛叩，随师感应师父，应感应诀老尊，阳教师父唐法初传来盘君、卢君、唐君、堂上灵尊，本君殿上三世三代、七世八代显化灵尊，本身公法亮、法辉、法强灵尊，五台山上吹来祖师，拨来灵尊，关在弟子身前身后，身左身右，敕变灵符，降伏红冠，不令动作，睡到五更，使不惊不动，不走不移，吾奉太上老君急急律令。水碗符　敕迷魂令　鸡上符　敕闩符令　鸡脚符　霜雪令。

叛叩传罡度诀师父盘法忠郎尊，卢法护、卢玄智、道珖先生，唐尊举、尊能、法逻、嗣玉先生，阳教师父唐法初，有感有应，与我降伏红冠，不令动作，就时收上，金鸡五酉：甲申乙酉，丙申丁酉，戊申己酉，庚申辛酉，壬申癸酉。

退下金鸡五酉,不令动作。又三转,咄! 吹三口收完。　飞魂剑刀上昼符　敕
雪霜令　咒曰: 天皇皇,地皇皇,谨请祖师,痴堂不知将来是何用? 今日将来
担红冠。天上置呆鹰,地上置起閊,左脚下了千斤,右脚下了千斤,端坐牢坛,
睡到五更,不惊不动,不走不移。神绕绕,神绕绕,神绕绕,绕上红鸡座牢坛。

进贡香明(茗)疏(荐词)

大清国~~　　　　　　　　是日奉

某王天尊列列圣众遨游亲临保太众姓福主×头首×合坊众等是日虔诚上干
　×村众信人等谨具清荤薄肴香楮宝炬美馐凡供之仪祭荐供献上奉

×氏门始祖考妣男女内外一脉宗亲随行香火文武福神高真朝踏会上无边
圣众位前恭望

众圣函容鉴纳　神恩德受洪福

神神德(得)领　圣圣容纳

今日荐供香茗之诚大赐方来之福专祈团坊明靖乡境安宁老如彭祖之寿少如
王母之春大财茂盛小畜成群耕种千般大德(得)人财两旺富贵双全门迎百
福户纳千祥凡诸吉庆全赖扶持以今荐供香茗法事完盟须合具疏申　闻者

右谨具疏　百拜上申　上奉

×天尊列列圣众　位前呈进　恭望

天运……

福有所归

二、庙堂发关科仪

【文献提要】

　　朝踏科仪抄本。牛皮纸封面,内用竹纸抄写右侧线装。庙堂发关科
仪与交荤、谢圣诗等合抄。广西富川瑶族自治县新华乡上坝村黄德昌抄
写,自称"袭教弟子",于 2002 年 3 月从邻村虎马岭老师公的《发关书》抄
录,现藏其本人处。抄本主要载录师公关请功曹前去请神的话语,散语为
主,间有七言韵语,附录一般祭庙的疏文格式与师公出门、开神门、关神门
密咒以及交荤诗、谢圣诗等。封面与扉页用方形印章,文中间用"黄德昌"
私章,文中局部有红色竖线与圈点符号。

362

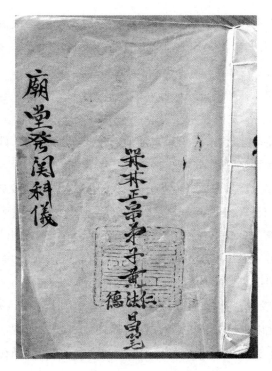

图8-2 黄德昌抄本《庙堂发关科仪》

仁
梅林正宗弟子 黄 法 昌 笔
德
庙堂发关科仪

弟子黄德昌抄闻

庙堂发关科仪 交荤、谢圣诗在尾

法
袭教 弟子黄 德 昌 抄闻
仁
庙堂发关科仪

窃以庙堂土地,神之最灵,通天达地,出入幽冥,为吾关请,不得留停。有功之日,明书上请。太上天师留教,广开发关庙堂之门。未敢请神,先来安奉……将庙中圣名一二安奉完,就启拜、上香以毕

未先投词,阴府不知;先来投词,告秉(禀)阴府周知。本坛今据中华人民共和国……宣完疏就接□。

未敢请神,先请弟子代(带)来随师护教众代老尊。完,就迎上,存下,戒净身前身后。弟子亦不藏身,亦不化相。

就请圣,迎上,存下,启拜,上香,斟酒献上,就读发关文疏(这才正式读发关疏)。上来,天其灵,地其灵,总总写在疏中文。天其中,地其中,总总写在疏文中。红纸是朱,黑者是墨,黄纸叶运。弟子早出学堂,眼不串字,口不代(带)文,多一疋(笔)仰望祖师改,少一疋(笔)仰望师父添。师父添得行行端正,字字分明。回坛座前请庙主本部大王,一二众圣【请】完,就问常在较量,向出(外)。良时以(已)到,吉时以(已)来,正当拜发功曹之时。就以香炉头上启请,拜发天界功曹郑云头,地界功曹郑马头,水界功曹郑龙头,云中达悃走马三郎,三界直(值)日受使功曹。拜发功曹以启(起),使者以行。用阴圣二卦功曹路上红花不采,好酒不饮,登云上马,速去速回。专望功曹,即速回报。烧纸。

伸(申)请三界直(值)日受使功曹,住庙土地,理(里)域正神,来赴天街,办有水却(脚)钱才(财),当在四大功曹位前用凭火化。烧纸。

东方开辟打青龙,丙丁童子道路通,西方庚申金门上,北方壬癸水神门,中央戊己通三界,金土阴阳降道场。

明香一炷妙通神,三界功曹不住停。腰佩双刀通此(紫)府,身登宝马下凡尘。

六曹按(案)上行方便,三界功曹请圣神。当界城隍并社令,暂离此(紫)府降来临。

窃以圣归云路,乘云自在以云头,手执马鞭,便身不离马上。飞云走马上天宫,正直聪明,神威奏事。神通此(紫)府,圣德难明。神祇达悃,请圣迎神,备整衣冠,上达云路。稽首告辞,伏望慎重。

功曹奏事上云梯,走马三郎不住停。凭仗神威通此(紫)府,身骑宝马下凡庭。六曹按(案)上虔当牒,三界功曹不住身。修为神仙齐下降,满筵又是一飞身。

功曹郎,功曹郎,功曹速速上天堂。不怕山高无路去,不怕水深无路行。山高自有人修路,水深自有渡船人。和尚道师喊你,三申三奏。吾师旱(喊)你,一时一刻。旱(喊)在本月×日拜发功曹启请圣府。上重天界、中重地界、下重水界功曹,请领文书,登云上马,飞奏灵官。上天者,此人使足;入地者,白马搭空;觋水国者,及开波面透龙宫。马蹄踏开青山路,神钑指开万里云。行者如风,去者如箭。回面千里,转眼一时。拜上金桥,速去速回。就向入(内)。回坛办有一会,办有安奉钱才(财),当在庙主众圣位前用凭火化。上来炉中,请起火,火中化钱,化上天有天仙,地有地灵。阴阳造化,总上分明。黄纸化金,白纸化银,不化不成金,不化不成银。阳间把火来烧纸,阴间缥素就来串。串一文,得一文,串一贯,得一贯。串得文文相贯,贯贯相文。钱财须少,火化为多。人轻礼义重,千里送峨眉(鹅毛)。将来献上。一二献完,就脱衣。

弟子脱下长生豪光衣服,穿者千兵拥护,改(解)者万将随身。穿者吉,解者利。拜发关文,阴阳两利,万事大吉大利。

时在公元二〇〇二年壬午岁三月初一日,照虎马岭老师父的《发关书》笔录,字眼不正,因水平有限,希高师们在庙坛会上改正,休笑。

上坝村黄德昌滕(誊)笔

一般祭庙平疏格

中户(华)人民共和国……　　　　　　　　　　　　　　居住　奉

神祈丰敬祭保太(大)众姓××合坊众等谨具寸诚上干

圣造言念众等生居中土忝在人伦荷蒙乾坤盖载之恩仗赖神明匡扶之庇佑

重念众等祖代竖立×灵祠地脉钟灵侍奉×庙主列圣一坊之主作万代之洪基

每年祭礼祈求人才(财)而茂盛逐岁觋瞻祷五谷之丰登春期(祈)秋报农

夫常规自×季×月×日祈丰正祭×庙

雨王圣相风伯雨师

敕封淮南德(得)道圣妃龙王

敕封田仙姑黄仙娘

上下总管五十四庙男官女圣

庙堂土地掌愿三司把簿判官

正祭×庙主本部大王

是日有请合会圣贤　　　　　　　　　　　位前呈进　恭望

　　洪慈俯垂　洞鉴谨疏　　　　　　安×年×月×日吉良谨疏

路神启祖师出门内心说语[1]

　　出门看天亦看地,遇着朋□兄弟,弟子一心行正道,一心行正不行邪。到神路上将祖棍画符:敕闭赤口令。左脚踏倒众官符,右脚踏倒众百口,丁倒百口乱喈无头细鼻之人。

　　开神门咒。前代神长,把庙老尊,吾师开神门,神门荡荡,圣路宽宽。天立九星,地分全(八王);天有四角,地有四方。吾师头代(戴)三山帽,脚踏九玄罡,左脚踏倒众官符,右脚踏倒众百口,一天二地,左喉右鼻。吾师开神门,天无忌,地无忌,阴无忌,阳无忌,阴阳两利,万事大吉大利。

　　庙主前作揖,叩齿三通,左右参随,吾师参见众神通。

关神门内心曰

　　天有三奇,地有三奇,吾师左手关神门,师爷针眼过,弟子同线来,广开仁义路,塞却是非门。

还牛头飞诗

　　虔备大牢[2]恳圣恩,敬献三皇五帝神。一献仁溪兵将使,二献四府

―――――――
〔1〕　内心说语:不出声讲述,即默念。
〔2〕　大牢:此处指砍牛作为牺牲。

众神祇。

人兴财旺千载盛,六种丰收万岁登。仗赖神恩而默佑,年丰岁稔乐尧天。

斩大牢门对

神明共乐今宵会　　童叟皆欢次早期

千福叠承宜有庆　　洪恩新答定无疆

颂神恩神赐四必　　酬圣德圣赐三多

交荤诗(略)

送圣诗(略)

三、庙堂起事科仪

【文献提要】

朝踏科仪抄本。牛皮纸封面,内用竹纸抄写右侧线装。广西富川瑶

图 8-3　黄德昌抄本《庙堂稽(起)事科仪》

族自治县新华乡上坝村黄德昌于 1999 年 6 月依照黄法景的旧书抄录,现藏其本人处。该本主要记录庙堂起事仪程:请师、请神兵拥护师公与道坛,敕水戒净,变坛置殿,开辟五方,功曹请神;附载神功回蔼安座法事目录与大祭庙法事目录。封面与扉页用方形印章,文中间用"黄德昌"私章,文中局部有红色竖线与圈点符号。

仁

普庵正宗弟子　黄 法 昌

德

庙堂稽(起)事科仪

袭教　　弟子黄德昌抄闻

庙堂稽(起)事科仪

建除满平 定执破危 成收开闭[1]

上坛踏三步罡

僻(辟)开天地立乾坤,自有元皇出世民。

伏羲神农出八卦,神农当本教耕春。

儒门孔雀来关请,我教何侯[2]利济民。

铜铃才启响叮当,又三步罡。聚众巫流入道场。

吹角三声天地动,七步丁罡上此坛。

肩斗翻开人世路,灵符闭断鬼门关。

恭望四时常在殿,不离香殿与人行。

穿起何侯一件衣,又三步罡,又穿衣。古来传授自然披。

---

〔1〕 十二个日值神的称谓,民间以此分别代表吉日与凶日,即以除、危、定、执、成、开为黄道吉日,以建、满、平、破、收、闭为黑道凶日。

〔2〕 何侯:本名真元,传说帝尧时隐居在九嶷山,有三子十孙,年龄都在百岁以上。帝舜南巡时曾居其家,封他为何侯。后遇黄衣真人,领入无为洞天,返家后凿井炼丹,后全家三百余口食丹升仙而去。

一礼二礼先贤圣,三迎四请众神齐。

迎神引圣临坛座(坐),师郎稽手去行罡。

祖师殿前行进退,(参拜)铜铃为号角为旗。

尊道行礼参佛圣,吾师行礼拜三尊。

一拜苏仙刘太尉,二拜何侯德(得)道神。

三拜西川郎太子,四拜都尊梅四娘。

五拜上路诸法主,六拜都坛廿四娘。

一拜二拜成三拜,三迎四请众神齐。

一上明香通三界,二上信香透九天。

三上宝香通法主,拜留法主在坛场。

如今得上金桥上,一似云开见太阳。

拜谢左班大法主,又左拜。主张法事要分明。

一拜二拜成三拜,三迎四请众神齐。

一上明香通三界,二上信香透九天。

三上宝香通法主,拜留法主在坛场。

如今德(得)上金桥上,如似云开见太阳。

拜谢右拜(班)诸法主,又右拜。强如明月透九天。

一拜二拜成三拜,三迎四请众神齐。

一上明香通三界,二上信香通九天。

三上宝香通法主,拜留法主在坛场。

如今得上金桥上,如似云开见太阳。

拜谢天地为父母,拜谢天地。出前入后免藏身。

拜谢仁王手下将,拜谢尊王手下兵。

一拜二拜成三拜,三迎四请众神齐。

一上明香通三界,二上信香通九天。

三上宝香通法主,拜留法主在坛场。

如今得上金桥上,如似云开见太阳。

回坛拜谢祖师同正度,回坛拜祖师。向着当初度我时。

度法如同笋出笋,回头答谢马兵头。

鸡子学啼世接世,不用香炉断香烟。

有人断了师爷路,强如卖了圳头田。

若还不断师爷路,千兵万马齐随身。

一拜二拜成三拜,三迎四请众神齐。

一上明香通三界,二上信香通九天。

三上宝香通法主,拜留法主在坛场。

如今得上金桥上,一似云开见太阳。

窃以何侯教主,金铃振动乾坤,刘老垂科教主,玉作仙人,一声宝角透天门,在动金铃,引动地府,恐惊四维禁将,若惊八俵龙神。未敢建坛启(起)事,稽首安正方隅。恭对坛前,同声赞咏。起唱。

　　　住庙土地最英灵,动地升天月有明。

　　　诚恐今日干冒圣,愿将发鼓乐龙神。

　　　先当必我安龙圣,愿镇良缘歌好因。

　　　四维禁将归方位,八俵龙神更不惊。

窃以八方位所,竖起红旗,乃是判为三灾。道而生以万物,至今天地,出有阴阳。道教前皇老君出世,尊以后世,伏以流传。大子周家,定生孔子儿门。孔雀之佛,以似梅山传度法。　　　恭对坛前同声赞咏。起唱。

　　　九疑(嶷)山上礼真皇,太宰何侯德(得)道郎。

　　　唐室开基三百口,留名万代永传扬。

　　　功成行满天书降,脱俗披霞上紫坛。

　　　是日巫流申召请,暂辞金阙到香坛。

庙主前上香,回坛与神长作揖,踏八卦,干为天。

窃以庙堂土地,神之最灵,通天达地,出入幽冥,为吾关请,不得留停,有功之日,焚香拜请。太上天师留教,广开×庙主本部大王之门。未敢请神,先来安奉,正祭××庙主……一二请齐。一声安奉,二声三伸(声)安奉。稽首天和,稽首地和,两手(首)相和。和得完周,和得完满。坛前恭请,奉神朝踏,祈丰许/申/答愿,保太(大)神长、头首,恭就×庙主盘古仁

王哪咤（吒）满堂圣众位前,俯参员拜。一参一拜,二参二拜,三参三拜,参
拜已毕,参拜周完,弟子退行三步。不宣投词,阴府不知,宣通投词,阴府
周知。本坛疏为：今据中华人民共和国……一二宣读完。

　　先来投词告禀阴府周知。未敢请神,先请弟子代（带）来随师护教众
代老尊。就以香炉头上启请天教师父,地教师父,阴教、阳教、文教、武教,
上元三十六教祖师,启请本坛黄君殿上师父,黄君堂上老尊……一二请
齐,接五台山上。

　　五台山上三元门下王子桥头正度道师莫法辉吹来陈隆达,戒策师爷
黄法强吹来黄法德、黄法呈,标魂师黄法强吹来黄法富、黄法乾,引度师爷
莫法辉吹来莫日新、莫日昌,正度师爷莫法辉吹来莫法国、莫法政,左阶师
莫法辉吹来莫法秋、莫海荣,右阶师爷黄法强吹来黄法念、黄法锦,同坛师
爷莫能辉吹来莫法春,保举师爷黄仕强吹来黄道书,前传后度仁义宗师一
同启请,光降来临。

　　启启（请）法主上路天仙兵,中路地仙兵,下路水仙兵。东门陈五猖,
南门何五猖,西门谢五猖,北门雷五猖,中门梅五猖。行桥报卦五门师主
十道猖兵,一同启请,光降来临。弟子大叫一声师父,千兵拥护。一同迎
来,存灵祠。一声安奉,二声安奉,三声安奉。昔斯消日,手把降魔七星
剑,脚踏魁罡八卦宫,乃是辅政驱邪,恭就坛前同声赞咏。起唱。

　　　　七星宝剑告龙神,赫赫闻明（名）立九天。

　　　　日往夜来神魔鬼,驱魔斩鬼斩邪神。

　　　　凡人见此皆殃灭,百鬼闻声立九天。

　　　　太上师郎神宝剑,三天门下斩邪神。

　　奉请左脚踏青龙,右脚踏白虎,丁罡三步上吾水碗之中。敕水碗令,
跪倒。

　　奉请上坛敕变九江之中清净水,桃源洞里运将来。奉请上来勇（涌）
起＜起奉＞东方青帝清海龙王木德星君,勇（涌）起黄河佩剑雷公现现下吾
水碗之中。（五方同样曰）南方赤帝火德星君,西方白帝金德星君,北方黑
帝水德星君,中央黄帝土德星君。奉请上来勇（涌）起五方五海,五五二十

五步(部)龙王,五方金木水火土星君。涌起黄河佩钺雷公现现下吾水碗之中。起身。唱。

　　　　上坛一点曹溪[1]水,化作江水大海泉。

　　　　凡人将来戒秽气,十方晦气尽消除。

　　此水回坛同香供养,踏三步罡,提香水碗,内画"敕水碗青净令"符。

　　咄!左手差动龙宫,右手差动龙母,差动犀牛下赴水碗之中。敕变阴水阳水、五龙清净之水,法水下来戒净身前身后,身左身右。

　　弟子上坛手指不动,兵者不移,脚者不动,马者不行。一步上坛齐祖师,二步上坛齐本师,三步上坛齐三师。统齐天教师父,地教师傅,阴教、阳教、【文教】、武教,上元三十六教祖师。统齐上路天仙兵,中路地仙兵,下路水仙兵。行桥报卦,五门番解,十道猖兵。关在弟子身前身后,身左身右。造河造井师父,造河造井老尊,置起一井二井三井、黄河都天大井,左脚蹽开千丈井,右脚蹽开万丈河。置起独角野牛,四角野×。

　　咄!祖师下来扫吾头中秽,本师下来扫吾身中秽,三师下来扫吾脚中秽。

　　咄!差下黄河之井,井井灭邪鬼,井井灭邪神。

　　第二差动八万斩邪陈十四郎。差兵兵起,速将将行,差得兵行,速得将动,前去三天门下,收上天邪师,地邪师,阴邪师,阳邪师。黄衣祖师,白衣祖教,成师不成师,成道不成道,收上吾师手头,吾师手上。

　　咄!差下黄河之井,井井灭邪神,井井灭邪鬼。用阴兵。魂魄头上,左至(置)青【龙】,右至(置)白虎,前至(置)朱雀,后至(置)玄武。置起七星华盖,遮倒(到)弟子三魂七魄。差动刘十五郎,统兵在吾左;李十五郎,统兵在吾右;八万斩邪陈十四郎,统兵在吾前;五百里瘟瘟陈十五郎,统兵在吾后。置起三元唐、葛、周三将军,北方真武斩邪神,有邪斩邪,无邪护把弟子身前身后,身左身右。头上飞过符印,有符有印是吾师,无符无印是邪神。人见是吾身,鬼见是千兵。小小藏身,小小化将(相)。左脚

―――――――

　　〔1〕　曹溪:地名,在广东曲江县双峰山下,有著名的宝林寺,后因六祖惠能再次弘法而改称南华禅寺,曹溪因此被视为"禅宗祖庭",也常用以喻指佛法。

瞒回千丈井,右脚瞒回万丈河。邪家不过二郎水,二郎水过断根源,凡人过了也无妨。戒净　唱。

　　　　祖师在座受明香,无师稽首去行罡。

　　　　三元兵马同我转,咒持法水洒坛场。

　师郎左手提起师尊一碗水,右手师尊拿起杨柳垂。[1] 吾师手把降魔七星钑,[2]绕坛戒净洒坛场。请下戒秽童子,破秽先师,如此盂中,敕令解秽。

　唱。请启洞中虚玄,光郎太平,八方位所,使吾自然,灵宝符命,普告九天,干罗太那,洞鉴太元,斩妖伏魔,杀鬼万千。山中神咒,元始如文,案行五岳,八海知闻。魔王束首,时为吾身,词诵一遍,百鬼延年,凶星退位,道气常生。吾奉太上老君急急如令。

　戒净三天门下男人代(带)来女人代(带)到生秽,冲天牛秽,归栏马秽,归方一切秽垢,随水荡净。

　又念三洞法事君,意下灵祠,绕坛戒净。唱。

　　　　　奉请三洞法事君,法水如云上半天,
　　　　　化作火轮坛上坐,日照太阳水里行,
　　　　　四季不吃凡间米,日出山中有其明。
　　　　　信中龙虎时常在,朝朝走上白云山,
　　　　　天下邪魔诸般秽,为吾神咒化为尘。

　急急如令。戒净口语同前一样日　唱。

　　　　　奉请九凤破秽大将军,头带凤凰十万兵。
　　　　　化作九凤来破秽,身来戒净万来清。
　　　　　一来齐(启)请庙香堂,本部城隍护吾身。
　　　　　手把降魔龙吐水,吐水飞符十万兵。
　　　　　坛前亦有诸般秽,闻吾神咒化为尘。

〔1〕　杨柳垂:即柳枝,用以蘸法水洒净坛场。
〔2〕　七星钑:法器名,即七星剑,剑尾垂七个小铁圈,代表七星,故名。

急急如令。

结变坛座。庙堂头上搂开生秽死秽,隔出三天门外。左置青龙,右置白虎,置起庙门荡荡,圣路通通。请神神光降,【请】圣圣来临。

回坛以来祖师位前接下罡堂指决,笺(划)开庙堂一座,石磉一路,栅枋一路,骑枫桁条椽皮,上置琉璃,下置细瓦。扫开堂座,高衍底座。抢起高衍底座,上置金阶,下置玉殿。上置台盘,下置蒲座。置起庙主殿,仁王、白公、相公、雨王、仙娘,排起上圣。置祖师殿,本师、三师、下部五门番解宝殿。起手为罡,倒水为诀,祖师应置,本师应诀。

四启四畔栏杆,左置垂莲(帘),右置挂幕。置起大罗帐,丝罗帐,七星华盖,容得千神,聚得万将,左置金童,右置玉女。置敷排凡供,变敷【排】凡供。香灯宝烛,琉璃金盏,献香献花童子,献香献花玉女。逍遥宫,快乐宫,恩养宫,鹅眉(峨嵋)宫,五花园内,五花园外,迎神引圣师主,引圣师父。上置天无忌,下置地无忌,阴无忌,阳无忌。多一堂,师父改;少一堂,师父添。师父添得衍衍当正,决决无镁(差)。下阴卦。

罡堂完满,指诀完周。

法水日月来戒净,当堂戒净洒堂场。

丘鬼元年神丘鬼,当坛安奉不惊移。

跪倒安奉。

弟子上来正叩拈香,一声安奉,二声三声安奉,安奉××庙主……是日有请合会圣贤,一伸(申)二伸(申)三伸(申)安奉。起身唱。

教主三师以(已)降临,驱魔法水洒坛场。

五龙吐水源河净,九凤飞来八卦神。

三界金书大受节(却),十方秽气尽消除。

法前内外无干冒,动鼓摇铃请圣神。

奉神朝踏祈丰许/申/答愿,保大(太)众圣神长……备到敷排凡供,请持五龙法水下来戒净。明香净水、香灯宝烛、糍糖米果凡供之仪,不其不净,法水荡净。回坛请下变堂师者、化变老尊,九变十化,十变九化,变粗为细,变冷为热,排少化多。存留师父在坛证盟。弟子皈尊证盟,激开堂座,已竟完盟。弟子上坛，手无罡坛，脚无指决。声声靠劳祖教，步步靠吾师父灵尊。弟子脱下长生豪光衣服，穿者千兵拥护，改（解）者万将随身，穿者吉，解改（解）者利，冒着神明，阴阳两利，万事大吉大利。

若是不开辟，接起。

一则激变坛座，二则僻（辟）开五方，搭架金桥，恭迎圣驾。

第一神钹打开天道门，天道门前四畔开，召请天仙兵马下降来。

第二神钹打开地府门，地府门前四畔开，召请地仙兵马尽降来。

第三神钹打开水府门，水府门前四畔开，召请水仙兵马出龙来。

第四神钹打开人道门，人道门前四畔开，召请合坊人口得安宁。

第五神钹打开圣府门，圣府门前四畔开，召请诸神诸圣尽降来。

香炉头上磨启（起）神刀，佩启（起）神钹，启开五方大路，通到阴洲（州）内里。阴启阴岳，扬（阳）起阳岳，请动四山鼓板，搭架金桥。

恭迎圣驾，吹笛师起乐：奴奴那耶你[1]……

先来勇（涌）起五河四海川（穿）山毒龙金桥，无桥端，置桥端；无桥柱，置桥柱；无桥梁，置桥梁；无桥板，踏桥板。置起天仙金桥，地仙金桥，莲花水上水下金桥，飞云走马金桥，东方东路金桥，南方南路金桥，四（西）山王母金桥，黄龙吐水金桥，瞒井上井下金桥，川（穿）山过海金桥。磨桥童子，抢桥师父，左钉桥梁，右钉桥柱。锁桥童子，神过不动，马踏不移。回坛请持五龙法水下来戒净，桥梁头上飞过毫（豪）光荡荡。前召三千，后召八万。回坛请起天界功曹，地界功曹，云中达悃走马三郎，三界直（值）日受使功曹，住庙土地，里域正神，功曹常在，使者长存。用阴卦拜发功曹以启。用阳卦、圣卦

办有水脚信仪钱财，当在神功（坛），用凭火化。

东方开僻（辟）达青龙，丙丁南方道路通。

西方庚辛金门上，北方壬癸水府门。

中央戊己通三界，金土阴阳降道场。

---

〔1〕　奴奴那耶你：模拟笛子的声音，即拟声词。

鸣响一声二通声,三界功曹不住停。

先请前朝灵显圣,后迎三界众神通。

窃以圣归原路,承(乘)云自在以云头,手提执马鞭,便身不离马上,飞云走马上天宫,正直聪明,神威奏事。神通此(紫)府,圣慈难明,圣慈达恫。请圣迎神,备整衣冠,上达云路,稽首告拜,伏望慎重。

功曹奏事上天梯,走马飞符请圣神。

凭仗神威通此(紫)府,升(身)登宝马下凡尘。

六曹按(案)上行方便,三界功曹不住停。

速忽神仙齐下降,满完又事已番身。

伏以功曹速速去,功曹速速回,不怕山高无路去,不怕水深无路行,山高自有人修路,水深亦有度船人。和尚道师唤你三伸(申)三奏,吾师唤你一时一刻。唤在本月×日吉日吉时,拜发功曹,推请圣府上下神祇、仙圣,洞府山川,正用×日齐降灵祠。或是许/申/答愿,惟神正直,火速奉行。功曹请领文书,再不等船,去者如风,回者如箭。拜上功曹,登云上马,速去速回。回坛烧安奉纸,脱衣,完。

时在公元一九九九年己卯岁六月初九、【初】十日,是依照黄法景的烂书腾(誉)抄《庙堂启(起)事书》一本,因弟子丑笔,字眼不正,希高师们在庙堂法事改正而行,休笑。

滕(誉)抄人上坝黄德昌浅笔

神功回衙安座法事目录

1. 拜发关文

2. 发大奏

3. 入坛启事开旗

4. 开辟五方或伏魔结界

5. 恭迎圣驾拦台歌令

6. 朝神安圣

7. 唱赏清筵

8. 纸钱孝顺

9. 会仙

10. 乐圣

11. 唱赏荤筵

12. 朝踏敬祭

13. 交荤谢圣

14. 安龙

祭大祭庙法事目录

1. 发关鸡用一只

2. 大起事起鼓用一只鸡

3. 开辟五方

4. 恭迎圣驾

5. 朝答上圣

6. 赞扬文武圣众

7. 歌乐本部城隍

8. 请圣观临

9. 出外本村庙进贡明香

10. 穿破九州岛罡堂用九元六角钱,九只鸡

11. 朝答上圣众府

12. 孝顺烧纸钱

13. 敬祭庙主用鸡一只

14. 化财满散

15. 扎住兵师用鸡一只

四、伏魔结界科

【文献提要】

朝踏科仪抄本。牛皮纸封面,内用竹纸抄写右侧线装。广西富川瑶族自治县新华乡上坝村黄德昌于1998年8月依照邻村虎马岭黄仁强老师公

旧本抄录。现藏其本人处。封面与扉页分别自称"梅林正宗弟子"与"袭教弟子"。内载请师、请神与五方开井结界、封光(关)、置黄道桥等仪节。文中加朱红句读符号,封面与扉页用方形印章,文中间用"黄德昌"私章。

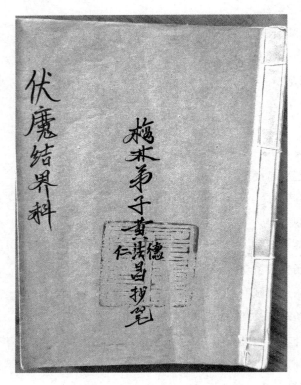

图 8-4　黄德昌抄本《伏魔结界科》

德
梅林正宗弟子　黄法昌　抄笔
仁
伏魔结界科

袭教　弟子　黄德昌抄闻

伏魔结界科

378

另一名师上坛皈师父……

第一神钹打开天道门,天道门前四畔开,召请天仙兵马下瑶台。第二神钹打开地府门,地府门前四畔开,召请地仙兵马上金街。第三神钹打开水府门,水府门前四畔开,召请水仙兵马出龙来。第四神钹打开人道门,人道门前四畔开,召请合家人口得安康。第五神钹打开鬼府门,鬼府门前四畔开,召请诸神诸圣得安宁。

五方开井

玉皇殿前申请何人下来与我起罡步?申请何人下来与我起罡堂?玉皇殿前申请祖师下来与我起罡步,申请本师下来与我起罡堂。罡在何州何县出?诀在何州何县生?罡在九州衙里出,诀在师郎掌上生。大运罡堂不知有己(几)十己(几)罡步,小运罡堂不知有己(几)十己(几)万双。大运罡堂三百六十四罡步,小运罡堂二十四双。今日申请祖师下来与我起罡步,申请本师下来与我起罡堂。申请罡堂罡九姐,申请罡步罡九娘。师弟郎,师郎郎,随身步步踏丁罡。

第一堂结界——奉请吾行一步罡,吾行二步、三步、四步、五步罡,五五二十五步罡。吾师转面上何方?吾师转面上东方。申请东方结界仙人,青面雷公,青面雷母,金毛狮子,猛虎仙家。自从东方青云下降以来,东方第一堂神钹头上莊(装)铁扳(板),下有【铜】符入地撞天门。神钹把断东方一条官大路,不把邪鬼乱交通。第一堂结界了。

第二堂结界——玉皇门下撰差来。奉请进罡己(几)步罡,退罡己(几)步罡?五五二十五步罡,吾师转面上何方?吾师转面上南方。奉请南方结界仙人,赤面雷公,赤面雷母,金毛狮子,猛虎仙家。自从南方赤云下降以来,南方第二堂神钹头上莊(装)铁扳(板),下有铜符入地,不把邪鬼乱交通。第二堂结界了。

第三堂结界——玉皇门下又差来。奉请进罡己(几)步罡,退罡己(几)步罡?五五二十五步罡,吾师转面上何方?吾师转面上西方。奉请西方结界仙人,白面雷公,白面雷母,金毛狮子,猛虎仙家。自从西方白云下降以来,西方第三堂神钹头上莊(装)铁扳(板),冲天门下有铜符钉地,不把邪鬼乱行来。西方下断金三井,把断西方西路头,一十五里磨钗刀,二十五里磨差枪。千鬼来吾刀下死,万鬼来吾刀下亡。如有强神但不伏,楼出神钗斩鬼头。斩了鬼头祭五猖,外来邪鬼尽恓惶。第三堂结界了。

第四堂结界——玉皇门下又差来。奉请进罡己(几)步罡,退罡己(几)步罡? 五五二十五步罡,吾师转面上何方? 吾师转面上北方。北方下断四金井,北方下断黑泥池。泥池头上荘(装)铁扳(板),菇(姑)堂头上起莲花,莲花头上起金桥。兵来打从桥上过,邪来叉下井中亡。有人上得四金井,便是师爷第一名。若还上不得四金井,便是下界鬼奴身。神钗把断北方四条光大路,不把邪鬼乱来行。第四堂结界了。

第五堂结界——玉皇门下又差来。奉请进罡己(几)步罡,退罡己(几)步罡? 五五二十五步罡,吾师转面上何方? 吾师转面上中央。中央下断五金井,把断五方五路头。一十五里磨刀钗,二十五里磨刀枪。千鬼来吾刀下死,万鬼来吾刀下亡。如有强神但不伏,楼出神钗斩鬼头。斩了鬼【头】祭五倡(猖),外来邪鬼尽恓惶。钗刀把【断】中央五条光大路,不把邪鬼乱交通。第五堂结界了。

第六堂结界——玉皇门下撰×(差)来。东方下断三尊井,南方下断火×(王),西方下断金狮子,中央狮子坐衙前。第六堂结界了。

第七堂结界——玉皇门下撰差来。东方饿虎出,南方狮子加麒麟;西方饿虎出,北方狮子加麒麟;中央饿虎出,中央狮子坐衙前。第七堂结界了。

第八堂结界——玉皇门下撰差来。东方下断罗惟(维)网,罗维罗网纲下三重。南方下断罗惟网,罗维罗网下三重。西方下断罗惟网,罗维罗网下三重。北方下断罗惟网,罗维罗网下三重。中央下断罗惟网,罗维罗网纲下三重。三重对九重,不把邪鬼乱交通。为有高鸟飞来,着我师郎罗惟(维)网,虫蚁飞来,着我师郎放火烧,师郎烧鬼不烧人。第八堂结界了。

第九堂结界——玉皇门下撰差来。东方结界了,南方结界得周完,西方结界了,北方结界以周完,中央结界了,五方结界以周完。第九堂结界了。

第十堂结界——玉皇门下撰差来。天门结界了,地门结界以周完,人门结界了,吾从北方鬼路断根原(源)。堂堂结界了,堂堂结界得周全。

（就瞒井）结界完。

又唤另【一】名师封光,置黄道桥,前召后请〔1〕

时在一九九八年戊寅岁九月十日晚七至十一点滕(誊)抄,是依照虎马岭黄仁强老师父的旧书笔(录)下来,字眼不正,多疋少画,希高师们在法筵会中改正而矣,休笑休笑也。

笔录人上坝村黄德昌浅字

五、师教奏玉皇科

【文献提要】

传度等科仪抄本。牛皮纸封面,内用竹纸抄写右侧线装。广西富川

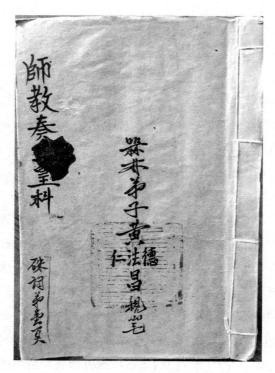

图 8-5　黄德昌抄本《师教奏玉皇科》

---

〔1〕　前召后请:指做完这个"伏魔结界"科仪,就接做下个"前召后请"科仪。

瑶族自治县新华乡上坝村黄德昌于 2002 年 4 月依照其伯公黄法环的旧书抄录。现藏其本人处。封面与扉页分别自称"梅林正宗弟子"与"袭教弟子"。该本内载奏玉皇疏、请师清兵、藏身、召功曹、请功曹、宣奏意、烧奏牒、迎神、收兵等仪节。文中加朱红句读符号与竖线、折线符号,偶有符箓图示,封面与扉页用方形印章,文中间用"黄德昌"私章。

德
梅林弟子　黄法昌　亲笔
仁
师教奏玉皇科

袭教　　　　　弟子　黄德昌抄闻
师教奏玉皇科仪

师教奏用银笔写,即有(由)中天门下叩秉(禀)

太上正【一】何侯遗教佩奉三元秘箓奉行法事善门臣黄法昌诚惶诚恐稽首顿首俯拜上言臣冒罪奏为　　　今具(据)

中华人民共和国……居住　奉　神朝踏酬恩答愿迎祥集福保太(大)众信神长×××头首×××合坊众信人等谨具寸诚　上干

圣造言念信士等身居中土忝在人伦荷蒙乾坤盖载之恩仗赖神明匡扶之庇佑重念众坊等祖代树立×庙地脉钟灵侍庙主×××仙妃为一方之主以作万代之洪基如今年年瞻仰岁岁皈依祷五谷之丰登春祈秋报衺夫常规如今酬恩答愿众发虔心是备凡仪由是用公元×月日吉良仗善表于庙启建

太上正一奉神酬恩答愿妙庆一堂行事×昼连宵今则净坛行<事>善事一中(宗)叩尊证盟咒水洒净法筵请迎众圣光降庙堂受祈凡供凊词通宣法事依科伏望神慈庇佑一方太(大)【众】圣德匡扶万物兴祭慈酬恩答愿之情大赐方来之福专祈团坊明靖乡境安宁幸过今冬而岁熟乃祗隶岁之丰年前清后莘交莘谢圣化财满散礼送时行臣　谨奏

会上昊天金阙玉皇大帝御前呈进　恭望

天慈允臣所奏知臣酬恩答愿众坊人人安乐家家平安臣下情无任冒干天威

不胜急切屏营之至以闻　谨奏

安×年月日吉良

　　窃以师尊在殿,教主在坛,兵不离殿,马不离槽,弟子常在灵祠。弟子
上坛,皈尊证盟,开历天门,奏明玉帝。

　　启请天教师父,地教师父,阴教、阳教、文教、武教、上元三十六教。启
请本坛黄金殿上师父,黄君堂上祖师×××,弟子五台山上、王子桥头正度
道师×××一二请完。

　　启请小童殿上开天门、僻(辟)地户将军,九凤破秽大将军,把坛护殿
将军,三元仙童,三元玉女,统兵师,押兵师。

　　仰仗三界直(值)日受使功曹。启请稽手将军,牌手将军,弩手将军,
铜锣铁鼓将军,鸣锣召角将军。

　　祈请东方青帝兵,南方赤帝兵,西方白帝兵,北方黑帝兵,中央黄帝
兵,一同启请,下赴香坛。

　　启请敬神拷鬼将军,五雷兵马,雷公电母,风伯雨师,降神伏鬼将军,
枷神锁鬼将军,黄班(斑)饿虎将军,金龟赤马将军,移山拔树将军,塞海将
军,拦阶截路将军,驴头马面将军,牛头野×将军,呼天唤地将军,追魂拔命
将军,防身护命将军,五方番解将军,左青龙右白虎将军,前朱雀后玄武将
军,十代藏身师主,十代化相老尊。

　　启请殿前殿后五猖,东门陈五猖,南门何五猖,西门谢五猖,北门雷五
猖,中门梅五猖,一同启请,下赴香坛。

　　启请总管李刘王,上元唐将军,中元葛江军,下元周将军,上元唐教
主,中元廖教主,下元邓教主,淮南教主刘十五郎,下元教主十代郎,梅山
法主何三郎、陈五郎、陈七郎、欧阳陈八郎、欧阳十九郎,蒸豆师赵二郎,钱
法主,毛三郎,包法主,苏仙十五郎,万应三郎,师(司)空十代郎,指辉
(挥)十四郎,地仙驾魂杨十九郎,八万斩邪陈十四郎,五百里收瘟陈十五

郎、铁十七郎、铁十八郎、铁十九郎,天门曹十九郎,海门沙十七郎,雪山圣公、雪山圣母,东野四郎,西野四郎,梅山正教七郎,元皇一郎,张赵二郎,圣者三郎,翻坛张五郎,天门六郎,驴(间)山大判兵管九郎,三化金身李十五郎,一同启请,下赴香坛。

启请大罗王母七十二度金桥姐妹,引路仙童罗八娘,东海迷魂彭一娘,南海引魂彭二娘,西海押魂彭三郎(娘),北海收魂彭四娘,中海斗魂彭五娘,彭家十姐妹,迷洲(州)十姐娘,回龙庙沙圣九娘,追魂拔命蒋七娘、祝三娘、蔡九娘,天仙罗七娘,地仙罗八娘,水仙罗九娘,何仙姑,都总三十七娘,都尊梅十四娘,天仙兵,地仙兵,水仙兵,地仙驾魂杨十九郎,诸谐(阶)兵将。

启请三元天法师,中元地法师,下元阳法师,文召二真人,天皇元帅,地黄元帅,关公元帅,赵公元帅,马公元帅,玄天上帝,三界太秽十家秽迹金刚,东方青面金刚,南方赤面金刚,西方白面金刚,北方黑面金刚,中央黄面金刚,五方法界神王,五方五路枷持兵马,中龚法主,大慈法主,太上老君,太上道君,何侯得道老祖天师,高明大帝,龙树祖师,孔雀冥王,哪吒太子,铁托太子,加持打锁五伤,阴阳父母,地理先生,董仲、董永生先(先生),占卦童子,定卦玉女,报卦先师。用阴卦。

弟子转身,一迎一请,一同迎来,存在灵祠,奉安宝座。

就藏身

就以香炉头上,左手差动龙公,右手差动龙母,差动犀牛下赴水碗之中。敕变阴水、阳水、五龙清净之水,法水下来,戒净弟子身前身后,身左身右。不除不净,法水荡净。弟子一步,上坛齐祖、本、三师,统齐天教师父、地教师父、阴教、阳教、文教、武教、上元三十六教,关在弟子身前身后。

大藏身

祖师殿前置祖师殿、本师殿、三师殿、玉清殿、上清殿、大(太)清殿。祖师殿前置起金箱,置宝箱,见吾魂收吾魂,见吾命收吾命,收上奉兵弟子,一魂、二魂、三魂,一魂吹在祖师殿,二魂吹在本师殿,三魂吹在三师殿,寄在玉皇殿前,寄在玉皇殿内。十代藏身师祖,双刀下藏吾身,金龟赤马藏吾身,南蛇口里藏吾身,太阴太阳藏吾身,乱石下藏吾身,乌云下藏吾身,迷从细雨藏吾身,鼓楼头上藏吾身,羊角山藏吾身,须眉山上藏吾身,五台山上藏吾身。头毛化为杨柳树,头者化为羊角山,眉毛化为须眉山,左眼化为日,右眼化为月,左鼻同左河,右鼻同右河,牙齿化为双刀一露,口舌化为扬州大正桥,左手化雷公,右手化雷母,十指化为十代枪神,肝肺化为无色召兵旗,小腿化为二郎水,二郎水滴断根源。左脚踏麒麟,右脚踏狮子,左脚穿起铁毛鞋,右脚穿起铁毛鞋,脚踏火轮高万丈,火炼金刚扫地行。前装双刀,后装飞剑,左装双鬼将,右装双鬼袋,前装碓蛇,后装伏鬼,前装琉璃,后装石壁。头为天大,脚为地大,肚为海大,容得千神,聚得万将。左置青龙,右置白虎,前置朱雀,后置玄武,置起七星华盖,遮到弟子三魂七魄,遮前拥护,华盖藏身。拜献酒烧【纸】安奉。

若是开天门,就统五门兵。[1] 将鸡差兵。若是起造神堂,出圣,方从大藏身。

出门,开天门,不论求雨、传度,就召功曹。

铜铃响,仙角鸣,请何神,召天兵,天界功曹降道场。天界功曹年直(值)使,住在天宫云里藏,天宫无存处,身骑宝马下凡间。

铜铃响,仙角鸣,请何神,召地兵,地界功曹赴道场。地界功曹月直(值)使,住在地宫土中藏,地宫无存处,身骑宝马下凡间。

铜铃响,仙角鸣,请何神,召水兵,水界功曹降道场。水界功曹日直(值)使,住在水宫水里藏,水宫无存处,身骑宝马下凡间。

铜铃响,仙角鸣,请何神,召时辰,十二时辰并五方,凡间有事来召请,万里乘云降道场。

就请功曹

就以香炉头上启请天界功曹樵大使、地界功曹邓大使、水界功曹张大使、阳界功曹李大使,天门六郎,海门四郎,云中飞奏三郎,值日进奏仙官,

---

〔1〕　五门兵:即天道门、地府门、水府门、人府门、鬼府门的兵马。

火部神员,当方土地理(里)域正神,随师统兵,天师帅将,一同启请,光降来临。一回二回随请,迎上,启拜,斟酒献上,烧水脚钱财献【上】。戒净,奏申疏牒己(几)函,皈叩本君堂上师父黄公……与我弟子点过字面,头上多一点,仰望师父改,少一疋(笔),仰望师父添,改得衍衍端正,字字分明,免无冒触,海涵恕宥。出赴天阶,开历天门,命奏玉帝。师父遮前拥护,华盖藏身。

开路、秉叩。若事(是)求雨

庙主威灵圣众,威兵将使,拥护弟子,上赴瑶台,奏明玉帝。千兵拥护,万将匡扶。统兵出,一统淮南刘教主到瑶台。就踏乾为天。传度,三元咒水。统兵出,开天门,台上画"敕"三下令。

天门绕绕,龙虎交衙,上斩妖精,下奏邪神,准奏。太上老君急急如令。就上台吹角三声,开天门,吹角。太上开天执符玉令"敕开天门令"。

太上开天门,开地户。念三回,口叫三声玉皇。太上三召保我来,太上三召养我来,太上三召生我来,长生保命天尊。

清净妙相,妙法怜悯,凡有皈投,悉□感应。存神在殿,合圣在堂,具有投词,跪香宣读:

神造鉴右臣弟子黄德昌自述本命生于民国丙戌年××月××日×时建生上属北斗七元星君注照掌判吉祥行庚正作×岁自出母胎生下而来命申是□达生有三品天依之禄宜奉巫门自于×年为病在身□用×月×日□仗先师莫能辉疏申皈叩梅山法主祖教兵师位前拜许袭教巫门保命长生良愿一中(宗)在按(案)托蒙护佑仗赖匡扶每日随师引教法艺颇通命请长生师父莫能辉打开古历通书利年得案大利×年九月六日在黄法德家堂传度授箓佩奉上身引上弟子瑶台列开天门奏明玉帝忝皈阴阳道袭二教当天拨将吹尊拨诀给付金冠朝服扬飞锡杖钢铃锣鼓神剑马鞭文凭法器一惊(宗)付与弟子以入百家门下应奉人天超生度死行龙祈雨安龙燃烛拜醮竖造埋葬脱旧换新祈神解鬼事无大小有请便行奏明玉帝具有情词冒干宣读

宣奏意,疏申牒,吹角三声:

一声宝角去哀哀,打开天门天宝台,上界玉皇星斗现,天门关锁时时开。

二声鸣角去哀哀,打开地户地宝台,中界玉皇星斗现,地门闩锁时时开。

三声鸣角去连连,真透玉皇金按(案)前,金童玉女下来问,下界何人真角声。

吾是老君亲生子,年当十五在朝中,梅龙山头法万岁,沾天望圣叫青天。

太上老君敕符印,师人身体到天宫,金阙云宫是天阙,玉皇万岁开天门。

不是吾师乱叫玉,不是吾师乱叫天,六甲六丁在左右,祖师帅将护吾身。

吉为星命多浩大,名字记在玉皇前,今日凡间传度会/祈求雨,瞻天望圣叫青天。

打开鬼门神王降,凡间修福得长生。

烧奏牒

申请三界直(值)日受使功曹,住堂土地理(里)域正神,来赴天阶,具有奏申疏牒文表,当在天阶用凭火化。念化财土地,跪倒太上弥勒,起身

东方开僻(辟)达青龙,丙丁南方道路通,西方庚辛金门上,北方壬癸水星门。中央戊己通三界,金土阴阳降道场,飞神日日通紫府,乘云走马上天庭。嘱曰:

窃以圣归云路,乘云自在以云头,手执马鞭,变身不离马上,飞云走马到天宫,正直聪明,程为奏事。神通耳取,圣德难明,胜词达悃,请圣迎神,办整衣冠,上达云雾,稽首告辞,伏为(惟)珍重。

明香一柱通三界,三界功曹不住停。腰背金书通紫府,身登宝马下云中。先请前朝灵显圣,后迎三界众神通。当界城隍及社令,暂离紫俯(府)降来临。窃以金铃开响于神门,玉俯(府)僻(辟)开以乾坤。请圣迎神,同吹梅花两三声。通天僻(辟)地,相叫相以来临,相以相逢以多会,如有时当何会,请圣迎神,伏惟珍重。

功曹奏事上云梯,走马飞符请圣神。凭仗神威通紫俯(府),祗迎圣驾下凡间。

六曹案上行方便,三界功曹不住停。速忽神仙齐下降,满完又是一番身。

窃以功曹速速去,功曹速速回,不怕山高无路去,不怕水深无渡船。

山高自有人修路,水深自有渡船人。和尚道师限你三申三奏,吾师限你一时一刻。限在×日牒仗功曹,推(催)请圣府上下神祇仙圣,正用×日齐降道场/灵祠,享兹传度/朝踏/祈雨。功曹请领文书,再不等船。去着铜铃为号,回者报卦为祈。路上逢花不彩(采),好酒不饮,登云上马,拜上金桥,速去速回,吾师专望功曹回报。

又伏以功曹者,上重天界,中重地界,下重水界。功曹聪听,飞奏灵官。上天者,紫云使足;入地者,白马腾空;皈依水国者,扬开波浪透龙宫。马蹄踏开青山路,神剑指开万里云。行者如风,走者如箭。言念众等/信士取用×日吉良,启建×事道场。拜上金桥,专望功曹回报。

东方有朵青云起,便是三郎初化身。南方有朵赤云起,便是三郎二化身。西方有朵白云起,便是三郎三化身。北方有朵黑云起,便是三郎四化身。中央有朵黄云起,便是三郎五化身。黄云两朵乘郎脚,三郎上马上云梯。去到玉皇金殿上,托吾文书上殿宫。玉皇开书从头看,亲身下降主坛场。鸡唱鸾鸣启法事,鸣角宣(喧)天圣降齐。

窃以宫为云中去,虚然去天宫,往来八九仙,正到圣玉前。停踏明工界,明文导之礼中,察人间善恶之期。有事善报,积问光临,发伸同伸,赞扬一句。唱:

功曹速速去请圣,功曹速速早回归。五色云头云雾起,三郎走马闹层层。

如有水中无路去,犀牛引路透龙门。来往不来三界内,领吾口状去通天。

凡间有事来皈叩,天星众圣下凡情。

若是竖造神庙,谢神归圣安谢。上来炉中请起火,火中化钱。献上昊天金阙玉皇上帝,南斗六司延寿星君,北斗九皇解厄星君,上清一十八曜二十八宿星君,五方金、木、水、火、土星君,天曹注照功德星官,普天星斗列位群星。献上庙主、仁王、相公、仙娘、敕封、敕赐、有德、有道、随师父(护)教、诸兵将使、列列文武圣贤,一同献上,神神受领,圣圣容纳。随献完,奏词一函上诣:

昊天金阙玉皇上帝御前,恭望

帝慈赦臣所表罪愆祈恩赐谕行下坤宫九垒惟冀禁将还方龙神镇守庙宇安稳圣显神灵匡人利物物阜年丰或有五虚六耗一切不正等神各散他方山水秀丽永远平安

若是传度,就讲传度的话。

若是求雨:言念神长×头首×合坊众信有名人等秉　　玉皇列圣乌旗揽雨。完。吹角。

窃以奉送功曹使,元皇道路通,赞云光顺路,顺君达上宫。玉皇金殿上,传吾奏事宫,千神来下降,醮毕返瑶宫。奉送功曹登云上马,速速奉行。弟子回坛转身迎圣:

吹角三声辞玉皇,辞了玉皇万万岁,隔江抄手送辞官。上帝玉皇万万岁,下民师臣不计年。

辞了东南并西北,辞了东北及西南。童子上台无久坐,三朝一七又能番。

拜辞拜谢郎归去,拜辞拜谢下瑶台。玉帝门前我无谢,与吾助国又能番。

六甲六丁在左右,祖本三师在身边。

天门:收兵归殿,收马回槽。就吹角闭天门。"敕闭天门令"。

太上闭天敕符玉历　遮天门遮地户。各念三遍。

闭天门完,就念消灾咒:

于是七元君,大圣尽通灵。齐度诸厄难,超度众苦生。若有急告者,词诵保安宁。

净瓶生百福,咸气于五星。三魂得康太(泰),邪魔不能宁。五方降真气,万福自来臻。

长生超八难,皆由诵此经。生生常自在,世世保安宁。王似光中影,应如谷里声。

三元神拥护,万圣永同明。无灾亦无难,永保得长生。无灾亦无灭,何祸亦不生。

元皇正气,好道正灵。常居寿命,愿以安宁。下台。

生我来　　延生益算[1]
太上三召　护我来　　大圣长生保命天尊
养【我来】
保我来　　消灾度厄

回兵马,马回兵,回兵回马护师臣

回坛收兵,传度,一收淮南刘教主……

庙堂收回东门东神将,东门神将护灵祠。

戒净,鸡一只,收兵

当时差一旗兵,收一旗兵,差一旗将,收一旗将。收回庙主威灵众圣,诸兵将使,收回东门陈五猖……收兵归殿,收马回曹。用阴卦

此鸡不是非凡鸡,今日将来祭神祇,凭刀取出鲜红血,祭赏兵司不思仪(议)。存兵洲(州),排兵洲(州),合兵洲(州),点兵洲(州)。存在灵祠,镇守山川。护保团坊明靖,乡境安宁。拆阴兵,拆阳兵,阴兵交付仁王相公管,阳兵归付吾小身,各有旗头,各有旗号。百家门下,应奉人天。

办有收兵钱财,安奉利市。一二献上。

脱衣完,万事大吉。已毕。

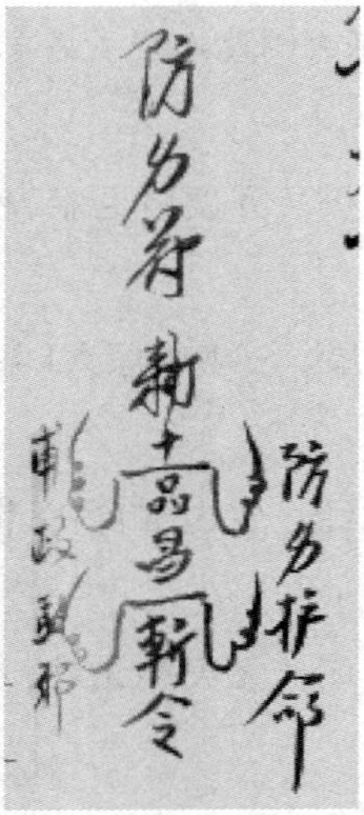

[1] 算:寿命。

时在二〇〇二年壬午岁四月十三日胜（誊）抄，不论传度、求雨、神堂谢神、安龙、请师父、大藏身、请圣、迎上、存下、启拜、斟酒、献上、烧安奉纸、就五门兵将鸡赏完、就功曹，同书作完。是依照伯公黄法环的旧书笔录下来，以便新承弟子便用，字眼不正，希高师们改正而已，休笑。

上坝村黄德昌亲笔

六、开辟科仪

【文献提要】

朝踏科仪抄本。牛皮纸封面，内用竹纸抄写右侧线装。广西富川瑶族自治县新华乡上坝村黄德昌于 1997 年 6 月依照黄法茂抄本抄录，黄法

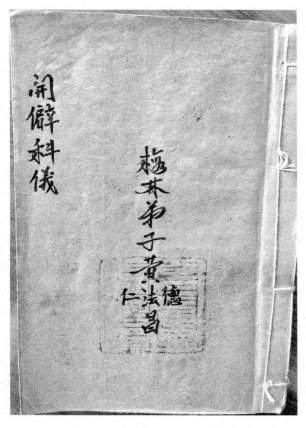

图 8－6　黄德昌抄本《开辟（辟）科仪》

茂本抄自黄法明旧本。现藏其本人处。封面与扉页分别自诼"梅林正宗弟子"与"袭裔弟子"。该本内载请师、戒净、藏身、开辟五方神路、架桥、拜发功曹请神等仪节,后附朝踏醮坛祖宗台布置、祖公榜与千家洞流水记。文中加朱红句读符号与竖线、折线符号,封面与扉页用方形印章,文中间用"黄德昌"私章。

梅林弟子　黄　德
法　昌
仁　　

开僻(辟)科仪

袭裔弟子　黄　德
法　昌　学
仁　　

建除满平　定执破危　成收开闭

上坛先请师父证盟

窃以师尊在殿,教主在坛,兵不离殿,马不离坛,众等常在去筵。弟子上坛叛尊证盟,叛动祖师,声声靠吾主教,步步靠我师父灵尊。就香炉头上祈请天教师父,地教师傅(父),阴教、阳教、文教、武教,上元三十六教祖师。祈请本坛黄君殿上师父,黄君坛上老尊,三世三代、七世八代显化灵尊,法主万法祖师太上老君,法主黄公华三先生,戍奴先生,法应、法感老尊,法廉、法武老尊,法滋、法旺、法金、法永、法德、法明、法环、法文、法进、法景、法万、法宏、法厚、法达、法琓,本身公法亮、法志、法情灵尊,生似灵人羽化灵尊,一同启请光降来临。

启请五台山上三元门下王子桥头正度道师莫法辉吹来陈逢达,戒箓师爷黄法强吹来黄法德、黄法呈,标魂师黄法强吹来黄法富、黄去乾,引度师爷莫法辉吹来莫日新、莫日昌,正度师莫法辉吹来莫法政、莫去国,左阶师莫法辉吹来莫海荣、莫法秋,右阶师黄法强吹来黄法锦、黄法念,同坛师莫能辉吹来莫法春,保举师黄仁强吹来黄道书,前传后度仁义宗师,一同启请光降来临。

启请法主上路天仙兵,中路地仙兵,下路水仙兵。东门陈五猖,南门何五猖,西门谢五猖,北门雷五猖,中央梅五猖。殿前杨都篆王,殿后马多兵将,下部五门番解十道猖兵,一同启请光降来临。

弟子大叫一声,千兵拥护,小叫一声师父,万将随身。师父千叫千应,万叫万灵。下卦,阴卦弟子转身迎上祖师,迎上本师,迎上三师。师父一同迎来,存在法筵奉安宝座。师父有车存车,有马存马,有轿存轿。一声安奉,二声、三声安奉。启首天和,启首地和,两首相和,和得完周,和得完满,和下祖本宗师。弟子亦不低头仰参,亦不低头仰拜师父。有香献香,有水献水,纳受明香清净之水,普同供养。

就以香炉头上,先来涌起东河东海,南河南海,涌起五河四海。左手下来差动龙宫,右手下来差动龙母,差动犀牛,下赴水碗之中。敕变阴水、阳水、五龙清净之水,法水下来戒净,戒净弟子先(身)前先(身)后,先(身)左身右。弟子今早起来,行往百家门下,头中代(带)秽,眼中见秽,鼻中闻秽,口中含秽,手中提秽,脚中踏秽,五方朦胧秽气戒净。天秽天师解,地秽地师消,不其不净,法水荡净。

弟子上坛,手指不动,兵者不移,脚者不动,马者不行。一步上坛齐祖师,二步上坛齐本师,三步上坛齐三师。统齐天教师父,地教师父,阴教、阳教、文教、武教,上元三十六教祖师。点齐上路天仙兵,中路地仙兵,下路水仙兵。行桥报卦,五门司主,十道猖兵,关在弟子身前身后,身左身右,弟子魂魄头上。左置青龙,右置白虎,前置朱雀,后置玄武,置起七星华盖,遮到弟子三魂七魄,七魄三魂。差动刘十五郎,统兵在吾左;李十五郎,统兵在吾右;八万斩邪陈十四郎,统兵在吾前;五百里收瘟陈十五郎,统兵在吾后。置起三元唐、葛、周三将军,北方真武斩邪神,有邪斩邪,无邪护保弟子身前身后,身左身右。头上飞过符印,有符有印是灵师,无符无印是邪神。人见是吾身,鬼见是千兵。小小藏身,小小化相,师父左关左营兵,右关右营马,关在弟子身前身后,身左身右,兵从就到,马从就来。

就跪倒请炉中香火起纷纷,犀牛角号立相期。不说源由事不了,说起源由事亦长。郎从一岁二岁无爷子,郎从三岁四岁无娘儿。五岁开坛去学法,六岁抛身入法门。读尽诗书见鬼王,鬼王衙里立身藏。口吹犀牛真宝角,身穿圣者三郎法衣裳。杀鬼神刀是神钣,斩鬼神刀挂两旁。拜得祖本三师当坛坐,师郎起手去行罡。一声僻(辟)开天道门,天道门前四畔开。召请天仙兵马下降来。二声角僻(辟)开地府门,地府门前四畔开,召请地仙兵马尽安排。三声角僻(辟)开水府门,水府门前四畔开,召请水仙兵马出龙来。承香起,召角鸣,师郎角号请何神?申请淮南殿上三十六教主,岭南七十二部本师爷。若问师郎召角来关请,万里乘云降道场。再声角,鸣角一声当二声,二声当三声,三声当九声,声声透上玉皇前,申请上元、中元、下元五方开僻(辟)童子,五方开辟李先师。童子郎,童子郎,若闻师郎召角来,关请乘云降道场。

就起身,<就起身>,左畔差兵兵便起,右畔差兵兵便行。前畔差兵兵便起,后畔差兵兵便行。杀鬼神刀似长钣,斩鬼神刀挂两边。拜得祖本三师当坛坐,师郎起手去行罡。

五方开僻(辟)

一声角,僻(辟)开东方东洞主,东方东洞上,木神门,木兆三六九。拜动一万二千兵,四山云雾齐齐起,玉皇兵马一时齐。暗弓飞火箭,木弩上,九牛弦,黄河千里远,转身打到五斜山。左脚踏开兵司家中户,右脚踏开神仙家中门。抡起兜鍪铁甲带,制出长枪及短枪。师郎击鼓存房院,手上弦弓十万箭。带甲祇侯[1]不离身,磨钣刀,佩钣斧。钣刀指开东方一条广大路,奉神朝踏东方路上请神来,老祖天师来下降,拜留兵马在坛场。东方罡堂渐渐了,吾师转面上何方?吾师转面上南方。

二声角,僻(辟)开南方南洞主,南方南洞上,火神门,火兆一五七。拜

---

[1] 祇侯:指封了侯爵的神祇。

动二万四千兵,四山云雾齐齐起,玉皇兵马一时齐。暗弓飞火箭,木弩上,九牛弦,黄河千里远,转身打到五斜山。左脚踏开兵司家中户,右脚踏开神仙家中门。抡起兜鍪铁甲带,制出长枪及短枪。师郎击鼓存房院,手上弦弓十万箭。带甲祇候不离身,磨钑刀,佩钑斧。钑刀指开南方二条广大路,奉神朝踏南方路上请神来,老祖天师来下降,拜留兵马在坛场。南方罡堂渐渐了,吾师转面上何方? 吾师转面上西方。

三声角,僻(辟)开西方西洞主,西方西洞上,金神门,金兆二四八。拜动三万六千兵,四山云雾齐齐起,玉皇兵马一时齐。暗弓飞火箭,木弩上,九牛弦,黄河千里远,转身打到五斜山。左脚踏开兵司家中户,右脚踏开神仙家中门。抡起兜鍪铁甲带,制出长枪及短枪。师郎击鼓存房院,手上弦弓十万箭。带甲祇候不离身,磨钑刀,佩钑斧。钑刀指开西方三条广大路,吾从西方路上请神来,老祖天师来下降,拜留兵马在坛场。西方罡堂渐渐了,吾师转面上何方? 吾师转面上北方。

四声角,僻(辟)开北方北洞主,北方北洞上,水神门,水土五三九。拜动四万八千兵,四山云雾齐齐起,玉皇兵马一时齐。暗弓飞火箭,木弩上,九牛弦,黄河千里远,转身打到五斜山。左脚踏开兵司家中户,右脚踏开神仙家中门。抡起兜鍪铁甲带,制出长枪及短枪。师郎击鼓存房院,手上弦弓十万箭。带甲祇候不离身,磨钑刀,佩钑斧。钑刀指开北方四条广大路,吾从北方路上请神来,老祖天师来下降,拜留兵马在坛场。北方罡堂渐渐了,吾师转面上何方? 吾师转面上中央。

五声角,僻(辟)开中央中洞主,中央中洞上,土神门,水土五三九。拜动五万十千兵,四山云雾齐齐起,玉皇兵马一时齐。暗弓飞火箭,木弩上,九牛弦,黄河千里远,转身打到五斜山。左脚踏开兵司家中户,右脚踏开神仙家中门。抡起兜鍪铁甲带,制出长枪及短枪。师郎击鼓存房院,手上弦弓十万箭。带甲祇候不离身,磨钑刀,佩钑斧。钑刀指开中央五条广大路,吾从中央路上请神来,老祖天师来下降,拜留兵马在坛场。中央罡堂渐渐了,吾师转面上何方? 五方开僻(辟)完满,五方开僻(辟)完周。

窃以殿上起长洪(虹),唐帝曾由日月空。河边架行桥,牛郎相会以先师。嘱说梁栋主,那是匠人之规模。如人置之天梯,说神功之造化。所谓金桥者,乃是巫门之方便,僻以祖教之流传,守以迎三界之神祇,可以度法者,诸司兵马,千兵稳过,万马安行。廿四度金桥,许塔(搭)人架。百千万般之变化,指掌中机,上则开以天门,下则僻(辟)以地府。连通人道,装塞鬼路,吐虹霓宵(霄)。令吾水碗之中,现净东方云宵(霄)之上,先起五河四海,后起万道桥梁,铁板压头,金钉上面。再制四畔金桥,垒上完周。行符道,又变以穿山过海,上达仙都,游行平地。且小童子,祖师当坛架到去,本师随手架回来。十代藏神师,十代立神师,随便收邪师,三元教主惟行罡步,便从桥上起光明。须是桥梁早完备,慈生教主再敕四畔金桥。

金风庙里起金桥,宜似长逢(虹)架壁(碧)宵(霄)。良宵清波黄风飘,满座灯光沉里来。祇请神仙离紫府,祇迎圣驾下凡尘。周初三年洪水涨,备无桥道与人行。请得张良来出计,便请鲁班来架桥。两边尽是缅丝木,四畔勾栏架金桥。伏望千兵来拥护,与吾天助架金桥。塔(搭)起金桥通三界,三郎走马上金桥。就以香炉头上磨起双刀,佩起神级,起开五方大路,塔(搭)起一道二道三道金桥,通到阴洲(州)内里,阴赴阴岳,阳起阳岳,请动四山鼓板,鼓板朝踏,塔(搭)起金桥,恭迎圣驾。

架桥诀

先来涌起五河四海,制起川(穿)山毒龙金桥。无桥端,置桥端;无桥柱,置桥柱;无桥梁,置桥梁;无桥板,置桥板。置起天仙金桥,地仙金桥,莲花水上/下金桥,飞云走马金桥,东方东路【金】桥,南方南跸【金】桥,四山王母金桥,黄龙吐水金桥,瞒井上/下金桥,川(穿)山过海金桥。磨桥童子,锁桥老尊,左钉桥梁,右钉桥柱。神过不动,马踏不摇。

请持五龙法水戒净桥梁,飞过毫光坦坦,前照三千,后召(照)八万。

回坛座前请启,天界功曹□云头,地界功曹郑马头,水界功曹张龙头,云中达惘走马三郎,三界直(值)日受使功曹,住堂土地里域政神,功曹常在,使者常存。用阴卦。拜发功曹以起,速去速回。用阳卦,旬出备有水脚信仪钱财,风呈火化。

东方开僻(辟)达青龙,丙丁南方道路通。西方金辛金门上,北方壬癸水星门。中央戊己通三界,金土阴阳降道场。鸣响一声二通声,三界功曹不住停。先请前朝灵显王,后迎三界众神通。当界城隍并社令,暂辞金阙降道场。窃以圣归原路,乘云自在以云头,手执马鞭,变身不离马上。飞云走马到天宫,正直聪明,神威奏事,神通紫府,圣慈难明,圣慈达悃。请圣迎神,备整衣冠。上达云雾,稽首告辞,伏望慎重。

功曹奏事上云梯,走马飞符请圣神。凭仗神威通紫府,身登宝马下凡尘。六曹桉(鞍)上行方便,三界功曹不住停。速忽神仙齐下降,满完又是一番身。

窃以功曹速速去,功曹速速回,不怕山高无路去,不怕水深无路行。山高自有人修路,水深自有度船人。和尚道士唤你三申三奏,吾师唤你一时一刻。唤在本日×日,推请圣府上下神祇……惟神正直,火速奉行。功曹请领文书,再不等船,去者如风,回者如箭。拜上功曹,登云上马,速去速回。

回坛安奉,脱衣完。下就——栏台下马

回坛启手存下正祭××庙主本部大王、合部威灵文武众圣、乃神乃圣乃武乃文,存在灵祠。弟子上坛皈尊证盟,皈动祖师,声声靠我主教,步步靠吾师父灵尊。弟子脱下长生豪光衣服,穿着千兵拥护,解者万将随身。

时在公元一九九七年丁丑岁六月初五日,黄德昌依照黄法茂师傅、依照祖宗黄法明老尊的旧书所笔录《开僻(辟)五方》书一本,留与后代新承袭教弟子便用,希好好收什(拾),字眼不好,休笑元耳。[1]

黄法明的玄孙浅笔德昌

上坝村黄德昌亲笔

后附:

1. 朝踏醮坛祖宗台布置(略)

---

〔1〕　元耳:当为"云尔"。

2. 祖公榜: 现存富川朝东镇塘源村唐克忠家, 由唐应登于清康熙十年(辛亥年, 公元 1671 年)二月初六日抄存。(略)

3. 千家洞流水记(略)

七、栏台下马迎圣科仪

【文献提要】

朝踏科仪抄本。牛皮纸封面, 内用竹纸抄写右侧线装。广西富川瑶族自治县新华乡上坝村黄德昌于 1999 年 12 月依照黄法茂藏本抄录, 黄法茂本来自黄法亮, 黄法亮本系其师任法宝所抄赠。本抄本现藏黄德昌本人处。该本封面与扉页分别自称"正宗弟子"与"梅林正宗弟子"。文中略载请师、藏身、戒净、请光明神拥护师公、差功曹迎神、拜发功曹请八

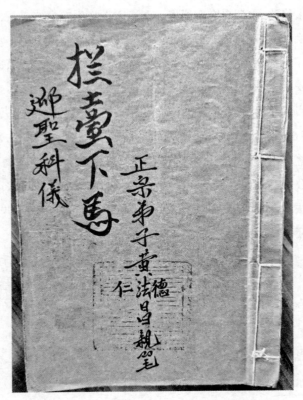

图 8-7 黄德昌抄本《拦(栏)台下马迎圣科仪》

路神、神到说诗、栏台头上迎神安奉、迎神进殿七献酒、宣读疏文、献纸钱、存神、师公脱童,后附交荤诗、送圣诗与法主圣名。文中加朱红句读符号与竖线、折线符号,封面与扉页用方形印章,文中间用"黄德昌"私章。

德

正宗弟子　黄　法　昌　亲笔

仁

拦(栏)台下马

——迎圣科仪

梅林正宗弟子　　　　　黄法昌　笔

拦(栏)台下马

——迎圣科仪

梅林正宗弟子　　　　　黄法昌　抄闻

迎圣科仪

建除满平　定执破危　成收开闭

交荤诗　送圣诗在尾〔1〕

上坛先请师父……,藏身,就戒净,额红。〔2〕

请光明

就以香炉头上,拜发天界功曹,地界功曹,水界功曹,云中达悃走马三郎,三界直(值)日受使功曹,仰仗功曹焚香拜申祈请:天火光明,地火光明,年火光明,月火光明,日火光明,时火光明,光明十七郎,光明十八郎,光明十九郎,左金童,右玉女,正一何侯得道,老祖天师,高明大帝,一同启

---

〔1〕　即文末附有交荤诗与送圣诗。

〔2〕　额红:画在硬纸上的神像,护师郎行法,因裹在额头上,故名,又称"神额"。

399

请,光降来临。请一二遍,迎上,存下。

就跪倒,上额红。

一本额红最奇异,天花时彩白云飞。

五色丹青来装果(裹),盖在巫流头上希。

祖本三师交付我,正在师郎头上存。

朱雀在前玄在后,青龙白虎两边排。

左排玉女金乌照,右有金童玉兔仙。

坛前莫道因缘会,且说尊门往古时。

排起青龙将军,统兵在吾左;白虎将军,统兵在吾右;朱雀将军,统兵在吾前;玄武将军,统兵在吾后,左是金童,右是玉女,豪光荡荡,照见千百里四方。

快板声。窃以装果(裹)童身了,冠带已周完。

鼓乐齐天奏,歌词闹阴阳。

踏诀行罡步,祇后(祇侯)点朝仙。

打鼓弄琵琶,相逢一会家。

行永尊师祖,脚上使添花。

三教同来一等人,三尊衣饭本师希。

千江有水千江月,一同和气一家春。

东海鲤鱼西海龙,北海水底得相逢。

一似龙船随水下,行船专靠把艄公。

右伏以东山鉴下,圣者难通,夜来得梦,今日相逢。文者以文,武者以武。文者天师留教,武者世代流传。

右伏以此木者,此木不是凡人木,正是何侯传世俗。打人人身变,打鬼鬼相扶。一杖上吾身,二杖上光明,三杖吾身变,阴阳两路尽皆通。吾师身上有秒,打出内坛外坛。上元齐祖师,中元齐本师,下元齐三师。参见内坛外坛,内外两行,四方八位。

平声唱,瑶语三杖打得郎身变,得上金桥头上存。

二人抬鼓光明上,坛头点火照毫(豪)光。

一请五龙清净水,身轻口净上天堂。

左手拨开云雾路,右手摇铃请上阳。

一请苏仙刘太尉,跪倒。二请何侯得道郎。

三请西天郎太子,四请都尊梅四娘。

五请上路诸法主,六请都坛廿四双。

三元仙童来引路,光明师主护吾身。

如今得上金桥上,一似云开见太阳。

起身进三步,退三步,铜铃纳在祖师位前,接下牙掌,打变吾身,吾身已毕,头带光明,百无禁忌。朝神会圣师郎,阳魂退在香炉脚,阴魂早早上吾身。良时以(已)到,吉时以(已)来,差起迎神引圣功曹,三天门下恭迎圣驾。向出踏三步罢一转完。

一期诗地户今宵起,神门以打开。来临法界内,此圣下瑶台。差起迎神引圣功曹,三天门下恭迎圣驾。

二期诗。端起满天台,众圣齐到来。为神正直到,上圣且欢怀。

三期诗。坛宜谨修尽安排,三郎走马请神来。三界功曹传□奏,巫流请圣下瑶台。

就跪倒请圣。

就香炉头上,拜发天界功曹,地界功曹,水界功曹,三界直(值)日受使功曹,云中达悃走马三郎。仰仗功曹焚香拜申启请:正祭水口庙主本部大王,庙堂土地,掌愿三司,把簿判官,左宫夫人,右宫夫人,后宫灵济得到(道)二位夫人,前代开庙师主,后代立庙老尊,前代神长,后代神老,开基立庙有感神王,一同启请光降来临。

仰仗功曹焚香拜申启请,启请敕赐云溪朝显助国仁王,随来庙主,黄祖白公,出兵入兵排兵统兵毛巡检,部兵杨爷大将,左衙陈相公,右衙黎相公,仁王部下列位威兵,白马相公虎大王,虎将军,县主城隍清政之神,鲁川源主感应石将军,清洲(州)玉府社令盟君,雨王圣相风伯雨师,敕封田仙姑、黄仙娘,西方感应白龙相公,左殿郎君,右殿小娘,云雷雨部,风雨雷王三相,敕封圣妃白鹤仙人,一同启请光降来临。

401

仰仗功曹焚香拜申启请,启请南角得到(道)显应沈公八八郎,傍山长老川岩川石将军,随来护教驾列位威兵,一同启请光降来临。

仰仗功【曹焚香拜申启请】,启请盖天高祖,国王父母,开天盘古,五谷农婆,前朝国主,轩辕黄帝,伏羲神农,三楼圣母,五通贤圣,灌口二郎,五岳四渎,名山大川,扶灵筐竹,十二朝郎,尧君舜帝,忠臣烈士,唐朝德(得)道景武尊王,敕封南岳忠靖尊王,敕封长标李圣尊王,敕封本洲(州)惠灵太尉相公,显烈武当,广福冥王,一同启请光降来临。

仰仗功曹【焚香拜申启请】,启请十二罗娘姐妹,引踏先师,引踏仙娘,玉封金仙娘,扬马、邓马二将,谢氏夫人,禾花姐妹,九江龙母,五海龙王,龙宫水府,行雨先师,先天盘古,龙身五帝,一同启请光降来临。

仰仗功曹焚香拜申启【请】,启请阳间宫庙,祀典王侯,七州洞府,八所游神,前代庙主,后代庙管,正祭水口庙主本部大王,正祭矮山庙主本部大王,系祭高山庙主本部大王,系祭水边庙主本部大王,系祭圳口庙主本部大王,系祭长塘、老婆二庙本部大王,轸近麻川庙主本部大王,轸近龙兴庙主本部大王,轸近皇莲庙主本部大王,轸近相丝庙主本部大王,轸近水头庙主本部大王,轸近仙姑庙主本部大王,轸近川山庙主本部大王,轸近七香庙主本部大王,轸近源头、界头二庙本部大王,上下洞管五十四庙,男官女圣,上下寺观,真官土地,一同启请光降来临。

启请各家先祖,男女众魂,随行香火,文武高真,坝塘、圳塘水脉龙神,各处耕种生理田园土地,相公手下五寨阴兵,八万强兵,十万猛将,当年上水五帝龙王,当坊迎风接雨先师,祈风祷雨老尊,当坊当地显化灵尊,一同启请光降来临。

仰仗功曹焚香拜伸(申)启请,【启请】昊天金阙玉皇上帝,天地水府三官大帝,中天星主北极紫微大帝,周天星主万相星君,四山坛主,五岭七姓都头,当年太岁致福尊君,弟子各职带来随师护教众代老尊,五门司主,十道猖兵,是日许愿童子,立/申/答愿老尊,是日有请合会圣贤,一同启请光降来临。

连请三遍,【若来了】,就起身说诗曰——

三迎三请列伦伦,诸位神明下降临。

乃神乃圣飞符请,飞符落地报阴阳。

再三请,再三请,弟子巫流迎请圣,巫流请圣下瑶台。请神三转,有眼未见神到;请圣三遍,有耳未闻圣来。请神神光降,请圣圣来临。用阴卦差起迎神引圣功曹,三天门下恭迎圣驾。左转三转,右转三转,完。就说迎圣诗——

敕封下马赴天宫,众圣虔诚接相公。

惟愿众神齐下马,香花迎上众神通。

差起迎神引圣功曹,三天门下恭迎圣驾,左转一转,又诗曰:

三迎三请列高强,世上留名各共同。

千里万神归宝殿,马头接下众神通。

差起迎神引圣功曹,三天门下恭迎圣驾,右转一转,又诗曰——

笙簧未振动,法鼓四方开。

上神通此(紫)府,下托把神恩。

差起迎神引圣功曹,三天门下恭迎圣驾,左转一转,又诗曰——

方圆祭户庆秋成,万古声声贺太平。

换齐撑船摇动鼓,祗迎圣驾下鸾车。

差起迎神引圣功曹,三天门下恭迎圣驾,右转一转,又诗曰——

白旗绕绕秀仙峰,率土居依满地红。

山川土地祗迎圣,众圣虔诚接相公。

走马乘云通紫府,乘云走马下天庭。

差起迎神……,左转一转,完。

就迎上,照前圣名一二迎上,三其鼓板安奉,拦(栏)台头上,启拜,存下。

众神众圣存在拦(栏)台,下车下马,男神到来,接下抢刀利器,女圣到来,接下行游伞把、各扮梳妆,交付庙门土地,三司跟管。另差明亮师郎,吹唱梅花歌令,就唱令,唱令完,烧纸献上完,祈阴卦,就迎上殿。

众圣有车退车,有马退马,有轿退轿,上赴高楼大殿,奉安宝座。照前圣名迎上,唱下马诗,一二迎上完,存下,三其武鼓安奉,启拜,上香完。就斟七献酒,请圣在座,未敢空迎,虔将禄酒开壶上献,就唱劝酒诗——

下马初杯谁阴来,诸神诸圣得天台。

口喝杯中无数饮,劝君把盏笑颜开。

高行低座纳受初巡、二巡诗,酒有二献——

二巡二盏劝神明,手把银瓶满位斟。

惟愿壶瓶载老酒,手拿金盏到垂莲。

高行低座纳受三(二)巡、三巡诗,酒有三献——

三巡三盏劝神仙,奉劝诸神满位斟。

惟愿众神亲受领,回瓶四盏又来斟。

高行低座纳受三巡、四巡诗,酒有四献——

四筵设席好安排,座上诸神纳受来。

有酒得逢欢怀饮,得欢怀处且欢怀。

高行低座纳四初巡、五巡诗,酒有五献——

五巡五盏劝神仙,劝奉诸神纳受杯。

青衣金童来把盏,今将玉女奉金杯。

高行低座纳受五巡、六巡诗,酒有六巡(献)——

杜康造酒古今传,前筵过了又刘怜(伶)。

相逢不饮空归去,洞口桃花也笑人。

高行低座纳受六巡,酒有七巡,七巡诗——

七巡酒过劝仙家,正是桃源二月花。

再盏劝奉诸神圣,恰如王母对仙家。

七巡酒完,踏一朝[1]平鼓,一起鼓板,板板朝踏,踏上五巡七盏,六巡酒杯,阴喜阳欢,阴欢阳乐,踏鼓完。

就照前圣名献上酒完。宣疏文投词——

奉行太上正一何侯遗教佩奉三元秘箓……本坛今据

---

[1] 一朝:一遍。

中华人民共和国·······························居住　奉

回坛办有一会办有安奉信财当在庙主位前用凭火化上来炉中请
起火……

照前圣名献上钱纸完。就退班,脱衣,完。存下。

千里神,过后世,花开花上树。花开上元开,神仙高位座(坐)。自有
神仙降道场,上时不敢,下时来临。将军不下马,各自望前程。打退光明,
百无禁忌。朝神会圣师郎,阴魂退回香炉脚,阳魂速速上吾身。各有旗
头,各有旗号。回坛起手存下。正祭×庙主本部大王,仁王尊王,敕封合部
威灵,文武圣众,诸神诸圣,乃文乃武,存在灵祠,安登宝座。弟子上坛,皈
尊证盟。皈动祖师,恭迎圣驾,已竟完盟。手无罡堂,脚无指诀,声声靠吾
祖教,步步靠我师父灵尊。弟子脱下长生毫(豪)光衣服,穿者千兵拥护,
解者万将随身,穿者吉,解者利。回坛存祖师,存本师,存三师,存在灵祠,
主盟另行法事。　　已毕。

时在一九九九年辛未岁十二月廿六日,依照任法宝抄《迎圣科》,付与
法男黄法亮承用,儿孙又依照黄法茂承用时笔录下来自使用。字眼不正,
希高师在庙堂会中改正而行,休笑休笑。

笔录人上坝黄德昌亲笔

交荤诗

铃鼓敲三声,笙旗绕绕红。巫流三召请,前筵过了荤筵来。

天门地户开,万里圣人来。功曹迎请圣,使者请回来。

惟神正直到,聪明三界同皆通。取得天廷为日月,南北二斗尽闻声。

送圣诗

上亦周时下也周,日头落岭圣难留。三百贯钱买根竹,拿去西天撑
日头。

众圣/信士今日无酬谢,往空拜送谢洪恩。相逢不饮空归去,洞口桃
园(源)出笑人。

满筵绿酒送高真,献上座前诸圣贤。来时香水也难留,想来圣驾亦难留。

众圣/信士今日无了事,众神勒马且回头。

法主圣名

玉清圣境元始天尊,上清真境道德天尊,三清□境三宝天尊,道佛儒宗三教无上高真,左坛法主龙树祖师,右坛法主北方真武,中坛法主秽迹火轮金刚教主,法主师真圣众,法主万法祖师太上老君,法主何侯得道仙君,法主上座统兵苏仙刘公元帅,中座统兵李十五郎,下座统兵驴(闾)山大判兵管九郎,法主都尊梅十四娘,法主五方五帝延生兵马,法主大罗王母七十二度金姐妹,法主上仙驾魂杨十九郎,法主都尊廿<十>四娘,法主梅山十洞万灵诸阶兵将,法主符法箓中官军将史,法主一百一十阶、二百二十阶、三百六十四阶兵将,洪廿四名兵头教主,三十六名仙师,开山演教历代宗师,九洲(州)前传后度法派宗师,本君殿上三十三代、七世八代显化灵尊,一同启请光降来临。

一杯酒奉劝,无果谢洪恩。众信虔心意,满座劝初巡。二杯酒奉劝,回手莫辞并。人情非不降,万万众阴神。三杯酒奉劝,银壶满座斟。劝奉诸神圣,金盏到(倒)垂莲。四杯酒奉劝,人心似难尽。杜康以造酒,仙圣醉流连。

五台山上三元门外王子桥头正度道师黄法辉吹来陈际达,戒箓师爷黄法强吹来黄法德、黄法呈,标魂师爷黄法强吹来黄法富、黄法乾,引度师爷莫法辉吹来莫日新、莫日昌,正度师爷莫法辉吹来莫法国、莫法政,左阶师爷莫法辉吹来莫法秋、莫□荣,右阶师爷黄法强吹来黄法念、黄法锦,同坛师爷莫能辉吹来莫法春,保举师爷黄仁强吹来黄道书,前吹后度仁义宗亲。

八、前召后请科仪

【文献提要】

朝踏科仪抄本。牛皮纸封面,内用竹纸抄写右侧线装。广西富川瑶族自治县新华乡上坝村黄德昌于 1999 年 8 月从斗米岗马面山莫法辉本抄录,莫法辉本来自虎马岭黄法强,黄法强本当来自沈法坤,沈法坤本由其师黄法成传与。该抄本现藏黄德昌本人处。封面自称"袭教弟子"。内载上坛封邪、请师、迎上、存下、戒净、齐兵、关兵、置桥、置五花园、召兵、统兵、安兵等前召科仪仪节，以及请神诗三首、拜发功曹请神、说下马诗五首、迎上、存下、启拜、上香、斟酒、唱下马初杯、献上圣、宣疏、烧安奉纸、赏兵等后请科仪仪节。文中加朱红句读符号与竖线、折线符号，封面用方形印章，文中间用"黄德昌"私章。

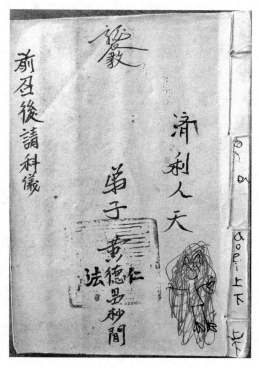

图8-8　黄德昌抄本《前召后请科仪》

济利人天

仁

袭教　弟子黄　德　昌　抄闻

法

前召后请科仪

为患齐兵

为病(患)召兵用此头,至发起时辰,去召请三天门下召回兵,左手抛铜鼓,右手发明时。就入书,照依前语召兵。

亦面织罗歌韵起,竖心青字唱归情。茶鉎无脚专投叩,祗侯梅山诸位兵。

着破草鞋日出产,岭头无雨唱归情。华盖生来郎命大,八字连丘宜奉郎。

当初不是郎情愿,胎中度到命生成。远年绿(缘)昼(画)兵神相,开光[1]侍奉在高厅。

侍奉兵司安镇宅,合家人口得安宁。曰着驱邪一启事,一似雷公下天鸣。

因为行兵去救病,连成门下打仇兵。撞着阴兵行恶意,将兵押在五花园。

家徒坎河(坷)多凶祸,魂童传报打仇兵。今日投仙占报出,兵马逍遥不在家。

是日虔诚专召请,三天门下召兵归。鸣铙召角三迎请,五色花旗常在厅。

倒掘猪蹄便起脚,将军上马赶前程。良时到吉时到,三天门下召回兵。

左手抛铜鼓,右手发神兵。发启功曹去召请,召请东方青帝兵。

用此头起,入书前召后请

宜州番出阳州界,阳州市下置刀枪。置出长枪白如雪,置出短枪白如霜。

宜州番出阳州界,阳州市下置刀枪。玉皇殿前关出盔甲使,步步排兵

---

〔1〕 开光:又称"点光""开佛眼"。神像制作竣工后要举行开光仪式,使其具有神性与法力。

出产前。

不知关来何处用,披在师郎身上存。宜州搬出阳州界,阳州市下置刀枪。

玉皇殿前关出火炮使,弯弓木弩使,步步排兵出产前,不知关来何处用,

将来射破五花园,五花园内好召兵。

前召后请,上坛封□,请师父来迎上,存下,戒净身前身后,济(齐)兵,关兵。就置桥,置五花园。

置　桥

枪开桥头一路,枪开桥尾一路,置起。无桥端,置桥端,无桥柱,置桥柱,无桥板,置桥板,无桥梁,置桥梁。置起天仙金桥、地仙金桥、水仙金桥、须眉金桥、白虎金桥、朱雀金桥、青兵金桥、洪坛金桥、金龟金桥、王母金桥、氤界金桥、统兵进马金桥、七星金桥、法主金桥、五帝金桥、长生护命金桥、莲花水上金桥、莲花水下金桥、飞云走马金桥、黄龙吐水金桥、山川毒龙金桥、瞒井上金桥、瞒井下金桥。左手搭金桥,右手搭阳桥,磨桥童子,钉桥老尊,锁(左)钉桥梁,右钉桥柱,神过不动,马踏不移。请出五龙法水下来戒净,戒净桥梁头上。前召三千,后召八万。不许隔兵拆将,不许隔马塞行。完。

置五花园

开旗关弯弓木弩射五花园,就召兵。

亦篾织罗歌韵起,竖心青家唱归情。慢打琵琶细拍板,玉炉头上领明烟。

茶銍无脚专祇候,专心侍候众神兵。拷破唇皮通口状,通头口状众神兵。

远年许下平安愿,铁家原来申/答愿心。拾六拾连炉法友,齐齐侍奉众神兵。

八日八仙来聚会,两□侍钱得合同。启建道场丹法事,一只云开见

太阳。

上龙唱歌下龙接,法友齐齐朝乐兵。师爷岭倒头拍板,小师岭下接歌巡。

远年许下平安愿,梅山殿下镇邪神。合侍兵司年月久,锄地修栏得到兵。

大担清油挑下岭,挑下平地放欢心。良年利月朝兵会,黄道吉良朝会兵。

受领奉兵书状请,功曹走入请神兵。千兵万马梅山殿,千兵万马到郎厅。

鸣铙动鼓阶前召,一心召请众神兵。屋头水滴的了的,锄地修栏得到头。

发起时辰去召请,三天门下召回兵。

左手抛铜鼓,右手发时辰。

发起时辰去召请,召请东方青帝兵。打从青云头上过,青云脚下万千兵。

立日跳心专志意,千兵万马到郎厅。桥上通兵亦通马,桥下通兵亦通船。

喽味哩 喽味哩 喽味哩。安奉东方兵。

担铁入炉安帖圣,日头出岭座归东。焚香白米街(阶)前召,鸣铙召角鼓层层。

千兵万马无(鱼)鳞仂,[1]座(坐)得东方不处空。兵司到归位上座(坐),一似文星对武星。

岭上烧威有显化,强如猛虎对雷公。受领平元郎因果,存留洪福在郎厅。

石字过头着保佑,时时感应不时空。便保合家人吉庆,大门插竹任

---

〔1〕 鱼鳞仂:像鱼鳞一样紧密排列。

青春。

得降回归位上座，别有神仙出座厅。一神过了一神到，前神过了后神来。

左手抛铜鼓，右手发时辰。

发起时辰去召请，召请南方赤帝兵。打从赤云头上过，赤云头上万千兵。

将军头戴赤油笠，身着赤衣赤领衫。南路执探来路远，细纱率土上郎厅。

排兵即即枪枪到，统兵归殿领香烟。

转声，桥上统兵，安南方兵。

马上插刀安托剑，寒天酿酒着安存。安奉兵司位上座（坐），潘风不雨唱归愁。

笔界封抡有显化，统齐兵马座归南。铁尺界封提令重，砍倒桑榴放火烧。

兵司常护郎保佑，称挂鱼鳞好吉星。立人口状匡保佑，保郎法艺任聪明。

曰着驱瘟一般事，一声雷公天下鸣。百事人财常吉庆，万里山崩得太平。

是男是女身清吉，福入郎门祸不成。子字除腰保得了，安神位上领明香。

满日唱歌神欢乐，别有神仙出座厅。

左手抛铜鼓，右手发时辰。

发起时辰去召请，召请西方白帝兵。言边青字番郎请，正请西方白帝兵。

隔夜受着郎书请，启请下马到郎厅。礼合不当来起动，送头洪福在郎厅。

太阳接茶许下愿，今宵申/答愿众神兵。鸣铜召角三迎请，正请厅上领明香。

竹节写书神正请,千兵万马到郎厅。本日不来还亦得,无人统押众神兵。

　　　　转声,桥上统兵,安西方兵。

担铁入炉安帖圣,寒天酿酒着安存。安奉兵司位上座,日头落岭座归西。

鸣铙召角阶前召,须交兵马一时齐。千兵万马鱼鳞仂,庭前锁石磊成泥。

眉上装刀亲眼见,倒斩禾头拍拍齐。岭上承云有显化,驱瘟治病灭邪神。

召归兵司何处用,召回兵司护郎身。奉兵有事呼名姓,千兵万马护郎身。

石字过头来保佑,合家安乐不忧愁。老者得依彭祖寿,小二王母并齐春。

拾子百般保得了,别有神仙出座前。得降回归位上座,火边西土领明烟。

一神过了一神到,前神过了后神来。北方兵司的了的,锄地修栏得到兵。

　　　　左手抛铜鼓,右手发时辰。

发起时辰去召请,召请北方黑帝兵。北方黑云黑帝兵,身骑黑马到郎乡。

打从黑云头上过,黑云脚下万千兵。拣选良年日子吉,今宵申/答愿众神兵。

今日申/答愿解兵司愿,玉历钩(勾)销申/答愿心。礼合不当来起动,送头洪福谢郎男。昨夜受着郎书请,正来厅上受明香。

　　　　【转声,桥上统兵,安北方兵】

　　　　　　　……

　　　　【左手抛铜鼓,右手发时辰】

发起时辰去召请,召请中央黄帝兵。门前香火气烟烟,不知福主请何神。

召请中央黄帝兵,黄云脚下万千兵。将军头戴黄油笠,身骑白马走黄兵。

鸣铙召角三迎请,统兵归殿受香花。竹节写书神易请,正来厅上受香烟。

水催竹筒齐齐到,统兵归殿在郎厅。远定不来迎定远,驴呐马叫地父惊。

水圳水流都齐整,千兵万马到郎厅。

　　　　　转声,桥上统兵,安中央黄帝兵。

担铁入炉安帖圣,寒天酿酒着安存。召归兵司归正位,川心口字座归中。

巫师发今阶前召,千兵万马在天中。一手入门归正位,司空敕令在天中。

统齐兵马梅山殿,五月插田行对行。立字立人神出位,一似赎星对月良。

王字点头大作主,主张法事永兴隆。剑土肥葱伏侍久,侍奉兵司年月长。

感应人天常拥护,水现符灵法艺强。归兵常护郎家宅,合家人口得平安。

水洞水流全无浊,善田热母不灾烛。禄马高强人吉庆,常常招吉不招凶。

百事营谋多通达,赛过日前富石崇。得降回归位上座(坐),日头无字领明香。

一神过了一神到,前神过了后神来。

　　　　　左手抛铜鼓,右手发时辰。

发起时辰去召请,召请前传后度兵。雨落阶前的了的,锄地修栏得到兵。

召请前传后便度,阴阳二教降来临。召请黄君殿上尊,召请沈君殿上尊。

召请陈君殿上尊,召请任君殿上尊。召请廖君殿上尊,前传后度降来临。

听闻铙鼓阶前召,历代祖师降来临。

转声,桥上统兵,安祖师。德昌抄

祖司师祖司师,寒天酿酒着安存。安奉兵司位上座(坐),火边西土领明烟。

有人请我去做师,无人请我屋缚衣。岭上烧灰有显化,统兵归殿护香坛。

出门呼唤郎名姓,常在青龙背上行。东边亦有人来请,西边亦有马来迎。

上村人请去救病,下村人请去送神。急水滩头走不办(动),百家门下走忙忙。

曰着三春去救病,雨落菜头心便生。今日出门空手去,夜里归家大胆归。

猪蹄担来当挂门,鸡腿把来当鼓槌。笔界封仓有感应,九人救得十人生。

牙盘食肉吃不了,师婆吃得阶生罗。门空出瓦专投叩,统齐兵马护香坛。

子字除腰降驾了,神兵归殿座香坛。

转声,桥上统兵,召五门兵。

一神过了一神到,前神过了后神来。发起时辰去召请,召请五门十道兵。

左手抛铜鼓,右手发时辰。

发起时辰去召请,召请下部五门十道兵。召请东门陈屋子,召请南门何五倡(猖)。西门五倡(猖)齐齐到,亦召北门雷五倡(猖)。召请中门黄屋子,中央有个是黄倡(猖)。五门五倡(猖)齐齐到,披头散发五倡(猖)郎。顺行逆行五倡(猖)到,收瘟斩鬼五倡(猖)郎。召梯山上五倡(猖)

到,召梯山下五倡(猖)郎。防身护命五倡(猖)到,齐来郎屋受明香。送般打醮五倡(猖)到,斩鸡食血五倡(猖)郎。大番小番五倡(猖)到,除神破庙五倡(猖)郎。七十二倡(猖)倡(猖)兵齐齐到,尺来郎屋受明香。前门亦请杨都篆,后门亦请马都伤。礼合不当来起动,无人统押众神兵。一召还云风送雨,二召还云雨送风。排兵节节枪枪到,护取平元奉篆人。

转声:桥上统兵,安五门兵。　　(瑞雄)

马上插刀安托剑,安奉五郎归座坛。行罡步诀阶前召,倡(猖)兵齐齐气争争。

番郎铜鼓声声召,十道倡(猖)兵倒逆行。天师设立梅山殿,法主差郎锁下坛。

安奉东门东殿主,安奉南门南五倡(猖)。安奉西门西殿主,安奉北门雷五倡(猖)。

安奉中门中殿主,十道倡(猖)兵归本坛。十道倡(猖)兵归殿主,护助平元奉篆人。

桥上统兵,安众兵歌。

慢打琵琶细拍板,两边唱尽乱(浪)淘沙。兵司到归位上座(坐),玉炉烧发好明香。

今日午时归状请,阳州市上拣天兵。当初许愿言边午,如今申/答愿酉边还。

转头衣烂从谋久,锄地修栏得到兵。今宵申/答愿平安愿,得头平地放宽心。

庶中脚下走一耳,强如内月不云遮。田家绕丝好仔细,却似月良对赎星。

兵司到归位上座(坐),强如箫管对琵琶。郎字送衣处字下,儿孙立两如好爷。

蛇字结虫相并立,笔头赞纸走蛇游。草字送衣乖字下,奉兵富贵定荣华。

眉上装刀亲眼见，座头点火月良明。火烧牛头保手艺，一声雷公天下鸣。

子字隆胸申/答愿了，秤字除禾得太平。洞上开田郎作福，万字代刀福字成。

六种丰盈皆大吉，田蚕牛马百般成。收到官灾并口舌，不愿小事上郎门。

火殃盗贼皆除散，永世不来宅下巡。祸因恶积归空界，福缘善庆保千祥。

三两小系多娱乐，太平年月唱歌声。新屋钉多老鬼怪，蛟龙无脚滑头精。

楼头放托旺丹上，正是神仙来上车。日字常希生上立，弟子今宵过吉星。

说不尽金刚叩力，庙堂打鼓叩神明。后过牡丹好食色，买船过海任风流。

前召完，就后请。

神绕绕绕神来，遥（摇）尧（摇）摆摆上金阶。地户今宵起，家门以大开。

来临法界内，此旺（时）降香坛。

又一其

端起满天台，众圣齐到来。惟神正直到，上圣且欢怀。

又一其

坛宜谨修尽安排，三郎走马请神来。三界功曹传拜请，巫流请圣下瑶台。

就跪倒，请圣三遍，就起身。

就以香炉头上，拜发天界功曹、地界功曹、水界功曹、三界直（值）日受使功曹，仰仗功曹，焚香拜香启请：昊天金阙玉皇上帝，教主老祖天师高明大帝，教主何侯得道真君，万法祖师太上老君，教主北帝伏魔真君，教主梅山三十六教祖师，法主苏仙刘公元帅，法主大罗王母七十二度金桥姐

416

妹,法主北方真武玄天上帝,法主北岭殿上李广将军,法主西川灌口二郎,法主驴(闾)山大判兵管九郎,法主三元唐葛周三将军,法主八万斩邪陈十四郎,法主五百状(伏)瘟陈十五郎,法主岭南教主李十五郎,淮南教主刘十五郎,法主阴阳总管太郎相公,法主符法篆中官军将使,法主酆都殿内五部加持,法主上仙驾魂杨十九郎,法主都尊梅十四娘,法主上路天仙兵,中路地仙兵,下路水仙兵,法主上中下三路诸阶兵将,法主龙虎山中天神帅将,法主五方五帝延生兵众,法主开山演教历代宗师,法主梅山十洞三府四界万灵仙兵,九州传度法派宗师,下坛五门番解十道猖兵,法主道佛儒宗三教无上高贞(真),各职代(带)来随师护教众代老尊,一同启请,下赴来临。

再仗功曹,焚香拜申启请:三元门下引奏仙官,玉清圣境元始天尊,上清仙境灵宝天尊,太清真境道德天尊,中天星主北极紫微大帝,周天星主万相星君,合家大小当生本命元辰星君,东阳本限清神大道,五方金木水火土星君,上时托生花琳(林)父母,一同启请,下赴来临。

再仗功曹,焚香拜伸(申)启请:盖天高祖国王父母,开天盘古五谷农婆,前朝国王轩辕皇帝,天地水府三官大帝,扶灵匡竹十二朝郎,敕封本县城隍清政之神,五岳四渎名山大川,敕封南岳忠靖尊王,敕封云溪朝显仁王,随来庙主黄祖白公,白马相公虎大王、虎将军,清州玉府社令盟君,天曹行雨白龙相公,九江龙母五海龙王,云雷雨部风王三相,西川灌口二郎,敕封淮南得道刘、莫二位仙娘,七州洞府八所(厅)游神,十二罗娘姐妹,引踏先师,阳间宫庙祀典王侯,正祭水口、水川、白马、魏山、宏灵五庙本部大王,上、下总管五十四庙男官女圣,有感神通本音××黄氏门中心祖男女众魂,九玄七祖父母家先,上祖、中祖、下祖前亡后化五福宗亲,前后二门香火,九天定福司命灶君,家奉三教文武高真,家堂土地福德正神,前后二门香火,门首三司,护财、把财土府九垒甄皇大帝,五方五帝旺宅龙神,田园土地生理之神,当年太岁致福真君,往来门下一切时流,乌旗队下八万强兵、十万猛将,四山坛主,五岭七姓都头,合家香火文武高真,五方冤家百口大神,众神诸圣,三界直(值)日受使功曹,一同关请,光降来临。

起身，就设下马诗。

敕封下马赴天宫，弟子虔诚接相公。惟愿众神齐下马，香花迎圣众神通。

又一其

三迎三请列高强，世上留名各共同。千里万神归宝殿，马头接下众神通。

又一其

三皇未惊动，法鼓四山开。上神通此（紫）府，下拖（托）把神恩。

又一其

凡人祭户庆秋成，万古声声贺太平。唤齐撑船摇动鼓，祇迎圣驾下鸾车。

又一其

白旗绕绕透仙峰，率土衣冠满地洪（红）。山川土地祇迎请，弟子虔诚接相公。

走马乘云通此（紫）府，乘云走马到天宫。

诗完，就迎上、存下。

启拜、上香、斟酒，就唱下马初杯，完。

献上圣，就宣疏，完。

就烧安奉纸，方可发马科，变马粮，赏兵用鸡一只，米赏完，在（再）烧纸，存下圣，退班脱衣。完。

时在公元一九九九年己卯岁八月廿三日晚两点多时分，誊抄《前召后请科仪》。是依莫师父法辉照老师父黄法成传与沈法坤，后又虎马岭黄法强传与斗米岗马面山莫家法辉，又传与上坝村师弟黄德昌笔录。因水平有限，在书中难免多疋少画，希高师们在法筵会中改正而已。字眼不正，休笑，休笑元耳。

誊抄人上坝德昌亲笔

418

九、引尊科

【文献提要】

朝踏与新宅安谢龙神、传度篆朝兵、朝乐三娘兵科仪同用抄本。牛皮纸封面，内用竹纸抄写右侧线装。广西富川瑶族自治县新华乡上坝村黄德昌于 1984 年 9 月依照虎马岭标魂师黄仁强本抄录。该抄本现藏黄德昌本人处。封面与扉页分别自称"正宗弟子"与"袭教弟子"。文内载上坛请师父、戒净身前身后、请神、迎上、存下、起拜、斟酒、宣投词、烧安奉纸、分别赞咏、赏将赏兵，请九郎、东君、众师申/勾愿、献酒、送师送神，烧安奉纸等仪节。文中加朱红句读符号与竖线、折线符号，封面与扉页用方形印章，文中间用"黄德昌"私章。

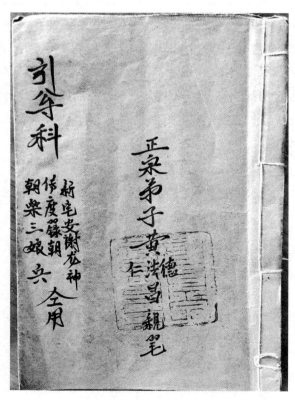

图 8-9　黄德昌抄本《引尊科》

德

正宗弟子　黄 法 昌　亲笔

仁

引尊科新宅安谢龙神、传度篆朝兵、朝乐三娘兵　同用

袭教弟子　　　　黄法昌　亲笔

引尊科新宅安谢龙神、传度篆朝兵、朝乐三娘兵　同用

上坛请师父　戒净身前身后

启请三元门下引奏仙官,三元门下进奏仙官,侍香侍花金童玉女,法
<法>主万法祖师太上老君,法主天师高明大帝,法主北方真武玄天上帝,
法主何侯得道真君,法主苏仙刘公元帅,法主司空刘十四郎,法主北岭
<殿>殿上李广将军,法主西川灌口二郎,法主九郎手下五方圣者,高望使、
底望使、近探远探使、上阶唱道使、凉伞挂衣使、水盆校椅使、肃声靖阶使、
左右马头使、醉酒乱阶使、赌钱贯博使、铙钹使、铜鼓使、啰叭使、铎锣使、
驴(间)山大判兵官九郎,一同起请,光降来临。迎上,存下,起拜,斟酒,宣
投词,烧安奉纸。

三元门下引进仙官

引进仙官执玉简,引出大罗天上光。

法乐诸神离紫府,五龙车马赴厅堂。

三元门下进奏仙官

进奏仙官亲下位,进奏文疏达天宫。

修田作福通天道,保扶信士任安康。

侍香侍花金童玉女

侍香侍花光下降,宝鸭不离郎手中。

若遇帝君亲赴会,香烟随路引神通。

献花玉女亲下降,宝瓶插出好花相。

下界凡人作好事,奇花异果献仙娘。

420

法主万法祖师太上老君

伏以霜发皓白,怀母胎中,八十一春,霞眼思心,去明扶人,百千万劫法主,流传万法,位列太清,永为道德之尊,始演虚无之教。道门之祖,巫门之宗。今宵法会,仰望证盟,恭对坛前,同声赞咏:

稽首太上万法祖,巍巍造化妙无方。

仙衣不烂红霞色,御相庄严白雪光。

道德宝经传秘篆,太清仙境异寻常。

今宵祈福修清供,仰望空中为主张。

法主天师高明大帝府座行衙

伏以身披霞服,顶戴仙冠,神钺霜明,斩截邪魔皆绝迹,宝盂水满,荡除<触>妖魔,气悉皆藏,刑为天下之宗师,做道中之教主。今宵法会,仰作证盟,恭对坛前,同声赞咏:

都尊至尊功德大,巍巍为有汉天师。

鹤鸣山下遇初皆,三五都功显此时。

烧丹炼药龙虎洞,敕符造箓永行持。

今宵府座临歌会,愿降天恩作大悲。

法主真武玄天上帝府座证盟

伏以头披箓发,身挂皂袍,挥三尺之神钺,斩除妖精,现一蓬之心印,降服邪魔,龙凤为衣,鼋蛇捧是。斯宵胜会,仰座(作)证盟,恭对坛前,同声赞咏:

仰叩玄天大法主,北方壬癸大慈悲。

玄坛造福威灵现,地转天开归寸君。

治世福神谁不敬,普天之下总皈依。

今宵府座临歌会,愿降天恩作证盟。

法主何侯得道真君

伏以头带(戴)三清冠,身披霞绵服,挥三尺之龙泉,斩妖绝精<祟>,行一念以度人,救生拔命,全家脱俗,昊天踪迹,九嶷山上,为千载之宗师,主万年之香火。斯宵法会,恭对坛前,同声赞咏:

九嶷山上礼真皇,大(太)宰何侯得道王。

唐室开基三百口,留名万代永传杨(扬)。

功曹行满天书降,脱俗披霞上紫坛。

是夜巫流申召请,暂辞金阙到坛前。

法主上阳刘公元帅

伏以负笈寻师,千里而来,以南岭分环,受法众都尊,原出于梅山。恭维都衙刘太尉,德合乾坤,名高嵩岳,以逞威灵,降龙伏虎,降驾则跨马腾云,走印飞符,呼风吸雨,或上刀梯火盆,或烧油鑖布气,降神走罡踏诀,手把降魔七星钑,脚踏魁星八卦宫,辅政驱邪,匡人利物,上应三十二真气,下游七十二山,显现神通,封为教主。斯宵胜会,仰座临坛,同声赞咏:

水推竹头老祖教,叶落半天名上扬。

曾闻使者行书请,寻路结交来座坛。

法主师宫刘十四郎

伏以圣本武王居住,寻游四海之滨,法从梅山殿上传来,护教普天之下,一神威猛之勇,法艺精强,法旗、枪牌、阵牌甲纷纷,旗抢即即,开坛点度,护衙香坛,利济人天。主盟教主信士投诚恭维下拜:

王字点头名法主,安居正位是司宫。

是夜虔诚专拜请,主张法事永兴隆。

法主北岭殿上李广将军

伏以当初三十六人,共入梅山学法,后封二十四名兵头,国京朝阙,教有酆都尊主,得辅殿亦都衙。恭惟上殿大将军,敕封都大元帅,三化金身,亦作百年计较,能降多少妖魔。最为甚,其掯能为速行,起罡大蛇山中,走到行起罡诀,老鸦天上飞来,呼风则风神速到,遣雷则雷霆霹雳。或在道,天蓬元帅;或在佛国,秽迹金刚;或在巫门,上殿大将军。辅政驱邪,匡人利物。斯宵滕(胜)会,仰座临坛,同声赞咏:

北岭将军三化身,统齐万将及千兵。

匡人利物魁罡斗,是夜登坛福主人。

法主西川灌口二郎

伏以西川灌口救庙食拎,其方南膳(赡)部洲,尊巫流于正教。皈依者,福生无量;恭敬者,罪灭河沙。西川灌口清凉真君,红霓灌激宇宙,横凶精神,岳渎之灵,威猛雷霆之怒,恩沾北阙,庙立灌洲,福酉之建,群生统征之一路。五十四军州,人人祭祀;三百六十日,虔虔皈依。百五阙佛,有千百亿化身;人道我头,三十二变相。乃神乃圣,乃武乃文。接草量天,朝走趋王之宝殿;担山赶日,遨游王母之仙官。日服灵丹,时食鲜果。昔受玉皇之诏命,又蒙许圣之论言。报道领以离灌口,收擒妖魔。勿令作孽于水中,途取具是,长存以掌之上。斯宵胜会,仰府临坛,同声赞咏:

郎是西川灌口圣,铁□山下捉蛟龙。

向日留名希世上,巫门香殿作巫童。

九郎手下五方圣者

东方圣者张元伯,南方圣【者】刘元达。

西方圣者赵公明,北方圣者史文叶。

中央圣者朱士贵。来到厅头慢慢醉。

九郎座衙证盟,五方谏神同曰:

前神过了后神来,上元花谢下元开。

千里诸神归位座,再有神仙降道场。

起武曲　圣者跌五方　白语五方同曰:

今天东方头上什么响? 出去看看,东方头上跌下来有一人,问实他什么人。我来问你,在以东方头上,你是什么人? 我是东方圣者。你是东方圣者,叫什么名? 我是东方圣者张元伯。来到厅头慢慢纳,你是圣者,今天打从何处来? 我今日打从东方头上跌起来,一身跌遭血流流。问你师爷什么好? 坛前法水好。赐你一点,秽气冲天,金玉满堂。今日启建洪门道场,曾于东方头上,打出五虚六耗、七伤八病、老鸦乌喊、寒热病患、麻疮赤眼、痘疮屙痢、火殃盗贼、时流咒诅,尽行打出三天门下,送出远乡外界。又自从东方头上,接进五路财源,金银七宝、珍珠玛瑙、大婆小姐、早禾晚禾、绵(棉)花粟麦、油麻豆子、求财买卖、人天百般感应,尽行接进来。

东方圣者张元伯,来到厅头慢慢纳。

奉神过后转大运，日日分明好喫[1]塞。

眉上装刀亲眼见，年年耕田禾大德（得）。

除出家中吃不了，开仓卖给道洲（州）客。

别人卖禾四手半，我家卖禾两手仍。

起武曲　南方谏神　同前五方同曰：

……

南方圣者刘元达，来到厅头慢慢踏。

豆腐成条好作热，麻豆分明不是硕。

分偶照依婆偶曰，买物须交白讨得。

引伴杀牛尽勉剥，婆偶巡时公偶绞。

西方圣者　谏神　同曰：

……

西方圣者赵公明，来到厅头慢慢灵。

铁线落阶真的是，过后分明伴伴成。

家养牛羊六畜盛，从今过后好荣华。

是男是女身清吉，强如十五月良明。

老者叫依少者曰，恰似月良对赎星。

北方圣者　谏神　同曰：

……

北方圣者史文叶，来到厅头慢慢叶。

别人买卖不贵气，吾个贵时日得真。

用保身清好气力，上岭下山踏发狁。

---

〔1〕　喫：南方方言，吃。

答愿过后大发积，吃不了时件件希。

下水洗洛得快乐，再讨小婆他亦认。

中央圣者　谏神　同曰：

……

中央圣者朱文贵，来到厅头慢慢巡。

眉上装刀亲眼见，过后家中件件贵。

铁线落阶真的是，亦讨媳妇招女婿。

六畜成群不着说，夜里归家不着寻。

答愿过后千般有，人人入屋问婆俩。

谏神语　同曰：

九郎手下高望低望使，上哩声：哩啰哩哩啰哩。

高望着依低定使，望前望后望高低。

却似半天苗雀鸟，的见九郎洞庭湖。

谏神　同曰：

九郎手下近探远探使

九郎手下近探使，远探近探降来临。

望见九郎来赴会，部领阴兵一合神。

九郎手下上阶唱道使

九郎手下拦阶唱道使，手提铜棍两边开。

本曰下来郎唱道，一心祗候九郎湖。

九郎手下凉伞挂衣使

九郎殿前挂幕使，四时遮日不离身。

茶鉎无脚专祗候，心祗候九郎湖。

九郎手下水盆校椅使

膊头常托龙牙椅，放低厅上好安身。

来到厅头专祗候，祗候九郎着小心。

九郎手下箫声静阶使

正是静阶宿夜使，肃静街头不乱行。

来到街头声一唱，邪魔小鬼走如星。

九郎手下左右马头使

马头童子亲下降，炉头点火马头光。

夜里轮流亲降驾，正是九郎伴当兵。

九郎手下醉酒乱阶使

九郎手下醉酒使，曾日醉了不空醒。

走来东君吐一口，吐出时灾恶鬼神。

九郎手下赌钱贯博使

侍奉五方赌钱使，手中常拈六文钱。

十字街头抛一下，十文头钱赛过人。

九郎手下铙鼓使

兵官殿前铙鼓使，绿裙到（倒）扎马前行。

正是谢身郎伴当，一心侍奉九郎湖。

九郎手下铜鼓使

九郎手下铜鼓使，自前吹起部兵行。

本曰不来还亦得，着来拥护伴兵行。

九郎手下啰叭使

九郎手下啰叭使，吹发三声兵马齐。

千兵万马同声聚，望见九郎洞庭湖。

九郎手下兵官使

近定不来远定使，侍候兵官到厅前。

隔篱取火传言语，炉头暖酒及生姜。

拜上驴（间）山大判兵官九郎

上座兵官郎第九，文簿不离郎手中。

大喊三声兵走到，闪开文簿点名行。

凡人不知郎点簿，一似狂风吹竹林。

因此收邪身染病，龙王烧酒及生姜。

水推犁壁常流到，先劝阴间后劝阳。

恭　劝

慢打琵琶碎拍板，祇侯九郎检簿书。

九郎原是省家子，久住驴（闾）山不姓卢。

凡人不知郎住处，面似西施颜似珠。

因为本州统押箓，鼎洲（州）[1]城下立家居。

使了官钱还不得，一心谋读九经书。

读得九经希肚里，经贬襆头上路途。

起脚前行去七日，胡燕家中讨宿图。

觑见其家三姐妹，精邪迷厌病难甦。

带（戴）起襆头是五顶，当座厅头听实虚。

便静精邪来借问，开门讨路入房图。

门闩与郎言语话，五道将军在此图。

一人生出五头面，精邪退步使回途。

次早觑见五色白，白鸡白鸭白羊猪。

杀却其家五色白，姐妹三人得病甦。

七宝装郎郎不要，要讨门闩手上扶。

起脚前行去数日，珊瑚树上取凉徒。

九郎借问门闩伯，是何挂异树头居。

门闩与郎言语话，百木树头鬼聚虚。

提起门闩敲三下，鬼簿堕落平地徒。

九郎什（拾）得百鬼簿，天下鬼神伏我身。

---

〔1〕　鼎州：今常德。

玉皇差郎收邪鬼,入水收瘟到海湖。

龙女与郎杀其子,三盘四杀定输赢。

龙王偷郎鬼簿去,得回一个鬼名书。

九郎提起金鞭三十六节,唱齐北帝及酆都。

一斗戽干东大海,要讨龙王头上珠。

五海龙王尽怕惧,将回鬼簿与郎收。

只因入水伤寒病,龙王烧酒及生姜。

九郎检簿书,又变身座衙,拜上兵九官九郎,上香,统亦(齐)五门兵,开壶,请出五龙法水戒净,落完九郎,将纸钱化火,众师说言瑶话:今日道场头上,因何泥里又出黄火,我怕东君福主,从前公爷,手上埋得有古□,不是又出黄火,又出白火。众师答:实在有宝,偠众师合(和)东君福主去看过。是不是开得,还是开不得?若是开得,众位师爷合(和)东君福主讲过。若是宝,如何分法?我偠师爷请两分(份),东君福主请一分(份)。【福主答】:你师爷一半,东君福主一半,两半均分就开。太公手上,宝是埋得深,我怕开不得。不是□讲,偠禀一卦,阳卦开得,阴卦开不得。请阳卦,阳卦开得。用讲上音:开是开得,何人开得?阵动三元兵将,何仙阴兵士官开得。

就齐兵开壶,殿前统起东门东神将,一二统齐,将鸡赏齐,方可起武曲取宝。起二回舞曲,起取出壶,就戒净宝壶。方可问答:

壶中头上有己(几)未?壶中头上有五未:

庚午辛未、壬午癸未、甲午乙未、丙午丁未、戊午己未。

壶中头上有己(几)宝?壶中头上有三宝:

金银七宝、第三宝、经丝衣袄。

何名三江?荆江、浙江、松江。

何名五湖?东太阳湖,在兹洲(州);南冉阳湖,在宣洲(州);西青草湖,在岳洲(州);北谢阳湖,在楚洲(州);中彭蠡湖,在洪洲(州)。

何名三端?文是笔端,武是峰端,辨是舌端。

湖中头上有己(几)堂?湖中头上有三堂:金堂、玉堂、满堂。

何人开得?五官开得,七官开得。

信州坛将吏,阵动何仙阴岳? 士官上开难,大如天,深如海,怕开得,将何用?

献上信州坛将吏,阵动何仙阴岳? 四官上坛开,一气冲天,荣华富贵。二气冲天,金玉满堂。三气冲天,东君福主,子孙昌盛,东君赏过。而十而口,口口口备抄献香。阴楼兵司,阴起阴岳,阳起阳岳。返声赏兵献酒。

请出清州十九郎

请出清州清法主,岭头张索献延生。

下字到书来献上,献上上坛及下坛。

大车揽水同同转,献上内坛及外坛。

又有门前来上贺,大家到此领延生。

九郎出位　接愿心

亦篓织箩歌韵起,火边户字唱归炉。

山字相连来请出,当厅请出九郎湖。

三十系车神出位,当座厅头听诗书。

茶甀(鉎)无脚专祇侯,专心祇候九郎湖。

远年许启平安愿,原字跳心答愿图/日字穿腰申愿心。

膊头担芏东君担不久,锄地修栏得到边。

大担清油挑下岭,挑下平地得欢心。

言边清(青)字当厅请,当厅请出九郎湖。

请出九郎当厅座(坐),当座(坐)厅头开金书。

九郎开书从头看,从头看下愿中图。

备起羊毛使小笔,依郎勾了/申启两行书。

与郎勾解/进申平安愿,保郎过后不忧心。

公世手头尽申启/勾了,爷世手上尽拜申/勾除。

前坛后愿尽申启/勾了,不留欠字在厅头。

今世手头尽申启/勾解,申/勾得完时进/了得明。

上利阴时福果满,下利阳时国泰安。

请出东君申/勾愿

山字推山去请出，请出东君申/勾愿书。

当初许愿郎辛苦，如今申/勾愿报恩情。

开仓出禾齐下降，齐齐申启/勾了两行书。

前堂后愿尽申启/勾解，不留欠字在厅图。

申/勾得完时了得当，纳归本师手上炉。

请出众师申启/勾了愿

山字推山去请出，请出黄君殿上尊。

不到坛前不敢请，来到坛前若着湖。

起屋挑苗来助赠，大家助赠众师爷。

插起校床当椅伴，常常引伴九郎湖。

开仓出禾齐下手，齐齐申起/勾了两行书。

前后愿中尽申启/勾了，合家吉庆不忧心。

担米入仓担归主，纳在本师手上湖。

众位师郎申/勾得了，申/勾得完时了得明。

上亦完时下完满，纳归九郎金案图。

九郎位前把盏

五月插田讨湿肩，讨杯绿（渌）酒九郎湖。

犁劈额锄依古倒，照依献上九郎湖。

九郎受领姜赖酒，面亦桃花色影红。

织布连系双上位，献上前杯献后杯。

大车揽水同同（筒筒）转，前同（筒）不了后同（筒）来。

献上座前诸圣府，献上上坛及下坛。

亦有门前来上贺，大家恭贺献延生。

门下圣府尽领受，出门常念好东君。

过后常常多吉庆，邪魔小鬼不来侵。

门下时流一向去,出门齐唱太平歌。

请出东君把盏

山字相连来请出,请出东君把一盏。

东君领受九郎姜赖酒,亦面强如三月花。

保你福有南山寿,命如东海水长流。

牛脏肠长好寿命,寿如彭祖一样长。

过后常常生富贵,合家人口得太平。

请本师把盏

山字相连去请出,请出本师把一盏。

当初许愿独人许,如今带动众连劳。

猪肝粉肠多辛苦,千万文章手上湖。

大担清油挑下岭,担下平地放欢心。

答　曰

插起校床当椅伴,常常引伴九郎湖。

鸡仔学啼世接世,不用香炉断火烟。

初许愿心独人许,如今靠你众连炉。

一来申启/勾解平安愿,二来安谢众龙神/传度箓朝兵/朝踏三娘兵。

今日申/勾愿愿完满,东君富贵国王欢。

父保师(师父保)

来时本师千兵有感应,归家万马护香坛。

回家存兵在殿上,邪魔小鬼落阳州。

一统太平凡世上,四时安乐不忧惶。

兵司威灵有感现,护吾香殿好威光。

凡人皈请多感应,村头村尾送瘟魔。

把盏完　安奉法主　连字韵

亦簸织箩歌韵起,众神归殿领香烟。

人多塞水齐齐整,统领神兵归殿前。

先差使者通三界,遥望圣归下九天。

远年许起新良愿,分骨不清年了年。

拣用良年定吉日,锄地修栏得到边。

砍倒枯柴备办久,五供凡仪在座前。

立人口木匡扶保,飞去黎树落铜钱。

前生修得今生福,织篱裹库是前缘。

龙生作声好刮□,大头加一好人天。

六种酆(丰)收荣华贵,女望养蚕男作田。

立人立字神出位,众神上殿座(坐)高厅。

连唱情字韵

走马提弦歌转韵,竖心青字唱归情。

立人立字神出位,请神上殿座(坐)高厅。

敛土埋刀做神钹,掘土埋铙做主盟。

人字川(穿)腰兵司法力大,安龙镇宅遣邪精。

侍奉兵司多得意,门亦清时户亦清。

人天感应多灵现,鸿雁过天声接声。

鹅子下田郎捍(赶)鸭,统领神兵万万年。

竖帆过海郎吹度,八字连丘郎捍兵。

引伴下南去采桑,引起连劳法友偶。

禾丹桑花有感应,王字加口好前呈(程)。

上韵唱歌下韵接,手提牛索接青藤。

日晒油麻细口出,昔日老君教做偶。

开仓出禾着出手,唱歌一似胜如铃。

手捻鱼包算大胆,唱歌出口是生成。

成甲耙田哥不解,五月插田任听声。

楼头打鼓高身价,人众面前唱得全。

王字点头为福主,田字添力为花男。

柚柑不熟多清洁,秤字除禾得太平。

丈二坟头有祖代,绣花圈脚出花男。

人字川(穿)腰任长大,竹头修利任成丁。

今年作福年年好,岭头军屋有生营。

六种丰收家富贵,女信养蚕蚕亦成。

大财壮健耕田恶,小畜森罗尽尽成。

收禁官门闭口舌,国泰民安官使清。

安居吉庆人平善,竹叶插门四季清。

人全唱歌歌有幸,猎[1]二织篱不在三。

掘破葱头不久座(坐),口头王字管前呈(程)。

锯木下山段了段,送神归位领明香。

烧安奉纸,存下,完。

时在公元甲子年九月廿二廿三两日滕(誊)抄完,是依照虎马岭标魂师黄仁强的书笔录,字眼不正,希高师改正而已,休笑。上坝村黄法昌亲笔。

十、乐仙科

【文献提要】

朝踏科仪抄本。牛皮纸封面,内用竹纸抄写右侧线装。广西富川瑶族自治县新华乡上坝村黄德昌于 1998 年 12 月依照斗米岗莫家村老师公莫法辉的旧书抄录。封面与扉页题目略异,分别为:"乐仙科刘莫田黄四仙"与"乐仙歌词刘莫黄田四仙娘"。本抄本现藏黄德昌本人处。封面与扉页分别自称"正宗弟子"与"袭教弟子"。文内载上坛请师、唱刘仙娘歌引出、唱赞咏刘仙娘歌、唱赞咏莫仙娘歌、唱赞咏黄仙娘歌、唱赞咏田仙娘

---

〔1〕 猎:同"猎"。

歌等仪节,附记石壁庙圣名、交荤诗、送圣口语、送圣诗、祭庙大符上对联、祭庙对联、祭庙飞诗、祖公台(布局)、踏祖公飞诗、封斋对联、千家洞六尊铜像埋藏地、封坛榜文、朝踏祖公法事目录、大旗语等内容。文中加朱红句读符号与竖线、折线符号,封面与扉页用方形印章,文中间用"黄德昌"私章。

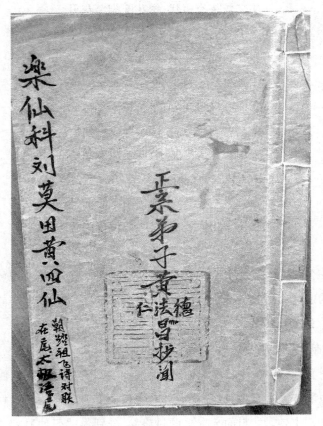

图 8-10 黄德昌抄本《乐仙科》

德
正宗弟子 黄法昌 抄闻
仁

乐仙科 刘莫田黄四仙朝踏祖【公】飞诗对联在尾、太极语【在】尾

<pre>
          道号   法
袭教　弟子　 黄　德　昌　抄闻
          释号   仁
</pre>

乐仙歌词 刘莫黄田四仙娘

建除满平　定执破危　成收开闭

上坛先请师父证盟,方可乐仙

刘仙娘哥(歌)　引出

昨日才闻书状请,淮南庙里请仙娘。仙娘来到庙堂上,存仙在位听歌章。

诸位仙升(圣)齐拜见,一见阴时二见阳。香花绿酒献上妹,将来奉劝众仙娘。

众信有钱皆奉妹,将来与妹作娘藏。一文都是东君宝,二文亦是众信钱。

三文四文娘受记,少若还交(叫)众信添。便把火轮李十九,便将红火化为钱。

受领人情着保佑,不保团坊保另人? 保佑团坊皆吉庆,大船灯草不忧心。

是男是女皆吉庆,竹叶插门四季清(青)。今日祈求来皈叩,天塘开水救凡人。

卸下倾盆赐大雨,稻禾丰熟谢洪恩。经求多般有胜意,仙娘保佑得平安。

当比尧王加舜景,奉仙在殿万年兴。词韵仙娘歌唱了,仙娘出座鼓喧天。

仙娘为是千年主,保我万代置田庄。安奉仙娘位上座(坐),闪开两耳听歌章。

转声 文唱一声　武唱一声

先乐引出后入四仙

435

刘仙娘赞咏歌乐

拜发功曹书状请,淮南庙[1]里请仙娘。仙娘正座(坐)淮南庙,功曹呈书上殿堂。

判官接书从头看,众师朝踏/祈福请先娘。仙娘看书心欢喜,转回后殿巧梳妆。

八宝珠冠带(戴)一顶,龙凤金钗两边装。脚下丝鞋穿一对,身穿朝服挂叮当。

头上无花花自发,髻上无油髻自光。眼似天星眉似月,面如容粉一般装。

口似樱桃花初小,牙如雪上不容霜。行似嫦娥离凡世,坐似观音在殿堂。

五色祥云生足下,一时顷刻得(到)香坛。不却离云便下马,参见在坛诸圣娘。

安奉仙娘位上座(坐),且来说出妹行藏。小妹原是刘家女,洪岩村洞是娘乡。

十二年前失了父,随娘改嫁下莲唐(塘)。前娘后爷多恸妹,真个当贵世无双。

家有一兄娶一嫂,嫂妹相合共同娘。我父家中多无事,朝朝江内架鱼梁。

又在梁边造水碓,日日放碓嫂共娘。有朝小妹闲游耍,遇着西方白龙王。

龙王见娘美貌好,言来戏妹要求娘。小娘含羞不言答,天生小妹配龙王。

永和元年七月七,父母外家饮酒酱(浆)。不觉龙王来娶妹,娶到双井

---

[1] 淮南庙:位于富川瑶族自治县柳家乡,始建于明朝初期,今小中屯村、新寨村、茅刀源村、下源洞村、茅樟湾村、柳家源、塘流村、龙头村、九凤岭村、石坝村、峡头村仍有其庙,供奉刘仙娘、白龙王。

大庙堂。

小妹去时留一记，两朵金花插在床。父母回家不见妹，荒（慌）忙走进妹娘房。

入到房中观眼看，只见金钗不见娘。母亲气倒房中哭，不知娘女往何方。

请起六亲去寻妹，三边四路去寻娘。一寻寻到双井庙，看见仙娘在庙堂。

母亲扯到娘裙哭，亏你舍得父和娘。仙娘答言母亲道，我娘不必泪汪汪。

小妹不是凡间体，借胎生下配龙王。我要同娘回归去，恐怕傍（旁）人取笑娘。

或（忽）然一阵狂风起，直到龙宫海殿堂。母亲不见女儿面，气倒亲娘在庙堂。

自古养儿来待老，谁知今日撒子（了）娘。六亲劝娘归家去，含悲忍泪转回家。

日日将娘来思想，除非魂里再逢娘。妹与龙王为婚配，不却有孕便怀胎。

怀胎已经十个月，生下郎君共小娘。不觉朝庭（廷）边廷（庭）返，黄榜天下招贤郎。

若能有人统兵马，加官进职在皇堂。仙娘闻得边庭乱，统聚阴兵助君王。

妹在云中排军阵，四下蛮夷尽归降。当今天子将言问，何处神仙出圣娘。

妹在云中回言答，我是富川刘大娘。祖住红岩村洞内，先年得道在淮南。

白龙相公同来此，专来助国为君王。当今听得心大喜，忙传敕赐与仙娘。

敕封圣妃淮南庙，富川钦奉刘仙娘。曾做天中祈雨圣，又助朝庭（廷）

助国娘。

仙娘受了朝廷敕,腾云驾雾转淮南。柳家源头娘歇马,立起淮南大庙堂。

有个阴官黄太尉,要开恭城一条江。洪岩大江娘开出,红线拖成一条江。

仙娘开了胸中法,至今名目在淮南。若是天时有干焊(旱),仙娘行雨应田桩(庄)。

若是凡人有灾难,求娘保佑郎安康。若人家中侍奉妹,合家财畜十八强。

若人为师侍奉娘,宗风广播应十方。若是女人侍奉妹,桑麻血财满成行。

若要唱尽仙娘记,只恐东方出太阳。安奉仙娘位上坐,别有神仙出座堂。

莫仙娘歌词赞咏

拜发功曹书状请,金花庙[1]里请莫娘。头上梳起盘龙髻,青系(丝)头髻卷鸳鸯。

青布巾子红塔膊,脚下绣鞋三寸长。今朝担伞迎仙客,朝游同伴赴歌堂。

命生逢着游神队,将女一心许嫁娘。我与刘娘为伴侣,我今改嫁别离乡。

嫁与人家嫂便恶,人人叫妹去吃糠。大嫂有队花鸭子,朝朝叫妹去养鸭。

日出东山娘早起,日晚落西娘又回。东方有朵乌云起,五郎庙里请一时。

---

〔1〕 金花庙:位于富川瑶族自治县柳家乡新村,主祀莫仙娘,兼祀刘仙娘和白龙王。

日落西山渐渐晚,手拿芒茼(筒)赶鸡(鸭)回。上下四家嫂便数,不见风(凤)头大鸭儿。

去时数了六双去,回时只得五双回。大嫂拿起芒茼(筒)打,连连大了十多槌。

拜下嫂嫂且饶妹,有事无事等哥回。小妹肚中全无食,把些冷饭厌娘饥。

借问大嫂讨饭吃,街头赊米不层(曾)回。借问二嫂讨饭吃,仓中出禾不曾搯。

借问三嫂讨饭吃,三嫂骂妹望人妻。借问四嫂讨饭吃,拿倒(到)耳躲(朵)扯眼皮。

只有五嫂多痛妹,叫妹厨下利箐箕。边利箐箕便流泪,总吃龙肉也不肥。

小妹思量难过世,一跳跳下落阳池。跳下落阳桥下死,变成茨菇满田池。

我与刘娘为同伴,二人同伴在淮南。若是开旗兵便去,若是卷旗兵便回。

赞祝莫娘位上座,转身又请后来娘。

双塘里　井头庙

黄仙娘赞咏歌词

黄仙出在高山殿,高山殿[1]上不忧愁。仙娘殿上不离马,黄仙恃恃应凡人。

凡间不知仙娘事,仙娘殿上宝金银。出得金银子孙用,子孙世代不忧愁。

仙娘若问荣枯事,观看颜容便得知。蛟龙代我行雨去,白龙代我上

---

〔1〕　高山殿:今富川瑶族自治县古城镇马家村有高山庙,当即黄仙娘出生地。

天门。

八仙聚会通由我,千兵万马护娘身。八万强兵女人用,朝中国乱女仙强。

女兵出得千般计,万般千较不由他。世上若由(有)阳童报,阳童报歌不由人。

仙娘出在南蛇洞,南蛇殿上好风光。黄仙落在高山殿,高山殿上好灵仙。

仙娘出在坟集殿,周童起马去游迎(行)。行游各庙团团转,高山出世有根源。

仙娘出在金子岭,如今转来为凡人。高山灵王第一现,迎接灵王去游行。

凡人受尽千般苦,西童插地为凡人。天时干焊(旱)来皈叩,仙娘行雨救凡人。

田仙娘歌词赞咏

拜发功曹书状请,王子庙[1]里请先娘。仙娘正在王子庙,功曹呈书上殿堂。

判官接书从头看,弟子专奉请先娘。仙娘看见心欢喜,转回后殿巧梳妆。

仙妹捧出金箱子,牙梳镜子入娘房。头上梳起盘龙髻,双凤金钗两边装。

来到堂前请仙座(坐),巫师唱出妹言章。且唱仙娘有出处,出在富川住上乡。

富川有个桃川洞,[2]地名叫做(作)扶灵源。[3] 我是田家第三妹,两个哥哥及小娘。

永和元年七月七,七月七香生下娘。小妹当年十八岁,爷娘嫁娘过江华。

---

〔1〕 王子庙:《元和郡县图志》卷二十九载:淮南王子庙,在(江华)县南七十二里。《荆州记》云:"淮南王安被诛,其子奔至此城门,……"

〔2〕 桃川洞:今属江永县桃川镇,位于西岭山北端,与富川、恭城二县交界。

〔3〕 扶灵源:其地在今江永县源口瑶族乡。

来到富川白石下，一阵狂风吹上岩。嫁妆箱笼全吹上，两个哥哥在擎山。

沙江有个王家女，晒菜不干王屋娘。娘与田仙为同伴，箸子上台作一双。

看见圩坪有一殿，子孙当时立庙堂。立起庙堂娘立殿，年年丰熟管四方。

两个哥哥做（坐）左右，便将小妹做（坐）中央。仙娘正坐王子庙，合着王家园伴娘。

我是行风行雨王，祈求龙雨是仙娘。处处神堂娘有位，方方敬奉田仙娘。

祖公葬在神仙地，代代子孙出一娘。祈福就得福来圣，祈病就得病安康。

安奉仙娘高宫位，巫师再请后来娘。

刘、莫、黄、田四仙娘赞咏完

时在公元一九九八年丁丑岁十二月廿二日晚誊抄，是依照斗米岗莫家村[1]坊老师父莫法辉的旧书笔录下来，因水平有限，字眼不正，希高师们在法筵会中改正而矣（已），休笑。黄德昌笺笔。

石壁庙圣名

玉（御）封张、苏、周、王、七政仙妃娘娘、行桥报卦娘娘、白鹤仙人、左宫右殿白帝龙王、本庙显应李先师、庙堂土地掌愿、求嗣功德仙官。

交荤诗

铃鼓敲三声，笙旗绕绕红。巫流三召请，清筵过了荤筵来。

天门地户开，万里圣人来。功曹迎请圣，使者请回来。

惟愿正直到，聪明三界同皆通。取得天庭为日月，南北二斗尽闻声。

---

〔1〕　斗米岗莫家村：富川瑶族自治县新华乡所辖村。

送圣口语

上亦周时下也周,日头落岭圣难留。三百贯钱买根竹,拿去西天撑日头。

送圣诗

众姓今日无酬谢,往空拜送谢洪恩。

相逢不引(饮)空归去,洞口桃园(源)出笑人。

满筵绿酒送高真,献上座前诸圣贤。

又

来时香水也难留,想来圣驾亦难留。

众信/信士今日无了事,众神勒马且回头。

祭庙大符上对联

安镇五龙归正位　妥谢八表守皇宫

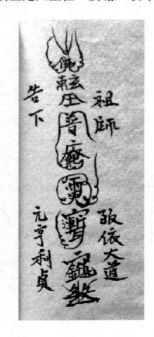

祭庙对联

朝踏神明天干规矩春秋三祭　安奉众圣地支正当共乐升平

酬恩恩满百般遂意人财两旺　申愿愿明万事吉祥富贵双全

巍巍灵显有感众神光临法会　赫赫申愿洪恩神圣齐降道场

春秋三祭祈荣华富贵　进申良愿望金玉满堂

七祖巍巍灵显有感一脉宗亲光临法会　九玄赫赫申愿鸿恩

满门先祖齐降道场

朝踏祖公望荣华富贵　进申良愿祈金玉满堂

朝祖公天干规矩十年一会　踏九玄地支正当望二为期

祖德流芳慎终追远　宗功世泽饮水思源

克绳祖武忠孝传家　始继箕裘光宗耀祖

朝踏祖公民族传统　歌乐圣母出世根源

一脉宗亲临法会　满门先祖赴灵坛

酬恩恩满百般遂意人财两旺房房昌盛　答愿愿明万事吉祥

富贵双全族族豪强

藉居俾州一脉源流传万代　创业富邑满门荣耀数千年

千家洞氏族子孙承前后祭祀先祖　某王天尊家族继往开来朔曲宗亲

堂势尊严昭奕世祖宗功德　后裔蕃(繁)衍桃万古春祀秋常

敬祖先佑吾多福多运道　奉××××保众添子添贤孙

孙枝蕃(繁)衍承万年春祀秋常　堂势尊严昭奕代祖功宗德

乔木发千枝岂非一本　水泉流万派总是同源

祭庙飞斯(诗)

动地宣(喧)天月有明,威振(震)斗牛芝广全。诚恐今日干冒圣,愿将法鼓乐龙神。

今当秘语安龙圣,愿正良缘歌号声,四维禁将归方位,八俵龙神回原宫。

祖公台（布局）

中宫：某王归位

前面：朝踏庆会

上手：虔心侍奉

下手：万古垂恩

作六根冬瓜丝来拱起【宫门】

踏祖公飞斯（诗）

彭祖八百有来因，留名万代至如今。大隋二年方德（得）道，君王二女结良缘。

封锁阴州石羊县，深把洞里化金身。世泽流芳传永远，永唱歌曲有朝神。

封斋对联

洁净众坊迎七祖　　洗心斋戒接九玄

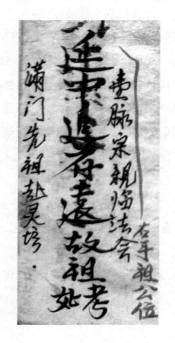

千家洞把六尊铜像埋在平石岩：一尊盘古,二尊哪吒,三尊仁王,四尊白马相公,五尊黄祖白公,六尊白鹤仙娘。

三元法院司朝踏道场　今据

大清国……祭拜×合坊众信人等　　谨具寸诚上干　奉

九玄七祖十二本部天尊在家安龙谢宅辅政驱邪匡人利物护保人财启愿在案办者十年一会不办者十二年为一期今者大利良年宜当朝踏了酬良愿是以用今年月日吉良预日牒状功曹仗教启建

太上正一延生朝踏歌会答愿道场兴行鼓板法事大用吉时起鼓转坛祇候祖公出位歌词护咏了酬良愿恐虑外来不正魑魅邪魔诸神小鬼毋得为恶侵入

道场佑(右)仰

神史(吏)申告　　玉皇律令先斩后奏　究治施行　须至榜者

右伏以摘果垂金汁取一年之景梅花吐蕊赎回百里之春世事徒住千善建坛场而兴法会歌词赞咏吟愿乃祖乃宗列仙班踏动金鸡常发福鼓笛之声推福主千年富贵金铃一振推通族万代荣昌祖德宏厚远荫儿孙千载盛宗功浩荡默扶后裔万年兴谨按科仪了酬良愿福景周全　须至榜者

　　　右榜晓谕　诸神通知

安　年　月　日　　吉良　　谨榜

恭叩

主愿师×××
连班师×××
法主苏仙刘公元帅
证盟功德

朝踏祖公法事目录(25项)

发关——大起事(踏鼓起)——伏魔结界——上师教奏——开僻(辟)五方——栏台下马(唱令)——朝踏庙会——孝顺(烧纸钱)——收忌——竖旗——前召后请——唱歌令朝旗朝灶——引尊——落(乐)仙头再落

445

（乐）仙——乐上圣——禳星祭解——祖公出位——上洲（州）川（穿）破
九州罡堂——燃烛建醮——撒孤——开忌——发烛——烧祖公楼——交
荤送圣——安龙。

大旗语　准天师教

建修朝乐阴缘案老君科仪用答愿心向来朝踏庆会报德酬恩至唱歌
词/令共乐升平之世界参随祖公法印生忘想之请降圣贤证盟功德者

画太极图　将帅令

十一、乐上圣科仪

【文献提要】

朝踏科仪抄本。牛皮纸封面,内用竹纸抄写右侧线装。广西富川瑶

图 8-11　黄德昌抄本《乐上圣科仪》

族自治县新华乡上坝村黄德昌于 1999 年 9 月依照其伯公黄法明旧书抄录。本抄本现藏黄德昌本人处。封面与扉页分别自称"正宗弟子"与"袭教弟子"。文内载上坛请师父、请神，请齐后启拜、上香、斟酒、烧安奉纸，降功曹、请神灵降临并加赞咏：开天盘古混元大帝、南朝官僚黄赤二帝、五岳四渎冥山大川、五通贤圣灌口二郎、敕封南岳忠靖尊王、敕封长标李圣尊王、贺州惠灵相公、县主城隍辅德之神、川岩得道雨王圣相风伯雨师、五方五海行雨上水龙王、正祭水口庙主本部大王、上下洞管五十四庙、上下寺观金刚土地、随行香火文武高真、黄氏门中先祖男女众魂、今年太岁致福尊君。正文前 8 页用钢笔书写，字体纤细，后用毛笔书写。文中加朱红句读符号与竖线、折线符号，封面与扉页用方形印章，文中间用"黄德昌"私章。

法

正宗弟子　黄 德 昌　亲笔

仁

乐上圣科仪

济利人天

袭教　　　　　　　　弟子　　黄德昌抄闻

乐上圣科仪

上坛先请师父，就请上圣圣名。

　　座前请出天界功曹、地界功曹、水界功曹、四直（值）功曹。启请开天盘古五谷农婆，上古前朝三皇五帝，南朝官僚黄赤二帝，五岳四渎名山大川，五通贤圣灌口二郎，敕封南岳忠靖尊王，敕封长标李圣尊王，贺州惠灵相公，县主城隍辅政之神，清洲（州）玉府社令盟君，雨王圣相风伯雨师，五方五海行雨龙王，正祭水口庙主本部大王，上、下总管五十四庙男官女圣，上、下寺观真官土地，今年太岁致福尊君，随行香火文武高真，门中先祖男女众魂，正当来时歌韵朝乐。请齐来，启拜，上香，斟酒，烧安奉纸。

降功曹

天界功曹年直(值)使,地界功曹月直(值)使,

　三界功曹四直(值)使,堂来三界有名香。

　功曹走入梅山请法主,万代祖师请降临。

　　走入前门并后度,仁义祖师请降临。

　　亦遇门中请先祖,男女众魂请降临。

　　走入门前请香火,走入后门请灶君。

　　亦过上宫请星主,头红面赤是星君。

　　扶历随身请本部,寺观庵堂土地神。

　　上亦请头十八庙,下亦请头十八神。

　中亦请头十八庙,五十四庙大王亲降临。

　　红纸写书请远客,行路不便着承云。

　　先到扶灵筐竹庙,祗迎上古圣三皇。

　　风木成林请历代,历代王侯亲降临。

　　拳老长灵请五岳,东南西北尽关神。

　急水丁车转不办(动),亦请修行众五连。

　广洲(州)打鼓明南岳,行山市上请神灵。

　　时辰请来长标岭,专请唐朝国相公。

　　功曹走入牛皮岭,书请仁王到座前。

　　黄祖白公尽行请,两木相生亲降临。

　　鸭卵入銔请县主,县主城隍亲降临。

　　五十四庙男女圣,细沙碎土降来临。

　　霜天日短时辰过,个个神堂亲降临。

　走入清洲(州)请社令,社令盟君亲降临。

　　七州仙女凡间请,凉伞游游到会门。

　　秽字锄禾请太岁,客亡咒诅请伤神。

　　满村塞水齐齐到,磊磊排班到道场。

　　门前接伞迎仙客,一请二请三引神。

两边立下来迎上,排神师主出厅中。

政京上中有次第,三皇五帝客坐西。

立字立人神出位,主者坐东客坐西。

门下时流船上座(坐),浑如一速大和神。

和神师主来和睦,和下男神及女神。

水过坝头和得了,宽怀座上受香情。

马上插刀安帖钑,开窑出瓦好专心。

赞咏上圣

一日南风下日晴,半天挂网是云层。

满村人民众名祖,觅菜抛留好子孙。

高挂手巾人不识,人人叫是国王公。

神农二年洪水涨,堰在昆仑山上存。

日(曰)前天下无人种,女娲兄妹结为妻。

绕了西梅走三转,方曾相撞便交亲。

后来听得乌龟曰,到(倒)归三步得相逢。

回归三步相撞着,乌梅树下结为妻。

解脱罗群作帐子,脱了妹裙作帐帏。

结发夫妻十月满,不知怀孕上娘身。

一人生出五头面,磨刀细切两边分。

生得有头无脚趾,不知精怪上娘身。

民家有人分百姓,平戥大王架秤称。

上等之人称足秤,尽是王侯彩相人。

中等之人十六两,尽是民家人子孙。

下等之人得八两,尽是耕田锄地人。

世上不闻人谈古,毛摇伞客落刀砧。

分得三十六个男人面,分得二十四个女人身。

分得男多女亦少,如今天下有单身。

开天盘古混元大帝

混沌当初无日月,亦无春夏亦无冬。

木叶落时年便到,百木抽芽便是春。

十个日头我郎射落井,存留两个照凡人。

半旧草鞋有出产,有个照阴个照阳。

伏羲神农尝百草,深山自有一丘田。

三皇五帝置山岭,置立山川及井源。

吃得将来凡人吃,吃不得时作药医。

子字除腰降得了,别有神仙出产(坛)前。

南朝官僚黄赤二帝

南朝官僚赤帝降,分明一付(副)好官人。

王边见字多灵现,葫芦落地在身边。

得降南朝赤帝降,十二罗娘目下人。

土字两人位上坐,鸬鹚入水受恩深。

五岳四渎冥山大川

五岳大王亲下降,五岳山下立灵坛。

胸前日划郎修福,刀修马背得平安。

开僻(辟)元年郎出现,二十四气定郎门。

有人侍奉郎真相,岁岁整财贺喜人。

五通贤圣灌口二郎

五通贤圣亲来降,灌口二郎亲降临。

五通元年郎出现,有半男神半女神。

有人骑马抛毬乐,亦有佛道作观音。

铙钹响时吃青菜,铃子响时便吃荤。

亦有放火烧人屋,亦有偷金贺喜人。

　　庚午年中米大贵,分明升米抵钱金。

　　二郎出街去籴米,凄凄赐我龙珠手上抛。

　　左手抛来右手接,其时抛入肚中央。

　　二郎下江去洗汗,金身手脚尽生鳞。

　　东方一朵青云起,正是二郎初化身。

化作三十六个野狸随水下,后来撞着许真君。

　　收了三年收不得,许贞随后交放伦。

　　锁在西川灌口石,锁在西川灌口芳(方)。

　　石柱生花得脱去,石柱生花千万年。

敕封南岳忠靖尊王

　　广州打鼓明南岳,衡山市上立灵神。

　　尊王身在衡山县,四百军州朝岳身。

　　尊王自长高万丈,矮伯三郎脚下存。

　　因为火烧八百岭,众家一刻尽变身。

　　毛盖封仓有感应,点外肃金救万民。

敕封长标李圣尊王

　　李圣尊王来下降,长标岭[1]上立灵神。

　　十八下书李家子,曾游出世好威风。

　　庚午年中天大焊(旱),杨柳垂时变马鬃。

　　有人收得马鬃水,暗黑云头下雨伤。

　　风调雨顺人安泰,五谷成收方养民。

---

〔1〕　长标岭:位于富川瑶族自治县北,康熙年间建有李王庙,祀李靖。

贺州惠灵相公

东字部扬陈屋女，原是梧州人子孙。

原是梧州有姓好，曰着把船第一名。

下字到（倒）书九理上，贺洲（州）连近为方圆。

曰着当初得到（道）事，万民兴旺演昌隆。

里字带千有敬重，年年依旧敬灵神。

县主城隍辅德之神

衙头先生请县主，县主城隍亲降临。

本曰不来回亦答，受管朝路救万民。

石字过头专保佑，不保村方保别人。

把伞入屋为祭户，家家安乐不忧心。

清洲（州）玉府社令盟君

神坛造屋判官社，凡间祭拜一时辰。

二月社前许下愿，八月中秋答愿心。

主管田园禾大得，九个禾仓十个赔。

川岩[1]得道雨王圣相风伯雨师

牒叩功曹书状请，功曹赍奏入川岩。

去到川岩门下立，看见雨王在殿中。

去到川岩街下立，文书答在大厅头。

雨十七官开书看，雨十八官便置云。

雨十九官偷欢喜，三俫（俵）同心便起云。

三官来时起云雾，风雨时时遮拥身。

---

〔1〕 川岩：位于富川瑶族自治县城西北 18 公里的石龙山上。因其前后皆穿，又名穿岩。富江从此穿流而过。

四时云雾承郎脚，雨水时时同我行。

雨王原是吴家子，随娘嫁过郭家乡。

嫁过郭家一个月，降生雨王三相身。

丁未年庚生三相，六月念（廿）九未时生。

雨王当初亲三俵（俵），同日同时共母生。

三朝九日一个月，开声街上做凡人。

雨十七官有显化，敕变法水上天心。

雨十八官法艺恶，法水上天便是云。

雨十九官封得道，雨水运流荫万民。

正是天中祈雨圣，在处人民侍奉仙。

混沌年间郎立庙，扶灵岭上立神坛。

先发荫洲（州）双水庙，后立马蹄罗伞神。

后来知得郎住处，正是荫洲（州）有显神。

阴洲（州）岩口出井水，仙水游游郎洗身。

洗得雨王身清洁，荫洲（州）内里做灵神。

王字见旁多灵现，三俵（俵）显化做阴仙。

搞古二年落铁雨，落得石头点点班（斑）。

落得雨王无处住，走入深山住石岩。

石岩内里吹箫管，吹得五湖四海摇。

吹得龙王无处住，走入神堂立龙坛。

雨王后来封得道，敕赐乌云便上天。

雨王出来人不识，浑身暗黑似云遮。

雨皇赐下真正诀，普天三界应凡人。

雨十七官去上水，雨十八官运上天。

雨十九官开湖放，起聚乌云暗黑天。

乌迹二年吹铁笛，吹得五湖见蛟龙。

吹得龙王无处住，捉来龙女结为妻。

夫妻正是龙王女，敕来龙水应凡人。

眠到五更发洪水，楮槽推出洞中心。

凡间有人侍奉我，万民靠我雨王尊。

一朵乌云随水起，正是祈雨应万民。

洪波涨水同洞出，流沙倒地荫凡人。

滂沱大雨是我到，暗天黑地是我来。

贼发猛风云便起，暗黑云头下雨淋。

猛风猛雨是我到，雷公截雨便来淋。

正是雨王有显化，眼前行雨应田坛。

扯转雨车磊磊到，开塘放水过坡塘。

礙礙雨排渐渐到，扯转天心放水来。

风调雨顺民安太（泰），万民安乐不忧心。

苏生万物件件好，万物成收方养民。

上有回天助国圣，下有为国救凡人。

若是凡人灾难起，求郎保佑即安康。

若是为师侍奉我，扯转马头应十方。

治生救病人皆吉，送鬼除邪眼前轻。

邪魔捉来送下水，小鬼捉来送下滩。

家养牲牲件件好，家养牲牲平稳安。

若要唱尽雨王记，积留天下永传扬。

久住唱歌神欢乐，手提白纸管前程。

口曰无凭人不信，当厅问卦取滂沱。

风王三相来临降，风伯雨师亲降临。

当初砍倒风王木，三侏（傸）齐齐来隐身。

曰着祈风便得雨，长将雨水应村方。

五方五海行雨上水龙王

五海龙王亲下降，龙宫海藏请五龙。

猪肝肚胆多辛苦，黄昏上水到天光。

天焊(旱)时年来皈叩,暗黑云头下雨伤。

东方青帝龙王降,住在东湖东海中。

差动五龙双上水,齐齐上水到天光。

抱头门头落铁雨,须交洪水过坡(陂)塘。

笔盖封仓有感应,雷公霹雳雨来淋。

南方赤帝龙王降,住在南河南海中。

眉上装刀亲眼见,你田成水焊(旱)禾潘。

黑字代千元有重,鏑钟差考有灵王。

人字川(穿)腰法力大,须交洪水过坝塘。

西方白帝龙王降,住在西河西海中。

岭上烧粪有显化,磨刀不利到天光。

五海龙王亲下降,龙王上水到天光。

北方黑帝龙王降,住在北河北海中。

三点丢边学得法,万头一点应村方。

立人口木匡扶保,一种须交取久长。

中央黄帝龙王降,住在中河中海央。

一夜五龙齐上水,葫芦倒水应村方。

岩口塞坡(陂)第一圹(塘),坝塘堰水应田塘。

得降龙王一所事,齐齐上水到天光。

五海龙王亲下降,整持雨水应村方。

正祭水口庙[1]主本部大王

禾历随身请本部,本部大王亲降临。

王字点头大作主,艮老入鉎作主人。

掌愿三司判官降,簿历常希郎手中。

---

〔1〕 水口庙:在富川瑶族自治县城北镇西岭山脚二九村北边。

依郎注上长山字,命依彭祖并齐春。
把笔依郎钩(勾)了愿,玉历钩(勾)销答愿心。

上下洞管五十四庙

上赤请头十八庙,下赤请头十八神。
中赤请头十八庙,五十四庙大王亲降临。
大把烧柴都齐整,细沙碎土降来临。
久住唱歌神欢乐,别有神仙出产(坛)前。

上下寺观金刚土地

上下寺观灵官下,金刚土地降来临。
土地当初是八倈(俫),未劫两年去两人。
八哥分在洲(州)门里,二哥分在县门庭。
三哥蓝山守寺观,四哥屋下住龙神。
五哥分在田中里,高低下等一修匀。
利得六哥无处住,走入深山守祖坟。
对面山头山水好,世代出得好儿孙。
三月清明得刀纸,欢喜浑如拾得金。

随行香火文武高贞(真)

炉头煮肉请香火,香火大王亲降临。
亦在人家为香火,亦希人屋作三司。
鹅子不归也去寻,鸭子不归又去寻。
养鸡不成灵不胜,人人叫我是三司。

黄氏门中先祖男女众魂

先祖当初阳间客,错入黄泉成古人。
家先脚下三巡酒,不见先人吃一巡。

先祖原是阳间客,错入黄泉路步深。

不知黄泉好不好,如今去了不回头。

涉石磨刀第一害,前头不见后头人。

多生多养多辛苦,穿破阳间千领衣。

得降回归位上座,口木立人保子孙。

今年太岁致福尊君

【秽】字锄禾请太岁,客无咒诅请伤神。

来时留神希厅上,去时留福在厅心。

乐圣已毕

时在公元一九九九年己卯岁十月份,是依照黄法明老伯公的旧书笔录下来也,好在庙堂会上而行,水平有限,希高师们休笑,字羞也。上坝村黄德昌笔录。

十二、庙堂歌令科

【文献提要】

朝踏科仪抄本。土纸封面,内用米黄色竹纸抄写右侧线装。广西富川瑶族自治县新华乡上坝村黄德昌于 2006 年夏依照标魂师(黄仁强)的旧书抄录。该抄本现藏黄德昌本人处。封面与扉页分别自称"梅林弟子"与"正宗弟子"。抄本载录献诗三首、献酒曲语;唱三令:请字令、贵字令、见字令;上阶诗三首;唱清筵梅花、众圣曲、本部曲、开天盘古曲、雨王曲;插令:清字令、茶字令、酒字令、糍字令、瓜字令、欢字令、空字令;唱荤筵梅花曲、惠灵曲、李圣曲、云溪曲、雨王曲;插令:荤字令、盐字令、鱼字令、黄生令、猪字令、完字令、满字令、牛字令;唱送圣曲、下元曲;设花盘,解令;念出游上马诗、回庙下马诗、七供诗。文中加朱红句读符号与竖线、折线符号,封面与扉页用方形印章,文中无"黄德昌"私章。

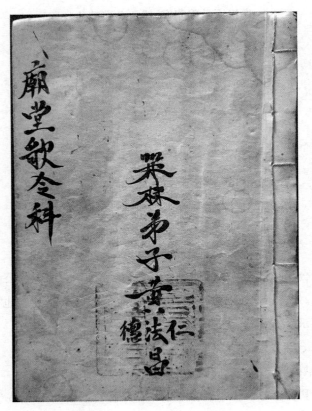

图 8 - 12　黄德昌抄本《庙堂歌令科》

<table>
<tr><td></td><td>仁</td><td></td></tr>
<tr><td>梅林正宗弟子</td><td>黄法昌</td></tr>
<tr><td></td><td>德</td></tr>
</table>

庙堂歌令科

正宗弟子黄法昌

哩罗哩　哩罗哩　哩罗哩。

早发时辰早了早,使者行书入阴洲(州)。明书通报庙官曰,使者行书请圣王。

早发时辰早了早,使者行书入扶灵。明书通报庙官曰,使者行书请圣明。

白纸写书黄纸封,走马三郎去到扶灵天。把笔判官开书看,相公廷前备马上龙头。

第一诗毕已过,纳在阶下圣驾位前,有差无错。

庙前打鼓圣人希下马,男神下马女下车。来到庙前为下马,七台头上受香花。

庙前打鼓圣人希下马,男神下马女下车。来到庙前希下马,七台头上受香水。

庙前打鼓圣人希下马,男神下马女下兜。来到庙前希下马,七台头上受香油。

第二诗毕已过,纳在阶下圣驾位前,有差无错。

盘古置天婆置地,置留第一首入门诗。一首明书吹唱了,法尊引圣绕台围。

盘古置天婆置地,置留第二首入门诗。一首明书吹唱了,法尊行水酒坛前。

盘古置天婆置地,置留第三首入门诗。三首明书吹唱了,一步移来二步齐。

第三诗毕已过,纳在阶下圣驾位前,有差无错。

圣驾来时早了早,来到庙前门不开。明书通报庙官三司曰,手攀门母滑如油。

圣驾来时早了早,来到庙前门不开。明书通报庙官三司曰,左手扶门右手开。

诗毕已过,纳在阶下圣驾位前,有差无错。

曲

席晡时辰子孙发书诗,四边两路行书状。子孙书状请圣家,请得到来应子孙。

圣驾来到阶下两行立,子孙出来参圣家。圣人下马酒初巡,下马初巡酒当茶。

圣人来打随阴洲(州)两路来,云身缠着西川锦。九梅山头黄撒孙,阴洲(州)内里好神仙。猴猿岭上多长印,阴洲(州)路上接圣家。今朝早起圣人早行阴洲(州)路,阴洲(州)路上当风雨。斜风细雨落迷迷,正是圣人行路时。龙行水底蛇行路,两个仙女送随后。冒头沙(纱)带两边垂,正是相公下马时。日出东,日出东山照排沙。受了三巡下马酒,饮了三巡上庙楼。九迷山头一蔸香,子孙收得好明香。收得明香洞绿水,明香绿水满街香。

曲语已过,纳在阶下圣驾位前,有差无错。

咄

八洞以过,曲语以完,纳在圣驾位前,有差无错。更有令人,随后照列圣驾。来来,地上搭台,台上搭碗,碗上搭酒,酒上搭令。申振四乾君子,喽罗师父,改令秀才,明亮老尊,人人曾前经过驴(闾)山学堂,经过驴(闾)山学院,眼者(中)川(穿)字,口里带文,肚里思量,把笔送行。会者行前一步,圣驾位前申一头,第一一分,羊酒令来,少年年小,思想身细胆大,头带玉天。行前三步,圣驾位前申一头,第一一分,请字令人,禀报老郎师父,改令秀才。用后不用后,用后投师,吾师座圣驾母婆田地。吾洋(羊)酒令,用后不用后,曾方用后,吾师小细少年年少,连箭带菲,连非(菲)带箭,即即到子孙。自从今年三月初三、六月初六、九月初九日,今年四季平安良愿,一者为依人口;二者为依家财;三者为依耕种母婆田地,雨水调和,感应三农;四者为依官灾口舌,时流三杀(煞),永去它方。

请字令

阴亦请,阳亦请,吾师手提牙掌,金桥头上入阴洲(州),请圣家到来,栏台下车马,七台头上受明香,子孙朝踏过后进真花。

阴亦请,阳亦请,吾师手提铜铃,金桥头上,请圣王到来,栏台下车马,七台头上受明香,子孙朝踏过后笑呵呵。

阴亦请,阳亦请,白纸写书黄纸封,走马三郎行书入阴洲(州),请圣人来到,栏门下车下马,七台头上受香水,子孙朝踏过后进儿郎。

三令完周,三令完满。

【贵字令】

阴亦贵,阳亦贵,圣人出在阴州龙贵家,脚踏水底蛟龙瓜,头带(戴)金锦红,到来栏门下车下马,七台头上受香花,子孙朝踏过后进金花。

阴亦贵,阳亦贵,圣人出在阴洲(州)龙贵乡,脚踏水底蛟龙光,头代(戴)金锦红,到来栏门下车下马,七台头上受明香,子孙朝踏过后进儿郎。

阴亦贵,阳亦贵,圣人出在阴洲(州)龙贵州,脚踏水底蛟龙光,头代(戴)金锦红,到来栏门下车下马,七台头上受明香,子孙朝踏过后进儿郎。

阴亦贵,阳亦贵,圣人出在阴洲(州)龙贵洲(州),脚踏水底蛟龙头,头代(戴)金锦红,到来栏门下车下马,七台头上受香油,子孙朝踏过后盛宜州。

三令完周,三令完满。

见字令

阴亦见,阳亦见,圣人出在阴洲(州),来时踏(路)上手提花铜扇,到【来】栏门下车下马,七台头上受明烟,子孙朝踏过后无忧心。

阴亦见,阳亦见,圣人出在阴洲(州),手把知茶枝,到来栏门下车【下】马,七台头上受香油,子孙朝踏过后无忧愁。

阴亦见,阳亦见,圣人出在阴洲(州),来时路上手把金花托,到来栏门下车下马,七台头上受香花,子孙朝踏过后无忧愁。

三令已周,三令完满。

上阶诗栏台迎上

圣人面前有菟茶,随下生上尾垂垂。明书通报男神女圣曰,一步移来上庙街(阶)。

圣人面前有菟春,随下生上尾通杨。明书通报男神女圣曰,三迎三引上庙厅。

圣人面前有菟求,随下生下尾抽榴。明书通报男神女圣曰,三迎三引上庙楼。

唱清筵梅花

清台头上排清炉,清炉内里载清香。谢得圣人手把梅花第一碗,子孙拍板劝神王。

清台头上排清瓶,清瓶内里载清花。谢得圣人手把梅花第二碗,子孙拍板劝圣家。

清台头上排清碗,清碗内里装清水。谢得圣人手把梅花第三碗,子孙拍板劝神仙。

诗毕以过,纳座上圣驾位前,有差无错。

众圣曲

圣人出在阴洲(州)界,二里移来扶灵住。扶灵匡竹五庙起高楼,在处人民承奉洲(州)。

盘古置天婆置地,置留五谷养凡人。子孙玉笛一双吹,侍奉圣人饮酒时。

又　曲

马蹄罗仙神住处,正是开天立地仙。开天立地置凡人,置得凡人住满天。

东南西北排星斗,星月曾曾照满天。子孙年冬四季礼时神,今日时神谢圣恩。

本部曲

源头立庙圣王住,五百里来龙清江水。面前四季置楼台,四位同同向入来。

东南西北圣王住,四置同园向子孙。年冬四季来投圣,投靠本部大王做主人。

开天盘古曲

盘古年年得十八,口似石榴花正开。盘古饮酒在南楼,头代(戴)广州罗影头。

东南西北盘古住,四置同园享子孙。盘王金牌玉印挂朝庭(廷),一似春雷响满天。

盘古王,正是开天立地王。置留大唐州十六国,母婆置留五谷养凡人。

九梅山头九尺弯,正是下园九菜生。芒筒钉车三十角,天下菜塘六十四弯。

雨王曲

雨王出在阴州界,二里移来乌木旁。乌木原是一堂神,四围同同向子孙。

雨王原是乌木骨,子孙将来置做雨王三相身。子孙鼓乐请雨王,雨水调行应子孙。

诗曲以过,纳在阶下圣驾位前,有差无错。

插　令

咄!八洞以过,曲语已完,稽首纳在圣驾位前,有差无错。更有令人,随后照蓼(料)圣驾。来来,地上搭台,台上搭碗,碗上搭酒,酒上搭令。申报四乾君子,喽啰师父,改令秀才,明亮老尊,人人曾前经过驴(闾)山学堂,经过驴(闾)山学院,眼者(中)川(穿)字,口里代(带)文,肚里思量,把笔送行。会者行前一步,圣驾位前申一头。第一一分,吾羊酒令,来来,少年年少,思想身细胆大,头代(戴)玉天。行前三步,圣驾位前申一头。第一一分,清字令人,禀报老郎师父,改令秀才。用后不用后,用后投师,吾师座上圣驾母婆田地。吾羊酒令,用后不用后,曾方用后,吾师小细少年年少,连箭代(带)菲,连菲代(带)箭,即即到来。子孙自曾今年×年三月初三、六月初六、九月初九日许/申/勾今年四季平安愿,一者为依人口;二者为依家财;三者为依耕种母婆田地,雨水调和,感应三农;四者为依官灾口舌,时流三杀(煞),远去它方。

清字令

清台头上排清炉,清炉内里载清香。将来座上劝圣王,子孙朝踏过后进儿郎。

清台头上排清瓶,清瓶内里插清花。将来座上劝圣家,子孙朝踏过后进真花。

清台头上排清碗,清碗内里代(带)清水。将来座上劝圣人,子孙朝踏过后笑啼蹄。

三令已周,三令完满,到茶字令

茶芽出在袈裟岭,杨鸟不啼先发花。将来座上劝圣主,子孙朝踏过后笑呵呵。

茶芽出在袈裟岭,杨鸟不啼先发心。将来座上劝神仙,子孙朝踏过后进儿孙。

茶芽出在袈裟岭,大鸟含来落茶山。将来座上劝圣人,子孙朝踏过后进真花。

<三令已周,三令已满>酒字令

杜康造酒蜜河甜,将来座上劝神仙,子孙朝踏过后无忧心。

杜康造酒蜜河沙,将来座上劝阴洲(州),子孙朝踏过后笑啊啊。

杜康造酒蜜河头,将来座上劝阴家,子孙朝踏过后盛宜洲(州)。

三令已周已满。

糍字令

清台头上排清盘,清盘内里载清糍。将来座上劝神仙,子孙朝踏过后无忧心。

清台头上排清盘,清盘内里载清糍。将来座上劝圣人,子孙朝踏过后笑唏唏(嘻嘻)。

清台头上排清盘,清盘内里载清糍。将来座上劝圣家,子孙朝踏过后笑呵呵。

瓜字令

正月开地二月种瓜,地上初发花。花上初结子,将来座上劝仙家,子孙朝踏过后进真花。

欢字令

阴亦欢,阳亦欢,座上圣家饮酒,脚踏龙鞋思地欢,子孙朝踏过后进儿郎。

阴亦欢,阳亦欢,座上圣家饮酒,身上黄铜腰代(带)欢,子孙朝踏过后进钱粮。

阴亦欢,阳亦欢,座上圣人饮酒,头代(戴)沙(纱)帽欢,子孙朝踏过后进绫罗。

三令已周已满。

【空字令】

阴亦空,阳亦空,座上圣人楼头饮酒,起眼看屋楼,子孙朝踏过后盛宜洲(州)。

阴亦空,阳亦空,座上圣家楼头饮酒,起眼看屋枷,子孙朝踏过后进真花。

阴亦空,阳亦空,座上圣家楼头饮酒,起眼看屋头上看水瓜,水瓜头上看水楣,水楣头上看屋桁,子孙朝踏过后做大官。

三令已周已满。

荤筵梅花

石山头上雨迷迷,七台头上置梅花。谢得圣人手把梅花第一碗,子孙拍板劝一巡酒。

一蔸黄梅二蔸心,年年结子应子孙。谢得圣人手把梅花第二碗,子孙拍板劝二巡酒。

太阳出来照名沙,十二五里照梅花。谢得圣人手把梅花第三碗,子孙拍板劝三巡酒。

扶灵出水三洲(州)界,有假流来大塘下。不是凡人初置出,正是盘古置留沙。

大塘有蔸李十三,隔头担弩手提枪。手中攀弩口含箭,子孙门下射邪神。

惠灵曲

相公出在分阳界,二里移来芦荻村。芦荻村头立庙置子孙,置出子孙住满洲(州)。

朝廷助国名得道,一双花鼓送随后。一头苗雀应千兵,收起红兵归本洲(州)。

李圣曲

长标仙殿有灵圣,月照娥眉圣有灵。九江龙母结为妻,雨水朝云应子孙。

谢得尊王位上坐,金珠玉印两边垂。黄班(斑)笛子一双吹,祇侯尊王饮酒时。

云溪曲

相公出在莲州界,二里移来流车住。流车源头立庙置子孙,置得子孙住满天。

朝庭(廷)助国相公名有道,一双花鼓送随后。

雨王曲

雨王出在阴洲(州)界,二界移来乌木边。乌木原是一堂神,四围同同向子孙。

雨王原是乌木骨,子孙将来置做雨王三相身。子孙鼓乐请雨王,雨水调行应子孙。

荤字令

阴亦荤,阳亦荤,座上圣家饮酒,手提捕刀来破荤,子孙朝踏过后进儿郎。

阴亦荤,阳亦荤,座上圣家饮酒,千兵万马同分分,子孙朝踏过后做大官。

五谷当初婆婆置,一种九收无了期。将来座上劝神仙,子孙朝踏过后笑唏唏(嘻嘻)。

三令已周已满,盐字令

盐原出在负州白洞下,谭(船)家撑来到乡下。将来座上劝圣家,子孙朝踏过后笑呵呵。

盐原出在负州白洞深,谭(船)家推来到门前。将钱买来劝神仙,子孙朝踏过后无忧心。

盐原出在负州白洞口,谭(船)家担来到门楼。将来座上劝阴洲(州),子孙朝踏过后盛宜洲(州)。

三令已周已满,鱼字令

鱼原出在深江口,口吃沙,手提罗网满江为。将来座上劝圣家,圣家起筷侠(夹)鱼尾,子孙朝踏过后进真花。

鱼原出在江洞底,口吃师,手提罗网满江拦。将来座上劝圣人,圣人起筷甲(夹)鱼期(鳍),子孙朝踏过后笑【唏唏】。

鱼原出在深江口,口吃洲,手提罗网满江湖。将来座上劝阴洲(州),阴洲(州)起筷侠(夹)鱼头,子孙朝踏过后盛宜洲(州)。

三令已周已满,黄生令

鸡祐元年置黄生,满天下,将来座上劝圣家,家家起筷侠(夹)黄生瓜,子孙朝踏过后进真花。

鸡祐二年置黄生,散满洲(州),将来座上劝阴洲(州),阴洲(州)起筷俠(夹)黄生头,子孙朝踏过后无忧愁。

鸡祐三年置黄生,满天希,将来座上劝神仙,仙仙起筷俠(夹)鱼身,子孙朝踏过后无忧心。

三令完周已满,猪字令

猪畜元年人置猪,散满希,将来座上劝圣家,圣家起筷俠(夹)猪蹄,子孙朝踏过后笑呵呵。

猪畜二年人置猪,散满天,将来座上劝神仙,神仙起筷俠(夹)猪身,子孙朝踏过后无忧心。

猪畜三年人置猪,散满州,将来座上劝阴洲(州),阴洲(州)起筷俠(夹)猪头,子孙朝踏过后盛宜洲(州)。

三令已周已满,完字令

阴亦完,阳亦完,座上圣人饮酒,香炉内里口团园(圆),子孙朝踏过后坐满天。

阴亦完,阳亦完,座上圣家饮酒,花瓶内里口团园(圆),子孙朝踏过后无忧心。

阴亦完,阳亦完,座上圣仙饮酒,水碗内里口团园(圆),子孙朝踏过后进儿孙。

三令已周已满,满字令

阴亦满,阳亦满,坐上圣家饮酒盏里满,子孙朝踏过后满钱粮。

阴亦满,阳亦满,坐上圣驾饮酒口里满,迎上青龙头上牛羊满,子孙朝踏过后福亦昌。

阴亦满,阳亦满,坐上神仙饮酒肚里满,天上天塘满,地下地塘满,子孙朝踏过后笑呵呵。

牛字令

乙丑元年置出牛,神农置出来耕春,满天希,子孙将钱买来座上劝圣人,圣人起筷俠(夹)牛蹄,子孙朝踏过后笑嘻嘻。

乙丑二年置出牛,神农置出来耕田,散满天,子孙将钱买来座上劝神仙,圣人起筷侠(夹)牛身,子孙朝踏过后无忧心。

乙丑三年置出牛,神农置出来耕田,□□□,子孙将钱买来座上劝圣人,人人起筷侠(夹)牛头,子孙朝踏过后盛宜洲(州)。

三令已周满,送圣曲

日子转西圣人思归去,子孙出来留不住。长喉(篌)短鼓送圣家,三者彩旗送圣归本乡。

来时亦有三巡下马酒,去时亦有三巡上马杯。桃花蜜酒斟三巡,斟流台上上马杯。

圣人买马江洲班(斑)花色,十二条红线结龙头。金做马鞍银踏凳,班(斑)竺(竹)同同作马鞭。

九迷山头修不修,九迷山下子孙修。子孙修得九迷山下路,圣驾上马归本洲(州)。

下元曲声

鱼动边人心,摇起花盘随手边。下元歌会,子孙朝踏过后无忧心。

鱼动边人心,摇起花盘随手来。下元歌会,子孙朝踏过后进金财。

鱼动边人心,摇起花盘随手头。下元歌会,子孙朝踏过后盛宜洲(州)。

花盘头上自烟烟,摇起花盘随手边。明书通报花盘九郎曰,子孙朝踏过后无忧心。

花盘头上自济济,摇起花盘随手来。明书通报花盘九郎曰,子孙朝踏过后进钱财。

花盘头上自油油,摇起花盘随手头。明书通报花盘九郎曰,子孙朝踏过后无忧愁。

九郎来,打从龙洲(州)龙县来。人人不知郎出处,正是龙洲(州)龙秀才。

九郎来,打从鱼洲(州)鱼县来。人人不知郎出处,正是鱼洲(州)鱼秀才。

九郎来,打从花洲(州)花县来。人人不知郎出处,正是花洲(州)花秀才。

收了长喉(篌)鼓乐声,子孙朝踏过后无忧心。圣家来者一路来,去者一路去,千年荣华,万代富贵,百无禁忌。

拍板过吾头,子孙朝踏过后无忧愁。拍板过吾脚,子孙朝踏过后天长地久。

设花盘

师父常在,教主长存,花盘头上,关请黄君殿上师父,前世喽啰,后世师【父】,出歌出令师父,出歌出令老尊,常在吾师身前身后。花盘头上关请明鼓一郎,花鼓二郎,长衣三郎,摇铃四郎,拍板五郎,吹笛六郎,清衣七郎,游神八郎,花盘九郎,座席十郎,一同启请,下赴花盘头上。一迎一请,二迎二请,迎来花盘头上。众圣有车存车,有马存马,稽首天和,稽首地和,和得完周,和得完满。备有五巡七盏花盘食菜,献上明鼓一郎,照前圣名一二献完。一同献上,备有花红利市,献上明鼓一郎,照前献。前世喽啰,后世师父,就化钱纸,照前圣名一二献。明鼓一郎,一同献上。领得以(已)周,领得完满。备有衙(牙)盘食菜,献阴在前,献阳在后,子孙朝踏过后,千年荣华,万代富贵,百无禁忌。

分肉吃完,又解令

今日花盘头上,有第一头令,许曰不许曰? 许曰。子孙曰,吹笛六郎曰,拍板五郎曰,老郎师父曰,花盘头上口吃酒,屋楼头上看头上,子孙朝踏过后天久地长。

花盘头上口吃糍,屋楼头上看屋楣,子孙朝踏过后笑唏唏(嘻嘻)。

花盘头上口吃花,屋楼头上看木瓜,子孙朝踏过后笑呵呵。

花盘头上有第二头令,许曰不许曰? 许曰。深山白鸟成群队,天上生鹰打一破,阴散阳不散。水底鲤鱼成群队,黄獭打一破,阴散阳不散。九冬十月歌堂发,十八客姑成群对(队),后生打一破,阴散阳不散。

呐唤三声完。

出游上马诗

日头出岭照曾曾,照见仙娘上马亦上车。明书通报仙娘曰,仙娘上马亦上车。

日头出岭照黄黄,照见仙圣亦上车。明书通报仙圣曰,仙圣上马去行村。

日头出岭照曾曾,照见仙圣上马亦上车。明书通报仙圣曰,仙圣上马去行游。

回庙下马诗

日头落岭照黄黄,照见仙娘下马亦下车。明书通报仙圣曰,仙圣下马亦下车。

日头落岭照曾曾,照见仙娘下马亦下车。明书通报仙圣曰,仙圣下马行村归。

日头落岭照迷迷,照见仙圣亦下车。明书通报仙圣曰,仙圣下马归本家。

诗毕以过,七供诗。

【献】香【诗】

金炉头上白烟烟,仙桃落叶出南香。东道有钱将作福,子孙作福作阴缘。

献花诗

花是佛前清净花,小养花心共吾前。水养花心好供养,九里闻随十里香。

献水诗

水是五龙清净水,流落九江清净溪。水面黄沙水供养,出来厅上更无穷。

献灯诗

五帝置灯三千界,下界凡人培黑光。置灯点火好供养,两面灯架照得万里光。

献瓶诗

置瓶置耳置茶果,三村风浪起颜容。正宜二月偏嫩叶,煎盏新茶劝圣人。

献果诗

置果解茶供养圣,王母仙桃在圣前。王母仙桃好供养,仙桃自落九千年。

献糍诗

珍珠利市神农置,圣前白饭紫罗通。山头上置留七宝,置留五谷养凡人。

七供诗已毕

时在二〇〇六年夏季节庙过后,标魂师的旧书要拿回去,新承弟子就依他的旧书笔落(录)下来也,好在庙堂会中使用。字眼不正,希高师们在庙堂会中慢慢而行,休笑。

滕(誊)抄人:上坝村黄德昌亲笔

十三、庙堂赏兵科仪

【文献提要】

朝踏科仪抄本。牛皮纸封面,内用竹纸抄写,右侧线装。广西富川瑶族自治县新华乡上坝村黄德昌于 1997 年 6 月依照其伯公黄法明旧书抄录。本抄本现藏黄德昌本人处。封面与扉页分别自称"梅林弟子"与"袭教弟子"。文中载录请祖师证盟、统兵、请庙主众圣、置兵粮、戒净、赏兵赏将、收回兵,请兵请圣观看法筵、证盟许/申/答愿、收兵,大启事安奉、置乌旗、收兵咒等仪节,附记祭庙玉皇奏。文中加朱红句读符号与竖线、折线符号,封面与扉页用方形印章,文中间用"黄德昌"私章。

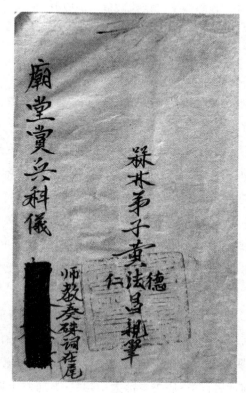

图 8－13 黄德昌抄本《庙堂赏兵科仪》

　　　　　　　　　　　德
　梅林弟子黄 法 昌　 亲笔
　　　　　　仁
　庙堂赏兵科仪　 师教奏硃词在尾

　　　　　　仁
　　袭教弟子 黄德昌　抄闻
　　　　　　法

473

庙堂赏兵科仪

建除满平　定执破危　成收开闭
庙堂赏兵法事

先请祖师证盟

弟子皈叩,本坛黄君殿上师父,黄君坛上老尊,黄公华三郎尊……,各职带来随师护教众位宗师,众位兵将,常在弟子身前身后,身左身右。师父大作证盟,弟子前去上圣位前,齐统兵司,阳赏兵将。兵到有粮,马到有料。师父千叫千应,万叫万灵,隔山叫,隔山应,隔水叫,隔水应,隔湖叫,隔湖应,师父千叫千应,万叫万灵。用阴卦,不来再言

弟子再叩本君坛上黄君殿上仁义法派诸位宗师,诸位兵将,拥护弟子身前身后,身左身右,大作证盟。今则端阳大祭,朝踏祈丰,许/申/答愿,是以早来陛坛启事,旗开千兵聚会,以今法事当行,合宜齐统兵司,阳赏兵将。师父千叫千应,万叫万灵。用阴卦

弟子皈叩仁义法派诸位宗师,众位兵将,关在弟子身前身后,身左身右,拥护弟子,前去上圣位前,齐统兵司,阳赏兵将。兵到有粮,马到有料。请动四山鼓板,阴起阴岳,阳起阳岳。就一其鼓板上圣会前

就统兵座前请启正祭×庙主本部大王,兵一其庙堂土地掌愿三司、把簿判官,兵一其左宫夫人,右宫夫人,后宫夫人,灵济得到(道)二位夫人,兵一其前代开庙司主,后代立庙老尊,前代神长,后代神老,开基立庙有感神王,兵一其敕赐云溪朝显<应>仁王,随来庙主,黄祖伯公仁王,兵一其出兵、入兵、排兵、点兵、统兵毛巡检,部兵杨爷大将,左衙陈相公,右衙黎相公,仁王部下列位威兵,兵一其白马相公虎大王,虎将军,兵一其县主城隍显佑之神,鲁川源主感应石将军,兵一其清洲(州)玉府社令盟君,南角得道沈公八八郎尊,敕封圣妃白鹤仙人,兵一其敕封田仙姑、黄仙娘、淮南得道刘、莫二位仙娘,兵一其西方感应白龙相公,左殿郎君,右殿小娘,兵一其十二罗娘姐妹,引踏先师,引踏仙娘,玉封金先娘,扬马、邓马二将,谢氏

474

夫人、禾花姐妹，兵一其九江龙母，五海龙王，龙宫水府，行雨先师，云雷雨部，风雨雷王三相，兵一其上圣盖天高祖国王父母，兵一其开天盘古五谷农婆，兵一其上圣敕封敕赐有得（德）、有道、有感神通，兵一其上下洞管五十四庙男官女圣，兵一其各姓门中先祖男女众魂，兵一其昊天金阙玉皇大帝，天地水府三官大帝，兵一其四山坛主，五岭七姓都头，兵一其当年太岁致福尊君，兵一其各职带来随师护教众位宗师，兵一其是日朝踏筵中有请合会圣贤，兵一其相公手下，前八万，后八万，八万强兵，十万猛将，前统前齐，后统后齐。就以香炉头上磨起神刀，佩起神剑，搭起一道、二道、三道金桥，通到乌旗队下，齐统兵司，阳赏兵将。兵到有粮，马到有料。

就转回祖师台前，请庙主众圣。座前请启正祭×庙主本部大王，敕赐云溪朝显仁王、尊王，敕封合部威灵文武圣众，一其鼓板下赴乌旗队下，置立乌旗，齐统兵司，阳赏兵将，阴喜阳欢，阴欢阳乐。就到乌旗队下存下众圣，就提香谢开乌旗，将剑刀敕开乌旗，"敕开乌旗令"符。放下乌旗，念闭口法决，置乌旗、台盘，置兵粮马料。抢开一路，扫开一路，隔开五方秽气。置起台盘一路，置起马庄（桩），置麻绳、铁锁，置马槽、马桶、马剪，置兵粮马料。置起统兵旗，召兵旗，排兵旗，置起关粮司主、拨粮老尊。若是六月庙或是求雨，则置云雾，置大小乌【旗】。

置完就提起乌旗踏九宫八卦，左绕右绕。就跪倒，就将同前圣名一二统齐，放下乌旗。一其鼓板回归下马台前，置兵粮。请出五龙法水下来戒净，戒净兵粮马料，不除不净，法水荡净。兵粮头上，变过千千万万，万万千千，千兵开阴口，万马闭阳喉。

就提起一碗糍，就请众圣：

弟子皈叩祖本宗师，前吹后度仁义诸位宗师，诸位兵将，拥护弟子身前身后，身左身右，前去上圣位前，阳赏兵将，守管阴兵，不许兵逃马散，不许兵散马逃。请动四山。一其鼓板阴喜阳欢，阴欢阳乐。踏起鼓，上圣前赏，座前赏起正祭×庙主本部大王，兵一其同前圣名一二赏齐。

赏完，转回祖师台，将禾戒净。禾上"敕九牛开口令"符、"敕九马开口令"符，提起禾头上一转，腰上一转，脚上一转。座前请起正祭×庙主本部大王,敕赐云溪朝显仁王,杨爷大将,敕封合部威灵文武众圣,常在威灵宝殿,阳赏兵司,任赏兵将。兵到有粮,马到有料。皈叩祖本宗师,前吹后度仁义诸位宗师,诸位兵将,常在弟子<弟子>身前身后,身左身右,拥护弟子。今则阳赏兵司,守管阴兵,不许兵逃马散,不许兵散马逃。一其鼓板

前去上圣位前,阴阳阳欢,阴欢阳乐。踏起鼓上座前赏起正祭×庙主本部大王,兵一其敕赐云溪朝显仁王,兵一其杨爷大将,白马相公虎大王,虎将军,兵一其照前圣名一二赏齐,完。

就提起禾下祖师台前,将钞刀左一下右一下,将刀梯(提)起禾。又在(再)请众圣,关师父。一其鼓板,下乌旗,放下钞刀,提起禾,同前圣名一二赏齐,完。

就提起乌旗,左二转,右二转。就收回兵,烧收兵纸。

献纸完,就提归钞刀。座前请启相公手下五寨阴兵,八万强兵,十万猛将,前八万,后八万,一其鼓板安奉乌旗队下,观看法筵,证盟许/申/答愿,阴喜阳欢,阴欢阳乐。一其鼓

座前请启×庙主本部大王,敕赐云溪朝显仁王,部兵杨爷大将,白马相公虎大王、虎将军,敕封各部威灵,文武圣众。一其鼓板回赴威灵宝殿,正座(坐)灵祠证盟许/申/答愿,阴喜阳欢,阴欢阳乐。一其鼓板

再朝鼓板,今则阳赏兵将已竟完盟。各职代(带)来随师护教诸位宗师,诸位兵将,关在各人身前身后,身左身右,各有旗头,各有旗号。一其鼓板回起(去)灵祠注(证)盟法事,阴喜阳欢,阴欢阳乐。就抛钞刀,调鼓的人接到,二人杀一场,退走,就收兵完。

就以香炉头上磨起神刀,佩起神剑,【搭起】一道二道三道金桥,通到敕赐云溪朝显仁王满堂文武殿前,交兵拨将。收兵用阴卦,不来在(再)言。香炉头上拆阴兵,拆阳兵,阴兵交付仁王相公管,阳兵拥护弟子身。各有旗头,各有旗号。阴阳两利,福有所归,百无禁忌。

大启事安奉,置乌旗,又置乌旗法事

先请祖师证盟,先戒净乌旗,"敕开乌旗令"符,左一统,又一统,放下

乌旗,闭口念决。

置乌旗,抢开一路,隔开一路,置起大乌旗一路,小乌旗一路,置起统兵旗,召兵旗,点兵旗,关粮师主,拨粮老尊。师父一置一起,二置二成。起手为罡,倒手为决。罡堂完满,指决完周。就提起乌旗,踏乾为天。就跪倒统兵,座前请起正祭水口庙主本部大王,兵一其照依赏兵,同前圣名一二统齐。

就开路,通到乌旗队下,放下乌旗,完。

又抄收兵咒

咄! 天皇皇,地皇皇,吾起神祇,人物和平。起眼千兵下降,吾倒万圣回源。一起天星现现,二倒地宿明明。太上得道正直道,化作雷霆十万兵。不怕邪神变小鬼,吾师收倒有何难?

咄! 天皇皇,地皇皇,收回兵司守庙堂,黄旗收兵兵马聚,收兵兵将回。敕,收回正祭水口庙主本部大王,一其兵一其鼓同前赏兵圣名一二收完。点齐,揽齐,将剑刀收齐。将剑刀开路。就以香炉头上磨起双(神)刀,佩起神剑,搭起一道二道三道金桥,敕赐云溪朝显仁王文武众圣位前,交兵拨将。金桥头上,兵过不动,马踏不摇。人过人长生,鬼过鬼逍遥,邪过邪神落,不令动作。用阴卦,不来再言。

就上圣位前拆兵。就以香炉头上,拆阴兵,拆阳兵。阴兵交付仁王相公管,阳兵拥护弟子身。各有旗头,各有旗号,百无禁忌,大吉大利。

赏兵收兵已毕。

时在公元一九九七年丁丑岁六月份,依照伯公黄法照的烂旧书笔录下来,后裔儿孙承用。字眼不好,希在庙堂会上改正而行云耳,休笑。

上坝村黄德昌亲笔

祭庙玉皇奏(用银笔)

太上正一～～安职～～　　　　中华人民共和国～～～～～～～居住　　奉
神朝踏酬恩答愿迎祥集福保安众姓神长～～～头首～～～合坊众姓人等谨

具寸诚　上干

圣造言念众信等生居中土忝在人伦符蒙乾坤盖载之恩仗赖神明匡扶之庇
佑重念众坊等祖代竖立某庙地脉钟灵侍奉庙主某某某仙妃为一方之主以
作万代之洪基如今年年瞻仰岁岁皈依祷五谷之丰登春祈秋报农夫常规如
今酬恩答愿众发虔心市备凡仪由是用今公元某年月日吉良仗善于庙启建
太上正一奉神酬恩答愿妙庆一堂行事一昼连宵今则净坛行事善事一中叩
尊证盟咒水洒净法筵请迎圣众光降庙堂受祈凡供情词通申伏望神慈庇佑
一方太圣德匡扶万物兴祭兹酬恩答愿之情大赐方来之福专祈团坊明靖乡
境安宁幸过今冬而岁熟仍祈来岁之丰年前清后荤交荤谢圣化财满散礼送
时行臣谨奏

昊天金阙玉皇大帝御前呈进 恭请

天慈允臣所奏臣了酬良愿人口安乐启平安臣下情无任干冒天威不胜激切
屏营之至谨奏以闻

安年月日吉良

第九章　江华朝踏文献汇编

江华"朝踏"文献共收录科仪本 6 种,包括:

(一)《朝答祖公疏格》,奉居杏藏,道光十六年(1836)十月依照奉法高旧本《朝踏祖公疏格》抄录。

(二)《朝踏祖公书》,奉居杏藏。

(三)《大启(起)事》,奉居杏藏,于 1990 年照旧本师书抄录。

(四)《开僻(辟)》,奉居杏藏。

(五)《下马科》,奉居杏藏,于 1990 年 11 月照旧本师书抄录。

(六)《调踏盘王祖公书》,奉居杏藏,于 2004 年 12 月依照其九代祖公尚湘公法亮之书编抄。

6 种科仪本均藏于奉居杏处,抄本多为师门传承。奉居杏,自称"巫门弟子",法名奉法杰,1947 年生。奉居杏十多岁度身(俗称"度戒"),参与法事活动,三十多岁时即停止该类活动,约行法二十多年,曾祖、祖父、父亲与其本人四代为师公,三子皆未传承其法术。其本人兼与人看风水,也是当地一名赤脚医生。

一、朝答祖公疏格

【文献提要】

朝踏科仪抄本。毛笔小楷书写,书法精美,牛皮纸封面,用棉纸抄写,右侧线装。道光十六年(1836)十月依照奉法高旧本《朝踏祖公疏格》抄录,抄录者不详,湖南江华瑶族自治县涛圩镇新沐泽村奉居杏在旧本外加封面、封底重装。现藏奉居杏处。封面自称"巫门弟子后裔",封二记录朝踏祖公的十大师公:主坛师、令师、坐席师、白虎师、正官师、左官师、右官师、安龙师、粮(穰)星师、倒旗师。正文前有目录,文中载录祖公牒等二十种文书格式,格式排列整齐规范。

图 9-1　奉居杏整理本《朝答祖公疏格》

朝答祖公疏格

巫门弟子后裔奉法杰整理

朝踏祖公有:主坛师、令师、坐席师、白虎师、正官师、左官师、右官师、安龙师、粮(穰)星师、倒旗师。

道光十六年丙申岁孟冬月,玄门弟子奉法铭照依法高旧本誊抄《朝踏

祖公疏格》

一本,人天应用。

奉法铭拙笔记

目　录

朝踏祖公牒

太上三元朝会歌踏答愿道场所　　本坛今据

大清国～庙下居住奉

祖公歌踏酬愿保吉子孙厶厶合众房子孙等谨露凡诚冒干

洪造言念子孙等投词拣用厶年厶月厶日吉良命师巫流入祠启建

筵（延）生歌踏道场兴行法事通迎圣众祖公恐虑　　天高地广圣府逍遥凡信难通理合移文遍请施行须至牒者

一牒请

卑州石羊县九玄七祖父母家先　位前　三祖母田龙魂先祖　位前

十二游师太白少生儿郎　位前　尊婆父母千岁老人　位前

前宅后宅姑娘叔伯祖公　位前　前队后队罗娘姐妹　位前

前衔后衔少辈儿郎　位前　十二罗娘踏堂仙女　位前

十二包王长衣三郎　位前　十二游师鼓板儿郎　位前

十二强兵吹笛六郎　位前　十二部天尊指坛父母　位前

青衣童子坐席官长　位前　奉尚书官千岁愿头九郎　位前

楼上楼下五男二女生郎　位前　本音门中先祖内外众魂　位前

随行香火灶君龙神　位前　靖坛三教文武高真　位前

恐有盘结之处不得阻滞前去卑州石羊县关请　祖公答愿拣选大利厶厶时光降齐赴歌乐朝踏道场增长威光遍请诸案院前须至牒者

三界值日受使功曹

右牒委　云中教主走马三郎　一合准此

祠堂土地里域政神

太上九天金阙门下何侯道流释三元拷招秘箓行灵宝大法师遣

鬼事臣奉法铭　　同坛歌令师臣厶厶　花押

恭请

法主上杨苏仙刘公元帅　在牒证盟

阳界牒

入乡贯　暨领众房子孙等　谨露凡诚冒干投词取今厶年厶月厶日吉良仗师入祠启建

太上三元朝踏祖公酬恩赛愿道场三昼三宵恐虑　天宫地远凡信难通理合移文遍请施行须至牒者

　　　　一牒请　　　　　　　　　　　　　　二牒请

上古前朝国主三皇五帝　御前　系祭兴隆度州二庙本部大王　位前

盖天高祖国王父母　位前　轸近度州寺灵官土地　位前

开天盘古混沌大帝　御前　付近江州石角二庙本部大王　位前

伏羲神农五谷婆婆　位前　清神仙姑二庙本部大王　位前

始祖开基黄赤二帝　位前　归龙福城庙主本部大王　位前

扶灵筐竹三楼圣母　位前　白云盐冈二庙本部大王　位前

五岳四渎名山大川　位前　石柏栏江二庙本部大王　位前

五通贤圣灌口二郎　位前　牙梳太平二庙本部大王　位前

敕封南岳忠靖尊王　位前　开井大岗二庙本部大王　位前

长标德道李圣尊王　位前　长安五龙二庙本部大王　位前

敕封有德有道有感王侯　位前　岩口香竹二庙本部大王　位前

敕封云溪朝显仁王　殿前　楼子庙主本部大王　位前

县主城隍仰二圣浮惠大王　位前　苦竹寺观灵官土地　位前

天地水府三官大帝　殿前　平石立石二～　位前

九江龙母五海龙王　位前　赤水鉴口二庙～　位前

田曹行雨白龙相公　位前　红水沙平二庙～　位前

云雷雨部风伯雨师　位前　红花入马花楼三庙大王　位前

青州玉府社令盟君　位前　岭下大庙本部大王　位前

七州洞府诸庙仙娘阳间嗣典王侯　位前　回龙下马安乐矮山本部大王　位前

统兵毛巡锦部兵杨大将五十四庙大王　带头狮子九川蛟龙四庙大王　位前

各家侍奉九玄七祖三天圣母道流二教　井口源口五方佈种田园土地水脉龙神

各家门中先祖靖坛三教文武高真　今年太岁四山坛主船中子弟兵

马　位前

　　右仰　　神威遍请诸府案前尽数祗迎列位圣神牒限厶日齐赴道场期日逍遥惟

　　神正直火速奉行须至牒者

　　　　　　　　三界值日受使功曹

　　　　右牒委　云中教主走马三郎　一合准此

　　　　　　　红门土地里域政神

天运 厶 年 厶 月 　厶 日吉良牒行

　　奉行具全职　　　　　奉法铭

　　　　　　　同坛歌令师厶厶　花押

　　恭请

法主上杨苏仙刘公元帅　　　在牒证盟

镇坛榜

大清国湖南~　　　　　　　厶庙下居住奉

祖公朝踏酬愿保吉子孙　　　　厶厶 众房等

　　　投词拣用今　厶厶　日吉良命师恭就　祠堂净扫尘居依科朝会俵扬赞咏先祖灵魂　上酬洪造下答愿心今者起建坛场兴行法事商虑外来邪鬼听今修奉　更有百鬼不许聚众为恶如有聚众为恶干究

　　　右仰诸神将吏申告太上老君前斩后奏依法主令施行不许生事如有生事吾奉　三元护坛谨把逊天真欲令严肃须至榜者　　右伏以

　　　橘绿垂金记取一年之美景梅花吐玉晚回万【?】之心春世事徒往人千善逢坛场而法会张挂谨榜科仪了答愿心鸣锣动鼓歌俱是太平酬恩赐富福果满堂

　　　右榜晓谕鬼神通知

天运 厶 年 厶 月 厶 日吉良子孙列名

　　　　　　　香灯使厶厶

　　　　　　　茶酒使厶厶

同坛师厶厶

具职　主师　奉厶厶　花押

恭请

法主上杨苏仙刘公元帅　　　在榜　证盟

踏鬼小榜

祖公朝踏酬愿保吉子孙　　厶厶　　合众房子孙谨露凡诚冒干

洪造言念子孙等投词取今厶年月日吉良切思先年启许歌堂朝踏良愿多蒙

圣德护保多年知恩有感良愿当酬命师恭就　　祠堂启建

太上三元歌踏朝会酬恩赛愿道场本坛据此来词降己疏申

帝庭祈肯以是日宵作福法律合行出榜须至榜者　　右伏以

　　瘟徒赴会好登圣境以遨游滞魄承缘宜往仙邦而玩赏见此榜文早回心

意齐离道君并去杨州逍遥不已快乐有余故榜　　右榜晓谕　　鬼神通知

　　花船齐棹任遨游　　未到还家不肯休　　且受三杯和睦酒　　熏熏醉色上

杨州

　　　　　　　　　　　　　　下年月具职

恭请

法主~　　　在榜　证盟

入鼓疏

入乡贯　　　　　　　　谨露凡诚冒干

洪造言念子孙等生居中土命属人伦蒙　　天地生成之恩赖

祖公照临之德重念子孙等自从祖代以来承奉　　九玄七祖父母家先十二部

天尊罗娘姐妹在　　祠安居镇宅辅政驱邪匡人利物护保人财自于先年切见

家徒坎坷人物不安因病在身畜财耗散吉少凶多无方可靠有　　祖公皈投命

师恭就　　家堂叩许朝踏保命良愿一宗果蒙　　圣佑托仗扶持是以子孙大发

诚心市备凡仪用今天司玉历大利厶年月日吉良命迎巫流恭□□□□□

□□□□□文牒仰仗神□圣驾□□道场献陈凡供情意喧知师童法友依科

485

礼拜星君度免凶星会乐七州仙娘照用吉时古板转坛伺候朝踏　九玄七祖
父母家先赞咏先祖灵魂五十四庙位前增长威光　上酬洪造下答愿心金书
注足玉历钩销化财满散奉送时流具疏表扬伏望　祖公受记　母田昭彰更
祈歌踏酬愿向后真保信士合家平善男女生成大财健旺小畜成群田蚕双进
万事亨通官非不染火盗不生时流逐外住宅荣昌凡诸运用全赖恄懪之力以
今踏歌酬愿完明须合具疏上申

闻者

　　　右谨具疏　　　百拜上申

上千(签)游师名　　　十二条　　　天运丙申厶月日吉良具疏上申

则(择)时疏
定时疏用年生旺奉姓用

　　乡贯同样

祖公养育之德再念子孙等本姓羽音属水长生在申帝望在子临官在亥墓在
　　辰胎在午养在未祖代以来侍奉　九玄七祖父母家先三祖母田龙魂先
　　祖十二部天尊罗娘游师太白少生尊婆父母十二鼓板儿郎强兵猛将在
　　家安居镇宅匡人利物办者利年朝会未办者推过是以子孙先年轮至厶
　　家拜许歌踏

祖公良愿一堂每年拜伸保庇子孙平盛德蒙感格当报洪恩市备凡仪用今拣
　　选天司百牛金鸡玉历本音大利厶年月日时子丑二时阴阳宜利良时厶
　　日黄道吉良先用厶日建坛启事法事兴行清筵以满迢呼鸡鸣紫柏吉时
　　以至仗师具疏通闻

祖公交荤谢　圣依教奉行请齐祖公众圣鼓板上坛伺候引出□□□□
　　□□□□□□□□□□□□□□□乐期日完满时用午时奉
　　送洪休伏望　祖公受记父母垂祥向后子孙阴阳欢喜共享太平人丁大
　　旺百子千孙耕种倍稔饱食暖衣夫妻清吉男女生成官灾不惹火盗不生
　　时流远去他方招财进宝富贵荣昌百般胜意万事昌隆以今告闻候时酬
　　谢完明须合具疏上申

闻者　　　　　右谨具疏　　　　百拜上申

会上九玄七祖父母家先愿头九郎　位前　三祖母田龙魂先祖十二部天尊十二游师　十二罗娘姐妹踏堂仙女　位前

　　　十二楼上楼下尊婆父母十二强兵鼓板儿郎　前传后度则时则候老尊天运厶厶年厶月　　　日吉良保吉子孙合家等具疏百拜上申

钱　单

　　投词取用今厶日吉良仗巫入家修建　祖公歌踏道场上酬洪造下答愿心俵扬奉送时流保安人眷以今完满备到会上金银信仪献上会中请降　圣贤除已开具数目于后

九玄七祖公婆父母家先一大(打)金银一千二百张

十二部天尊罗娘姐妹一大(打)金银一千一百张

门中历代先祖男女众魂一大(打)金银一千二百张

周天星主万象星君一大(打)金钱九百张

合众大小本命元辰星君一大(打)金钱九百张

五方五帝司命灶君金银钱九百张

驴(间)山大判都簿九郎一大(打)银钱三百张

靖坛三教文武高真一大(打)银钱七百张

系祭当方庙主本部大王一大(打)金银二百张

七州仙娘社令盟君一大(打)银钱三百张

上下寺观灵官耕种上里土地一大(打)金银七百张

各职带来随身护教祖师一大(打)金银六百张

会上分债金银大事者此间土地四百张

　　右仰三界功曹分俵金钱大使者兼同当界土地里域政神逐一焰钱单数目信仪献上会中圣贤请领信仪专庇善功完满福果早成俯赐加护谨单

　　　　三界值日分俵信仪大使

　　右单仗　　　　　　　　　　　　　　一合准此

　　　当方当界土地里域政神

487

天运厶厶年月　　　日吉良谨单　　　具职

　　恭请

法主上杨苏仙刘公元帅　　　在单 证盟

推关一纸

洪造言念子孙等投词拣用今厶年月日吉良命师入家启建筵生朝会道场兴

行法事尤虑　祖公圣府天宫高远凡信难通理合移文关请施行

　　　九玄七祖父母家先位前　　十二部天尊罗娘姐妹位前

　　　侍奉驴(间)山都部九郎位前　　门中先祖男女众魂位前

　　　靖坛三教随行香火宅灶龙神位前　　委状神吏遍请

祖公诸府院前定厶日厶时齐赴凡筵受祈鼓乐赞咏朝踏了酬愿心增长威光

惟　　　神正直星火奉行须至关者

　　　　　　云中教主走马三郎

　　右关仰仗　　　　　　　　　　　　　　　　　　一合准此

　　　　　　　红门土地里域政神

天运 厶 年 月 日吉良关行 具职花押

　　恭请

法主上杨苏仙刘公元帅　　　在关　证盟

星辰疏 言念同

日月星临之德重念子孙 厶厶 自述本命 厶厶 建生上属中土北斗七元星

　　君宫下一切今年以来大小男女星辰吉少凶多运限乖疏梦想颠倒少见

　　太平用今 厶 年 厶 月日吉良祖公会上告禳北斗礼星道场请迎　星官

　　众圣下赴道场受乞凡供诵念北斗妖经礼拜太上禳星银河宝忏一部消

　　除凶星专为一家大小男女康泰四季八节无忧各身清松之秀福禄寿星

　　同臻凶星退位禄马开通南宫注寿北斗除灾大财壮健小畜森罗官非火

　　盗永消门庭清吉宅舍兴隆凡诸运用全赖帡幪之力今则告禳完满礼合

　　具疏　　　闻者　　　右谨具疏　　　百拜上申

会上周天星主万象星君　　　会上十一曜北斗七元星君

天地水府三官大帝　　　会上合家男女本命星君

大小男女运限星君　位前

星慈俯垂　　以闻谨疏　　　　　　下年月

灶君札

祖公朝踏赛愿保吉子孙 厶　　　合家等自以远年启许朝<踏>兴崇法会
上□洁净坛□恭迎圣驾引尊□□礼拜星君朝踏祖公末三分交荤谢　圣歌
乐城本部赞咏先祖灵魂礼送时流具疏俵扬化财满散损（负?）行牒报诸司
申闻师省具帖天庭祈恩颁降外以今法事完毕理合移文帖付住宅土地司命
灶君正神日后驻香坛兴隆利物匡人福有所归

　须至帖者　　下年月吉良谨帖　右伏以　　右帖札付住宅九天管口五
方司命灶君此

祥前事理乞念皈职掌龙脉之尊位座宅堂之主迎财集福去祸除灾显远聪明
之主正直之威辅正除邪招财进宝龙神拥护山水万代相迎宜利子孙之福利
嗣续生成夫妻和顺官非不染灾害不侵有此威灵宜合迁赏谨帖　　　　　具
职花押　　恭请
法主上杨苏仙刘公元帅　　在札　　证盟

启师疏

洪造言念子孙等祖代侍奉　九玄七祖六部天尊罗娘姐妹曾于厶年命师恭
就家堂拜许朝踏良愿一中(宗)保固至今音郡以逢合当酬赛是择用今厶年
月日吉良预日结彩宿楼命仗巫流装筵法会启建朝踏祖公赛愿道场三昼三
宵先仗功曹牒报是夜今时众师法友升坛启事行罡咒水开僻（辟）五方搭架
金桥请迎　圣驾光临献陈凡供词意通知阐行法事上分引尊证盟禳星告斗
妥谢龙神会乐仙娘姐妹停献三牲钩销良愿整齐鼓板交荤谢　圣大用吉
时　祖公出位栏台下车下马习舞道遥引上黄金宝殿歌令赞扬兴行法事鼓
板转坛伺候法事将周收旗罢鼓门外化炼信仪都申满散今则道场初启理合

具录通申　法主证盟师真感应匡扶弟<子>会上开山演教历代祖本宗师
位前　恭望

　　教慈俯垂　　洞鉴谨疏　　下年月

谢师状起函安职　　具职先

诚惶诚恐稽首顿首再拜上言　佩奉　何侯之教滥行三元之科来词所为子
孙等祖代侍奉　　九玄七祖罗娘姐妹保人利物抚富扶贫先年许愿今岁酬
还是以卜今厶年月日吉良满散所以尤虑道场香灯简慢排供稀微参礼不周
不恭不敬写书文字纸粗墨淡字体斜偏排倒乱语字句不真行移演教舞手蹈
足种种罪过冒渎　圣贤罪积千愆无由消释须录眛罪墨状一函右谨上诣
会上开山演教历代祖本师　　位前呈进　　　恭望
教慈恕罪释愆海涵向祈弟子法常转香火兴杨(扬)谨状谢过　　　下年月日
吉良具状上申

太岁札

祖公朝踏赛愿保吉子孙厶厶合家等是以取今厶年厶月日吉良启建
太上三元调踏祖公答愿求福道场一供二昼二宵巫流依教阐行法事击鼓鸣
　　锣喧天动地敬请值年太岁致福尊君来师道场证盟善会以今良缘果满
　　法事将周合具牒文仰烦大帅统领部下一切威星退回善地解恶成群并
　　驱外道邪妖五瘟使者六洞魔王孤魂诅咒远去他方留恩赐福永保安宁
　　须至帖者
　　　右帖付地祇都天太岁统煞禀令启郊元帅尊君准此
　　下年月　　　具职　　花押
法主上杨苏仙刘公元帅　　在札　　证盟

七祖疏

祖公庇佑之德重念子孙等祖代以来侍奉　　九玄七祖父母家先十二部天
尊罗娘姐妹在家安居镇宅辅政祛邪匡人利物不期厶年敬为厶人星辰不顺

因病在身五方可叩有　　祖公皈投命师入家曾于先年ムム日吉良许起朝踏良愿一堂蒙恩至今音郡以逢是以子孙忖思前愿有感理当酬赛大发诚心市备财仪用今拣选司天玉历本音大利ム年月日吉良命仗巫流入家起建太上三元筵生歌踏酬愿道场兴行法事仗师叩　尊证盟咒水戒净坛场开辟（辟）五方搭架金桥恭迎　祖驾下赴道场日夜兴行法事上夜以来安龙妥宅引尊证盟礼拜星君度免凶星会乐七州洞府诸庙仙娘交荤谢　圣定时画阴鸡拍唱大用吉时依教奉行起鼓转坛引出三天门下栏台下车下马引上黄金宝殿普献凡仪依科唱起三五七巡歌令歌词赞咏曲语俵扬末三分散词歌语朝踏城隍本部赞咏先灵魂增长威光上酬洪造下答愿心金书注足玉历钩销具疏俵扬番襄百口奏送时流门外贡化信仪设申完满福果早成伏望　祖公受记父母昭彰更祈答愿之诚大赐方来之福专保合家清吉男女长成子孙昌盛富贵荣华田蚕双进耕种丰收牸畜财物成群火盗官灾不染千般遂意万事称心凡言不尽全叩默佑以今歌踏完明须合具疏上申　上迁十二条　下年月日吉良信士子孙等具疏上申

安龙疏

洪造言念福主子孙 ムム 先年在家拜许朝踏祖公妥谢良愿一宗蒙保至今前愿当筹是以用今ム年月日吉良启建

□□□□□□□□□□□□□□□□□□□□□□□□□帖付五方具疏俵扬伏望　龙神归位　八将还方山和水秀宅堂兴隆生贤出贵进业添丁求谋遂意万事吉祥凡言不尽礼合具疏上申　会上土府九垒甄皇大帝府下御前下年月

四山帖

太上三元院司　今据

湖南~　　　　庙下居住奉

祖公朝踏酬愿保吉 ムム　合众等~　以取用今ム年月日吉良启建太上三元朝会歌踏酬愿道场一供法事完隆合具帖文一道给付祖公部下四

山兵马拥护家门人财两利或有冷坛四山五岭都头在此观看良缘同享歌乐完满各回原所本坛坐留赐福留恩保佑子孙房房昌盛族族荣华人安物阜畜养森罗百般遂意万事亨通有此感灵合赏谨帖

　　右帖付四山坛主五岭都大将准此

下年月日吉良帖行　具职　　　上杨苏仙刘公元帅　　　证盟

事意格

　　奉行　　　　　　　太上九天金阙门下何侯道流释三元拷招秘箓行灵宝大法司遣鬼事臣奉法铭诚惶诚恐稽首顿首俯拜上言　具为　　　大清国~坊厶厶居住奉

祖公歌踏酬恩赛愿保吉福主子孙厶厶　　合众房等即日沐手焚香愚诚冒渎

　无息无虞苍苍众　圣非容非像荡荡群真　虽九玄而浩渺赖　七祖以

　威灵有求即应无愿不从人录来词愿垂　祖德意者言念福主子孙祖代

　侍□□□□□□□□□□□□□□□□□□□□□千岁愿头九

　郎安居镇宅辅政驱邪匡人利物护进家财所为先年以来近因福主子孙

　星辰不顺命运逢凶曾于先年厶月厶日命师恭就　家堂祖公座前叩许

　朝踏保命大愿一宗逐年荐伸感蒙祖佑恩庇至今初心不负　右伏橘绿

　橙黄正是酬恩之景松青竹翠理当答愿良辰是以拣择音郡大利厶年月

　日吉良命迎巫流法众入家启建

太上三元歌踏朝会酬恩赛愿求寿延生道场三昼三宵巫师领词虔切依科奉

　行先仗功曹牒报　阜州石羊县拜请

　九玄七祖之圣众逢迎　三界四府之群真光降道场升登座鉴纳香斋来词

　喧知事意通闻愿垂　圣听俯鉴微诚引尊(遵)法事上分引尊证盟告禳

　北斗礼谢星官诵经礼忏安镇龙□□□□□□仙娘赞咏八所游神奠献三

　牲末筵交牢谢□□□□鼓板笛韵歌词定时飞白大用吉时祖公出位戏舞

　逍遥栏台下车下马引上黄金宝殿安登彩阁花楼兴行鼓板转调踏歌词赞

　咏曲语赞扬　上酬洪造下答愿心金书注足玉历钩销愿似月圆福从天降

　法事周隆倒旗罢散鼓送拜　圣慈于门外化奉仪钱俵愚衷大伸满散伏望

千真洞鉴　万圣昭彰鉴今赛愿微忱乞赐无疆之福思酬旧悃福降新祥专保福主众房子孙昌盛富贵荣华财如泉涌福似云兴人丁兴旺似螽斯财畜森罗如瓜瓞孳生大旺百彘成群田禾丰熟仓库满盈家生贵子世出英豪生男则聪明智惠(慧)文章盖世刚柔相济出类超群生女则颜容绝世罗绮生香再愿　月朗风清时听金鸡之唱更深夜静勿闻玉□□□□□□□□□□□□□□□□□□□□□□□□□尧天之下常沾雨露之恩右臣与福主子孙等下情无任之至须录求意百拜上申

大榜格

太上三元秘箓司 启建　　祖公歌踏朝会酬恩赛愿迎祥集福消灾延寿保安人物兴隆道场镇坛榜示　　今据湖~庙下居住奉

祖公朝踏酬愿保吉福主子孙ムム合众房等谨诚意竭力倾心冒干

七祖九玄上圣三界四府群真罪积丘山赦免平地言念福主子孙 ム 远年有愿恩保至今此际律应阳回橘以垂金福酬恩之景时逢阴别梅将吐玉子孙答愿之时所以拣择阴郡大利申年仲冬月ム日黄道吉良预日命匠雕彩花楼巫师装筵满座飞吊上奉　祖公严令给付榜文张挂晓谕子孙人等虔诚斋戒洁净身心临坛伺候莫道　九玄而浩荡常怀　七祖以钟灵虽乃视之而不见祷则有灵听则而五声祈即有应凡在明中祷叩阴从暗里扶持又谕闲杂人等致日临坛男女聚会观看良缘务宜慈悲正直礼乐谦恭但欲敬信专来者以其进也倘有故意冲突者戒而警之醒辈可乃自惩秽污由当回避阳有亵渎阴律难容晓谕魔王咒诅异怪妖精六道四生孤魂由子若到坛前门外善乐旗杆橱下戏舞逍遥勿得刁鸡弄犬藐法为非紊乱歌堂如违仰差值坛神吏禀告　祖师准奉　太上老君律令治罪施行须至榜者　　右榜晓谕　　鬼神通知

下年月　　职押　　恭叩

十二天尊牌名

奉王天尊引踏先师　　李王天尊班(斑)衣赤领

盘王天尊罗娘姐妹　　　包王天尊十二游师

神王天尊鼓板儿郎　　　高王天尊转踏先师

任王天尊尊婆父母　　　邓王天尊太白儿郎

唐王天尊少生二郎　　　廖王天尊大王酒使

周王天尊记簿官长　　　黄王天尊千岁老人

踏鬼大旗语

□□□□于在先年命师恭就家堂拜许朝踏祖公良愿一宗□□仗赖扶持知
　　恩有感幸逢音郡以来大会之期各凑财仪答在总会道场通共酬谢理当
　　答谢迎接愿心奉安众会宝楼是日斋酬答不负初心以取用今皇上……
　　吉良命仗巫流恭就家堂叩尊证盟咒水戒净凡供委仗功曹请迎　祖公
　　众圣……

朝踏祖公圣目请卑州石羊县一条　金阙三清大道一条　上古前朝一条
　　中天星主一条　家奉香火一条　阳间列圣一条　三其门外一条　弟
　　子带来一条

坐坛法事请卑州石羊县　香火阳间　迎上献酒唱五洞主赏奥化钱完

前代阴厨后代阴厨使　位前

明亮厨使石常黄十九郎　位前

厨内烧火童子走使厨判官　位前

厨内筹手文手拨手秤手　位前

房门土地里域政神　位前

九十九代厨使判官　位前

二、朝踏祖公书（全本）

【文献提要】

　　朝踏科仪抄本。毛笔小楷书写，牛皮纸封面，用棉纸抄写右侧线装。
无抄写时间与抄写人，湖南江华瑶族自治县涛圩镇新沐泽村奉居杏在旧
本外加封面、封底重装。现藏奉居杏处。奉居杏，自称"巫门弟子"，法名

奉法杰,1947年生。奉居杏十多岁度身(俗称"度戒"),参与法事活动,三十多岁时即停止该类活动,约行法二十多年,曾祖、祖父、父亲与其本人四代为师公,三子皆未传承其法术。其本人兼与人看风水,也是当地一名赤脚医生。文中主要载录朝踏祖公各仪节所用歌曲韵语,"朝踏祖公法事"一节详细叙述了朝踏祖公仪式全过程,文末画有众房子孙符等七种符图。文中加朱红句读符号,各仪节或歌曲用不同红色曲线标示。

图9-2 奉居杏整理本《朝踏祖公书》

弟子奉法杰整修

朝踏祖公书(全本)[1]

十二年踏祖公[2]

---

〔1〕 此题由奉法杰整理时拟定。
〔2〕 此为原封面题目。

十二年朝踏祖公[1]

藏身歌

有理无理香炉上,香炉脚下起歌声。

混沌当初无日月,亦无年月亦无春。

百草生时春便到,叶落枝枯秋到年。

三司殿前结裹使,黄衣义下变吾身。

周王当初置道场,三皇伍(五)帝置凡人。

卑谷二年有头九月九,天师留教至如今。

太上老君置铃教,三藏出世置师人。

三召(朝)生我香炉上,三召(朝)生下香炉边。

当初不是郎情愿,生下三朝命属阴。

本师属金属我水,金水相生得万春。

鸡子学啼世接世,不认香炉断火烟。

合家口吃三尊饭,身着西川两国绫。

一娘赐吾罗仙带,二娘赐吾紫罗衣。

三娘四娘来装裹,装呆(裹)吾师切切新。

三尺红罗做冠带,四条仙带挂吾身。

今朝打随五龙摊头过,五龙吐水洗吾身。

洗得吾身清净了,当厅祇后好家仙。

龙坐桥头勒起马,勒起马头变吾身。

阳魂脱下香炉上,阴魂速速上吾身。

今朝打随梅山十洞过,看见梅山变吾身。

鲤鱼其□郎身变,化作梅山十洞神。

八月禾□着装呆,白芒不出着包身。

大锹铲堘簿落过,□不龙屋不拖拽。

口曰眉毛人不信，当厅问卦讨双阴。

藏身化身得子当，别无久住起歌巡。

扫洗缴幕使

三司殿前擩洗使，手提法水洗厅前。

前厅后厅尽洗了，别无秽浊屋中心。

三司殿前缴幕使，加前三日去缴厅。

缴幕不认粗麻布，西川罗锦做台堂。

殿前垂帘幕挂使，垂帘挂幕绕台堂。

上有垂帘尽挂幕，一似桃园花叶垂。

请神献供歌

三司殿前请神使，请得男神请女神。

男神女圣齐请尽，回归楼上请家先。

三司殿前引神使，引上男神引女神。

三司殿前排神使，排下男神及女神。

男神女圣尽排了，回归楼上排家先。

三司殿前和神使，回归楼上和家先。

三司殿前参神使，参拜男神参女神。

男神女圣尽参了，回归楼上参家先。

三司殿前参见使，参见男神见女神。

男神女圣尽见了，回归楼上见家先。

三司殿前献香使，三司殿上劝香宜。

明香出在南风岭，将养白藤身上希。

子孙做福香为礼，将来座上劝祖公。

三司殿前献花使，三司殿上劝花宜。

花迎出在桃园洞，四时不落叶四时垂。

子孙做福香为礼，将来座上劝祖宜。

三司殿前献水使，三司殿上劝水宜。

水是五龙清净水，流落九江清净溪。

子孙作福水为礼，将来座上劝祖宜。

三司殿前献灯使，三司殿下劝灯宜。

油麻菉（绿）豆乌奴置，鲁班置榨打漶真。

子孙作福灯为礼，将来座上劝祖分。

三司殿前献茶使，三司殿下劝茶宜。

茶芽出在袈裟岭，三春大浪起容真。

子孙做福茶为礼，将来座上劝祖公。

三司殿前献果使，三司殿下劝果宜。

门前有苑果子树，四时不落四时垂。

子孙做福果为礼，将来座上敬祖公。

三司殿前献茸蔗，三司殿下劝蔗宜。

园中便有茸蔗树，青青绿绿叶垂垂。

子孙作福茸蔗放，将来座上敬祖公。

三司殿前献盐使，三司殿下劝盐宜。

白盐出在贺州县，谭（船）家撑过海中希。

子孙做福盐为礼，将来座上献祖公。

三司殿前献鱼使，三司殿下献鱼宜。

鲤鱼住在深潭底，手提罗网下江围。

子孙做福鱼为礼，将来献上祖公位前。

三司殿前献糍蔗，三司殿下劝糍宜。

糯米当初神农置，司空路出白如雪。

子孙做福糍为礼，将来座上敬祖公。

三司殿前献食使，三司殿下劝食宜。

开天立地人置肉，置留四脚洪州希。

清浊排筵百般有，姑娘姐妹尽参齐。

子孙做福肉为礼，将来座上劝祖公。

三司殿前献鸡使，三司殿下劝鸡宜。

己酉二年人置出，宅前宅后吃白米。

子孙做福鸡为礼，将来座上劝祖公。

请鼓笛歌

走马提刑歌转韵，黄龙启笔唱归愁。

三司殿前请铃教，三司殿下请铃教。

铜铃出在铜州界，将来祇后（祗候）祖乃头。[1]

三司殿前请牙掌，三司殿下请牙头。

牙掌当初黄杨木，鲁班修铲滑如油。

吾师提来多使用，将来祇后（祗候）祖乃头。

三司殿前请卦主，三司殿下请教头。

教主当初天师置，鲁班修铲滑如油。

吾师提来多使用，将来祇后（祗候）祖公前。

三司殿前请管笛，三司殿下请管笛。

管笛当初白竹笋，曾根生起尾抛留。

子孙扔来剐七口，六郎吹发打人愁。

子孙提来多使用，将来祇后（祗候）祖公前。

三司殿前请五掌，鲁班修铲滑如油。

五掌当初是五只，三司殿下请五郎。

三司殿前请鼓板，三司殿下请长侯。

长侯当初是梓木，生在青山高岭头。

子孙曰着抬鼓事，利磨斧头上岭头。

土毛岭头有梓木，子孙倒来做长侯。

女娲做匠出尺寸，鲁班修铲滑如油。

----

〔1〕　祇候：即恭候。

长侯当初六尺二,盘古出记开长喉。

麻州出麻挫鼓索,铁州出铁打弯钩。

羊州出皮来挽鼓,羊皮挽鼓气□□。

熟水黄泥两边□,盘古出记两人抄。

长喉当初十二只,琶声不赛鼓声愁。

曾方曰唱鼓着事,一人摁起一人唱。

子孙将来多使用,将来祗侯(候)祖公前。

定时歌

吉时到吉时到,殿上三尊不当睡。

殿上三尊尽齐整,连炉法友不当睡。

吉时到吉时到,十部天尊不当睡。

游师猛将尽齐整,罗娘姐妹不当睡。

吉时到吉时到,百二十房子孙不当睡。

东君福主尽齐整,叔孙子媳不当睡。

吉时到吉时到,长喉短鼓不当睡。

长喉短鼓尽齐整,黄竹二管不当睡。

吉时到吉时到,白鹤仙人不当睡。

罗隐秀才尽齐整,吕公先生不当睡。

放下罗盘定子午,抛掸钉车更不多。

定时令

子孙门前有莞蕉/花/葱,曾根生起尾绫罗,则时则后[1]是天鸡/白鹤/鸡公。

三令完周,三令完满,纳在前代喽啰师友、后代喽啰老尊,纳在则时则

---

〔1〕 则时则后:即"择时择候",选择好时间。

候老尊,定口老尊位前,有进无错。

祖公出位口号

黄路到,白路飞,殿上三尊尽齐整,连啰法友尽参齐。

强风到,乌云飞,十二部天尊尽齐整,罗娘姐妹尽齐参。

龙象到,白马飞,东君福主尽参齐,百二十房子孙尽参齐。

麒麟到,老虎走,黄笛二管尽齐整,长喉短鼓尽参齐。

苗儿到,老鼠飞,时白到,八白齐,大时到,吉时齐,凶星退,吉星齐,殿上三尊尽齐整,曾听吾师铜铃肚理(里)作为祈。

靖声:祖公出位,听吾师嘱咐,铜铃响三声,笛仍答三声,短鼓仔响三声,长鼓三拳,子孙方从出声。抬号就踢鸡,动身左迎三转,右迎三转,飞鸡,吹祖公出楼,黄金宝殿吹起,子孙吹豪吹富,荣华富贵。

谢哺午时发书请,使者行书入阴州/卑州。

去到阴州/卑州砦下立,判官备马祖公骑。

盘古置天婆置地,置流三首入门诗。

三首入门尽唱了,鼓乐嘈嘈引上厅。

三祖来时早了早,来到门前门不开。

绕门三转踏成牛梯凡,手攀门不滑如油。

三祖来时早了早,来到门前门不开。

明书通报门首三司曰,隔门僻(辟)过锁□来。

三祖来时早了早,来到门前门正开。

左手挨门门闪动,右手挨门户闪开。

七唱词

香炉头上白云烟,仙桃落叶海南边。

东君有钱将做买,子孙买来做因缘。

花是五龙清净水,水养花心叶不红。

水养花心花瓶里,十五理(里)远闻口里香。

水是五龙清净水,流过岭南山下边。

灯水三

次灯上烛三千界,下照凡人□黑光。

明亮登台一双照,明亮登台照厅光。

菓(果)五

白果置茶供南圣,王母仙桃在圣前。

王母仙桃果供养,圣人喧桃饱三年。

置瓶还有置茶果,三春大乱颜金容。

自从过后偏嫩叶,煎盏清茶劝家先。

珍珠粒玉神农置,圣前白饭似如汤。

七台头上置七宝,置留五谷养凡人。

插　令

来来详申报,过厅申报,愿师主、把瓶酒使、明亮法尊、改令秀才,当初人人经过驴(间)山学堂,驴(间)山学县,口里喽啰,肚里川通,今日三祖母田,九玄七/平祖,父母家先,楼头讨一头,吾羊酒令。会者行前三步,听歌听语,祗后(候)祖公;不会者后行三步,口里迷忙(茫),肚里细思。申报老郎师傅,改令秀才,急推不来,停住吾羊金杯。

请字令

阴亦请,阳亦请,白纸写书,青纸封头,走马三郎行书阴/卑州,请祖公栏台下马,七台头上受香烟,子孙朝他(踏)过后无心忧。前令向前,后令先同,连当申发第二请字令〈人〉。

阴亦请,阳【亦】请,吾师手提牙掌,金桥头上请家先,到门栏台下马,七台头上受香油,子孙朝他过后盛如州。三令完周,三令完满,纳在九玄七/平祖、父母家先、祖公众圣位前,有着无差。来来,地塔台上,台上搭碗,碗上搭酒,酒上搭令,前来改一头,请字令人,后来讨一头,来家令人,祗后(候)家先。

阴亦来,阳亦来,祖公卑/阴州来时乘云乘雨来,到门前栏台下车下马,七台头【上】受香烟,子孙朝踏过后做上天。

阴亦来,阳亦来,祖公出在卑/阴州来,来时乘云乘雨来,到门前栏台下车下马,七台头上受香花,子孙朝踏过后出荣华。

阳亦来,阴亦来,祖公出在卑/阴州,来时乘云乘雨来,到门前栏台下车下马,七台头上受香油,子孙朝踏过后不忧愁。

贵字令

阴亦贵,阳亦贵,三祖母田,出在卑/阴州龙贵家,来时踏上脚踏水氏(底)蛟龙泒,头戴金绣花,栏台下车下马,七台头上受【香】花,子孙朝踏过后进真花。

阴亦贵,阳亦贵,祖公出在龙贵州,来时踏上脚踏水底蛟龙头,头上金绣花,栏台下车下马,七台头上受香油,子孙朝踏过后出王侯。

阴亦贵,阳【亦贵】,家先出在卑/阴州龙贵乡,来时踏上脚踏水底蛟龙光,头戴【金】金绣光,栏台下车下马,七台头上受明香,子孙朝踏过后做大官。

生气令

祖公出在卑/阴州来,来时骑疋(匹)【驴】,过塘基,驴尾跌落塘中希,手不空,手提罗笼洞山雀,到门前栏台下车下马,七台头上受香仪,子孙朝踏过后笑唏唏。

三祖母田出在卑/阴州来,【来】时骑疋(匹)马,马尾跌落塘河,手不空,手提罗笼洞,栏台下车下马,七台头上受花果,子孙朝踏过后讨荣华。

祖公出在卑州,来时骑疋(匹)骡,过塘下,骡尾跌落塘基边,手不空,手提罗笼洞班(斑)花,栏台下车下马,七台头上受【?】花,子孙朝踏过后真金花。

三姓(牲)令

鲤鱼住潭底,草鱼水底口吃节,手提罗网满下江围,将来座上劝祖公,祖公起箸夹鱼其(吃)。己酉二年人置鸡,置留散满天,白日出来吃白米,夜里归家人边,将来座上劝祖公,祖公起箸夹鸡身。芦笛二年人置猪,置留散满州,白日出来吃米,夜里归家屋头边。子孙将来将钱买来,塔(搭)

台头,劝家先,家先起箸夹猪头。

下马曲二头

谢晡[1]午时发书请,使者行书如卑/阴州。卑州内里请祖公,请到得来应子孙。来到门前两衍立,立上迎迎排祖公。桃花绿酒三巡献,绿酒三巡劝祖公。

祖公到来家先来,打随黑云岭头〈兰岭〉来。樸头纱带兰额上,绿罗纱带裹身齐。九弥山头黄色新,九弥山下好家先。黑云岭头多有意,庭前下马接家先。

又二曲

今朝早起家先早行卑州路,卑州路上当风雨。斜风细雨落迷迷,正是家先行路时。祖公来到兰台上,子孙齐来参家先。祖公下马酒初巡,受领初巡酒当茶。

日出东,日出东山照平沙,受领下马三巡酒,吃了三巡上高街。九弥山头一兜(蔸)香,子孙手托好明香。受领明香绿水洞,明香绿酒街上香。

上阶诗

祖公面前有兜(蔸)菜,随根生起尾抛留。明书通报祖公曰,鼓岳(乐)曾曾引上皆(阶)。

三祖母田面前有蔸葱,随根生启(起)尾留囗。明书通报三祖母田曰,鼓乐留留引上厅。

先祖面前有蔸囗,随根生启(起)尾留青。明书通报家先曰,鼓岳曾曾引上楼。

大愁字韵

奉育枞抄写任李邓旧本

罢职提刑歌韵起,黄龙起笔唱归愁。第一巡酒起歌令,第二巡酒起歌韵。五巡七盏歌韵起,七盏头上唱归愁。祖公常在黄金殿,黄金殿上受香

---

[1] 晡:十二时之一,即申时,下午 3 时至下午 5 时。

油。拷破唇皮通口状,通投口状入阴/军州。昨晡午时发书请,使请行书
入阴/卑州。去到卑州三巷口,看见祖公铜盆洗面在厅头。早发时辰二定
请,使者行书入卑州。去到卑州门楼下,丝罗更鼓在厅头。走马三郎三定
请,三郎走马入卑州。去到卑州街下立,书本塔安大厅头。祖公出来看书
本,祖婆闻着心自欢。六部天尊闻声偷欢喜,罗娘姐妹闻声笑呵呵。祖公
受领子孙书状请,差人备马出洞头。祖公来时骑白马,祖婆来时讨人抬。
祖公来时开道路,亦有使者开路头。祖公出在阴/卑州第一洞,驴□马唤
气□□。祖公出在卑州第二洞,凉伞游游出洞头。忏开水伞庶(遮)白雨,
忏开凉伞庶(遮)日头。祖公出在卑州第三洞,黄旗绕绕出洞头。祖公出
在卑州第三巷,齐齐整整到子孙家。来到门前便下马,马鞍放下外门楼。
子孙手托香炉阶下立,巫师三迎三请上厅头。坐上厅头着阴菓(果),楼头
阴呆好风流。香烟透天阴呆好,烧了千金万切油。子孙收得年三大老酒,
三年老酒滑如油。子孙手把银瓶街下立,银壶斟酒在厅头。祖公受领三
年大老酒,面似太阳出岭头。油楚笋头香明竹,细切冬瓜是竹头。当初留
明多影迹,雷公下地脉凡头。铁尺界方条令重,手提锹铲便来游。当初未
曾僻(辟)历事,州台屋上滑如油。天下凡人多意志,送神苍里令神头。后
来女娲两兄弟,幼来哭□到雷头。雷公开口依妹曰,归家将火水两州。后
来留得圣婆种,剖开肚里妹藏身。混沌年间落铁雨,三朝洪水浸天头。三
日三夜发洪水,即时沤上稑天头。混沌年间发洪水,亦无春夏亦无冬。木
叶落时年便到,百草牙生便是春。天下凡人浸死了,随留女娲两子妹。洪
水过了无人种,兄妹结为便成妻。幼妹知时不伏气,九弥山下去藏身。油
楚笋头神出位,连衙位转厅曰情留。水出有原木有处,木头出处根有蔸。

路破下草鞋曰出产,正是开天立地神。祖公出在扶灵双水庙,以里
(迤逦)移来住阴州。银缠里头看山水,正住扶灵竹筐村。扶灵竹筐出井
水,白竹塘头婆洗游。遥养岭头婆破蜜,手巾吊断化婆头。马蹄落地神住
仙,正是开天立地仙。开天立地到如今,星月曾曾照满天。南北六星七星
照天下,天下凡人圣子孙。本音大利会朝踏,今日朝踏谢祖公。扶灵仙境
三皇圣,正是开天立地人。开天立地置凡人,置留凡人住满天。置得子孙

多富贵,人人芳光定荣华。金牌印卦朝廷位,一似新雷显满天。如今亦有凡人种。当初令了己(几)多秋。

接愿头提起手上游韵

　　油楚笋头神出位,连衙出位转厅头。大车揽水同同(筒筒)转,前同不了后同(筒)流。千日不知今日乐,阴阳聚会在厅头。吃茶亦问茶根本,吃酒亦问酒来油(由)。水出有源木有处,木头出处有根苑。大随(隋)二年彭高两王争天下,百姓人民无人收。天子出榜挂天下,差人四路挂榜头。彭王收得君王榜,心中欢喜不忧愁。去到海边无路过,谭(船)家撑过海中头。低头游过猫女摞(螺),罢则三转做蛇游。彭王去到高王殿,己(巳)时斩杀高王头。杀得高王头提手上,心中欢喜不忧愁。去出城门三尺(丈)二,江河断曾上岗头。判状便衣天子曰,分明收得高王头。一国君王偷欢喜,全无烦恼挂心头。榜上许王第二女,文书一成不久留。三十六花苑结红顶,乘轿抬槐出路头。黄蜂蜜母为旗号,飞落花轿三转游。蜜母在轿围三转,彭王问口捧裙头。永得夫妻同二命,住处分明石带头。大随(隋)二年生得七个子,不得江水向南流。舅母听闻来问信,儿孙中宫不忧愁。祖公曰着打猎事,手提□弩上岭头。手中提起□□弩,利磨弓箭射羊头。不觉羚羊来抵箭,角落深山石带头。肉身堕落梓木上,青裙竹木受风流。三日行山提不着,人人眼泪浦(铺)身流。[1] 祖公死时六月六,天上落雪来填头。□□下地侍金骨,□□下地大家收。地仙寻龙来点穴,三花天师点龙头。点得龙头抛落穴,土朱抛落祖中(宗)头。祖公葬石(在)狮子口,祖婆葬在石牛头。七十二山当龙穴,青龙白虎两边游。坟上生松祖木好,石狮石狗气啾啾。祖公祖发开金库,祖婆祖发坐大州。开仓出禾保后手,保头后手在厅头。汞花不入桃源洞,猛风吹落大厅头。天子打落金竹笋,深房内里进儿孙。三六九岁无关煞,成人长大不忧愁。进男进女任长大,年当十五出花林。是男送上驴(间)山学,笔头赞纸做蛇游。保得子

―――――――

〔1〕 浦(铺)身流:即满身流。

孙得了当,亦依子孙保牛羊。大财小畜无沙数,宅前宅后踏成肉。白日岗头吃百草,夜里归家栏内收。保得牛羊得了当,依亦子孙保屋楼。子孙起造荣华屋,屋柱落依龙脑头。子孙住宅午丁向,一双黄狗守门楼。门枋地楸朱砂色,壁上开窗□日头。保得宅堂得了当,回入洞里保田畴。鸟飞不过田坵大,深水浮芹鹅鸭游。子孙作田禾大得,九□禾□十□收。诚恐三年天大旱,打开仓锁应满州。粗麻粗布多不用,要用黄金笼底收。保得田畴得了当,回归县里保官□。收禁官符闭口舌,官符口气不来侵。有人曰着郎名姓,送在千斤石下藏。箸□□倒时流去,雨落时流出外乡。时流出门远远去,牯牛吃草不回头。大锹铲堘[1]薄落过,亦有顽发不肯去,押出门前斩了头。不来重叠唱归愁。美(每)日唱歌常欢乐,只怕太阳出岭头。庭前打起三怕(拍)鼓,长依三郎舞厅头。

起开大路,通到三天门下,逍遥快乐。圣卦。

祖公三天门下,逍遥快乐。　　　　　　回坛曰:

□米上仓来承受,纳载记在三司文簿头,书无穷,语无尽,祖公回归黄金殿上,宽怀。请出福主子孙,祖公位前把盏三杯,请出把瓶酒使,玉酒三杯。

阴亦修,阳亦修,巫师一人修路三祖母田,祖公万神得行,朝踏过后笑呵呵。

阴亦修,阳亦修,巫师一人架桥,祖公万神得过,朝踏过后进绫罗。

阴亦修,阳亦修,巫师一人修厅家先,祖公万神得座(坐),朝踏过后进钱粮。

修桥曲

南木生在袈裟岭,细雨迷迷百草生。修桥铲路家先行,谢得家先路上行。家先来时云边月,前月不赛后月光。庭前白马□□声,巫师门前迎上厅。

---

〔1〕　堘:田间土埂。

铲路曲

今朝早起家先到,五间房屋无人扫。子孙扫净好大厅,谢得家先远路来。家先来时脚踏洪河水,洪河水泽水面清。江西白纸写出家先名,一似云开见月心。

阴亦富,阳亦富,富贵两字叩祖公/祖婆/先祖,深房内里进钱粮/绫罗/田庄,朝踏过后讨荣华/讨平安/自然欢。

圣母曲

马蹄落地神仙聚,正是开天立地仙。开天立地到如今,星月曾曾照满天。南斗六星照天下,天下凡人圣子孙。子孙本音大利礼时圣,今日谢神还圣恩。好神仙,好神仙,一身装把象鱼鳞。常在南楼吃绿(渌)酒,子孙绿(渌)酒谢神仙。九弥山头有蒐姜,明香绿(渌)酒满街香。扶灵仙境三皇圣,正是开天立地神。开天立地置凡人,置出凡人住满天。置得子孙多豪盛,人人豪圣好宽身。金牌玉印挂朝廷,一似新雷显满天。

来字韵

罢职提刑歌转韵,两边抄手唱归来。第一巡酒起歌令,第二巡酒起歌来。五巡七盏歌韵起,七盏头上唱归来。昨日午时发书请,使者行书入阴/卑州。去到阴/卑州三巷口,看见祖公铜盆洗面在厅头。发起时辰二定请,使者行书入阴/卑州。去到阴/卑州门楼下,丝罗更鼓在厅头。走马三郎三迎请,三郎走马入阴/卑州。去到阴/卑州街下立,书本搭在大厅头。祖公受领子孙书状请,祖婆来时讨人抬。祖公出在阴/卑州洞,凉伞游游出洞来。忭开水伞遮白雨,忭开凉伞遮日头。祖公出在阴/卑州岭,红旗绕绕岭其来。祖公出在阴/卑州两路口,齐齐整整到厅头。来到子孙门前便下马,马鞍泻(卸)落内门来。子孙手托香炉街下立,巫师三迎三请引上厅。立上厅头看因杲,楼头因杲两边排。香烟透天因杲好,点发明灯照祖公来。子孙酿得三年大老酒,三年老酒敬祖公。祖公受领三年大老酒,面似太阳出岭来。油楚笋头神出位,连衔出位转厅台。千日不知今日会,阴阳聚会在厅台。福主敬神情礼重,厅头排设请祖公来。著子添盘有护助,后世子孙得官来。开仓出禾得保手,保头后手在厅来。进男送入驴

（间）山学,曰出言词句句乘。保得子孙得了当,亦依子孙保人财。东南西北保买卖,将船撑钱财入屋来。五百里鹅眉（峨嵋）来上贺,上贺子孙进钱粮。除了茅寮起瓦屋,屋柱落依龙脑来。子孙起起荣华屋,方可明年起官厅。屋栌头上雕明月,壁上开窗对日来。收禁官符并口舌,官符口舌世不来。箸□□倒时流出,雨落时流出外来。时流出门远远去,水过坝头世不来。满日唱歌神欢乐,长怕太阳落岭来。庭前打起三拍鼓,长衣三舞出来。

参字令

阴亦参,阳亦参,巫师手把牙掌,金桥头上参祖公/祖婆/家先田。

到高厅,子孙朝踏过后进钱财/绫罗/盛如州。

子孙朝踏过后不忧愁/不忧心/笑唏唏（嘻嘻）。

昨日午时发书请,使者行书入阴/卑州。卑州内里起高楼,次里移来石带头。子孙听着开书看,祖婆听着心自疏。隔夜备马秀鞍荘（装）,不守天光连夜来。

引神曲

今朝早期祖公早行阴/卑州路,卑州路上当风雨。斜风细雨落迷迷,正是祖公来路时。祖公来时一双花鼓相随后,坐时白饭洞鹅毛。黄班（斑）笛子一只吹,祗后祖公饮酒时。

行船曲

今朝早期祖公曰着行船事,手提行竿船上伐。竹竿入水两边推,不觉船流水坝头。立上船头着书本,看见书本请祖公。长街曲巷细金荘（装）,屋上琉离（璃）普地清。

第二头曲

今朝早期祖公曰着行船事,手把行竿两边推。有心推过三江口,无心推过子孙水埠头。全金铁影在船头,起起船车随水流。竹竿打水向南流,一似广南龙贵州。

第三曲

双船住在三江口,相依同伴大家行。有心推过洞田湖,不觉船头落水深。船头打落三江口,船尾打落海中心。船尾摇水湿家先,四人同同尽是捉虎人。

人字令

罢职提刑歌转韵,黄龙起笔唱归愁。祖公常在黄金殿,黄金殿上受香烟。上楼闻着偷欢喜,下楼闻着心自鲜。第一巡酒启歌令,第二巡酒起歌巡。五巡七盏启歌韵,七台头上唱归人。子孙醉(酿)得三年大老酒,三年老酒蜜糖甜。受领三年子孙大老酒,面赤太阳出岭头。备马神来来出位,连衔出位转厅头。大车揽水同同(筒筒)转,前同(筒)不了后同(筒)淋。千日不知今日乐,阴阳聚会在厅前。上韵唱歌下韵接,大家出口接歌巡。会口齐心保福主,保头后手接家先。祖公保人不着曰,因缘过后进花林。天子打落金竹笋,猛风吹落大厅前。肥地种葱任长大,年当十五出花林。是男送入驴(闾)山学,是女房中绣花针。不错送入驴(闾)山学,出口言词句句真。保得子孙得了当,亦依子孙保春蚕。蚕子孙当初马王菩萨置,马王菩萨置春蚕。二月社前包蚕种,二月社后开蚕人。鹅毛扫下纸张上,细切黄桑满【?】伤。三眠四体无僚乱,体开蚕屎白如银。押曲金钞头势好,差人四远定黄桑。近处有桑多定树,临时大吃不求人。大担采桑担入屋,担来空出屋中心。眠到五更敷桑吃,浑如雨落户庭前。大吃三朝□□积,头头含丝出口唇。僻了春牛偬不使,差人砍竹织蚕□。炙蚕要用枯木不,不用生柴污火烟。炙得蚕姑口水干,明朝好出不佫人。今朝打随子孙门前过,黄泥筑灶屋中心。三十六具丝车出不备,蚕荷拍出屋中心。黄白二丝尽出了,竹竿承起屋中心。二月养蚕家家有,四月八出丝难有人。黄个担来织做锦,白个担来做织绫。计过潭州去染色,亦染黄时亦染青。广州去请裁缝匠,剪刀□尺便离量。天下匠人多聪巧,裁剪衣衫亦着身。低头唱喏人借问,借问子孙是谁人?把笔迷书来曰出,元(原)是厶姓子孙人。押罢弓弦收下箭,不来停住唱归人。一日唱歌神欢乐,常怕太阳出落西。庭前打起三拍鼓,长依三郎舞出前。

引字令　排(排)字令

阴亦引,阳亦引,巫师手提牙掌,金桥头上引三祖母田/祖公/家先到高阶/厅/楼,子孙朝踏过后笑呵呵/无忧心/不忧愁。

阴亦排,阳亦排,巫师手提牙掌,金桥头上排三祖母田/祖公/家先坐高阶/厅/楼,子孙朝踏过后笑呵呵/不忧心/不忧愁。

莊(装)把曲

龙行水底闻鼓响,祖公来到子孙家。祖公不是当行人,身穿绫罗好细花。长衣拢入长衫袖,家先要讨白如银。大州白饭吾同吃,不错阴/卑州出得好家先。

相逢曲

今朝早起打随塘基过,不知塘基一只龙。一只龙影照家先身,照见家先切切新,世上不逢蛟龙影,下世亦逢好家先。东南西北两调均,今日香会逢家先。

收伞曲

今朝早起打行黄路,黄龙路上当风雨。斜风细雨落迷迷,正是家先来路时。来到门前收下伞,收伞向前礼自恭。黄龙□带裹身齐,不错阴/卑州出得好家先。

入乡曲

子孙面前有蔸高松树,年年月月当风雨。斜风细雨落迷迷,正是高松生子时。高松生子连明月,明月连过天头雪。天头雪子落飘飘,不是行街入黄乡。

家先来,家先来时有酒瓶,来亦有是银瓶大,富贵绿罗纱带裹身齐。九弥山头一蔸茶,家先来时空手来,本当里街下立,差出巫师迎上厅。

第二曲

子孙造屋松南界,松明街上当官路。十五理内起官排,三日行街入黄乡。路上高街看见子孙屋,看见子孙灯火光。驴唠马嗅叫啾啾,一似广南龙会州。

第三曲

子孙面【前】有蔸黄竹树,年年月月当风雨。斜风细雨落迷迷,百鸟飞来头树立。沙村宫巷尽看了,百鸟飞来无树安。子孙造屋起初台,启动卑州家先来。

情字韵

罢职提行(刑)歌转韵,潘风不雨唱归情。祖公常在黄金殿,黄金殿上受香烟。上楼闻着下楼曰,下楼闻着心自明。第一巡酒起歌令,第二巡酒起歌头。五巡七盏歌韵起,七盏头上唱归情。拷破唇皮通口状,通投口状请祖公名。祖公受领口状请,不守天光连夜行。更鼓楼头悬更鼓,更鼓冬冬星夜行。来到厅头看阴呆,占发明灯天上星。上岳当初置匏树,百面摇头置酒瓶。子孙置得三年大老酒,三年老酒滑如葱。差人挠来银瓶里,银瓶斟酒在大厅。祖公受领三年大老酒,面似太阳出岭红。油楚笋头神出位,连衔出位厅声明。上年祈福下年会,阴阳聚会在厅头。千日不知今日乐,逍遥快乐在大厅。大车揽水同同(筒筒)转,前同(筒)不了后同(筒)来。上韵唱来下韵接,大齐开口接歌声。唱歌一似南风起,唱头通尾亦明。把手长刀难得见,同心合口保儿郎。钱少买刀难得见,钱少买油难得明。新打壶瓶口封好,新大罗好雷声。楼头打鼓名声出,马蹄丝罗亦有名。石上斫钱多有声,铜钱落地得头名。祖公元(原)来山水好,推进子孙座大厅。求花求人桃源洞,阴缘过后进子孙。眉上庄(装)刀亲眼见,进上金花街上行。子孙拾得金竹笋,节节生牙即上青。祖公保人不着曰,猴猿落地进儿孙。扳断笋子安水上,节节生芽节节青。是男是女无点事,无头横事到南厅。风吹荷叶聪明子,笔头钻纸做蛇游。三六九岁无关煞,年逢十五出花林。是男送入驴(闾)山学,是女深房学花针。笔头钻过千张纸,公爷世代得官名。不上生松祖木好,朝廷求官第一名。上世留得官牌榜,官牌官榜挂厅头。上世公爷作巡检,下世子孙有官名。四百军州去占断,占断广西及湖南。保得子孙得了当,亦保前衔便后厅。造屋正依龙头上,门楼正依龙口亭。当厅屋柱金银做,四畔栏楣金水妆。横街曲巷肉砖砌,屋上琉璃敷地青。修划官门保道路,九路求财十路成。求财买卖多胜意,抛棍上天大转运,夜里归家厅(听)钱声。十指街头行三转,后宅锄园拾得金。牛羊六畜无沙数,一头为母万头成。天生地养成群对(队),庭前巷口无路行。夜里归家吃白米,青龙头上自然成。收禁官符闭口舌,州县三司不来行。州门禁在州门里,县门禁在县门停。有人曰着郎名姓,泠水撞滩

担担泥。箸□□□时流去,押出时流出外行。铁尺界方提令重,提刀斩断
□脚头。风吹女苗成向去,水下坝头永不潘。放罢弩弦收罢箭,不来长住
唱归情。满日唱歌神欢乐,常怕太阳落岭红。庭前打起三拍鼓,长衣三郎
舞出厅。

一双白□游过田/厅/塘,头上生冠,点火照三祖前/祖公厅/家先行,
子孙朝踏过后进牛羊/钱财/笑呵呵。

阴亦欢,阳亦欢,三祖母田/祖公/家先楼头饮酒,脚踏凉鞋踏地/身上
黄腰带/头上忤头□帽。〈欢〉子孙朝踏过后笑呵呵/无忧愁/盛如州。

开厅曲

祖公自曹三月打开阴/卑【州】饮酒去,家先来到长巷口。子孙备酒对
田人,起动阴/卑州好家先。审开大厅排家先位,闪开四位排酒杯。七台
头上排银盏,盏下更排花箸双。

第二曲

贵乡出得聪明子,子孙请来打金盏。打得金盏三两藏,两手托来七台
排。七台头上排金盏,金盏更排金箸双。金匙金箸家先看,看见子孙作事
不艰难。

第三曲

贵乡出得粗银匠,子孙请来打粗盆。打得粗盆三两藏,两手提来粗台
上排。粗台头上排粗盏,盏下更排粗箸双。粗匙粗箸家先看,看见子孙作
事不艰难。

蔺果曲

子孙面前有苑黄竹树,年年月月当风雨。斜风细雨落迷迷,正是黄竹
生笋时。子孙养得聪明女,打随下园扳笋归。提刀细切过盐油,两手将来
家先解救巡。

第果曲

八年八月下时菓(果),正是下园时菜生。下园时菜亦抽榴,不怕黄霜
雪下生。子孙养一双聪明女,打随下园扳菜归。提刀细切过盐油,两手托
来家先解酒巡。

第三曲

　　子孙面前有蔸清梅树,年年月月当风雨。斜风细雨落迷迷,正是清梅生子孙。打随下园摘梅子归。提刀细切无盐油,无错(醋)无盐将来家先谈口甜。

时字韵

　　罢职提刑歌转韵,黄龙曲木唱归时。祖公常在黄金殿,黄金殿上受香烟。上楼闻着下楼曰,齐齐整整在厅希。祖公闻着偷欢喜,祖婆闻着笑唏【唏】(嘻嘻)。子孙收得三年大老酒,三年老酒在【厅】希。祖公受领三年大老酒,面似太阳出岭其。备马不来神出位,连衙出位在厅希。上韵唱来下韵转,刀斩禾头次第齐。千日不知今日乐,阴阳聚会在厅希。有心唱入桃源洞,有心唱入武陵溪。有心曰唱灵亭记,古人常曰眼前希。唱入阴/卑州第一洞,三重山岭三重溪。从入阴/卑州山岭险,脚踏麻鞋过岭其。行入卑州第二洞,九重九岭九重溪。此水便依此山出,好头仙境挂琉璃。去到卑州第三洞,深把洞里山头飞。计(记)得卑州影踪事,江水流来出洞溪。出水有源木有处,木蔸出处有根基。大随(隋)二年争天下,人民走满得东西。天子殿前出书榜,差人四路挂榜文。彭王收得朝廷榜,即时出证(征)过江溪。彭王来得高王殿,存礼便依城里希。看见游江吃酒醉,稳眠宿睡在厅希。守得辰时已亦到,杀断高王头便归。收得高王头提手上,连时下水便游溪。龙王送郎救急去,教郎火急去游江。一国君王偷欢喜,全无烦恼挂心希。书本许郎第二女,君王三女结为妻。三十六花蔸结红影,乘轿抬蔸上路希。黄蜂蜜母为旗号,飞落花转三转围。不觉彭王有天道,君王二女亦随依。红兵送入卑州洞,石羊县里立名希。求得夫妻同二命,住在分明石带头。乌笛二年生得七人子,七姓男儿七姓希。祖公全家见欢喜,茶前酒后曰根基。面前无食抬盘上,空留话语在厅希。手中提起九曲木,利磨弓箭射羊头。祖公左脚踏起弩,攀弩射羊箭便飞。不觉羚羊来抵箭,角落深山殿梓木。合被羚羊转着世,千丈石殿立名希。肉身堕落梓木上,青裙竹上受风流。三日行山寻不见,深山百鸟满山围。祖公死时六月六,天上落雪来填泥。猴猿落地侍金窝,猴猿下地葬祖希。祖公葬在石狮岭,祖婆葬在石岩希。七十二山当龙穴,土珠抛落祖中希。破断长喉曰左右,留名影迹眼中希。梓木将来剐做鼓,羊皮向是黄泥【做】。莊(装)把家兄歌体好,要理言词积有名。喽啰聪明多意志,亦是成名四远知。有心唱入卑州洞,千百贯铜钱身上希。踏破草鞋有出产,过尽深山大岭其。到处黄泥有硬刺,恶人亦怕有恶人欺。鲤鱼游过蛇鱼背,两边尽是□家人。家兄梳头歌韵发,一似三春杨鸟啼。四句歌词慢慢唱,口吃牛皮当寸前。一朵乌云借路过,便依天上受风吹。雨云来时天下落,处处深山有畔泥。犀牛坐断三江口,不觉蛟龙露出须。铁作界方条令重,水底鲤鱼迸起其。逢着觅鱼□上子,着下鱼叉头入泥。土朱搽头大赤丑,当初出世祖公时。新造手巾人不识,今日作叫新带帷。买得斤肉十二刀,分明分上不便宜。一似寻迹猫獐子,其时担网便来围。祖公日今着保佑,子孙生眉弯眼垂。放下弩弦收罢剪,不长久唱住归时。满日唱歌神欢乐,常怕太阳落岭西。手前打起三怕(拍)鼓,长衣三郎舞出希。

种字令

正月开,二月种,忽随根生起,尾留桄,朝踏过后得官名。正开园,三月种瓜,抛留生子叶下遮,朝踏过后得荣华。三月开田,四月种禾,随根生起尾桛搜,朝踏过后进绫罗。

发字令

阴亦发,阳亦发,花盘头上发枝初生牙/生花/生瓜,朝踏过后得荣华/穿绫罗/作大官。

香花曲

今朝早起祖公卑州路,卑州路上当风雨。斜风细雨落迷迷,正是祖公来路时。祖公来时云雨起,坐时更有云雨遮。祖公来到子孙家,劝上明香水洞新。

花字第二曲

今朝早起祖公早行桃园路,桃园路上多花树。桃园花子四时新,花子迎迎排两边。七台头上排香水,水下便排花果心。先祖来到子孙家,劝上明香水洞花。

和神曲三

子孙面前有兜莱荑树,祖公来到子孙家。祖公座上气惨惨,子孙排座不皆场。上和下陆鱼如水,一似江鱼水上和。黄班(斑)笛子一双吹,祇侯四位神通大起杯。

大香油曲第一

子孙买得大香油,一熟风来通是香。子孙烧发好香烟,香烟透天成乌云。子孙作福作阴缘,两手承来家先解酒巡。子孙作福荣华福,荣华富贵数万年。

仙桃曲第二

子孙门前有兜仙桃树,年年月月当风雨。斜风细雨落迷迷,正是仙桃生子时。仙桃生子无人见,不怕寒霜雪下青。子孙作福作因缘,桃子熟时劝祖公。

罗隐[1]秀才曲四

罗隐秀才开书选,选得今年本利音。隔年报信挂厅头,手提网口姐茶音。子孙作福作因缘,香烟透天成乌云。水推聋茶海中央,洪福流来富子孙。

红字韵

罢职提刑转歌韵,日头落岭唱归红。祖公常在黄金殿,黄金殿上受香烟。上楼闻着下楼曰,齐齐整整在当厅。祖公闻着偷欢喜,祖婆闻着心分明。天尊听闻偷欢喜,罗娘闻着报钱明。鸭公头带轻纱帽,鸡公头带满头红。上月秀才置笔管,下月秀才置书筒。大车揽水同同(筒筒)转,引出祖公转大厅。千日不知今日乐,逍遥快乐转大厅。是谁时生花第一白,谁人无子花亦无黄。天上是谁第一白,地下是【谁】第一通。梨伫(树)生花第一白,柘榴无子第一黄。天上明星第一白,地下文书第一通。谁人当初置日月,谁人变化做神通。是某年中牛会曰,是某年月江水洪。盘古当初置日月,贤人变化做神通。太康元年牛会曰,太阴二年江水洪。四百军州人

---

[1] 罗隐:唐代新城(今浙江富阳市新登镇)人,诗人。传说罗隐金口玉牙,说什么都能应验。

谁置,谁人置路得交通。石上土岭谁人置,谁子游行寻得通。四百军州唐
王置,国王置路得交通。石上土岭盘王置,钟离先生寻得通。伍河四海谁
人置,谁人撑排过海中。伍龙当初谁人置,谁人出计置犀牛。伍(五)河四
海龙王置,四州出排过海中。伍龙当初伍帝置,周王出置计犀牛。谁人当
初置风雨,己(几)条江水入天中。谁人快乐天头座,颜渊〔1〕申奏上天
中。是某年中置出佛,谁人出铁打成钟。谁人当初置寺观,谁人出记(计)
置师公。周王年间置出佛,魔王出铁打成钟。结瓜当初置寺观,三藏〔2〕
出记(计)置师公。谁人当初置七宝,谁人当初置黄铜。神仙(谁人)当初
置影迹,谁人太子见蛟龙。盘古〔3〕当初置七宝,白国出计置黄铜。神仙
当初置影迹,二郎太子〔4〕见蛟龙。是某年中落铁雨,谁人记在得在心。
谁人带角山头坐,谁人下水捉蛟龙。天却年中落铁雨,石崇记得在心中。
羚羊带角山头坐,二郎下水捉蛟龙。谁人当初置造酒,谁人吃了起颜容。
谁人置瓶来载酒,谁人吃酒醉三春。杜康〔5〕当初置造酒,相逢吃酒起颜
容。司空〔6〕熟泥造瓶子,刘伶〔7〕吃酒醉三春。谁鸟树头多声气,谁鸟吃
酒启颜容。谁鸟唱喏来相见,人家谁鸟在厅中。杨鸟树头多声气,谁鸟吃
酒在颜容。白鹤唱喏来相见,人家胡口在厅中。谁鸟衔茶来作信,谁人受
信得交通。谁鸟隔笼相语曰,谁人吃酒得相逢。乌鹊衔茶来作信,木枝受
信得交通。画眉隔笼来相语,楼头吃酒白头王。千日不知今日乐,阴阳聚
会得相逢。买卖撞着广西客,两人相会得相逢。今日出门早了早,忘记书
笔洞书筒。钱买刀难少得见,钱少买油难得逢。在处黄泥有硬刺,井源处
处有蛟龙。钉脚过江不知底,不知水底有蛟龙。青蛇子青蛇子,何曾对得
老蛟龙。在处江河尽游过,青蛇出水着成龙。提起葫芦去挖蜜,人人曰是

---

〔1〕　颜渊:颜回,字渊,孔子弟子。
〔2〕　三藏:唐代高僧玄奘,因通晓佛教经典"经、律、论"而被称为"唐三藏"。
〔3〕　盘古:传说中开天辟地的人物。
〔4〕　二郎太子:又称灌口二郎,起源于四川灌县(今四川都江堰市),由治水英雄崇拜
而衍化的泛水神信仰。
〔5〕　杜康:酿酒始祖,因善酿酒,后世尊为酒神。
〔6〕　司空:古代主管建造的官员。
〔7〕　刘伶:西晋"竹林七贤"之一,一生嗜酒不羁,被称为"醉侯"。

虎头蜂。亦下手时破得蜜,着了分明叫祖公。八月黄蜂不是蜜,人人叫作
虎头蜂。住处便依泥底下,放火烧分明后通。五百理投河无路过,利磨长
刀分作通。不怕深山芽叶利,防火分明烧后通。东海南海郎行过,闻见小
江有蛟龙。夹近两川龙贵地,人人叫健有蛟龙。四句歌词唱便好,唱后灵
亭六路通。八幅造裙慢慢地,请牒分明得路通。唱入东南郎亦去,唱入广
西有路通。上韵唱来下韵接,唱入湖南及广东。无底车同随伴转,不觉逍
遥到广东。东君有钱借一贯,便莊(装)盘墨寻后通。天边有路天边过,不
道乌云头路通。一似寻官处处到,长怕行游寻得通。东海船头相撞着,红
罗人笼得相逢。曾方曰着唱歌事,黄土挖芽寻后通。未置朝廷开客路,在
处军州有路通。广西有亦靖江口,寨下路上透僚东。新打银瓶如对口,肚
里聪巧亦深聋。在处军州唱过了,五湖四海见蛟龙。荷叶生青青如影,桃
花一发满塘红。莲子生吃甜如蜜,莲子好吃滑如葱。桃花生青青如影,桃
花一发满源红。桃子有吃甜如蜜,桃心好吃滑如葱。蕉叶生时青如影,蕉
花一发满园红。蕉子好甜吃如蜜,蕉心好吃滑如葱。今日唱歌歌完满,不
来长住唱归红。满日唱歌神欢喜,常怕太阳落岭红。

富字令

阴亦富,阳亦富,座上富三祖/母田/家先,子孙朝踏过后富子孙/钱
粮/绫罗。

茱萸曲

子孙面前有苑茱萸树,曾根生起尾排□。茱萸生子无人见,亚希叶下
团圆。子孙收得茱萸树,差人摘来银瓶里。银瓶斟酒盏中心,家先吃子
(了)口甜肚里香。

欢乐曲第二

东边日出西边照,照见家先衣裳新。家先身着广西青,一似下园菜薀
青。抬帷果挂铺厅前,七台头上更挠□。琵琶欢乐慢欢线,祖公楼头饮酒
慢欢身。

完满曲第三

东角日出西角照,照见祖公来路遮。水推茶息海中心,照见祖公来路

518

长。天上有云云有雨,雨子云云脚遮。银瓶斟酒盏中心,祖公托来口里甜。

随运(军)曲第一

黄捶打破乌眉寨,人人曰是黄才保。刀斩红鱼满身流,流过千江万岭头。山高岭险难逢见,难见难逢君子人。马上攀弓湾(弯)明月,慢慢排兵元后通。谢肝点军在州底,今日点军在县墙。洪州出得红罗马,红罗白马万人拗。全金铁顶不离头,打破九州十县墙。利磨弓箭种疏疏,差人马军来谢〈车〉头。

抵敲曲第三

谢肝听闻军信到,相衣(依)同伴打铁衣。打德(得)铁衣挂身前,弓箭射来盗两边。杨梅打落深网底,闪开罗网墨头围。除鳞脱甲使长刀,不怕家先兵马强。

钩(勾)愿

罢职提刑歌完满,鹧鸪班时唱归花。第一巡酒起歌韵,第二巡酒起歌巡。伍(五)巡七盏歌完满,七台头上唱归花。拷破唇皮通口状,今日快乐钩(勾)愿花。祖公闻着偷欢喜,祖婆问着笑呵呵。十二部罗(天)尊闻着偷欢喜,愿头九郎闻着笑呵呵。先年许启为保朝踏愿,今日法友勾愿花。子孙勾改芒筒愿,笋生成竹更加发。勾改愿头讨富贵,长年富贵得荣华。上春启愿吾师手上许,今日勾改不留手上担。今日勾改朝踏祖公愿,不长久住在厅头。千日不知今日乐,阴阳聚会勾愿花。油沙笋头神出位,连衙出位勾愿花。九郎住在深房里,三迎四请出厅遐。祖公出时明天动,浑如天子行天下。庭前打起三拍鼓,前衍鸣明勾愿花。祖公听闻偷欢喜,楼头饮酒笑□□。楼山饮酒太白老,后衍年年生儿郎。前衍人小太白老,后衍年少小生家。鹅鸭藏头眼翅下,竹筒烧火煮盐茶。三角茶铦煎茶果,□□托出献祖爷。祖爷楼上吃老酒,面赤浑如油炒虾。祖公朝踏着保佑,深房内里进真花。眉上莊(装)刀亲眼见,进上真花阶上塔(搭)。捧起秤杆好立□,后世子孙座(坐)州衙。上世公爷作巡检,下世子孙享荣华。上世太祖山水好,世代有名出官家。子孙起造荣华屋,屋楼头上更雕花。当厅屋柱金银作,楣枋地栿粉砵天。造屋正依龙头上,门楼正造龙头塔。屋楼上头雕巾斗,加过殿前天子衙。曾庇岭头种姜管,曾庇岭头种姜牙。今日种竹讨生笋,明年不对便生牙。今日种竹讨富贵,押希叶下讨荣华。子孙元来发祖正,加过朝廷上户家。在处军州尽占断,占断富川洞江海。朝廷额牌多名字,人人唤我子孙是老爷。祖公转回归本殿,回归楼上受香烟。

【阴亦完,阳亦完,】天上月亮完,三天天圣,五谷仙人饮酒口团圆,朝踏过【后进】钱粮。

阴亦完,阳亦完,天上日头完,祖公七台头上酒盏完,朝踏过后子孙有【?】。

【阴亦完,阳亦完,】座上家先饮酒三姓情礼完,子孙朝踏【过后】大荣华。

【阴亦满,阳亦满,……】地下填塘满,母田饮酒口里满,朝踏过后满钱粮。

阴亦满,阳亦满,天上天塘满,三祖七台头上满酒盏,朝踏过后满,子孙七台头上三牲情礼满,子孙朝踏过后满绫罗。

标总第一

祖公自曾十八行天下,行来行去子孙家。贵乡贵地贵人家,四位层层凉树遮。长街巷口金装屋,屋上琉璃敷地青。子孙造屋得荣华,两栩花门花对花。

花屋曲第二

子孙造屋口州样,屋上还装鱼窗身。当厅屋柱金银作,四伴(畔)栏楣金水装。楣枋地栿硃砂色,加过殿前天子衙。

黄字韵罗娘韵

罢职提刑歌完满,树头花发唱归黄。第一巡酒起歌令,第二巡酒起歌章。伍巡七盏歌完满,七台头上韵罗娘。太白闻着偷欢喜,尊婆闻着心便宽。楼头饮酒太白老,万年铜鼓老前衍。前衍年少太白老,后衍年少是罗娘。拷破唇皮通口状,通投口状请罗娘。罗娘受领子孙书状请,庭前烧稈〈稈〉洗衣裳。洗净班(斑)衣洞(同)赤领,自由太阳日晒干。隔夜养紫来煮饭,常听鸡啼天不光。头上金钗十八朵,更有银簪装两行。罗娘来时不用火,头上金钗照路光。来到子孙门前收下伞,青凉树下穿衣裳。穿起班

(斑)衣洞自生,手提钱串上歌堂。踏上楼头着因果,楼下阴果更桃黄。子孙收得三年大老酒,三年老酒蜜糖甜。手提银壶阶下立,斟上楼头欢罗娘。罗娘受领三年大老酒,面似太阳出岭红。油楚笋头神出位,连衙出位踏去堂。千日不知今日乐,逍遥快乐上歌堂。佛州出得好佛女,哭州出得好罗娘。男人自有男人对,女人自有女人双。男人出来看古板,女人出来看罗娘。罗娘同同转四位,回归楼上保子孙。罗娘今日着保佑,保得后手在厅堂。罗娘保人不着曰,朝踏过后进儿郎。进男送入驴(间)山学,送入驴(间)山孔夫堂。不错送入驴(间)山学,笔头赞纸第一张。放下弓弦收罢箭,队归龙盖不□长。满日唱歌神欢乐,似怕太阳落岭黄。

不种令

不种自生,悬藤挂木是生花/抛叶/荀荀,楼头饮酒是太白进真花/小生进县郎/尊婆进绫罗。

罗娘令

罗娘来时身穿青衣,头上银金钗,银耳环,手不空,手提银串,步步引三祖出高厅。子孙朝踏过后得富贵。

罗娘来时身穿班(斑)花衣,头上金钗银耳环,手不空,手提银串,步步引母田出高阶,子孙朝踏过后进田庄。

罗娘来时身穿黄绿衣,头上金钗银耳环,手不空,手提银串,步步引祖公父母家先上歌堂,子孙朝踏过后足芳荣。

尊婆曲

阴/卑州出得尊婆老,子孙请来座(坐)厅头。尊婆饮酒醉迷迷,一人仙女氏后归。有酒将来迷满斟,迷满斟来劝尊婆。尊婆醉,尊婆醉,尊婆饮酒醉迷迷。明亮灯台写罗隐,红罗帐下醉迷迷。九弥山头有兜茶,杨鸟不啼先发芽。子孙收得茶芽种,斟盏清茶劝祖婆。

太白曲

阴/卑州出得太白老,子孙请来饮绿酒。太白头戴广州帽,脚踏凉鞋金花绣。铜盆洗面白如锡,两眼眉湾(弯)初三月。初三初四照曾曾,照见太白上阶行。太白老,太白老,太白老太白老抵荣华。白日随村吃绿酒,全吃绿酒不吃茶。九弥山头有莞茶,杨鸟不啼先发芽。子孙收得姜茶种,煮盏清茶劝太白。

小生曲

小生住在毛宅厅,以理移来孔夫边。小生富贵进钱粮,祀典王侯对圣人。一日写破千张纸,读了千经万卷书。小生起得荣华屋,高楼题诗孔孟吟,好小生,好小生,小生把笔礼先生。年中写得千张纸,读了千书好之(文)才。九弥山头好小生,小生骑马自人低。人人借问谁家子,不宽小生有钱粮。手提羊毛洞细笔,羊毛细笔利如针。

罗娘曲

罗娘住在花衙幼,头似佛前花屋柱。罗娘莊(装)把清净身,加过殿前观世音。罗娘身带同心坎,口是石榴花正开。罗娘话语善商量,欢乐儿孙得久长。好罗娘好罗娘,裙脚斑斓衣领黄。原是佛前花屋子,口是石榴花正开。九梅山头一莞茶,九弥山下养春蚕。年中养得三刃疋(匹),常常莊(装)把做罗娘。

降三祖歌韵

罢职提刑歌韵起,黄龙起笔唱归愁。第一巡酒起歌令,第二巡酒起歌头。祖公常在黄金殿,黄金殿上受香烟。拷破唇皮通口状,通头口状请三楼(祖)。三祖受领子孙书状请,眠到五更思路头。广谢桃源开座位,写头名字挂厅头。子孙酿得【三】年大老酒,三年老酒滑如油。差人烧来银瓶里,斟上疏台三祖楼。祖公受领三年大老酒,面似太阳出岭头。黄笛岭上寻祖公,拨开第莞寻乃头。石灰笼底番(翻)巾(筋)斗,头白森天祖后头。白鹤仙人来点穴,土朱拍【?】落坟头。五百里来龙山水好,青龙白虎两边游。不上生森祖木好,子孙世代出王侯。上祖来龙黄金殿,黄金殿上受香烟。中祖白公连衙来出位,连衙出位厅歌巡。收下凉伞见父母,凉伞游游出洞头。三祖来到三巡酒,低头饮酒眼泪流。子孙要讨爷娘看,清明凿纸[1]坟头

---

〔1〕 凿纸:民间传统剪纸工艺,此处指在黄色草纸上凿成纹样,作为冥钱挂在坟上。

挂。去到坟头眼泪出,人人眼泪浦(铺)身流。石岩肚里吹喃管,浑如刀子割心头。七石磨刀多利害,常时忧气在心头。竹叶落,竹叶落,竹叶落时一世休。破帽不带丁刀上,今日不带便离头。千年错入黄泉路,牯牛吃草不回头。风吹女茆成□去,错入黄泉一世休。铁盖肯銍多忧气,常在忧气在心头。中祖回入黄金殿,黄金殿上受香油。下祖连衔来出位,连衔出位听歌愁。千错打杀下园甘蔗树,万错打杀下园黄桑榴。不思嫂生念嫂养,因何错杀入房头。只望成人任长大,不知江水亦难流。担米上阶多桶搭,曾今过后不来愁。火烧衣领曾襟断,时常□气在心头。三祖今日着保佑,保头后手在厅头。三祖保人不着曰,朝踏过世代荣华。

降外祖婆公

家兄梳头歌韵发,树头花发唱归红。第一巡酒起歌令,第二巡酒起歌声。五巡七盏歌韵起,七盏头上唱归红。拷破唇皮通口状,通投口状请德公。发愿子孙书状请,不守天光连夜行。面前狗吠德公德婆到,面前狗吠是德公德婆。来到外甥门着一斗,两人抬起/是公德婆来。来到厅头位上坐,三年老酒劝德公。手把银壶街下立,斟上流台献得公。受领外甥香会酒,面似太阳出岭红。口水不干德公留下福,存留洪福外甥家。是男是女无点事,一家无事得太平。千般百般保得了,便无长住起歌声。日落西天德公思归处,不依久住外甥厅。庭前打起三板鼓,鼓笛曾曾送祖公。双被双袄双陈谢,陈陈谢东衍亲家公。德公去,德公去,架起金桥送德公。

改令三头

外甥门前有菀州,随根生起尾抛榴,德公饮得外甥朝踏香会酒,德公德婆归本州。

外甥门前有菀姜,随根生起尾抛央,德公饮了外甥下元香会酒,德公德婆归本乡。

外甥门前有菀花,随根生起尾抛抄(沙),德公德婆饮了外甥朝踏下元香会酒,德公德婆归本家。

降灶君歌韵

拷破唇皮通口状,通投口状请灶君。东方青帝灶君降来临,南方赤帝灶君亲来临,西方白帝灶君来降临,北方黑帝灶君降来临,中央黄帝灶君来降临,灶君香火齐齐整整降来临。住在人家常作主,艮老入鈙作主人。不怕鸡毛洞狗骨,不怕赤身露体人。放下垂莲交不怪,不怕赤身炊火人。白竹烧桨远远为,不为子孙为谁人。为保人财多昌盛,百般感应不忧心。

降香火韵

孔雀三双久侍奉,承奉三司香火神。前门香火前门住,后门香火后门居。住在人家为香火,便依人屋作龙神。牛羊不归着寻见,鹅鸭不归亦着寻。把财香火着保养,夜里归家不着寻。财(豺)狼虎豹归空界,山鹰岩鸟不来侵。大财小畜成群队,庭前巷口踏成肉。白日岗头吃青草,恰似乌鸦捧火烟。夜里归家吃白米,青龙头上结成云。

降都头韵

家兄梳头歌韵发,冬天露水唱归霜。都头住在连州界,迤逦移来住部双。部双源头人作板,放下钩刀洞(动)刀枪。因为北方猛贼反,朝廷出榜与郎张。收得北方梦(猛)贼退,朝廷与官做大官。与郎做官不会曰,情愿到归住部双。殿前许郎第一殿,回归本里寻猫獐。牛母鼻屈双口庙,住在庙堂年月长。金鸡啼时得伴夜,金犬吠时天不光。随行住在仁言庙,仓村立庙年月长。第一首歌意对巧,第二首歌意对强。种起黄芽洞细竹,芽黄细竹好猫獐。子孙曰着打猎事,手提枪杆去行山。上山砍竹作把火,下岭砍木作长枪。屋里□□由万数,要讨深山野猪香。三斤麻长做岳网,阑(栏)过永明九曲堂。东君出来时运好,头头堕落网中央。罗山都头来寻岳,守网都头来寻枪。得岳都头来认脑,寻岳都头来认肠。子孙打猎有感应,夜里归家乌鹊□。一日归来多欢喜,亦有红血厌坛伤(场)。

降上帝

罢职提刑转歌声,黄龙造化唱归人。拷破唇皮通口状,通投口状上帝前。上帝当初有出产,自从上古到如今。混沌当初发大水,三朝洪水撞天门。上帝当初亲两弟,亦统天下亦无人。当初不是妹情愿,深山乌龟做长媒。鈙盖肯鈙多□气,因何与妹结为妻。生得人身无手脚,十月怀胎上妹身。九弥山头走三转,青梅树下结为妻。生下一人无头鼻,生出凡人无脚手。分得男多女亦少,如今世代有单身。庭前打起三拍鼓,长依三郎舞出人。

唱众圣曲

圣帝出在卑州界,似里(迤逦)移来卑州石羊县。石羊县里到如今,置留凡人住满天。东南西北排星斗,星月曾曾照满天。子孙黄竹二管一双吹,祇侯(后)圣王饮酒巡。

第三五谷曲

马蹄落地神仙聚,正是开天立地神。开天立地置凡人,置留凡人住满天。东南西北神聚仙,四围〈从〉曾曾向子孙。子孙年当四季礼时后(候),今日祇神谢圣恩。

解队字令

奉育枞法号法继字

阴亦队,阳亦队,圣马/上圣/众圣卑州来时有兴/卑/群队,上圣驾到门前/到阶前/驾到厅,子孙【朝踏过后不忧】愁/心/疑。

三令完周,三令完满,稽首纳在敕封上圣,有进无错。

降邻居先祖韵

家兄梳头歌韵发,子孙手提金子唱归人。第一巡酒起歌令,第二巡酒唱归人。五巡七盏歌韵起,七盏头上唱归人。拷破唇皮通口状,通投口状请邻居。邻居受领子孙书状请,齐齐整整到红门。邻居闻声偷欢喜,逍遥快乐到歌堂。广谢排筵开位座,写头名字挂厅头。子孙收得三年大老酒,三年老酒蜜如甜(甜如蜜)。子孙把瓶手下立,斟上琉台劝邻居。世上留名下世接,自曾上古到如今。三宿邻居先祖齐来观,远乡远处降来临。邻居原是阳间客,命落黄泉古时人。不知黄泉好不好,自曾死了不回头。今日红门歌堂罢,阴阳聚会观歌缘。赞咏邻居歌完满,更五重唱归人。歌堂完满归阴路,存留洪福保子孙。

降本部韵

歌词赞咏降本部,上岭砍木入源头。春秋敬祭源头水,水出有源木有根。量米下鉎大作主,猪脑下鉎是主人。除了灾难人太平,芒筒良愿尽钩

（勾）宵（销）。土地判官同行队，不留残字在厅头。

降七州五十四庙本韵

歌韵七州女圣降，逍遥快乐在厅头。男神女圣成群队，朝踏祖公好风流。七州仙女齐来降，仙娘齐齐整整上红门。上水车筒随伴转，四时欢乐不忧愁。阳间五十四庙本部王，保安子孙任太平。五十四庙本部齐降，一齐到红门一整。朝踏祖公还良愿，五音短鼓笛长喉。神坛山川及社令，上下五十四庙好行游。保佑子孙答愿了，消茶解酒尽来酬。赞咏五十四庙歌完满，随留洪福在厅头。

降时流韵

歌韵圣贤完满了，亦来歌韵众时流。来时留福依厅上，去时拖祸下阳州。受领福主好香会，存留洪福在子孙家。太岁时流同共队，同行一齐下阳州。保佑房房子孙多吉庆，子孙清吉不忧愁。时流出门远远去，古（牯）牛吃草不回头。就唱歌词完满了，日落西天不回头。朝踏过后常安乐，门前清秀不忧愁。

降祖师韵

祖师常在三师尊，香炉头上受香烟。插起校床常倚畔，常常椅畔老尊人。众尊原是阳间客，金钗落地成古人。出水有源木有处，木头出处有根蔸。千岁竹头老祖教，自从留教到如今。上世传名留下世，世出世间传出人。鸡仔学啼世接世，不担香炉断火烟。

降兵歌韵

罢职提刑歌完满，歌词唱起赞兵头。三元教主坐厅位，注坛法事应人天。弟子有心兵护助，兵马感应在厅头。淮南教主来临降，岭南教主降来临。驴（闾）山九郎同坐队，上中下路降来临。三路天兵同位座，兵头上将一同班。千兵万马随吾转，朝踏祖公作证盟。受福主子孙三年大老酒，答愿钩消（销）良愿世华荣。保得子孙长安乐，人物兴隆不忧愁。梅山法主完满归回殿，回归本殿护香坛。赞咏法主歌完满，不来长唱起歌声。

赞咏下部歌韵

织篱换行歌完满，赞咏下部五门十道兵。下部五伤坐五相（向），翻巾

（筋）打斗在坛场。曰着五郎五兄弟,梅山学法在坛场。救生扳命多感应,披头用木作扶栏。逍遥快乐坛中座,口咬硃砂血点班。来到红门会上看,受领福主好酒巡。受领明香洞（同）绿酒,保得子孙得荣华。歌词好唱无穷尽,似怕太阳日落西。日字立人神出位,回归下坛受明香。今日良缘阴果满,神坛排席设完周。

收坛完满　　送祖公上马诗

吉时到吉时到,火头担担出庭前。祖公归去仙境洞,存留洪福在厅希。吉时到吉时到,抬槐彩轿出庭前。金乌落岭天西去,两边抄手拜词违。吉时到吉时到,祖公备马出庭前。日落西天思归处,下元摘果收完满。吉时到吉时到,十二仙童送马车。提鞋提袜人无数,面前使者竖红旗。时白到时白到,厅头白马上云飞。祖公去祖公去,白马云头是箭飞。三千八百人随后,小童把伞两边围。祖公去祖公去,脚踏云车不点泥。回声陈谢郎子孙,富贵荣华不改移。推客仙童成队到,推发男神女圣神。送神使者到,相送祖公回转归。接客仙童随半（伴）到,厅头来接祖公归。白马嘶时驴亦叫,逍遥不觉祖公归。收坛使者到,正是收坛完满村（时）。织篱剩竹歌完满,存留洪神（福）在厅中。吉时到吉时到,使者仙童唱道归。驴亦啾时鼓亦响,不觉逍遥快乐祖公归。歌堂罢散归仙洞,存留洪福在子孙。

来来,收旗罢鼓罢声,今日道场歌令已周,次后,备者十二年一会,不办者二十四年为一新。祖公回归,奉家卑州石羊县,逍遥快乐,朝踏子孙,千年荣华,万代富贵。阴亦忌,阳无忌,百无禁忌,大吉大利。

上马曲

日头转西祖公思归处,子孙出来不留住。长喉短鼓送祖公,祖公上马归本州。桃花蜜酒三巡献,斟上流台上马杯。祖公买得金州马,千二条红线结笼头。石岩通水不通塞,家先上马不通留。明书通报祖公曰,押转马头归本州。邀动百人心,托起花盘在手边。今日子孙朝踏了,朝踏过后进子孙。邀动百人心,托起花盘随手头。今日子孙朝踏了,朝踏过后盛如州。花盘九郎来,打随花州花县来。凡人不知郎【住/出】处,正是花州花秀才。花盘九郎来,打随美州美县来。凡人不知郎住处,正是美州美秀才。花盘九郎来,打随龙州龙县来。凡人不知郎出处,正是龙州龙秀才。花盘头上日出生,花盘内里出不财。明书通报花盘九郎曰,朝踏过后进儿孙。花盘头上月曾曾,花盘内里出不财。明书通报花盘九【郎】曰,朝踏过后德(得)官名。花盘头上绿油油,花盘内里出不财。明书通报花盘九郎曰,朝踏过后得荣华。

设花盘圣名

明鼓一郎,花鼓二郎,长衣三郎,摇铃四郎,拍板五郎,吹笛六郎,青衣七郎,游野八郎,花盘九郎,座席十郎,奉君殿上祖师,唱歌唱令祖师,解令老尊。请齐迎上,斟酒,用纸钱烧,完。

花盘头上好吃瓜/甫/酒,祖公起眼看木瓜/楣/炉,子孙朝踏过后得荣华/进绫罗/进真花。

又令三头

深山鸼下若雀成群队,生鹰天头过,亦着鹰打破,阴散阳不散。

深塘鲤鱼成群队,黄獭随江上,亦着黄獭打破,阴散阳不散。

九冬十月歌堂发,客姑成群队,亦着后生打破,阴散阳不散。

化祖公花楼化纸用平声

好银钱好银钱,文文相贯贯相连。上大人书丘乙己,如归阴府化三千。蔡伦造纸传天下,吴王造纸献天神。阳间放火来化楼,化变花楼祖公领。阳间把火来烧纸,阴间抄索便来穿。莫道拾钱无福果,明中作福暗中还。今朝烧纸明朝福,轻钱去了重不来。口水不干留下福,存留洪福子孙家。石字过头来保佑,不保子孙保号人。保佑子孙人吉庆,竹叶插门四季清(青)。保佑子孙得了当,回归屋里保牛羊。大财小畜无沙数,门前锁石磊成中(钟)。保佑耕田禾大得,九造禾仓十个陪。保佑田禾得了当,回归屋里保求财。子孙求财一路事,九路求财十路来。收倒官符并口舌,州县三司不来侵。箸□□倒时流去,雨落时流出外乡。时流出门远远去,牯牛吃草不回头。织篱剩竹歌完满,上元以满得周全。射断弓弦收罢箭,炉头火宿不多言。踢倒登(灯)台倒祝了,更无久住起歌巡。祖公众圣三迎请,去时使者送众神。来往不来三界内,过有归祈望留恩。天上神仙归紫府,地下神仙归庙堂。子孙奉辞百拜送,仰花献果送神仙。送神归位吾退步,道场满散福果成。

送圣文 回圣信财上献 三清三宝三圣天真地圣 水哲(泽)阳神

上来礼谢,拜辞、拜送,奉家侍奉祖公,卑州石羊县祖公,九玄七祖,父母家先,三天圣【主】,五谷仙人,开天盘古,混沌大帝,十二部天尊,罗娘,三祖母田,龙魂先祖,太白老人,前宅后宅姑郎叔伯,前衔后衔少皆(扫阶)儿郎,前队后队踏堂仙女,十二游师,鼓板儿郎,十二包王,长衣三十二强兵,吹笛六郎,千岁愿头九郎,腾蛇都典判官,光降朝踏祖公道场,受领歌词、赞咏、曲语、表扬,了酬良愿,文疏通申,今日红缘满散,送圣归源,门外贡化花楼信仪,冥财照依钱单数目请领,来时功曹三迎三请,去时稽首拜辞拜送,真君送玉女,玉女送香花。

上来礼谢,本音奉氏门中先祖男女众魂,前门香火,后门灶君,周天星主,万象星君,紫微大帝星君,合家当【生】本命元【辰星君】,房郎叔伯,出嫁姑娘姐妹,外祖德公,外【祖】德婆,住宅龙神,招财童子,进宝郎君,家堂土地,掌愿三司,靖坛三教文武高真,光降家堂。北方真武玄天上帝,喃哟救苦救难观音菩萨,光降家堂。王字点头大坐主,〈注〉朝踏祖公,了酬洪恩,受领凡供、歌词、赞咏、曲语、表扬,文疏通申,今日道场完满,送圣归原,门外贡化花楼信财,照依钱单数目请领,来时功曹三迎三请,去时稽首拜辞拜送,真君送玉女,玉女送香花。

上来奉送敕封敕赐有德有道有感王侯,上古前朝三皇五帝,盖天高祖,开天盘古,伏羲神农,五谷农婆,历代圣帝,敕赐云溪朝显仁王,随来庙主,黄祖白公,岭下大庙本部大王,江华县城隍清政之神,七州洞府八厅游神姐妹仙众,敬祭厶厶庙主本部王,上下洞管阳间五十四庙本部大王,春秋二祭社令盟君,上下寺观伽蓝度州寺灵官真土地,三宿领种十八位公公,邻居先祖,家神,一齐光降洪门朝踏祖公道场,领受凡供、歌词、曲语、表扬,了酬良愿,文疏通申,今日红缘满散,送圣归宝殿,门外天德处火化花楼信财,照依钱单数目请领,来时功曹三迎三请,去时稽首拜辞拜送,真君送玉女,玉女送香花。

上来答谢:梅山十洞三府四界法箓仙兵,三十六名祖教,二十四名兵头,法主淮南刘十四郎,岭南李十五郎,朝南驴(间)山都簿九郎,都尊梅十四娘,符箓兵马,上路天仙兵一百二十阶,中路地仙兵二百四十阶,下路水【仙】兵三百六十四阶,〈兵兵将〉开山演教历代祖本宗司(师),奉公法全、法通、法旺、法宽、法正、法自春,弟子奉法继字郎尊,五台山上吹来祖教,度来灵尊,阴兵总管李公太郎相公,下部五门司主、十道伤兵,各师带来游身师主、护教祖师,天地水府三官大帝,祠门土地,总门判官,门守三司,红(洪)门会上请来诸位圣神,分俵银钱使者,火坛土地里域政神,天真地圣,水哲(泽)阳神,一齐来赴洪门,朝踏祖公,了酬洪恩,道场完满,法事周完,文疏通申,送圣归原,门外天德之处火化祖公花楼信财,照依钱单数目请领,来时功曹三迎三请,去时稽首拜辞拜送,真君送玉女,玉女送香花。

送圣文

伏以渺渺冥仙境,遍如切切,莫过出有入无,承疏宣化来,天真及玉女,玉女散香花,冥往大罗天界,銮驾鹤车,白鹤声嘹乱逍遥,太上家步步虚空,同乡生即返丹霞,金鸡相唱,玉兔勾消(销),朝踏祖公歌会,阳界海会,神祇筵中,所请诸位万灵,以今道场完满,法事周隆,虑香灯冷淡,供品希(稀)疏,万望各归原来本处,逍遥无忌,快乐有余。小师为东君转星,无非两功德,同圆谢神功,留恩赐福,乞赐上稽首回原,拜辞拜送,天地玄黄归紫府,云腾致雨洒坛,坛祸因恶归空界,福缘善庆进门来,弟子托杯拜辞拜送。

竖大旗

盘古开天立地,老君出旗为号,旗起神聚,旗倒兵散。起旗如风如雨,倒旗如雨如散。起旗无忌吉,倒旗无忌吉。火急如令。

朝踏祖公法事

初日,开印,发牒,回坛,收禁。

正日,二人师起事。注愿师置楼。同坛师置祖师台,完,香水安奉,烧启师疏、开光疏二封,门外竖大旗,开僻(辟),烧推关。二人师上坛封冠,迎圣下马，唱下马诗，唱令，转坛迎上，安奉，启拜，斟酒，宣意，用纸安奉。二人师上坛引尊，礼星，烧星辰疏，安龙，安宅，安五方，烧谢疏、五方札、谢灶用札，敕镇宅符，乐仙，完。烧七州疏，乐大圣、姑婆、□耗。二人师迎圣，交牢，注愿，请祖师，楼前画报信鸡，用香水灯开光。就请祖公，迎上，斟酒，烧则（择）时疏。注师请香炉头上关请，随身带来奉公法全、法通、法旺、法宽、法正、法远，不肖弟子法继，书笔淮南刘十四郎，岭南李十五郎，朝南都簿九郎，都尊梅十四娘，阴兵总管李公郎相公，下部五门司主，十道伤兵，前代喽啰师傅，后代喽啰老尊，改令秀才师傅，出歌出令老尊，常在巫师身前身后。良时以到，吉时以来，起歌，藏身歌，三司歌，请鼓笛，定时令，烧入鼓疏，李家、邓家宜利寅卯二年，奉家、任家、盘、包、沈、唐、黄、李、廖宜利子丑二时，请齐鼓笛，大厅内里则（择）时飞白，起鼓转坛。亦是良时以（已）来，吉时【已】到，起身，渐渐以来，祖公常在黄金宝殿，连衙出位，要讨逍遥，就发符一道放楼前，向出烧，福主子孙孝顺祖公，即时发灯，点火咄一生二、生三、生万，普照十方宝灯一堂，点在祖公楼中、黄金宝殿，上照祖公满堂光，上照三十三天，香油昔日缘功记，蒙灯草纆绵绵，纆草绞成蜡烛，敬祖公。于是七元君大圣神通灵，齐度诸厄难，超度苦众生，若有吉告者，持赞保安宁，尽凭生百福，咸气于五林，三魂得安境，邪魔永消除，五方降真气，万福自来临，长生养命火，皆有奉此经，生生身自在，世代保安宁，善似光中影，应如苦里声，三元神供护，万圣眼通明，无灾亦难永保道场清，世代见孙旺，代代享荣华，发起一灯福主贵，发起二灯子孙福，发起三灯子孙旺，发起四灯子孙盛，发起五灯得荣华，发起六灯照光明，发起七灯子孙富，发起八灯生富贵，发起九灯入吉庆，发起十灯生贵子，发起十一灯如金玉，发起十二灯照祖公。渐渐以到，渐渐以来，祖公常在黄金宝殿，连衙出位，要讨逍遥，请福主子孙接猪头，凡供，长刀，羊角，叫齐鼓笛。注愿师、同坛师二人祖师台前请祖师，注愿师楼【前】画鸡，用剑刀画，歌令师祖师台上画到猪头上，抛到脚，用香水灯火开光，统上文相武像、金鸡宝像。注愿师嘱符、靖声，靖声闭口，请三转。注愿师请祖公、同坛歌令师，歌令师上圣，请三转，请一转，吹□，等齐，令师吹□，接方可，又请，又请转,立一刻,看灯火尾动,又吹□,仇榜文,非司动,祖师到,问卦。注愿师铃向(响)三声,同坛师接铃三声,短鼓三声,笛子吹三声,长鼓向师人出声,众子孙齐出声。师人踢鸡,左踢六转,右踢六转,手上置起勾,吹鸡飞上黄金宝殿,祖公位前吹豪吹富,迎出祖公出位,祖师台左十二转,右十二转,迎出栏门下马台,左十二转,右十二转,完。福主子孙放下猪头、凡供,安奉祖公、众圣,起拜,献香花五供,斟酒,献凡供,唱下马诗,唱歌令,用纸烧,迎上黄金宝殿,回归祖台,左十二转,右十二转,迎上祖公楼内,上圣归位,安奉,起拜,斟酒,献凡供,完。烧祖公疏,用纸,满堂众圣安奉,歌令师起歌,唱《大愁字韵》,接出愿,游愿,唱歌,花字令,勾愿,烧勾愿疏,降圣、仁王、本部、先祖,烧众圣疏,祭孤,倒旗,歌曲,完满。注愿师告禀祖起马起车,置轮车,开路,归卑州石羊县/扶灵双水庙,逍遥快乐。令师托花盘,福主子孙把盏,送祖公起身,大锣打六声,祖公楼起身,将大锣忑倒祖公台下,送起出门,烧楼化纸,设花盘,完。回家烧谢师状,完。交事意,改法衣。

做白虎师法事

先请祖师,先净地扫地,启罡堂,地上画"吞虎"符,左脚踏倒白虎,置岩,将鸡收倒白虎、凶星、官符、火炼、盗贼、生事人等,将鸡赏收倒白虎,记入岩内,闭倒岩,用米一升,栈(盏)十二只,立在祖师台下手边,众人出祖师台,左十二转,右十二转,出下马台,左十二转,右十二转,纳歌纳令完,回归祖师台,左十二转,右十二转,迎上祖公众圣,存在红门道场,弟子罡堂指决,白虎阴错阳钗(差),〈仰叩,〉祖师做(坐)在前,巫师做(坐)在后,百无禁忌,大吉大利。

置祖楼法事

先净地,隔五方秽,置磉,起柱,置川枋,置其枛,置行(桁)条,置披,置琉璃、细瓦,盖楼,置楼,置楼一曾(层)、二曾(层)、三曾(层),置起五凤楼,置楼板,置楼台,置凳,置云牙,置交椅,置金街、宝殿,置起祖公黄金宝殿,置八仙聚会、四姓真人,置起垂帘挂幕,置起银瓶金盏,置琵琶挨仁,置起吹唱舞弄,置十二罗娘姐妹,置起左金童、右玉女,置起娥媚恩养宫、逍遥自在宫〈快乐〉,置起祖公花楼一座,左置青龙,右置白虎,前置朱雀,后置玄武,置起祖公花楼一座,现现高门现现。

厨内鬼名

前代阴厨师傅,后代阴厨师傅,明亮厨使,把称黄十九官,厨内烧火童子,走使判官,厨内箅手立手厨使,九十九代厨使官,厨堂土地里域政神,仰叩阴厨师做(坐)在前,阳厨做(坐)【在】后。

置厨法事 上圣祖师台前告禀关祖师

入厨内,先请祖师常在巫师身前身后,戒净,开路,请起,变坛,师主净地,置台,置凳,置起坐(座)位,请齐,安奉,启拜,斟酒,曰投词,将纸和(合)下,存在厨内。

倒厨法事

照依前头一样,喧(宣)投词,用纸钱和(合)下,将刀二把收伤,将刀插肉,一刀砍遇(与)两段,师、厨人一分(份)。师人起罡堂,倒厨,将刀板忈倒台上,完。相送阴厨使根(跟)随祖公,阴间使用,以(与)阳厨子孙拆手分离,阴管阴路,阳归阳路,百无禁忌,大吉大利。

巫师关祖师退步

大清光绪十年甲申岁又五月初十日抄写朝踏祖公唱歌书一本,奉法继于在光绪八年壬午岁九月廿二日未刻阶了红火,烧了朝踏祖公书本,而行永远为记,付与子孙收什(拾),用心,不可损坏,万古流传,救济万民,感应人天。

朝踏祖公子孙:盘、奉、包、沈、唐、黄、李、廖、任、邓、高、周。

末附七道符:众房子孙符、子孙符、师人行丘符、福主符、破秽符、厨使符、护师人符。

三、大起事

【文献提要】

朝踏与丧事道场及传度等科仪同用抄本,封面拟为法事"全本之一"。硬白纸壳封面并粘上透明胶,用蓝色竖行格白纸抄写,毛笔行楷书写,右侧线装。湖南江华瑶族自治县涛圩镇新沐泽村奉居杏于1990年照旧本师书抄写,现藏其本人处。奉居杏,自称"巫门弟子",法名奉法杰,1947

年生。奉居杏十多岁度身(俗称"度戒"),参与法事活动,三十多岁时即停止该类活动,约行法二十多年,曾祖、祖父、父亲与其本人四代为师公,三子皆未传承其法术。其本人兼与人看风水,也是当地一名赤脚医生。文内载请神请圣降坛、摇铃安奉各路神灵、叩师、拜发功曹、请师统兵、存师存兵安奉、请五龙法水解净坛场、置宫殿、收魂、藏身变相、敕变凡供、拜留众圣等仪节,附记凤凰大庙/盘王大庙庆成盛况。文中加朱红句读符号,多处加盖"奉居杏"篆刻印章。

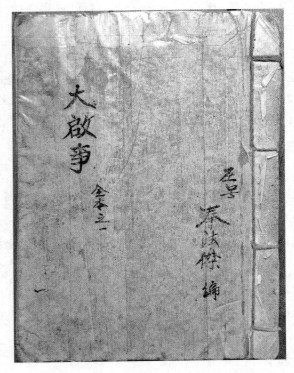

图9-3 奉居杏抄本《大启(起)事》

巫号

奉法杰 编

全本之一

大启事

初开天地立乾坤,始有元皇出置民。伏义(羲)神农出八卦,神农当本教耕春。

太上老君传玉印,释迦尊佛满金身。儒开孔圣神公聚,巫教何侯利济人。

是日/夜巫流伸(申)召请,暂辞金阙到坛场。

九嶷山上礼真皇,太宰何侯得道王。唐室开基三百口,留名万代永传阳(扬)。

功书行满天书降,脱俗披霞上紫坛。恭望兵司常拥护,参齐万圣降来临。

是日巫流伸(申)召请,暂辞金阙到坛场。

又

法在信州龙虎山,法主传来立圣坛。法角三声通三界,法门圣驾降来临。

法主当坛传子弟,法灵符水透阴阳。法箓仙兵常拥护,法现符灵利齐(济)人。

是日/夜巫流伸(申)召请,暂辞金阙到坛场。

又

圣居庙宇内无边,圣闻召请降凡人。圣驾一心皈下界,圣兴凡人作圣贤。

圣度师郎足界内,圣骑白马到坛前。圣碧天宫离宝殿,圣到坛前万事周。

是日/夜巫流伸(申)召请,暂辞金阙到坛场。

此一首丧家作道场或入七祖唱

鸣锣动鼓送终开,金阶玉殿步云开。三庭七内迎魂魄,七品谢门明月开。

十方/王三宝[1]释无罪,十殿冥王[2]救苦哀。借问孝家何事起,你

---

〔1〕　三宝:佛教奉佛、法、僧为三宝;道教奉道、经、师为三宝。
〔2〕　十殿冥王:一殿秦广王、二殿楚江王、三殿宋帝王、四殿五官王、五殿阎罗王、六殿卞城王、七殿泰山王、八殿平等王、九殿都市王、十殿转轮王。

父死了不回来。

是日/夜巫流伸（申）召请，暂辞金阙到坛场。

此首传度谢师爷唱

少年学法入梅山，治病驱邪差下坛。巾（筋）斗打开人世路，神符镇断鬼门关。

行罡步决神魔伏，走印飞符兵马行。何神不服吾师令，遣送酆都亦不难。

鸡仔学啼世接世，莫把香炉断火烟。有人断了师爷路，强如卖了眼头田。

莫学须眉山上竹，头中节密尾中疏。当初得吃园中笋，如今答谢马鞭情。

是日/夜巫流伸（申）召请，暂辞金阙到坛场。

又着穿衣唱

传授何侯一片衣，着起三郎百鬼存。一祇二候先贤圣，三迎四请众神知。

雍熙之际谁人置，得道何侯锦绣衣。迎神引圣灵宝座，一似梅山学法归。

迎神引圣灵宝座，一似梅山学法归。僧道烧香见佛圣，巫师行礼见三清。

一拜苏仙刘太尉，二拜何侯得道王。三拜西川郎太子，四拜都尊梅十四娘。

五拜上中及下路，六拜都坛廿四娘。一上冥香通紫府，二上宝香出座前。

三上信香通三介（界），香烟绕绕透阴阳。如今得上金桥上，一似云开见太阳。

又

拜谢左/右班太（大）法主，主张法事在坛场。恭望兵司常拥护，不离兵殿领明香。

一拜二拜成三拜，拜留教主在坛场。一上冥香通紫府，二上宝香出坐（座）前。

三上信香通三介（界），香烟绕绕透阴阳。如今得上金桥上，一似云开见太阳。

若有门前来上贺，大家到此领明香。恭望兵司常拥护，主张法事在坛场。

三两歌词赞咏光明向神长恭贺

切以香烟才起，散满九天，飞云飞务（雾），飞雾飞天，上通三界，下透九州，依尊而尊，依法而法，凭太上老君，念念代天行法，宣天为国救民。祈神神福到，忏祸祸消退。下坛前摇铃安奉：

敕封敕赐，有德有道，有感王侯，敕封云溪朝显仁王，随来庙主黄主伯公，行像座像，文像武像，真容宝像，像像三十六像，左押陈像，右押黎像，左金童，右玉女，石童子，玉指挥，铜头铁面护驾将军，后堂后宫皇后娘娘，左右陈黎二使。上古前朝国主三皇五帝，盖天高祖国王父母，伏义神农，五父（谷）农婆，开天盘古混沌大帝，始祖开基黄赤二帝，敕封南岳（红笔改为"盘瓠"）忠靖尊王，长标得道李圣尊王，驾州惠林陈侯相公，仰山二圣浮惠大王，五通贤圣，观（灌）口二郎，五岳四渎，冥山大川，阴【灵】黄赵二太玉（王）相公，扶灵匡竹三楼圣母，摇铃安奉。

县主城隍清政有感之神，鲁川云主感应石将军，九江龙母五海龙王，云雷雨部风伯雨师，风王三相雷令小娘，天地水府三官大帝，田曹行雨白龙相公，清州玉府社令盟君，七州洞府诸庙大众仙娘，摇铃安奉。

（左边拜）系祭凤凰／盘王庙主本部大王，陈阳殿上后宫夫人，前代神长，后代神老，前代开庙师主，后代立庙老尊，住庙土地掌愿判司，把簿判官，庙堂土地里域政神，千里迎神师主，万里迎神师傅，引奏进奏仙官，摇铃安奉。

（右边拜）阳间祀典宫庙侯王，上天十八中天十八下天十八，上下洞管五十四庙本部大王，统兵毛巡捲（检），部兵杨爷大将，五方佈功田园土地，田公田母坝塘沟塘水脉龙神,今年注苗注稼注风注雨仙师,伽蓝土地男官女圣,南官真灵官土地,五方荣华大圣姑婆,摇铃安奉。

家奉香火文武高真,各姓门中先祖男女众魂,九玄七祖父母家先,靖坛三教文武高真,韶州殿上得胜白马三姑,四山坛主五岭七姓都头,中天星主万象星君,摇铃安奉。

众官手下五塞阴兵,八万强兵,十万猛将,左阴兵,右伍阴兵,仁王手上兵,尊王手下兵,出兵入兵黄旗头,白旗先锋,船中弟子,歌午(舞)二郎,当年太岁致福得令尊君,往来门下採换时流,虚空过往有位神祇,摇铃安奉。

弟子带来梅山十洞三府四界法箓仙兵,开山演教历代祖本宗师,奉君殿、陈君殿上祖师吹来祖教度来灵尊,下部五门师主十道倡(猖)兵,摇铃安奉。

一声安奉存留人头,二声安奉住留车马,三声安奉稽首天和地和,上和天仙下和地【仙】,手把和神剑,脚踏请神康(罡),堂中请信士人等恭就仁王伯公位前,鞠躬。

切以师尊在殿,教主在坛,兵部(不)离殿,马不离曹,是日弟子上坛申禀祖师,叩仗祖教。

叩望祖师做(坐)在前,小师做(坐)在后,声声叩望吾祖教,步步仰我灵尊。就以香炉头上拜发天/地/水界功曹年/月/日值奏使,阳界四值功曹时值奏使,云中教主走马三郎,来赴坛场,听吾叩仗。就以三天门下迎请三元无极师,三元混沌师,九凤破秽大将军,三洞法师君,灵宝五师君,家师君,度师君,黄赵二真人,开坛师,把坛师,赵(坐)殿师,上元请祖师,中元请本师,下元请三师,请齐阴教师,阳教师,请齐开山演教历代祖本宗师淮主淮南梅十四娘,统齐上路天仙兵一百廿阶,岭南李十五,统齐中路地仙兵二百四十阶,朝南驴(间)山兵部大判九郎,统齐下路水仙兵三百六十四阶兵将,齐统下部五门师主十道倡(猖)兵。

启请开天门闭地户、开人门塞鬼路大将军,大小旗头、锣鼓将军,枪手将军,刀手将军,弓手、弩手将军,义手、牌手、棍手将军,上元唐将军、中元葛将军、下元周三将军,何侯得道万寿真君,老祖天师太上老君,信州白云山上烧丹炼药仙师,酆都教主斩鬼天师,五帝兵头,前传后教,阴阳二教祖本宗师。

启请左右二真人,藏身师主,化身老尊,护身护命、护法护随土地,掌官十一郎,毛婆教主,白鸽老尊。上仙驾魂杨十九郎,天仙罗七娘,地仙罗八娘,水仙罗九娘,迷魂将(蒋)七娘,都尊梅十四娘,引魂仙姑蒋丙五郎,蓬家仙童十姐妹,十二天宫圣报、速报、现报、立报三师。玉皇上帝,紫薇大帝,火轮三坛秽积金刚,北方真武玄天上帝。哪吒太子,四门枷拷,五甲枷持,酆都山上、酆都山下收邪收瘟吏兵,千手千眼,千百化身土地。五门行丧出丧父母,白衣祖教,引路仙童,行桥报卦。关公元帅,赵公元帅,驱邪马公元帅。雪山雷公雷母,鹅(峨)眉雪山,都统雪山,三元力头师,铁锁师,三元殿前变化使,收瘟使,梅山十洞教主,欧杨登仙老尊。石悬黄石九郎,茅山龚十七郎,铁十七/八郎,斩瘟陈十四郎,收瘟陈十五郎,元皇一郎,张赵二郎,圣者三郎,东野四郎,番坛五郎,赵殿六郎,董仲董永先师,画符童子,敕符老尊。五方五帝延生兵马,东/南/西/北方青/赤/白/黑帝兵,中央黄帝兵,都领五千万兵,九州城隍,十州社令,六路虎郎(狼)将军,大小金鼋赤马将军。

一请齐小师本(命)元辰星君日月下来藏身师主,云中火中藏身师主,五台山上、南蛇口里藏身师主,水/井中藏身师主,枯木乱草十大藏身师主,十大化身老尊。义天义地迷溪,身前身后迷溪,出门三步亦无踪,满(瞒)天黑地将军,牛头马面大将军,大番小解师傅,追魂拔命老尊,行桥报卦师傅。东/南/西/北/中岳府君,东门东洞主东门陈五山,南门南洞主南门何五山,西门西洞主西门谢五山,北门北洞主北门雷五山,中门中洞主中门黄五山,殿前杨都篆,殿后马都伤,□□□□□□□□□□□名教主,廿四名兵头。春/夏/秋/冬五雷神将,廿四将云雷火车,飞天/地五岳,九宫八卦,十殿大王,麒麟坛狮子坛,黄班(斑)猛虎坛,上/中/下洞一十八洞淮(洞)主。

淮南六十四郎,统齐上路天仙兵一百廿阶;岭南李十五,统齐中路地仙兵二百四十阶;朝南驴(闾)山兵部大判九郎,统齐下路水仙兵三百六十四阶兵将;齐统下部五门司主十道倡(猖)兵。是我兵同我转,是我祖教护我身,大叫一声千兵感应,小叫三声万马来临。

兵从一路到,马从一路来,三天门下迎请祖师/本师/三师,迎上奉君、李君、陈君、盘君殿上,祖师吹来、祖教度来灵尊,下部五门司主十道伤兵,一同迎上,存兵在殿,存马在坛,一仝(同)迎上,迎上庙堂位上,奉宝座,一声安奉祖师,二声安奉本师,三声安奉三师,免无参见祖师,免无下拜祖教,叩望祖师做(坐)在前,小师做(坐)在后,声声叩吾祖教,步步仰我灵尊。

切以手把降魔七星剑,脚踏魁罡八卦宫,乃是辅政驱邪、匡人利物,恭对坛前同声赞咏:

七星宝剑号龙神,赫赫光明立九天。三界降魔邪神伏,飞刀斩鬼灭邪神。凡人见我斩妖鬼,百鬼闻声立九天。太上师郎真宝剑,天师门下斩邪神。奉请厶厶左脚上坛踏青龙,右脚下坛踏白虎,三步丁罡下赴水碗之中。

此水不是非凡水,桃源洞里绕水来。

奉请上来涌起东方/南方/西方/北方/中央　东海/南海/西海/北海/中方　青帝/赤帝/白帝/黑帝/黄帝　青/赤/白/黑/黄龙将军　头带　东方/南方/西方/北方/中央　木/火/金/水/土德星君涌起黄河雷公震动下赴水碗之中

奉请上来涌起五方五海五五廿五龙将军涌起黄河雷公震动下赴水碗之中　奉请上来

涌起冒起一点水,化作江河三月春。巫师将来解秽气,将来解秽洒坛场。

祖师传我三两罡堂,本师度我四两指诀,巫师差下东方/南方/西方/北方/中央　东海/南海/西海/北海/中海　五方五海下赴水碗之中,飞过祖/本/三师印,五雷都天玉印,请治五龙法水下来戒净弟子身前身后身左身右,早晨起来身中带秽,眼中见秽,口中食秽,手中摸秽,脚中踩秽,天秽天师解,地秽地师消,水从头上过,秽从脚下消,一淋清净,秽解消除。

香炉头上申请开河/井师傅,开河/井老尊,左脚犁开千丈之井,右脚犁开万丈之河。申请造河/井师傅,造河/井老尊,东方/南方/西方/北方/中央　东/南/西/北/中井,五湖四海通天大井,井底置起抛沙乱石,两脚蛮牛,独角犀牛,金龟王,盘开沙,打开井里鱼王座(坐)中央。

申请祖/本/三师下来托吾头/身/脚中秽,以(与)我扫下千丈之井,万丈之河。香炉头上差动杨都箓,马都伤,宅/庙前,宅/庙后,宅左庙右,收上天/地秽,生/死秽,牛/马秽,一切百般秽污,四眼六甲前收来后收到,扫下千丈之井,万丈之河。

差动八万斩邪陈十四郎,五百里收瘟陈十五郎,收上天邪地邪,阴邪阳邪,成师不成师,成道不成道,白衣师人,黄衣道师,前收来,后收到,转一身,化一相,扫下千丈之井,万丈之河,左脚闭塞千丈之井,右脚闭塞万丈之河。左手置起娥媚宫,右手置起恩养宫、逍遥自在宫。

申请收魂/命师人,收上弟子头/眼/鼻/口中魂,前三魂,后七魄,飞过祖/本/三师印,五雷都天玉印,有符有印是吾身,无符无印是邪神,何人下来托我魂命?申请白鹤仙人下来脱我魂命,一/二/三魂脱在祖/本/三师殿,魂命计(寄)在老君金箱库内,人讨不在,鬼讨无名,上差金童送茶饭,下差玉女送米粮,三帝将军送衣裳,护把小师魂命好,不把本师魂命受栖惶。

香炉头上齐起祖/本/三师坐殿,手不动兵不齐,脚不动马不行,一/二/三步上坛齐祖/本/三师,统阴/阳教师,统齐开山演教历代祖本宗师,厶君殿上祖师关在弟子身前身后身左身右,统齐上/中/下路天/地/水仙一百二十四/二百四十四/三百六十四阶兵将,前统前齐,后统后齐,关在弟子身前身后身左身右。

统齐下部五门司主十道倡(猖)兵,关在弟子身前身后身左身右。

香炉头上统齐十大藏身师主,十大化身老尊,金龟王下来藏我身变我相,左太阴右太阳下来藏我身变我相,五台山上七星华盖下来藏我身变我相,云中井中水中火中枯木乱草下来藏我身变我相,十大藏身师主,十大化身老尊,阴藏阴变,阳藏阳变,师郎头带犀牛角,脚踏犀牛蹄,铁十七郎,铁十八郎,敕吾头身,头者化为羊角山,眉者化为娥媚山,眼睛化为火焰山,左鼻王,右鼻王,左风王,右风王,左耳化作宣天雷公,右耳化作宣天雷母,上唇化作天/地魔王,牙齿化作凡上一路,口舌化作羊子正桥,左甲左太阴,右甲右太阳,脑膛化为石壁,十个手指化为枪,雷打不破,火烧不溶,左脚左同河,右脚右同河,左脚踏金鞍,右脚踏宝马,脚火车高万丈,火轮金刚扫地行,若有神来相讨,赵国王内去相逢,十个手指十条枪,两只手掌两面牌,防身护命好,莫把邪神对面来,左装湾(弯)弓,右装木弩,前装双刀,后装佩剑,左置九井,右置九井,四九三十六井,左/右装大雄蛇,右装小伏鬼,降倒高山大庙鬼,伏倒低山小庙神,邪神怎地,小鬼氐头,左置青龙,右置白虎,前装朱雀,后装玄武,置起七星华盖遮吾头,九州华盖身,人见是人身,鬼见是千兵,何神敢对,何鬼敢当,小小藏身,小小化相。

祖师在殿受明香,巫师脚踏七星罡,三元兵马同我转,今将法水洒坛场。

诵念神咒,绕坛戒净,奉请。

洞中玄虚,光印太玄,八方秽气,始我自然,灵宝符命,普告九天,乾罗太那,洞见太玄,斩妖扶(伏)邪,杀鬼万千,中山神咒,元始王文,按形五岳,四海知闻,魔王束首,侍卫我轩,凶秽消散,道气常存。

奉请三洞法师君,洒水如云上半天,化作九火轮坛上坐,日照太阳海内行。四季不吃凡间米,亦吃山中亦吃人,信州龙虎时常现,朝朝走上白云山。庙堂如有诸般秽,闻我神咒化为尘。

再请九凤破秽大将军,头带凤凰十万兵。化作九牛来解秽,身来解秽身来清。一来齐起吾兵坐,吐水/本部城隍护我身。手把降魔龙吐水,吐水飞符十万兵。坛前如有诸般秽,闻我神咒化为尘。

请治五龙法水下来戒净,东方甲乙木,南方丙丁火,西方庚辛金,北方壬癸水,中央戊己土,大秽黄河,小秽洁净,戒净信士人等,备列普排凡供之仪,天秽天师解,地秽地师消,法水到头一清净我解消,天秽黄河归天位,地秽黄河入地存,人生之秽归人身,畜生之秽归栏中,鱼儿之秽归河中,五湖四海归龙门。

香炉头上,祖师演罡,本师演决,巫师起手,老君决法,两手制起九州茅搧,扫净高堂低坐,一置一起,一置一成,仰叩祖本宗师大作证明,祖师演决,本师演罡,巫师起手老君决法,置起石碌在前,龙柱在后,上置行(桁)条,下置川爪,一置一起,一置一成,仰叩祖本宗师大作证明。

香炉头上,巫师起手老君决法,上柱川方,下置惊板,置起大护在前,行(桁)条在后,上置琉璃,下置细瓦,置起琉璃细瓦,遮盖列圣上界以周,下界以完,一置一起,一置一成,仰叩祖本宗师,大作证盟。

香炉头上祖师演罡,本师演决,巫师起手老君决法,上置金阶,下置宝殿,神到有位,圣到有坐,"置起梅山大殿",上置台盘,下置椅凳,上置垂莲,下置挂幕,垂莲现现,挂幕松松,左手置起鹅媚宫,右手置起恩养宫,逍遥自在宫,存下众圣,存在坐(座)中,有进无退。

香炉头上,就来请出真君、道君、十二明君,太上老君下来变过凡供之仪,变冷化热,变少化多,变生化熟,献得千神万圣,左置青龙,右置白虎,前置朱雀,后置玄武,抢起高门大户,神门汤汤,圣路叨叨,功曹请神在前,巫师摇铃请神在后,上者通阴,下者通阳,请神神到,请圣圣来。

方水涌安奉,法水威威武武上来威威上来安奉圣名一二完。

教主三司亲下降,请辞法水洒坛场。五龙吐水稳何井,九凤飞来卦金身。坛前内外无功路,迢角摇铃请圣来。

此水回坛　同声供养

元始安镇,普告万灵,岳渎真官,土地祇灵,左社右积,不得忘君,回向正道,内外宿静,各安方位,镇守庙堂,太上有命,捕扫邪神,护法神王,保卫诵经,皈依大道,元亨利贞,青龙吉庆,白虎回刑,朱雀拥护,玄武丹青,皈依大道,元亨利贞。

是宵弟子上坛身禀祖师,叩仗祖教,启事证盟,恐有少多,叩望祖师,兴(与)臣解政(正),吉果良缘,启手安奉满堂众圣,存在庙堂位上,有进无退,弟子拜尊拜教拜留众圣,后有令行法事。

大完　休息　转开僻(辟)法事

时在

公元一九九〇年庚午岁十一月廿日照依旧本师书抄下,请后代人照本行事,一二不错。

巫门弟子奉法杰　　亲字　　"清正"符一道

附:

凤凰大庙/盘王大庙起造时,公元一九九〇年庚午岁十一月廿七日壬午日于寅时登门放煞,正作来龙丙山壬向正针。塑像"四真"十二月三十日到老大庙。辛未年正月初一日寅时开光俵扬,当日接引迎回新庙,有万多人左右,布龙八条,狮子三个,锣鼓喧天,人山人海,红旗飘扬,炮竹整天。

四、开辟

【文献提要】

朝踏与其他科仪同用抄本,封面拟为"法事全本之二"。硬黄纸壳封

图9-4 奉居杏抄本《开辟(辟)》

面并粘上白色不透明胶,用蓝色竖行格白纸抄写,毛笔行楷书写,右侧线装。湖南江华瑶族自治县涛圩镇新沐泽村奉居杏照旧本师书抄写,现藏其本人处。奉居杏,自称"巫门弟子",法名奉法杰,1947年生。奉居杏十多岁度身(俗称"度戒"),参与法事活动,三十多岁时即停止该类活动,约行法二十多年,曾祖、祖父、父亲与其本人四代为师公,三子皆未传承其法术。其本人兼与人看风水,也是当地一名赤脚医生。内载叩师、拜发功曹、请师统兵、戒净、藏身化相、吹角请兵请将,开辟五路,降师降兵马、架桥、拜发功曹请各路神灵、迎上献酒、宣疏、门外化疏、请鼓板宗师、请圣、化牒文、回坛存圣等仪节。文中局部加朱红句读符号,多处加盖"奉居杏"篆刻印章,一处签名、画"清正"符并花押。

奉法杰编

法事全【本】之二

开僻(辟)

切以师尊在殿,教主在坛,兵不离殿,马不离曹,是日弟子上坛,申禀祖师,叩仗祖教,开僻(辟)五方,搭架金桥。叩望祖师做在前,小师做在后,[1]声声叩吾祖教,步步仰我灵尊。

就以香炉头上拜发天界功曹年值奏使,地界功曹月值奏使,水界功曹日值奏使,阳介(界)当日功曹时值奏事(使),云中教主走马三郎,来赴坛场,听吾叩仗。就以三天门下,迎请三元无极师,三元混沌师,九凤破秽大将军,三洞法师君,灵宝五师君,家师君,度师君,黄、赵二真人,开坛师,把坛师,赴殿师,上元请祖师,中元请本师,下元请三师,请齐阴教师,阳教师,请齐开山演教历代祖、本宗师,奉君殿、陈君殿、盘君殿上祖师。淮主淮南梅十四娘,统齐上路天仙兵一百廿阶;岭南李十五,统齐中路地仙兵

_____

〔1〕 祖师在前行仪,弟子在后跟着做。

二百四十阶;朝南驴(闾)山兵部大判九郎,统齐下路水仙兵三百六十四阶兵将;统齐下部五门师主,十道倡(猖)兵。是我兵同我转,是我祖教护我身,大叫一声千兵感应,小叫三声万马来临。兵从一路到,马从一路来,弟子转身迎上祖师、本师、三师。奉君殿、陈君殿、盘君殿上祖师,吹来祖教,度来灵尊,下部五门师主,十道倡(猖)兵,存留人头,住留车马。

一同迎上庙堂位上奉安座,弟子稽首一声/二声/三声安奉祖师/本师/三师,免无参见祖师,免无下拜祖教,存兵在前,存马在后,声声叩吾祖教,步步仰吾灵尊。

就以香炉头上,一步上坛天官到,二步上坛地官来,三步上坛水官到。巫师差下东方/南方/西方/北方/中央　东海/南海/西海/北海/中海　五方五海龙王下赴水碗之中,飞过祖师/本师/三师印,五雷都天玉印,请治五龙法水下来戒净,弟子身前身后、身左身右,早晨起来身中带秽,眼中见秽,口中食秽,手中摸秽,脚中踩秽,天秽天师解,地秽地师消,发水头上过,一堂清净,秽解消除。

香炉头上,齐起祖、本三师坐殿,手不动兵不齐,脚不动马不行,一/二/三步上坛祖/本/三师,统齐厶君殿上祖师,五台山上吹来祖教,度来灵尊,关在弟子身前身后、身左身右。统齐上路天仙兵一百二一四阶,中路地仙兵二百四十四阶,下路水仙兵三百六十四阶兵将,关在弟子身前身后、身左身右。统齐下部五门师主,十道倡(猖)兵,前统前齐,后统后齐,左关左营兵,右关右营马,关兵在前,关马在后,关在弟子身前身后、身左身右。巫师左置青龙,右置白虎,前置朱雀,后置玄武,置起七星华盖遮盖头,九州华盖遮盖身,人见是人身,鬼见是千兵,小小藏身,小小化相。

师郎左畔差兵兵亦去,右畔差兵兵亦行,前畔差兵兵亦去,后畔差兵兵亦行,殿前差出杨都簶,殿后差出马都伤,差出上中及下路,千兵万马一时行。

一声角,僻(辟)开天道门,天道门前四畔开,关请天仙兵马出云来。

二声角,僻(辟)开地府门,地府门前四畔开,关请天/地仙兵马上金阶。

三声角，僻（辟）开水府门，水府门前四畔开，关请天/地/水仙兵马尽安排。

再声角，鸣角一声当二声，犀牛角号立根源。

不说原由事不起，说起原由事亦长。郎从一/二岁无娘子，郎从三/四岁无爷儿，五岁开坛去学法，六岁抛身入法门，读尽师书见鬼王，鬼王街内去藏身，口吹犀牛真宝角，身穿三郎法衣裳。杀鬼神刀，阴亦强，阳亦强，拜祖师、本师、三师当厅坐，师郎起手去行罡。

再声角，鸣角一声当二声，二声当三声，三三当九声，声声考上玉皇殿〈前〉，启请上元、中元、下元。开天门，僻（辟）地户，李先师、李将军，童子郎，童子娘，今日师郎迢（召）角来，关请万里乘云降道场。

再声角，鸣角一声当二声，二声当三声，三三当九声，声声考上祖师殿，启请五方开僻（辟），栏桥、架桥、钉桥、锁桥鲁班匠人李先师、李将军，童子郎，童子娘，今日巫师迢（召）角来，万里乘云降道场。

师郎角号鸣，请何神？召何神？申请淮南殿上三十六教祖师主，本师爷，同我下坛领兵到，灵符落地报师爷。

拜兵不拜马，拜马不下桥，左关左营兵，右关右营马，师郎头带锁子甲，雷打不破，火烧不溶。小声唱

再声角，僻（辟）开东门东洞主，东门东洞上，木城门，木柱，三六九拜齐一万九千兵，四山云雾齐齐起，玉皇兵马一时齐，暗弓飞火箭，木弩上九牛玄，黄河千里眼，转身打倒五邪山。

左脚打开庙门神仙枷杖门，右脚打开庙门神仙枷杖户，置起头口铁甲带，置出长枪及短枪，师郎击鼓采花印，手上行罡射万箭，带甲祇（祇）侯莫力身，磨金斧，佩金枪，剑刀抢开东方一条光大路，无从东方东路上，摇铃动鼓请神来，老祖天师来下降，拜留兵马在坛场，东方罡堂渐渐了，吾师转面上何/南方。

二/三/四声角，僻（辟）开南/西/北方南/西/北洞主，南/西/北方南/西/北洞上火/金/水城门，火/金/水照一五七/二四八/五三九，拜齐二万九/三万九/四万九千兵，四山云雾齐起，玉皇兵马一时齐，暗弓飞火箭，木

弩上九牛玄,黄河千里眼,转身打倒凤凰山。　奉法杰　清王符　花押

左脚打开庙门神仙枷杖户,右脚打开庙门神仙枷杖门,置起头口铁甲带,置出长枪及短枪,师郎击鼓采花印,手上行罡射万箭,带甲祗(祗)侯莫离身,磨金斧,佩金枪,剑刀抢开南/西/北方二/三/四条光大路,巫从南/西/北方南/西/北路上,摇铃动鼓请神来,老祖天师来下降,拜留兵马在坛场,南/西/北方罡堂渐渐了,巫师转面上西/北/中方。

五声角,僻(辟)开中门中洞主,中门中洞上,土城门,水土五三九,拜齐五万九千兵,四山云雾齐齐起,玉皇兵马一时齐,暗弓飞火箭,木弩上九牛玄,黄河千里眼,转身打倒五邪山。

左脚打开庙门神仙枷杖户,右脚打开庙门神仙枷杖门,置起头口铁甲带,置出长枪及短枪,师郎击鼓采【花】印,手上行罡射万箭,带甲祗侯莫离身,磨金斧,佩金枪,剑刀抢开中央五条光大路,吾从中央中路上,摇铃动鼓请神来,老祖天师来下降,拜留兵马在坛场。

五方开僻(辟)完满已周,切以金铃才响于神明,玉斧佩地以乾坤,搭架金桥廿四度,请圣迎神,同吹鸣角两三声,通天达地,先请祖师十二部,后请诸礼各三千,相请来临生欢喜,赴会降坛助扶要,金桥请圣降来临。

良宵法事楚风调,满座灯光沉漏烧。神圣欢喜登宝座,言人行法架金桥。周初三年涨洪水,别无桥路兴人行。请得张良来出计,并请鲁班架桥梁。两边尽是相丝木,四畔钩栏浮水抛。

伏望天兵来拥护,兴吾添助架金桥。

香炉头上磨起双刀,佩起神剑,启天门地户,神门鬼路。未曾架桥,先来涌起五湖四海,后起万丈桥梁,无桥梁,起桥梁,无桥登,起桥登,无桥柱,起桥柱,无桥板,起桥板,架起天/地/水仙金桥,莲花水上/下金桥,飞云走马金桥,四山王母金桥,白鹤仙人金桥,瞒河瞒井金桥,隔山别岭金桥,穿山过海金桥,青龙桥,白虎桥,朱雀桥,玄武桥,一/二/三郎走马金桥。神桥不通何方,也(不)通何处,前去通到:

敕封敕赐有德有道,上古前朝国主三皇五帝,县主城隍有感王侯,系祭庙主本部大王,阳间祀典宫庙侯王,家奉香火文武高真,众官手下五塞

阴兵,弟子带来梅山法主法六仙兵。

巫师回来,不磨不成桥,磨起便成桥,不放不成桥,放起便成桥,不抢不成桥,抢了便成桥,不钉不成桥,钉了便成桥,不锁不成桥,锁了便成桥。锁桥童子,丁桥老尊,锁柱桥梁,丁柱桥柱,神过不动,圣过不移。桥梁头上置起大日光明,小日毫照,前照三千,后照八万,不许齐我马衣。

就以香炉头上,拜发天界功曹张大使,地界功曹郑大使,水界功曹醮大使,阳界四值功曹云中教主走马三郎,来赴坛场,听吾差发,功曹已起,使者已行。　　　上来

东方开僻(辟)踏青龙,丙丁南方道路通。西方庚辛金门上,北方壬癸水灾殃。中央戊己通三界,起火为烟降坛场。神香一起庙通神,三界功曹不滞神。走马乘云通紫府,神登宝马去通天。启请敕封并敕赐,得道仁王亲降临。启请前朝并国主,三皇五帝亲降临。启请周天及星主,南北二斗降来临。启请神堂及社庙,本部大王降来临。启请门中及先祖,宅灶龙神降来临。启请生年及生月,生日生时降来临。六曹案内金书请,暂辞金阙到坛场。

伏以圣归云路,行自在以云头,手执马鞭并不离身,走马乘云通紫府,腾云架(驾)务(雾)到天宫。正直聪明,传言奏事,请圣迎神。

伏以功曹郎,功曹速速上天堂,行道高山你也行,山高自有神仙路,水深自有渡船人,逢山顺山过,逢水架桥梁,去如风,回如箭,路上逢花你不采,歌堂你不会。巫师在于庙堂叩许良愿。限你功曹,一刻一时,拜上功曹,速去速回。我在坛场,望你功曹回报。

与我押关去,一时铜铃为令,鼓角为声,请迎圣驾,拜上功曹,速去速回。

东方一朵乌云起,正是三郎出座前。五色云头勒马走,走马三郎去通天。

来往不离三界内,领吾口状去匆匆。若有海中无路去,犀牛引路透龙门。

仰日赴降来临。仰仗功曹,焚香启请四值功曹,焚香拜请敕封敕赐,

有德有道,有感王侯,敕封云溪朝显仁王,随来庙主,黄主伯公,行像座像,文像武像,真容宝像,像像三十六像,左押黎像,右押陈像。左金童,右玉女,石童子,玉指挥,铜头铁面大将军,后堂后宫皇后娘娘,左右陈黎二使,摇铃光请,统齐下赴来临。

仰仗功曹焚香启请:上古前朝国主三皇五帝,盖天高祖,国王父母扶义(伏羲)神农五谷农婆,开天盘古混沌大帝,始祖开基黄示二帝,敕封盘瓠忠靖尊王,长标得道李姓尊王,驾州惠林陈侯相公,仰山二圣浮惠大王,五通贤圣灌口二郎,五岳四渎名川(山)大川,阴灵黄赵二大王相公,扶灵匡竹三楼圣母。县主城隍清政之神,鲁川云主感应石将军,九江龙母五海龙王,云雷雨部风泊(伯)雨师,风王三相雷令小娘,天地水府三官大帝,天曹行雨白龙相公,清(青)州玉府社令盟君,七州洞府诸庙大众仙娘。

左边:系祭盘王庙主本部大王,陈阳殿上后宫夫人,前代神长,后代神老,前代开庙师主,后代立庙老尊,住庙土地,掌愿三司,把簿判官,庙堂土地理域政神,千里引神师主,万里迎神师傅,引奏进奏仙官。

右边:阳间祀典宫庙侯王,上天十八、中天十八、下天十八,上下洞管五十四庙本部大王,统兵毛巡捲(检),部兵杨爷大将,五方佃功田园土地,田公田母,坝塘沟塘水脉龙神,今年注苗注稼、注风注雨先师,男官女圣,真官灵官土地,五方荣华大圣姑婆。

家奉香火,文武高真,各姓门中先祖,男女众魂,九玄七祖,父母家先,靖坛三教,韶州殿上得胜白马三(仙)姑,四山坛主,五岭七姓都头,中天星主,万象星君。

众官手下五塞阴兵,八方强兵,十万猛将,左伍阴兵,右伍阴兵,仁王手下兵,尊王手下兵,出兵入兵黄旗头,白旗先锋,船中弟子,歌午(舞)二郎,当年太岁,致福得令尊君,往来门下採换时流,虚空过往有位神祇。

弟子带来梅山十洞、三府四界法箓仙兵,开山演教历代祖师,前传后教祖师,奉君殿上祖师,开山演教奉　　五台山上吹来祖师,度来灵尊,上路天仙兵,中路地仙兵,下路水仙兵,三百六十四阶兵将,下部五门司主,十道伤兵,迎又请圣,又迎千里迎神师主,万里迎神师傅,就来一同迎上， 敕封敕赐……一二众圣完。酌酒喧（宣）疏，到三天门外化。

请起四山鼓板宗师，请圣牒文，踏上，又雅鸣呼！又雅鸣呼！又请圣一二完，化牒，太上弥罗无上□……

转回庙内中坛化纸，存圣，……稽首安奉满堂众圣，常在庙堂位上，安登宝座，弟子法事不周，仰劳祖师与臣解正，法果良缘，后有令行法事。

大完 恭贺 休息 转楼台下马

五套：还大（太）牢三牲

降牛法事

小申尊，关祖师，净手巾，钉桥，祖师殿前起罡步，本师殿内起罡堂，三师殿前起罡步，师巫（巫师）罡步上东方，东方狮子口，东方麒麟锁桥梁……南西北中，赏兵，降牛魂，画符，念：启请淮南刘教主，岭南教主画符灵，三帝将军随我应，北方真武/梅十四娘降牛魂，重念数遍，画完，烧碗水（水碗）内，到牛面前收牛魂，乙丑、丁丑、己丑、辛丑、癸丑，三次，吹符

交 刀

水牛背上，转回庙门，告明天地，曰：

此牛正是凡间牛，交付师郎接愿头。八蹄双脚答正坛，金银铜币换只牛。

上献盘王和仁王，伯公杨爷来领受。

先领皮毛，后领红血。

诗曰：

天地生来一只牛，信士买来钩愿头。伏望仁王亲受领，千家万户永无优（忧）。

一只大（太）牢是佛身，耕田种地养凡人。今日酬恩为大祭，将来普献众阴神。

不是巫师枉杀你，开天立地到如今。今日巫师超度你，早归佛国转人身。

如果降不倒，到牛背上画一道符（符略）。

浩浩本无多,男神对北河,须然不字,降伏一只牛。

第六套　还愿

小申尊,关祖师,戒净,请庙圣一二完,迎上斟酒,结愿心,读还愿疏,化,完

转交荤法事,请看下马科后一段。

弟子奉法杰照旧书转抄

唱柳州歌　一段

申尊,界(戒)净,起声唱。

十七十八上广西,丢了爷娘丢了妻。丢了夫妻前面有,丢了爷娘受孤恓。

十七十八丢了家,抛荒田地水推沙。好马不吃回头直,到处风流似吾家。

南风游游北风吃,两个同年上广西。去时风吹木叶落,回家杨鸟满山啼。

南风游游北风寒,两个同年弄花娘。要了三年三月清,想着回家哭断肠。

广西下去两条街,两边花鼓两边排。有钱买得花鼓打,无钱不过鼓边挨。

广西下来两条沟,湾湾(弯弯)曲曲到柳州。人爱柳州好买卖,我爱柳州好了头。

广西下来两条河,金盆载水养天河。天鹅不吃盆中水,卖了金盆买老婆。

娘在江边洗白纱,两眼看见白东(冬)瓜。官人看见买野马,和尚看见买袈裟。

好个娘娘屁股大,一阵南风十下骚。两边都是磨刀石,中间有个大水槽。

娘在江边洗蒜菜,石头尾扎打将来。你想蒜菜拿把去,你要贪花到晚来。

日出东方照四方,白马出来恋草坪。三岁小孩吃娘乳,十八姐姐念少年。

上山砍竹竹林篱,砍了平地织鱼梁。一对□鱼来试水,一对孩儿来试娘。

娘在江边洗白布,漫水滩头白布流。手拿白布将何用?白布将来作鬃头。

娘在江边洗红柱,漫水滩头红柱流。手拿红柱将何用?红柱将来起高楼。

娘在江边洗簸箕,蚂蚂吃烂车边皮。鱼仔双双来告状,今年世界有蜞蝼。

四月芒芒好种秧,人家好女好招郎。若要招郎来招我,你家门户我来当。

当了三年三月满,收到盘缠走回家。你不怕时我不慌,前郎去了后郎来。

无认脓包留你去,从新招个秀才郎。有日天开时运到,跟到丈夫去做官。

完了。　　照前辈老师爷法壁书抄

五、下马科

【文献提要】

朝踏与其他科仪同用抄本。硬白纸壳封面并粘上透明胶,用蓝色竖行格白纸抄写,毛笔行楷书写,右侧线装。湖南江华瑶族自治县涛圩镇新沐泽村奉居杏于 1990 年 11 月照旧本师书抄写,现藏其本人处。奉居杏,自称"巫门弟子",法名奉法杰,1947 年生。奉居杏十多岁度身(俗称"度戒"),参与法事活动,三十多岁时即停止该类活动,约行法二十多年,曾祖、祖父、父亲与其本人四代为师公,三子皆未传承其法术。其本人兼与人看风水,也是当地一名赤脚医生。文内载小申尊、关祖师、鸣乐开科、摇铃三请八路神、迎归宝殿、鸣乐踏鼓、三献酒、唱瑶语歌三首、唱入门三首、唱第二下马曲、放酒令、献酒、献纸、踏鼓、迎进宝殿、献香花酒、大庙灵祠

553

献五供之仪、化钱存圣等仪节,附记踏庙法事、许愿或伸愿或还愿法事、交牵法事、赏兵法事、献牲词、仁王白公开光法事、退像法事。文中加朱红句读符号,多处加盖"奉居杏"篆刻印章。

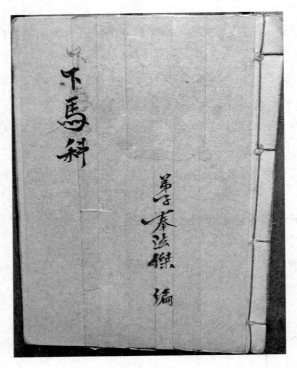

图9-5　奉居杏抄本《下马科》

弟子奉法杰　编

下马科

小申尊,关祖师,唱:请起四山鼓板宗师,楼台下马踏上,又雅呜呼!又雅呜呼!……左右十二转,开科。

三皇齐整动,花鼓四方开。上通三府界,下透七星岩。乾坤开大路,云务(雾)起曾曾。香烟通紫府,圣驾降凡延(筵)。

地府今宵起,神门而大开。千神离宝殿,万圣下瑶台。仙童亲接引,玉女捧明香。今宵来赴会,归叩遣灾殃。

撰(选)日今宵起,神像大开张。神仙离宝殿,圣众出瑶台。香花迎请圣,降礼尽安排。巫流接冠带,神仙绕绕来。

罗(锣)鼓叮当响,今(金)炉透九天。座上神明现,威仪降圣贤。花鼓震雷猛,红旗彩彩新。来临法界内,此席降香烟。

坛内今宵尽安排,三郎走马听神差。四值功曹迎请圣,巫师请圣下瑶台。

退下坛前,摇铃光请:

敕封敕赐,有德有道,有感王侯,敕封云溪朝显仁王,随来庙主黄主伯公,行像坐像,文像武像,像像三十六像,左押陈像,右押黎像,左金童,右玉女,石童子,玉指挥,铜头铁面护驾将军,后堂后宫皇后娘娘。

上古前朝国主三皇五帝,盖天高祖国王父母,扶义(伏羲)农神五谷农婆,开天盘古混沌大帝,始祖开基黄赤二帝,敕封南岳(盘瓠)忠靖尊王,长标得道李圣尊王,驾州惠林陈侯相公,仰山二圣浮惠大王,五通贤圣灌口二郎,五岳四渎冥(名)山大川,阴灵黄赵二大玉(王)相公,扶灵匡竹三楼圣母。

县主城隍清政有感之神,鲁川云主感应石将军,九江龙母五海龙王,云雷雨部风伯雨师,风王三相,雷令小娘,天地水府三官大帝,田曹行雨白龙相公,清州玉府社令盟君,七州洞府诸庙大众仙娘。

左边:系祭盘王庙主本部大王,陈阳殿上后宫夫人,前代神长,后代神老,前代开庙师主,后代立庙老尊,住庙土地掌愿判官,把簿判官,庙堂土地里域政神,千里迎神师主,万里迎神师傅(父),门奏进奏仙官。

右边:阳间祀典官庙侯王,上天十八、中天十八、下天十八,上下洞管五十四庙本部大王,统兵毛巡捲(检),部兵杨爷大将,五方佈功田园土地,田公田母,坝塘沟塘水脉龙神,今年注苗注稼注风注雨仙师,伽蓝土地,男官女圣,男官真官灵官土地,五方荣华大圣姑婆。

家奉香火文武高真,各姓门中先祖男女众魂,九玄七祖,父母家先,靖坛三教,韶州殿上得胜(圣)白马三(仙)姑,四山坛主五岭七姓都头,中天星主【万象星君】。

众官手下五塞阴兵，八方强兵，十万猛将，左伍阴兵，右伍阴兵，仁王手下兵，尊王手下兵，出兵入兵黄旗头，白旗先锋，船中弟子，歌乐儿郎，当年太岁，致福得令尊君，往来门下采换时流，虚空过往有位列神。

弟子带来梅山十洞、三府四界法箓仙兵，开山演教历代祖本宗师，厶厶君殿上祖师，吹来祖教，度来灵尊，统齐上路天仙兵，中路地仙兵，下路水仙兵，统齐下部五门师主十道猖兵。

三迎三请众神通，扶驾三郎得共同。乃武乃文归宝殿，马蹄脚下众神通。

请起四山鼓板，恭迎圣驾，又雅呜呼！

踏一转，斟酒，献供三杯酒：

初巡下马酒馨香，众姓坛前急急忙。受领初巡下马酒，红波涨水应田塘。二巡美酒献灵王，手捧金杯奉二巡。受领双双下马酒，一赐千秋大有平。安邦助国到如今，显圣神通保万民。受领三巡禄美酒，祈求丰收乐太平。

献三杯酒完，踏一转，唱"瑶话"：

早发时辰早了早，三郎行书入阴州。明书通报圣人曰，使者文书【请】神仙。

早发时辰早了早，书到扶灵天不光。明书通报男神女圣曰，使者行书请王侯。

白纸写书黄纸对，走马三郎入阴州。判官出来开书看，夫人备马上龙头。

第一首明书纳在圣驾位前，有进无错。

门前打鼓圣下马，圣王下马亦下车。来到庙前希下马，七台头上受香烟。

庙前打鼓圣下马，圣人下马又下车。来到庙前希下马，七台头上受明香。

庙前打鼓圣下马，圣王下马女下车。来到庙前希下马，七台头上受香烟。

第二首明书纳在圣驾位前,有进无错。

盘古开天婆置地,置留一首入门诗。一首明书(诗)吹唱了,法尊洪水洗厅前。

盘古开天婆置地,置留二首入门诗。二首明诗吹唱了,一步行来二步曾。

盘古开天婆置地,置留三首入门诗。一首明诗吹唱了,隔墙抛过锁起来。

第三首明书纳在圣驾位前,有进无错。

圣驾来时阴州早了早,来到庙前户不开。明书通报庙主曰,手捧门不滑如油。

圣驾来时阴州早了早,来到庙前户不开。明书通报庙主曰,隔墙抛过锁起来。

圣驾来时阴州早了早,来到庙前户正开。明书通报男神女圣曰,左手拿来右手开。

又唱入门三首

巡歌听语,巡歌听声,打鼓换拍,歌语换声,上山砍木,看木林下,水觅鱼看,黄龙相边,便三刑。

谢日午时发书请,四边八路行书状。行书申状请圣驾,请得到来应子孙。

来到庙前两边站,圣王下马酒初巡。子孙出来参圣驾,下马初巡酒当茶。

圣王来时打从阴州两路来,为身尽着西天绵,绿罗纳带裸身才。

九弥山头黄色生,阴州内里好神仙。乌云岭头多石印,阴州路上接圣贤。

第二下马曲

今夜圣王早行阴州路,阴州路上当风雨。斜风细雨落迷迷,正是圣王行路时。

龙行水底蛇行路,两个仙娘送曾艾。业头东边脚盆沙 圣王受领三杯酒,饮了三巡上庙阶。

九弥山头一枝香,子孙收得好明香。收得明香洞渌水,明香渌水献仙娘。

三令以周,三令以满,稽首礼纳在圣位前,有进无错。来来耍将,〈申报〉申报圣驾下车下马,清坛花出座,讨一头鹅容酒令,申报四边老郎师傅,解令秀才,〈郎〉郎今过驴(间)山学堂法门,口礼(里)唹啰,肚礼(里)川通,会者行曾(前)一步,连成解发,亦不伫住,鹅容酒令,来来耍将,〈连〉连词接状,小年年小,小身小头,带王天些,小稟身行,曾(前)一步申发圣驾词,讨一头鹅羊酒令,稟过老郎师傅,解令老尊,许令不许令,正是圣驾栏台下马下车,楼头饮酒许令都司,曾新许令都司,小年年少,连非答箭,连箭答非,同同到来。子孙自从今年三月厶日许下良愿,六月厶日申起良愿,一来为保人口,二来为保家财,三来为保耕种王母田地,四来遣送官灾三杀(煞)远去他方。

前令向前,后令当先年,当解发第二謡分,请字令人,稽首礼纳在圣驾位前,有进无错。

阴亦请,阳亦请,巫师手提铜铃、牙杖,神家来到庙前,丅车下马,七台头上受香花,子孙许/伸愿过后出荣华,阴亦见,阳亦见,圣三来时金鱼头,来到台头上受香油,子孙许/伸愿过后盛宜此(州)。

前来解一头见字令人,后来解一头,贵字令人,稽首礼,纳在圣驾位前,有进无错。

阴亦贵,阳亦贵,圣王出在阴州龙贵乡,来到脚踏蛟龙光,七台头上受明香,子孙许/伸愿过后保太平。 "倒酒"

阴亦贵,阳亦贵,圣王出在阴州龙贵家,来时路上脚踏蛟龙爪,七台头上受香花,子孙【许/伸愿】过后进金光。 "倒酒"

阴亦贵,阳亦贵,圣王出在阴州龙贵州,来时脚踏蛟龙头,七台头上【受】明香,子孙【许/伸愿】过后不忧心。 "倒酒"

三令以周,三令完满,稽首礼,纳在圣驾位前,有进无错。

完,献酒三杯,又献纸,踏一转,烧纸完,踏左右共十二转完。迎上黄金宝殿,献花香(香花),献酒完。

接:大庙灵词(祠)歌踏完满,祇保平安,具有子孙人等,恭就仁王伯公位前,鞠躬参拜,一参一拜,二参二拜,连参三拜,三拜以毕。众圣到来,有香鲜香,有水献水。

此香者供养。香烟绕绕通三界,日月下来透九霄,出在神仙岭,乌云捲(卷)起白云莲(连),此香者供养,子孙永远得安宁。鼓岳(乐)师打起鼓,吹起笛,三元殿前献香花。又起声唱。请起四山鼓板踏下,香花、五供,回坛齐齐三拜,一拜荣华富贵,二拜金玉满堂,三拜五谷丰登。

此酒者供养。酒是杜糠(康)之造酒,先勤碎(醉)刘伶,奉劝权诚意,随手摸锡并,难逢难意(遇)今宵意,海水难逢今宵逢,再斟一盏献神明。鼓岳(乐)师打起鼓,吹【起】笛,三元殿前献酒事。请起四山鼓板踏下,香花、五供,回坛齐齐三拜,一拜三元吉弟(第),二拜子孙满堂,三拜四季平安。

此水者供养。香水成壶数,芙蓉满地开,莲花出世界,日夜晓长流,献上一杯神仙水,子孙永远得太平。鼓岳(乐)师打起鼓,吹起笛,三元殿【前】献仙家。请起四山鼓板踏下,香花、五供,回坛齐齐三拜,一拜……,二拜……,三拜……。

此灯者供养。灯光绕绕红,满座献缘台,荣华献众圣,园(圆)盘头上献仙家。鼓岳(乐)师打起鼓,吹起笛,三元殿前【献】香花。请起四山鼓板踏下,【香花】、五供,回坛齐齐三齐(拜),一拜……,二拜……,三拜……。

此醮者供养。神农置五谷,养活献凡人,今宵得供养,存留五谷保千秋。鼓岳(乐)师打起鼓,吹起笛,三元殿前献众圣。请起四山鼓板踏下,【香花】、五供,回坛齐齐三拜,一拜……,二拜……,三拜……。

五供之仪,献圣礼毕。虔备一封信财,一封利市,落在仁王伯公位前,风前火化,……。存圣大完,恭贺,休息。

转　　　踏庙法事　　　　　　　　奉法杰　清正符一道

小申尊,关祖师,戒净,请功曹,敕封敕赐,上古前朝,县主城隍,系祭厶庙阳间祀典,家奉香火,众官手下,弟子带来,共【请】其(齐)一二完,斟酒献完,请起四山鼓板,阴押出位踏上,又雅呜呼……。正坛请敕封敕赐有德有道有感王侯,敕封云溪朝显仁王,随来庙主黄主伯公,行像坐像,文像武像,像像三十六像,左押陈像,右押黎像,左金像(童)。右玉女,石童子,玉指挥,铜头铁面大将军,后堂后宫皇后娘娘,左右陈黎二使,请起四山鼓板,踏下哩又雅呜呼……

正坛请上古前朝……。踏上又雅呜呼!又雅呼!

说明:去就踏上,转坛踏下。

又正坛转,请县主城隍一条完,又踏一转。到黄主伯公,踏一转。请系祭庙主盘王/凤凰大庙本部一条完。转踏到杨爷大将位前,阴衙出位,空踏一转。又到正坛空踏一转,到黄主伯公位前空踏一转。归衙座殿,到杨爷大将位前踏一转。请阳间祀典宫庙侯王……完。又踏一转,到正坛踏一转,请家奉香火文武高真……一条,阴衙座殿,又踏一转。到天井边,请众官手下五塞阴兵,……一条,踏一转,空踏一转。正坛,弟子带来梅山十洞三府四界法仙兵……一条,空踏一转,完。

请迎列神众圣归衙座殿,前面消茶解酒,后消酒解茶,踏得到头不到头,又踏一转,退下古板。

正堂关祖师,喧(宣)歌踏疏,化。有钱贯文,拿钱贯文右庙内游庙完,化,唸(念)太上弥罗无上□……献圣一二完,存圣完,休息。

转　　许愿或伸愿或还愿法事

申尊,关祖师,请圣一二完,迎上斟酒。良时到,吉时来 备神剑,两手搭云桥,佛手搭阳桥,一封(对)神桥通到仁王伯公位前,接出愿心,喧(宣)还愿疏完,化完,存圣。

交荤法事

申尊,请庙主下马台前。

天门地户开,万圣里人来。巫流三召请,清坛过了荤坛灵。

铜铃叮当响,仙旗彩彩红。功曹迎请圣,使者往回营。请上四山鼓板,交荤谢圣。

惟神正值(直)本聪明,三界功曹请圣贤。年月日时遍奏请,东西南北尽关迎。

尧年同午日,天地立中华。乾坤皆告玉,日月降香花。弟子专拜请,万圣下鸾车。

退下鼓板,纳在背前,摇铃光请,向出请圣一二完。

又　　赏兵法事

申尊,关祖师,行三步罡,敕水:

吹水一口,就拿手板敕变,吹水一口,作降左/右三转,丢下手板,将剑刀插上方,问:

青天白日,劳动神明,是何明亮祖师/教,早赐吹风,打马上桥,问(何)口传阳,报应十方? 答:

上仙驾魂杨十九郎。又言:上仙驾【魂】杨十九郎,原是通天之圣,为国救民,今有神长祭首人等,照依年例三/六/九月,歌踏许/伸/【还】愿法事,查看有神在位,无神在位。又一转

神神在位,圣圣长存。又言:神长祭首备到头蹄四脚荤筵、凡供、兵粮,查看何神不领,何神不受?　　又一转

神神受领,圣圣鉴纳。又言:神长祭首人等,备到兵粮马料,乌旗队下捞(劳)赏阴兵,戒净兵粮。

统上八万强兵,十万猛将,仰叩前/后代赏兵司主/傅,赏得兵兵勇猛,将将高强。

献生(牲)词

猪:三十年前好杀生,手提□鈒去修行。当初学得释迦佛,刀化莲花步步生。

鸡:三牲千里献龙鸡,头带金冠脚踏泥。睡到五更能报晓,勿(忽)然惊动世间人。

鸭:五色毛衣是鸭头,千里良愿今日酬。七牲上献威灵圣,用保合家添寿延。

刀：一把明刀出座前，宰杀姿猪献众神。铁匠打来阳厨用，匠人置造
两头尖。

秤：一把明秤尾又尖，匠人丁了两边星。信士将来庙下献，分斤择□
得分明。

蛋：方不方来园（圆）不园（圆），一点珠心在中间。白玉黄中分左右，
化作金鸡见太阳。

茶：茶是深山古老茶，杨鸟未啼先发芽。今日将来献众圣，信士合家
得安宁。

盐：四筵作席献盐生，盐在五湖四海边。放在水里不见面，万般总是
它为先。

鱼：小小鱼儿口难开，摇摇摆摆水中来。从今撞破黄丝网，今日龙门
跳出来。

酒：杜康造酒最为先，奉劝堂中诸圣贤。七巡美酒钩良愿，永保信士
福寿全。

公元一九九〇年庚午岁十一月按旧本师书一二整抄，照书内行事。

弟子奉去杰亲笔

仁王白公开光法事

先安奉，申尊，戒净，凡供，开路，架桥，请圣，喧（宣）投词，迎圣，通到
后宫迎出殿上，安奉，启拜，开光统相，烧开光疏，完，念开光口号：天一地
二，日月开光，仁王归殿，万里毫（豪）光，子孙大吉大昌，火急急令敕。

退像法事

小启事，请圣，烧退像疏，入后宫变坛，置三千美女，置八百娇娥，置起
皇宫内院，置金箱玉库，方出来迎圣入后宫，安在后宫，行三步罡，置上台，
关祖师，退像师、迷像师闭口闭气，方从往圣像，问卦：明卦，就动纱帽、葛
带、圆领、袍靴，完，迎入计金箱库内，就动像：把手置二郎决，动像曰："天
有三奇，地有六艺，此间有神灵神，仁圣万务（勿）飞空，暂离宝殿，速退衣
袍，如律令敕，大吉大利。"

长安庙公元一九九三年癸酉岁十月十六日庆典。

正作来龙一山辛向辛卯辛酉分计

六、调踏盘王祖公书

【文献提要】

朝踏科仪抄本。硬白纸壳封面并粘上透明胶,用竹纸抄写,毛笔行楷书写,右侧线装。湖南江华瑶族自治县涛圩镇新沐泽村奉居杏于 2004 年 12 月依照其九代祖公尚湘公法亮之书编抄,现藏其本人处。奉居杏,自称"巫门弟子",法名奉法杰,1947 年生。奉居杏十多岁度身(俗称"度戒"),参与法事活动,三十多岁时即停止该类活动,约行法二十多年,曾祖、祖父、父亲与其本人四代为师公,三子皆未传承其法术。其本人兼与人看风水,也是当地一名赤脚医生。抄本内载朝踏祖公法事、竖旗法事、盘古盘王歌

图 9-6　奉居杏抄本《调踏盘王祖公书》

曲、盘瓠王歌曲、祖公楼发灯法事、置祖公楼法事、化祖公楼并送祖公归殿、调踏盘王祖公圣名、十二天尊牒名、破秽符等五符图、过山榜祖公名、评王券牒。大多为摘抄,并非全本。文中加朱红句读符号 无印章。

弟三奉法杰抄

调踏盘王祖公书

朝踏祖公法事

起初关祖师,开印,发牒,回坛化财,收禁,二人上坛大启【事】,置盘王祖公楼、祖师台,香水戒净,化开光疏、启师疏,门外竖大旗,回坛化财存圣,开僻(辟),迎圣下殿,斟酒,化财,调乐会仙,盘王歌,大姑婆,申尊,戒净祖公楼,置祖公楼,迎祖公安登座,斟酒,化纸献上,发灯。又可行香参庙,调踏栏台下车下马,引上黄金宝殿,献香灯水酒,转踏歌司,还愿,跳"野羊长鼓午(舞)",禳星,安龙,倒旗,交牵,谢圣,放禁,祭孤,吉束,大完。

竖旗法事

申尊,关祖师,出门外升旗,口语:盘古开天立地,老君出旗为号,旗起神聚,旗倒兵散,升旗如风,倒旗如雨,升起红旗大吉,倒旗无忌,火急令敕。

盘古盘王歌曲

捆蓆提刑歌韵起,黄龙提笔唱归愁。第一巡酒歌起令,第二巡酒起歌头。

三巡五盏歌韵起,六巡七盏唱归愁。祖主常在宝殿上,黄金宝殿受明香。

昨日午时发书请,请出行书入卑州。去到卑州大港口 看见祖公洗净在厅头。

盘王出在卑州第一洞,驴咽马叫□□□(啾啾)。祖公出在卑州第二洞,凉伞游游出洞头。

盘王出在卑州第三洞,黄旗绕绕出洞头。子孙拿香来迎请,巫师三迎四请上厅头。

自从盘古开天地,于今调答讲来由。当初留明多影积,雷公下地到凡间。

铁锤铁尺条令重,手拿铁斧下来游。禾仓米搅无沙数,雷公揉绳不风游。

雷公开口依妹讲,归家将〈火〉水淹二州。后来得到圣婆种,葫芦肚里妹藏身。

混沌年间落铁雨,三朝洪水浸天门。三日三夜发洪水,即时淹上众天门。

混沌年间大变样,亦无春又无冬。木叶落时年便到,百草发芽变回春。

天下凡人浸死了,随留女娲两子(姊)妹。洪水过后无田地,兄妹结婚便成双。

幼妹知时不伏(服)气,九弥山[1]头去藏身。洪水过后乌龟出,相劝伏义(羲)兄妹要成亲。

妹妹皮(脾)气打龟死,后来乌龟又复生。又劝兄妹结婚好,妹妹讲出又三条。

第一条隔河来点火,第二条隔河种竹苗,第三条高山滚石头。

讲出三条都相会,兄妹两人都成婚。结婚成室月份满,孕成一个大冬瓜。

剖开冬瓜满地撒,三朝一过变成人,满地有人人生火。

初开天地立乾坤,伏义(羲)神农教春耕。水出有原木有处,今日朝会保太平。

---

[1]　九弥山: 或作"九梅山"。

盘瓠王歌曲

油楚笋头神出位,连衙出位转厅头。大车搅水同同(管筒)转,前筒去了后筒流。

千日不知今日乐,阴阳聚会在厅头。吃茶亦问茶根本,吃酒亦问酒来由。

水出有原木有处,木出有头亦有根。盘瓠生十月十六ヨ,生身变成是猺(瑶)王。

评高两王争天下,百姓人民住不安。君王出榜挂天下,差人四路挂榜文。

盘瓠扯脱君王榜,心中欢喜不优(忧)愁。去到海边无路过,谭(船)家撑过海中央。

低头游过猫女螺,罢则三转做蛇游。盘王去到高王殿,已时斩杀高王头。

杀得高王头提手上,心中欢喜不优(忧)愁。〈龙王送郎救急去,教郎火急去游江。〉

挂起城门三丈二,江河断曾(层)上岗头。一国君王偷欢喜,全无烦恼挂心头。

榜上评王第三女,文书一成不久留。不觉盘瓠有天道,君王三女又依从。

三十六花兜结红顶,乘轿抬凳出路头。黄蜂蜜母为旗号,飞落花轿三转头。

蜜母在轿围三转,盘王问口提裙头。红兵送入卑州泗,石羊县里立家乡。

永得夫妻同二命,住处分明石带头。结婚三年生十二子,六人男时六人女。

舅母闻声来问信,儿孙中宫不优(忧)愁。盘王曰着打猎事,手拿弩弓上岭头。

手拿弩弓射出去,利箭射着野羊头。不见野羊来低(抵)箭,角落深山石带头。

肉身随落梓木上，青群竹木受风流。三日行山寻不到，人人眼泪（泪）满身流。

太公死在六月六，天上落雪盖坟头。猴猿下地侍（拾）金骨，猴狲下地大家收。

地仙寻龙来点穴，三花天师点龙头。点到龙头亦有文，土砵抛落祖中央。

祖公葬在狮子口，祖婆葬在石牛头。七十二山当龙位，石狮石狗叫啾啾。

祖公祖发开金库，祖婆祖发坐大州。保得子孙人财好，一年耕种三年欢。

后来迁移千家洞，好比世上外桃源。十二姓住居多般好，官府差兵来收粮。

从前年光又不好，千兵万马又来剿。十二姓打好主意，一只牛角解十二节。

每姓拿节去逃走，凑回十二转回来。太公住在十宝洞，世世代代子孙吹。

子孙发奋百物好，祭祀太公得太平。梓木砍来挖长鼓，羊皮把来做鼓皮。

女娲做匠有尺寸，鲁邦（班）挖鼓滑如油。长鼓当初六尺二，长鼓挖空开长声。

麻州麻皮搓索绳，铁州出铁来打钩。打起铁钩十二口，手提麻绳拉鼓皮。

羊州出皮来□（蒙）鼓，羊皮□（蒙）鼓出鼓声。调踏盘王来保佑，世代子孙得太平。

今日唱歌神欢喜，常怕太阳落西边。

长鼓午（舞），野羊撬，野羊撬断梓木头，梓木流利好挖鼓，挖好长鼓好风流，呵呵呵！呵呵呵！哈也哈啾！

祖公楼发灯法事

申尊,关师。

良时到,吉时来,祖公常在黄金宝殿,连衔出位,福祖(主)子孙孝顺祖公,发灯点火,咄,一生二生三〈生〉,广普照十方,宝灯一壹照,点在祖公楼,上照祖公位,下照子孙身。上来一是七元君,大圣显神灵,一切度灾难,超度苦海波,若有吉生者,持赞保安宁,一再一无奈,永保到长生,长生保命天尊。

发起一灯福主贵,发起二灯子孙福,发起三灯子孙旺,发起四灯子孙昌,发起五灯得荣华,发起六灯照光明,发起七灯子孙富,发起八灯生富贵,发起九灯人吉庆,发起十灯生贵子,发起十一灯如金玉 发起十二灯照太平。

迎上祖公出位,祖公堂前,左转十二,右转十二,献香,献酒,献花,齐齐三拜,化,完。

又一段:置祖公楼法事

先申尊,净地,扫净东南西北中五方秽气,置石磉,起柱,置川枋,置行(桁)条,置琉璃细瓦,置楼,置一层二层三层四层五凤楼,置楼台,置起云牙,置交椅,置金阶宝殿,置八仙聚会,置起垂莲(帘)掛(挂)幕,置起银瓶金杯,置起吹唱鼓秀,置起罗娘十二姐妹,置金童玉女,置娱媚宫、恩养宫、逍遥自在宫,置起花楼一座,左置青龙,右置白虎,前置朱雀,后置玄武,置起祖公花楼一座,一置一起,一置一成,仰叩祖本宗师大作证盟,请祖公、总(众)圣,迎上酌酒,化财,存圣。下接放灯法事。

又一段:化祖公楼,送祖公归殿

好银钱,好银钱,文文相贯贯相连。上大人书丘乙己,入归阴府化三仟。

蔡伦造纸传天下,子孙化纸献盘王。阳间放火来烧楼,化变花楼祖公收。

阳间把火来烧纸,阴间搓绳便来穿。莫道捨(舍)钱有福果,明中求福暗中来。

今朝烧纸明朝福,轻钱去了重的来。口水不干留下福,存留洪福子孙家。

石字过头来保佑,不保子孙保谁人。保佑子孙多吉庆,竹叶插门四季青。

保佑耕田大丰收,九造粮仓十个倍。保佑子孙得大福,四方八面保太平。

子孙求财一路事,九路求财十路来。收倒官符并口气,州县三司不来侵。

遣送瘟气远远去,雨落时流出外乡。时流出门远远去,牛牯吃草不回头。

织篱砍竹歌满散,辞歌以满得週隆。射断弓弦收回箭,炉头火熄不多言。

祖公众圣三迎请,去时使者送众神。来往不离三界内,过后求福望留恩。

天上神仙归紫府,地下神民(明)归庙堂。子孙今日辞送去,献花献果送神仙。

送神归位不退步,朝踏完满福果成。远远去,远远去,远远去到大地方。

回家游,回家游,回家路上抛绣球。抛起绣球团团转,团团转到各家乡。

化财,献圣,完。

弟子奉法杰手抄　　二〇〇四年甲申岁十二月　　日字奉居杏

调踏盘王祖圣名

一、卑州石羊县九玄七祖,父母家先,三祖母田龙魂先祖,十二游神,太白少先儿郎,千岁老人,前宅后宅姑娘、叔伯祖公,十二罗娘,踏堂仙女,十二姓祖公,长衣三郎,十二游神,鼓板师尊,十二强兵,吹笛六郎,十二天尊,损坛父母,青衣童子,坐席长官,奉尚书官,愿头九郎,楼上楼下六男六女各姓门中先祖,内外众魂,随身香火宅灶龙【神】,靖堂文式高真。

二、金阙三清大道九帝高真

三、周天星主万像星君

四、上古前朝

五、家奉香火

六、阳间祀典

七、弟子带来

十二天尊[1]牒名

奉王天尊引踏先师,李王天尊班(斑)衣赤领,盘王天尊罗娘姐妹,包王天尊十二游神,

沈王天尊鼓板儿郎,高王天尊转踏先师,任王天尊婆婆父母,邓王天尊太白儿郎,

唐王天尊少生儿郎,廖王天尊大王酒使,周王天尊记簿官长,黄王天尊千岁老人。

附:破秽符、子孙符、师人符、福主符、厨使符

过山榜祖公名

盘启龙、沈飞凤、包进朝、黄明虎、李应瑞、邓连安、周文旺、赵才昌、胡元香、唐寿瑞、雷元祥、冯名世。

评王券牒

上伍堡有三宿:平岗宿、但久宿(分上半宿、下半宿)、竹子尾宿。瑶有奉、唐、李三户,头户千长,民有蒋福春。三宿管辖区域,把守三条九隘,

---

〔1〕 依瑶族十二姓而上的尊号。

三条：八排、八都、罗湲，九隘：流车隘、牛步隘、梅子隘、红花隘、石梯隘、斜坡隘、石□隘、香草隘、草鞋隘。上伍堡：

沠（派）流壹佰里瑶岗，东至岭东，南至贺县，西至富川，北至县城，俱係（系）边连。

此书照依九代祖公尚湘公法亮之书编抄　　公元二〇〇四年甲申岁十二月抄

结　　语

　　作为仪式的"朝踏"存在地域性与时代性差异。处于南岭走廊中段湘、桂毗邻区的钟山县、富川县与江华县至今仍举办"朝踏"仪式,因祭祀对象为该族支祖先,故俗称"朝踏祖公"。三县的"朝踏"各有特色,富川的仪式稍显复杂,仪程达二十多项,江华本地师公紧缺,多请富川师公主持仪式,故仪程与富川类似。两地的"朝踏"更注重祭祀礼仪,穿插芦笙长鼓舞等仪式音乐与舞蹈。钟山的"朝踏"分布在两安瑶族乡花山山脉山间谷地,主要传承地在沙坪村,临近的星寨村近年也举办该类仪式。就钟山的沙坪村"朝踏"而言,其仪程尤其是祭祀性仪程较简单,但其仪式歌舞颇为壮观。仅"朝踏歌"就有《朝踏接客大讨路歌》《朝踏令歌》《朝踏阴歌》与《朝踏阳歌》四大本,"朝踏舞"则有《仙女出堂》《春季社》《跳堂舞》《羊角长鼓舞》《捉鼓舞》《猪头舞》等 6 支,各自构成"朝踏歌"与"朝踏舞"体系。歌与舞各自承担不同的功能,"朝踏歌"侧重于展现仪式场景,《朝踏接客大讨路歌》唱述接客、安客,客人临别时起身、绕堂告别的场面;《朝踏令歌》《朝踏阳歌》是通过唱歌、唱令来安奉众神,调节坛场气氛;而《朝踏阴歌》则是为酬还歌堂良愿专门备办的一场仪式,对象是祖先,唱法较为特别,声音低沉,神情庄重,现场气氛庄严肃穆。"朝踏舞"为集体舞蹈,再现了祖先们在元军围剿下,从"千家洞"逃离的悲壮情景。显然,钟山"朝踏"的艺术性更强,当地政府与村委也注重开发其中娱乐性较强的歌舞仪节,建构出艺术性、娱乐性与体验感更强的"朝踏"仪式,"朝踏"节庆化倾向非常明显。2015 年历时三天的"朝踏节"歌舞节目占据整个仪式程序的一半以上,观众对于场面宏大、气氛火爆、娱乐性强的歌舞也更感兴趣,福龙庵内师公的祭仪就显得沉闷得多,观者寥寥。

作为仪式文本的"朝踏"具有包容性与生产性特征。"朝踏"是一种典型的形态多元而又意蕴丰厚的仪式文本。传统的"朝踏"仪式为十二年一期,每期时间跨度一般为三天,期间云集了主办方、执仪师公、令官尊主、歌舞表演者、受邀参观者等各方人士,以任何一方的视角来感受"朝踏"仪式,都是基于视觉、听觉、触觉、嗅觉等多种感官综合体验的立体"仪式文本"。无论哪一方以何感官所体验到的"文本"都不是被动的静态的"无为"状态,而是立足于其载体形式特质服务于仪式整体意旨的"有为"实践:作为仪式主体的执仪人员开口讲述、唱述,并以身体为载体进行演述,甚至无情之器物也活动起来,"诉说"着过往的喜乐与伤悲。"朝踏"还整合了"我者"与"他者"、"显在"与"潜在"的仪式二元主体,建构出区别于日常时间的可静止的、可逆转的与不同时间可并置的仪式时间,以及有别于世俗的洁净的、整合的空间。"朝踏"甚至会因时代某些偶发事件而发生变迁,这时仪式将进入重构。仪式重构主要从文献重编、空间重整与仪程重建三方面着力。

作为手写的"朝踏"文献既遵循了传统形制,也具有某些"时代色彩",担负着与其他仪式载体不同的功能。"朝踏"文献沿袭了传统的竖行书写与从右往左排列的形式,大多没有标点,但有些本子抄写后会用红色墨水圈点,作为句读符号,还会在需要提示层次转换处用红墨水竖线或折线标识出来,便于阅读与仪式现场的使用。早期用棉纸的居多,建国以来则竹纸与普通白纸兼用。抄本封面要安排的信息包括抄本名称、置办者身份、姓名或法号以及印章之类装饰性符号等。皆为纵向书写,且多分为左右两部分,左边为抄本名称,右边安排置办者姓名或法号,或者二者位置互换。或纵向分为左、中、右三块,仍是纵向书写,居中为抄本名称,左右两侧的安排有较大弹性。封面美化主要从印章、颜色、字形等方面着力。抄本采用传统的右侧装订法,便于翻阅,且不易散乱砸损,即使散破了也便于重装。抄本多用毛笔墨水书写,晚近的"朝踏"抄本增补或附记其他内容,有时也用钢笔、圆珠笔等当代书写工具。"朝踏"文献的题跋多于书册或篇章末尾书之,偶有书于篇头或篇中者。题跋包指抄写时间、底本来源与传承、抄写者、抄写目的等信息。从表达方式来看,主要为对抄写信息的平实叙述,兼及对自我书写质量的评价,以及某种情感的抒发。题跋保存了抄本的传播线索,揭示了抄本的性质与内容,展示了抄写者的个性风格,具有多方面的价值。"朝踏"抄本文献使用印鉴,不过存在歌本用印少而科仪本用印多以及古本用印多而今本用印少的现象,用印的类型也存在个体差异。抄本印鉴具有美化装饰与补白功能,印鉴以其丰富的造型、文字线条的变化,并配以朱红的颜色,给单纯的墨色文字文本带来强烈的视觉冲击,起到明显的美化与装饰作用。抄本印鉴还具有宣示教派与归属、标志段落与层次等功能。

作为文本的"朝踏"文献具有开放、多元与动态特征。就语言使用而言,"朝踏"文献为汉文文本,而对于部分难以与汉文对应的瑶语,则采用汉字记瑶音的办法,由此形成"朝踏"文献文本汉语、瑶语杂用的特征。对于有语无文的民族来说,口头传统一直保持着较强的发展韧性,"朝踏"文献中的歌谣、传说甚至科仪内容等文本,口头语占据一定比例,与书面语分庭抗礼。作为宗教性质的"朝踏"文献,具有明显的宗教话语特色,其中道教话语占主流地位,举凡信仰、仪式与文书,均借鉴了大量的道教话语;而"朝踏"文献仍记录了不少巫术仪式,穿插了一定的巫教话语,由此形成"朝踏"文献文本的巫道话语混用的局面。"朝踏"仪式具有口头性特点,其文献文本仍保留了这种口头传统,"朝踏"文献文本的程式化表达即由这种口头传统的本质要求所决定。"朝踏"文献并非封闭的文本,其内部的文本之间以及科仪本与外部的仪式之间均存在互文性。作为"朝踏"科仪整体之一部分的单个科仪本之间存在互文互释的文本关系,共同服务于科仪整体。就"朝踏"仪式整体而言,歌本应该作为科仪本的一部分而存在。这种情形在沙坪村"朝踏"文献中有突出表现。沙坪村的"朝踏"文献主干即为"朝踏"科仪本与歌本,在科仪本中记录了"朝踏"仪式流程,"朝踏"歌的演唱就嵌在仪式的整体流程之中。就"朝踏"歌本的实际载录而言,歌本与科仪本相互穿插,融为一体。

附　　录

一、沙坪村《立村史实》(摘自沙坪村
　黄勇撰《小杂记》)

> 耄耋老人言兴起，
> 娓娓而谈话古今。
> 大费周折立村史，
> 东迁西就无安身。
> 听了述说作小记，
> 记叙立村史实历。
> 功德铭肌镂骨怀，
> 铭诸肺腑永记心！

我们村是始祖赵万四、黄富四老太公带领他们的后裔，从全州灌阳千家洞逃移而来的，为什么要逃离自己像东晋著名诗人、辞赋家陶渊明先生虚构的《桃花源记》里的"世外桃源"一样的美好家园呢？那是元朝大德

二年，1288年，[1]当时各方霸主为夺天下年年战乱不断，到处搜刮民脂民膏，害得广大的人民民不聊生，背井离乡，大德五年1291年，我们的祖先，带领十二姓后裔，逃离了美好可爱的家乡，到了大德九年1295年，我们的祖先就逃到了现在居住的沙坪村。刚到来的时候，是住在村头的禾仓头，赵德新、赵自保的老屋背后那一路的，地势东低西高，地盘不是很宽，西面的山很高，东面有一条河流，河的西面叫做大嶂上，这大嶂上古木参天，大杉树三个成年人手拉着手都围不过，这条岭嶂，从北面赵寅香的房子一路延伸到黄发聪、赵庆念的房子处，整条岭嶂环绕村子，地理环境非常好。村面前这条河，从北流向南方，河床从车碓江头这里就分叉，一叉从车碓江（赵甲玉屋前，赵桥荣屋左）这边流水，到现在的大坝头与从拦洞桥流下的河水汇合，在那个年代，村上人为了减轻人们的劳作辛苦，在车碓江建造了一座水碓房，利用水流推动木制水轮机，带动上面的大石碾把谷子碾去谷壳出米，当时，家家户户都把自家稻谷挑到这里来碾米，这架水碓机一天能碾十来户的稻谷，有了这架水碓机，村里的人也就舒服多了，这也是当时的现代化碾米机了。

　　先前，河水比现在大得多，先祖们怕河水泛滥，有朝一日冲毁村庄，住了几载就迁到老屋地立村去了，在老屋地居住时，由于梁上君子猖獗，人们住了几载，又迁到油榨屋，油榨屋地盘太窄，先祖们考虑到今后人多了，发展不够理想，住了几载，又迁移到栏洞岭，在此地因饮水太难，每天喝水要到拦洞桥的河里挑水，大家住了几载，还是不够理想，又迁到高寨岭居住，高寨岭就是现在的枫木平，先祖们在这里稍为住得久一些，期间，各家各户养的家禽、家畜放养出去，到了傍晚时分，任人们怎么赶，总不愿回家，久而久之，人们也习惯了，就随意它们在我们祖先开始来居住的地方沙坪过夜了。日复一日，仍是如此，祖先们心想，难到我们现居住的地方不如开始来居住的地方吗？大家众口一词，又迁回到原先居住的地方。

---

〔1〕　误，大德二年为公元1298年，下文类推。

祖先们经过六次迁徙,才定居沙坪。我们想想:领近几县有哪个村庄像我们村一样,大费周折,连迁几次呢!可想而知,祖先们当时为了安居乐业,为了后人不受苦难,是多么劳累和辛苦啊!

原来居住的地方,好是蛮好,就是河水太大,车碓江这叉河水,对村子是个隐患,经过众[1]商讨,大家齐心协力,把河水挡出拦洞桥那一叉去。当时村上人少,才二十来户,后来,又经过几代人的齐心协力,最终把河水挡开了。祖先们在这繁衍生息,人口也慢慢增加,到了洪武元年1368年,沙坪村已发展到了三四十户人家,村子也从禾仓头慢慢地向东、南、北方向扩展,形成了比较大的村子。在哪个年代,社会是很不安然的,防盗和防外人入侵是当时人们重要之事,直到清朝嘉庆年间,承蒙县太老爷关照,村上人的齐心合力,村上建造四方门楼,村里才得以安宁。东门楼,现在叫新门楼,至今仍稳立村东面,南门楼,在赵真的碾米机房旁边的路中间,西门楼,在大赵增才房屋前面右边的路中间,北门楼,在赵增光房屋后面左边的路中间,南、西、北门楼,这些古建筑,在六十年代就乔除了,甚是可惜。在这个时期中,还建了两座赵家祠堂,一座黄家祠堂,赵家祠堂至今还保存着,黄家祠堂已拆除建了现在的学校。

村里人为了有个舒适的场所,在村子里还建造了两个比门楼稍大一点的凉亭。上边村的叫凉亭屋,村中间的叫大门楼,凉亭屋在赵德海的老屋旁边,大门楼在黄海潮、赵庆光两人房屋中间。这两个凉亭,是当时人们常去的场所,听老人们说,上凉亭屋,一年四季都很热闹,有外村来买卖的商贩,有本村卖豆腐、青菜、肉类等等,甚至有卖枞光的,像集市一样。大门楼,也热闹非凡,人们也在这里做一些小菜买卖,非常方便,但主要还是老人和孩童玩耍的地方,我记得小时候也经常在这里踩高脚、下三棋、听老人们讲故事。黄盛日、黄月槐、赵宗养、赵钦喜、赵周益、赵宗定等几位老叔公太常在这里谈天说地,讲故事,且讲得津津有味。

---

〔1〕 缺一"人"字。

有一次,听他们讲清朝时期乾隆皇下江南,和乾隆皇一起出访的有当朝大才子纪晓岚,他们来到正定县,中午时刻,走到一个酒楼店,这酒楼店叫"天然居",他们走进酒楼店,此时,乾隆皇灵感迸发,想出了一个上联,看看纪晓岚如何对下联,这上联是"客上天然居,居然天上客",纪晓岚想了很久,一时对不上来,乾隆皇也不追问,吃了中午[1],他们继续前行,这时走到了"大佛寺",这里也叫"云隐寺",纪晓岚看到大门头上写着"大佛寺",此时他有感而发,对出了下联,"人过大佛寺,寺佛大过人"。乾隆皇听了,不作声,随行的有个叫张连,此时也对了一个下联,"僧游云隐寺,寺隐云游僧",乾隆皇还是没有作声。他们又到了一个大池塘边,乾隆皇又出上联,"烟锁池塘柳",纪晓岚又对了下联"炮镇海城楼",张连也对下联"桃燃锦江堤",乾隆皇听了,对张连所对的两次下联赞不绝口,后来有个词语叫做"不如张连",这个词语的典故就是由此而来。

在上边村凉亭屋,也听到赵庭忠老舅公经常教我们对联应该怎么写才对仗、平仄,文章怎么写才能吸引读者,他还说我们村有一年正月初九唱戏,赵斌德写有一副对联意义很好,他是用"沙坪"两个字分别给上下联起头,上联:沙场上三五人可作千军万马,下联:坪台中六七步能达数国九洲。我们想想这确实是一副好对联。我们在村上的凉亭屋,常听老人们讲故事,讲过去的事情,受益匪浅,正如"听君一席话,胜读十年书"。村子里从老辈人起就有很多聪明人了。

到了解放前,村上的人口增添了很多,听老人们说,整个村子接近八百人,当时政府为了便于管理,设有县、乡、村、甲(甲相当于现在的生产队),我们村分为十三个甲,也就是十三个生产队。

我们村的凉亭屋、大门楼这两座古建筑,在村干部的重视下,年年修缮,至今保存完好。

---

〔1〕　应为"午饭"。

二、2015 沙坪村"盘王节"（即"朝踏节"）
指导手册（节录）

（一）两安瑶族乡简介

两安瑶族乡古称"保安""安乐"，地处钟山县西北部，恭城、钟山、富川三县结合部，距县城 28 公里，东邻富川柳家乡，北届恭城三江乡、莲花乡，南面和西部分别与钟山县红花镇、花山乡接壤。

两安瑶族乡成立于 1984 年，行政区面积 142 平方公里，辖 6 各（个）行政村 36 各（个）自然村，人口 1.7 万，其中瑶族人口 1.6 万多人，占全乡人口的 98%。交通便利，贵广高铁和钟山至恭城、钟山至富川县道贯穿全境，距桂林 180 多公里，坐高铁到广州仅 1.5 小时车程。[1]

全乡林地面积 20 万亩，主要树种为松树、杉树等，是钟山县主要林区。生产香米、茶叶、灵芝、香菇和蜂蜜等，建有千亩中草药基地、百亩茶叶基地和规模化生猪养殖等基地。自然资源丰富，已探明有稀土、高岭土等十多种矿产，其中稀土储量达 100 多万立方米，风能、水能开发潜力巨大。拥有大桶山、密溪瀑布、大竹坪茶马古道等著名旅游景点和广西非物质文化遗产"门唻歌"、"羊角长鼓舞"等原生态瑶族歌舞，以及盘王节、打油茶、做糍粑等极具瑶乡特色的民俗风情，是休闲养生、游玩体验少数民族风情的好地方。

近年来，两安瑶族乡围绕县委、县人民政府的工作部署立足资源优势，全乡各族干部群众务实创新，团结拼搏，全乡经济呈现增速加快、结构优化、质量提高、综合经济实力稳步提升的良好发展态势。

---

〔1〕 此简介完全按照指导手册原貌录入，文中数据为 2015 年数据，括号内文字为作者修订。

（二）钟山县两安瑶族乡沙坪村举办"盘王节"活动日程安排

沙坪村瑶族发祥地——千家洞，是我村同胞向往之圣地，据历史记载，我们沙坪村的祖先，是从"千家洞"逃难而来，于公元1368年定居沙坪，到现在已有600多年的历史，为了纪念先祖们在逃离千家洞时的艰苦历程，写成了四部歌曲"朝踏接客歌、朝踏阳歌、朝踏阴歌、朝踏令歌"，四部歌书约四万字，并商定每十二年举办一次"朝踏节"省会（亦称盘王节），在节日期间，以唱歌形式表达对祖先的怀念，同时还有"羊角长鼓舞、跳桶堂、捉鼓、抢三角粽、抢猪头"等文艺活动节目，1987年举办过一次，由于各种原因已停办近三十年，为了弘扬我们瑶寨的民族风情文化，经村民商定，2015年冬举办一次"盘王节"省会，会期三天，活动项目具体安排如下：

日期	时间	表演内容	参演人员	表演地点
11月25日（农历十月十四）	上午9:00	上香烧纸钱，致上香词	令官尊主、师公	"福龙庵"
	上午9:00	对唱"接客歌"	主客双方	大门楼
	下午1:30	杀大猪	集体	"福龙庵"门口
	下午2:30	齐唱"春季社"	传承人、集体	"福龙庵"门前球场
	晚上9:00	唱"梅花曲"	传承人、集体	"福龙庵"门前球场
11月26日（农历十月十五）	上午9:30	跳一、二、三、四堂，围台跳三圈	所有表演者	"福龙庵"门前球场
	上午10:30	大家齐唱"下堂歌、出省流移歌、三姑两姐曲"，同时围着众人漫步三圈	引母和下堂女	"福龙庵"门前球场
	下午2:30	"盘王节"瑶家油茶比赛	所有参赛人员	"福龙庵"门前球场
	下午4:30	跳四、五堂跳唱"春季社"	传承人、集体	"福龙庵"门前球场

日期	时 间	表 演 内 容	参演人员	表演地点
11月27日（农历十月十六）	上午 9:00	歌唱"老人曲、求官曲、马诗曲、单身曲、难歌聪、聪巧女"	所有表演者	"福龙庵"门前球场
		跳"春季社"	小学生	"福龙庵"门前球场
		跳"羊角长鼓舞、捉鼓、跳头堂"	老人	"福龙庵"门前球场
		歌唱"歌堂散、散客歌"	所有表演者	"福龙庵"门前球场
	下午 2:00	抢"三角粽、大米饭"	所有表演者	"福龙庵"门前球场
		抢猪头	所有表演者	"福龙庵"门前球场
	下午 3:30	唱山歌、文艺晚会	所有表演者	"福龙庵"门前球场

沙坪村"盘王节"筹委会

2015 年 11 月

（三）沙坪村"盘王节"文艺汇演节目单

序号	节 目 名 称	表演者或单位	时 长	备 注
1	开场舞（好日子）	传媒公司	6 分钟	
2	羊角长鼓舞	沙坪完小学生	6 分钟	
3	歌舞（欢聚一堂）	传媒公司	6 分钟	
4	男声独唱（草原绿）、（呼伦贝尔大草原）	沙坪 黄强	6 分钟	

序号	节 目 名 称	表演者或单位	时　长	备　注
5	瑶族同胞合唱(门唻歌、山歌)	沙坪瑶民	6分钟	
6	舞蹈(美丽沙坪)	传媒公司	6分钟	
7	唢呐(黄飞鸿)	传媒公司	6分钟	
8	扇舞	传媒公司	6分钟	
9	花鼓戏	传媒公司	6分钟	
10	舞蹈(千手观音)	传媒公司	6分钟	
11	女声独唱(幸福山歌、好运来)	传媒公司	6分钟	
12	瑶族舞蹈(摆呀摆)	传媒公司	6分钟	
13	男声独唱(载歌载舞)	传媒公司	6分钟	
14	彩调(双彩莲)	传媒公司	6分钟	
15	二胡独奏(敖包相会)	传媒公司	6分钟	
16	合唱门咏歌(送客歌)	沙坪瑶民	2分钟	

（四）两安沙坪《门唻歌》简介

瑶族"门唻歌",流传久远,至今已有四百多年历史。凡节日会期、礼仪交往、劳动之余、朋友聚会等活动,都可以唱"门唻歌",一般都是以两人合唱居多,偶尔也有四人或多人合唱的。但是,由于《门唻歌》是原生态、无固定曲谱的、自由性较强的民族歌曲,所以,合唱的这些人必须是很熟悉对方的唱法,否则是很难唱得整齐,和出的声音也不好听。有人"漂"(即高音部),有人"和"(即衬托声部),高音托腔特别长,风格明快活泼,给人一种意境悠远、热情而富有朝气的感觉,极富钟山瑶族特色,这在中国民歌中可谓独树一帜,体现了具有瑶族特征的文化背景、历史轨迹和艺术魅力,发展为今天民间音乐的百花园中的奇葩。由于"门唻歌"结构严谨,曲调优美,体现了瑶族民间多声部音乐艺术水平,是瑶族文化多元性的象征,体现了多层次的文化遗存,对研究和发展中国民族音乐具有一定的学术价值。因此,发掘、抢救、保护瑶族"门唻歌",发展瑶族音乐培养民歌演唱人才,丰富人民群众文化生活,促进民族团结,建设和谐社会都具有重要价值和现实意义。

1958 年,两安沙坪村的歌手黄凤英和赵先兰被选送到自治区参加民歌展演时曾向公众展示了"门唻歌",并且得到了好评。1992 年梧州电视台和钟山电视台合拍的电视剧《花山寻梦》的结尾曲曾采用了"门唻歌"曲调作为主要素材。两安《门徕歌》和《瑶族羊角长鼓舞》一样,都分别于 2006、2008 和 2010 年被列入县、市、省(区)非物质文化遗产名录。

(五)沙坪羊角长鼓舞简介

相传,500 多年前,瑶族的鼻祖盘王上山打猎,被一只老山羊撞跌下山,摔死在山脚的一棵泡桐树上。愤怒的子孙们将那山羊射杀之后,剥了它的皮,砍下两只羊角,又把那棵泡桐树砍下来,制成一个羊皮长鼓。每当怀念盘王时,即给人舞长鼓,给人舞羊角,舞长鼓者拍打长鼓出声,即代表盘王(灵魂)显灵,舞羊角者则代表山羊,低头给盘王认罪。往后凡遇大型活动,都要跳羊角舞,尤其在盘王节(当地称朝踏节)里,更是跳得欢。

为什么时至今日,其他地方的瑶族不再跳羊角舞了,却只有两安瑶族人依然保存着这一传统的文化项目呢? 这得从居住地的环境说起。原先,两安瑶族乡这个地方,属于原始森林区,人烟稀少,野兽、猛兽非常多,人们为了生存,不受伤害,就必须每家每户养有猎狗,配有一把以上的猎枪。当时两安一带,野山羊特别多、特别大(一般都在 300 斤以上),瑶民们种下的庄稼经常都被山羊遭塌[1]。山羊,这种野兽,对于瑶民来说,即[2]

---

〔1〕 应为"糟蹋"。
〔2〕 应为"既"。

有族仇,又有家恨,自然的就成为瑶民们要猎杀的主要猎物。山羊,全身除了角以外,几乎所有部位都可入食。随着人们射杀的山羊越来越多,留下的羊角也就越积越众。为此,每当有跳羊角舞的时候,人们就都拿出家中最大、最漂亮的羊角来参加跳舞。只要一看羊角,就知道谁猎杀的山羊个头大了。于是,一来为了显示自己的能耐,二来在跳羊角舞中[1]过程中两只羊角相碰时,所碰撞的声音自然就响亮得多,跳出的舞蹈动作也就精神得多、好看得多,起到健身强体的作用。自然也大大地激发了人们跳羊角舞的积极性。为此,两安瑶族人的羊角舞,自古以来就是远近有名的误[2]乐项目。

现在两安瑶族人传承的羊角舞,乃是古代人编导而成,其动作简单,但粗犷有力。一般来说,为了统一节奏,都是一个舞蹈队当中,只给一人拍打长鼓,以避免因鼓响不一而导致跳羊角者出现步骤不一致的现象。舞羊角的人数则不限,只要有人与你对跳就可以出场参与。跳长鼓者在前面边舞边拍打鼓面,舞羊角的则双手握住羊角,一步一鞠躬地边舞边跟着长鼓走。寓意为:山羊向盘王认罪了。大家边跳边有节奏地喊号子:"呼地呼呀呀吨呼呀呼地呼呀呀吨呼呀"这样不停的[3]喊着、跳着,直到跳长鼓者连续"嘭嘭嘭"拍打三声长鼓时,舞羊角者便两个两个的互相碰撞羊角,同时喊出"呼呼呼呼呀吧呼"。其愚意是:山羊爱打闹的本性出现了。这样互相碰撞几下羊角之后,又恢复了原先的一步一鞠躬的动作。由于动作简单易学,舞蹈一开始,不管是男女老少,也不分本村或外村来客,只要两人为伴就可参与舞蹈之中,没有道具,就将双手握起,然后伸出两个拇指以示羊角。这样一来,参与者越来越多,呼喊声越来越大,即使不参与跳的,也会跟着号子节奏齐声呼喊,从而促使活动达到高潮。

---

〔1〕　"中"字衍。
〔2〕　应为"娱"。
〔3〕　应为"地"。

（六）两安油茶简介

油茶是两安瑶乡人民早起开门必喝的一种食材。在两安，家家户户打油茶，人人都哎〔1〕喝油茶。这里的油茶使用本地无污染茶叶和山间清水敲打，色泽金黄，入口清醇。经常有十里八乡的群众牧民来到两安品尝纯正的油茶，油茶已经成为两安对外宣传和推介的一大品牌。

两安瑶族油茶，过去也叫药茶，至今已经有 600 多年的历史。

过去，瑶家的祖先，是居住在名叫千家洞的一个分支，因逃避元朝官兵的杀戮而不得已逃离千家洞，躲进了当时人烟稀少的桂东北（即现在的钟山、恭城、平乐交界地）地区的深山老林之中，并且在那里定居、生活和繁衍。由于对当地水土、气候、环境等不适应，定居不久，家族中便有不少人患上了风湿、风寒等病。后来有人发现生姜和茶叶熬水后饮用能驱寒保健，并且还有助于开胃促食促消化，长期食用更有"有病治病，没病防病"的保健效果，于是推广开来，形成了长期坚持喝药茶的习惯。瑶族人坚持常年四季喝药茶的习惯，达到了健体防病的目的，这确是天大的喜事。可是，美中总有不足之处。由于药茶是帮助消化的，对于没有食欲的病人是能起到立竿见影的功效，而对于没有病痛的主要劳力来说，他们喝了药茶后觉得肚子饿得特别快，每日上山打猎或下地干活时，还未到用餐时间便感到饥饿难忍了。为了解决喝药茶谁〔2〕令人快饿的问题，后来就有人在熬药茶的时候，适当放些油和盐，味道鲜美得多，就像煮汤一样，配上杂粮（红薯、芋头等）、糍粑或泡饭吃，这个吃法就让人没有那么快饿了。由于煮茶的过程中，加入了油，渐渐的，"油茶"的名字就取代了"药茶"。

今天，我们不仅能在两安喝到正宗的瑶家油茶，还能品尝到以油茶为基础发展出来的美味佳肴。

---

〔1〕 应为"爱"。
〔2〕 "谁"字疑衍。

（七）贺州市级以上非物质文化遗产代表性项目简表

序号	项目名称	项目类别	项目级别	公布年月批次	代表性传承人	保护单位
1	两安瑶族门唻歌	民间音乐	自治区级	2010年5月区(3)	黄凤英(自治区级)	钟山县文化馆
2	两安瑶族羊角长鼓舞	民间舞蹈	自治区级	2010年5月区（3）	盘福贵(自治区级)	钟山县文化馆
3	钟山瑶乡打油茶	传统工艺	市级	2011年12月市(3)	黄绍凤(市级)	钟山县文化馆
4	两安蝴蝶歌	民间音乐	市级	2011年12月市(4)	聂引秀(市级)	钟山县文化馆

参 考 文 献

一、古籍与资料汇编

1. 广西民族学院民族研究所、民族语言文学研究所编:《瑶族"盘王节"资料汇编》,内部资料,1984 年。
2. 李默、房先清〔瑶族〕:《八排瑶古籍汇编》,广州:广东人民出版社,1995 年。
3. （战国）吕不韦著,陆玖译注:《吕氏春秋》(上),北京:中华书局,2010 年。
4. 盘才万〔瑶族〕、房先清〔瑶族〕收集,李默编注:《乳源瑶族古籍汇编》(上、下),广州:广东人民出版社,1997 年。
5. （宋）沈辽:《云巢编》卷四,《文渊阁四库全书》(第 1117 册),台北:台湾商务印书馆,1988 年。
6. 佟德富、巴莫阿依、苏鲁格主编:《中国少数民族原始宗教经籍汇编》(毕摩经卷),北京:中央民族大学出版社,2009 年。
7. （清）吴淇:《粤风续九》,《四库全书存目丛书补编》(第 79 册),济南:齐鲁书社,2000 年。
8. 杨成志等:《瑶族调查报告文集》,北京:民族出版社,2007 年。
9. 张声震主编:《还盘王愿》,南宁:广西民族古籍整理出版规划办公室,2002 年。
10. 赵甲春编:《朝踏节歌曲》,内部出版,2013 年。
11. 郑德宏,李本高等编:《瑶人经书》,长沙:岳麓书社,2000 年。
12. 《中华舞蹈志》编辑委员会编:《中华舞蹈志》(广西卷),上海:学林出版社,2014 年。

二、著作与学位论文

1. 陈国华主编:《江西畲族百年实录》,南昌:江西人民出版社,2011 年。

588

2. 陈幼君：《兰溪，美丽的城堡式瑶寨：勾蓝瑶历史文化研究》，长沙：湖南地图出版社，2008 年。

3. 方静：《桂湘边界平地瑶"朝踏"仪式音乐文化研究》，广西师范大学 2019 年硕士学位论文。

4. 费孝通：《费孝通全集 第 11 卷 1985》，呼和浩特：内蒙古人民出版社，2009 年。

5. 宫哲兵：《千家洞运动与瑶族发祥地》，武汉：武汉出版社，2001 年。

6. 郭于华主编：《仪式与社会变迁》，北京：社会科学文献出版社，2000 年。

7. 何红一：《美国国会图书馆馆藏瑶族文献研究》，北京：中国社会科学出版社，2017 年。

8. 李筱文：瑶山起舞：《瑶族盘王节与"耍歌堂"》，广州：广东教育出版社，2008 年。

9. 李亦园：《宗教与神话》，桂林：广西师范大学出版社，2004 年。

10. 廖才彪主编：《思香峒风情录》，南宁：广西人民出版社，2014 年。

11. 刘小春等主编：《桂东瑶舞探秘》，南宁：广西民族出版社，1992 年。

12. 刘永红：《西北宝卷研究》，北京：民族出版社，2013 年。

13. 农学冠、李肇隆编著：《桂北瑶歌的文化阐释》，北京：民族出版社，2008 年。

14. 彭兆荣：《人类学仪式的理论与实践》，北京：民族出版社，2007 年。

15. 史忠义、户思社、叶舒宪主编：《风格研究文本理论》，开封：河南大学出版社，2009 年。

16. 田兆元：《神话叙事与社会发展研究》，西安：陕西师范大学出版总社，2019 年。

17. 王霄冰主编：《仪式与信仰：当代文化人类学新视野》，北京：民族出版社，2008 年。

18. 吴永章：《瑶族史》，成都：四川民族出版社，1993 年。

19. 徐祖祥：《瑶族的宗教与社会：瑶族道教及其与云南瑶族关系研究》，昆明：云南人民出版社，2006 年。

20. 杨春时：《审美是自由的生存方式——杨春时美学文选》，济南：山东文艺出版社，2019 年。

21. 杨仁里：《永明文化探奇》，北京：中国文联出版社，2006 年。

22. 尹虎彬：《古代经典与口头传统》，北京：中国社会科学出版社，2002 年。

23. 张有隽：《瑶族宗教论集》，南宁：广西瑶族研究学会，1986 年。

24. 张泽洪：《步罡踏斗——道教祭礼仪典》，成都：四川人民出版社，1994 年。

25. 郑长天：《瑶族"坐歌堂"的结构与功能——湘南盘瑶"冈介"活动研究》，北京：民族出版社，2009 年。

26. [美] 阿尔伯特·贝茨·洛德（Albert Bates Lord）著，尹虎彬译，姜德顺校：《故事的歌手》，北京：中华书局，2004 年。

27. [美] 武雅士（Arthur P. Wolf）著，彭泽安、邵铁峰译，郭潇威校：《中国社会中的宗教与仪式》，南京：江苏人民出版社，2014 年。

28. [法] 克洛德·列维·斯特劳斯（Claude Levi-Strauss）著，谢维扬、俞宣孟译：《结构人类学》，上海：上海译文出版社，1999 年。

29. [英] 杰克·古迪（Jack Goody）著，李源译：《神话、仪式与口述》，北京：中国人民大学出版社，2014 年。

30. Jacques Lemoine, *Yao Ceremonial Paintings*, White lotus Co.Ltd., 1982。

31. [美] 约翰·迈尔斯·弗里（John Miles Foley）著，朝戈金译：《口头诗学：帕里-洛德理论》，北京：社会科学文献出版社，2000 年。

32. [法] 葛兰言（Marcel Granet）著，赵丙祥、张宏明译，赵丙祥校：《古代中国的节庆与歌谣》，桂林：广西师范大学出版社，2005 年。

33. [美] 理查德·鲍曼（Richard Bauman）著，杨利慧、安德明译：《作为表演的口头艺术》，桂林：广西师范大学出版社，2008 年。

34. [美] 兰德尔·柯林斯（Randall Collins）著，林聚任、王鹏、宋丽君译：《互动仪式链》，北京：商务印书馆，2012 年。

三、期刊

1. 巴莫曲布嫫：《叙事语境与演述场域——以诺苏彝族的口头论辩和史诗传统为例》，《文学评论》2004 年第 1 期，第 147—155 页。

2. [日] 白鸟芳郎、肖迎：《〈瑶人文书〉及其宗教仪式》，《云南档案》1995 年第 3 期，第 31—32 页。

3. [日] 白鸟芳郎著，邱力生译：《瑶族文书和祭祀——关于泰国西北山地民族的调查》，《世界民族》1985 年第 4 期，第 49—54 页。

4. 朝戈金：《口头传统概说》，《民族艺术》2013 年第 6 期，第 17—19、24 页。

5. 陈永国：《互文性》，《外国文学》2003 年第 1 期，第 75—81 页。

6. 贺东劢、宋馨：《瑶族文书与仪式》，《新疆师范大学学报（哲学社会科学版）》2008 年第 1 期，第 38—42 页。

7. 黄小明、陈利敏：《论瑶族"还愿"仪式中"长鼓舞"的多元文化性——广西恭城瑶族民间舞蹈现状田野调查》，《北京舞蹈学院学报》2008 年第 3 期，第 67—71 页。

8. 黄钰：《瑶族〈踏朝歌〉初述》，《广西民族研究》1995 年第 3 期，第 98—102 页。

9. 陆文东：《集体记忆和族群认同——以瑶族长鼓舞为考察对象》，《广西师范大学学报（哲学社会科学版）》2014 年第 1 期，第 68—72 页。

10. 彭兆荣：《口述/书写：历史的叙述与叙述的历史》，《广西民族研究》2004 年第 1 期，第 15—20 页。

11. 彭兆荣：《论身体作为仪式文本的叙事——以瑶族"还盘王愿"仪式为例》，《民族文学研究》2010 年第 2 期，第 154—161 页。

12. 彭兆荣：《瑶族盘瓠神话——仪式叙事中的"历史记忆"》，《广西民族学院学报（哲学社会科学版）》2003 年第 25 卷第 1 期，第 85—90 页。

13. 伍国栋：《长鼓研究——兼论细腰鼓之起源》，《中国音乐学》1987 年第 4 期，第 27—41 页。

14. 冼剑民、王丽娃：《明清时期广东瑶族的锐减与迁徙》，《中南民族大学学报（人文社会科学版）》2006 年第 26 卷第 1 期，第 68—73 页。

15. 肖晶：《南岭瑶族盘王传说的历史变迁与文化寓意：以广西贺州瑶族盘王文化为考察对象》，《民族文学研究》2015 年第 3 期，第 31—38 页。

16. 徐菲：《书主、抄书人与宗教身份：牛津大学图书馆藏瑶族文献题记初探》，《宗教学研究》2022 年第 1 期，第 159—164 页。

17. 杨杰宏：《东巴仪式表演的文本结构探析》，《民族艺术研究》2015 年第 4 期，第 46—50 页。

18. 张节末、张强：《诗文本与周天子祭祖仪式搬演——〈文王〉原初仪式形态还原之一》，《社会科学战线》2016 年第 7 期，第 150—157 页。

19. 张逸、孟庆凯：《广西瑶族舞蹈服饰文化意蕴研究》，《北京舞蹈学院学报》2020 年第 4 期，第 70—75 页。

20. 张悦、张泽洪：《瑶族游梅山书的宗教叙事与族群记忆》，《世界宗教研究》2016 年第 1 期，第 58—71 页。

21. 张泽洪：《英国牛津大学伯德雷恩图书馆藏瑶族经书题记研究》，《民族研究》2021 年第 4 期，第 110—122、142 页。

22. 张泽洪：《中国南方少数民族与道教关系初探》，《民族研究》1997 年第 6 期，第 92—99 页。

图书在版编目(CIP)数据

瑶族"朝踏"仪式与文献／袁君煊著. -- 上海：
上海古籍出版社，2024. 12. -- ISBN 978-7-5732-1466
-9

Ⅰ. B928. 2；K285. 1

中国国家版本馆 CIP 数据核字第 2024H9F404 号

瑶族"朝踏"仪式与文献

袁君煊　著

上海古籍出版社出版发行

（上海市闵行区号景路 159 弄 1－5 号 A 座 5F　邮政编码 201101）

（1）网址：www.guji.com.cn

（2）E-mail：guji1@guji.com.cn

（3）易文网网址：www.ewen.co

常熟市文化印刷有限公司印刷

开本 635×965　1/16　印张 37.75　插页 10　字数 524,000

2024 年 12 月第 1 版　2024 年 12 月第 1 次印刷

ISBN 978-7-5732-1466-9

K·3780　定价：188.00 元

如有质量问题,请与承印公司联系